Vahlens Handbücher
der Wirtschafts- und Sozialwissenschaften

Finanzwissenschaft

Eine Einführung
in die Lehre von der öffentlichen Finanzwirtschaft

von

Horst Zimmermann

o. Professor an der
Universität Marburg

Klaus-Dirk Henke

o. Professor an der
Universität Hannover

7., völlig überarbeitete und erweiterte Auflage

Verlag Franz Vahlen München

Die Deutsche Bibliothek – CIP-Einheitsaufnahme

Zimmermann, Horst:
Finanzwissenschaft : eine Einführung in die Lehre von der
öffentlichen Finanzwirtschaft / von Horst Zimmermann ;
Klaus-Dirk Henke. – 7., völlig überarbeitete und
erweiterte Aufl. – München : Vahlen, 1994
(Vahlens Handbücher der Wirtschafts- und Sozial-
wissenschaften)
ISBN 3 8006 1819 2
NE: Henke, Klaus-Dirk:

ISBN 3 8006 1819 2

© 1994 Verlag Franz Vahlen GmbH, München
Satz und Druck der C. H. Beck'schen Buchdruckerei, Nördlingen

Vorwort zur 7. Auflage

Die vorliegende Auflage wurde erheblich überarbeitet. Das hat zu einer etwas anderen Abfolge und Struktur der Kapitel geführt. Die Merkmale der öffentlichen Finanzwirtschaft sind nun Gegenstand des Einführungskapitels; der Staatsanteil und seine positive und normative Bestimmung wurden zum Thema des zweiten Kapitels. Des weiteren steht nunmehr das Kapitel über die Staatsfinanzierung vor dem Finanzausgleichskapitel, da es hierfür einige Voraussetzungen schafft, insbesondere für das Verständnis des internationalen Finanzausgleichs. Schließlich wurde die Eindämmung der Umweltschäden mit finanzpolitischen Instrumenten aus dem Wachstumskapitel herausgenommen und im neunten Kapitel gesondert und daher noch gründlicher behandelt.

Die Überarbeitung erstreckte sich auf alle Kapitel, doch sind einige besonders betroffen. Das gilt vor allem für das Finanzausgleichskapitel, das überdies noch um Abschnitte über die deutsche Einheit und den internationalen Finanzausgleich ergänzt wurde. Es gilt aber auch für das Kapitel über die finanzpolitische Beeinflussung des Wirtschaftswachstums und der Wirtschaftsstruktur, in dem die Innovation und der technische Fortschritt stärker in den Mittelpunkt rücken. Im Konjunkturkapitel wird auf die Bedeutung der Fiskalpolitik in offenen Volkswirtschaften eingegangen und die stabilitätspolitische Wirksamkeit der Finanzpolitik kritischer als bisher analysiert.

Wie in jeder neuen Auflage wurden die Tabellen, Abbildungen und Schemata auf den neuesten Stand gebracht. Dabei mußte der Darstellung der statistischen Brüche 1990/91 besondere Aufmerksamkeit gelten. Zu den in allen Auflagen üblichen Anpassungen gehörten auch die Durchsicht und Ergänzung der Literaturempfehlungen.

Für Änderungsvorschläge und kritische Anmerkungen danken wir den Herren Dipl.-Volkswirt Wolf-Dieter Berkholz und Dipl.-Ökonom Peter Lutz, Hannover, sowie den Herren Dipl.-Volkswirt Walter Müller und Dr. Bernd Hansjürgens, Marburg.

Februar 1994   *Horst Zimmermann*
                                                        Klaus-Dirk Henke

Aus dem Vorwort zur 1. Auflage

Die Konzeption eines Lehrbuches, in dem ein erster Überblick über die Finanzwissenschaft, d. h. die Lehre von der öffentlichen Finanzwirtschaft, gegeben werden soll, kann zwei grundsätzlich verschiedene Formen annehmen. So ist es denkbar, die finanzwissenschaftlichen Erkenntnisse nach Teilbereichen der öffentlichen Finanzwirtschaft zu systematisieren. Wählt man eine solche Gliederung, so würde ein Lehrbuch nach Kapiteln wie „öffentliche Ausgaben", „öffentliche Einnahmen", „öffentlicher Haushalt" usw. zu unterteilen sein. Diese Systematik ist jedoch erst aufschlußreich, wenn man sich in dem Fach bereits auskennt und weiß, welche Probleme der Wirtschaftspolitik mit Hilfe der öffentlichen Einnahmen und Ausgaben in Angriff genommen werden können. Wer diesen Zusammenhang noch nicht überschaut, wird aus einem umfangreichen streng systematisierten Teil über „öffentliche Einnahmen" oder „öffentliche Ausgaben" den Zusammenhang zwischen den öffentlichen Finanzen und ihren Zielbezügen nicht unmittelbar ersehen können. In der vorliegenden Einführung wird daher versucht, Teile des finanzwissenschaftlichen Lehrstoffs unter bestimmten Fragestellungen bzw. Zielbezügen wie etwa „Finanzpolitik in Boom und Rezession" oder „Finanzpolitik im Dienste der Einkommensumverteilung" darzustellen.

Wer mit dem finanzwissenschaftlichen Lehrstoff vertraut ist, wird auf den ersten Blick einige Teilbereiche der Finanzwissenschaft vermissen. Eine Durchsicht der Gliederung zeigt jedoch, daß sich weniger die Auswahl als vielmehr die Reihenfolge und Gewichtung des Lehrstoffs von anderen finanzwissenschaftlichen Lehrbüchern unterscheidet. So wurden z. B. Gebiete der Steuerwirkungslehre in das Kapitel über „Finanzpolitik im Dienste der Einkommensumverteilung", die Steuertechnik bei der Bestimmung der steuerlichen Einnahmemöglichkeiten und die Subventionstechnik überwiegend in den Abschnitt über die finanzpolitischen Instrumente der sektoralen Strukturpolitik eingearbeitet. – Die veränderte Darstellungsform ergibt sich aus den folgenden Zielen, die einer finanzwissenschaftlichen Ausbildung nach Ansicht der Verfasser zugrunde liegen. So soll der Studierende am Ende seiner Ausbildung in der Lage sein,

– zur Zielklärung beitragen, d. h. Vorschläge zur Zieloperationalisierung entwickeln und Zielkonflikte aufdecken zu können,
– vorgeschlagene oder durchgeführte finanzpolitische Maßnahmen beurteilen und
– finanzpolitische Strategien zur Überwindung von lösungsbedürftigen Problemen ausarbeiten zu können.

Zugleich bewirkt eine Vorgehensweise, die stärker an Ziel- und Problembezügen orientiert ist, eine höhere Motivation des Lesers für den an Bedeutung gewinnenden Bereich der Finanzwissenschaft.

Weiterhin wird mit der Konzeption der Zweck verfolgt, den Lehrstoff in einer Weise wiederzugeben, die es ermöglicht, daß er von Studenten bereits vor einer Lehrveranstaltung erarbeitet werden kann. Um dieses selbständige Studium zu erleichtern, wurden zahlreiche Abbildungen, Tabellen und Schemata sowie die Kontrollfragen aufgenommen und die Angaben zur „begleitenden Lektüre" bewußt knapp gehalten. Damit muß eine Lehrveranstaltung, in der finanzwissenschaftliche Anfangskenntnisse erarbeitet werden sollen, nicht mehr überwiegend dem Vortragen dieses Grundstoffes gewidmet sein, sondern kann der weitergehenden Behandlung spezieller Fragestellungen vorbehalten bleiben. In begleitenden oder auf die Einführungsvorlesung aufbauenden Lehrveranstaltungen kann dann die erforderliche Vertiefung dadurch erfolgen, daß weitere Teile der modelltheoretisch orientierten Finanztheorie und der besonderen Steuerlehre sowie empirische Forschungsergebnisse herangezogen werden, die in diesem einführenden Lehrbuch nicht in vollem Umfang berücksichtigt wurden.

April 1975 *Horst Zimmermann*
Klaus-Dirk Henke

Inhaltsverzeichnis

Erstes Kapitel

Merkmale der öffentlichen Finanzwirtschaft

Zweites Kapitel

Der Staatsanteil

Drittes Kapitel

Der öffentliche Haushalt
Planungs- und Handlungsgrundlagen für die öffentliche Finanzwirtschaft

Viertes Kapitel

Möglichkeiten der Staatsfinanzierung

Fünftes Kapitel

Der Finanzausgleich. – Die Zuordnung von öffentlichen Aufgaben, Ausgaben und Einnahmen auf Gebietskörperschaften in einem föderativen Staat

Sechstes Kapitel

Finanzpolitik im Dienste der Einkommensumverteilung

Siebtes Kapitel

Finanzpolitik in Boom und Rezession

Achtes Kapitel

**Der finanzpolitische Einfluß auf Wirtschaftswachstum
und Wirtschaftsstruktur**

Neuntes Kapitel

Umwelt und öffentliche Finanzen

Verzeichnis der Abbildungen

Verzeichnis der Schemata

Verzeichnis der Tabellen

Verzeichnis der Abkürzungen

BBankG . . . . Bundesbankgesetz (Gesetz über die Deutsche Bundes-
bank)
BGBl . . . . Bundesgesetzblatt
BHO . . . . Bundeshaushaltsordnung
EG. . . . . Europäische Gemeinschaften
ERP. . . . . European Recovery Program (Europäisches Wiederauf-
bauprogramm)
EStG . . . . Einkommensteuergesetz
EU. . . . . Europäische Union
EWG . . . . Europäische Wirtschaftsgemeinschaft
GewSt . . . . Gewerbesteuer
GG . . . . Grundgesetz für die Bundesrepublik Deutschland
GMBl. . . . . Gemeinsames Ministerialblatt
Gv . . . . Gemeindeverbände
HGrG. . . . . Haushaltsgrundsätzegesetz (Gesetz über die Grundsätze
des Haushaltsrechts des Bundes und der Länder)
KSt . . . . Körperschaftsteuer
LAG . . . . Lastenausgleich
Öffa. . . . . Deutsche Gesellschaft für öffentliche Arbeiten
PPBS . . . . Planning-Programming-Budgeting System
StabG. . . . . Stabilitätsgesetz (Gesetz zur Förderung der Stabilität und
des Wachstums der Wirtschaft)
WiSt. . . . . Wirtschaftswissenschaftliches Studium
WiSu . . . . Das Wirtschaftsstudium
ZBBS . . . . Zero-Base-Budgeting System

Ausgewählte Statistiken, Berichte und Gesetze
zur öffentlichen Finanzwirtschaft
in der Bundesrepublik Deutschland

Das Studium der Finanzwissenschaft umfaßt auch den Umgang mit Statistiken, Berichten und einschlägigen Gesetzestexten. Er ist unverzichtbar für eine auch empirisch ausgerichtete Wissenschaft und unerläßlich für die spätere Berufsausübung.

Bundeshaushaltsplan für das Haushaltsjahr 1994 = Anlage zum „Gesetz über die Feststellung des Bundeshaushaltsplans für das Haushaltsjahr 1994" (Haushaltsgesetz 1994) vom 20. Dezember 1993, (BGBl. I, S. 2153), erscheint jährlich; dementsprechend auch die Haushaltspläne der Bundesländer und Gemeinden.

Bundesministerium der Finanzen, Hrsg., Finanzbericht 1994, Die volkswirtschaftlichen Grundlagen und die wichtigsten finanzwirtschaftlichen Probleme des Bundeshaushaltsplans für das Haushaltsjahr 1994, Bonn 1993 (erscheint jährlich).

Statistisches Bundesamt, Hrsg., Fachserie 14: Finanzen und Steuern, darin die Reihen 1, 2, 3, 5, 6 über Haushaltszahlen und die Reihen 4, 7, 8, 9, 10 über Steuern (die Reihen erscheinen mit unterschiedlicher Häufigkeit).

Statistisches Bundesamt, Hrsg., Fachserie 18: Volkswirtschaftliche Gesamtrechnungen, Reihe S. 10: Der Staat in den Volkswirtschaftlichen Gesamtrechnungen 1950 bis 1990, Wiesbaden 1991.

Statistisches Bundesamt, Hrsg., Statistisches Jahrbuch 1993 für die Bundesrepublik Deutschland, Stuttgart 1993, Teil 20 (erscheint jährlich).

Deutscher Städtetag, Hrsg., Statistisches Jahrbuch Deutscher Gemeinden, 80. Jg., Köln 1993 (erscheint jährlich).

Monatsberichte der *Deutschen Bundesbank* – darin statistische Teile zu den öffentlichen Finanzen.

Jahresgutachten 1993/94 des *Sachverständigenrates zur Begutachtung der gesamtwirtschaftlichen Entwicklung,* Bundestagsdrucksache 12/6170 vom 15. 11. 1993, darin Teile zur Finanzpolitik (erscheint jährlich).

Bundesministerium der Finanzen, Hrsg., Haushaltsrecht des Bundes, Bonn 1988.

Bundesministerium der Finanzen, Hrsg., Unsere Steuern von A–Z, Ausgabe 1993, Bonn 1993 (wird regelmäßig erneuert).

Piduch, E. A., Bundeshaushaltsrecht, Kommentar, Loseblattsammlung, 2 Bände, Stuttgart u. a. (wird regelmäßig ergänzt).

Einige Lehrbücher und Übersichtsartikel zur Finanzwissenschaft

Bei den folgenden Lehrbüchern und Übersichtsartikeln handelt es sich um mehr oder weniger umfassende Gesamtdarstellungen des finanzwissenschaftlichen Lehrstoffs. Sie sollten bei Bedarf und zum besseren Verständnis herangezogen werden. Es erübrigt sich daher in den Literaturangaben zu den einzelnen Kapiteln der regelmäßige Verweis auf sie. Darüber hinaus sei auf weitere einschlägige Beiträge im Handbuch der Finanzwissenschaft (HdF), im Handwörterbuch der Wirtschaftswissenschaft (HdWW) und im Handbook of Public Economics[1] verwiesen.

Andel, N., Finanzwissenschaft, 3. Aufl., Tübingen 1993.

Arnold, V., und *Geske, O.-E.*, Hrsg., Öffentliche Finanzwirtschaft, München 1988.

Blankart, C. B., Öffentliche Finanzen in der Demokratie. Eine Einführung in die Finanzwissenschaft, München 1991.

Brümmerhoff, D., Finanzwissenschaft, 6. Aufl., München-Wien 1992.

Buchanan, J. M., und *Flowers, M. R.*, The Public Finances. An Introductory Textbook, 6. Aufl., Homewood, Ill. 1987.

Haller, H., Finanzpolitik, 5. Aufl., Tübingen-Zürich 1972.

Hedtkamp, G., Lehrbuch der Finanzwissenschaft, 2. Aufl., Neuwied-Berlin 1977.

Mackscheidt, K., und *Steinhausen, J.*, Finanzpolitik I. Grundfragen fiskalpolitischer Lenkung, 3. Aufl., Tübingen-Düsseldorf 1978; Finanzpolitik II. Grundfragen versorgungspolitischer Eingriffe, Tübingen-Düsseldorf 1977.

Musgrave, R. A., und *Musgrave, P. B.*, Public Finance in Theory and Practice, 5. Aufl., New York 1989; auf deutsch als *Musgrave, R. A., Musgrave, P. B.*, und *Kullmer, L.*, Die öffentlichen Finanzen in Theorie und Praxis, Bd. 1, 5. Aufl., Tübingen 1990; Bd. 2, 5. Aufl., Tübingen 1993; Bd. 3, 3. Aufl., Tübingen 1987.

Nowotny, E., Der öffentliche Sektor, 2. Aufl., Berlin u. a. 1991.

Peffekoven, R., Einführung in die Grundbegriffe der Finanzwissenschaft, 3. Aufl., Darmstadt 1993.

Peffekoven, R., Öffentliche Finanzen, in: Vahlens Kompendium der Wirtschaftstheorie und Wirtschaftspolitik, Bd. 1, 5. Aufl., München 1992, S. 479 ff.

Petersen, H.-G., Finanzwissenschaft, Bd. 1, Stuttgart u. a. 1988, und Bd. 2, 2. Aufl., Stuttgart u. a. 1990.

Pohmer, D., Finanzwissenschaft III: Politik, in: Handwörterbuch der Wirtschaftswissenschaft, Bd. 3, Stuttgart u. a. 1981, S. 261 ff.

Rosen, H. S., und *Windisch, R.*, Finanzwissenschaft I, München 1992.

Rürup, B., und *Körner, H.*, Finanzwissenschaft. Grundlagen der öffentlichen Finanzwirtschaft, 2. Aufl., Düsseldorf 1985.

Schmölders, G., Finanzpolitik, 3. Aufl., Berlin-Heidelberg-New York 1970.

Shoup, C. S., Public Finance, Chicago 1969.

Stiglitz, J. E., und *Schönfelder, B.*, Finanzwissenschaft, 2. deutschsprachige Aufl., München-Wien 1989.

Timm, H., Finanzwissenschaft II: Theorie, in: Handwörterbuch der Wirtschaftswissenschaft, Bd. 3, a. a. O., S. 234 ff.

---

[1] *Auerbach, H. J.*, und *Feldstein, M.*, Hrsg., Handbook of Public Economics, 2 Bde., Amsterdam – New York – Oxford 1985 und 1987.

Erstes Kapitel

Merkmale der
öffentlichen Finanzwirtschaft

A. Zur Notwendigkeit und zu den Zielen finanzwirtschaftlicher Aktivität

I. Zur Notwendigkeit finanzwirtschaftlicher Aktivität

Finanzwissenschaft wird häufig als **die Lehre von der öffentlichen Finanzwirtschaft,** d.h. die Lehre von den öffentlichen Einnahmen und Ausgaben, bezeichnet. Die öffentliche Finanzwirtschaft rückt immer dann in den Vordergrund der wirtschaftspolitischen Auseinandersetzung, wenn Steuern oder Schulden erhöht werden sollen, der Abbau von Subventionen gefordert wird, die öffentlichen Haushalte nicht konjunkturgerecht wirken, ein Steuerreformvorschlag diskutiert oder der Staatsanteil verringert werden soll. Darüber hinaus scheint es jedoch wenig reizvoll zu sein, sich mit dem Zustandekommen und der Aussagekraft der Zahlen zu befassen, die jahraus, jahrein in dem mehrere tausend Seiten umfassenden Bundeshaushaltsplan oder den Haushaltsplänen der Länder und Gemeinden abgedruckt sind.

Um sich die lebensnahen Bezüge und die Notwendigkeit der sich in diesen Zahlen ausdrückenden finanzwirtschaftlichen Aktivität des Staates noch über die bereits genannten finanzpolitischen Tagesfragen hinaus vor Augen zu führen, könnte man sich einmal vorzustellen versuchen, wie die wirtschaftliche Realität aussähe, wenn die öffentliche Tätigkeit, soweit sie mit Einnahmen und Ausgaben zusammenhängt, entfiele oder deutlich verringert würde. In einer solchen Situation würde der Bürger sich einerseits über die entfallende Steuerlast freuen. Andererseits könnten die im öffentlichen Dienst beschäftigten Arbeitnehmer nicht mehr entlohnt werden, und die entfallenden öffentlichen Aufträge in Höhe von mehreren Milliarden Mark riefen – jedenfalls kurzfristig – Arbeitslosigkeit in den Betrieben der Staatslieferanten hervor. Gleichzeitig entfielen aber auch die öffentlichen Leistungen. Die Bürger würden die Ausbildung der Kinder als gefährdet ansehen, die Stillegung des öffentlichen Nahverkehrs beklagen und sich über den nicht abgeholten Müll beschweren. Die Sozialleistungsempfänger müßten in ihrem Lebensstandard starke Einschränkungen hinnehmen, und das Angebot an Gesundheitseinrichtungen verringerte sich drastisch.

Mit diesen Beispielen läßt sich nicht nur die **Bedeutung** finanzwirtschaftlicher Staatstätigkeit charakterisieren, sondern zugleich auch ihre **Notwendigkeit** aufzeigen. Zwar würden manche der bisher öffentlich wahrgenommenen Aufgaben über die Zeit privat erfüllt werden: An die Stelle der öffentlichen Müllabfuhr träte eine private Müllbeseitigung, der öffentliche Nahverkehr würde weitgehend durch private Autobusunternehmen ersetzt, und im Bildungssektor nähmen die Privatschulen einen neuen Aufschwung. Diese **Substitution von öffentlicher durch private Aktivität** ist jedoch begrenzt.

Beispielsweise wird durch die öffentlichen Einnahmen und Ausgaben auch das **Ziel der Einkommensumverteilung** angestrebt, das bei privater Erfüllung der Aufgaben vermutlich weitgehend unberücksichtigt bliebe. So würde für wohlhabende Bürger der Vorteil aus der entfallenden Besteuerung größer ausfallen als der Nachteil, der sich daraus ergibt, daß ihnen keine öffentlichen Leistungen mehr zur Verfügung stünden. Die umgekehrte Überlegung gilt für die Bürger am unteren Ende der Einkommensskala. Für sie bedeutete der Fortfall der Besteuerung einen geringen Vorteil, während der Verlust der öffentlichen Leistungen, vor allem der Sozialleistungen, für sie besonders hoch ausfiele. Soweit also für Bezieher hoher Einkommen der Finanzierungsbeitrag über dem Leistungsempfang liegt und für Bezieher niedriger Einkommen der Leistungsempfang höher als der Finanzierungsbeitrag ausfällt, findet eine Umverteilung durch die öffentlichen Einnahmen und Ausgaben statt.

Können oder sollen nicht alle diese öffentlichen Aufgaben vom privaten Sektor erfüllt werden, so muß sich die **Notwendigkeit ihrer** öffentlichen **Erfüllung aus den Zielen der finanzwirtschaftlichen Aktivität** ableiten lassen, die daher für die Begründung der finanzwirtschaftlichen Staatstätigkeit herangezogen werden sollen.

II. Ziele finanzwirtschaftlicher Aktivität

Ziele der Wirtschaftspolitik, die nicht allein durch die Finanzpolitik angestrebt werden, sondern auch durch andere Politikbereiche, z. B. durch Wettbewerbs-, Sozial- oder Außenhandelspolitik, sollen als Ziele angesehen werden, die der öffentlichen Finanzwirtschaft vorgegeben sind. Sie werden, R. A. Musgrave folgend, am häufigsten in Allokations-, Distributions- und Stabilisierungsziele unterschieden. Aus diesen vorgegebenen Zielen sowie aus der Existenz öffentlicher Finanzwirtschaften heraus lassen sich weitere Ziele der Finanzpolitik ableiten (s. Schema 1.1).

a) Vorgegebene Ziele der Finanzwirtschaft

Art und Umfang öffentlicher Aktivität werden insbesondere in der **Ordnungstheorie** und der Lehre von den Wirtschaftssystemen behandelt, in denen u. a. der Zusammenhang zwischen Wirtschaftsordnung und Staatstätigkeit untersucht wird. In dem Extremfall einer reinen Zentralverwaltungswirtschaft ist die öffentliche Wirtschaft nahezu identisch mit der gesamten ökonomischen Aktivität. Im anderen Extremfall einer ausgeprägt dezentralen Marktwirtschaft erfolgt die Plankoordination der Wirtschaftssubjekte über deren Preis- und Mengenreaktionen, und die staatliche Aktivität ist auf wenige Ordnungsfunktionen beschränkt.

In der Realität ist der Umfang des öffentlichen Sektors zum Teil das Ergebnis einer politischen Vorentscheidung über die Wirtschaftsordnung,

Schema 1.1: Ziele der öffentlichen Finanzwirtschaft

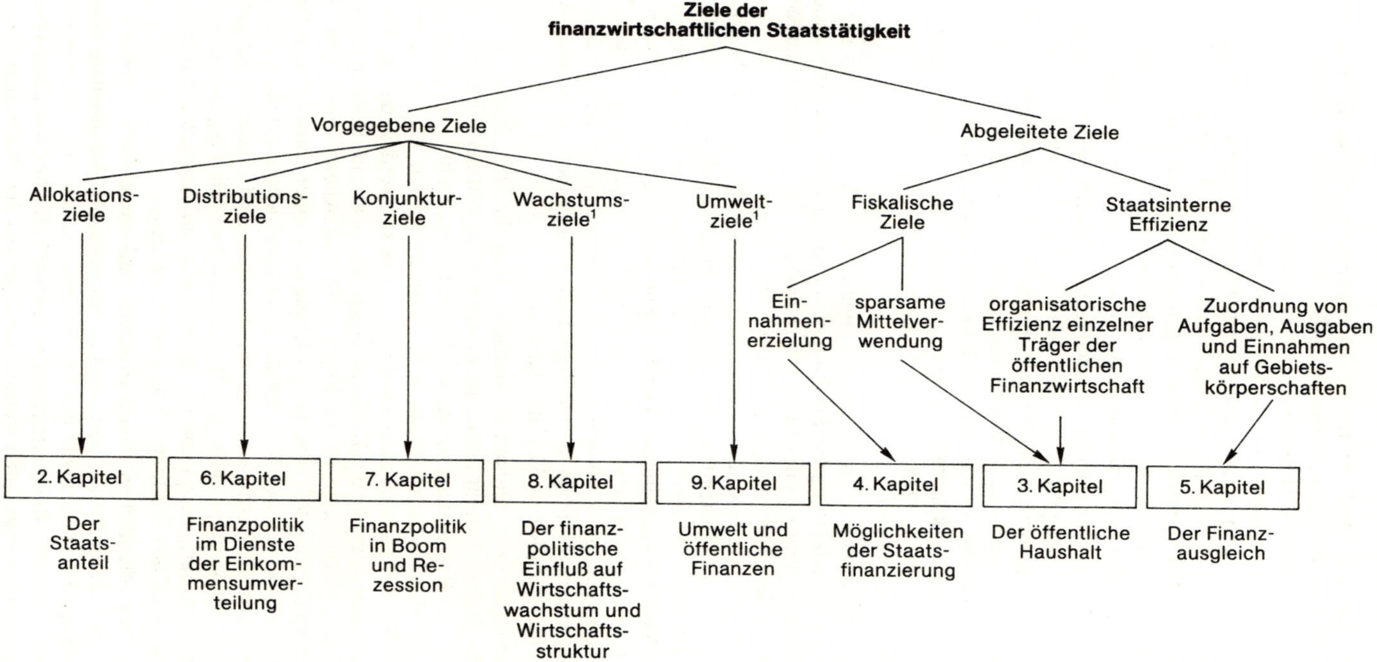

[1] Sie werden verschiedentlich dem Allokationsziel zugeordnet. Konjunktur- und Wachstumsziele werden auch als kurzfristige und langfristige Stabilitätsziele zusammengefaßt.

die nach dem Zweiten Weltkrieg im östlichen und westlichen Teil des früheren Deutschen Reiches verschieden ausfiel. Durch die Ereignisse vom November 1989 und die Herstellung der deutschen Einheit 1990 kam es zu einer – völlig unerwarteten – Auflösung der mehr als vierzigjährigen Diktatur und eines zentralverwaltungswirtschaftlichen Systems. Auch der Umbau der vormals sozialistischen Länder Osteuropas und Rußlands zeigt, daß die politischen Vorentscheidungen zugunsten der Marktwirtschaft, die im Westen gefällt wurden, die langfristig tragfähigere Grundlage bilden.

Die theoretischen Begründungen für oder gegen eine bestimmte Wirtschaftsordnung gehen auf die unterschiedliche Interpretation und Gewichtung von Zielen wie Freiheit des Individuums, Verteilungsgerechtigkeit und Allokationseffizienz zurück, die außer für die Entscheidung über eine Wirtschaftsordnung auch für die **Begründung einzelner öffentlicher Aktivitäten** herangezogen werden. Weil in der Bundesrepublik Deutschland die ordnungspolitische Entscheidung zugunsten einer sozialen Marktwirtschaft getroffen wurde, bleibt die Erfüllung der wirtschaftspolitischen Ziele grundsätzlich dem Markt überlassen.

Dies gilt insbesondere für das *Allokationsziel*, also den effizienten Einsatz der Produktionsfaktoren zur Produktion von Gütern und Dienstleistungen gemäß den Präferenzen der Bürger. Soweit dieses Ziel zu konkurrierenden Zielen wie dem Verteilungs- oder dem Stabilisierungsziel in Konflikt gerät oder vom Marktmechanismus etwa aufgrund von Wettbewerbsbeschränkungen nur unzureichend verwirklicht wird, bedarf es allerdings der öffentlichen Aktivität. Angesichts der Vielfalt an Erscheinungsformen der öffentlichen Aktivität (hoheitliche Anordnungen durch Gesetze, Rechtsverordnungen und Verwaltungsakte; Zahlung von Übertragungseinkommen; Bereitstellung von Infrastrukturleistungen usf.) wird deutlich, daß die öffentliche Finanzwirtschaft und die finanzpolitischen Maßnahmen nur einen Ausschnitt der öffentlichen Aktivität darstellen.

Eine vordringliche allokationspolitische Aufgabe des Staates in einer Marktwirtschaft besteht darin, die Funktionsfähigkeit des Wettbewerbs zu sichern. Als Begründung für Abweichungen zwischen dem Anspruch einer Wettbewerbswirtschaft und ihren Ergebnissen in den real existierenden Marktwirtschaften kann zunächst darauf verwiesen werden, daß die Bedingungen eines allgemeinen Konkurrenzgleichgewichts auf bestimmten Faktor- und Gütermärkten in der Regel nicht ausreichend erfüllt sind. Aus diesem Sachverhalt läßt sich die Forderung nach einer konsequenten Wettbewerbspolitik, in deren Rahmen die gesellschaftlichen und ökonomischen Funktionen des Wettbewerbs zu verwirklichen sind, ableiten. Sie gehört zwar zur Allokationspolitik, jedoch nur mittelbar zum Gegenstand der Finanzwissenschaft, beispielsweise dann, wenn die Auswirkungen der Besteuerung auf den Wettbewerb untersucht werden.

Fragen der öffentlichen Finanzwirtschaft sind unmittelbar angesprochen, wenn ein anderer Bereich der Allokationspolitik, die **Bereitstellung öffentlicher Güter,** d. h. Güter, die der Markt gar nicht oder nur unvollkommen anbieten kann, zur Rechtfertigung finanzwirtschaftlicher Aktivitäten herangezogen wird. Diese Güter weisen Merkmale bei der Produktion und/oder dem Konsum auf, die einer effizienten Allokation entgegenstehen und daher staatliche Eingriffe erfordern. Aus der Summierung der für die Erfüllung der einzelnen Aufgaben erforderlichen öffentlichen Ausgaben oder der entsprechenden Einnahmen ergibt sich der **Staatsanteil,** dessen Höhe und Struktur ihrerseits nochmals einer gesonderten Bewertung unterzogen werden können. Zu den Gütern, die nicht über den Markt bereitgestellt werden, gehören auch die Umweltgüter wie reine Luft und sauberes Wasser. Daher kann man die *umweltpolitischen Zielsetzungen* am ehesten dem Allokationsziel zuordnen.

Neben der allokationspolitischen Begründung werden *distributionspolitische Ziele* zur Rechtfertigung finanzwirtschaftlicher Aktivitäten herangezogen. Im Vordergrund steht dabei die personale Einkommensverteilung, d. h. die Verteilung des Einkommens auf Individuen bzw. auf private Haushalte. Sie läßt sich aus der funktionalen Einkommensverteilung ableiten, indem die Entgelte für die Leistungen der eingesetzten Faktoren den privaten Haushalten zugerechnet werden. Die am Markt zustande kommende Einkommensverteilung ergibt sich aufgrund des Faktorangebots und der Faktorpreise und wird auch als primäre Einkommensverteilung bezeichnet. Die öffentlichen Eingriffe können beispielsweise darauf ausgerichtet sein, Mindesteinkommen und bestimmte Versorgungsstandards zu gewährleisten. Analytisch gesehen entsteht durch das staatliche Übertragungseinkommen und im Zuge der Besteuerung eine neue Einkommenssituation, die häufig als sekundäre Einkommensverteilung bezeichnet wird. Neben der Einkommens- ist auch die Vermögensverteilung Gegenstand staatlicher Politik. Alle diese Verteilungsziele haben, wenn sie sehr intensiv verfolgt werden, die Tendenz, in Konflikt mit dem Stabilitäts- und Wachstumsziel zu treten.

Soweit sich *Stabilität (hoher Beschäftigungsstand, Preisniveaustabilität, außenwirtschaftliches Gleichgewicht) und Wirtschaftswachstum* im Rahmen der marktwirtschaftlichen Allokation nicht automatisch einstellen, läßt sich die öffentliche Finanzwirtschaft auch in den Dienst dieser Ziele stellen. Je nach theoretischer Lehrmeinung werden die stabilitäts- und wachstumspolitischen Aktivitäten nach Art und Umfang allerdings unterschiedlich eingeschätzt. So beschränken sich im Rahmen der sog. monetaristischen Sicht die finanzpolitischen Aktivitäten des Staates weitgehend auf seine Allokations- und Verteilungsfunktion, während bei einer keynesianischen Argumentation die öffentlichen Haushalte als das zentrale stabilitätspolitische Steuerungsinstrument angesehen werden.

b) Abgeleitete Ziele der Finanzwirtschaft

Die Frage, welchen „eigenen" Zwecken die öffentliche Finanzwirtschaft diene, ist lange mit dem Hinweis auf das **fiskalische Ziel** der Einnahmen-, insbesondere der Steuerpolitik, beantwortet worden. Damit ist auf der Einnahmenseite die Aufgabe der Finanzpolitik gemeint, für die von den Einzelressorts angemeldeten Ausgaben die notwendigen *Einnahmen bereitzu-*

stellen. Dieser Aufgabe entspricht auf der Ausgabenseite das Ziel der *sparsamen Mittelverwendung,* so daß man das fiskalische Ziel auf die Einnahmen und Ausgaben beziehen kann (s. Schema 1.1).

Das wichtige fiskalische Ziel der Einnahmebeschaffung hat also keinen originären Zielcharakter, sondern dient der Erfüllung der vorgegebenen Ziele der öffentlichen Finanzwirtschaft. Die fiskalische Zielsetzung steht nicht gleichberechtigt neben den Zielsetzungen der einzelnen Ressorts. Während deren Tätigkeiten unmittelbar den Individuen bzw. einer Gruppe von Staatsbürgern zugute kommen, ist das fiskalische Ziel bei isolierter Betrachtung sinnlos, da es nur darin bestehen würde, Finanzmittel einzusammeln, ohne daß über deren Verwendung mehr gesagt wäre, als daß sie sparsam erfolgen soll. Das fiskalische Ziel kann mithin als ein abgeleitetes Ziel bezeichnet werden, ist aber spezifisch finanzwirtschaftlich.

Eine andere „abgeleitete" Aufgabe der öffentlichen Finanzwirtschaft, die ihren Sinn nur aus den vorgegebenen Zielen erhält, ist die Verbesserung des organisatorischen Ablaufs der öffentlichen Finanzwirtschaft *(„staatsinterne Effizienz").* In einem föderalistischen System mit einer Vielzahl von Trägern der Finanzpolitik tritt ein zusätzliches Problem auf. Hier muß die Aufgabenverteilung nicht nur für jeden einzelnen Träger entschieden werden, z. B. die Zuordnung der Bundesaufgaben auf die Bundesressorts, sondern sie muß auch für das Verhältnis der Gebietskörperschaften untereinander gelöst sein. Weiterhin ist zu klären, welcher Träger die Ausgaben vornehmen soll, wie die öffentlichen Einnahmen erzielt und nach welchen Schlüsseln sie gegebenenfalls verteilt werden sollen *(Finanzausgleich).* Für den einzelnen Träger der Finanzpolitik muß unter Zweckmäßigkeitsgesichtspunkten zudem über ein zielgerechtes Verfahren der Aufstellung, Beratung und Kontrolle des Budgets entschieden werden, ein Anreizsystem für die Beschäftigten im öffentlichen Dienst geschaffen werden, usw.

c) Die Entwicklung der finanzpolitischen Ziele im Zeitablauf

Im Zeitablauf haben jeweils andere der angesprochenen finanzpolitischen Ziele im Vordergrund gestanden. Wie der Begriff „Finanz"-Wissenschaft vermuten läßt, wurden in diesem Fachgebiet zunächst vornehmlich die öffentlichen Einnahmen behandelt; die Ausgaben schienen weniger diskussionsbedürftig, da man sie als durch die Staatszwecke vorgegeben ansah.

Im Zeitalter des Kameralismus (von „camera", d.h. staatliche Finanzverwaltung) stand der *fiskalische* Zweck der Besteuerung im Vordergrund, doch konnten sich daneben bevölkerungs- und verteilungspolitische Ziele behaupten. Für die verteilungspolitische Ausrichtung der Finanzpolitik bietet der sog. **Akzisestreit** im 17. und 18. Jahrhundert, der um die Vorzüge der Verbrauchsteuer und insbesondere einer allgemeinen Verbrauchsteuer (sog. Generalakzise) im Vergleich mit einer am Einkommen oder Vermögen orientierten Steuer entbrannt war, ein gutes Beispiel. Er wurde durch J. v. Justi mit dem Argument geschlichtet, daß die Verbrauchsteuer die ärmeren Bevölkerungsschichten wegen ihrer höheren Konsumquote relativ stärker treffe als die Angehörigen höherer Einkommensklassen und diese Form der Besteuerung daher abzulehnen sei.[1]

Dem liberalen Ideal einer weitgehend staatsfreien Wirtschaft entsprach die Forderung, das Budgetvolumen möglichst niedrig zu halten. Die Ausgaben hatten sich auf die notwendigsten Staatszwecke, die zur Aufrechterhaltung der Funktionsweise des privatwirtschaftlichen Systems erforderlich waren, zu beschränken. Der Besteuerung fiel die Aufgabe zu, die unverzichtbaren Einnahmen zu beschaffen, ohne die Volkswirtschaft in ihrer Struktur, insbesondere auch ihrer Einkommensstruktur, mehr als unumgänglich zu beeinflussen (sog. **Edinburgher Regel** des „leave them as you find them"). – Mit der Auseinandersetzung zwischen Liberalismus und Sozialismus im 19. Jahrhundert traten wieder *verteilungspolitische* Überlegungen in den Vordergrund. In der Finanzwissenschaft dokumentierte sich diese Entwicklung in der Forderung des Kathedersozialisten **A. Wagner,** die Besteuerung, die bis zu diesem Zeitpunkt vorwiegend fiskalisch orientiert war, auch in den Dienst sozialpolitischer Ziele zu stellen.

Mit dem Beginn des 20. Jahrhunderts begann ein neues Stadium in der Diskussion über die Ziele der Finanzpolitik. Die öffentlichen Haushalte nahmen einen solchen Umfang an, daß ihre Wirkungen auf die ökonomische Aktivität nicht länger vernachlässigt werden konnten. Ein entscheidender Anstoß zur Einbeziehung des *konjunkturellen* Ziels in die Finanzpolitik ging von der Weltwirtschaftskrise aus. Unter dem Eindruck dieser Krise, vor allem auch durch die von **J. M. Keynes** vertretene These, daß eine einmal eingetretene Unterbeschäftigung nicht notwendigerweise wieder zur Vollbeschäftigung führe und daß der Staat durch sein Verhalten das gewünschte Gleichgewicht erreichen könne, kam es zum konjunkturorientierten Einsatz der öffentlichen Finanzen. Damit wurde das konjunkturpolitische Ziel in den Katalog der finanzpolitischen Ziele aufgenommen. Gleichzeitig wurde die Finanzpolitik zum Instrument einer *sektoralen,* d. h. branchenorientierten und – nach dem Zweiten Weltkrieg – auch einer *regionalen* Wirtschaftspolitik.

Darüber hinaus wird auch versucht, die öffentlichen Finanzen am Ziel des *gesamtwirtschaftlichen Wachstums* auszurichten. Dazu wurde einerseits auf zusätzliche Staatstätigkeit, etwa zur Förderung von zukunftsträchtig eingestuften Entwicklungen, gesetzt. Unter dem Einfluß monetaristischer und angebotsorientierter Erklärungsansätze bemühte man sich andererseits, den Spielraum für unternehmerisches Handeln auszuweiten. Hierzu zählen Maßnahmen wie die Rückführung des Staatsanteils, die Verminderung der Steuerbelastung, der Abbau von Subventionen und die Verringerung der Vorschriften (Deregulierung), die gleichzeitig zur Vollbeschäftigung beitragen sollten. Mit dem Wirtschaftswachstum nahmen die Umweltschäden zu, so daß zeitversetzt – in der Bundesrepublik Deutschland um 1970 – die *umweltpolitischen Ziele* größeres Gewicht erhielten. Entwicklung und Gewichtung der finanzpolitischen Ziele im Zeitablauf sind somit nicht losgelöst von der Diagnose und Erklärung des Wirtschaftsablaufs zu sehen.

---

[1] Vgl. Schmölders, G., und Hansmeyer, K.-H., Allgemeine Steuerlehre, 5. Aufl., Berlin 1980, S. 39 ff.

Hingegen ist die jüngste finanzpolitisch bedeutsame Entwicklung politischen Ursprungs: die Herstellung der deutschen Einheit. Der von ihr ausgelöste Handlungsbedarf betrifft alle genannten Ziele. Die geänderte Wirtschaftsordnung betrifft grundlegend das Allokationsziel, aus verteilungspolitischen Gründen fließen erhebliche Transfers an die privaten Haushalte in den neuen Bundesländern, das Konjunkturziel wurde 1990/91 durch die entstehende Kaufkraft nach der Währungsumstellung positiv beeinflußt. Für das Wachstumsziel, das für diese Region vielleicht am wichtigsten ist, werden erhebliche Finanzmittel mobilisiert; das Umweltziel ist wegen der enormen Altlasten ebenfalls stark betroffen.

B. Träger und Instrumente der Finanzpolitik

I. Träger der Finanzpolitik

Die Träger der Finanzpolitik, also die für die Finanzpolitik verantwortlichen Institutionen, sind in erster Linie die *Gebietskörperschaften* (Bund, Länder, Gemeinden und Gemeindeverbände). Sie sind in einem föderativen Staat wie der Bundesrepublik Deutschland in mehr Ebenen (Ebene der Länder, der Gemeinden usw.) organisiert als in einem unitarisch aufgebauten Staatswesen. Jede einzelne Gebietskörperschaft, also ein Land oder eine Gemeinde, ist dann nochmals in die legislative, exekutive und – bei Bund und Land – judikative Gewalt geteilt. Mit der *Europäischen Union* ist überdies eine neue Ebene hinzugetreten, die über das Europäische Parlament, den Europäischen Gerichtshof sowie den Rat und die Kommission ihre verfassungsmäßige Identität sucht. Alle diese Institutionen sind eindeutig als Träger öffentlicher Aktivität und – da sie Einnahmen und Ausgaben tätigen – als Träger der Finanzpolitik identifizierbar.

Im Gegensatz dazu ist diese Zuordnung für zahlreiche Institutionen, die zwischen privaten Haushalten und Unternehmen als dem Privatsektor auf der einen Seite und Gebietskörperschaften als dem öffentlichen Sektor auf der anderen Seite stehen und ebenfalls gesonderte Budgets führen, weniger leicht möglich. Daher werden sie auch als *Parafisci* bezeichnet.

Bei den *„Parafisci"* (parafiskalische oder quasistaatliche Gebilde, Hilfsfisken, intermediäre Finanzgewalten) handelt es sich um einen Sammelnamen für Institutionen zwischen dem privaten und dem öffentlichen Bereich. Manche gehören juristisch eindeutig zum staatlichen Bereich, erfüllen aber ähnliche Aufgaben wie private Unternehmen. Andere sind private Vereinigungen, die aber auch öffentliche Aufgaben erfüllen.

Einen Parafiskus erkennt man vorwiegend an zwei *Merkmalen.*

(1) Erfüllung **öffentlicher Aufgaben.** Durch sie unterscheidet sich die Tätigkeit eines Parafiskus von privatwirtschaftlich orientierter Tätigkeit. Ob es sich um die Erfüllung einer öffentlichen Aufgabe handelt, könnte beispielsweise mit der Überlegung geklärt werden, ob für den Fall, daß der Parafiskus eine Aktivität aufgibt, der private Sektor diese übernehmen würde oder sie von der öffentlichen Hand im engeren Sinne übernommen werden müßte.

(2) **Eigene Finanzquellen mit Zwangscharakter.** Sie geben den Parafisci die Möglichkeit, in gewisser, meist gesetzlich eingeschränkter Bewegungsfreiheit unabhängig vom Gesamthaushalt Aufgaben zu erfüllen.

Zu den ergänzenden Merkmalen, die häufig zu beobachten sind, gehören die **beamtenähnliche Stellung ihrer Beschäftigten** oder auch die **selbständige Rechnungslegung** der Parafisci.

Unter den Institutionen zwischen den Gebietskörperschaften und dem privaten Sektor lassen sich mehrere Gruppen mit parafiskalischem Charakter unterscheiden. Während von den folgenden Gruppen die ersten drei überwiegend zu den Parafisci gezählt werden, ist die Stellung der letzten drei Gruppen umstritten (siehe auch Schema 1.2).

(1) Eindeutig zu den Parafisci zählen die „**Sozialfisci**", d. h. die Träger der Sozialversicherung (Gesetzliche Renten-, Kranken- und Unfallversicherung, Arbeitslosenversicherung). Sie finanzieren sich vorwiegend aus staatlich sanktionierten Zwangsbeiträgen (Sozialabgaben) und erfüllen Aufgaben der Daseinsvorsorge, die ihnen zugewiesen worden sind.

(2) Ebenso gehören **Kreditfonds** (ERP-Sondervermögen des Bundes[2]) oder andere aus öffentlichen Mitteln finanzierte Sonderfonds (z. B. der erwähnte Fonds deutsche Einheit) dazu, weil sie öffentliche Aufgaben zu erfüllen haben.

(3) Berufsvertretungen („**Ständefisci**"), z. B. Handwerkskammern, Industrie- und Handelskammern, Landwirtschaftskammern, werden, soweit sie öffentliche Aufgaben wahrnehmen, ebenfalls zu den Parafisci gezählt. Sie finanzieren sich großenteils aus Zwangsbeiträgen, die an die Berufsausübung anknüpfen. Sofern neben der Erfüllung öffentlicher Aufgaben auch private Interessenvertretung vorliegt, ist nur noch eine partielle Zuordnung zu den Parafisci sinnvoll.

(4) Die Zuordnung der „**Kirchenfisci**" zum öffentlichen oder privaten Bereich ist strittig. Da die Kirchensteuer zwar vom Staat eingezogen wird, aber durch die Möglichkeit des Kirchenaustritts keinen Zwangscharakter aufweist, ergibt sich insoweit keine volle Zuordnung der Kirchen zum öffentlichen Sektor. Hinsichtlich der Erfüllung ihrer Aufgaben zeigt sich, daß ihre Funktion im religiösen Bereich immer mehr als private Angelegenheit angesehen wird und sie damit eher zum privaten Sektor gerechnet werden. Sofern die Kirchen z. B. im Sozialbereich tätig werden, kann ihre Aktivität wiederum als öffentlich angesehen werden.

(5) **Gewerkschaften und Arbeitgeberverbände** erfüllen die Aufgabe, im Rahmen der Tarifautonomie Tarifverträge auszuhandeln. Diese Funktion wird aber gerade wegen der Tarifautonomie überwiegend als privates Anliegen der beiden Gruppen angesehen. Vor allem aber fehlt beiden Organisationen das Recht zur Erhebung von Zwangsabgaben.

(6) **Unternehmensähnliche Einrichtungen der öffentlichen Hand,** deren Einnahmen- und Ausgabengebarung nur teilweise erwerbswirtschaftlich ausgerichtet ist, z. B. Bahn und Post, tendieren zum öffentlichen Sektor, wenn die Gebühren bzw. Preise im

---

[2] Das ERP-Vermögen entstand aus dem European Recovery Program (ERP) der USA nach 1947 dadurch, daß die amerikanischen Lieferungen vom US-Staat subventioniert wurden und von den deutschen Importeuren nicht in Dollar an die amerikanischen Exporteure, sondern in DM an das ERP-Vermögen eingezahlt werden mußten. Seit Beendigung der Wiederaufbauphase wird das Sondervermögen überwiegend zur Förderung der deutschen Wirtschaft sowie für Zwecke der Entwicklungshilfe und Exportfinanzierung verwendet. Die heute noch zur Verfügung stehenden Mittel stammen aus Zinsen und Tilgungen aus früher gewährten Krediten.

Schema 1.2: Parafiskalische Träger der Finanzpolitik

Typ und Beispiele	Öffentliche Aufgaben		Finanzierung		
Merkmale	überwiegend	partiell	Zwangsabgaben	Zuweisungen aus Haushaltsmitteln	Engelte, Preise, Mitgliedsbeiträge, Kreditrückflüsse, Spenden usw.
(1) Sozialfisci gesetzliche					
– Krankenversicherung	×		×		
– Rentenversicherung	×		×		
– Unfallversicherung	×		×		
– Arbeitslosenversicherung	×		×	×	
(2) Kreditfonds, z. B. ERP-Sondervermögen	×			×	×
(3) Ständefisci					
berufsständische Kammern, z. B. Handwerkskammern, Industrie- und Handelskammer, Landwirtschaftskammer, Kammern freier Berufe		×	×		×
freie Berufsverbände		×			×
(4) Kirchenfisci		×	×	×	×
(5) Gewerkschaften und Arbeitgeberverbände		×			×
(6) Unternehmensähnliche Einrichtungen der öffentlichen Hand					
Bahn, Post		×		×	×
Öffentliche Unternehmen		×			×
Versorgungsunternehmen (Strom, Gas, Wasser, Wärme)		×			×
Verkehrsunternehmen		×			×
Banken mit speziellen Aufgaben					×
(7) Sonstige					
Rundfunk- und Fernsehanstalten				×	×
Technische Überwachungsvereine, Hochschulen, selbständige Forschungseinrichtungen, Stiftungen, weitere Verbände verschiedenster Art					×

Wege eines politischen Genehmigungsverfahrens festgesetzt werden. Überwiegt jedoch das erwerbswirtschaftliche Prinzip mit der gewinnbezogenen Orientierung an Marktdaten, so ist es – je nach Trägerstellung – sinnvoller, die Einrichtung dem privaten Sektor zuzuordnen.

Die Anlässe für die *Entstehung* von Parafisci waren verschiedenartig. Gelegentlich wurden privaten (unternehmerischen oder gemeinnützigen) Institutionen im Laufe der Geschichte öffentliche Aufgaben übertragen (Handwerkskammern usw.) oder bereits übernommene Aufgaben als öffentlich angesehen (Sozialarbeit der Kirchen). Häufig waren die Anlässe technischer Art. So sind z. B. Kreditprogramme im allgemeinen Haushalt schwierig zu behandeln, weil Verausgabung und Rückfluß zeitlich oft schwer abzuschätzen sind; sie werden daher häufig ausgegliedert. Ebenso kann ein gewünschtes Beitragsverfahren außerhalb der üblichen Staatseinnahmen ein Grund zur Ausgliederung sein (Sozialversicherung).

Die *Bedeutung* der Parafisci im Rahmen der Finanzwissenschaft liegt auf verschiedenen Gebieten. Zunächst ist für die Aussagekraft des Staatsanteils und seine internationale Vergleichbarkeit wichtig, ob sie einbezogen oder herausgelassen wurden. Geht es um Fragen der wirtschafts- bzw. finanzpolitischen Willensbildung, sei es in der Konjunktur- oder Verteilungspolitik, sei es bei der Festlegung einer längerfristig orientierten Finanzpolitik, sind die Parafisci als zusätzliche Träger der Finanzpolitik in die Überlegungen einzubeziehen. Da Parafisci häufig geschaffen wurden, um Bereiche öffentlicher Aktivität aus der laufenden parlamentarischen Willensbildung herauszunehmen, bringen sie zwangsläufig zusätzliche Probleme der Koordination und Kontrolle mit sich.

An der Existenz von Parafisci lassen sich gut die Verstöße gegen den **Haushaltsgrundsatz der Einheit** verdeutlichen. Im Interesse einer besseren Erfassung aller Ausgaben und Einnahmen einer Gebietskörperschaft und um parlamentarisch gleichzeitig über alle Ausgaben und Einnahmen mit der Möglichkeit der Prioritätenänderung entscheiden zu können, wird gefordert, alle Einnahmen und Ausgaben innerhalb eines einzigen Etats aufzuführen.[3] Mit dieser Vorschrift sollen Sonder- bzw. Nebenhaushalte wie die der Parafisci vermieden werden. Ihre Einrichtung muß daher gesondert begründet und gesetzlich fixiert werden.[4]

Zusammenfassend zeigt der Blick auf die Träger der Finanzpolitik, daß auch mit ihrer Hilfe die finanzwirtschaftliche Staatstätigkeit nicht hinreichend bestimmt werden kann. Gebietskörperschaften und Parafisci sind nämlich nicht nur für finanzwirtschaftliche Aktivitäten, sondern auch für die staatlichen Tätigkeiten insgesamt zuständig und wirken auf vielfältige Weise auf den Wirtschaftsprozeß ein.

---

[3] In § 11 Bundeshaushaltsordnung (BHO) und § 8 Haushaltsgrundsätzegesetz (HGrG) sowie in Art. 110 Abs. 1 Grundgesetz (GG) wird nur von „dem" Haushaltsplan gesprochen.

[4] Die Bedeutung der Haushaltsgrundsätze wird im 3. Kapitel erläutert.

II. Instrumente der Finanzpolitik

Als weiteres Merkmal zur Kennzeichnung der öffentlichen Finanzwirtschaft verbleiben nach der Erörterung der Ziele und der Träger schließlich die Instrumente der Finanzpolitik, d.h. die öffentlichen Einnahmen und Ausgaben. Sie stehen den Trägern der Finanzpolitik als Manövermasse zur Verwirklichung von Zielen zur Verfügung.

a) Gliederung der finanzpolitischen Instrumente

1. Die öffentlichen Aufgaben und Ausgaben

Dieser Bereich der öffentlichen Finanzwirtschaft wird in der Regel am Anfang der Analyse stehen, da die **Aufgabenerfüllung** sich am stärksten im Sachzweck der öffentlichen **Ausgaben** ausdrückt, so wie er z.B. in der Gliederung nach Aufgabenbereichen (Verteidigung, Bildungswesen, soziale Sicherung, Verkehrswesen usw.) in Tabelle 1.1 zum Ausdruck kommt. Dabei handelt es sich nur um eine von vielen Möglichkeiten, die Vielfalt öffentlicher Ausgabearten zu strukturieren. Die Wahl der jeweiligen **Gruppierung der Ausgaben** wird durch ihren **Zweck** bzw. eine **Fragestellung** bestimmt.

1.1. Gliederung nach Aufgabenbereichen

Eines der frühesten Ziele einer Einteilung der öffentlichen Ausgaben, das zudem bis heute wichtig geblieben ist, besteht darin, die *Verausgabung nach Ressorts* sichtbar zu machen. Zu diesem Zweck gliedert man die Ausgaben nach den verantwortlichen Instanzen, z.B. den Ministerien (sog. Ministerialprinzip oder Ressortprinzip). Diese Einteilung liegt den öffentlichen Haushaltsplänen als Hauptgliederung zugrunde. Auf die Ressortgliederung wird kaum jemals verzichtet werden können, da feststellbar sein muß, welcher Minister für welchen Haushalt verantwortlich ist.

Da manche dieser Ressorts im Laufe der Zeit Aufgaben an sich gezogen haben, die bei einer strengen Trennung der Aufgaben in einem anderen Ressort erfüllt werden müßten, bereinigt man häufig diese Ressorteinteilung und spricht dann von einer *Gliederung nach dem Funktionalprinzip* (Gliederung nach der Aufgabenerfüllung), die man auch als eine Gliederung nach bereinigten Aufgabenbereichen bezeichnen kann.[5] Für sie ist Tab. 1.1 beispielhaft.

Neben der Zuordnung und Kontrolle der Aufgabenerfüllung im politischen Bereich dient die Gliederung nach Aufgabenbereichen auch der politischen Grundsatzdiskussion. Sie stellt Daten über die bisherige Aufgabenerfüllung bereit, soweit sie sich im Budget niederschlägt, und dient der Wiedergabe zukünftiger Prioritäten der Aufgabenerfüllung in politischen Programmen. Auch längerfristige Finanzpläne sind in aller Regel nach Aufgabenberei-

---

[5] Für den Bund schreibt § 14 BHO vor, daß dem nach Ressorts geordneten Haushalt eine „Funktionenübersicht" als Anlage beigegeben wird.

Tab. 1.1: Öffentliche Ausgaben nach Aufgabenbereichen, Bundesrepublik Deutschland[1], 1990[2, 3]

Aufgabenbereich	Mio. DM	%
Verteidigung	57 839	5,1
Öffentliche Sicherheit und Ordnung, Rechtsschutz	33 247	2,9
Schulen, Hochschulen, übriges Bildungswesen	97 197	8,5
Wissenschaft, Forschung und Entwicklung außerhalb der Hochschulen	12 888	1,1
Kulturelle Angelegenheiten	9 061	0,8
Soziale Sicherung	537 373	47,1
Gesundheit, Sport und Erholung	48 245	4,2
Wohnungswesen und Raumordnung[4]	41 209	3,6
Wirtschaftsförderung[5]	45 243	4,0
Verkehr und Nachrichtenwesen	32 636	2,9
Sonstige Aufgabenbereiche	226 445	19,8
Ausgaben insgesamt	1 141 383	100,0

[1] Früheres Bundesgebiet.
[2] Bund, LAF, ERP, Länder, Gemeinden/Gv, Sozialversicherungsträger, Bundesanstalt für Arbeit, Zusatzversorgungskassen, kommunale Zweckverbände, Finanzanteile der Bundesrepublik Deutschland an den Europäischen Gemeinschaften sowie Ausgaben der Krankenhäuser und Hochschulkliniken mit kaufmännischem Rechnungswesen.
[3] Teilweise geschätzt.
[4] Einschl. kommunaler Gemeinschaftsdienste.
[5] Ernährung, Landwirtschaft und Forsten, Energie- und Wasserwirtschaft, Gewerbe, Dienstleistungen.

Quelle: Statistisches Jahrbuch 1992 für die Bundesrepublik Deutschland, Wiesbaden 1992, S. 520, und eigene Berechnungen.

chen gegliedert.[6] Nicht zuletzt dient diese Ausgabeneinteilung dazu, volkswirtschaftliche Wirkungen zu untersuchen. So werden z. B. Ausgaben für Verkehrswege oder für Forschung und Technologie in ihrem Effekt auf das Wirtschaftswachstum analysiert.

1.2. Gliederung nach Ausgabearten

Die neben der Gliederung nach Aufgabenbereichen oft verwendeten Gruppierungen der öffentlichen Ausgaben sollen helfen, weitere Auswirkungen der öffentlichen Ausgaben auf den gesamtwirtschaftlichen Produktions- und Verteilungsprozeß zu analysieren. Der Anstoß für die Einteilung der öffentlichen Ausgaben nach Arten ging von **G. Colm** und **A. C. Pigou** aus. Colm trennte die staatlichen Verwaltungsleistungen, deren Kosten er in

[6] Vgl. etwa: Finanzplan des Bundes ab 1993–1997 in: Finanzbericht 1994, Bonn 1993, S. 11 ff.

Personal- und Sachkosten aufteilte, von den Geldleistungen,[7] während Pigou unter dem Blickwinkel des unterschiedlichen Einflusses der Ausgaben auf das Volkseinkommen den ,non-transfer expenditures' die ,transfer expenditures' gegenüberstellte.[8]

Das Unterscheidungsmerkmal dieser Ausgabeneinteilung (siehe Schema 1.3) besteht darin, daß bei den ,non-transfer expenditures' die staatliche Zahlung auf Grund einer Gegenleistung am Faktor- oder Gütermarkt erfolgt,[9] während bei *Transferausgaben* (,transfer expenditures') in der Regel nur Kaufkraft vom Steuerzahler auf den Transferempfänger umgelenkt und kein zusätzliches Einkommen geschaffen wird. Die Transfers werden oft nach Zahlungen an Unternehmen (Subventionen) und Zahlungen an private Haushalte (insbesondere Sozialausgaben, Sozialtransfers) unterschieden.

Schema 1.3: Gliederung der Ausgaben nach Arten

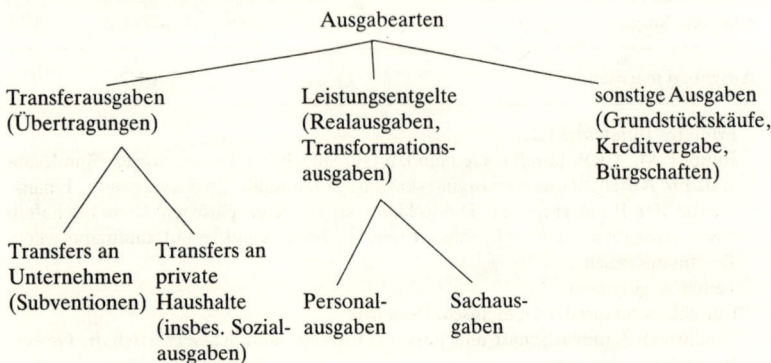

Die Grenze zwischen *Leistungsentgelten* und Transfers verliert an Schärfe, wenn Transfers mit Auflagen vergeben werden, die dazu führen, daß der Transferempfänger ein bestimmtes Gut (z.B. Nahrungsmittel, landwirtschaftliche Maschinen) kaufen muß, um eine Vergünstigung zu erhalten. Im Extremfall ist der Unterschied nur noch formaler Art, da ein solcher mit Verwendungsauflagen versehener Transfer dem Vorgang gleicht, daß die öffentliche Hand das betreffende Gut kauft und es dann dem zu Begünstigenden übereignet. Die Leistungsentgelte (Transformationsausgaben, Realausgaben) werden in der Regel in Personalausgaben und Sachausgaben (laufende Sachausgaben und Sachinvestitionen) unterteilt.

---

[7] Colm, G., Volkswirtschaftliche Theorie der Staatsausgaben, Tübingen 1927, S. 34ff.

[8] Pigou, A. C., A Study in Public Finance, 3. Aufl., London 1951, Neudruck 1962, S. 19ff.

[9] Daher werden sie auch als Leistungsentgelte bezeichnet; üblich sind auch die Ausdrücke Realausgaben und Transformationsausgaben. Die Bezeichnung „Ausgaben für Güter und Dienste" ist dagegen nicht eindeutig, da der Begriff „Dienste" sowohl für Personalausgaben als auch für den Kauf von Dienstleistungen von privaten Unternehmen verwendet wird.

Bei der Frage, ob diese Ausgabeneinteilung alle öffentlichen Ausgaben einschließt, kann festgestellt werden, daß unter dem von Colm und Pigou verwendeten Gliederungskriterium z. B. Grundstückskäufe der öffentlichen Hand nicht erfaßt werden; sie erhöhen das volkswirtschaftliche Einkommen nicht, sondern führen lediglich zu einem Wechsel der Vermögensbesitzer. Die *Kreditvergabe* des Staates und die *Bürgschaften,* die der Staat übernimmt, bleiben bei dieser Ausgabeneinteilung ebenfalls unberücksichtigt. Bürgschaften werden nur im Ausnahmefall zu Zahlungen und erscheinen auch nur dann im Haushalt. Angaben zu Umfang und Struktur der Bürgschaftsverpflichtungen des Staates werden dem Haushaltsplan nachrichtlich in Form des sog. „Bürgschaftsrahmens" angefügt.[10]

Die größte Leistungsfähigkeit kommt dieser Ausgabeneinteilung im **konjunkturpolitischen Zusammenhang** zu. Ohne bereits hier auf Einzelheiten einzugehen, leuchtet es ein, daß für eine Politik, mit deren Hilfe Unternehmen und private Haushalte getrennt beeinflußt werden sollen, eine Unterteilung nach **Subventionen und Sachausgaben** (Unternehmen als Zahlungsempfänger) sowie **Sozial- und Personalausgaben** (private Haushalte als Zahlungsempfänger) hilfreich ist.[11]

Wenn sich die Fragestellung von der Konjunktur- zur **Verteilungspolitik** verlagert, ist die Einteilung so lange sinnvoll, wie sie sich auf die Zahlungssphäre bezieht. Dem verteilungs- und auch **wachstumspolitisch** bedeutsamen Sachverhalt, daß die Leistungsentgelte dem Zweck dienen, bestimmte öffentliche Leistungen bereitzustellen, trägt die Einteilung nur formal Rechnung, da sie zwar die für die Erstellung erforderlichen „Transformations"- Ausgaben aussondert, das Leistungsangebot und seine Inanspruchnahme durch private Haushalte und Unternehmen aber nicht berücksichtigt. Hier ist das Anknüpfen an die einzelnen Aufgabenbereiche und die dort jeweils erstellten Leistungen hilfreicher.

Eine einheitliche Gliederung nach volkswirtschaftlich bedeutsamen Ausgabearten wird seit 1970 in der Finanzstatistik für alle Gebietskörperschaften verwendet. In ihr werden zunächst von den Ausgaben der laufenden Rechnung die Ausgaben der **Kapitalrechnung** abgetrennt, die eine Vermögensänderung herbeiführen, wie im Falle des Kaufs oder Verkaufs eines Grundstücks. Die Kapitalrechnung wird u. a. verwendet, um die Entwicklung des privaten Vermögens im Verhältnis zum öffentlichen Vermögen zu verfolgen.

Die in der **laufenden Rechnung** gewählte Einteilung in Personalausgaben und Sachaufwand sowie Zuweisungen und Zuschüsse an Unternehmen und Haushalte entspricht weitgehend der von Colm und Pigou vorgenommenen Unterscheidung. Tabelle 1.2 enthält im oberen Teil eine diesem Verfahren angenäherte Ausgabeneinteilung. Sie ist aber nicht nach Verwaltungs- und Vermögenshaushalt aufgegliedert, sondern gibt die Ausgabenarten übergreifend wieder. Außerdem sind Ausgaben der Sozialversicherung einbezogen.

---

[10] Siehe hierzu beispielhaft Bundeshaushaltsplan für das Haushaltsjahr 1993, Bonn o. J., Bd. 1, S. 2f.

[11] Für den Bundeshaushalt schreiben §§ 13 und 14 BHO vor, daß dem Haushalt eine „Gruppierungsübersicht" beizufügen ist, deren einzelne Positionen weitgehend den Kategorien der Einteilung von Colm und Pigou entsprechen.

2. Die öffentlichen Einnahmen

Die Einnahmen erfüllen öffentliche Aufgaben, indem sie die erforderliche Finanzierung ermöglichen. Neben dieser **fiskalischen Funktion** fallen den Einnahmen auch **nichtfiskalische Aufgaben** zu. Hierzu gehören die Verwirklichung von Zielen der Wirtschaftspolitik, wie etwa Preisniveaustabilität oder Vollbeschäftigung, und Aufgaben wie etwa eine qualitative Verbrauchslenkung oder die Vermeidung von Umweltschäden.

Ein Blick in die Praxis der öffentlichen Einnahmeerzielung ergibt das in Tabelle 1.2, unterer Teil, wiedergegebene Bild. Neben Steuern und steuerähnlichen Abgaben (vor allem Sozialversicherungsbeiträge) finanziert sich die öffentliche Hand noch über eine Reihe anderer Einnahmearten, unter

Tab. 1.2: Öffentliche Ausgaben und Einnahmen nach Arten, Bundesrepublik Deutschland,[1] 1990[2,3] und 1991[2,3]

	1990 Mio. DM	%	1991 Mio. DM	%
Ausgaben				
Personalausgaben	246 125	21,6	270 778	20,1
Sachausgaben[4]	305 901	26,8	332 441	24,7
Renten und Unterstützungen	353 151	30,9	386 781	28,7
Zinsausgaben	64 698	5,7	76 926	5,7
Vermögensübertragungen	27 251	2,4	38 617	2,9
Sonstige Ausgaben	144 257	12,6	240 378	17,9
Ausgaben[5]	1 141 383	100,0	1 345 921	100,0
Einnahmen				
Steuern und steuerähnliche Abgaben	931 535	85,6	1 064 832	85,6
Gebühren, sonstige Entgelte	66 939	6,1	74 421	6,0
Einnahmen aus wirtschaftlicher Tätigkeit	39 325	3,6	42 225	3,4
Einnahmen aus der Kapitalrechnung	20 686	1,9	24 561	2,0
Sonstige Einnahmen (ohne Kreditaufnahme)	30 219	2,8	34 943	2,8
Einnahmen[3]	1 088 704	100,0	1 240 982	100,0
Nettokreditaufnahme	70 097	–	110 183	–

[1] Früheres Bundesgebiet.

[2] Bund, LAF, ERP, Länder, Gemeinden/Gv, Sozialversicherungsträger, Bundesanstalt für Arbeit, Zusatzversorgungskassen, kommunale Zweckverbände sowie Finanzanteile der Bundesrepublik Deutschland an den Europäischen Gemeinschaften sowie Ausgaben der Krankenhäuser und Hochschulkliniken mit kaufmännischem Rechnungswesen.

[3] Teilweise geschätzt.

[4] Laufender Sachaufwand und Baumaßnahmen.

[5] Ohne besondere Finanzierungsvorgänge. Sie verursachen die Differenz zwischen Einnahmen und Ausgaben. Vgl. dazu 7. Kapitel, S. 351 f.

Quelle: Statistisches Jahrbuch 1992 für die Bundesrepublik Deutschland, Wiesbaden 1992, S. 519, und eigene Berechnungen.

denen vom Volumen her die Gebühren und sonstigen Entgelte sowie die Schuldaufnahme hervortreten. Dieses Einnahmespektrum läßt sich ebenfalls nach verschiedenen Kriterien und Fragestellungen ordnen, wobei allerdings auffällt, daß die Unterscheidungsversuche in diesem Bereich der Instrumente seltener sind als bei den Ausgaben.

Von Interesse ist zunächst, wodurch sich die *Steuern* (einschl. steuerähnlicher Abgaben) als die mit über 85% weitaus bedeutendste Einnahmenkategorie von den übrigen Einnahmearten unterscheiden. Eine Steuerzahlung weist **Zwangscharakter** auf, da sie auch gegen den Willen des Steuerpflichtigen geleistet werden muß. Außerdem handelt es sich um eine öffentliche Abgabe ohne Anspruch auf eine Gegenleistung. De facto mögen dem steuerzahlenden Bürger zwar durchaus öffentliche Leistungen zugute kommen, einen möglichen Anspruch auf sie erwirbt er jedoch als Staatsbürger, nicht als Steuerzahler. **Steuern** kann man mithin als **Zwangsabgaben** charakterisieren, **deren Zahlung keinen Anspruch auf Gegenleistung begründet.** Innerhalb der Vielfalt von Steuern gibt es verschiedene Untergliederungen. Für wirtschaftspolitische Zwecke steht häufig ihre Einteilung nach der Besteuerung der Einkommensentstehung, -verwendung und des Vermögens im Vordergrund. Diese Dreiteilung macht zugleich unterschiedliche Anknüpfungspunkte der Besteuerung deutlich.

Im Falle der **Sozialversicherungsbeiträge (Sozialabgaben)** handelt es sich weitgehend um Zwangsabgaben, die zur individuellen Steuerlast hinzutreten. Mit den Sozialabgaben erwirbt der Beitragszahler im Gegensatz zur Besteuerung ein Recht auf Gegenleistung. Es handelt sich um zweckgebundene Einnahmen der Sozialversicherungshaushalte.

Durch die beiden Merkmale „Zwangscharakter" und „fehlender Anspruch auf eine Gegenleistung" unterscheiden sich die Steuern von der *öffentlichen Verschuldung*. Die Zeichnung öffentlicher Schuldtitel erfolgt in der Regel freiwillig und nur gegen Verzinsung und Rückzahlung. Allerdings könnte der Staat auch auf eine marktübliche Verzinsung und Rückzahlung verzichten und zugleich einen Kaufzwang ausüben, wie im Falle einer **Zwangsanleihe.**

Im Gegensatz zu vielen Steuern kann man sich der Zahlung von *Gebühren und Beiträgen* häufig entziehen (z.B. bei einer Autobahngebühr). Selbst dann, wenn diese Entgelte bezahlt werden müssen, z.B. im Falle des Anliegerbeitrags eines Grundstückseigentümers, besteht im Vergleich zur Besteuerung der Anspruch auf eine Gegenleistung der öffentlichen Hand.

Bei *Erwerbseinkünften* (Einnahmen aus wirtschaftlicher Tätigkeit) handelt es sich um Einnahmen des Staates, die ihm aus eigenen Betrieben und Unternehmen, Beteiligungen an privaten Unternehmen und Grundvermögen zufließen. Diese Einnahmen entstehen durch seine **Teilnahme am Marktprozeß** und ergeben sich weniger aus der **Ausübung hoheitlicher Funktionen.**

Die in Tabelle 1.2 wiedergegebenen Einnahmen fließen mit oder ohne Gegenleistung vom privaten zum öffentlichen Sektor. Die *Transaktionen zwischen den staatlichen Körperschaften* bleiben dagegen verborgen. Aus der Sicht der einzelnen staatlichen Körperschaft, z. B. einer Gemeinde, ergibt sich nämlich ein differenzierteres Bild als das in Tabelle 1.2, da im Rahmen des Finanzausgleichs neben die dort genannten Einnahmearten ein – zum Teil nur schwer durchschaubares – Zuweisungs- und Erstattungssystem zwischen öffentlichen Körperschaften tritt, z. B. zwischen Ländern und Gemeinden (siehe Kapitel 5).

b) Die finanzpolitischen Instrumente im wirtschaftspolitischen Instrumentarium

Um die Ziele der Wirtschaftspolitik zu erreichen, werden neben den zuvor skizzierten finanzpolitischen Instrumenten zahlreiche nicht-finanzpolitische Instrumente eingesetzt. Beide Gruppen zusammen sind auf die Ordnung und den Ablauf der wirtschaftlichen Entwicklung gerichtet, im Falle der Finanzpolitik also auf die Finanzverfassung und die Prozeßpolitik. Die **prozeßpolitischen Instrumente** zielen überwiegend auf den kurzfristigen Ablauf des Wirtschaftsprozesses, während mit den **ordnungspolitischen Instrumenten** eher die langfristig gültigen Rahmendaten gesetzt werden.

Das gesamte wirtschaftspolitische Instrumentarium läßt sich auch in Maßnahmen aufteilen, die den Einsatz monetärer Ströme erfordern, und in Maßnahmen, die das Verhalten der Wirtschaftssubjekte unter weitgehendem Verzicht auf solche Ströme beeinflussen sollen. Zu den Instrumenten, die sich durch die **Verwendung monetärer Ströme** charakterisieren lassen, gehören die skizzierten finanzpolitischen Maßnahmen sowie verschiedene Mittel der **Geldpolitik,** wie etwa Offenmarktoperationen. Bei den Maßnahmen der Geld- und Finanzpolitik, bei deren Einsatz nicht unmittelbar monetäre Ströme Verwendung finden, handelt es sich um **unmittelbare Verhaltensvorschriften** oder **direkte Kontrollen.** Zu diesen verhaltensändernden Eingriffen der Wirtschaftspolitik können Lohn- und Preiskontrollen oder Kapitalverkehrskontrollen gezählt werden sowie Vorschriften, die sich aus der laufenden Kartellrechtsprechung ergeben. Man kann die wirtschaftspolitischen Instrumente insgesamt also auch nach dem Freiheitsgrad, den sie dem Adressaten der Maßnahme belassen, in Instrumente der Verhaltensanweisung, der Verhaltensinduzierung und der bloßen Verhaltensabstimmung einteilen. Dabei würden viele der finanzpolitischen Instrumente den verhaltensinduzierenden Instrumenten zuzuordnen sein. – Zwischen beiden Kategorien gibt es Übergänge. So sind einige der geld- und finanzpolitischen Instrumente auch durch Verhaltensvorschriften gekennzeichnet, z. B. Steuererhöhungen oder Veränderungen der Mindestreservesätze, und durch unmittelbare Verhaltensvorschriften können monetäre Ströme hervorgerufen werden. Beispielsweise kann die öffentliche Hand als Vormund Unterhaltszahlungen einklagen und dadurch öffentliche Sozialausgaben vermeiden.

C. Gegenstand der Finanzwissenschaft und Aufbau des Buches

a) Was ist Finanzwissenschaft?

Dieses Kapitel begann mit einer knappen Definition des Faches Finanzwissenschaft, da einer unvermittelt vorgenommenen langwierigen Abgrenzung keinerlei Anschauung zugrundegelegen hätte. Vielmehr diente erst die Gegenüberstellung von Staatstätigkeit und **Finanzwirtschaft** sowie der Überblick über **Ziele, Träger** und **Instrumente** der Finanzpolitik der Kennzeichnung des **Objektbereichs der Finanzwissenschaft.** Die Gesamtheit von Einnahmen und Ausgaben, die in Haushaltsplänen zusammengefaßt und in einem föderalistischen System mit seiner Vielzahl von Haushalten verschiedener Gebietskörperschaften und Parafisci in einem Finanzausgleichssystem geordnet ist, bildet das *Objekt der Finanzwissenschaft.* Dieser Teil der öffentlichen Aktivität wird von dem weiten Gebiet der Volkswirtschaftslehre abgetrennt behandelt, weil er so viele lösungsbedürftige Fragen enthält, daß sich eine gesonderte Behandlung aus Gründen der wissenschaftlichen Arbeitsteilung als zweckmäßig erwiesen hat.

Innerhalb der Finanzwissenschaft bildet die *Theorie der Finanzpolitik* nochmals einen Schwerpunkt. Trotz der nur skizzenhaften Umschreibung hat sich gezeigt, daß zwar nicht die Ziele und die Träger spezifisch für die Finanzpolitik sind, da sie in anderen Politikbereichen gleichermaßen zu finden sind, daß aber die öffentlichen Finanzen aufgrund der von ihnen ausgehenden Wirkungen instrumentell eingesetzt werden können. Die **Instrumente** aus dem Bereich der öffentlichen Finanzwirtschaft sind also **das Charakteristische an der Finanzpolitik,** und in der Theorie der Finanzpolitik wird folglich der **zielorientierte Einsatz der öffentlichen Einnahmen und Ausgaben** besonders intensiv zu behandeln sein.

Ein weiteres Merkmal zur Charakterisierung der öffentlichen Finanzwirtschaft ist der **Entscheidungsmechanismus,** der ihr zugrundeliegt. Während die private Wirtschaftstätigkeit am Marktgeschehen orientiert ist, unterliegt das finanzwirtschaftliche Handeln, ebenso wie die übrige Staatstätigkeit, der **politischen Willensbildung.** Hinzu kommt, daß ein Haushaltsplan im öffentlichen Sektor vollzugsverbindlich ist, während die Wirtschaftspläne der privaten Haushalte und Unternehmen eine größere Flexibilität bei der Durchführung aufweisen.

Mit Hilfe einzelner in der Finanzwissenschaft angewandter **Erkenntnismethoden** läßt sich ihr Gegenstand nicht zusätzlich präzisieren. Anders als etwa in den Fächern Statistik und Operations Research, in denen sich das Fachgebiet weitgehend durch die angewandte Methodik charakterisieren läßt, mit deren Hilfe Erkenntnisse gewonnen werden, zeichnet sich die Finanzwissenschaft gerade dadurch aus, daß zur Lösung ihrer Probleme nahezu alle Erkenntnismethoden der Wirtschaftswissenschaften herangezogen werden. Das gilt für die mikro- und makroökonomische Analyse (z. B. in der Steuerüberwälzungslehre) genauso wie für wohlfahrtstheoretische Ansätze (z. B. bei der Bestimmung des optimalen Staatsanteils), die empirische Sozialforschung und die historische Betrachtungsweise. Die Methoden der Statistik und Ökonometrie gewinnen ebenfalls an Bedeutung.

Es scheint sich fast zu erübrigen, zum Abschluß darauf zu verweisen, daß es bei dem Versuch, das Fach Finanzwissenschaft zu kennzeichnen, nicht um eine endgültige Definition oder gar um die Erfassung des „Wesens" dieser Wissenschaft geht. Beabsichtigt ist lediglich eine Beschreibung des Objektbereichs, die im wissenschaftlichen Sprachgebrauch ausreicht, die Schwerpunkte im finanzwissenschaftlichen Studium und in der Tätigkeit des „Finanzwissenschaftlers" anzugeben.

Eine Klärung erscheint schließlich auch deshalb erforderlich, weil der Begriff „Finanzwissenschaft" im Zeitablauf Wandlungen unterworfen war und auch die heutige Verwendung des Begriffes nicht dem Wortsinn zu entnehmen ist.

(1) Die *Entstehung des Begriffs „Finanzwissenschaft".* – „Der aus dem Mittellateinischen stammende Ausdruck Finanz, Finanzen, der anfangs durch richterliches Urteil festgesetzte Zahlungen (engl. fine) und später überhaupt Geldzahlungen und -geschäfte bezeichnet, wurde im Deutschen zunächst mit der üblen Nebenbedeutung von Wucher und Betrug gebraucht; «wüchse der Leib und das Gras als Untreu, Finanz, Neid und Haß, so hätten die Schafe und Rinder heuer das Jahr guten Winter» (Geiler von Kaysersberg, 1445–1510). Auch Luther nennt Finantzer (fynantzer) und Wucherer in einem Atem; in Basilius Fabers ‚Thesaurus eruditionis scholasticae' von 1680 ist ein Finantzer ein «Landbetrieger, der die Leute umbs Geld bescheisset».

In Frankreich kommen schon im 15. Jahrhundert die Bezeichnungen hommes de finance und financiers für die Steuerpächter und -eintreiber des Königs auf; der Plural Finanzen wird etwa in diesem Wortsinne später auch in die deutsche Sprache übernommen und verliert damit zugleich allmählich die anfängliche böse Nebenbedeutung (Grimms Wörterbuch). . . .

Die in Deutschland und Österreich lange vor der französischen Physiokratie und der englischen Klassik entwickelte Kameralwissenschaft, für die der preußische König Friedrich Wilhelm I. in Halle und Frankfurt/O. 1727 die ersten Universitätslehrstühle errichtete, befaßte sich mit der Haushaltswirtschaft der Länder und Territorien und der Wirtschafts- und Außenhandelspolitik, die für die fürstliche Schatzkammer möglichst einträglich sein sollte; ihr Kern war die ‚eigentliche Cameral- und Finanzwissenschaft' (v. Justi), die in Deutschland neben der seit Adam Smith aufkommenden Nationalökonomie gepflegt wurde und vor allem in der zweiten Hälfte des 19. Jahrhunderts zu hoher Blüte gelangte (Lorenz v. Stein, Albert Schäffle, Adolph Wagner u. a.)."[12]

(2) Zur *heutigen Verwendung des Begriffs „Finanzwissenschaft".* – Heute wird das Wort „Finanz" unglücklicherweise in drei Bereichen benutzt. In der Betriebswirtschaftslehre gehört die Finanzwirtschaft zu den klassischen Aufgabenbereichen. Dort spricht man von der Finanzpolitik der **Unternehmen.** Ferner kommt das Wort im Bereich des **privaten Haushalts** vor und bezieht sich dort auf die geldlichen Angelegenheiten. Ist jetzt auch im **öffentlichen Sektor** von den Finanzen die Rede, so liegen Mißverständnisse nur allzu nahe. Die Möglichkeit der Verwechslung mit Finanztransaktionen im privaten Sektor tritt im ausländischen Sprachgebrauch nicht auf, da

---

[12] Schmölders, G., Finanz- und Steuerpsychologie, Rowohlts Deutsche Enzyklopädie, Band 100, Hamburg 1970, S. 7.

man „Finanzwissenschaft" im Englischen mit ‚public finance' und im Französischen mit ‚finances publiques' bezeichnet. Im Deutschen wäre die Bezeichnung „Öffentliche Finanzen" daher auch eindeutiger.

b) Zum Aufbau des Buches

Mit dem Aufbau dieses Buches ist beabsichtigt, den finanzwissenschaftlichen Lehrstoff so aufzubereiten, daß die Bedeutung der wissenschaftlichen Ergebnisse für die Erfüllung der Aufgaben der öffentlichen Finanzwirtschaft sichtbar wird (s. auch oben Vorwort zur 1. Auflage). Infolgedessen lag es nahe, daß die Ziele, für die die öffentlichen Finanzen eingesetzt werden, zugleich der Gliederung dieses Buches zugrundeliegen. Den oben erörterten Zielen sind daher in Schema 1.1 jeweils Kapitel gegenübergestellt.

Die folgenden Kapitel lassen sich gemäß der beiden zuvor unterschiedenen **Zielbereiche der Finanzpolitik** in zwei Gruppen unterteilen (s. Schema 1.1, S. 3). Den *abgeleiteten Zielen* der öffentlichen Finanzwirtschaft sind drei Kapitel im vorderen Teil des Buches gewidmet. Eines behandelt den **öffentlichen Haushalt** als das hauptsächliche Handlungs- und Planungsinstrument der öffentlichen Hand, das ständiger Verbesserung bedarf (3. Kapitel). Es schließt sich eine ökonomische Betrachtung der **Finanzierung** der Staatstätigkeit und der Zusammensetzung der Einnahmearten an (4. Kapitel). Aus dem Bereich der abgeleiteten Ziele wird als nächstes die Frage des **Finanzausgleichs**, also des Problems einer zweckmäßigen Zuordnung von Aufgaben, Ausgaben und Einnahmen auf Gebietskörperschaften in einem föderativ aufgebauten Staat wie der Bundesrepublik behandelt (5. Kapitel).

Den der Finanzpolitik *vorgegebenen Zielen* sind jeweils eigene Kapitel gewidmet. Die Ziele „**gerechte Einkommensverteilung**" (6. Kapitel), „**Konjunkturstabilisierung**" (7. Kapitel), „**Förderung des Wirtschaftswachstums**", (8. Kapitel) und „**Vermeidung von Umweltschäden**" (9. Kapitel) wurden wegen ihrer allgemein anerkannten wirtschaftspolitischen Bedeutung von den Autoren ausgewählt. Das **Allokationsziel** wird an zahlreichen Stellen des Buches angesprochen, und man könnte ihm die gesamte Umweltproblematik zuordnen. Zusätzlich werden einige finanzwissenschaftliche Grundfragen des Allokationsziels, die Theorie der öffentlichen Güter und die normative Bestimmung des Staatsanteils sowie die Bestimmungsgründe der Ausgabenentwicklung im folgenden Kapitel über den Staatsanteil behandelt.

Fragen zum ersten Kapitel

1. Was würde geschehen, wenn man die öffentliche Finanzwirtschaft erheblich reduzierte?
2. Welche Unterschiede bestehen zwischen den vorgegebenen und abgeleiteten Zielen der finanzwirtschaftlichen Staatstätigkeit?
3. Was gehört zur staatsinternen Effizienz?
4. Wie entwickelten sich die Ziele der Finanzwirtschaft?

5. Mit Hilfe welcher Kriterien läßt sich entscheiden, ob eine Institution als Parafiskus anzusehen ist?
6. Welche finanzpolitischen Probleme werfen Parafisci auf?
7. Welche Einteilungen und Gliederungen der finanzpolitischen Instrumente werden unterschieden?
8. Welche Bedeutung kommt der Unterteilung der Ausgaben in Leistungsentgelte und Transferausgaben zu?
9. Geben Sie eine finanzwissenschaftliche Definition der Steuer. Wodurch unterscheiden sich die Steuern von den Beiträgen?
10. Wie läßt sich der Gegenstand der Finanzwissenschaft umschreiben?

Literatur zum ersten Kapitel

Albers, W., Ziele und Bestimmungsgründe der Finanzpolitik, in: Handbuch der Finanzwissenschaft, 1. Bd., 3. Aufl., Tübingen 1977, S. 124 ff.

Berg, H., und Cassel, D., Theorie der Wirtschaftspolitik, in: Vahlens Kompendium der Wirtschaftstheorie und Wirtschaftspolitik, Bd. 2, 5. Aufl., München 1992, S. 163 ff.

Deutsche Bundesbank, Die Ausgaben der Gebietskörperschaften seit dem Jahre 1982, in: Monatsberichte der Deutschen Bundesbank, 42. Jg., Nr. 7, Juli 1990, S. 40 ff.

Hedtkamp, G., Klassifikation der öffentlichen Einnahmen, in: Handbuch der Finanzwissenschaft, 2. Bd., 3. Aufl., Tübingen 1980, S. 63 ff.

Littmann, K., Problemstellung und Methoden der heutigen Finanzwissenschaft, in: Handbuch der Finanzwissenschaft, 1. Bd., 3. Aufl., Tübingen 1977, S. 99 ff.

Pohmer, D., Finanzwissenschaft III: Politik, in: Handwörterbuch der Wirtschaftswissenschaft, 3. Bd., Stuttgart u. a. 1981, S. 261 ff.

Recktenwald, H. C., Finanzwirtschaft, öffentliche, in: Handwörterbuch der Wirtschaftswissenschaft, 3. Bd., Stuttgart u. a. 1981, S. 144 ff.

Smekal, C., Finanzen intermediärer Gewalten (Parafisci), in: Handwörterbuch der Wirtschaftswissenschaft, 3. Bd., Stuttgart u. a. 1981, S. 1 ff.

Stern, K., Staatsziele und Staatsaufgaben in verfassungsrechtlicher Sicht, in: Bitburger Gespräche, Jahrbuch 1984, München 1984, S. 5 ff.

Zimmermann, H., Finanzpolitische Instrumente (I) und (II), in: Das Wirtschaftsstudium, 8. Jg., 1979, Heft 4, S. 203–207, und Heft 5, S. 253–259.

Zweites Kapitel

Der Staatsanteil

A. Die Bestimmungsgrößen der finanzwirtschaftlichen Staatstätigkeit

I. Erfassung und Messung der finanzwirtschaftlichen Staatstätigkeit

a) Anlaß und Ziele einer Messung des Staatsanteils

In der jüngsten Zeit wird – nicht nur in der Bundesrepublik Deutschland – das politische Interesse an der Frage nach der Berechtigung und dem Umfang der Staatstätigkeit wieder stärker. In den programmatischen Ausführungen der Parteien erscheint die Erhöhung oder Senkung des Staatsanteils häufig als Ziel bzw. strategische Variable der Wirtschafts- und Sozialpolitik. Auch wurde lange Zeit unter Hinweis auf die durch amerikanische Verhältnisse geprägten Vorstellungen eines sozialen Ungleichgewichts zwischen öffentlichem und privatem Sektor eine Ausdehnung der Staatstätigkeit gefordert, denn dort wurde es angesichts des sog. privaten Reichtums als notwendig angesehen, durch mehr öffentliche Transfers und Investitionen die sog. öffentliche Armut zu beseitigen. Heute fordert die eine Seite eine Erhöhung der Staatstätigkeit als unabdingbare Voraussetzung zur Verwirklichung sozialer Gerechtigkeit, hingegen sieht die andere Seite angesichts eines weiter steigenden Staatsanteils eine Gefährdung der sozialen Marktwirtschaft und ihrer Ziele. Eine Rückführung des Staatsanteils und die damit wahrscheinlich verbundene Entbürokratisierung sowie eine Stärkung der Eigeninitiative der einzelnen privaten Haushalte und Unternehmen erscheint dieser Ansicht nach als ein Weg zu höherer Wohlfahrt und höheren Wachstumsraten.

Unabhängig von der eingenommenen Position gehört es zu den Voraussetzungen für diese ordnungs- und prozeßpolitische Auseinandersetzung über die wünschenswerte Höhe des Staatsanteils, die Staatstätigkeit mit ihren Erscheinungsformen zu erfassen und – soweit überhaupt möglich – zu messen.

Im Vordergrund des Interesses an einer Messung des Staatsanteils steht die *ordnungspolitische Bedeutung* eines sich ändernden Staatsanteils. Die Entwicklung von Umfang und Struktur der Staatstätigkeit stellt ein Grundproblem in der Literatur über Wirtschaftsordnungen und Wirtschaftssysteme dar; schließlich unterscheiden sich zentralverwaltungswirtschaftliche und marktwirtschaftliche Wirtschaftssysteme sehr wesentlich durch den Raum, der dem staatlichen im Vergleich zum privaten Sektor eingeräumt werden soll. Je nach der politischen Position des Betrachters erscheint der Staat eher als die Kollektivgewalt, die den Freiheitsspielraum des Einzelnen einengt, oder eher als das wünschenswerte Gegengewicht gegen die Handlungsspielräume der Privaten. Für den Fall, daß z. B. aus ordnungspolitischer Sicht der gesamte **Staatseinfluß** interessiert und nicht nur der öffentlich befriedigte Anteil der Nachfrage nach privaten und öffentlichen Gütern, ist es offenkundig, daß verhältnismäßig einfach zu messende Größen wie Ausgaben oder Einnahmen nicht ausreichen, um den staatlichen Einfluß auch nur annähernd zu erfassen. Nur wenn die staatliche Tätigkeit in allen ihren Erscheinungsformen erfaßt, gemessen und der privaten Aktivität gegenübergestellt werden könnte, wäre es denkbar, im zeitlichen Vergleich dieser Angaben Anhaltspunkte für die Veränderung eines Wirtschaftssystems unter ordnungspolitischen Gesichtspunkten zu gewinnen.

Den historischen Anlaß für die Beschäftigung mit dem Staatsanteil kann man auch in einer klassischen finanzwissenschaftlichen These sehen, derzufolge „geschichtliche (zeitliche) und räumliche, verschiedene Länder umfassende Vergleiche zeigen, daß bei fortschreitenden Culturvölkern ... regelmäßig eine Ausdehnung der Staatsthätigkeiten und der gesamten öffentlichen, durch die Selbstverwaltungskörper neben dem Staate ausgeführten Thätigkeiten erfolgt."[1]

Dies schrieb Ende des 19. Jahrhunderts **A. Wagner** und formulierte das nach ihm benannte, oft zitierte **„Gesetz der wachsenden Staatstätigkeit".**[2] Für den Bereich der öffentlichen Finanzwirtschaft folgerte er daraus das **„Gesetz der wachsenden Ausdehnung des Finanzbedarfs,** sowohl des Staats als in der Regel (und öfters noch mehr) auch der Selbstverwaltungskörper bei entsprechender Decentralisation der Verwaltung und ordentlicher Organisation der Selbstverwaltung."[3] Die Ableitung des zweiten Gesetzes aus dem ersten bedeutet, daß Wagner Staatstätigkeit und finanzwirtschaftliche Tätigkeit unterschieden hat. Die **gesamte Staatstätigkeit** wird zunehmen, so lautete seine zentrale Aussage, und im Zusammenhang damit nähmen auch die öffentlichen Finanzströme zu. Sowohl die Gründe, die Wagner in späteren Arbeiten für seine Prognose über die Staatstätigkeit nennt,[4] als auch die bis heute fortdauernde Diskussion über das Wagnersche Gesetz konzentrieren sich jedoch auf die Entwicklung der öffentlichen **Ausgaben.**

Die Intensität, mit der dieses „Gesetz" diskutiert worden ist, und die zahlreichen Versuche seiner statistischen Prüfung deuten darauf hin, daß es nicht nur als zutreffende Einschätzung eines historischen Vorgangs angesehen wurde; vielmehr erfüllen die Überprüfungsversuche auch den Zweck, Hypothesen zur *Erklärung der Staatstätigkeit* zu entwickeln und den beobachteten Sachverhalt, nämlich die Zunahme der (an den Ausgaben gemes-

---

[1] Wagner, A., Grundlegung der politischen Oekonomie, 3. Aufl., 1. Theil, Leipzig 1892, S. 893.

[2] Genauer: „(Volkswirthschaftliches) Gesetz der wachsenden Ausdehnung der öffentlichen und speciell der Staatsthätigkeiten", ebenda, S. 895.

[3] Wagner, A., Finanzwissenschaft, 3. Aufl., 1. Theil, Leipzig und Heidelberg 1883, S. 76 (Hervorhebung durch die Verfasser).

[4] Vgl. Wagner, A., Das Gesetz der zunehmenden Staatstätigkeit, abgedruckt in: Recktenwald, H. C., Hrsg., Finanztheorie, Köln-Berlin 1970, S. 241ff.

senen) Staatstätigkeit in Zusammenhang insbesondere mit ordnungspolitischen Zielen zu bringen.

Neben dem ordnungspolitischen Ziel einer Messung der Staatstätigkeit ergibt sich für den Einsatz der *Prozeßpolitik*, vor allem in Form der Konjunk-
tur-, Wachstums- und Verteilungspolitik, ein Erkenntnisinteresse an der
Messung des Staatsanteils. Dabei geht es um das „**strategische Potential**",
dessen sich die Wirtschaftspolitiker bedienen können; Budgetzahlen über
die Höhe der Güterkäufe, Personalausgaben, Sozialausgaben oder Subventionen der öffentlichen Gebietskörperschaften sind hier allerdings aussage-
kräftiger als Zahlen über die Gesamtausgaben. So ist es für die Träger der
Konjunktur- und Wachstumspolitik wichtig zu wissen, in welchem Maß der
öffentliche Sektor im volkswirtschaftlichen Kreislauf an Wertschöpfung,
Investition und Konsum beteiligt ist und wie er auf diese Größen einwirken
kann. Hierzu gehört z. B. die Kenntnis darüber, wieviele Produktivkräfte
(Ressourcen) die öffentliche Hand direkt in Form von Gütern oder Arbeits-
leistungen in Anspruch nimmt, oder die Information darüber, in welchem
Ausmaß der Staat durch die Vergabe von Subventionen die privaten Inve-
stitionen zu lenken versucht. Von zunehmender Bedeutung sind auch die
Begründung und die Höhe der Sozialausgaben, die gelegentlich auch als
Lasten des Wohlfahrtsstaats angesehen werden.

Neben das ordnungs- und prozeßpolitische Interesse an einer Messung des
Staatsanteils treten eine Reihe weiterer Ziele, wenn man fragt, wer die
Ergebnisse einer Staatsanteilsmessung verwenden kann. So interessiert sich
z. B. der *Staatsbürger als Steuerzahler* für die Entwicklung der Steuer- bzw.
Abgabenquote, um sie den Vorteilen aus den öffentlichen Ausgaben gegenüberstellen zu können. Auch für die *Unternehmen* kann die Entwicklung
des Staatsanteils aufschlußreich sein, etwa um sie mit der in anderen Ländern zu vergleichen und Schlüsse auf Belastungsunterschiede zu ziehen.
Schließlich möchte auch der *Wähler* genau wissen, was er mit seinen Steuerzahlungen finanziert.

b) Erfassung der finanzwirtschaftlichen Staatstätigkeit

Um überhaupt einen **Bezug zwischen** einem **weit definierten** „**Staatseinfluß**"
und den häufig verwendeten „**Staatsquoten**" in Form des Anteils der öffentlichen Ausgaben oder der Steuern am Sozialprodukt herzustellen, sind zumindest drei Vorfragen zu klären:

(1) Inwieweit erfassen Zahlen über die öffentliche Finanzwirtschaft die
Staatstätigkeit i. w. S.?

(2) Wie weit ist der Kreis der zu berücksichtigenden finanzwirtschaftlichen
Institutionen bzw. Träger der Finanzpolitik zu ziehen?

(3) Welche Finanzströme sollen für jede Institution bzw. jeden Träger zugrundegelegt werden?

Die öffentliche Finanzwirtschaft stellt nur einen Ausschnitt der staatlichen
Aktivitäten dar. Das wird deutlich, wenn man sich die Instrumente vor
Augen führt, die der Staat heranzieht, um die zuvor beschriebenen alloka-

tions-, distributions- und stabilitätspolitischen Aufgaben zu lösen. Die *Erscheinungsformen staatlicher Tätigkeit* reichen von der hoheitlichen Anordnung über die Bereitstellung von Leistungen bis zur Zahlung von Transfers an private Haushalte und Unternehmen. Da also öffentliche **Aufgaben** nicht nur mit Hilfe von **Ausgaben,** wie etwa im Falle von Subventionen und Sozialausgaben, erfüllt werden, sondern auch durch staatliche Normsetzung bzw. Verordnungen (Gesetze, Rechtsverordnungen, Verwaltungsakte usw.), wird die **Aussagekraft der** öffentlichen **Ausgaben als Indikator der Staatstätigkeit beeinträchtigt.** Dies wird besonders deutlich, wenn man die **Erscheinungsformen** bzw. Instrumente **staatlichen Handelns** nach ihrem Niederschlag im Budget **(Budgetwirksamkeit)** trennt. Gesetze und Verordnungen schlagen im Budget nur mit den Verwaltungskosten zu Buch, z. B. lassen sich die Verwirklichung und die Bedeutung von wettbewerbs- und außenpolitischen Zielen sowie von Reformen im Bereich der Mitbestimmung oder des Eherechts an der Entwicklung der öffentlichen Ausgaben nicht ablesen. Dagegen kann bei „ausgabenintensiven" Staatstätigkeiten[5] die Zielerfüllung eher am Ausmaß der in Anspruch genommenen Ströme, z. B. an den Subventionen, Personalausgaben oder Sozialausgaben, abgelesen werden. Es wäre aber falsch, aus der Tatsache, daß im Falle von Subventionen, Sozialausgaben oder öffentlichen Investitionen die öffentliche Aktivität über die Ausgaben besser erfaßbar scheint, zu schließen, daß ausgaben- oder budgetwirksame Staatstätigkeit immer stärker auf den privaten Sektor und die gesamtwirtschaftliche Entwicklung einwirken müßte als die weniger budgetwirksame Verordnungstätigkeit. So kann z. B. ein Einfuhrverbot für bestimmte Produkte einer Branche mehr Gewinn bringen als eine umfangreiche Subventionierung, und am Beispiel der Lohnfortzahlung durch die Arbeitgeber im Krankheitsfall der Arbeitnehmer läßt sich zeigen, daß durch einen wenig staatsausgabenintensiven Gesetzesakt die Unternehmen zu den gewünschten Lohnfortahlungen an die Arbeitnehmer verpflichtet werden konnten. Früher erfolgten die Ausgaben für die Lohnfortzahlung über einen öffentlichen Haushalt, nämlich den der gesetzlichen Krankenversicherung.

Bei Lohnfortzahlung im Krankheitsfall, bei Produktionsauflagen im Rahmen der Umweltschutzgesetzgebung usw. handelt es sich um eine **Kostenverlagerung in den privaten Sektor,** da Ausgaben, die andernfalls direkt vom Steuerzahler aufzubringen gewesen wären, nunmehr indirekt anfallen, indem sie in den genannten Fällen die privaten Unternehmen belasten.

Staatstätigkeit liegt auch dann noch vor, wenn die Zahlungsströme der öffentlichen Hand auf ihren **nichtmonetären Leistungscharakter** hin untersucht werden. Besonders klar läßt er sich am Beispiel der sog. Transformationsausgaben (Personal- und Sachausgaben) zeigen. Mittels dieser Ausgaben erfolgt die Erstellung von öffentlich angebotenen Sachgütern und Leistungen und damit ein Angebot an öffentlichen Einrichtungen, z. B. im Bildungs- oder Gesundheitswesen. Art, Umfang und Struktur sowie die

---

[5] Zimmermann, H., Die Ausgabenintensität der öffentlichen Aufgabenerfüllung, in: Finanzarchiv, NF Bd. 32, 1973/74, S. 1 ff.

regionale Streuung dieses Angebots an Realtransfers sind ebenfalls Indikatoren der staatlichen Aktivitäten. Hinzu tritt die Inanspruchnahme (Nutzung) dieser Einrichtungen und Dienste, die über die Höhe der öffentlichen Ausgaben nicht erfaßt werden kann.

Soll die staatliche Aktivität an Budgetströmen gemessen werden, müssen die Budgets aller *Träger öffentlicher Tätigkeit* erfaßt werden. Eine derartige auf die vollständige Budgetierung abgestellte Abgrenzung dessen, was „der Staat" bzw. „die öffentliche Hand" umfaßt, ist schwierig zu treffen, weil es, wie erwähnt, neben den Haushalten der Gebietskörperschaften in der Bundesrepublik Deutschland auch solche der **Parafisci** (s. Schema 1.2, S. 10) gibt. Sofern man nur die Gebietskörperschaften heranzieht, könnte die Entwicklung der Staatstätigkeit, etwa der letzten 60–70 Jahre, ein falsches Bild ergeben. Gerade in dieser Zeit haben sich zwischen die privaten Haushalte und Unternehmen als dem „Privatsektor" auf der einen Seite und die Gebietskörperschaften als dem „öffentlichen Sektor" auf der anderen Seite eine Reihe von Institutionen mit gesondert geführten Budgets geschoben, die teils mehr zum einen, teils mehr zum anderen Sektor tendieren und die Messung des Staatsanteils erschweren. Weil Parafisci zwischen öffentlichem und privatem Sektor stehen, bedeutet ihre Zunahme, wenn sie zum öffentlichen Bereich gerechnet werden, eine Ausdehnung des öffentlichen Sektors. Besonders wichtig ist in diesem Zusammenhang die Sozialversicherung (s. unten Tab. 2.2, S. 32).

Ist auch die Frage entschieden, welche Träger der öffentlichen Finanzwirtschaft einbezogen werden sollen, ergibt sich bei der Staatsanteilsmessung noch eine Reihe von Problemen bei der *Erfassung der Finanzströme.*

(1) Ein gutes Beispiel für die dabei auftretenden Schwierigkeiten ist gegeben, wenn man **Subventionsausgaben** und **Steuervergünstigungen** als alternativ einsetzbare Instrumente betrachtet, um branchenpolitische Ziele zu erreichen. Während eine Subvention das Budgetvolumen und den daran gemessenen Staatsanteil in genau erfaßbarem Umfang beeinflußt, bewirken Steuervergünstigungen Mindereinnahmen und damit ein vergleichsweise kleineres Budgetvolumen.

(2) Der Staat kann sich im Wege der Anordnung Ausgaben ersparen, indem er mit Hilfe von Verwaltungsrichtlinien und gesetzlichen Regelungen unentgeltliche Leistungen (Naturalleistungen in Form von Dienstleistungen) von seinen Bürgern verlangt. Zu diesem **„versteckten öffentlichen Bedarf"** gehört unter anderem der Militärdienst, sofern er mit einem Einkommensausfall für den Wehrpflichtigen verbunden ist, ferner die Tätigkeit als Schöffe sowie die Mitwirkung der Steuerzahler bei der Ermittlung und steuerlichen Veranlagung des Einkommens und Vermögens.

(3) Auch der **Vermögensbestand des öffentlichen Sektors** etwa in Form von vorhandenen Krankenhäusern, Straßen und Verwaltungsgebäuden übt im Wege der Leistungsabgabe Wirkungen aus, die nicht erfaßt werden, wenn man lediglich die Vermögenszugänge und -abgänge als Ausgaben und Einnahmen rechnerisch festhält.

(4) Darüber hinaus ist auf Reformvorgänge hinzuweisen, die nicht das Volumen, sondern die **Struktur der Einnahmen oder Ausgaben** verändern wie im

Falle einer Steuerreform, die das Gesamtaufkommen aus Steuern nicht verändert („aufkommensneutrale Steuerreform").

(5) Wenn die Staatstätigkeit mit Hilfe des Anteils der Steuern am Sozialprodukt gemessen wird (**gesamtwirtschaftliche Steuerquote**), kommt in dieser Größe nicht der Staatsanteil an der Gesamtwirtschaft zum Ausdruck. Die **übrigen Einnahmearten,** also die Sozialversicherungsbeiträge, Entgelte, Erwerbseinkünfte oder die Kreditaufnahme, müßten in einer solchen Meßzahl ebenfalls berücksichtigt werden.

Zusätzlich zu diesen Schwierigkeiten, die zum Teil durch eine entsprechende Ergänzung der Ausgaben oder Einnahmen gelöst werden können, sind bei der Erfassung der öffentlichen Einnahmen und Ausgaben statistische Probleme zu beachten. So muß z. B. gewährleistet sein, daß keine Doppelzählungen oder durch die Haushaltstechnik bedingte Auslassungen vorkommen.

Die *Doppelzählungen* betreffen insbesondere die öffentlichen Einnahmen und Ausgaben, deren Geber bzw. Empfänger unterschiedliche öffentliche Körperschaften sind. Wenn mit dem Staatsanteil die Einwirkung der öffentlichen Hand auf den Privatsektor erfaßt werden soll, sind solche „durchlaufenden Posten" innerhalb des öffentlichen Bereichs uninteressant und würden den Staatsanteil zu hoch erscheinen lassen. Das Budgetvolumen ist als Indikator also nur bedingt geeignet. Wenn z. B. die Einnahmen eines Gemeindehaushalts zu 30% aus Landeszuschüssen gedeckt werden, kann man das Haushaltsvolumen nur zur Charakterisierung der gemeindlichen Tätigkeit verwenden. Eine **Addition der Budgetsummen aller Gebietskörperschaften** würde zu Doppelzählungen führen. Wenn also z. B. die Gemeinden Zuweisungen von den Ländern erhalten, muß darauf geachtet werden, daß dieser Betrag bei der Erfassung der Finanzströme nur bei den Ländern oder den Gemeinden berücksichtigt wird.

Auslassungen können vor allem durch **Nettobudgetierung** verursacht werden. Eine Auslassung ergibt sich, wenn z. B. eine Gemeinde in ihrem Haushalt die Finanzströme eines untergeordneten Haushalts nur mit dem Nettobetrag ausweist. Dann wäre dem Haupthaushalt nur der Überschuß oder das Defizit des untergeordneten Haushalts, z. B. der Müllabfuhr oder des Schlachthofes, zu entnehmen. Ist dieser Unterhaushalt in einer Gemeinde ausgeglichen, so entfällt er bei der am Haupthaushalt orientierten Messung der öffentlichen Ausgaben völlig.

Bei dieser Saldierung von Ausgaben und Einnahmen (Nettobudgetierung) handelt es sich um eine haushaltsrechtliche Ausnahme. In der Regel sollen nämlich nach dem **Haushaltsgrundsatz der Vollständigkeit** alle Ausgaben und Einnahmen einer Gebietskörperschaft in einem Voranschlag enthalten sein,[6] d. h. es dürfen keine Einnahmen oder Ausgaben aus dem Etat ausgelassen werden. Aus diesem Prinzip der Vollständigkeit, das im **Interesse der Kontrollierbarkeit** aufgestellt wurde, ergibt sich das sog. **Bruttoprinzip** (§ 15 BHO), demzufolge Ausgaben und Einnahmen nicht saldiert werden dürfen. Wenn z. B. bei öffentlichen Betrieben, die erwerbswirtschaftlich arbeiten, dennoch die Nettobudgetierung erlaubt ist (Nettoprinzip), so deshalb, weil die Befolgung des Bruttoprinzips ein marktgerechtes Verhalten dieser kaufmännisch arbeitenden Betriebe u. U. erschweren würde. Diese öffentlichen Betriebe müssen daher dem Parlament bei der Beratung des Haushalts ihren Wirtschaftsplan beifügen, so daß auf diese Weise eine parlamentarische Kontrolle ermöglicht wird.

---

[6] Art. 110 Abs. 1 GG, § 8 HGrG und § 11 BHO.

c) Die Konstruktion von Maßzahlen

Um den Staatsanteil zu einem gegebenen Zeitpunkt zu messen und die These, daß er im Zeitablauf zunimmt, zu überprüfen, sind Maßzahlen erforderlich. Wird z. B. die Ausgabensumme im Zeitablauf beobachtet, so ist ein *absolutes Wachstum* der gesamten Ausgaben der öffentlichen Hand wahrscheinlich auch dann, wenn man die **Geldentwertung** herausrechnen würde, unbestreitbar. Diese Aussage ist aber aus verschiedenen Gründen wenig gehaltvoll; denn im beobachteten Zeitraum könnte sich die Bevölkerungszahl stark verändert haben, so daß kaum eine sinnvolle Interpretation von „zunehmender Staatstätigkeit" denkbar wäre. Dieser Mangel läßt sich dadurch ausschalten, daß man die Staatsausgaben auf die Bevölkerungszahl bezieht und auf diese Weise ihr *relatives Wachstum* in den Vordergrund stellt. Die Eingliederung der Beitrittsgebiete in die Bundesrepublik ist nicht nur eine historisch einmalige Situation. Sie führt auch in der Erfassung der öffentlichen Ausgaben zu Besonderheiten und einem historischen Bruch in den Zahlenreihen (siehe Tab. 2.2, S. 32).

In der Statistik bzw. in der Literatur werden je nach Untersuchungsziel verschiedene Maßgrößen, wie beispielsweise allgemeine und spezielle *Staatsquoten,* die Steuer- und Sozialabgabenquote und Schuldenquoten, verwendet. Während die Schuldenquoten (z. B. Schuldenstand in % des BSP) eher in der konjunktur- oder haushaltspolitischen Diskussion im Vordergrund stehen, wird bei der Beurteilung des Staatsanteils mit Ausgaben- und Steuerquoten argumentiert.

Von einer **allgemeinen Staatsquote** wird gesprochen, wenn alle öffentlichen Ausgaben auf eine Sozialproduktsgröße bezogen werden, während eine **spezielle Staatsquote** vorliegt, wenn einzelne Finanzströme, z. B. die vom Staat gezahlten Faktorentgelte oder Unterstützungszahlungen an private Haushalte, als Anteil am Sozialprodukt gemessen oder Ausgaben für bestimmte Aufgaben (Gesundheit, Bildung) in Prozent des Sozialprodukts ausgedrückt werden. Seltener als spezielle Ausgabenquoten werden spezielle Steuerquoten verwendet; sie spielen eine Rolle bei der Analyse nationaler Steuersysteme, etwa wenn die zeitliche Entwicklung des Anteils der Verbrauchsteuern am Sozialprodukt oder am Steueraufkommen interpretiert wird.

Bei der Wahl der Bezugsgröße bzw. bei der Quotenbildung kann die Teilmenge, die zum Sozialprodukt in Bezug gesetzt wird, vollständig oder nur unvollständig in der Bezugsgröße enthalten sein. Um **echte Quoten** handelt es sich, wenn Ausgaben oder Steuern im Zähler stehen, die im vollen Umfang zugleich Bestandteile der Nennergröße sind. **Unechte Quoten** sind dadurch gekennzeichnet, daß die Teilmengen des Zählers nicht oder nicht vollständig in der Gesamtmenge des Nenners enthalten sind. So ist die bekannteste Staatsquote „gesamte öffentliche Ausgaben in % des Bruttosozialprodukts" eine unechte Quote, da beispielsweise die Transferausgaben des Staates zwar in den öffentlichen Ausgaben enthalten sind, aber nicht in die Berechnung des Bruttosozialprodukts eingehen, da sie gesamtwirtschaftlich keine Wertschöpfung bedeuten. Die Verwendung unechter Quoten läßt folglich den Staatssektor als zu groß erscheinen.

II. Die Zunahme der Gesamtausgaben

Die *langfristige Entwicklung der öffentlichen Ausgaben,* gemessen am Sozialprodukt, hat für entwickelte Industriegesellschaften des marktwirtschaftlichen Typs die **Wagnersche These bestätigt** (s. Tab. 2.1). Die Steigerungsraten sind zwar nicht gleich, was z. T. an den unterschiedlichen Berechnungsweisen liegen kann, aber die generell steigende Tendenz der so gemessenen Staatstätigkeit ist unverkennbar. Diese Aussage gilt beispielsweise für die Zeit vom Ersten bzw. Zweiten Weltkrieg bis in die 1950er Jahre (vorletzte Spalte) und wird eindrucksvoll bestätigt, wenn die Angaben für das Jahr 1989 hinzugenommen werden. Für Belgien, Dänemark und Schweden ergibt sich sogar eine nochmalige Verdoppelung der Staatsquote.

Für das Deutsche Reich bzw. die Bundesrepublik Deutschland ist in Abb. 2.1 und Tab. 2.2 diese Entwicklung im einzelnen bis 1972 bzw. 1991 fortgeführt dargestellt. Dabei zeigt sich in Abb. 2.1 insbesondere mit dem Beginn des Ersten Weltkriegs eine deutliche Zunahme der Staatstätigkeit, die bis zum Zweiten Weltkrieg anhält. Nach dem Zweiten Weltkrieg be-

Tab. 2.1: Die langfristige Zunahme der Staatsquote in ausgewählten Ländern

Land	Zeitraum	Zunahme der Staatsquote	Staatsquote 1989[9]
USA[1]	1913–1957	von 6,0% auf 26,0%	36,1%
Großbritannien[1]	1920–1950	von 26,0% auf 39,0%	41,2%
Kanada[2]	1929–1954	von 15,0% auf 27,4%	44,6%
Deutschland[3]	1913–1954	von 15,7% auf 41,0%	45,3%
Dänemark[4]	1870/79–1947/50	von 8,4% auf 23,3%	59,4%
Norwegen[5]	1938–1950/53	von 17,9% auf 32,6%	54,6%
Schweiz[6]	1938–1952	von 19,1% auf 21,2%	30,2%
Belgien[7]	1912–1956	von 7,3% auf 22,2%	55,7%
Schweden[8]	1938/39–1950	von 21,0% auf 31,3%	59,9%

[1] „Government expenditures": „Gross national product".
[2] Öffentliche Ausgaben: Bruttosozialprodukt.
[3] Eigenausgaben von Reich (Bund), Ländern, Gemeinden: Volkseinkommen.
[4] Steuern pro Kopf: Nettonationalprodukt; Jahresdurchschnitt.
[5] Steuern pro Kopf: Nettosozialprodukt; Jahresdurchschnitt.
[6] Öffentliche Ausgaben: Volkseinkommen.
[7] „Dépenses courantes du pouvoir central": „revenu national".
[8] Öffentliche Haushalte: Gesamtbetrag der im Inland verfügbaren Güter und Dienste.
[9] Teilweise andere Abgrenzung, daher mit vorhergehender Spalte nur bedingt vergleichbar.

Quelle: Timm, H., Das Gesetz der wachsenden Staatsausgaben, in: Finanzarchiv, NF Bd. 21, 1961, S. 244f.
Werte für 1989 aus: Finanzbericht 1993, Bonn 1992, S. 311.

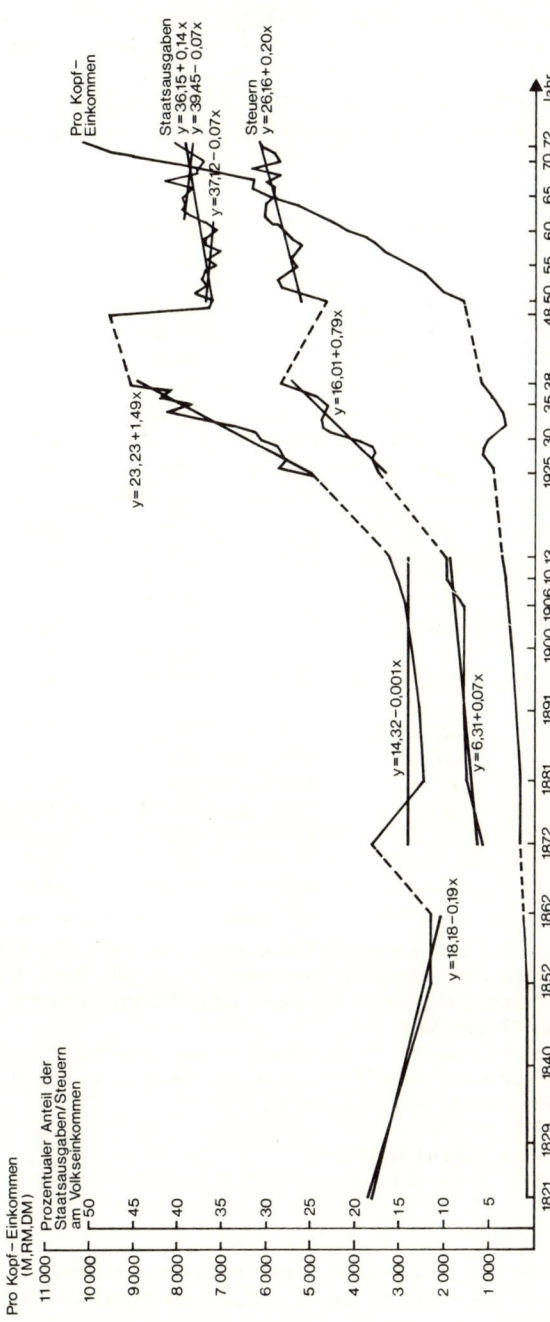

Quelle: Recktenwald, H. C., Umfang und Struktur der öffentlichen Ausgaben in säkulärer Entwicklung, in: Handbuch der Finanzwissenschaft, 1. Bd., 3. Aufl., Tübingen 1977, S. 721. Bei den Regressionsgleichungen gibt x jeweils den Trendfaktor an.

Abb. 2.1: Anteil der Staatsausgaben und Steuern am Volkseinkommen, Deutsches Reich/Bundesrepublik Deutschland, 1821–1972

ginnt sich das Wachstum fortzusetzen, allerdings von einem niedrigeren Niveau aus. Der in Abb. 2.1 ebenfalls enthaltene Verlauf der Pro-Kopf-Einkommen zeigt neben langen Phasen einer annähernd gleichgerichteten Entwicklung auch Zeiten unter- (z. B. 1928–1932) und überproportionalen Verlaufs (z. B. ab 1950). Die erst ab 1872 wiedergegebene Steuerquote verläuft in den ausgewiesenen Jahren weitgehend parallel zu der Ausgabenquote.

Tab. 2.2: Entwicklung der allgemeinen Staatsquote, Bundesrepublik Deutschland, 1950–1991

Jahr	Brutto-sozialprodukt Mrd. DM (1)	Finanzstatistik (ohne Sozialversicherung) Ausgaben[1] Mrd. DM (2)	Staatsquote in % (3)	Volkswirtschaftliche Gesamtrechnung (einschließlich Sozialversicherung) Ausgaben[2] Mrd. DM (4)	Staatsquote in % (5)
1950	98,6[4]	27,3	27,7	30,7	31,1
1955	180,5[4]	50,4	27,9	54,7	30,3
1960	303,0	63,3[5]	–	99,7[5]	–
1965	458,2	139,3	30,4	170,2	37,1
1970	675,7	196,3	29,1	264,1	39,1
1975	1027,7	360,5	35,1	509,1	49,5
1980	1477,4	509,2	34,5	721,9	48,9
1985	1834,5	604,4	32,9	875,3	47,7
1986	1936,1	628,6	32,5	912,2	47,1
1987	2003,0	651,3	32,5	949,6	47,4
1988	2108,0	671,5	31,9	991,1	47,0
1989[3]	2245,2	701,5	31,2	1017,4	45,3
1990[3]	2425,5	816,6	33,7	1114,8	46,0
1991[3, 6]	2615,2	–	–	1277,8	48,9
1991[3, 7]	2803,3	974,0	34,7	1398,0	49,9

[1] Ausgaben der öffentlichen Haushalte (1950 Bundesgebiet ohne Saarland und Berlin, 1955 Bundesgebiet ohne Saarland). Abgrenzung: 1950–1960: Bund, LAF, Öffa, Länder, Gemeinden/Gv.; 1965–1991: Bund, LAF, ERP-Sondervermögen, EG-Anteile, Länder, Gemeinden/Gv.

[2] Ausgaben des Staatssektors nach der VGR (laufende Ausgaben, geleistete Vermögensübertragungen und Bruttoanlageinvestitionen). Der Staatssektor umfaßt die Gebietskörperschaften und die Sozialversicherung.

[3] Vorläufiges Ergebnis.

[4] Bundesgebiet ohne Saarland und Berlin.

[4] Rumpfrechnungsjahr (1. 4.–31. 12.).

[6] Ohne Beitrittsgebiet.

[7] Einschließlich Beitrittsgebiet.

Quelle: Eigene Berechnung auf der Basis der Statistischen Jahrbücher, der Daten der Volkswirtschaftlichen Gesamtrechnungen und der Finanzberichte des Bundesministeriums der Finanzen.

Von der langfristigen Betrachtung ist die *Analyse mittel- bis kurzfristiger Änderungen des Staatsanteils* zu unterscheiden. Aus der Tabelle 2.2 ist zu entnehmen, daß sich der prozentuale Anteil der Ausgaben am BSP in der Bundesrepublik Deutschland von 1950–1991 – je nach Abgrenzung – erhöht hat. Während der Staatsanteil in der Ausgabenabgrenzung der Finanzstatistik nur von 27,7 auf 34,7% gestiegen ist, erfolgte eine erhebliche Zunahme, nämlich von 31,1 auf 49,9%, bei Verwendung der u.a. die **Sozialversicherung** umfassenden Ausgabenabgrenzung in der Volkswirtschaftlichen Gesamtrechnung. Es sind also insbesondere die Ausgabenentwicklungen in der Renten-, Kranken-, Unfall- und Arbeitslosenversicherung, die den Staatsanteil in der Bundesrepublik ansteigen ließen. Hinzu tritt mit dem Jahr 1991 die territoriale Erweiterung des Bundesgebietes. Sie führte zwar ebenfalls zu einer Erhöhung des Staatsanteils, die aber nicht dauerhaft sein muß, denn im Maße, wie im Beitrittsgebiet auch das Sozialprodukt steigt, kann sie wieder zurückgehen.

Wenn sich diese **nominale Staatsausgabenquote** verändert hat, so bedeutet das nicht, daß auch die **reale Staatsausgabenquote** gleichen Veränderungen unterliegt. Vielmehr gibt es Anzeichen dafür, daß die Preise für die Güter, die vom Staat zur Bereitstellung öffentlicher Leistungen nachgefragt werden, stärker als die Preise der privat nachgefragten Güter steigen[7] und die Produktivitäten unterschiedlich verlaufen (s. auch S. 39f.). Die überproportionalen Steigerungen der Preise für die von der öffentlichen Hand nachgefragten Güter betreffen vor allem die öffentlichen Personal- und Baukosten. Ließe sich diese Aussage über die unterschiedlichen Preissteigerungsraten und Produktivitäten nicht nur für die genannten Jahre, sondern als dauerhafte Tendenz belegen, so könnte eine überproportionale nominale Erhöhung des Staatsanteils erforderlich sein, um die gleiche reale Staatsquote zu erhalten.

Bei der Interpretation der nominalen Staatsausgabenquote ist außerdem der **Konjunktureinfluß** zu berücksichtigen. Wenn z.B. in einer Rezession die Ausgaben aus konjunkturpolitischen Gründen erhöht werden und das BSP zugleich langsamer wächst oder gar zurückgeht, steigt die Staatsausgabenquote, die aber dementsprechend im Boom wieder absinken und langfristig konstant bleiben kann.

Eine detailliertere Analyse der Entwicklung der Gesamtausgaben muß die **strukturellen Veränderungen** innerhalb der Staatsquoten ebenfalls erfassen. Als Strukturmerkmale ließen sich beispielsweise die Ausgabenarten (z.B. Investitions- und Konsumausgaben), die Aufgabenbereiche (z.B. Umwelt, Verteidigung) sowie Untergliederungen nach Bund, Ländern und Gemeinden sowie anderen Trägern der öffentlichen Finanzwirtschaft heranziehen (z.B. einzelne Träger der Sozialversicherung). Die Untersuchung der strukturellen Entwicklung kann auf diese Weise auch zur Erklärung der zunehmenden Staatsausgaben beitragen.

---

[7] Von 1966 bis 1971 stieg das Preisniveau für die private Nachfrage um mehr als 15%, für die öffentliche Nachfrage dagegen um fast 30%. Siehe Geschäftsbericht der Deutschen Bundesbank für das Jahr 1971, S. 81f. Eine neuere Berechnung gab es nach Auskunft der Deutschen Bundesbank bis 1993 nicht.

III. Zu den Ursachen der zunehmenden Staatsausgaben

Angesichts der starken Zunahme der Staatsausgaben in diesem Jahrhundert stellt sich die Frage nach Ursachen. **Monokausale Begründungen** werden sicherlich **nicht möglich** sein, und geschlossene Theorien der Staatsausgabenexpansion gibt es nicht. Für die zunehmenden Staatsausgaben können vielmehr vielfältige Bestimmungsgründe angeführt werden, von denen im folgenden einige aufgeführt seien.

a) Der Funktionswandel staatlicher Aktivität

In der Mitte des vorigen Jahrhunderts wurde der liberale Staat als Nachtwächterstaat verspottet, „dessen ganze Funktion darin bestand, Raub und Einbruch zu verhüten" (F. Lassalle). Wenn es sich bei dieser Formulierung auch um eine polemische Überspitzung handelt, so ist doch nicht zu leugnen, daß im klassischen Liberalismus die staatlichen Lenkungsmaßnahmen und Korrekturen auf die Setzung und Garantie der als erforderlich angesehenen Rahmenordnungen zum Schutze von Wettbewerb, Freihandel, Gewerbe und Eigentum beschränkt waren. Dieses **Mindestmaß an staatlicher Aktivität,** zu dem auch die Rechtspflege und Landesverteidigung zählten, bedeutete eine nur geringe Inanspruchnahme der volkswirtschaftlichen Produktivkräfte durch den Staat, von dem seinerzeit viele Ökonomen glaubten, sein Handeln sei unproduktiv und würde zudem die im freien Spiel der Kräfte entstehende Harmonie der Interessen stören. Die Popularität des auf den Ideen von A. Smith beruhenden liberalen Selbstverständnisses jener Zeit war so gewaltig, daß oft übersehen wurde und z.T. auch heute noch außer acht gelassen wird, daß die **naive Theorie vom Nachtwächterstaat** sich nicht mit den Vorstellungen deckte, die der Begründer der klassischen Volkswirtschaftslehre über die Rolle des Staates im Wirtschaftsleben entwickelt hatte. Von dem Grundsatz, daß der Staat den **Preis- bzw. Marktmechanismus nach Möglichkeit ungestört** wirken lassen sollte, sah Smith nämlich eine Reihe von wesentlichen Ausnahmen vor. Neben der Landesverteidigung, dem Schutz des Individuums und den Ausgaben zur Sicherung der staatlichen Existenz obliegt seiner Ansicht nach dem Staat insbesondere die Erstellung und Unterhaltung jener Leistungen, die von privater Seite überhaupt nicht oder nicht in gewünschtem Umfang erbracht werden können.

Vergleicht man die öffentlichen Aufgaben, die dem Staat entsprechend der naiven Theorie vom Nachtwächterstaat zukommen, mit dem Spektrum an Aufgaben, die er heute wahrnimmt, so ist eine **Funktionsanhäufung** unverkennbar. Im historischen Zeitablauf fielen dem Staat immer **neue Aufgaben** zu, die in aller Regel nicht an die Stelle wegfallender Tätigkeiten traten, sondern zusätzlich von ihm zu bewältigen waren. Die staatlichen Eingriffe im Bereich der Sozial-, Wettbewerbs- und Stabilitätspolitik belegen diese Zunahme an öffentlichen Aufgaben ebenso deutlich wie die Aktivitäten der öffentlichen Hand in den Sektoren Gesundheit, Bildung, Energie, Verkehr und in anderen Infrastrukturbereichen sowie – in jüngerer Zeit – zur Eindämmung der Umweltschäden.[8]

Zur Erklärung der zunehmenden Staatsausgaben kann also einerseits darauf hingewiesen werden, daß die vom Staat schon früher erfüllten Aufgaben mit der Zeit verstärkt wahrgenommen wurden, und andererseits festgestellt werden, daß neue, im Sinne von neu hinzugekommenen Aufgaben zu ihrem Wachstum beigetragen haben. Der mit dieser Entwicklung verbundene **Übergang vom Ordnungsstaat zum Wohlfahrtsstaat** wurde bereits von **A. Wagner** prognostiziert. Zu seiner Erklärung der zunehmenden Staatsausgaben verwendete er die Einteilung der Staatstätigkeiten in **„Rechts- und Machtzwecke"** und **„Cultur- und Wohlfahrtszwecke"**.[9] Im Bereich der Rechts- und Machtfunktion des Staates (Justiz, Polizei, Militär, diplomatische Dienste usw.) sah er neue Aufgaben auf den Staat zukommen. Aus der „immer weitergehenden nationalen und internationalen Arbeitsteilung", dem „System der freien Concurrenz" und der „größeren Bevölkerung und Volksdichtigkeit" resultieren „immer complicirtere Verkehrs- und Rechtsverhältnisse". Diese „vermehrte Reibung" führt dazu, daß die „repressive und präventive Thätigkeit des Staates zur Verwirklichung des Rechtszweckes"[10] anwächst. – In den zweiten Tätigkeitsbereich des Staates fallen die Ausgaben für die neueren Bereiche der Produktion öffentlicher Leistungen, etwa das Gesundheitswesen, die soziale Fürsorge, Unterricht und Bildung usw. Hier sprach Wagner von einer festzustellenden überproportionalen Ausdehnung der Staatstätigkeit. „Der Staat fortschreitender culturfähiger Völker, so namentlich der modernen, hört immer mehr auf, einseitig Rechtsstaat, im Sinne der möglichst alleinigen Verwirklichung des Rechts- und Machtzweckes, zu sein und wird immer mehr Cultur- und Wohlfahrtsstaat, in dem Sinne, daß gerade seine Leistungen auf dem Gebiet des Cultur- und Wohlfahrtszweckes sich beständig mehr ausdehnen und einen reicheren und mannigfaltigeren Inhalt gewinnen."[11]

Die Erfüllung dieser in den zweiten Tätigkeitsbereich des Staates fallenden Aufgaben ist in aller Regel ausgabenintensiver als die Verwirklichung der Rechts- und Machtfunktionen, d. h. sie spiegelt sich stärker im Budget und damit in den Ausgaben wider. Wenn der von Wagner prognostizierte **Übergang zum ausgabenintensiven Wohlfahrtsstaat** weitgehend eingetroffen ist, so mag diese Entwicklung auch an der Überwindung einer „ideologischen Verzögerung" gelegen haben. Mit dem **„ideologischen lag"** (H. Timm), der ver-

---

[8] Werden allerdings die genannten, heute vom Staat ausgeübten Funktionen mit denen verglichen, die A. Smith als staatsspezifisch ansah, so ist das Hinzutreten neuer Staatsaufgaben nicht gleichermaßen offenkundig. Man könnte nämlich in seinem Sinne argumentieren, daß es sich bei der Vielzahl der heute vom Staat erfüllten Aufgaben überwiegend um diejenigen Funktionen handelt, die von der Privatwirtschaft aus technischen Gründen entweder gar nicht oder nicht im politisch erwünschten Umfang übernommen werden können.

[9] Siehe Wagner, A., Grundlegung der politischen Oekonomie, 3. Aufl., 1. Theil, a. a. O., S. 885 ff.

[10] Ebenda, S. 899.

[11] Ebenda, S. 888.

schiedentlich zur Erklärung des Ausgabenwachstums herangezogen wird, soll jene Denktradition charakterisiert werden, die insbesondere in der zweiten Hälfte des vorigen Jahrhunderts jede Ausdehnung der Staatstätigkeit als störend empfand. Das liberale Postulat eines **staatlichen Minimalbudgets** hat einen möglichen früheren Beginn des Ausgabenwachstums lange Zeit hinausgeschoben.[12]

b) Die Theorie der gelegentlichen Verschiebungen

Einige Erklärungsansätze kann man unter dem Aspekt zusammenfassen, daß beobachtete Schübe in der langfristigen Entwicklung der Gesamtausgaben bzw. einzelner Ausgabengruppen zur Erklärung für den langfristigen Trend der Gesamtausgaben herangezogen werden (siehe Abb. 2.1, S. 31). So haben **A. T. Peacock** und **J. Wiseman** bei ihrer Untersuchung über die Entwicklung der öffentlichen Ausgaben in England nicht nur eine relative Zunahme (in % des Bruttosozialprodukts) von 9% im Jahre 1890 auf 37% im Jahre 1955 festgestellt,[13] sondern gleichzeitig entdeckt, daß dieses Wachstum, wie auch in anderen Ländern, nicht kontinuierlich verläuft, sondern periodische Sprünge aufweist, die zudem oft in Kriegszeiten liegen. Nach solchen krisenbedingten Erhöhungen der Staatsausgaben kam es nicht zu einem Absinken auf das Ausgangsniveau, ja nicht einmal auf das Niveau, das bei Fortschreiben des Vorkriegszuwachses zu erwarten gewesen wäre.

Dieser sog. **Niveauverschiebungseffekt** („displacement effect") wird auf eine einfache finanzsoziologische Art erklärt.[14] Da Regierungen, die in aller Regel zu höheren Ausgaben neigen, Rücksicht auf ihre Wähler nehmen müssen, die wiederum nur ungern die höheren Steuern aufbringen, wird in normalen Zeiten ein überproportionaler Ausgabenanstieg verhindert. Lediglich in Krisenzeiten läßt sich der **Steuerwiderstand überwinden** und die Steuerquote erhöhen. Das erreichte höhere Niveau, an das sich die Steuerzahler allmählich gewöhnen, bleibt dann auch nach Überwindung der Krise bestehen, bis sich der beschriebene Prozeß wiederholt. Bei dem hohen Erklärungswert, der dieser Theorie in der Literatur beigemessen wird, darf nicht übersehen werden, daß die Autoren sich ausdrücklich auf englische Verhältnisse beziehen und sich im Falle Deutschlands die These für die Zeit unmittelbar nach dem Zweiten Weltkrieg nicht in so starkem Maße belegen läßt (s. Abb. 2.1, S. 31 und Tab. 2.2, S. 32).

Auch für Länder wie z. B. Schweden und Schweiz, die nicht gleichermaßen Kriegen und/oder anderen, z. B. sozialen Krisen ausgesetzt waren und trotzdem das beschriebene säkulare Wachstum der Staatsausgaben aufweisen, müssen andere Erklärungen herangezogen werden. Sie können entweder die Übertragung der beschriebenen Ursachen auch auf andere Länder

---

[12] Siehe Timm, H., Das Gesetz der wachsenden Staatsausgaben, a. a. O., S. 236.

[13] Peacock, A. T., und Wiseman, J., The Growth of Public Expenditure in the United Kingdom, 2. Aufl., Princeton 1967, S. 42.

[14] Ebenda, S. XXXIV ff.

zum Gegenstand haben, also etwa auf die erhöhten Verteidigungsanstrengungen auch der nicht kriegführenden Länder in den beiden Weltkriegen abstellen, oder sie müssen Ursachen aufdecken, die auch ohne den internationalen Zusammenhang gelten, also für diese Länder spezifisch sind.

c) Einige stetig wirksame Einflußgrößen

1. Einkommenselastizität der Nachfrage nach öffentlichen Leistungen

Die kontinuierliche Zunahme des privaten Einkommens wird als eine weitere Bestimmungsgröße für die Entwicklung der öffentlichen Ausgaben angesehen. So wird behauptet, daß mit zunehmendem Einkommen bzw. Lebensstandard der Bevölkerung die Nachfrage nach öffentlichen Leistungen zunimmt. Das im Vergleich zum privaten Sektor der Wirtschaft zu verzeichnende relativ stärkere Wachstum der Staatsausgaben wäre demnach damit zu erklären, daß die **Einkommenselastizität der Nachfrage nach öffentlichen Gütern höher** ist **als** die **nach privaten Gütern.** Zu dieser Entwicklung kann es kommen, wenn die Grundbedürfnisse, z. B. nach Nahrung und Kleidung, abgedeckt sind und die Nachfrage nach mehr Bildung, höherem Gesundheitsstand oder besserer Verkehrsleistung zunimmt und nicht oder nicht voll über den privaten Markt befriedigt wird. Öffentliche Leistungen werden zwar auch schon in früheren Entwicklungsstadien als wünschenswert angesehen, aber die elementaren Bedürfnisse sind in diesen Zeiten vergleichsweise zunächst noch stärker.

Man kann hier einen Bezug zur Theorie der im Zeitablauf **kumulativ auftretenden Bedürfnisse** sehen, die **A. H. Maslow** aufgestellt hat,[15] sofern man nämlich davon ausgeht, daß die Befriedigung der zusätzlichen Bedürfnisse durch das steigende Einkommen möglich wird. Die am Anfang der „Bedürfnishierarchie" stehenden „physiologischen" Bedürfnisse lassen sich weitgehend privat befriedigen. Das ihm folgende „Bedürfnis nach Sicherheit" führt auf eine alte öffentliche Aktivität: Sicherheit nach innen und außen. Die in der Hierarchie oben stehenden Bedürfnisse nach „Zugehörigkeit und Liebe" und „Selbstverwirklichung" können dann neuere Ausgabenentwicklungen erklären helfen, soweit sie etwa durch die Erweiterung der sozialen Dienste, die nicht allein berufsbezogene Differenzierung des Bildungssystems oder die stärkere Teilnahme der Bürger an Willensbildungsprozessen verursacht sind.

Die einkommensbedingte Verzögerung der Nachfrage nach öffentlichen Gütern und Dienstleistungen, von **H. Timm** als **„natürlicher lag"** bezeichnet, wird durch einen **„systembedingten lag"** verstärkt.[16] Die systembedingte Verzögerung rührt daher, daß in einem kapitalistischen System durch bessere

---

[15] Maslow, A. H., Motivation und Persönlichkeit, Reinbek 1981, S. 62 ff. Das jeweils nächste Bedürfnis war zwar vorher auch schon vorhanden und wurde in gewissem Maße befriedigt, rückt aber mit weitgehender Befriedigung des vorangegangenen Bedürfnisses relativ weiter nach vorn.

[16] Timm, H., Das Gesetz der wachsenden Staatsausgaben, a. a. O., S. 235 ff.

Gewinnmöglichkeiten zunächst die Investitionen zunehmen und erst daran anschließend die Masseneinkommen steigen.[17]

Zu einer weiteren zeitlichen Verzögerung im Ausgabenwachstum („**institutioneller lag**") kommt es nach Timm dadurch, daß „auch bei fortgeschrittener Demokratisierung der politischen Willensbildung … der Weg von den genügend intensiv und von einer genügenden Zahl der Mitglieder des Gemeinwesens empfundenen Bedürfnissen bis zu ihrer Befriedigung durch den Staat Zeit in Anspruch nimmt".[18] Mit der Intensität der Bedürfnisse muß auch die Bereitschaft einhergehen, die neuen Staatsleistungen in einer Weise zu finanzieren, die gewährleistet, daß der Nettoeffekt von Leistungsempfang und Finanzierungsbeitrag für die breite Masse positiv ist. „Die Bereitschaft zu dieser Redistribution hinkte sowohl hinter der Entwicklung zum Verfassungsstaat als auch hinter der Einkommensexpansion her". Nach Überwindung des „**ideologischen lags**" (s. oben S. 35) sowie der systembedingten und institutionellen Verzögerungen kommt es nach Timm zu einem Impuls, der die Ausgaben für das Gesundheitswesen, für Bildung und für soziale Vorsorge in die Höhe treibt. Im Bereich der Verkehrsausgaben, der staatlichen Eingriffe zur Vermeidung sozialer Kosten in Ballungszentren und der Anti-Monopolpolitik weist er ebenfalls auf vorhandene Verzögerungen hin.

Die nach diesen „lags" einsetzende verstärkte Nachfrage nach öffentlichen Leistungen deckt sich mit der allgemeinen Tendenz, daß mit steigendem Einkommen Dienstleistungen verstärkt nachgefragt werden. Die steigende relative Bedeutung des tertiären oder **Dienstleistungssektors** findet also in diesem Wachstum der Staatsleistungen ihre Entsprechung. – Manche dieser Bedürfnisse nach öffentlichen Leistungen kann man auch an den **Schüben** ablesen, in denen private Güter nachgefragt werden und die im Volksmund als „Reisewelle" oder „Gesundheitswelle" bezeichnet werden. Parallel zu ihnen rücken dann die entsprechenden öffentlichen Leistungen, also hier etwa verbesserte Transportleistungen oder Krankenhausbau, in den Vordergrund.

2. Hochtechnisierte Produktion und technischer Fortschritt

Zur anhaltenden Erzielung eines hohen privaten Einkommens bedarf es einer hochtechnisierten Produktion, die ihrerseits zahlreiche öffentliche Tätigkeiten voraussetzt. Während für die Anfänge der Industrialisierung z.B. ein Mindestmaß an Ausbildung ausreichte, erfordert der Wirtschaftsablauf in einem entwickelten Industriestaat einen höheren Ausbildungsstand. Andere **Produktionsvoraussetzungen öffentlicher Art** liegen auf den Gebieten des Nachrichtenwesens und der Kommunikation, des Verkehrs usw.

Als immerwährende Ursache steigender Staatsausgaben kann auch der technische Fortschritt angesehen werden, wie er sich z.B. zunächst in den Möglichkeiten des Eisenbahnbaues, dann im Automobil- und Flugzeugbau sowie schließlich in der Weltraumfahrt und in der Entwicklung von Kernenergie manifestierte. In diesen Sektoren wurden staatliche Eingriffe erforderlich, da die Umsetzung der technischen Erkenntnisse in die Praxis mit dem Marktmechanismus als Koordinationsprinzip des privaten Sektors ent-

---

[17] Ebenda, S. 235.
[18] Ebenda, S. 236.

weder nicht bewältigt werden konnte oder aber, wie im Falle des Automobilbaues, ihre praktische Anwendung wohl gelang, aber im genannten Beispiel gleichzeitig den Ausbau des Straßennetzes erforderte. An dem Beispiel zeigt sich zugleich, daß die **einzelnen Ursachen des Staatsausgabenwachstums nicht genau isoliert** oder gar quantifiziert werden können. Erlaubte es einerseits erst der technische Fortschritt in Verbindung mit der industriellen Massenproduktion, serienreife Autos herzustellen, so war andererseits die Expansion der Automobilmärkte nur durch das steigende Masseneinkommen der Bevölkerung und den öffentlichen Straßenbau möglich.

3. Der Einfluß der Bevölkerungsdichte

Unter den Erklärungsgrößen hob **A. Brecht** in seinem sog. **„Gesetz der progressiven Parallelität zwischen Ausgaben und Bevölkerungsmassierung"**[19] die räumliche Konzentration der Bevölkerung hervor. Diesem „Gesetz" zufolge müßten die Gemeindeausgaben pro Kopf mit zunehmender Ortsgröße und Bevölkerungsdichte steigen, ein Sachverhalt, der besonders für die Ausgestaltung des **Finanzausgleichs** und die **Regionalpolitik** bedeutsam ist. Eine Verbindung zwischen der Brechtschen Behauptung und der Höhe des Staatsanteils ergibt sich, soweit tatsächlich eine zunehmende regionale „Bevölkerungsmassierung" zu zusätzlichen öffentlichen Lasten führt. Wenn die regionale Konzentration der Bevölkerung nicht gleichzeitig auch eine mindestens gleich hohe Sozialproduktsteigerung in dieser Region bewirkt, steigt der Staatsanteil, gemessen als Anteil der Ausgaben in dieser Region am regionalisierten Sozialprodukt. Im internationalen Vergleich ist dann in einem Land mit hohem Agglomerationsgrad, ausgedrückt als Anteil der Bevölkerung in Ballungsräumen, ein höherer Staatsanteil zu vermuten. – Der **Nachweis** des Brechtschen „Gesetzes" ist **bisher nicht überzeugend gelungen**. Die Tatsache z.B., daß sehr kleine Gemeinden geringere Pro-Kopf-Ausgaben aufweisen, genügt allein nicht, da die entsprechend höheren Ausgaben der in der Nähe liegenden Großstädte daher rühren können, daß sie sog. zentralörtliche Funktionen, wie etwa im Bereich der Verwaltung und Kultur, für die umliegenden kleineren Orte erfüllen. Die Kosten (Ausgaben) müßten diesen kleineren Orten entsprechend der Nutzung durch ihre Bewohner angelastet werden.

4. Die niedrige Produktivität öffentlicher Dienstleistungen

Oft wird auch die sog. **„Produktivitätslücke"** zwischen dem warenproduzierenden und dem öffentlichen (bzw. privaten) Dienstleistungssektor zur Erklärung des Staatsausgabenwachstums herangezogen. Technologisch bedingt verläuft die Produktivitätsentwicklung im Bereich öffentlicher Dienstleistungen sehr langsam und kann oft auch nicht oder nur schwer beschleunigt werden (z.B. personalintensive Bildungs-, Pflege- oder Krankenhausleistungen), so daß bei gegebener Lohnentwicklung die Kosten der Dienstleistungen überproportional zunehmen. Diese **Baumolsche „Kostenkrank-**

---

[19] Brecht, A., Internationaler Vergleich der öffentlichen Ausgaben, Leipzig und Berlin 1932, S. 6.

heit" des öffentlichen (und privaten) Dienstleistungssektors kann kaum direkt bekämpft, sondern allenfalls kompensiert werden, indem Anreize geschaffen werden, um technologische Neuerungen herbeizuführen.

5. Politisch-soziologische Faktoren

Als eine weitere Kategorie von Bestimmungsgründen, die auf die Höhe der Staatsausgaben einwirken, sei auf politisch-soziologische Faktoren verwiesen, auch wenn sie **nicht einzelnen Ausgabearten zuzuordnen** sind. So ist beispielsweise das sog. **„Beharrungsvermögen" der Exekutive** ein stetig wirksamer Einfluß, der den Wegfall von weniger dringlich werdenden Ausgaben verhindert. Dieses Beharrungsvermögen äußert sich z. B. darin, einmal bewilligte Ausgabeposten in zukünftigen Etatentwürfen zugrunde zu legen und weder ihrer Art noch ihrem Umfang nach in Frage zu stellen, nicht zuletzt auch deshalb, weil vielerorts das Ausgabevolumen als Gradmesser der Bedeutung der jeweiligen Behörden angesehen wird. Kombiniert man dieses Beharrungsvermögen der Bürokratie mit der häufig kritisierten **Ausgabefreudigkeit der Parlamente,** die insbesondere vor Wahlterminen deutlich auf die Höhe der Staatsausgaben einwirkt, so entsteht eine Tendenz zu einem Ausgabenwachstum, das nicht in allen Fällen als funktionsgerecht angesehen wird.

Zu den politisch-soziologischen Faktoren zählt auch das Kostenbewußtsein der Staatsbürger, das von der **Art der Finanzierung** der Staatsausgaben mitbestimmt wird. In Ländern mit zunehmender Staatstätigkeit steigt auch der Anteil derjenigen Leistungen, die dem Staatsbürger zufließen, ohne daß er die (vollen) Kosten dieser öffentlichen Leistungen kennt. Es ist ungewiß, ob er die Leistungen auch dann in Anspruch nehmen würde, müßte er die Kosten in direkter Form bezahlen. Damit kann eine sog. **„fiscal illusion"** (Finanzierungsillusion) auftreten, zu der es kommt, wenn der Zusammenhang zwischen den Leistungen und den durch sie verursachten Kosten für den Staatsbürger verloren geht. Diese Finanzierungsillusion kann mit Blick auf eine erwünschte Wiederwahl dazu führen, daß der Politiker die merklichen Leistungen ausweitet, um Wählerstimmen zu gewinnen, und diese Leistungen mit wenig merklichen Einnahmearten wie Schuldaufnahme oder Verbrauchsteuern finanziert, um keine Wähler zu verlieren (s. unten 3. Kapitel, S. 66). Damit könnte die Hypothese aufgestellt werden, daß ein steigender Staatsanteil oft nur unter Ausnutzung von Finanzierungsillusionen der Bürger durchgesetzt werden kann.

Mittels dieser Hypothese kann man aber zugleich auch zeigen, wo **Grenzen für das Wachsen des Staatsanteils** liegen können. Wenn dem Bürger die zusätzliche Abgabenlast größer erscheint als der Vorteil aus den zusätzlichen Ausgaben, so wird er für den Politiker stimmen, der den Staatsanteil senkt. In Tab. 2.2 ist beispielsweise zu sehen, daß in der Bundesrepublik Deutschland der Staatsanteil in beiden Abgrenzungen von 1980, also lange nach Überwindung der Rezession von 1974/75 mit ihrer den Staatsanteil erhöhenden Tendenz, bis 1989 abnahm. Erst durch die Kosten der Deutschen Einheit nahm er dann wieder zu.

IV. Zur zukünftigen Entwicklung der Staatsausgaben

Wird abschließend gefragt, ob sich die beschriebene Expansion staatlicher Aktivitäten fortsetzen wird, d. h. ihre Ursachen auch in Zukunft wirksam sein werden, so läßt sich **keine eindeutige Antwort** finden. Eine lineare Fortschreibung der beobachteten historischen Entwicklung der Ausgaben wäre sicher zu einfach und bei einem Blick auf Tabelle 2.2 sowie auf die neuen historischen Gegebenheiten in Deutschland auch umstritten. An Stelle einer solchen Extrapolation ist es vielmehr erforderlich, **Prognosen über die Entwicklung der unabhängigen Variablen** aufzustellen, also etwa darüber, welche Wachstumsrate und -struktur die Bevölkerung aufweisen wird, welche Entwicklung das Einkommen und der technische Fortschritt nehmen werden, welche Parteien regieren werden, wie die Belastbarkeit der privaten Haushalte und Unternehmen mit Steuern und Sozialabgaben einzuschätzen ist, wie sich die neue weltpolitische Entwicklung auf die Rüstungsausgaben auswirkt und welche zukünftigen Verpflichtungen sich aus der deutschen Einheit ergeben.

Denkbar ist auch, **Prognosen getrennt nach einzelnen Ausgabearten**, z. B. für Bildungs- oder Gesundheitsausgaben, aufzustellen. Zu diesem Zweck würde man die Bestimmungsgrößen der Ausgaben, im Falle der Schulausgaben etwa die zukünftige Entwicklung der Schülerzahl, Klassendichte und/oder der Stundenzahl, untersuchen und daraus die Ausgabenentwicklung prognostizieren.

Angesichts der vorhersehbaren Entwicklung der Bevölkerung kommt dem demographischen Faktor besondere Bedeutung zu. So ist abzusehen, daß die Gesamtbevölkerung auf lange Sicht nicht nur rückläufig sein wird, sondern daß sich auch die Altersstruktur erheblich ändert. Der Tab. 2.3 läßt sich entnehmen, wie sich verschiedene Belastungsquotienten bis zum Jahr 2030 entwickeln. So zeigt sich in dem Zeitraum von 1990 bis 2030 eine deutliche Zunahme des Alten- und des Gesamtlastquotienten, in dem – grob vereinfacht – die nicht erwerbstätigen auf die erwerbstätigen Personen zwischen 20 und 60 Jahren bezogen werden.

Tab. 2.3: Belastungsquotienten 1990, 2000, 2010 und 2030 der Bevölkerung, Bundesrepublik Deutschland, in % der 20–60jährigen

	1990	2000	2010	2030
Jugendquotient (unter 20jährige)	37,4	38,8	34,1	35,8
Altenquotient (über 60jährige)	35,2	42,8	46,6	72,7
Gesamtlastquotient	72,6	81,6	80,7	108,5
nachrichtlich: Bevölkerungszahl, in Mio.	(79,8)	(81,1)	(78,9)	(69,9)

Quelle: Sommer B., Entwicklung der Bevölkerung bis 2030. Ergebnis der siebten koordinierten Bevölkerungsvorausberechnung, in: Wirtschaft und Statistik, Heft 4, 1992, S. 220; einschließlich Beitrittsgebiet.

Die absehbare demographische Entwicklung wird zu Entlastungen und Belastungen in den Haushalten der Gebietskörperschaften und der Sozialversicherungsträger führen. Derartige (Status-quo-)Prognosen werden heute insbesondere auf kommunaler Ebene, z. B. im Hinblick auf die Auslastung der gemeindlichen Infrastruktur, und bei der gesetzlichen Renten- und Krankenversicherung wegen des Verhältnisses von Beitragszahlern zu Leistungsempfängern und der davon mitbestimmten Finanzlage der Sozialversicherung angestellt. Die Prognosen helfen nicht nur, die zukünftige Ausgabenentwicklung zu erkennen, sondern auch abzuschätzen, in welchen Bereichen mit Einsparungen zu rechnen ist und wo sich abzeichnende Finanzierungsprobleme gelöst werden müssen. Bei übergreifender Betrachtung gilt es, die tendenziell ausgabenerhöhend wirkende Entwicklung der Altersstruktur mit der tendenziell ausgabeneinsparenden Schrumpfung der Bevölkerung zu vergleichen.

Schließlich wird der zukünftigen Entwicklung der Staatsausgaben das vorhersehbare Steueraufkommen und die Entwicklung anderer Einnahmearten gegenübergestellt werden müssen, um die Finanzierbarkeit der Staatstätigkeit zu bestimmen.

B. Normative Bestimmung des optimalen Staatsanteils

Während mit der Analyse der finanzwirtschaftlichen Staatstätigkeit und ihrer Bestimmungsfaktoren die empirisch-positive Vorgehensweise im Vordergrund stand, kann auch eine normative Methode bei der Betrachtung des Staatsanteils herangezogen werden. Mit der eher erklärenden (positiven) Vorgehensweise wurde die faktische Entwicklung der Staatstätigkeit untersucht und nach den Bestimmungsgründen der finanzwirtschaftlichen Staatstätigkeit, insbesondere der Ausgaben, gefragt. Im Rahmen der normativen Theorie kann versucht werden, aus übergeordneten Zielen, z. B. der Allokationszielsetzung, Kriterien zur Bestimmung des optimalen Staatsanteils abzuleiten. Dieser **normativen Theorie des Staatsanteils** sind im folgenden zwei Fragestellungen gewidmet.

I. Die Theorie der öffentlichen Güter

Geht man von der Existenz eines interventionistischen Wirtschaftssystems aus, in dem es einen privaten marktwirtschaftlich koordinierten Sektor und einen öffentlichen Bereich gibt, so stellt sich die Frage, welche Aktivitäten privat und welche öffentlich durchgeführt werden sollen. Um der Beantwortung näherzukommen, geht die Theorie der öffentlichen Güter, die verschiedentlich auch als Theorie des Marktversagens bezeichnet wird und aufbauend auf ältere, auch deutsche Ansätze, von **R. A. Musgrave** weiterentwickelt wurde, u. a. von dem **Ziel aus, einen möglichst großen privatwirt-schaftlichen Sektor zu erhalten.** Gesucht werden also nicht **Kriterien für die** Möglichkeit, sondern für die **Notwendigkeit der öffentlichen Durchführung einer Aufgabe.**

a) Korrektur der Marktergebnisse

Die Analyse der Bedingungen, unter denen die marktwirtschaftliche Produktion zu einer optimalen Allokation der Produktionsfaktoren führt, hat gezeigt, daß es eine Reihe von Fällen gibt, in denen der Preismechanismus teilweise oder vollständig versagt. Wird dieses Marktversagen als nicht hinnehmbar angesehen, muß die öffentliche Hand eingreifen. Sie kann die öffentlichen Finanzen instrumentell einsetzen, um diese mangelnde Effizienz des „freien Spiels der Kräfte" auszugleichen, in manchen Situationen jedoch auch versuchen, durch Anordnungen und Verbote ihre Ziele zu erreichen. Einige dieser Fälle, in denen das Ergebnis des Marktprozesses wegen produktions- und/oder nachfragespezifischer Mängel korrekturbedürftig erscheint, sollen hier aufgezeigt werden.

Ordnungspolitische Eingriffe des Staates erscheinen angebracht, wenn der Wettbewerb durch *Monopole* und *Oligopole* ausgeschaltet und der freie Zugang zum Markt nicht mehr gewährleistet ist. Monopol- und Fusionskontrollen sowie andere wettbewerbspolitische Maßnahmen in den verschiedenen Ländern zeigen, wie der Staat diese Unzulänglichkeiten des Marktes durch die verschiedensten Maßnahmen zu korrigieren versucht. **Regulierende Eingriffe („regulations')** werden darüber hinaus benutzt, um unvermeidbar erscheinende Monopole („natürliche" Monopole), wie sie beispielsweise bei Leitungsnetz-Angeboten wie Telefon-, Elektrizitäts-, Gas-, Wasseroder Pipelinenetzen vorliegen, zu wünschenswertem Angebotsverhalten zu bewegen. Andernfalls müßten sie u. U. in öffentliches Eigentum überführt werden, während auf diese Weise die private Produktion erhalten werden kann.

Auch die sog. *externen Effekte* (externe Kosten und externe Erträge)[20] privatwirtschaftlicher Produktion und Konsumtion können öffentliche Aktivitäten auslösen. Sie erscheinen ex definitione nicht als Kosten bzw. Erlöse oder „Vorteile" in den Wirtschaftsrechnungen der privaten Haushalte und Unternehmen. Folglich besitzen die Wirtschaftssubjekte einen Anreiz, Produktion und Konsum mit hohen externen Kosten auszudehnen und solche mit externen Erträgen gering zu halten. Da dieses Verhalten eine **volkswirtschaftlich optimale Güterversorgung** verhindert, ist eine Minderung oder Ausweitung von Produktion bzw. Konsum aus gesamtwirtschaftlichen Erwägungen angezeigt (siehe Schema 2.1). Wenn externe Kosten privater

---

[20] Im Deutschen werden entweder die Ausdrücke negative und positive externe Effekte sowie externe Kosten und externe Erträge verwendet oder die englischen Ausdrücke benutzt. Im Englischen spricht man von ‚external costs (diseconomies)' und ‚external benefits (economies)', häufig aber auch von ‚spillover costs' und ‚spillover benefits'.

Schema 2.1: Öffentliche Aktivitäten zur Beeinflussung externer Effekte

Ansatzpunkte öffentlicher Aktivität / Externe Effekte privater Aktivitäten	beim Verursacher	beim Betroffenen
Externe Kosten	Belastungen	Entschädigungen
Externe Erträge (Nutzen)	Begünstigungen	Belastungen

Aktivitäten unerwünscht hoch sind, wie im Fall der Umweltschäden durch Abgase, Abwässer und Lärm, kann der Staat versuchen, die bisher von der Gesamtheit getragenen Kosten den Verursachern anzulasten (Verursacherprinzip; Internalisierung externer Kosten, siehe im einzelnen 9. Kapitel, S. 451 ff.). Fallen dagegen bei der privaten Aktivität externe Erträge (Nutzen) an, so kann die öffentliche Hand diese Aktivität durch Begünstigungen (Zuschüsse, Steuervergünstigungen) subventionieren und zu ihrer Ausdehnung beitragen. Im Sinne einer optimalen Güterversorgung wäre es auch, wenn die von den externen Kosten betroffenen Wirtschaftssubjekte entlastet und im Falle externer Erträge belastet würden.

b) Ergänzung der Marktergebnisse bei gegebenen Präferenzen für ein Gut

In den beschriebenen Fällen lag der Anlaß für den öffentlichen Eingriff in der Unterstützung von erwünschten oder in der Verhinderung von nicht erwünschten Effekten privater Tätigkeiten. Es handelt sich also um den Ausgleich von Marktunvollkommenheiten. Nun gibt es aber öffentliche Aktivitäten, die erforderlich sind, weil der **Marktmechanismus** gar **nicht erst einsetzen kann.**

Dabei lassen sich **zwei Fälle** unterscheiden. Zum einen kann man davon ausgehen, daß die **Bürger genaue Vorstellungen von Art und Umfang der gewünschten Güter** haben und daß es nur gilt, durch ein angemessenes Angebot diesen Wünschen zu entsprechen. Mit dieser Argumentation unter der Annahme gegebener Präferenzen lassen sich aber nicht alle Staatstätigkeiten erklären, insbesondere diejenigen nicht, durch die der Konsum eines Gutes oder einer Leistung vorgeschrieben ist, wie dies für Impfpflicht, Schulpflicht usw. zutrifft. Offenbar liegt hier eine **Korrektur privater Präferenzen** vor, die daher auch gesondert behandelt wird (c).

Die meisten Leistungen, für die individuelle Präferenzen bestehen, werden in einem gemischtwirtschaftlichen System wie dem der Bundesrepublik Deutschland durch den Markt befriedigt. Die Leistung des Marktes besteht darin, daß im Rahmen des marktlichen Interaktionsprozesses knappe Güter auf Nachfrager verteilt werden. Dazu bedarf es auf der Angebotsseite der

Definition und der **Anerkennung von „Eigentumsrechten"** an dem angebotenen Gut. Andernfalls kann der Anbieter für die Übertragung des Gutes kein Entgelt fordern. Auf der Nachfrageseite ist die Zahlung eines Preises Voraussetzung dafür, daß einzelne Nachfrager zum Zuge kommen und andere nicht. Das Wirken des Marktmechanismus setzt also individuelle Eigentumsrechte und Preise voraus. Es läßt sich nun zeigen, daß es Aktivitäten gibt, bei denen der Marktmechanismus nicht wirksam werden kann, weil die anzubietenden Güter bzw. Leistungen besondere Merkmale aufweisen.

Ein **erstes (angebotsseitiges) Merkmal** für die marktliche Allokation von Gütern ist die **Möglichkeit für den Produzenten, die Konsumenten zur Zahlung eines Preises heranzuziehen.** Gelingt ihm das nicht, d. h. wird er zwar Interessenten für sein Gut finden, aber niemanden, der zumindest kostendeckende Preise zahlt, so wird er das betreffende Gut nicht anbieten. Das sog. *Ausschlußprinzip,* d. h. die Möglichkeit der Beschränkung des Konsums eines Gutes auf eine bestimmte Person, *versagt.*

Der Fall, daß ein Gut zu einem gegebenen Preis keine Abnehmer findet, kommt natürlich alltäglich vor, nämlich immer dann, wenn den Nachfragern der geforderte Preis zu hoch erscheint. Charakteristikum bei der Nichtanwendbarkeit des Ausschlußprinzips ist aber, daß nicht die Höhe des Preises bzw. des Kostenanteils für die fehlende Nachfrageartikulation verantwortlich ist, sondern ein **strategisches Verhalten der Nachfrager.** Das Ausschlußprinzip versagt also, wenn Konsumenten auch ohne Zahlung des Marktpreises ein Gut konsumieren können bzw. der Nutzungsausschluß für den Produzenten zu teuer würde.

Der beschriebene Sachverhalt läßt sich durch ein Beispiel veranschaulichen. In manchen Städten der USA stellen die Mieter größerer Wohnhäuser Wächter bzw. Sicherheitskräfte ein. Die von ihnen ausgehende Sicherheit für die Mieter, die sie bezahlen, kommt auch nichtzahlenden Nachbarn zugute. Die zahlenden Mieter müssen das **„Mitkonsumieren" des Gutes** „Sicherheit" durch die Nachbarschaft hinnehmen, weil sich keine Möglichkeit findet, den Mitkonsumenten einen Preis abzufordern; das Ausschlußprinzip versagt also.

Obwohl also auch die Nachbarn das Gut der zusätzlichen Sicherheit erhalten, kommt es nicht zur Zahlung, soweit die Mitkonsumenten sich **strategisch** geschickt **verhalten.** Sobald sie die Unteilbarkeit der geschaffenen Leistung überblicken, d. h. einsehen, daß auch ihnen die Leistung zugute kommen muß, wenn sie überhaupt in der Nachbarschaft angeboten wird, können sie nämlich bei der Bitte um Kostenbeteiligung vorgeben, sie hätten kein Interesse an der Leistung. Dieser Sachverhalt, daß jemand, der seinen individuellen Nutzen zu maximieren trachtet, seine Präferenzen für ein Gut nicht kundtut, von dem er glaubt, es werde auch ohne seine artikulierte Nachfrage produziert und finanziert, wird auch als ‚free-rider'-(Freifahrer- oder Trittbrettfahrer-)Haltung oder Schwarzfahrerhaltung bezeichnet.

Finden sich nicht genügend **Zahlungswillige,** um überhaupt einen Wächter zu finanzieren, so muß die öffentliche Hand abwägen, ob sie das Gut „Sicherheit" in diesem Stadtviertel öffentlich bereitstellen will. Sie kann dann alle mutmaßlichen Nutznießer zwangsweise zur Finanzierung heranziehen, etwa indem sie eine örtliche Steuer oder Gebühr erhebt.

An diesem Beispiel läßt sich zugleich zeigen, daß ein **öffentliches Angebot** eines Gutes **nicht mit seiner öffentlichen Produktion** einhergehen muß. Das öffentliche Angebot (d. h. die Sorge dafür, daß ein Angebot zustande-kommt) war in diesem Fall bereits erfolgt, als die Anordnung erging, für die entsprechende Häusergruppe oder den Stadtteil eine Bewachung einzurich-ten. Die Produktion dieses Gutes „Bewachung" kann dann zum einen privat erfolgen, etwa durch abwechselnde Wachgänge der Bewohner, Einstellung eines Wächters, Beauftragung einer Wach- und Schließgesellschaft usw. Zum anderen kann sie öffentlich erfolgen, also etwa durch Einstellung eines Polizisten, wobei die Form der Finanzierung (Anlastung bei den Nutz-nießern durch eine Umlage, Anlastung bei allen Gemeindemitgliedern durch Steuern usw.) gesondert zu entscheiden ist.

Es zeigt sich also, daß immer dann, wenn das **Ausschlußprinzip** aus produktionstechnischen Gründen **nicht anwendbar** ist, das **Angebot nicht über den Marktmechanismus** geregelt werden kann. Den Anbietern fehlt wegen der nicht vorhandenen Eigentumsrechte die Möglichkeit, ihre Ansprüche gegenüber den Nachfragern bzw. Nutznießern diskriminierend geltend zu machen und damit die Produktionskosten erstattet zu bekommen. Aus diesem Grund tritt im Falle eines erwünschten Angebots dieses Gutes an die Stelle des marktlichen Allokationsprinzips ein alternativer Mechanismus.

Ein zweites (nachfrageseitiges) Merkmal für Güter, das die marktliche Allokation erschwert, liegt darin, daß der Konsum dieser Güter durch einen Bürger die Konsummöglichkeit für die anderen Nachfrager nicht schmälert. Ohne gegenseitige Beeinträchtigung können mehrere Konsumenten das gleiche Gut nutzen, wie im Falle von Verteidigungsleistungen, der Nutzung eines Leuchtturms oder – allerdings unter Einschränkung – auch die Nutzung einer Autobahn oder das Hören einer Radiosendung. Man spricht in diesem Fall von Gütern mit *nicht-rivalisierendem Konsum* (non-rival consumption). Solche Güter und Leistungen können also angeboten werden, ohne daß ein zusätzlicher Konsum zusätzliche Kosten verursacht. Wenn mithin aus Gründen der Effizienz des Leistungsangebots gefordert wird, der Preis solle den Grenzkosten entsprechen, so müßten solche Leistungen kostenlos abgegeben werden, auch wenn eine Anwendung des Ausschluß-prinzips technisch möglich wäre, wie im Falle der Autobahnnutzung.

Es hat sich im Anschluß an Samuelson und Musgrave eingebürgert, die Rivalität des Konsums als das konstitutive Merkmal zur Klassifizierung der Güter heranzuziehen. **Güter mit nicht-rivalisierendem Konsum** werden daher meist als **öffentliche Güter (oder Kollektivgüter**[21]) bezeichnet, und von **priva-ten Gütern** wird dementsprechend gesprochen, wenn **Rivalität des Konsums** vorliegt (vgl. Schema 2.2). Damit ist aber darüber, ob ein Gut privat oder öffentlich bereitgestellt werden soll, keine Aussage getroffen. Dafür ist die Anwendbarkeit des Ausschlußprinzips ausschlaggebend, denn ohne Aus-schlußmöglichkeit wird sich, wie ausgeführt wurde, kein privater Anbieter finden. Wenngleich **in den meisten Fällen** die **Nichtrivalität des Konsums** (als nachfrageseitiges Merkmal) **mit dem Fehlen der Ausschlußmöglichkeit** (als angebotsseitigem Merkmal) **zusammentrifft,** wie etwa im Wächterbeispiel

---

[21] Sohmen, E., Allokationstheorie und Wirtschaftspolitik, 2. Aufl., Tübingen 1992, S. 23 und 286.

Schema 2.2: Private Güter, Mischgüter und öffentliche Güter bei vorhandenen Präferenzen

Ausschluß-prinzip Rivalität	anwendbar	nicht anwendbar
1. Güter mit Rivalität beim Konsum	**Private Güter**	
	Autos	Nutzung einer überfüllten Innenstadtstraße
2. Güter mit teilweiser Rivalität beim Konsum	**Mischgüter**	
	Impfschutz für Geimpfte	Schutzwirkung der Impfung für Nichtgeimpfte
3. Güter mit Nichtrivalität beim Konsum	**Öffentliche Güter**	
	Nutzung nicht überfüllter Autobahnen	Nutzung eines Leuchtturms

oder im Beispiel der Landesverteidigung und des Leuchtturms, so lassen sich mit Hilfe anderer Beispiele die Merkmale auch trennen.

Im Falle der Autobahnnutzung ist ein Ausschluß möglich, wie die Erhebung von Autobahngebühren zeigt. Solange die Autobahn nicht überfüllt ist, beeinträchtigt ein weiterer Benutzer die übrigen Benutzer nicht oder nur geringfügig; der Konsum kann also „kollektiv" erfolgen, und man spricht vom öffentlichen oder Kollektivgut. Eine überfüllte Innenstadtstraße erlaubt nach dem derzeitigen Stand der Technik dagegen keine oder jedenfalls keine befriedigende Ausschlußmöglichkeit[22]. Da aber wegen der Überfüllung Rivalität des Konsums vorliegt, spricht man von einem privaten Gut, auch dann, wenn das Angebot üblicherweise öffentlich erfolgt.

Nach dieser Sprachregelung kann also ein privates Gut, beispielsweise eine ständig überfüllte Straße, aber auch Gas, Wasser und Elektrizität, öffentlich bereitgestellt werden, d. h. die hier verwendeten Begriffe decken sich nicht mit dem üblichen Sprachgebrauch, nach dem man unter öffentlichen Gütern die öffentlich angebotenen Güter versteht.

Wie häufig, dienen auch hier die **polaren Fälle** des rein öffentlichen Gutes, das durch volle Nichtrivalität beim Konsum gekennzeichnet ist, bzw. des rein privaten Gutes, das durch uneingeschränkt rivalisierenden Konsum

---

[22] An Verfahren zum sog. road pricing mittels elektronischer Erfassung usf. wird gearbeitet.

charakterisiert wird, nur zur **Abgrenzung** des Untersuchungsfeldes. In der Wirklichkeit sind sie eher die Ausnahme, und den Regelfall bilden die **Mischgüter,** die zwischen den Extremen liegen.

Als Beispiel für ein *Mischgut* kann die Pockenimpfung, also der Impfschutz gegen eine ansteckende Krankheit, (vgl. Schema 2.2) verwendet werden. Wer sich impfen läßt, ist selbst gegen die Krankheit geschützt und erhält insoweit ein privates Gut, das er am Markt kaufen kann. Zugleich sinkt mit der zunehmenden Zahl der Geimpften aber auch die Gefahr der Ansteckung anderer und des Ausbruchs einer Epidemie. Im Maße dieser Schutzwirkung auf Nichtgeimpfte, also soweit positive externe Effekte vorliegen, handelt es sich um ein öffentliches Gut oder Kollektivgut. Daher kann eine Subventionierung der Impfkosten oder gar eine Impfpflicht angezeigt sein, je nachdem als wie wichtig diese externen Effekte eingeschätzt werden.

c) Veränderung der Marktergebnisse bei verzerrten Präferenzen für ein Gut (meritorische Eingriffe)

Bisher wurde angenommen, daß der Staatsbürger die zur Diskussion stehenden Güter auch wünscht, den zu ihrer Bereitstellung erforderlichen Preis als angemessen ansieht und seine individuelle Nachfrage an der Höhe des Preises ausrichtet; allenfalls würde er es aus strategischen Gründen vorziehen, diese Präferenzen nicht offenzulegen. In alten Staatstheorien und in der neueren Demokratiediskussion erscheinen aber immer wieder Bedürfnisse, deren Befriedigung aus der Sicht des „weitblickenden wohlmeinenden Landesvaters" oder Staatsmannes bzw. aus der Sicht des vom Volk gewählten Parlaments wünschenswert ist, die aber von den Individuen zu einem bestimmten Zeitpunkt noch nicht bzw. nur unvollkommen empfunden werden. Die Erfüllung käme ihnen aber zugute, und sie würden einige dieser Bedürfnisse vielleicht auch „empfinden", wenn man ihnen die positiven Konsequenzen der Befriedigung erklärte, d. h. sie besser informierte. Die Einführung der Schulpflicht wäre vielleicht nicht von einer Mehrheit des Volkes getragen worden, da der verzögerte Eintritt ins Erwerbsleben, vielleicht auch eine im Klassendenken verwurzelte Abneigung gegen erweiterte Bildung der Kinder aller Bevölkerungsschichten dagegen gesprochen hätten. Heute sind neun und mehr Jahre Schulbildung für jeden Bürger zu einer Selbstverständlichkeit geworden. Der gleiche Schulzwang, jedoch bezogen auf eine über die Grund- und Hauptschule hinausgehende Schulpflicht, müßte heute möglicherweise noch aufgrund „höherer Einsicht" und ohne Unterstützung der Mehrheit der Bürger eingeführt werden. Der Entscheidungsträger würde den Konsum des Gutes „längerer Schulbesuch" erzwingen und sich damit in die Konsumentensouveränität einmischen, weil er die **Präferenzskalen der Individuen** für **„verzerrt" ansieht.** Andere Beispiele für diese Eingriffe sind die Kranken- und Rentenversicherungspflicht oder die Subventionierung von Theatern.

Diesen zweiten Bereich der Bedürfnisbefriedigung durch den Staat versieht man häufig in Anlehnung an Musgrave mit dem Etikett „meritorisch", was in diesem Zusammenhang vielleicht mit verdienstvoll bzw. mit einem **verdienstvollen Eingriff des Staates** gleichgesetzt werden kann. Das Hauptunterscheidungsmerkmal zwischen öffentlichen bzw. privaten und meritorischen Gütern ist das Ausmaß der Verzerrung der individuellen Präferenzen, die der Staat durch seinen meritorischen Eingriff zu korrigieren sucht. Er greift in die Konsumentensouveränität ein, und damit erhebt sich die Frage, wer nach welchen Kriterien über ihre Art, ihren Umfang, ihre Zumessung auf die Individuen usw. bestimmen soll. War es bei den **öffentlichen Gütern** nur um die **Aufdeckung** und Bündelung **vorhandener Präferenzen** gegangen, so muß das **meritorische Gut** erst definiert, d. h. die Ergänzungs- bzw. **Korrekturbedürftigkeit der individuellen Präferenzen** bestimmt werden. Die meritorisch begründeten Eingriffe erfolgen nicht nur bei öffentlichen Gütern, sondern auch im Hinblick auf private Güter, etwa dann, wenn Werbung für das Rauchen verboten wird oder ein Schulfrühstück für Kinder obligatorisch ist.

Fragt man abschließend nach dem *Erklärungswert der* in ihren Grundzügen wiedergegebenen *Theorie der öffentlichen Güter,* so ist eine Antwort nicht eindeutig. Diese Theorie ist in der finanzwissenschaftlichen Literatur durchaus umstritten und wurde von einigen Autoren auch als unbrauchbar verworfen und gelegentlich sogar als Irrweg bezeichnet.[23]

Angreifbar ist zunächst die Unterscheidung zwischen öffentlichen und meritorischen Gütern anhand der Präferenzen. Soweit die individuellen Präferenzen für öffentliche Güter nicht genau zu ermitteln bzw. aufzudecken sind, läßt sich auch nicht kontrollieren, ob das Angebot an diesen Gütern der Nachfrage entspricht, so daß in diesem Fall die Trennung der beiden Güterarten nicht aussagekräftig ist. Verschiedentlich wird sogar darauf hingewiesen, daß die gesamte Staatstätigkeit meritorischen Charakter hat.

Sicherlich liefert die Theorie auch keine präzisen normativen Kriterien, mit deren Hilfe eine Aufteilung in öffentliche und private Güter in eindeutiger Weise aus technischen Notwendigkeiten oder wenigen Annahmen über Sinn und Zweck des Staates abgeleitet werden könnte. Der politische Streit über Art und Umfang der öffentlichen Aktivität läßt sich also mit ihrer Hilfe nicht schlichten. Allerdings gibt die Theorie gewisse Anhaltspunkte darüber, ob sich z. B. für eine neue Aufgabe tendenziell eine eher öffentliche oder eher private Erfüllung eignet. Darüber hinaus bietet die Theorie eine Hilfe zur Erklärung des partiellen Marktversagens sowie der in der Vergangenheit getroffenen Entscheidungen über die Zuordnung von Aufgaben zum privaten oder öffentlichen Sektor. So läßt sich bei einem internationalen Vergleich der Ausgabenstruktur der öffentlichen Haushalte in marktwirtschaftlich geprägten Systemen feststellen, daß es insbesondere die dem Ausschlußprinzip nicht oder allenfalls beschränkt zugänglichen Güter sind, die öffentlich angeboten werden, und daß unter ihnen nochmals diejenigen mit fehlender oder geringer Rivalität des Konsums dominieren.

---

[23] Siehe Schmidt, K., Kollektivbedürfnisse und Staatstätigkeit, in: Haller, H., u. a., Hrsg., Theorie und Praxis des finanzpolitischen Interventionismus. F. Neumark zum 70. Geburtstag, Tübingen 1970, S. 3.

Auf die Frage, welche Aufgaben der Staat übernehmen soll, ließen sich mit Hilfe der Theorie der öffentlichen Güter keine ausreichenden Antworten, sondern nur Hinweise geben, welche Arten von Aufgaben tendenziell eher öffentlich erfüllt werden müssen bzw. eher privat erfüllt werden können. Möchte man allerdings den wünschenswerten Umfang der finanzwirtschaftlichen Staatstätigkeit insgesamt und damit den Staatsanteil festlegen, so hätte selbst eine genaue Bestimmung der Art der öffentlich zu erfüllenden Einzelaufgaben nicht ausgereicht. Zusätzlich müßte man wissen, in welchem Ausmaß die der öffentlichen Hand zugewiesenen Aufgaben erfüllt werden sollen. Erst dann besteht Klarheit über die Höhe der erforderlichen Finanzmasse und den Staatsanteil.

II. Zur Theorie des optimalen Budgets

Mit Hilfe der Theorie der öffentlichen Güter konnte die Höhe des Staatsanteils nicht bestimmt werden, so daß das Problem einer bestmöglichen Aufteilung der Ressourcen auf die Produktion öffentlicher und privater Güter noch einer Lösung bedarf. Im Rahmen der normativen Betrachtung soll abschließend mit der Wohlfahrtstheorie versucht werden, eine Antwort zu finden. Im nächsten Kapitel kommen dann positive Ansätze zum Tragen, wenn die unmittelbaren Akteure der Finanzpolitik (Politiker, Bürokraten, Verbandsfunktionäre) mit ihrem Eigennutzstreben untersucht werden, um ihren Einfluß auf die finanzwirtschaftliche Aktivität des Staates zu bestimmen.

a) Die Unbestimmtheit der Aufteilung der Ressourcen auf private und öffentliche Güter

Bei der Allokation der volkswirtschaftlichen Ressourcen auf die verschiedenen Verwendungszwecke gibt es

- weder für die Bestimmung des Anteils öffentlich bzw. privat anzubietender Güter
- noch für die Entscheidung über die Zusammensetzung des Bündels öffentlich angebotener Güter (z.B. nach Aufgabenbereichen, vgl. oben Tab. 1.1, S. 13)

einen automatisch wirkenden Mechanismus, wie ihn für das Angebot privater Güter ein funktionsfähiger Markt darstellt. Daher muß eine Entscheidung in anderer Weise herbeigeführt werden. Eine wichtige *Norm,* die in marktwirtschaftlichen Systemen und Theorien für diese Entscheidung zugrunde gelegt wird, ergibt sich aus den **Präferenzen des Individuums,** die in möglichst unverfälschter Form **in die** übergreifende **Allokationsentscheidung eingehen sollen.** Deshalb wird im Folgenden zunächst davon ausgegangen, daß die Individuen selbst über das Budget bestimmen, also etwa durch Kauf gegen Entgelt oder über Abstimmung in der direkten Demokratie.

Um die Präferenzen des Individuums genau zu berücksichtigen, könnte man daran denken, ein *Verfahren* einzuführen, bei dem gesichert ist, daß kein Individuum gegen seinen Willen zur Finanzierung einer Ausgabe herangezogen wird, die ihm den „**Steuerpreis**" nicht wert ist. Damit würde die Betrachtung über die wünschenswerte Höhe des Budgets an der Entscheidungssituation des einzelnen Bürgers orientiert. Er ist es schließlich, dem die Ausgabe in den meisten Fällen zugute kommen soll und der die entsprechende Finanzierungslast tragen muß. Um eine gewisse Analogie zu Angebot und Nachfrage auf dem Markt herzustellen, könnte man daran denken, den Staat als Anbieter von Leistungen anzusehen, für die er Preise festsetzt. Dann könnten die Bürger prüfen, ob ihnen das Gut diesen Preis im Vergleich zum Preis privater Güter „wert" ist. Liegt dann nach ihrer Vorstellung der „Grenznutzen" der nachgefragten Staatsleistung über dem (Steuer-)Preis, werden sie kaufen bzw. die Leistung in Anspruch nehmen. – Ginge man über eine solche Fiktion hinaus und ließe den Staat tatsächlich alle oder die meisten Leistungen gegen – spezielle oder pauschalierte – Entgelte abgeben, so würde ein solches **freiwilliges Beitragsverfahren** die Wahlfreiheit der Individuen sichern, setzte aber eine als befriedigend angesehene Einkommensverteilung voraus. Andernfalls wären die Personen, die über vergleichsweise hohe Kaufkraft verfügen, bevorteilt.

Der Theorie der öffentlichen Güter ist nun aber zu entnehmen, daß solche Überlegungen grundsätzlich nur für diejenigen der öffentlich angebotenen Güter gelten, für die die Anwendbarkeit des Ausschlußprinzips gegeben ist. Läßt sich das Ausschlußprinzip nicht anwenden, so ist auch ein freiwilliges Beitragsverfahren technisch nicht möglich, denn es bewirkt ein strategisches Verhalten, d. h. die Bürger werden ihre Präferenzen nicht bekanntgeben, um nicht auch zur Finanzierung beitragen zu müssen (,**free-rider'-Problem**). Selbst wenn jeder einzelne eine Vorstellung über das wünschenswerte Volumen von öffentlichen und privaten Gütern besäße, käme es nicht zu ihrer Artikulation und damit zu **keiner Lösung** des Problems einer optimalen Allokation der Produktivkräfte auf den privaten und öffentlichen Sektor.

Das Problem wäre noch vergleichsweise einfach, wenn man davon ausgehen könnte, daß alle Staatsbürger die gleiche Vorstellung von der wünschenswerten Höhe des Staatsanteils hätten. Gesucht ist jenes Güterbündel aus öffentlichen und privaten Gütern, das gemäß den Konsumentenpräferenzen den optimalen Nutzen stiftet. Hätten alle Bürger nun die gleichen Präferenzen, so gäbe es eine einheitliche gesellschaftliche Indifferenzkurve I_1, und das Optimum wäre durch die eine Tangentiallösung T_1 gekennzeichnet (Abb. 2.2). Man muß aber von unterschiedlichen Staatsauffassungen ausgehen, die durch eine Indifferenzkurve I_3 für Personen mit einer Präferenz für möglichst viele öffentliche Güter und eine Indifferenzkurve I_2 für Personen mit einer Vorliebe für einen kleinen Staatsanteil wiedergegeben sind. Jetzt wird der Fall komplex, denn selbst wenn man von der **Annahme** ausgeht, daß die **Präferenzen bekannt** seien und eine befriedigende Einkommensverteilung vorläge, läßt sich zeigen, daß auch dann, wenn alle Informationen bekannt wären (also beispielsweise von der Fiktion eines allwissenden Planers ausgegangen wird), es ohne Absprache der Wirtschaftssubjekte nicht zu einer einzigen **bestmöglichen Aufteilung**

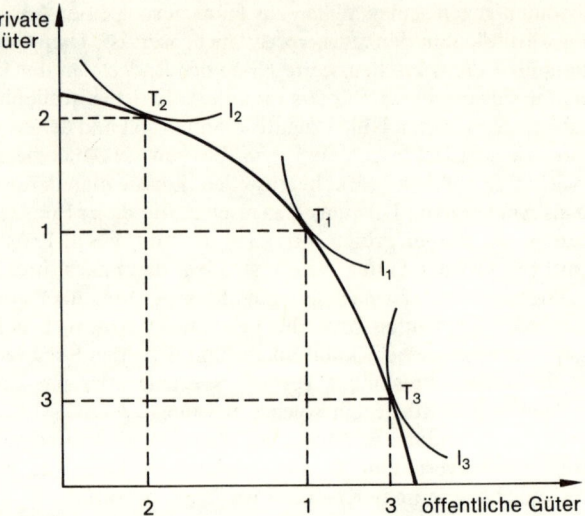

*Abb. 2.2: Optimale Aufteilung der volkswirtschaftlichen Ressourcen auf private und
öffentliche Güter*

von privaten und öffentlichen Gütern kommt. Diesen Nachweis, daß schon
bei zwei Individuen (oder Gruppen) mit unterschiedlichen Präferenzen für
das Verhältnis von öffentlichen und privaten Gütern eine **eindeutige pareto-
optimale Lösung fehlen kann,** hat **P. A. Samuelson** erbracht.[24]

Ausgangspunkt für die Begründung ist zunächst die **Transformationskurve** *TU* im oberen Teil der Abb. 2.3. Sie drückt aus, welche Kombinationsmöglichkeiten für öffentliche und private Güter die betrachtete Volkswirtschaft bei gegebener Produktionskapazität bietet und legt zugleich die Grenzen fest, die den Individuen bei
ihren Entscheidungen gezogen sind.

Der mittlere und untere Teil der Abb. 2.3 beschreiben mit Hilfe der **Indifferenzkurven** die Präferenzen **der Individuen** *A* und *B*. Jedes von ihnen kennt die Güterbündel
aus öffentlichen und privaten Gütern, die ihm den gleichen Nutzen bringen und die
folglich auf einer Indifferenzkurve, z.B. a_1 oder b_1, liegen. Offenbar hat *B* eine
vergleichsweise stärkere Präferenz für öffentliche Güter, da seine Indifferenzkurven
steiler verlaufen. – *A* und *B* können zu einem bestimmten Zeitpunkt voneinander
abweichende Mengen privater Güter kaufen, da sie unterschiedlich hohe Einkommen beziehen. **Öffentliche Güter** sind in diesem Modell **nur nach der Nichttrivialität im
Konsum definiert,** d.h. der Konsum des *A* beeinträchtigt den des *B* nicht. Folglich
steht der gesamte Nutzen der öffentlich angebotenen Güter, beispielsweise die
Menge *OE*, beiden Individuen gleichermaßen zur Verfügung. Für die privaten Güter ergibt sich im linken obersten Diagramm als Beispiel der Punkt *G* aus der Zusammenfassung der Indifferenzkurve a_2 des *A* (mit dem Ordinatenabschnitt *EH*)
und der Indifferenzkurve b_2 des *B* (Ordinatenabschnitt *EF* im untersten bzw. *HG*
im obersten linken Diagramm).

---

[24] Samuelson, P. A., Diagrammatic Exposition of a Theory of Public Expenditure,
in: Review of Economics and Statistics, Bd. 37, 1955, S. 350 ff., deutsch in:
Recktenwald, H. C., Hrsg., Finanztheorie, a. a. O., S. 146 ff.

Um mit Hilfe der Diagramme zeigen zu können, daß es nicht zu einem einzigen für beide Individuen optimalen Staatsanteil kommt, geht man im linken Teil der Abb. 2.3 zunächst von der **Interessenlage eines Individuums aus**, z.B. der des A; als Beispiel diene seine mittlere Indifferenzkurve a_2. Da alle Kombinationen von öffentlichen und privaten Gütern entlang dieser Kurve von A gleich geschätzt werden, entscheidet B über die Kombination, die das Nutzenmaximum ergibt. Um diese Kombination graphisch zeigen zu können, wird a_2 in das oberste linke Diagramm übertragen,

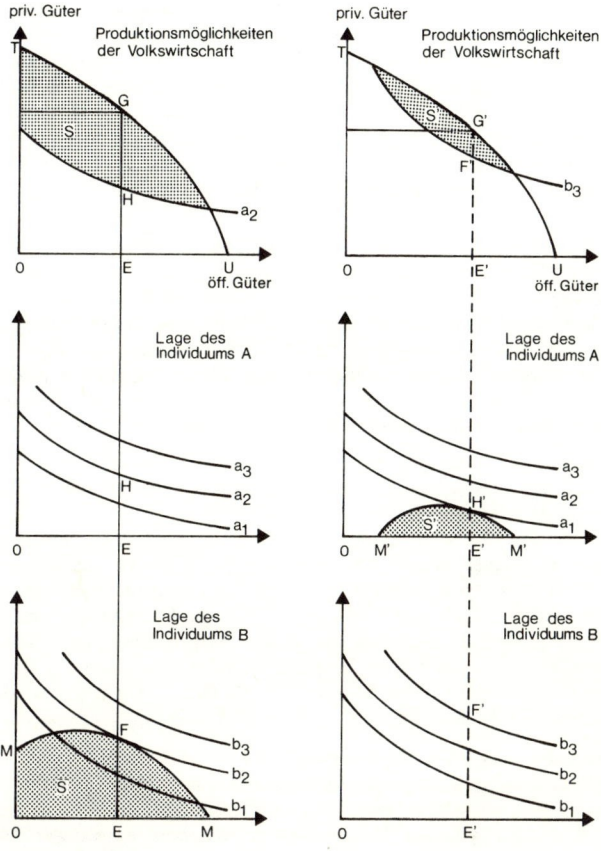

$A = OE$ öffentliche Güter
    EH private Güter
$B = OE$ öffentliche Güter
    EF private Güter

$A = OE'$ öffentliche Güter
    $E'H'$ private Güter
$B = OE'$ öffentliche Güter
    $E'F'$ private Güter

Die Darstellung baut auf einer von K. Mackscheidt verwendeten Abbildung auf (Mackscheidt, K., Zur Theorie des optimalen Budgets, Tübingen 1973, S. 21ff.; ders., Die wohlfahrtsökonomische Suche nach dem optimalen Budget, in: Das Wirtschaftsstudium, 1. Jg., 1972, S. 77ff.).

Abb. 2.3: Die Unbestimmtheit der Aufteilung der Ressourcen auf private und öffentliche Güter im Zwei-Personen-Fall

so daß man sehen kann, welcher Anteil der Produktionsmöglichkeiten *TU* auf *A* entfällt und wieviel für *B* übrigbleibt, wenn die Fläche unter der Transformationskurve voll ausgenutzt, d. h. alle volkswirtschaftlichen Produktionsmöglichkeiten ausgeschöpft sind. Dazu wird die schraffierte Restfläche *S* zwischen der dort eingetragenen Kurve a_2 und der Transformationskurve *TU* in das unterste linke Diagramm übertragen. Indem die senkrechten Abstände zwischen *TU* und a_2 im obersten Diagramm als Ordinatenwerte im untersten Diagramm abgetragen werden, kann man zeigen, welche Kombinationen für *B* optimal sind. Durch die Fläche *S* entsteht im untersten Diagramm die sog. Nettotransformationskurve *MM*, die anzeigt, welche Güterkombinationen für *B* maximal zur Verfügung verbleiben. Von diesen Kombinationen wird in *F* ein Optimalpunkt erreicht, d. h. bei *EF* Einheiten privater und *OE* Einheiten öffentlicher Güter. In diesem Punkt ist die Indifferenzkurve b_2 der Person B Tangente der Nettotransformationskurve MM. Mit seiner Entscheidung für das höchstmögliche Nutzenniveau und damit über *OE* Einheiten öffentlicher Güter hat *B* für das Individuum *A* das gleiche Volumen öffentlicher Güter festgelegt, da definitionsgemäß dieselbe Menge beide Individuen gleichmäßig versorgt.

Bleibt man bei dieser **von der Interessenlage von A ausgehenden Sichtweise,** so ist eine optimale Aufteilung der verfügbaren Produktionsmöglichkeiten erzielt worden. Individuum *A* konsumiert *OE* an öffentlichen Gütern und *EH* an privaten Gütern, während Individuum *B* die gleiche Menge an öffentlichen Gütern beansprucht und *EF* an privaten Gütern, wobei *EF* und *EH* sich zur Gesamtmenge an privaten Gütern *EG* im obersten Diagramm addieren lassen. Dieses Ergebnis ist jedoch unbefriedigend, da sich zeigen läßt, daß es weitere Optimalpunkte gibt, wenn man z. B. **von der Interessenlage des B ausgeht** (rechter Teil der Abb. 2.3).

Als Ausgangspunkt diene jetzt die Indifferenzkurve b_3 im unteren rechten Diagramm. Nunmehr entscheidet *A* über die optimale Güterkombination. Überträgt man b_3 in das obere Diagramm, so ergibt sich als Differenz zur Transformationskurve *TU* die Fläche *S'*. Sie ist in das mittlere rechte Schema zu transponieren und zeigt dort, daß *A* mit seiner Nettotransformationskurve *M'M'* die Indifferenzkurve a_1 erreichen kann. Der Optimalpunkt *H'* bedeutet für *A* nunmehr *E'H'* Einheiten privater Güter und *OE'* Einheiten öffentlicher Güter. Im höchstmöglichen Nutzenniveau von *A* verbleibt *B* wiederum das gleiche Niveau von öffentlichen Gütern *(OE')* und *E'F'* an privaten Gütern, wobei *E'H'* und *E'F'* zusammen *E'G'* ergeben. Der Punkt *G'* im oberen rechten Diagramm ergibt sich als Tangentialpunkt einer – nicht eingezeichneten – Kurve $a_1 + b_3$. Auch diese Lösung ist pareto-optimal.

Im Vergleich der beiden Vorgehensweisen (linke versus rechte Hälfte der Abb. 2.3) zeigt sich, daß keine eindeutige Lösung abgeleitet werden kann: Je nachdem, wessen Interessenlage, ausgedrückt durch eine Indifferenzkurve, als Ausgangspunkt für die Suche nach dem optimalen Budget gewählt wird, liegt der **optimale Staatsanteil bei einem anderen Budgetvolumen** *(OE' > OE)*. Die Aufteilung der Produktionsmöglichkeiten der Volkswirtschaft ist dann jeweils eine andere *(G' ≠ G)*.

Eine Einigung könnte in diesem Fall etwa durch **Verhandlung** zwischen A und B gefunden werden, doch damit wird die **Ebene der bisherigen Betrachtung verlassen.** Sie war dadurch gekennzeichnet, daß, wie in weiten Teilen der Theorie des Marktes, davon ausgegangen wurde, daß jeder Teilnehmer am Prozeß der Budgetbestimmung nur mit Blick auf seine eigenen Präferenzen und seine Nutzenmaximierung handelt und daß ein Entscheidungsprozeß mit unabhängigen Entscheidungen und ohne Verhandlungen zu „dem" richtigen Budget führt.

Das Verdienst Samuelsons liegt darin, nachgewiesen zu haben, daß die Nichttrivialität als Besonderheit der öffentlichen Güter dazu führt, daß eine solche von Verhandlungen freie **Lösung zur Bestimmung „des" optimalen Budgets nicht existiert.** – Damit wird zugleich deutlich, daß über das Angebot an öffentlichen Gütern in anderen Entscheidungsverfahren als dem, das bei privaten Gütern üblich ist, entschieden werden muß.

b) Die wünschenswerte Höhe des Budgets

Der Grundgedanke des – **individualistischen** – **Ansatzes,** eine **unmittelbare Ableitung** des Budgets **aus den Präferenzen** der einzelnen Staatsbürger (als den Adressaten der Budgetpolitik) abzuleiten, muß also schon in der Theorie und damit auch in der Praxis als nicht durchführbar aufgegeben werden. Man kann nun jedoch versuchen, ohne Blick auf die Unterschiede in den Präferenzen der Individuen und Gruppen nach der wünschenswerten Höhe des gesamten Budgets und damit des Staatsanteils zu fragen. Man käme dann zu einer gesamthaften Abwägung zwischen dem durch öffentliche Ausgaben bei den Staatsbürgern geschaffenen Vorteil und dem durch die Kürzung ihrer Einnahmen hervorgerufenen Nachteil. In den Kategorien der *Wohlfahrtstheorie* ausgedrückt, wäre die gesellschaftliche Wohlfahrt bei derjenigen Budgethöhe maximiert, bei der der zusätzliche gesellschaftliche Nutzen der letzten Ausgabeeinheit gerade so hoch ist wie der Nutzenentgang durch die hierfür aufgewendete Abgabe an den Staat. Eine **Begrenzung des Budgetvolumens** ergäbe sich aus der **Bereitschaft der Steuerzahler,** auf die private Verwendung von Teilen ihres Einkommens zugunsten der Verwendung durch den Staat zu verzichten.

Dieser Sachverhalt, der auf einer Vorstellung von der Gesellschaft als einer Gesamtheit beruht, läßt sich anhand der Abb. 2.4 veranschaulichen.[25] Dazu trägt man die Höhe des Budgetvolumens auf der Abszisse ab. Auf der Ordinate wird der (negative) Grenznutzen der Besteuerung und der (positive) Grenznutzen der Verausgabung bei steigendem Budgetvolumen wiedergegeben. Da der Grenznutzen der zusätzlichen öffentlichen Ausgaben und der Grenznutzen der zusätzlichen Steuern bei steigendem Budgetvolumen sinken, fallen die Grenznutzenkurven *aa* (der zusätzlichen Ausgaben) und *ee* (der zusätzlichen Steuern) von links nach rechts. Subtrahiert man die Kurven voneinander, so erhält man die **Nettonutzenkurve** *nn.* Die optimale Budgetgröße ist durch *OM* gegeben, denn bei *M* ist der marginale Nettonutzen gleich Null.

Da die Kurven *aa* und *ee* empirisch jedoch nicht ermittelbar sind, kann dieses **wohlfahrtstheoretische Budgetprinzip** „marginaler Nutzenzugang durch Staatsausgaben gleich marginaler Nutzenentgang durch Besteuerung" nicht in einer unmittelbaren Weise in die Finanzpolitik umgesetzt werden. Es hilft aber vielleicht zu erklären, warum Staaten mit hohem Staatsanteil an zunehmende Widerstände bei seiner weiteren Erhöhung stoßen. Die Punkte unterhalb von *M* auf der Kurve *nn* kann man dann für das jeweilige Land als die Situationen bezeichnen, in denen dem durchschnittlichen Bürger, dem Politiker und der öffentlichen Meinung die Last der gerade zur Diskus-

---

[25] Vgl. Musgrave, R. A., Finanztheorie, 2. Aufl., Tübingen 1969, S. 87.

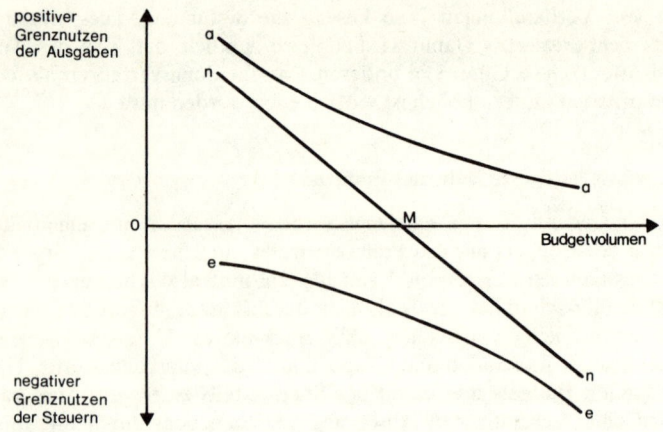

*Abb. 2.4: Nutzenzuwächse und -einbußen bei Veränderung des Umfangs finanzwirt-
schaftlicher Aktivität*

sion stehenden Steuererhöhung höher erscheint als die zusätzlichen mit
diesen Steuern zu finanzierenden Ausgaben (s. auch 3. Kapitel, S. 65).

Mit der Abb. 2.4 ist der genannte individualistische Ansatz verlassen, und
an seine Stelle treten Theorieansätze, in denen das Wechselspiel zwischen
Wählern, Gewählten und den anderen Trägern der politischen Willensbildung einbezogen wird. Eine Theorie des optimalen Budgets umfaßt notwendigerweise auch die Diskussion über Einigungsverfahren der Wirtschaftssubjekte im Hinblick auf Angebot und Finanzierung öffentlicher Güter. Einige Ansätze, die solche finanzpolitischen Entscheidungsprozesse bewußt einbeziehen, werden im folgenden Kapitel behandelt.

Fragen zum zweiten Kapitel

Zu Teil A:

1. Nennen Sie die Gründe für eine Messung der Staatstätigkeit.
2. Wie hat sich der Staatsanteil im Zeitablauf verändert?
3. Durch welche Meßfehler kann die Aussagekraft des internationalen
   Vergleichs von Staatsausgabenquoten beeinträchtigt werden?
4. Welche Bereiche staatlicher Aktivität werden ausgeklammert, wenn
   Staatstätigkeiten und öffentliche Ausgaben gleich gesetzt werden?
5. Welche Interpretationsmöglichkeiten ergeben sich, wenn die Pro-Kopf-
   Ausgaben über einen längeren Zeitraum gestiegen sind?
6. Welchen Einfluß hat die Geldentwertung auf die Interpretation der
   Staatsausgabenquote?
7. Erläutern Sie die kurz- und langfristige Entwicklung des Staatsanteils.
8. Welche Bedeutung kommt ihrer Meinung nach einer Analyse von
   Wachstum und Struktur der öffentlichen Ausgaben zu?

9. Wie versucht H. Timm die beobachtete langfristige Zunahme der Staatsausgaben zu erklären?
10. Inwiefern beeinflußt die Einkommenselastizität der Nachfrage nach öffentlichen Leistungen den Staatsanteil?
11. Welcher Zusammenhang besteht zwischen Finanzierungsart und Kostenbewußtsein?
12. Diskutieren Sie die These, daß mit zunehmender räumlicher Konzentration der Bevölkerung in den Ballungsräumen steigende Gemeindeausgaben pro Kopf einhergehen.

Zu Teil B:

1. Begründen Sie die Notwendigkeit staatlicher Eingriffe in den Marktmechanismus.
2. Erläutern Sie das sog. Ausschlußprinzip und die Nicht-Rivalität im Konsum.
3. Wodurch sind die sog. meritorischen Güter gekennzeichnet?
4. K. Schmidt bezeichnete die von Musgrave (weiter)entwickelte Theorie der öffentlichen Güter als „unfruchtbaren Denkansatz" und als „Irrweg". Wie beurteilen Sie den Erklärungswert dieser Theorie?
5. Woran scheitert eine an den individuellen Präferenzen orientierte Bestimmung des optimalen Budgets?
6. Wann wäre aus wohlfahrtstheoretischer Sicht das optimale Budgetvolumen erreicht?

Literatur zum zweiten Kapitel

Zu Teil A:

Blankart, C. B., Neuere Ansätze zur Erklärung des Wachstums der Staatsausgaben. Ein interpretierender Überblick, in: Hamburger Jahrbuch für Wirtschafts- und Gesellschaftspolitik, 22. Jg., Tübingen 1977, S. 73 ff.
Deutsche Bundesbank, Monatsberichte, Die Entwicklung des Steueraufkommens seit Beginn der achtziger Jahre, 37. Jg., Nr. 7, Juli 1985, S. 25 ff.
Dickertmann, D. und Diller, D., Subventionsquoten. Kennzahlen zur Darstellung und Beurteilung der Subventionspolitik, in: Das Wirtschaftsstudium, Heft 12, 1989, S. 594 ff.
Essig, H., Zur Abgrenzung und Aussagefähigkeit finanzstatistischer Kennzahlen, in: Wirtschaft und Statistik, Heft 9, 1984, S. 798 ff.
Forte, F., und Peacock, A. T., Hrsg., Public Expenditure and Government Growth, Oxford, New York 1985.
Littmann, K., Ausgaben, öffentliche, II: Die „Gesetze" ihrer langfristigen Entwicklung, in: Handwörterbuch der Wirtschaftswissenschaft, 1. Bd., Stuttgart u. a. 1977, S. 349 ff.
Mackscheidt, K., Grenzen für das Wachstum der Staatsausgaben?, in: Rippe, W., und Haarland, H. P., Hrsg., Wirtschaftstheorie als Verhaltenstheorie, Berlin 1980, S. 155 ff.
Matzner, E., Blaas, W., Schönbäck, W., Die Entwicklung des Staatsanteils – eine funktionsanalytische Betrachtung, in: Weizsäcker, C. C. v., Hrsg., Staat und Wirtschaft, Schriften des Vereins für Socialpolitik, NF Bd. 102, Berlin 1979, S. 505 ff.

Peacock, A. T., und Wiseman, J., The Growth of Public Expenditure in the United Kingdom, 2. Aufl., Princeton 1967.

Peffekoven, R., Begriff und Aussagefähigkeit der Staatsquote, in: Wirtschaftswissenschaftliches Studium, 6. Jg., 1977, Heft 5, S. 208 ff.

Rahmeyer, F., Ökonomische und politische Hemmnisse einer Erhöhung der Staatsquote, Köln 1975.

Recktenwald, H. C., Umfang und Struktur der öffentlichen Ausgaben in säkularer Entwicklung, in: Handbuch der Finanzwissenschaft, 1. Bd., 3. Aufl., Tübingen 1977, S. 713 ff.

Schmidt, K., Entwicklungstendenzen der öffentlichen Ausgaben im demokratischen Gruppenstaat, in: Finanzarchiv, NF Bd. 25, 1966, S. 213 ff.

Schmidt, K., Ideenwandel und Ausgabenentwicklung, in: Gebauer, W., Hrsg., Öffentliche Finanzen und monetäre Ökonomie, Festschrift für Karl Häuser zur Vollendung des 65. Lebensjahres, Frankfurt am Main 1985, S. 53 ff.

Schmidt, K., Zur ordnungspolitischen Problematik wachsender Staatsausgaben, in: Timm, H., und Haller, H., Hrsg., Beiträge zur Theorie der öffentlichen Ausgaben, Schriften des Vereins für Socialpolitik, NF Bd. 47, Berlin 1967, S. 126 ff.

Schuppert, G. F., Verselbständigte Verwaltungseinheiten und Parafiski – Elemente zu einer Theorie der Parafiskalität, in: Tiepelmann, K. und v. d. Beek, G., Theorie der Parafiski, Berlin, New York 1992, S. 137 ff.

Shoup, C. S., Public Finance, Chicago 1969.

Windisch, R., Die Baumolsche „Kostenkrankheit" öffentlicher Dienste, in: Statistisches Bundesamt, Hrsg., Arbeitsmaterialien zur Finanzstatistik, Wiesbaden 1987.

Zimmermann, H., Die Ausgabenintensität der öffentlichen Aufgabenerfüllung, in: Finanzarchiv, NF Bd. 32, 1973, S. 1 ff.

Zu Teil B:

Andel, N., Zum Konzept der meritorischen Güter, in: Finanzarchiv, NF Bd. 42, 1984, S. 630 ff.

Arnold, V., Theorie der Kollektivgüter, München 1992.

Blankart, Ch. B., Ökonomie der öffentlichen Unternehmen, München 1980.

Gäfgen, G., Entwicklung und Expansion des Wohlfahrtsstaats – Ansätze einer theoretischen Erklärung, in: Hamburger Jahrbuch für Wirtschafts- und Gesellschaftspolitik, Bd. 29, 1984, S. 55 ff.

Head, J. G., On Merit Wants, in: Finanzarchiv, NF Bd. 46, 1988, S. 1 ff.

Henke, K.-D., Die finanzielle Situation im Gesundheitswesen. Ein quantitativer Überblick, in: Finanzarchiv, NF Bd. 47, 1989, S. 299 ff.

Jüngling, M., Staatseinnahmen in säkularer Sicht. Eine kritische Studie, Göttingen 1991.

Krause-Junk, G., Abriß der Theorie von den öffentlichen Gütern, in: Handbuch der Finanzwissenschaft, 1. Bd., 3. Aufl., Tübingen 1977, S. 687 ff.

Lybeck, J. A., und Henrekson, M., Hrsg., Explaining the Growth of Government, Amsterdam 1988.

Mackscheidt, K., Zur Theorie des optimalen Budgets, Tübingen 1973.

Mackscheidt, K., Die wohlfahrtsökonomische Suche nach dem optimalen Budget, in: Das Wirtschaftsstudium, 1. Jg., 1972, Heft 2 S. 77.

Musgrave, R. A., Finanztheorie, 2. Aufl., Tübingen 1969.

Pommerehne, W. W., und Kirchgässner, G., Neuere Ansätze zur Erklärung der langfristigen Entwicklung der Staatsausgaben, in: Wirtschaftswissenschaftliches Studium, 20. Jg., 1991, Heft 9 S. 451 ff.

Samuelson, P. A., The Pure Theory of Public Expenditure, in: Review of Economics and Statistics, Bd. 36, 1954, S. 387 ff.

Samuelson, P. A., Eine Theorie der öffentlichen Ausgaben: Graphische Darlegung, in: Recktenwald, H. C., Hrsg., Finanztheorie, Köln, Berlin 1970, S. 146 ff.

Sohmen, E., Allokationstheorie und Wirtschaftspolitik, 2. Aufl., Tübingen 1992.

Streißler, E., und Watrin, Ch., Hrsg., unter Mitarbeit von Streißler, M., Supper, M., Teufelsbauer, W., Zur Theorie marktwirtschaftlicher Ordnungen, Tübingen 1980 (insbesondere die Beiträge von R. Windisch und Ch. Seidl).

Timm, H., Finanzwirtschaftliche Allokationspolitik, in: Handbuch der Finanzwissenschaft, 3. Bd., 3. Aufl., Tübingen 1981, S. 135 ff.

West, E. G., und McKee, M., De Gustibus Est Disputandum: The Phenomenon of „Merit Wants" Revisited, in: American Economic Review, Bd. 73, No. 5, 1983, S. 1110 ff.

Drittes Kapitel

Der öffentliche Haushalt. – Planungs- und Handlungsgrundlagen für die öffentliche Finanzwirtschaft

Im Mittelpunkt der politischen Bestimmung der finanzwirtschaftlichen Aktivität steht der öffentliche Haushalt. Er umfaßt die zahlenmäßige und planvolle Zusammenstellung aller öffentlichen Ausgaben und Einnahmen für eine bestimmte Periode, stellt also das finanzielle Abbild des jeweiligen politischen Programms einer Gebietskörperschaft dar. Der zweckmäßigsten Art, den öffentlichen Haushalt zu planen, zu beraten, zu beschließen und zu kontrollieren, kommt mithin eine große Bedeutung zu. Nicht umsonst wird der Haushaltsplan auch als „Schicksalsbuch der Nation" (K. Heinig) bezeichnet. Die Haushaltsdebatte wird in vielen Parlamenten als Anlaß für eine Grundsatzdiskussion über die Politik der jeweiligen Regierung genutzt.

Wenn dem Budget eine solche grundlegende politische Bedeutung zukommt, muß in einem demokratischen Staatswesen die Frage interessieren, wie und durch wen über das Budget entschieden wird. Ein Teilaspekt dieser Frage wurde am Ende des vorhergehenden Kapitels behandelt. Allerdings sind den dort behandelten wohlfahrtstheoretischen Ansätzen so enge Grenzen gesetzt, daß sie allenfalls einen geringen Bezug zu den praktischen Problemen der Haushaltsaufstellung aufweisen. Sie bedürfen der Ergänzung um positive Theorien, deren Aufgabe es ist, die sich real abspielenden Prozesse der finanzpolitischen Willensbildung erklären zu helfen. Daher soll die politische Bestimmung des Budgets, d.h. der Einfluß von Wählern und Parlamenten, der Exekutive, Bürokratie und der Verbände, am Anfang stehen (A). An sie schließt sich eine Betrachtung der in der Praxis entwickelten Funktionen und Normen des haushaltspolitischen Handelns an (B I), aus der sich Ansätze für eine Verbesserung von Budgetierung und Planung der staatlichen Aufgaben und Finanzen ableiten lassen (B II, III).

A. Öffentliche Finanzen und Staatsbürger: Zur politischen Bestimmung des öffentlichen Haushalts

I. Die Bestimmung des Haushalts durch das Parlament

a) Der Einfluß des Abgeordneten auf finanzpolitische Entscheidungen

Die Frage, wie das Budget zustandekommt und beschlossen werden soll, um am besten den **Wünschen der Staatsbürger** zu entsprechen, kann als ein

Unterfall des allgemeineren Problems angesehen werden, wie in einer Demokratie die staatliche Tätigkeit auf die Präferenzen der Staatsbürger ausgerichtet werden kann und soll. Im vorangegangenen Kapitel wurde im Rahmen der Wohlfahrtstheorie der Fall einer *direkten Demokratie* diskutiert, in der die stimmberechtigten Bürger über die einzelnen öffentlichen Güter direkt abstimmen und damit ihre Präferenzen offenbaren. Strategisches Verhalten der Stimmberechtigten ließ sich nur dadurch vermeiden, daß über die anzubietende Menge und die Finanzierung des Angebots simultan, d. h. im Sinne eines Modells der „freiwilligen Beiträge" abgestimmt wurde. Diesem System sind aber wegen der Nichtrivalität des Konsums und der nur partiellen oder völlig fehlenden Anwendbarkeit des Ausschlußprinzips bei vielen Gütern sehr enge Grenzen gesetzt.

Ein anderes System ist das der indirekten, d. h. repräsentativen oder *parlamentarischen Demokratie*. Hier sind zwei Varianten denkbar: Zum einen können die gewählten Abgeordneten als **weisungsgebundene Ausführende** den Wählerwillen durchsetzen, d. h. ihre Tätigkeit unterliegt einem imperativen Mandat. Zum anderen – und das ist durch Art. 38 GG in der Bundesrepublik Deutschland der Fall – können Abgeordnete aber auch gewählt werden, ohne während der Wahlperiode an Aufträge oder Weisungen direkt gebunden zu sein. Dieser Fall, in dem **kein bindender Auftrag des Wählers** an den nur seinem Gewissen unterworfenen Abgeordneten vorliegt, ist in westlichen Verfassungen üblich, schließt häufige Volksbefragungen, wie beispielsweise in der Schweiz, als Elemente einer direkten Demokratie nicht aus und steht im Zentrum der folgenden Überlegungen. Für diesen Fall gilt, daß die Volksvertreter die Wünsche ihrer Wähler in aller Regel verändert in den Gesetzgebungsgang einbringen. Damit gewinnen Aussagen über die **Rolle der Entscheidungsträger** beim Zustandekommen der politischen Entscheidungen eine besondere Bedeutung.

Innerhalb des gesamten Prozesses der politischen Willensbildung nimmt die Beratung und Beschlußfassung über die öffentliche Finanzwirtschaft eine besondere Stellung ein. Ihr ist im Grundgesetz ein besonderer Abschnitt gewidmet, der neben Bestimmungen über die Aufgaben- und Steuerverteilung auch Vorschriften über Zustandekommen, Durchführung und Kontrolle des Haushaltsplans enthält (Abschnitt X, beginnend mit Art. 104 a GG).

Diese Sonderstellung des Budgetwesens wird durch die Bedeutung dokumentiert, die dem Haushaltswesen bei der Entstehung des Parlamentarismus zukam. Am deutlichsten zeigt dies die englische Verfassungsgeschichte, in der das Parlament sich nach und nach die heute üblichen Budgetrechte in Auseinandersetzungen mit der Exekutive, der Krone, erkämpfte. Auf der einen Seite erhielt das Parlament das Recht, über die Erhebung aller direkten Steuern mitzubefinden (1628, **Petition of Right**), dem später die Ausweitung dieses Rechts auf alle Einnahmen folgte (1689, **Bill of Rights**). Auf der anderen Seite konnte es durchsetzen, daß alle Ausgaben nur für den vom Parlament bewilligten Zweck geleistet werden durften (1665, **Appropriationsklausel**), so daß das gesamte Budgetrecht im Laufe der Zeit in die Hände des Parlaments gelangte.

Mit der Erhöhung des Staatsanteils und der Zunahme der Aufgaben, die mittels Einnahmen und Ausgaben erfüllt werden sollen, kann das Budget jedoch nicht mehr im Parlament selbst aufgestellt, ja nicht einmal mehr im einzelnen beraten werden. Im Budgetwesen zeigt sich daher noch stärker als in anderen Bereichen der Gesetzgebung, daß die Idee von einem **einzelnen Abgeordneten als alleinigem Entscheidungsträger – von Ausnahmen im kommunalen Bereich abgesehen – eine wirklichkeitsfremde Vorstellung** ist.

Aufgrund des Umfangs der öffentlichen Finanzwirtschaft und der Größe und Vielzahl der Einzelhaushalte ist es nicht mehr möglich, daß die haushalts- und finanzpolitischen Entscheidungen im Parlament fallen und dann in das Budget umgesetzt werden.

Insoweit hat das Parlament seine Funktion als Forum der Willensbildung auf diesem Gebiet verloren. Stattdessen haben sich formelle und informelle Gremien herausgebildet, die alle wichtigen finanzpolitischen Entscheidungen vordiskutieren und so vorstrukturieren, daß das Parlament als Ganzes nur noch in groben Zügen diskutieren und gesamthaft abstimmen muß. Zu nennen sind hier auf der einen Seite die speziellen **Arbeitskreise der Fraktionen,** in denen die jeweiligen Spezialisten Problemlösungen und Vorschläge erarbeiten, die dann, verstärkt durch einen informellen **Fraktionszwang,** das Abstimmungsverhalten der Mitglieder einer Fraktion stark beeinflussen.

Auf der anderen Seite ist in diesem Zusammenhang eine Funktionsverlagerung vom Parlament als Ganzem auf seine verschiedenen Fachausschüsse festzustellen, wobei dem **Haushaltsausschuß des Bundestages** besondere Bedeutung für die Haushaltsgestaltung auf Bundesebene zukommt.[1] Dieser Ausschuß hat die Aufgabe, die periodisch anfallenden Haushaltsberatungen inhaltlich vorzubereiten; zu diesem Zweck wird der Haushaltsplanentwurf nach der ersten Lesung des Haushalts an den Ausschuß überwiesen. In diesen Ausschuß werden aus den einzelnen Fraktionen Spezialisten entsandt,[2] die dann jeden Haushaltsansatz im Detail diskutieren und als Ergebnis einen revidierten Entwurf an den Bundestag zur zweiten bzw. dritten Lesung zurückreichen. Hier spielt dann der einzelne Abgeordnete keine entscheidende Rolle mehr, da seine Kollegen im Ausschuß bereits Einfluß und Kompetenz geltend machten, um den Haushalt in dem von der Fraktion gewünschten Sinne abzuändern versucht haben. Man kann diese **Entfunktionalisierung des Parlaments** im Sinne eines einheitlichen Diskussions- und Entscheidungsforums zwar durchaus kritisieren; zu verkennen ist indessen nicht, daß ein sich ständig qualitativ wie quantitativ komplizierter gestaltendes Haushaltswesen zumindest eine gewisse Spezialisierung in der geschilderten Richtung erforderlich macht. Den **Sachverstand eines Parlaments,** das sich weitgehend auf seine Ausschußvorlagen stützt, kann man daher vorwiegend an den Kenntnissen der Mitglieder desjenigen Ausschusses messen, dem ein solches Gesetz üblicherweise zur Bearbeitung überwiesen wird. Unabhängig von dieser Einschätzung kann überlegt werden, ob

---

[1] Von finanzpolitischem Interesse ist ferner die Arbeit des **Finanzausschusses,** der sich hauptsächlich mit Fragen des Steuerrechts und nicht mit Fragen der Ausgabengestaltung befaßt.

[2] Der Haushaltsausschuß ist damit, ähnlich wie andere Bundestagsausschüsse, Spiegelbild der Kräfteverteilung im Plenum, da sich seine Besetzung an der Struktur der Gesamtsitzverteilung orientiert.

nicht die Funktion des Parlaments dadurch wieder gestärkt würde, daß im Parlament verstärkt die mittelfristige Aufgaben- und Finanzplanung und weniger das jährliche sog. Vollzugsbudget diskutiert würde (s. unten S. 76ff.).

Neben den Ausschüssen und Fraktionen gehören die **Parteien** selbst zu den Trägern der (finanz-)politischen Willensbildung. Die Parteien, die nach Art. 21 GG „bei der politischen Willensbildung des Volkes mitwirken", sind zwar in den formellen Ablauf des Gesetzgebungsverfahrens und somit auch der Budgetbestimmung nicht einbezogen; dennoch zählen die Parlamentsfraktionen, denen die Abgeordneten angehören, und insbesondere die örtlichen, regionalen und überregionalen Gremien ihrer Partei zu den Trägern der Willensbildung, in denen der Abgeordnete seine Auffassung zur Diskussion stellt und durchzusetzen versucht, in denen sein Urteil aber auch geformt wird, ehe es zur parlamentarischen Beratung und Verabschiedung der Gesetze, in diesem Fall also des Budgets, kommt. Die Auffassungen von Parteien, Parlamentsfraktionen und deren Arbeitskreisen zur Budgetpolitik sind daher für die Analyse des finanzpolitischen Willensbildungsprozesses wahrscheinlich bedeutsamer als die Ansichten des einzelnen Abgeordneten. Zwischen den Parlamentsausschüssen und den Fachgremien der Parteien bestehen enge Verbindungen, da die Fachleute, soweit sie Abgeordnete sind, in der Regel in beiden Gremien tätig sind.

b) Stimmenmaximierung als Handlungsmaßstab?

Die Analyse des Willensbildungsprozesses von Parteien und Abgeordneten bildet einen der Schwerpunkte der „ökonomischen Theorie der Politik" (Neue Politische Ökonomie), die aus ökonomischer Sicht und mit Hilfe wirtschaftswissenschaftlicher Methoden u.a. die Entscheidung über Gesetze und insbesondere über das Budget zu erklären sucht.[3] Bei diesem Ansatz geht man davon aus, daß es letzlich die Wähler selbst sind, die die politischen Ziele und damit auch Aufgaben, Ausgaben und Einnahmen festlegen, und daß die **um politische Macht konkurrierenden Parteien** ihre Programme den Wählerpräferenzen anpassen. Dabei liegt es nahe, hier wie in anderen Bereichen der ökonomischen Theorie von der empirisch sicherlich wichtigen Annahme auszugehen, daß der zu einer Partei gehörige Politiker seinen Nutzen maximieren will und die Gesetzgebung, insbesondere alle Budgetentscheidungen, als Instrument zur Verwirklichung dieses Zieles verwendet. Da sein primäres Interesse die Wiederwahl ist, bietet sich die *Maximierung der Wählerstimmen als Zielvariable* an, eine Größe, die den Vorteil aufweist, meßbar und skalierbar zu sein. Diese Überlegungen führten zu der Theorie der Stimmenmaximierung. Ihr Ursprung kann in **J. Schumpeters** Beobachtungen gesehen werden: „... der soziale Sinn oder die soziale Funktion der parlamentarischen Tätigkeit ist ohne Zweifel die,

---

[3] Siehe z.B. Frey, B. S., Ökonomische Theorie der Politik, in: Handwörterbuch der Wirtschaftswissenschaft, 5. Bd., Stuttgart u.a.O. 1980, S. 658ff., oder Kirsch, G., Neue Politische Ökonomie, 2. Aufl., Düsseldorf 1983.

Gesetze und teilweise auch Verwaltungsmaßnahmen hervorzubringen. Aber um zu verstehen, wie die demokratische Politik diesem sozialen Ziele dient, müssen wir vom Konkurrenzkampf um Macht und Amt ausgehen und uns klar werden, daß die soziale Funktion, so wie die Dinge nun einmal liegen, nur nebenher erfüllt wird – im gleichen Sinne wie die Produktion nur eine Nebenerscheinung beim Erzielen von Profiten ist."[4]

Daher liegt auch der von **A. Downs** entwickelten **Theorie der Stimmenmaximierung**, die stark von amerikanischen Erfahrungen geprägt ist, die Annahme zugrunde, daß die in Parteien organisierten Politiker nicht gemäß einer fiktiven sozialen Wohlfahrtsfunktion handeln, sondern daß Entscheidungen aus dem Berufsinteresse der Politiker, die nach Macht und Einkommen streben, gefällt werden: „Die politischen Parteien in einer Demokratie benutzen die Politik nur als Mittel, um Stimmen zu gewinnen. Sie trachten nicht danach, die Regierungsgewalt zu übernehmen, um vorher konzipierte politische Programme zu verwirklichen oder um bestimmten Interessengruppen zu dienen. Vielmehr konzipieren sie Programme und dienen Interessengruppen, um die Regierungsgeschäfte übernehmen zu können. Folglich wird ihre soziale Funktion – die darin besteht, Politiken zu entwerfen und aufgrund geeigneter Maßnahmen durchzuführen – erfüllt als Nebenprodukt ihrer privaten Motivation. Letztere ist gekennzeichnet durch den Wunsch, Einkommen, Macht und Prestige der Amtsausübung zu erlangen."[5]

Übertragen auf die Haushaltspolitik wird die Politik der Stimmenmaximierung dann wie folgt definiert: „Die Ausgaben werden so lange gesteigert, bis der durch die letzte ausgegebene Geldeinheit erreichte Stimmengewinn dem Stimmenverlust gleich ist, der durch die letzte, aus den staatlichen Finanzquellen entnommene Geldeinheit verursacht wird."[6]

Mit Hilfe dieser Aussage läßt sich die Abb. 2.4 (S. 56) im zweiten Kapitel in der Weise darstellen, daß auf der Ordinate statt der Grenznutzen (aus der Sicht der Wähler) nunmehr die marginalen **Stimmengewinne** (aus der Sicht der Politiker) stehen, die durch angebotene zusätzliche Ausgabenprogramme zu erzielen sind, bzw. die Stimmenverluste, die aus den erforderlichen Einnahmenprogrammen resultieren.

In diesem Zusammenhang ist die These aufgestellt worden, daß „das staatliche Budget in einer Demokratie zu klein ist"[7] und der Punkt M in Abb. 2.4 näher am Koordinatenursprung liegt, als er bei voller Information aller Beteiligten liegen würde.[8] Der Grund wird darin gesehen, daß sich die Wähler der Belastung durch Steuern voll bewußt sind, daß sie aber die Vorteile durch die Ausgaben zu niedrig einschätzen, weil öffentliche Ausgaben in hohem Maße durch Effekte gekennzeichnet sind,

---

[4] Schumpeter, J., Kapitalismus, Sozialismus und Demokratie, 2. Aufl., Bern 1950, S. 448.

[5] Downs, A., Eine ökonomische Theorie des politischen Handelns in einer Demokratie, in: Recktenwald, H. C., Hrsg., Finanzpolitik, Köln-Berlin 1969, S. 51.

[6] Downs, A., Ökonomische Theorie der Demokratie, Tübingen 1968, S. 50. Zu darauf aufbauenden Modellen siehe Bernholz, P., und Breyer, F., Grundlagen der Politischen Ökonomie, 2. Aufl., Tübingen 1984, S. 229 ff.

[7] Downs, A., Warum das staatliche Budget in einer Demokratie zu klein ist, in: Frey, B. S., und Meißner, W., Hrsg., Zwei Ansätze der Politischen Ökonomie. Marxismus und ökonomische Theorie der Politik, Frankfurt/M. 1974, S. 105 ff.

[8] Vgl. die in diesem Sinne interpretierbare Argumentation ebenda, S. 107.

die vielen Bürgern zugleich zugute kommen (s. oben 2. Kapitel, S. 46 ff. zur Nichtrivialität des Konsums) und folglich in ihrer Bedeutung für den einzelnen Bürger schwer abzuschätzen sind. Der Politiker, der diese Vorstellungen des Bürgers berücksichtigt, wird also weniger Programme durchführen, als wenn diese Effekte voll wahrgenommen würden. Aufgrund dieser Argumentation würden sich unter den Ausgaben besonders die für größere Gruppen **merklichen Ausgaben**, z. B. Sozialausgaben, eignen, und es wäre eine möglichst **unmerkliche Finanzierung**, z. B. über Verbrauchsteuern oder Kreditaufnahme, anzustreben.

Sofern damit allerdings eine **Finanzierungsillusion** verbunden ist (s. 2. Kapitel, S. 40), also der heutige Belastungseffekt (etwa bei Verbrauchsteuern im Vergleich mit der Einkommensteuer) oder die spätere Belastung bei einer heutigen Kreditaufnahme unterschätzt wird, könnte das Budget sogar größer sein, als wenn volle Information – in diesem Falle über die Finanzierung – bestünde. Wie schwer letztlich eine Einschätzung der Höhe des staatlichen Budgets ist, zeigt nicht nur ein Blick auf seine Entwicklung (s. Tab. 2.1 S. 30), sondern auch die Vielzahl der Bestimmungsgründe der Staatsausgaben.

Einen Anhaltspunkt dafür, daß die den Politikern in der ökonomischen Theorie der Politik unterstellte Verhaltensmaxime jedenfalls einen gewissen Einfluß auf den Zeitpunkt des Einsatzes einer – vielleicht ohnehin geplanten – Maßnahme ausübt, bietet die vor Wahlterminen zunehmende Verabschiedung von sozialen Gesetzesmaßnahmen. Die Theorie der Stimmenmaximierung ist daher auch als eine „**Theorie der Wahlgeschenke**" bezeichnet worden.

Sicherlich reicht der *Erklärungswert der Theorie der Stimmenmaximierung* nicht aus, um das Verhalten der Abgeordneten und politischen Parteien in einer repräsentativen Demokratie hinreichend zu erklären; die erforderliche **Relativierung des Ansatzes** ist von ihren Begründern teilweise selbst vorgenommen worden.[9] So ist zu beachten und inzwischen berücksichtigt worden,[10] daß, wie etwa in der Bundesrepublik, **mehr als zwei Parteien** zur Wahl stehen, woraus sich die Notwendigkeit einer Ergänzung des Ausgangsmodells um die Möglichkeiten der Koalitionsbildung ergibt. Auch finden Wahlen nicht, wie im Modell unterstellt, permanent statt, sondern nur in **größeren Zeitabständen,** so daß Umfang und Struktur des öffentlichen Haushalts als kurzfristig disponible Parameter ausscheiden. Schließlich ist der Abgeordnete, der sich nur an dem Ziel der Stimmenmaximierung ausrichtet, sicherlich genauso untypisch wie der Politiker, der sich nur an dem Wohl der Bevölkerung orientiert und eine Wahlniederlage hinzunehmen bereit ist, weil er bestimmte Maßnahmen als unerläßlich ansieht. Mit dem Erklärungsansatz der Theorie der Stimmenmaximierung wird also kaum jeder einzelne der Abgeordneten mit seinen Handlungsmaximen erfaßt.

---

[9] Vgl. hierzu Frey, B. S., Theorie demokratischer Wirtschaftspolitik, München 1981, S. 129 ff.
[10] Bernholz, P., und Breyer, F., Grundlagen der Politischen Ökonomie, a. a. O., S. 306 ff.

c) Die Bedeutung des Abstimmungsprozesses und des Stimmentausches

Unter der Voraussetzung, daß staatliche Leistungen wie Güter auf privaten Märkten angeboten werden könnten, würde die individuelle Nachfrage Umfang und Struktur der Staatstätigkeit bestimmen. Wie bereits ausgeführt (s. oben 2. Kapitel, S. 50 f.), ist eine solche Lösung durch „freiwillige Beiträge" aufgrund der aus der Theorie der öffentlichen Güter bekannten Merkmale öffentlicher Leistungen nicht möglich. Daher muß durch einen anderen Abstimmungsmodus entschieden werden, für welche Art von Leistungen und in welchem Umfang staatlich vorgesorgt werden soll.

In demokratischen Gesellschaften wird heute für Kollektiventscheidungen die **Mehrheitsabstimmung** als das Mittel akzeptiert, trotz voneinander abweichender Präferenzen der abstimmenden Personen Entscheidungen treffen zu können. Das gilt auch für das Haushaltsgesetz, das wie die meisten anderen Gesetze mit einfacher Mehrheit beschlossen wird.

Für die Ausgestaltung des Budgets im Ganzen wie auch für jede einzelne Position lassen sich zahlreiche Alternativen denken, die teils die zu bewilligende Summe, teils die Art der Ausgestaltung der Budgetposten betreffen, z.B. die Alternative „Subvention oder Steuersenkung", wenn es um die Unterstützung eines Wirtschaftszweiges geht. Eine demokratische Bestimmung des Budgets im Parlament könnte man sich nun so vorstellen, daß aus diesen **zahlreichen Alternativen** mit Hilfe **ebenso vieler Abstimmungen** die endgültige Form festgelegt wird.

Abgesehen von dem damit verbundenen **technischen Aufwand** gibt es jedoch einen **grundsätzlichen Einwand** gegen dieses Vorgehen. In einem solchen System der Mehrheitsentscheidung kann schon bei wenigen entscheidenden Personen und entscheidungsbedürftigen Alternativen der Fall eintreten, daß eine eindeutige Mehrheit nicht zustande kommt bzw. ihr Zustandekommen zufallsbedingt ist. Dieser Sachverhalt ist als das sog. Abstimmungsparadoxon bekannt geworden.

Die Auseinandersetzung mit diesem Problem ist durch eine Arbeit von **K. J. Arrow**[11] ausgelöst worden, in der er den Nachweis erbrachte, daß auf der Basis der Mehrheitswahl die Ableitung einer gesellschaftlichen Wohlfahrtsfunktion unmöglich ist (sog. **Unmöglichkeitstheorem**) bzw. daß auch in der Demokratie logisch widersprüchliche (haushalts-)politische Entscheidungen vorkommen können.

Zur Verdeutlichung des **Abstimmungsparadoxons** sei folgende Konstellation unterstellt: Es existieren drei Wähler (x, y und z), z.B. Bundestagsabgeordnete, und drei Budgetalternativen (A, B und C), über deren kollektive Präferenz abgestimmt werden soll. Zu diesem Zweck gibt jeder der drei Wähler seine **individuelle Rangfolge der Alternativen** an, so daß aus dieser individuellen Rangfolgenbildung dann die gemeinschaftliche Rangfolge abgeleitet werden kann. Folgender positiver Fall ist denkbar:

	Rangfolge der Alternativen
Wähler x:	A > B > C
Wähler y:	B > C > A
Wähler z:	C > B > A

---

[11] Vgl. Arrow, K. J., Social Choice and Individual Values, 2. Aufl., New Haven-London 1963.

Die kollektive Präferenzrangfolge ergibt sich aus der Kombination jeweils zweier Alternativen:

Vergleich A–B: B gewinnt 2 : 1, d. h. B wird zweimal A vorgezogen
Vergleich B–C: B gewinnt 2 : 1, d. h. B wird zweimal C vorgezogen
Vergleich A–C: C gewinnt 2 : 1, d. h. C wird zweimal A vorgezogen.

Aus diesem Abstimmungsprozeß ergibt sich eine mehrheitliche Präferenz für die Rangfolge B, C, A, die auch von einer Änderung der Abstimmungsfolge (B gegen C, C gegen A, A gegen B) unberührt bleibt.

Der zweite, negative und von Arrow hervorgehobene Fall tritt dann ein, wenn beispielsweise folgendes Abstimmungsergebnis vorliegt:

Rangfolge der Alternativen

Wähler x: $A > B > C$
Wähler y: $B > C > A$
Wähler z: $C > A > B$

Dann folgt in Analogie zum ersten Fall:

Vergleich A–B: A gewinnt 2 : 1
Vergleich B–C: B gewinnt 2 : 1
Vergleich A–C: C gewinnt 2 : 1,

d. h. eine **eindeutige kollektive Präferenzfolge** ist **nicht ableitbar,** da jede Alternative jeweils gleich stark den beiden anderen vorgezogen wird. Das System der Mehrheitswahl versagt also in diesem Fall. Das Wahlparadoxon ist ein Nachweis, daß im System der Mehrheitsentscheidung keine Garantie liegt, daß es bei gegebenen Präferenzen zu einer eindeutigen Entscheidung kommt. Bei bestimmten Konstellationen, wie im zweiten behandelten Fall, ist das Ergebnis insofern willkürlich, als die Wahl einer bestimmten Alternative von der Reihenfolge der einzelnen Wahlgänge abhängt. Gerade bei Entscheidungen über komplexe Tatbestände wie Budgetalternativen oder auch nur einzelne Ausgabenprogramme kann es leicht zu solchen Konstellationen kommen, während bei einfacheren, auf einer Dimension liegenden Tatbeständen (z. B. einen Auftrag über 10 oder 100 oder 500 Flugzeuge zu erteilen) eher gleichgerichtete Präferenzen zu vermuten sind.

Als Ausweg aus diesem Wahldilemma hat man vorgeschlagen, jedem Entscheidungsträger, in diesem Anwendungsfall jedem Parlamentsmitglied, die Möglichkeit einzuräumen, den Grad seiner Präferenz für die eine oder andere Alternative auszudrücken. Zu diesem Zweck könnte etwa im System der **Punktwahl** jeder Person eine bestimmte Zahl von Punkten zur Verfügung gestellt werden, die sie auf die einzelnen Alternativen gemäß ihren Präferenzen verteilt. Abgesehen davon, daß dieses Verfahren technisch und administrativ ziemlich aufwendig wäre, ist auch hierbei nicht auszuschließen, daß der Arrow-Fall dann eintritt, wenn etwa alle Alternativen die gleichen Gesamtpunktzahlen auf sich vereinen.

Werden zum Beispiel im zuvor behandelten Fall 1 jeder der drei Personen 50 Punkte zugesprochen, so könnte sich für die drei zur Auswahl stehenden Budgets folgendes Bild ergeben:

| | Budgetalternativen | | | Gesamte |
	A	B	C	Punktzahl
X	47	2	1	50
Personen Y	14	20	16	50
Z	12	17	21	50
Gesamte Punktzahl	73	39	38	150

In diesem Beispiel wird das Budget A beschlossen, da ihm mit 73 die höchste Gesamtzahl an Punkten zugesprochen wird. Das Ergebnis weicht also von dem früheren Fall 1 ab, obwohl die Rangordnung, d. h. die Verteilung der ungewichteten Präferenzen, die gleiche ist (Person Y zieht B dem Budget C und C dem Budget A vor, usw.). Der Grund liegt darin, daß Person X das Budget A so intensiv bevorzugt, daß sie fast alle Punkte dorthin gibt, während die Präferenzen von Y und Z weit stärker streuen.[12]

Wesentlich bedeutsamer für die Erklärung der praktischen Haushaltspolitik dürfte ein Erklärungsansatz sein, der auf die Analyse von **Koalitionsbildungen** bzw. von Strategien des **Stimmentausches** (‚logrolling‘) abzielt. Sieht etwa eine Gruppe im Parlament (z. B. Landwirte), daß ein von ihr favorisiertes Programm keine Mehrheit erzielen wird, so kann sie an eine andere Gruppe, die nicht unbedingt für dieses Programm eingenommen ist (z. B. Rentner), herantreten und diese um Zustimmung bitten. Als Gegenleistung wird dann in Aussicht gestellt, diese Gruppe ihrerseits dabei zu unterstützen, ein von ihr gewünschtes Programm durchzusetzen. Dieses sog. ‚logrolling‘ stellt häufig den einzigen Ausweg dar, aus Sackgassen des Mehrheitswahlsystems herauszukommen. Allerdings ist kritisch zu fragen, ob die auf solche Weise zustande gekommenen Programme überhaupt den Präferenzen der Bevölkerung und nicht nur denen einzelner Gruppen im Parlament entsprechen. Insbesondere Minderheiten können sich oft nicht stark genug artikulieren und scheiden wegen ihrer zu geringen Größe als Partner für einen Stimmentausch bei Parlamentsentscheidungen aus. Wenngleich es grundsätzlich bei allen Abstimmungen zum Stimmentausch kommen kann, ist er zur Durchsetzung höherer Ausgaben zugunsten von Sonderinteressen besonders wahrscheinlich. Insoweit ist er auch zur Erklärung der zunehmenden Staatsausgaben von Interesse.

II. Der zunehmende Einfluß der Exekutive auf die öffentlichen Finanzen

Sowohl für den Volksentscheid in der direkten Demokratie als auch für die Entscheidung der Abgeordneten in der repräsentativen Demokratie ist es, wie erwähnt, erforderlich, daß die **Exekutive (Regierung)** Vorlagen erarbei-

---

[12] Zu den vielfältigen Möglichkeiten, Strategien zu entwickeln, um als wahrscheinlich angesehene, aber unerwünschte Ergebnisse zu vermeiden, siehe Musgrave, R. A., Finanztheorie, 2. Aufl., Tübingen 1969, S. 107 ff.

tet. Gerade die Bestimmung des Budgets würde andernfalls an der Summe der erforderlichen Detailregelungen, die zu treffen sind, scheitern. Die Erarbeitung eines in Ausgaben und Einnahmen ausgeglichenen Haushaltsentwurfs durch die Exekutive, in der Bundesrepublik Deutschland auf der Bundesebene durch das Bundesfinanzministerium, hat zudem den Vorteil, daß sich zunächst die Ressortminister einigen müssen, während sonst einem Parlamentsausschuß die Maximalforderungen präsentiert würden (s. im einzelnen dazu B. I).

Diese im Sinne einer höheren Sachgerechtigkeit der Budgetgestaltung positiv zu beurteilende Rolle der Exekutive stößt aus verfassungsrechtlichen Überlegungen jedoch auf gewisse Bedenken, weil die Entfunktionalisierung des Parlaments dazu führt, daß es von der Regierung stammende Vorlagen weitgehend nur noch sanktioniert. Diese Kritik trifft in besonderem Maße für den komplizierten Bereich der Haushalts- und Steuerpolitik zu. Zu den Ursachen dieser Entwicklung zählt nicht nur die bereits beschriebene sachlich-zeitliche Überforderung des einzelnen Abgeordneten, sondern auch das Interesse der Exekutive selbst an einer verstärkten Einflußnahme und an der damit verbundenen Machtzunahme.

Mit Blick auf diese Machtverschiebung ist zunächst nur die Funktion der Exekutive im Rahmen der Gewaltenteilung angesprochen. Sie wird mit Hilfe einer umfangreichen **Verwaltung** ausgeübt, deren Einstellung und Verhaltensweise oft mit dem Begriff der **Bürokratie** versehen wird. Die Verwaltung kann bei ihrer Tätigkeit, etwa bei der Vorbereitung von Entscheidungen, wie sie sich in einem Budgetentwurf niederschlagen, durchaus Eigeninteresse entwickeln, und schon **M. Weber** schrieb hierzu: „In einem modernen Staat liegt die wirkliche Herrschaft ... notwendig und unvermeidlich in den Händen des Beamtentums".[13] Die Vorstellung einer politisch neutralen Verwaltung hat sich nicht halten lassen, so daß in der **ökonomischen Theorie der Bürokratie**, einem Teilbereich der ökonomischen Theorie der Politik, die Interessen des Bürokraten und ihre Wirkungen auf das Budget in den Vordergrund treten. Zu den sog. Bürokraten zählen leitende Beamte und Angestellte in der Administration der Gebietskörperschaften, von denen Einfluß auf Umfang und Struktur der Staatsausgaben und ihrer Finanzierung ausgeht. In dieser Theorie wird, weitgehend wohl zu Recht, angenommen, daß

– Bürokraten ein überlegenes Fachwissen und damit einen Informationsvorsprung gegenüber den Politikern, dem Parlament und den Bürgern aufweisen; insbesondere kennen sie die Kosten für das öffentliche Leistungsangebot;
– Bürokraten die aus ihren Kenntnissen erwachsenen Entscheidungsspielräume für eigene Ziele nutzen und die Bürokratie somit zu einem eigenständigen Faktor im Prozeß der Erstellung öffentlicher Leistungen wird.

---

[13] Weber, M., Parlament und Regierung im neugeordneten Deutschland (1918), in: Winkelmann, J., Hrsg., Max Weber – Gesammelte Politische Schriften, 3. Aufl., Tübingen 1971, S. 320.

Hinsichtlich der von den Bürokraten verfolgten Interessen werden im folgenden Modell zu den Wirkungen bürokratischen Handelns zwei Verhaltensannahmen zugrundegelegt.

- Zum einen ist der Bürokrat an der **Maximierung des von ihm verwalteten Budgetvolumens** interessiert. Vom Umfang des Budgets werden annahmegemäß nicht nur sein Ansehen in der Verwaltung und die Höhe seines Einkommens bestimmt, sondern auch nicht-monetäre Einkommenselemente, wie ein Dienstwagen und ähnliche Annehmlichkeiten, hängen davon ab. Zudem erleichtert ihm ein hohes Budget, die Wünsche derer, die ihn politisch unterstützen, zu erfüllen, was wiederum die eigenen Aufstiegschancen verbessert.

- Zum anderen ist dem Bürokraten auch daran gelegen, die Differenz zwischen dem von ihm zu verwaltenden Budgetvolumen und den Ausgaben, die für eine kostenminimale Produktion des gewünschten Outputs an öffentlichen Gütern erforderlich sind, möglichst groß zu halten. Diese Differenz aus Budgetansatz und den Ausgaben bei kostenminimaler Produktion, die hier als **Budgetresiduum** (diskretionäres Budget) bezeichnet sei, eröffnet dem Bürokraten den finanziellen Spielraum für andere Ziele als die Produktion der öffentlichen Güter, für die er zuständig ist.

In Abb. 3.1 ist auf der Ordinate das Budgetresiduum abgetragen, d. h. die Differenz zwischen dem vom Politiker oder Wähler zugestandenen Budgetvolumen B und den möglichen Minimalkosten K für die Bereitstellung des öffentlichen Gutes. Auf der Abszisse ist die Angebotsmenge für das öffentliche Gut wiedergegeben. Aus dem Verlauf der Indifferenzkurven lassen sich unterschiedliche Präferenzen der Bürokraten entnehmen.

Der an der Erzielung eines Budgetresiduums und damit an diskretionär zu nutzenden Spielräumen orientierte Beamte wird durch die Kurve i_3 repräsentiert. Die Steigung der Tangente im Punkt B_3, zeigt, daß dieser Beamte bereit ist, ein erhebliches Volumen öffentlicher Güter zu opfern, um sein Budgetresiduum zu erhöhen. Hingegen ist der Verlauf der Kurve i_1 typisch für eine hohe Bewertung des Angebots öffentlicher Güter, d. h. er gibt den Wunsch nach maximalem Output bzw. nach Budgetmaximierung wieder. In der Indifferenzkurve i_2 sind beide Verhaltensannahmen ausgeprägt.[14]

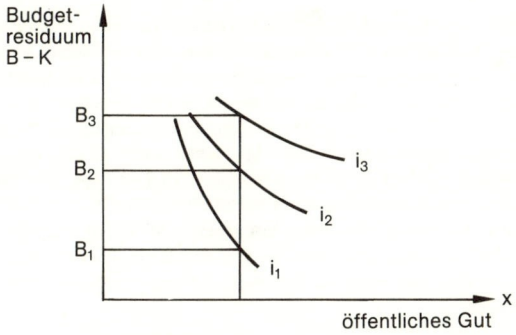

Abb. 3.1: Unterschiedliche Präferenzen von Bürokraten

---

[14] Zu den dieser Darstellung zugrundeliegenden Annahmen vgl. Roppel, U., Ökonomische Theorie der Bürokratie, Freiburg 1979. Die Abbildung 3.2 basiert auf ebenda, S. 152 ff.

Die Konsequenzen bürokratischen Handelns je nach den unterstellten Präferenzen der Beamten lassen sich nunmehr in Abb. 3.2 vergleichen. Im mittleren Teil der Abbildung sind zum einen die Minimalkosten bei steigender Angebotsmenge $K(x)_{min}$ abgetragen; dieser Kurve liegen steigende Durchschnitts- und Grenzkosten zugrunde. Zum anderen findet sich dort die Budget-Output-Funktion $B(x)$. Sie gibt die Zahlungsbereitschaft der Politiker bzw. der Wähler in Abhängigkeit vom Output wieder. Diese Kurve $B(x)$ steigt mit zunehmendem Angebot des öffentlichen Gutes nur unterproportional an, weil unterstellt wird, daß der Nutzen des zusätzlichen Outputs für den Politiker (bzw. seine Wähler) und damit seine Bereitschaft, Budgetmittel bereitzustellen, sinkt. Die den beiden Kurven zugrundeliegende Grenzbetrachtung ist dem oberen Teil der Abb. 3.2 zu entnehmen. Dort zeigt der Schnittpunkt über X_{opt} von Grenzkosten GK_{min} und Grenznutzen GN die pareto-optimale Menge des öffentlichen Gutes.

Aus den angenommenen Kurvenverläufen ergibt sich, daß bis zur Menge X_n^b das „bewilligungsfähige" Budgetvolumen $B(x)$ über den Minimalkosten $K(x)_{min}$ liegt, so daß ein budgetmaximierender Bürokrat den Output bis zu diesem Punkt, bei dem die Kosten gerade noch gedeckt sind, ausdehnen wird. Die Situationen für einen Bürokraten, der sich an einem möglichst hohen Budgetresiduum orientiert, sind im unteren Teil der Abb. 3.2 ablesbar. Dort zeigt die Kurve OPR die Differenz zwischen $B(x)$ und $K(x)_{min}$, also das Budgetresiduum. Der hieran interessierte Bürokrat wird im Extremfall das Maximum P und damit die Menge X_{opt} des öffentlichen Gutes zu realisieren versuchen.

Wo das Optimum für den einzelnen Bürokraten liegt, hängt letztlich vom Verlauf seiner Indifferenzkurven ab (vgl. Abb. 3.1). Der den Output an öffentlichen Gütern hoch bewertende Bürokrat, der im Extremfall vertikale Indifferenzkurven aufweist, verwirklicht in horizontaler Richtung eine Erhöhung seines Nutzenniveaus, das in X_n^b maximiert wird. Der das Budgetresiduum maximierende Bürokrat, der im Extremfall durch horizontal verlaufende Indifferenzkurven gekennzeichnet ist, orientiert sich am Maximum der (B–K)-Kurve und gelangt in vertikaler Richtung zu seiner günstigsten (höchsten) Indifferenzkurve mit X_{opt} als Optimum. Dazwischen liegen „gemischte" Optimalpunkte, von denen im unteren Teil von Abb. 3.2 beispielhaft der Punkt S (für die Präferenz gemäß i_2) wiedergegeben ist.

Die durch die Punkte X_{opt} und X_n^b gekennzeichneten Lösungen haben unterschiedliche Eigenschaften. Der Punkt P entspricht der gesellschaftlich optimalen Outputmenge X_{opt}, weil Grenznutzen und Grenzkosten sich decken. In diesem Fall werden die öffentlichen Güter aber nicht zu den möglichen Minimalkosten angeboten, die nur der Bürokrat kennt, sondern zu der Zahlungsbereitschaft des Politikers. Da diese über den möglichen Minimalkosten liegt, also $B(x) > K(x)_{min}$ gilt, ist diese Situation insgesamt technisch und damit auch allokativ ineffizient. Aus der Differenz B–K kann der Bürokrat entsprechend seinen Präferenzen seinen Nutzen ziehen. Im Punkt R hingegen, einer technisch effizienten Situation, weil X_n^b kostenminimal produziert wird, fällt die Outputmenge höher aus als gemäß Marginalbedingung allokativ optimal ist ($GK_{min} > GN$). Jetzt zieht der Bürokrat aus dem relativ zu hohen Budgetvolumen seinen Nutzen.

Wenn man sich vorzustellen versucht, für welche Arten von Verwaltungen die beiden Typen des eigennützigen Bürokraten gelten, so dürfte die Budgetmaximierungshypothese für expansive Aufgabenbereiche typisch sein, in denen Bürokraten durch die Bewältigung neuer Aufgaben Anerkennung suchen und ihren Einfluß zu vergrößern trachten. Ein Maximum an diskretionärem Spielraum wird eher von Bürokraten angestrebt, die sich aufgrund vorhandener und die Verschwendung begünstigender Anreizstrukturen ein bequemes und konfliktfreies Leben machen wollen. Hierfür

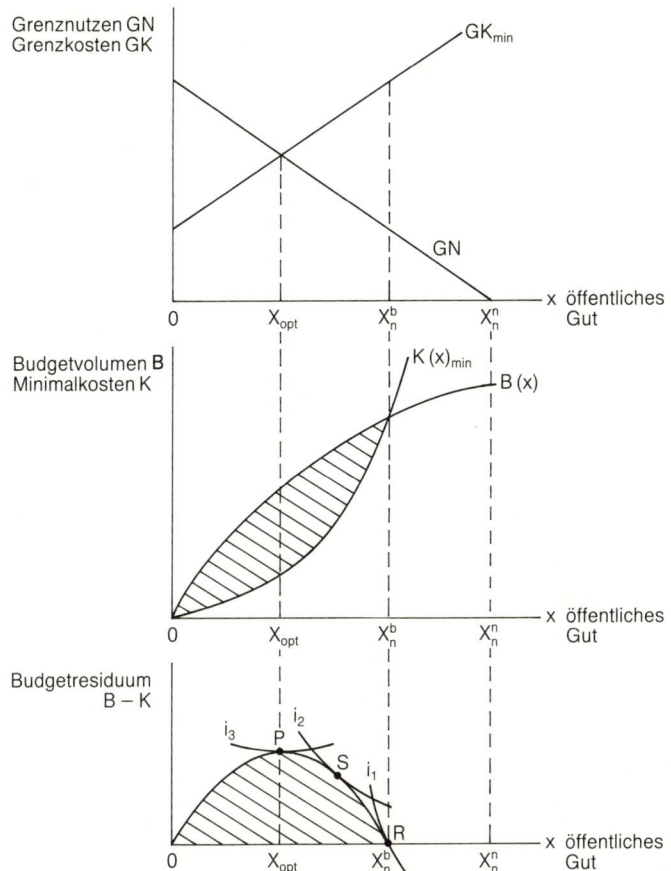

Abb. 3.2: Folgen bürokratischen Handelns für Volumen und Kosten öffentlicher Güter, bei unterschiedlichen Interessen der Bürokraten

typischer sind Zeiten der Konsolidierung und Rückführung eines Aufgabenbereichs oder gar des gesamten Staatsanteils.

Fragt man nach dem Erklärungswert derartiger Bürokratiemodelle, so ist darauf zu verweisen, daß mit ihrer Hilfe die Konsequenzen veranschaulicht werden können, die sich aus der Einräumung bürokratischer Handlungsspielräume bei der Budget-festlegung für den Output an öffentlichen Gütern und die Kosten ihrer Erstellung ergeben. Die unterschiedlichen Annahmen über die Motive der Bürokraten führen zu einem unterschiedlichen Volumen und abweichenden Kosten öffentlicher Güter. Inwieweit die unterstellten Verhaltensannahmen wirklichkeitsnah sind, hängt zu-nächst vom politischen Umfeld der Bürokraten ab. So ist zu vermuten, daß in den USA, wo die ökonomische Theorie der Bürokratie im wesentlichen entwickelt wur-de, wegen der weit geringeren Bedeutung des Berufsbeamtentums mit seinem spezi-fischen Ethos die Eigennutzorientierung häufiger ist als etwa in der Bundesrepublik. Außerdem ist anzunehmen, daß die entsprechenden Handlungsmöglichkeiten in der

Leitung einer Verwaltung ausgeprägter sind als in den eher ausführenden unteren Rängen einer Behörde. Zu berücksichtigen ist schließlich, daß die Nutzenfunktion eines Bürokraten im Zeitablauf Wandlungen unterworfen ist, so daß die Indifferenzkurven (s. Abb. 3.1) sich insgesamt verlagern können.

Sind vor dem Hintergrund des Bürokratiemodells die Auswirkungen der Bürokratie auf Höhe und Struktur des Haushalts offenkundig, bleibt die Frage zu klären, wie sie ihre Interessen im einzelnen durchsetzt. Hierzu wird darauf hingewiesen, daß Bürokraten sich hinsichtlich der Budgetanforderungen grundsätzlich anders verhalten als Politiker, die sich der Wiederwahl stellen müssen. Außerdem kann die Bereitschaft des Parlaments, mehr als die unabdingbar erforderlichen Mittel zur Verfügung zu stellen, dadurch gefördert werden, daß die wirklich notwendigen Kosten verschleiert und überhöhte Ausgaben gefordert werden. Schließlich wird aus der Bürokratie heraus eine Tendenz bestehen, keine Alternativen zur Auswahl zu stellen, sondern nur eine ihr genehme Lösung vorzuschlagen. Diese und andere Kritikpunkte führten zu Vorschlägen einer Budgetreform (s. unten).

Die stärkste Wirkung zugunsten der Exekutive und ihrer Bürokratie übt sicherlich die erwähnte Komplexität des Haushaltsentwurfs aus, an deren Reduktion die Verwaltung aus sich heraus folglich nicht unbedingt interessiert ist. Darüber hinaus kann sie Mechanismen entwickeln, die es den Außenstehenden sehr erschweren, interne Verwaltungsabläufe kontrollierend nachzuvollziehen, und die zum anderen bewirken, daß im Parlament auch tatsächlich die „richtigen", d.h. den Vorstellungen der Verwaltung entsprechenden Entscheidungen getroffen werden. Dabei können sich die Verwaltungsbeamten verschiedener Taktiken bedienen, um ihre Auffassung durchzusetzen. Als eine sei genannt, Budgetanforderungen bewußt zu hoch anzusetzen, um unter Einrechnung der zu erwartenden Streichungen doch die gewünschte Höhe eines bestimmten Budgetpostens durchzusetzen.

Auch das im amerikanischen Regierungssystem übliche sog. ‚**package voting**‘, d.h. die Kombination von zwei oder mehr Programmvorschlägen in einer einzigen Beschlußvorlage („Paket"), ist hier zu erwähnen. Auf diese Weise soll eine höhere Zustimmungsquote dadurch erzielt werden, daß mit dem „Paket" ein breiterer Interessentenkreis angesprochen wird.[15] Es steht zum erwähnten ‚logrolling‘ in Beziehung (s. S. 69), weil die dort unterstellten verbundenen Interessen mehrerer Gruppen im Parlament hier antizipiert werden können und anstelle der dort erforderlichen zwei Abstimmungen hier nur eine, nämlich die über das „Paket", erforderlich ist.

Ein mit Hilfe dieser und ähnlicher Strategien zustande gekommener Haushalt kann dann treffend als **„Exekutivbudget"** bezeichnet werden, da er weitestgehend durch den Einfluß und die Vorlagen der Exekutive geprägt ist. Sieht man diese Stärkung zusammen mit dem beschriebenen Eigeninteresse der Bürokratie, so unterliegt die Haushaltspolitik der Gefahr der bloßen Routine, wenn es der Verwaltung mangels eines kritikfähigen Parlaments

---

[15] Vgl. Bernholz, P., und Breyer, F., Grundlagen der Politischen Ökonomie, a.a.O., S. 337ff.

möglich wird, bestehende Haushaltsansätze in bestimmten Zuwachsraten fortzuschreiben, ohne sie ernsthaft mit den angestrebten Ergebnissen rechtfertigen zu müssen („**budgetärer Inkrementalismus**"). Da mit dieser Kräfteverschiebung jedoch die von der Verfassung vorgesehene Entscheidungsmöglichkeit durch die Legislative vermindert wird, stellt sich als Kernproblem die bisher nicht befriedigend beantwortete Frage, ob ein Kompromiß gefunden werden kann zwischen

– der aus Gründen der Gewaltenteilung wünschenswerten starken Stellung der Legislative und

– dem zur effizienten Gestaltung der haushaltspolitischen Willensbildung unumgänglichen erheblichen Einfluß der Exekutive mit der dahinterstehenden Bürokratie.

Durch das Vorhandensein und den Einfluß der Verbände wird die zu analysierende Situation der finanzpolitischen Willensbildung noch vielschichtiger.

III. Zum Einfluß der Verbände

Abgeordnete, Wähler und Exekutive sind kraft Gesetzes am Prozeß der Bestimmung des Budgets beteiligt, so daß ihre Analyse zur Erklärung der Willensbildung zweifellos erforderlich ist. In Art. 9 I, III, Satz 1 des Grundgesetzes ist aber auch das Grundrecht verankert, Vereinigungen u. a. zur Wahrung und Förderung der Arbeits- und Wirtschaftsbedingungen zu bilden. Daher müssen Interessenverbände, z. B. Tarifpartner und Berufsverbände, in die Analyse einbezogen werden, wenn der finanzpolitische Willensbildungsprozeß realistisch beschrieben und erklärt werden soll. Während die allgemeine Frage, wie Verbände auf die Willensbildung einwirken, eher in den Bereich der Politikwissenschaft gehört und sich u. a. damit beschäftigt, unter welchen Bedingungen und zu welchen Zwecken bestimmte Interessengruppen gebildet werden, interessiert hier, ob es spezifische **Auswirkungen der Verbandstätigkeit** auf die finanzwirtschaftliche Staatstätigkeit gibt.

Ein Verband muß sich vor seinen Mitgliedern legitimieren. Die **Ratio des Verbandshandelns** erfordert, daß der Verband zumindest auch solche Leistungen für die Mitglieder erbringt, die diese einerseits nicht ebenso gut oder besser selbst erstellen können und die ihnen andererseits aber auch nicht bei ‚free rider'-Haltung zufließen dürfen, wie dies z. B. für durchgesetzte Lohnerhöhungen gilt.[16]

Anknüpfend an diese Überlegung kann gefragt werden, in welchem Maße einzelne Staatstätigkeiten auf Verbandsaktivität zurückgehen. **K. Schmidt** hat versucht, die gesamten Staatsleistungen in „gruppenindifferente" und „gruppenbezogene" aufzuteilen, wobei unter den „gruppenbezogenen" die „**verbandsbezogenen Leistungen**" hervorgehoben werden, die „das Ergebnis

---

[16] Vgl. Olson, M., Die Logik des kollektiven Handelns, 2. Aufl., Tübingen 1985, S. 8 ff.

politisch erfolgreich vertretener Sonderinteressen" sind.[17] Er nimmt an, daß die von den Verbänden und Parteien favorisierten gruppenbezogenen Staatsleistungen **auf Kosten allgemeiner Staatsleistungen,** die allen Bürgern zugute kommen, zunehmen werden; hier wie auch sonst müssen die Vorteile nicht geldlich und damit budgetwirksam sein, sondern sie können auch die Form der Verordnungstätigkeit zugunsten einer Gruppe annehmen.

Abschließend sei noch darauf verwiesen, daß die politische Bestimmung des Budgets nicht nur über die jeweils isolierte Analyse der Wähler und Abgeordneten, der Exekutive und Verbände erfaßt werden kann. Vielmehr stehen die untersuchten Akteure auch in anderer vielfältiger Weise in Verbindung zueinander, und diese informelle Willensbildung stellt auch einen konstitutiven Bestandteil der finanzpolitischen Entscheidungsfindung dar.

B. Aufgabe und Gestaltung des öffentlichen Haushalts

I. Das traditionelle Vollzugsbudget: Funktionen, Haushaltskreislauf, Grundsätze

Vom öffentlichen Haushalt wurde in den vorhergehenden Ausführungen nur gesagt, daß in ihm die öffentlichen Einnahmen und Ausgaben einer bestimmten Periode zusammengefaßt werden und daß er im Mittelpunkt der finanzpolitischen Willensbildung steht. Unabhängig von der parlamentarischen Verfassung und unabhängig von dem Regierungssystem eines Landes muß ein Haushalt aufgestellt werden, um

(1) einen Überblick über Einnahmen und Ausgaben der zukünftigen Periode zu erhalten und festzustellen, ob sie zum Ausgleich kommen (finanzwirtschaftliche Funktion),

(2) das Gesamtbudget oder einzelne Finanzströme für wirtschafts- und sozialpolitische Zwecke einsetzen zu können (wirtschafts- und sozialpolitische Funktion) und schließlich um

(3) den einzelnen Verwaltungsstellen die vorgesehenen Ausgaben und die dazu erforderlichen Einnahmen zuzuteilen (administrative Lenkungsfunktion).

(4) In einem parlamentarischen System tritt noch die Aufgabe der Exekutive hinzu, das Budget dem Parlament in einer aussagekräftigen Form zur Beschlußfassung vorzulegen (parlamentarische Funktion).

(1) Die *finanzwirtschaftliche Funktion* des Haushalts, die mit dem fiskalischen Ziel bereits angesprochen worden war (s. oben 1. Kapitel, S. 5f.), besteht darin, eine **Übereinstimmung von Ausgabenbedarf und Deckungsmitteln** herbeizuführen (Deckungsfunktion). Einnahmen und Ausgaben in der Haushaltsplanung und -durchführung jeweils zur Deckung zu bringen, fällt

---

[17] Schmidt, K., Entwicklungstendenzen der öffentlichen Ausgaben im demokratischen Gruppenstaat, in: Finanzarchiv, NF Bd. 25, 1966, S. 233.

in der Praxis schwer, da zum einen unvorhergesehene Ausgaben anfallen können und zum anderen die Einnahmeentwicklung nur in Grenzen prognostizierbar ist. Insbesondere die Entwicklung des Steueraufkommens wird von vielen Unwägbarkeiten bestimmt. Die Prognose der gesamtwirtschaftlichen Entwicklung im allgemeinen und der Bemessungsgrundlagen (Einkommen, Konsum usw.) im speziellen stellt die Schätzung der Steuereinnahmen oft vor unlösbare Aufgaben.

Die **Steuerschätzung** erfolgt in der Bundesrepublik Deutschland mehrmals jährlich durch den Arbeitskreis „Steuerschätzungen" beim Bundesminister der Finanzen. In einem ersten Schritt wird die zukünftige Entwicklung der *Steuerbemessungsgrundlagen* geschätzt.[18] Dazu geht man für die Lohnsteuer von der zu erwartenden Entwicklung der Bruttolohn- und Gehaltssumme, für die Umsatzsteuer von den entsprechenden Bestandteilen des Sozialprodukts und für die speziellen Verbrauchsteuern vom Absatz der besteuerten Güter aus. In einem zweiten Schritt wird das für die Deckungsfunktion des öffentlichen Haushalts letztlich wichtige *kassenmäßige Steueraufkommen* geschätzt. Es weicht von der Entwicklung der Bemessungsgrundlagen insofern ab, als zum einen der Tarif berücksichtigt werden muß, durch den beispielsweise im Falle der Progression der Einkommensteuer die zunehmende Bemessungsgrundlage überproportional besteuert wird. Zum anderen kommt es bei veranlagten Steuern nicht sofort zu kassenmäßigen Einnahmen, weil die Veranlagung u. U. erst nach Jahren erfolgt und die Höhe der Vorauszahlungen für das zu schätzende Jahr auf den Bemessungsgrundlagen früherer Jahre basiert. Eine ständige Schwierigkeit für die Steuerschätzung bilden *Steuerrechtsänderungen*, die Bemessungsgrundlage, Tarif und Zahlungsweise ändern können und in ihren Wirkungen jeweils gesondert abzuschätzen sind. Seit 1990 ist mit der deutschen Einheit die – anfänglich besonders große – Schwierigkeit hinzugetreten, das Aufkommen in den neuen Bundesländern zu schätzen.

(2) Die *wirtschafts- und sozialpolitische Funktion* wird erfüllt, wenn die öffentlichen Finanzen der Erreichung entsprechender Ziele dienen, also z. B. zur **Einkommensumverteilung**, zur **Konjunkturstabilisierung**, zur Sicherung des **Wirtschaftswachstums** und zur **Eindämmung von Umweltschäden** eingesetzt werden. Diese Fragen werden in den Kapiteln 6–9 ausführlich behandelt.

(3) Die Budgets der einzelnen Ressorts zusammen mit den Detailplänen für die nachgeordneten Behörden dienen innerhalb der Exekutive zur **Lenkung der finanzwirtschaftlich relevanten Tätigkeiten** *(administrative Lenkungsfunktion)*. Die einzelne Verwaltungseinheit weiß mit Beschluß des Haushaltsplans, für welche Zwecke wieviele Mittel verwendet werden sollen. Zusätzliche Vorschriften, die sowohl das Gesamtbudget betreffen als auch für einzelne Behörden angewendet werden, regeln den zeitlichen Rhythmus der Verausgabung. Die Bewilligungen werden in kleine Einzelposten aufgeteilt, die bis zur einzelnen Personalstelle, Bauausgabe usw. jeder Dienststelle reichen. Durch diese Aufteilung wird es möglich, die politische Verantwortlichkeit genau zu bezeichnen und den Verwaltungsprozeß präziser zu steuern, als dies auf der Basis der Grobeinteilung des Budgets in Einzel-

---

[18] Im einzelnen vgl. Härtel, H.-H., Steuerschätzung, in: Handwörterbuch der Wirtschaftswissenschaft, Bd. 7, Stuttgart u. a. 1977, S. 399 ff., und Finanzbericht 1994, Bonn 1993, S. 46 ff. und S. 109 ff.

haushalte („Einzelpläne") möglich wäre. Mit dem **Haushaltsgrundsatz der Spezialität** werden zahlreiche Einzelvorschriften zum **Umfang** und zur **Art der Verausgabung** zusammengefaßt. Er umfaßt drei Formen:

– **Quantitative Spezialität.** Ausgaben dürfen nur in dem im Haushaltsplan vorgegebenen *Umfang* getätigt werden. Werden Haushaltsüberschreitungen erforderlich, d. h. werden im laufenden Haushalt zusätzliche Ausgaben bei einer vorhandenen Ausgabenposition („**überplanmäßige Ausgaben**") notwendig oder soll eine neue Ausgabenposition hinzugefügt werden („**außerplanmäßige Ausgaben**"), so muß der Finanzminister seine Zustimmung geben;[19] in gewichtigen Fällen ist dann sogar ein **Nachtragshaushalt** einzubringen. Um der quantitativen Spezialität gerecht zu werden, bedarf es einer verfeinerten Ausgabengliederung, da andernfalls das Gebot nur auf die Gesamtsumme eines Einzelplans bezogen würde. Das aber verstieße gegen die

– **Qualitative (sachliche) Spezialität.**[20] Entsprechend dieser Forderung sollen Ausgaben nur für den vorgesehenen *Einzelzweck* (Personal, Bauvorhaben usw. einer einzelnen Dienststelle) verwendet werden. Ausnahmen müssen im Haushaltsplan ausdrücklich angegeben sein; solche Ausgaben, zwischen denen bei Bedarf ein Ausgleich erlaubt ist (**Deckungsklausel**), werden als „gegenseitig oder einseitig deckungsfähig" erklärt.

– **Temporäre Spezialität.** Mit dem Haushalt wird gleichzeitig auch der zeitliche Ablauf der Verausgabung festgelegt. Ausgaben dürfen nur im vorgesehenen *Zeitraum* verwendet werden und binden die Ausführenden mithin an die Haushaltsperiode.[21] Sollen unausgenutzte Mittel am Ende der Periode nicht verfallen, müssen sie ausdrücklich als in die folgende Haushaltsperiode „**übertragbar**" gekennzeichnet werden. Ebenso wie Ausgaben in zukünftige Perioden „übertragen" werden können, ist als weitere Ausnahme vom Grundsatz der zeitlichen Spezialität ein „**Vorgriff**" auf zukünftige Haushaltsmittel möglich.

Besondere „**Verpflichtungsermächtigungen**" müssen vorliegen, wenn in der laufenden Haushaltsperiode Ausgabenbeträge zu Lasten zukünftiger Haushalte zugesagt werden, z. B. Verträge über langfristige Bauvorhaben mit Aufträgen an private Baufirmen abgeschlossen werden.

(4) Die *parlamentarische Funktion* kommt darin zum Ausdruck, daß die Regierung ihr **rechtsverbindliches** finanzpolitisches **Arbeitsprogramm dem Parlament zur Beschlußfassung vorzulegen** hat. Die für die parlamentarische Beschlußfassung vorgeschriebene Form des öffentlichen Haushalts (s. oben 1. Kapitel, S. 12f.) ist die bekannteste und meist gemeint, wenn ohne Zusatz von Haushalt oder Budget gesprochen wird. Zu den Formvorschriften gehört zunächst, daß die Zusammenstellung der Ausgaben und Einnahmen eine wiederkehrende und für die parlamentarische Beratung aussagekräftige Einteilung erfährt. Da dieses Budget der „Lenkung" der Exekutive durch die Legislative dienen soll, muß es in der Hauptsache nach Verant-

---

[19] Art. 112 GG und § 37 BHO.
[20] § 45 Abs. 1 (1) BHO.
[21] Art. 110 Abs. 4 GG.

wortungsbereichen innerhalb der Exekutive gegliedert sein. Typische Einheiten innerhalb dieses nach dem „**Ressortprinzip**" aufgebauten Haushalts sind die Ministerien, aber auch das Amt des Bundespräsidenten und sonstige Institutionen, die nicht einem Ministerium zugeordnet sind. Die Ressorteinteilung erleichtert es auch, nach Ablauf der Budgetperiode die Verantwortlichen für etwaige Abweichungen der Budgetvorgabe zu ermitteln (**Kontrollfunktion**). Die Entgegennahme und Verabschiedung des Ergebnisses der Finanzkontrolle durch das Parlament ist in der Regel der letzte Akt im sog. Haushaltskreislauf.

Der **Haushaltskreislauf** ist der gesetzlich vorgeschriebene Gang des Haushalts in einem parlamentarischen System. Für den Haushalt des Bundes kann man drei Stufen unterscheiden:

(1) **Aufstellung des Haushaltsplans**
Das Finanzministerium verlangt von den Ministern (und diese wiederum verlangen von ihren Behörden) Einzelanforderungen, die es zu einem Haushaltsplanentwurf zusammenstellt und nach Abstimmung mit Ländern und Gemeinden an das Kabinett gibt. Das Kabinett als zentrales Organ der Exekutive berät den Entwurf und leitet ihn als **Gesetzesvorlage** an die Legislative, d. h. Bundesrat und Bundestag, zur ersten Lesung.

(2) **Parlamentarische Beratung und Verabschiedung**
Nach der ersten Lesung im Parlament geht die Haushaltsgesetzvorlage, u. U. versehen mit einer Stellungnahme des Bundesrates und einer Gegenäußerung der Bundesregierung, an den Haushaltsausschuß des Bundestages, wo sie ausführlich beraten wird. Anschließend wird sie in zweiter und dritter Lesung behandelt und verabschiedet. Genau genommen verabschiedet der Bundestag das nur wenige Seiten umfassende **Bundeshaushaltsgesetz**, zu dem der **Bundeshaushaltsplan**, auf den sich die Diskussion fast ausschließlich bezieht, die vorgeschriebene Anlage bildet.

(3) **Durchführung, Kontrolle und Entlastung**
Mit der Verabschiedung tritt der Haushalt in das Stadium der Durchführung (Vollzug) ein. Während der Durchführung durch die Ressorts erfolgt bereits eine „mitschreitende Kontrolle" der wesentlichen Vorgänge. Nach Ablauf des Haushaltsjahres wird die **Haushaltsrechnung** zusammengestellt, in der die „Soll-Zahlen" des Entwurfs mit den bei der Durchführung entstandenen „Ist-Zahlen" verglichen werden. Abschließend verfaßt der **Bundesrechnungshof** als zentrale Institution der **Finanzkontrolle** einen Prüfungsbericht über die abgelaufene Periode und leitet ihn an den Bundestag.[22] Dort erfolgt die parlamentarische Haushaltskontrolle und anschließend die gesetzlich erforderliche Entlastung.

Im Jahre 1994 würden die Arbeiten an den verschiedenen Budgets die folgenden Aufgaben umfassen:
– Entlastung des Haushalts 1992 aufgrund der Haushaltsrechnung
– Abrechnung des Haushalts 1993 (Erstellung der Haushaltsrechnung)
– Vollzug des Haushalts 1994 auf der Basis des Haushaltsplans
– Vorbereitung des Haushalts 1995 (Erstellung des Haushaltsplanentwurfs).

---

[22] Zur Unterrichtung des Parlaments durch den Bundesrechnungshof siehe die jeweiligen „Bemerkungen des Bundesrechnungshofes", z. B. für das Jahr 1991: Unterrichtung durch den Bundesrechnungshof. Bemerkungen des Bundesrechnungshofes 1993 zur Haushalts- und Wirtschaftsführung (einschließlich der Bemerkungen zur Jahresrechnung des Bundes 1991), Bundestagsdrucksache 12/5650 vom 17. 9. 93.

Das Budget unterscheidet sich von den Wirtschaftsplänen der privaten Haushalte und Unternehmen durch seinen Gesetzescharakter und die damit verbundene **Vollzugsverbindlichkeit.** Regierung und Verwaltung sind an das vom Parlament beschlossene Haushaltsgesetz gebunden; diese Aussage schließt allerdings nicht aus, daß die Exekutive weniger ausgeben kann, als das Haushaltsgesetz vorschreibt.

Um zu gewährleisten, daß der Haushaltsplan einerseits dem Parlament in einer Weise vorgelegt wird, die eine Abschätzung der Regierungsabsichten erlaubt, und andererseits auch in der vom Parlament beschlossenen Form durchgeführt wird, sind **Haushaltsgrundsätze** entwickelt worden. Sie entstammen einer langen Parlamentstradition, in der immer wieder Versuche der Exekutive zu bekämpfen waren, das Recht des Parlaments auf detaillierte Bewilligung und Kontrolle des Haushaltsplans zu unterlaufen.

Die Haushaltsgrundsätze sind gesetzlich fixiert worden, im Fall der Bundesrepublik Deutschland sogar weitgehend im **Grundgesetz** (Art. 110ff.). Die im Grundgesetz niedergelegten und die übrigen für den Bund geltenden Haushaltsgrundsätze sind in der **Bundeshaushaltsordnung** von 1969 zusammengefaßt. Soweit sie auch für die Länder gelten (und nicht nur auf Landesrecht beruhen), finden sie sich in dem im gleichen Jahr erlassenen **Haushaltsgrundsätzegesetz.**

Die Haushaltsgrundsätze werden an dieser Stelle nicht geschlossen behandelt, da einige Probleme, zu deren Lösung solche Grundsätze entwickelt wurden, an anderen Stellen des Buches untersucht werden. Hier sollen nur die Grundsätze erläutert werden, deren Relevanz sich besonders gut an der parlamentarischen Funktion des Haushalts zeigen läßt.

So kann das Budget seine parlamentarische Funktion nur erfüllen, wenn bereits für die zukünftige Periode festgelegt wird, wieviele Mittel die einzelnen Ressorts zugesprochen bekommen. Der **Haushaltsgrundsatz der Vorherigkeit** muß also erfüllt werden. Mit diesem Grundsatz wird gefordert, daß der **Haushaltsplan vor Beginn der**jenigen **Haushaltsperiode** vorzulegen und zu beschließen ist, für die er gelten soll.[23] Dieses Postulat ergibt sich aus dem Plancharakter des Budgets. Aus der Praxis sind zahlreiche Verstöße gegen dieses Prinzip bekannt; so sind seit Gründung der Bundesrepublik Bundeshaushalte häufig verspätet verabschiedet worden. Folglich mußte ein **Nothaushaltsrecht** vorgesehen werden, nach dem die Exekutive vorgehen kann, wenn die Haushaltsfeststellung (Vorlage bzw. Beschluß) nicht rechtzeitig erfolgt.[24]

Untrennbar mit der parlamentarischen Funktion des Budgets ist auch der **Haushaltsgrundsatz der Öffentlichkeit** verbunden, der die **Kontrolle des öffentlichen Finanzgebarens** erleichtern soll. Alle Stadien des Haushaltskreislaufs sollen sich im Lichte der Öffentlichkeit abspielen; einer Verschleierung der finanzwirtschaftlichen Staatstätigkeit wird dadurch entgegengewirkt.

---

[23] Art. 110 Abs. 2 (1) GG und § 30 BHO.
[24] Durch Art. 111 GG ist in diesem Falle „die Bundesregierung ermächtigt, alle Ausgaben zu leisten, die nötig sind", um ihren gesetzlichen Verpflichtungen nachkommen zu können.

Seine **Grenze** findet dieser Grundsatz an **Geheimhaltungsbedürfnissen,** die sich aus Gründen der Staatssicherheit ergeben oder aus dem Willen heraus, der Regierungsspitze eine kleine Summe an frei verfügbaren Mitteln zu gewähren. Voraussetzung ist in der parlamentarischen Demokratie allerdings, daß zumindest eine kleine Gruppe aus dem Parlament oder aus der vom Parlament bestätigten Rechnungskontrollbehörde die ordnungsmäßige Verausgabung dieser nicht öffentlich kontrollierbaren Posten überprüft.

Die parlamentarische Bewilligung und Kontrolle wird durch eine **übersichtliche und systematische Gliederung** der Einnahmen und Ausgaben gefördert, die einhergehen soll mit einer klaren Bezeichnung der einzelnen Haushaltsposten, die die Herkunft und Zweckbestimmung der Mittel klar erkennen läßt.[25] Diese Forderungen führten zum **Haushaltsgrundsatz der Klarheit** des Haushaltsplans.

II. Verbesserung des gesamten Budgetverfahrens

Soweit bisher die konkrete Ausgestaltung und Behandlung des öffentlichen Haushalts untersucht wurde, handelte es sich um das jährliche Budget der Zentralinstanz, das aus den Anforderungen der einzelnen Ministerien zusammengestellt, im Parlament beraten und dann von den Ministerien ausgeführt wurde. Dieser Ablauf ist ebenso wie eine bestimmte Gliederung des Budgets keineswegs selbstverständlich und unabdingbar. Es haben sich vielmehr in der **Haushaltspraxis eine Reihe von Mängeln** herausgestellt, zu deren Behebung andersartige **Planungstechniken** vorgeschlagen und stellenweise realisiert wurden. Vor allem sind es drei Unvollkommenheiten der bisher dargestellten Haushaltstechnik, die zu Ergänzungsvorschlägen Anlaß geben.

(1) Der Konflikt zwischen der Kurzfristigkeit des Vollzugsbudgets und dem Erfordernis längerfristiger Planung der Staatsfinanzen führte zur Einrichtung der *Mittelfristigen Finanzplanung.*

(2) Der Wunsch, die parlamentarische bzw. politische Funktion des Haushalts zu verstärken, d. h. staatliche Entscheidungen an höchster Stelle im Hinblick auf die erwünschten Ziele anhand alternativer Strategien treffen zu können, führte zu dem Vorschlag, auf die herkömmliche Budgetplanung zugunsten des *Programmbudgets* (Planning-Programming-Budgeting System, PPBS) oder eines *Zero-Base-Budgeting* Systems (ZBBS) zu verzichten.

(3) Die Absicht, bei vorgegebener Zielsetzung die optimale Handlungsalternative zu ermitteln, d. h. eine höhere Rationalität der Mittelverwendung im öffentlichen Bereich zu erreichen, sowie der Wunsch nach besseren Entscheidungshilfen führten zur Anwendung von *Kosten-Nutzen-Analysen* und ihnen verwandten Techniken. Während die zuletzt genannten Analysen auch im traditionellen Haushaltsverfahren ange-

---

[25] § 13 BHO.

wendet werden können, erfordern das PPBS und das ZBBS ein verändertes Budgetverfahren.

a) Die Einbettung des Vollzugsbudgets in längerfristige Planungen (Mittelfristige Finanzplanung)

Einem besonders dringlichen Reformbedürfnis entsprach die Mittelfristige Finanzplanung, die das Vollzugsbudget ergänzen soll. Die *parlamentarische Funktion* und die *administrative Lenkungsfunktion* lassen es als wünschenswert erscheinen, die **Budgetperiode für das Vollzugsbudget** recht kurz zu halten. Die Jährlichkeit des Budgets, d. h. seine jährliche Bestimmung, ist seit der Finanz- und Haushaltsreform von 1969 nicht mehr zwingend vorgeschrieben.[26] Ein Vollzugsbudget, das über die gesetzlich möglichen zwei Jahre hinausginge, würde eine realistische Schätzung der Einnahmen allerdings noch mehr erschweren, als es derzeit schon der Fall ist, und zusätzlich das Problem aufwerfen, daß die Exekutive mit Hinweis auf „überalterte" Ansätze in den letzten Jahren einer so langen Haushaltsperiode Nachforderungen stellen wird.

Bei der Erfüllung der *finanzwirtschaftlichen Funktion* des Haushalts soll die Mittelfristige Finanzplanung dazu beitragen, Folgekosten aufzudecken und auf gesetzlich bedingte überproportionale Ausgabensteigerungen frühzeitig, d. h. vor Verabschiedung der Gesetze, aufmerksam zu machen. Das ausschließliche Denken in jährlichen Haushalten führt dazu, Auswirkungen heutiger finanzpolitischer Maßnahmen auf die Entwicklung der öffentlichen Finanzen in späteren Haushaltsjahren weniger sorgfältig abzuschätzen. Diese Unterlassungen zeigen sich, wenn die **Folgebelastungen** vergangener Aktivität spürbar werden, wenn z. B. Rentengesetze zu vermehrten Sozialausgaben und frühere Investitionen, z. B. Schwimmbäder, zu heutigem Erhaltungsaufwand führen. Da diese Ausgaben dann oft nicht reduzierbar sind, erfolgt ihre Finanzierung auf Kosten von Ausgaben, die zu dem späteren Zeitpunkt als dringlicher beurteilt werden. Insofern wird mit Hilfe einer längerfristigen Planperiode auch die Prioritätensetzung in der öffentlichen Finanzwirtschaft und die hierüber erforderliche Diskussion erleichtert.

Gleichzeitig mit der Zusammenstellung der geplanten Ausgaben muß eine Abschätzung der zu erwartenden Einnahmen erfolgen. Unter ihnen ma-

---

[26] § 12 Abs. 2 BHO und § 9 HGrG besagen, daß der Haushaltsplan in einen Verwaltungshaushalt und in einen Finanzhaushalt gegliedert werden kann; beide können jeweils für zwei Haushaltsjahre, nach Jahren getrennt, aufgestellt werden. Der **Finanzhaushalt**, manchmal auch Kapitalbudget und auf der Gemeindeebene Vermögenshaushalt genannt, enthält als Teil des Haushaltsplanes u. a. die Investitionsausgaben, also den Anteil des Budgets, der zur gesamtwirtschaftlichen Vermögensbildung beiträgt. Der **Verwaltungshaushalt** enthält die erwarteten Verwaltungseinnahmen, insbesondere Steuern, die voraussichtlichen Personalausgaben und sächlichen Verwaltungsausgaben und die voraussichtlich notwendigen Verpflichtungsermächtigungen (s. oben) zur Leistung von Verwaltungsausgaben. Der Bund macht von dieser Haushaltsunterteilung derzeit keinen Gebrauch.

chen die Steuern den mit Abstand größten Posten aus. Da die Steuerschätzung (s. oben S. 77) aber schon über eine kurze Frist erheblich von der tatsächlichen Entwicklung abweichen kann, lassen sich Angaben für mehrere Jahre im voraus nur in überschlägiger Form machen.

Für die Realisierung der *wirtschaftspolitischen Funktion* des Haushalts ist es wichtig zu wissen, welche Einflüsse vom öffentlichen Sektor einer Volkswirtschaft in den nächsten Jahren vermutlich ausgehen werden. Die Haushaltsprognose gibt dem Wirtschaftspolitiker Anhaltspunkte darüber, welchen Einfluß die öffentlichen Finanzen ausüben. So kann er der Mittelfristigen Finanzplanung nicht nur entnehmen, welche Projekte im Falle einer Konjunkturabschwächung zeitlich vorgezogen werden könnten, sondern er kann sich auch über die längerfristige staatliche Aktivität, z. B. im Bereich der Infrastruktur, und über die Entwicklung des Staatsanteils informieren. Gleichzeitig bildet eine konsequent durchgeführte Mittelfristige Finanzplanung für die längerfristigen Dispositionen der privaten Unternehmen und Haushalte eine **Entscheidungshilfe.** Umgekehrt benötigt der Finanzpolitiker Angaben über die künftige Wirtschaftsentwicklung und -politik, um deren Auswirkungen auf das laufende und das vorzubereitende Budget abschätzen zu können. Das Steueraufkommen hängt von der Entwicklung der Gesamtwirtschaft ab, und zahlreiche Ausgaben, z. B. für die Arbeitslosenunterstützung, werden durch sie bestimmt. Es ist daher sinnvoll, die Mittelfristige Finanzplanung mit den Prioritäten in der Wirtschaftspolitik eng zu verzahnen.

Schließlich erfüllt die Mittelfristige Finanzplanung die *parlamentarische Funktion* des Haushalts dadurch, daß sie Doppelplanungen der einzelnen Ressorts vermeiden hilft und die Prioritäten der geplanten öffentlichen Aktivität offenlegt. Ohne eine solche vorausschauende Finanzplanung wird die Grenze des in der Zukunft Erreichbaren oft nicht sichtbar.

Die Mittelfristige Finanzplanung ergänzt das Vollzugsbudget.[27] Sie ist **nicht** wie das jährliche Budget **vollzugsverbindlich,** sondern stellt lediglich eine rechtlich unverbindliche **Absichtserklärung der Regierung** dar. In ihr werden alle voraussichtlichen Ausgaben und die zur Deckung vorgesehenen Einnahmen einer öffentlichen Körperschaft (Bund, Land oder Gemeinde) gegenübergestellt. Zu diesem Zweck wird im Rahmen der Haushaltsplanung zugleich die Finanzplanung vorgenommen.

In der Bundesrepublik Deutschland beträgt die **Planungsperiode** formell fünf Jahre. Da aber das erste Jahr mit dem laufenden Haushaltsjahr zusammenfällt und die Zahlen für das zweite Jahr zugleich den Entwurf des Haushaltsplans für dieses zweite Jahr bilden (vgl. Schema 3.1), kann nur für die verbleibenden drei Jahre von einer über das Bisherige hinausgehenden Finanzplanung gesprochen werden.[28]

---

[27] Sie ist in §§ 9, 10, 11, 14 StabG und §§ 50–52 HGrG gesetzlich festgelegt.

[28] Der fortgeschriebene Finanzplan wird jährlich veröffentlicht. Er findet sich in kurzer Form im jährlich erscheinenden „Finanzbericht des Bundesministeriums der Finanzen" sowie in gesonderten Broschüren, die ebenfalls vom Bundesfinanzministerium herausgegeben werden. Zur konkreten Ausgestaltung der Mittelfristigen Finanzplanung durch den Bund siehe Finanzbericht 1994, Bonn 1993, S. 11 ff., und zum gemeinsamen Schema für die Finanzplanungen aller drei Ebenen von Gebietskörperschaften ebenda, S. 264 ff.

Schema 3.1: Mittelfristige Finanzplanung und Vollzugshaushalt (Stand Ende 1994)

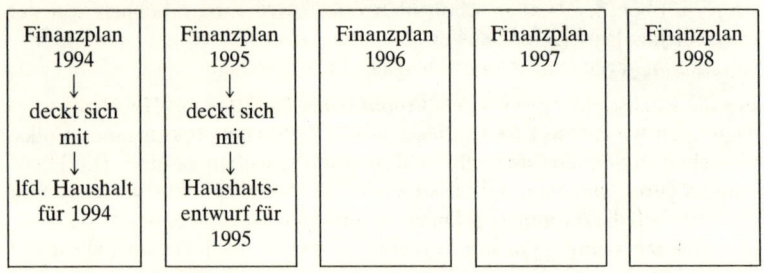

Zur Aufstellung des Finanzplans sammelt der Finanzminister mit den Anmeldungen der Einzelressorts für den jährlichen Haushalt auch die **Einzelanforderungen** für die folgenden Jahre, stellt sie den Einnahmeschätzungen gegenüber und nimmt gemeinsam mit den Ministerien eine **erste Anpassung** vor. Nach weiteren Diskussionen im Finanzkabinett und im Finanzplanungsrat (zur Absprache mit den Finanzplanungen der Länder und Gemeinden) kommt es dann zu einer **Kabinettsvorlage** und zu einem Beschluß. Zusammen mit dem Haushaltsplan geht der Finanzplan an Bundesrat und Bundestag, allerdings nur zur Kenntnisnahme und nicht, wie der Haushaltsentwurf, zur parlamentarischen Behandlung. Bund, Länder und Gemeinden nehmen ihre eigenen Finanzplanungen vor. Ein öffentlicher Gesamtfinanzplan wird bisher nicht erstellt, so daß sich **in einem föderativen System** zahlreiche **Koordinationsprobleme** ergeben. Da auch der sog. Finanzplanungsrat keine haushaltspolitischen Entscheidungsbefugnisse besitzt, kommt es bisher nur zu unverbindlichen Absichtserklärungen in Hinblick auf eine auf alle Träger abgestimmte Finanzplanung, obwohl es ein gemeinsames Schema für Bund, Länder und Gemeinden bereits gibt.[29] Die derzeitige Unverbindlichkeit der Mittelfristigen Finanzplanung zeigt sich auch daran, daß sie in der parlamentarischen Behandlung noch immer eine untergeordnete Rolle spielt.

Selbst mit einer politisch aufgewerteten Mittelfristigen Finanzplanung, die neben dem Vollzugsbudget aufgestellt wird, wären nicht alle Unvollkommenheiten der Budgetpraxis zu beseitigen. Beispielsweise zeigt die finanzpolitische Praxis, daß die Finanzplanung alljährlich modifiziert wird. Solche Korrekturen bei der Fortschreibung eines längerfristigen Plans sind unerläßlich, sofern die gesamtwirtschaftliche Lage, insbesondere der kurzfristige konjunkturpolitische Trend, die Basis der früheren Planung verändert hat. Dagegen ist die Korrektur bedenklich, wenn sie dazu dient, den Finanzplan an die kurzfristigen Haushaltsüberlegungen anzupassen; dann wäre der Finanzplan am Haushalt orientiert und nicht, wie von der Sache her erforderlich, der Haushalt am Finanzplan ausgerichtet. Das soll jedoch nicht heißen, daß ein Finanzplan jemals allein die Fortschreibung der politischen Vorhaben so umfassend wiedergeben kann, daß aus ihm der Haushalt in direkter Weise abzuleiten ist. Auch in einem sehr sorgfältig ausgearbeiteten Finanzplan spiegeln sich immer nur die „haushaltsintensiven" Staatstätigkeiten wider, so daß er **nie alleiniges Planungsinstrument** sein kann. Soweit eine solche übergreifende Planung überhaupt als erwünscht angesehen wird, müßte sie als eine **politische Ziel- und Programmplanung** vorgeschaltet

---

[29] Vgl. ebenda, S. 264 ff.

sein, in der alle bedeutsamen politischen Aktivitäten geplant werden. Aus ihnen wären dann die „haushaltsintensiven" Tätigkeiten auszugliedern, zu einem Finanzplan zusammenzufügen und parlamentarisch zu beraten. Mittelfristige Finanzplanung und Vollzugsbudget reichen für die Planung der budgetwirksamen Staatstätigkeiten allerdings so lange nicht aus, wie beide aus den Anmeldungen der Einzelressorts und innerhalb der Einzelressorts aus den Anmeldungen der einzelnen Abteilungen hervorgehen, also „von unten nach oben" geplant werden. Dieses Problem war Anlaß zur Entwicklung des Programmbudgets und anderer Budgettechniken.

b) Von der Verwaltungs- zur Ergebnisorientierung des Budgets

Die Tatsache, daß die traditionelle Budgetaufstellung aus den einzelnen Verwaltungen heraus erfolgt, drückt sich darin aus, daß der Minister die an ihn ergangene Anforderung, den Bedarf für sein Ressort anzumelden, an die untergeordneten Stellen seines Ministeriums weiterleitet. Zwar erfolgt im Ministerium eine Abstimmung der Einzelanforderungen, ehe sie an den Finanzminister gegeben werden, und ebenso stimmen das Finanzministerium und das Kabinett die Anforderungen der Ministerien noch einmal aufeinander ab. Diese Abstimmungsvorgänge ändern jedoch nichts daran, daß das **Budget** letztlich aus einer **Summe von Einzelanforderungen** zusammengesetzt ist, über die großenteils untergeordnete, politisch nicht direkt verantwortliche Stellen befunden haben. Eine **ergebnis- bzw. zielbezogene Steuerung der Ressourcen** ist kaum möglich.

Wünschenswert wäre es, daß die übergeordnete politische Entscheidungsinstanz, also zunächst der Minister, dann das Kabinett und nicht zuletzt das Parlament die Möglichkeit erhält, eigene Vorstellungen über die politische und damit auch finanzpolitische Zukunft in den Budgetberatungen zu artikulieren. Dazu müssen jedoch **Entscheidungen anhand von Handlungsalternativen** getroffen werden.

Die Fülle der Handlungsalternativen ist von vornherein eingeschränkt, wenn bestimmte öffentliche Einnahmen für bestimmte Ausgabenzwecke vorgesehen sind. Um bei der Aufstellung des Haushaltsplans die „Gleichwertigkeit der Staatszwecke" bei der **Bestimmung der Prioritäten innerhalb des Budgets** zu garantieren, wurde das Verbot einer Zweckbindung **(Haushaltsgrundsatz der Nonaffektation)** in das Haushaltsrecht aufgenommen.[30] In der finanzpolitischen Praxis gibt es eine Reihe von „Verstößen" gegen diesen Grundsatz.[31] So werden geringfügige Anteile des Mineralölsteueraufkommens aufgrund des Gemeindeverkehrsfinanzierungsgesetzes für den Straßenbau zweckgebunden; auch die Bildung von *Sondervermögen* kann als ein solcher Verstoß angesehen werden.

Beim *heute üblichen Budgetverfahren* liegen den Einzelanforderungen Vorentscheidungen zugrunde, die an untergeordneten Stellen der Verwaltung und nach deren Präferenzen über Ziel und Umfang ihrer Tätigkeit getroffen worden sind. Dazu wird das geplante Vorhaben in Einzelteilen auf einzelne

---

[30] Siehe § 8 BHO.
[31] § 8 BHO läßt Ausnahmen zu.

Sachbearbeiter verteilt, die für den ihnen zugewiesenen Teilaspekt die beste Lösung erarbeiten. Diese Teillösungen werden von der nächsthöheren Stelle zu einer größeren Lösung zusammengefaßt usw., bis der Minister des Bundes oder Landes oder der für einen Aufgabenbereich insgesamt zuständige Gemeindebeamte einen geschlossenen Vorschlag für die Lösung der Aufgabe erhält, den er dann seinerseits, ggf. mit einigen Änderungen, der Legislative vorlegt. Das Verfahren hat die oft kritisierte Konsequenz, den einzelnen Entscheidungsträger zum **Denken in „Inputs"** (z. B. Personalmittel, Sachmittel usw.) zu erziehen, denn es sind die Inputs, die er jährlich im Wege der „Bedarfsanmeldung" nennen muß. Statt dessen sollte den öffentlichen Stellen im Rahmen der Haushaltsanmeldungen eine **Konkretisierung der „Outputs"** vorgeschrieben werden, die das anmeldende Ministerium zu erstellen beabsichtigt. Im Vordergrund steht dann die Diskussion um die „Outputs", d. h. die Ziele des jeweiligen politischen Bereichs, die in Form von zu erstellenden Leistungen zu konkretisieren sind. Der Hilfscharakter der öffentlichen Finanzen träte dann nicht nur bei der Begründung der einzelnen Bedarfsanmeldung, sondern vor allem in der Budgetdebatte stärker hervor. Dieser **Wunsch nach mehr Output-Orientierung** gilt sowohl im Verhältnis der Legislative zur Exekutive als auch innerhalb eines Ressorts zwischen seiner Leitung und seinen Untereinheiten.

Eine höhere Rationalität des politischen Handelns ließe sich also erreichen, wenn im Rahmen eines *neuen Haushaltssystems*

- die Budgetanforderungen in stärkerem Maße mit den **angestrebten Ergebnissen** begründet und zugleich
- die wichtigen **Alternativen** zur Verwirklichung dieser Ergebnisse mit den jeweiligen Budgetanforderungen zur Entscheidung vorgelegt würden.

Im Laufe der Zeit wurden in den USA mehrere, z. T. groß angelegte Versuche unternommen, das Budgetverfahren grundsätzlich zu verändern und aus der Privatwirtschaft geläufige Entscheidungsverfahren zu übernehmen. Den Anfang bildete im Jahre 1965 das Planning-Programming-Budgeting System (PPBS). Es unterschied im Planungs- und Budgetierungsprozeß die folgenden drei Phasen:

(1) **Planning:** Zielbestimmung, d. h. Quantifizierung der Ziele der einzelnen Ressorts.

(2) **Programming:** Analyse der Realisierungsmöglichkeiten der aufgestellten Ziele unter Berücksichtigung von Alternativen (mittelfristige Projektplanung). Mit Hilfe von Kosten-Nutzen-Analysen wird die günstigste Programmalternative gewählt.

(3) **Budgeting:** Transformation der durchzuführenden Programme in Budgetanforderungen (kurzfristige Vollzugsbudgetplanung).

Dieses System, das zwar in einigen Ministerien ansatzweise versucht wurde, ließ sich nicht generell durchsetzen und wurde im Jahre 1971 wieder aufgegeben. Da auch das PPBS nicht ausschließt, daß eine einmal als richtig erkannte Budgetentscheidung in den folgenden Budgetjahren – trotz gewandelter Bedingungen – ungeprüft übernommen wird, wurde im Zero-Base-Budgeting System (ZBBS) versucht, die Budgetplanung immer wieder „am Nullpunkt" zu beginnen. Von der Idee her sollen neue und alte Aktivitäten vor ihrer Aufnahme in das Budget gleichermaßen kritisch durchleuchtet werden. Dieser Absicht entspricht auch der Gedanke einer sog. ‚sunset legislation', d. h. einer Gesetzgebung, z. B. für eine Subventionsvergabe, deren Geltungsdauer von vornherein zeitlich begrenzt ist.

Der Vorwurf gegen die traditionelle Budgetierungspraxis, in aller Regel Aufgaben und Ausgaben aus dem laufenden Budget und die daraus hervorgehenden Haushaltsansätze ungeprüft in das kommende Budget zu übernehmen, führt zu der oft beklagten **Unbeweglichkeit der öffentlichen Finanzen.** Es bleibt also eine ständige Aufgabe, das Budgetverfahren zu verbessern und den Haushalt aller Gebietskörperschaften wieder beweglicher zu machen. Wegen des Fehlens eines internen monetären Erfolgsmaßstabes, wie es in den Unternehmungen insgesamt der Gewinn, aber auch der Gewinnbeitrag einzelner Abteilungen ist, gestaltet sich die effiziente Budgetierung im öffentlichen Sektor besonders schwierig, und Reformansätze müssen immer wieder von außen herangetragen werden.

Als einen solchen neueren Ansatz kann man Überlegungen unter dem Stichwort „Controlling" im öffentlichen Sektor ansehen. Durch Rückgriff auf Steuerungsmethoden, die im erwerbswirtschaftlichen Sektor gebräuchlich sind, soll der Einfluß der politischen Entscheidungsebene gestärkt und die ausführende Verwaltung effizienter eingebunden und organisiert werden. Wenngleich das Controlling-Konzept ähnliche Zielrichtungen wie das PPBS und das ZBBS verfolgt, setzt es doch etwas anders an. Die Legislative bzw. die politische Entscheidungsebene soll Zielvorgaben nur als allgemeine Rahmenbedingungen formulieren, mit einem Schwerpunkt auf der längerfristigen (strategischen) Perspektive, und sie soll eine allgemeine Erfolgskontrolle etwa anhand von Kennziffern oder durch die zu ermittelnde Bürgerakzeptanz durchführen. Soweit sich dann Handlungsbedarf abzeichnet, sind Korrekturmaßnahmen einzuleiten. Der Verwaltung sind im Rahmen einer Entscheidungsdelegation – nunmehr durchaus gewollt – Handlungsspielräume zu gewähren, deren Nutzung nur in der allgemeinen Erfolgskontrolle überprüft wird. Ein solches Konzept bedingt eine Neuorganisation der Verwaltung, die Einführung neuer Anreizinstrumente und die Neugestaltung des Informationsflusses sowohl verwaltungsintern als auch zwischen politischer Entscheidungsebene und Verwaltung. Der Vorteil des Konzepts, das auch in der Verwaltungswissenschaft und besonders mit Blick auf die Gemeindeebene analysiert wird, liegt in der Möglichkeit, es in Bausteinen sukzessive einzuführen. Widerstände sind u. U. in der Verwaltung gegeben, die eine arbeitsplatzsparende Rationalisierung befürchtet.

Unabhängig davon, welche Wege zum besseren Budgetverfahren gewählt werden, von welchen Gebietskörperschaften und anhand welcher Handlungsfelder, sind Entscheidungshilfen erforderlich, die es den Trägern der Finanzpolitik erleichtern, unter den immer vorhandenen Handlungsalternativen die beste zu wählen.

III. Entscheidungshilfen zur Planung einzelner staatlicher Programme

a) Kosten-Nutzen-Analyse

Schon in den 30er Jahren waren Überlegungen angestellt worden, wie unter mehreren Alternativen für ein öffentliches Projekt die beste herausgefunden werden könne. Sie sind denen eines Unternehmens ähnlich, das verschiedene Investitionsmöglichkeiten zur Erreichung desselben Ziels, z. B. der Gewinnmaximierung, abwägt. Man versucht also, die für die Privatwirtschaft geltenden Investitionskriterien auch auf öffentliche Ausgaben, insbesondere Investitionsvorhaben, anzuwenden.

Dazu ist es erforderlich, die Vor- und Nachteile, die mit jeder Alternative verbunden sind, abzuwägen, um dann die Alternative mit dem **größten Nettovorteil** wählen zu können. Die Vorteile werden als Nutzen ('benefits'), die Nachteile als Kosten bezeichnet. Zum Vergleich der Kosten und Nutzen wird häufig die aus der betriebswirtschaftlichen Investitionsrechnung bekannte Kapitalwertmethode benutzt, nach der diejenige Investition am lohnendsten ist, bei der die auf den Zeitpunkt der Investition abdiskontierten Erträge alle während der Laufzeit anfallenden, ebenfalls abdiskontierten Kosten am weitesten übersteigen. Die Differenz zwischen dem Barwert des Ertragstroms und dem Barwert des Kostenstroms macht mithin den Kapitalwert der Investition aus. Mit der Auswahl dieser Strategie soll eine **wirtschaftlichere Mittelverwendung im öffentlichen Sektor** erreicht werden, als es ohne Einsatz dieser Entscheidungshilfe möglich gewesen wäre.

In der Realität sind es vor allem drei Fragen, die die Möglichkeiten und Grenzen der Anwendbarkeit einer Kosten-Nutzen-Analyse bestimmen:

– Welche Kosten und Nutzen werden der Analyse zugrunde gelegt?
– Wie werden diese Kosten und Nutzen bewertet?
– Welcher Zinssatz wird zu ihrer Abzinsung auf die Gegenwart angewendet?

Im Gegensatz zu privatwirtschaftlichen Investitionen sind die *Kosten und Nutzen* bei öffentlichen Ausgaben sehr viel weiter zu fassen. Dabei spielt eine wesentliche Rolle, von welchem Zielsystem ausgegangen wird. In einem Bewertungssystem, dem die Theorie der Stimmenmaximierung zugrunde liegt, wären als Kosten eines Projekts die hierdurch entgangenen und als Nutzen die gewonnenen Wählerstimmen anzusehen. Häufig (und den folgenden Ausführungen zugrundeliegend) dient die – enger oder weiter definierte – gesamtwirtschaftliche Wohlfahrt als das zu maximierende Ziel. Dazu kann man als eine operationale Maßgröße die Steigerung des Sozialprodukts, zu der es durch das jeweilige Projekt kommt, heranziehen und sich hierauf beschränken.

Kosten und Nutzen kann man zunächst nach ihrer Beziehung zum Projektziel in **direkte** und **indirekte Kosten bzw. Nutzen** gruppieren. Bei einem U-Bahn-Bau stehen die Zeitersparnis für die Benutzer oder der geringere Parkplatzbedarf in der Innenstadt sicherlich im Zentrum der Planung. Dagegen wurden die verringerten Umweltbelastungen durch Autoabgase lange Zeit kaum in die Entscheidung einbezogen und hätten insoweit zu den indirekten Nutzen gezählt. Im Bereich der Kosten werden die Herstellungs- oder Baukosten zu den direkten Kosten gezählt, während indirekte Kosten im Beispiel des U-Bahn-Baus z. B. dadurch auftreten, daß während der oftmals langen Bauzeit beim Einzel- und Großhandel in der Innenstadt Umsatzeinbußen auftreten.

Als diejenigen Bestandteile einer Kosten-Nutzen-Analyse, die am wenigsten für eine Quantifizierung geeignet sind, werden oft **intangible Kosten und Nutzen** hervorgehoben. Im Beispiel des U-Bahn-Baus zählt dazu die höhere Attraktivität der Innenstadt, die man sich durch den Bau erhofft. Sie kann durchaus Projektziel und damit Bestandteil der direkten Nutzen sein, läßt sich aber nur schwer erfassen und erst recht kaum monetär bewerten. Dem steht die vergleichsweise sinkende Attraktivität der großstadtnahen Einkaufszentren als intangible Kostengröße gegenüber. Daß eine Quantifizierung derartiger Kosten und Nutzen in der Regel kaum möglich ist, zumal wenn sie nur subjektive Vorstellungen wiedergeben, bedeutet jedoch nicht, daß sie bei der Entscheidung über eine Strategie vernachlässigt werden können. Vielmehr sind sie bei einer Kosten-Nutzen-Analyse möglichst genau, wenn auch vielleicht nur verbal, zu beschreiben, damit auch sie in den politischen Entscheidungsprozeß eingehen.[32]

Um Kosten und Nutzen eines Projekts oder mehrerer Varianten eines Projekts vergleichbar zu machen, ist ihre *Bewertung* erforderlich. Dabei wird in erster Linie auf monetäre Größen hingearbeitet, und manche Kosten-Nutzen-Analysen beschränken sich auf diese Dimension. Während auf der Kostenseite zumindest die Bau- und Unterhaltungskosten zu **Marktpreisen** ermittelt werden können, sind auf der Nutzenseite die Bewertungsprobleme meist größer. Wenn **Kostenersparnisse** induziert werden, so lassen sie sich noch leicht in monetären Kategorien ausdrücken, obwohl beispielsweise Zeitersparnisse durch U-Bahn-Bau, soweit sie der Freizeit zuzurechnen sind, eine Entscheidung über den „Wert" einer Stunde Freizeit erfordern. Soweit Nutzen- und Kostenkategorien sich einer monetären Bewertung oder überhaupt einer Quantifizierung entziehen, liegen die genannten i.e.S. intangiblen Nutzen und Kosten vor, die sich nur noch verbal umschreiben lassen und dann politisch bewertet werden müssen.

Neben der Frage der Bewertung zählt die Wahl des *Zinssatzes,* zu dem die während der gesamten Lebensdauer einer Investition anfallenden Kosten und Nutzen auf den Zeitpunkt der Erstellung zu diskontieren sind, zu den schwierigsten Problemen der Kosten-Nutzen-Analyse. Dieser Zins soll die **„Rate der sozialen Zeitpräferenzen"** (‚social rate of time preference') widerspiegeln, d.h. angeben, welches relative Gewicht die Gesellschaft bzw. die betroffene Gruppe dem Konsum eines Gutes zu verschiedenen Zeitpunkten beimißt.

Sucht man nach einem solchen Zinssatz, so liegt es nahe, in Analogie zur betriebswirtschaftlichen Investitionsrechnung als Diskontrate den Markt- und damit den Kalkulationszinsfuß privater Investitionen zu wählen oder mit dem Zins auf langfristige Staatsanleihen oder dem Durchschnitt aller

---

[32] Vorgänge, die nur zur Umverteilung zwischen Privaten führen (pekuniäre Nutzen bzw. Kosten), z.B. die Steigerung oder Senkung von Grundstückswerten oder Lohnsätzen, können herausgelassen oder einer gesonderten Verteilungsanalyse überlassen werden, da die Umverteilung nicht ohne weiteres eine Steigerung der Wohlfahrt insgesamt bedeutet. Vgl. dazu Musgrave, R. A., Musgrave, P. B., Kullmer, L., Die öffentlichen Finanzen in Theorie und Praxis, Bd. 1, 5. Aufl., Tübingen 1990, S. 177ff.

Marktzinssätze zu operieren. Gegen alle diese Varianten können Einwände vorgebracht werden, z. B. der, daß nur ein geringer Teil der Projektmittel am Kapitalmarkt aufgenommen wird. Zumeist behilft man sich bei der Diskontierungsfrage mit einem Kompromiß, nämlich der „volkswirtschaftlichen Opportunitätskostenrate". Sie kann als eine Art hypothetischer Kapitalmarktzins aufgefaßt werden, die dem Zins „entspricht", den die zur Finanzierung des Projekts herangezogenen Steuerzahler als **Ausdruck** ihrer **Zeitpräferenz** ansehen. Zu diesem Zinssatz wären sie freiwillig bereit, den entsprechenden Betrag zur Finanzierung des Projekts bereitzustellen. Hier entstehen jedoch schwerwiegende Probleme der empirischen Ermittlung. Da alle diese auf den Markt bzw. das bewertende Individuum zurückgehenden Ansätze entweder angreifbar oder nicht durchführbar erscheinen und überdies anzunehmen ist, daß die individuellen Zeitpräferenzen ohnehin divergieren und der Konsumverzicht durch öffentliche Investitionen zum Zeitpunkt der Investition starke Züge eines meritorischen Gutes tragen dürfte, muß dieser **Zinssatz** in der Regel **politisch festgesetzt** werden.

So gesehen entspräche der gewählte Abzinsungsfaktor dann der „Rate der sozialen Zeitpräferenzen" und gäbe an, inwieweit die Gesellschaft in einem gegebenen Zeitpunkt den zukünftigen öffentlichen Konsum höher veranschlagt als den jetzigen privaten Konsum.

Fragt man nach dem **Anwendungsbereich der Kosten-Nutzen-Analyse,** so fällt auf, daß je technischer ein Entscheidungsbereich ist und je genauer Kosten und Nutzen zu bestimmen sind, desto eher eine Kosten-Nutzen-Analyse zu befriedigenden Ergebnissen führt, d. h. mit nicht allzuviel Willkür in Ermittlung und Bewertung der Kosten und Nutzen behaftet ist. Doch auch in den anderen Bereichen wird man **besser eine unvollkommene als keine Kosten-Nutzen-Analyse** zu Rate ziehen, da sie immerhin einen Anlaß zum Zusammentragen aller bedeutsamen Einflüsse, die von den verschiedenen Alternativen zur Lösung eines Problems ausgehen, bietet und damit größere Transparenz verschafft sowie vor allem einen Argumentationszwang ausübt.

In Tab. 3.1 ist eine Kosten-Nutzen-Analyse in Kurzform dargestellt, die die Entscheidung über den Bau einer Unterpflaster-Straßenbahn vorbereiten sollte. Bei der Gegenüberstellung von Nutzen und Kosten sind nur für die **direkten,** den Hauptzweck des Projekts betreffenden **Nutzen und Kosten** Zahlenwerte angegeben. Ihre Ermittlung ist für diesen Projekttyp spezifisch und würde bei anderen Bauprojekten ähnlich erfolgen, aber für eine geplante medizinische Vorsorgeuntersuchung oder eine neue Bildungseinrichtung insbesondere auf der Nutzenseite völlig anders aussehen. Die Zahlenwerte wurden ebenso wie einige Beispiele für indirekte Kosten und Nutzen einer Studie entnommen, die im Jahre 1969 für eine in Hannover zu bauende U-Bahn erstellt wurde. Hinzugefügt wurden verschiedene Arten von Kosten und Nutzen, die einen für viele Kosten-Nutzen-Analysen wünschenswerten Gesamtrahmen bilden können. Als Beispiel für indirekte Kosten und Nutzen wurden die Verminderung der Luftbelastung und die höhere Attraktivität der Innenstadt bzw. die relativ verminderte Attraktivität der Vororte erwähnt. Sie mögen, wie die Attraktivitätsänderungen, praktisch nicht quantifizierbar und damit **intangibel** sein, sollten aber soweit möglich quantifiziert werden (z. B. als Menge des vermiedenen Schadstoffs). Bei Verkehrsmaßnahmen können auch die direkten Nutzen einmal überwiegend intangibel sein; ein Beispiel bieten Schnellbahntrassen der Bundesbahn, die in der Ebene eingetunnelt werden, um ein Naherholungsgebiet nicht zu stören. Als Beispiel für **pekuniäre Nutzen bzw. Kosten** sind

Tab. 3.1: Beispiel für eine Kosten-Nutzen-Analyse (U-Straßenbahn Hannover, 1969)

A. **Nutzen**		Mio. DM
direkte Nutzen nach Fertigstellung der U-Bahn		
1. Nutzen des nicht umgelenkten Verkehrs		575,2
1.1. Zeitersparnisse der vorherigen Straßenbahnbenutzer	198,7	
1.2. Ersparnisse des nicht umgelenkten Individualverkehrs	376,5	
1.2.1. Zeitersparnisse	(313,3)	
1.2.2. Kfz-Betriebskostenersparnisse	(63,2)	
2. Nutzen des umgelenkten Verkehrs		62,9
2.1. Zeitgewinne	25,6	
2.2. Kfz-Betriebskostenersparnisse	37,3	
3. Nutzen des Neuverkehrs		10,5
4. Parkraumersparnisse		18,1
indirekte Nutzen (oft intangibel)		
z. B. geringere Luftverunreinigung in der Innenstadt (in kg Schadstoff), relativ höhere Attraktivität der Innenstadt		?
Summe der Gegenwartswerte der meßbaren Nutzen (= Barwert des Nutzenstroms, bezogen auf 1969)		666,7
B. **Kosten**		
direkte Kosten		
zusätzliche laufende Kosten		7,6
Baukosten		371,6
indirekte Kosten (oft intangibel)		
z. B. relativ geringere Attraktivität einiger Vorstädte		?
Summe der Gegenwartswerte der meßbaren Kosten (= Barwert des Kostenstroms, bezogen auf 1969)		379,2
C. **Nettonutzen** (soweit meßbar) = Kapitalwert der Investition (A ./. B) Nutzen-Kosten-Verhältnis (A : B) : 1,76 Interner Zinsfuß: 10,1%		287,5
D. **Pekuniäre Nutzen bzw. Kosten**		
z. B. Steigerung der Grundstückswerte an Haltestellen und Senkung der Grundstückswerte an den Stellen, die vom Autoverkehr jetzt schlechter erreichbar sind.		
E. **Nachrichtlich:** Diskontierungszinssatz 6,5% Unterstellte Lebensdauer des Projekts 50 Jahre		

Siehe im einzelnen und zur Berechnung der Zahlenwerte Hesse, H., und Arnold, V., Nutzen-Kosten-Analyse für städtische Verkehrsprojekte – Dargestellt am Beispiel der Unterpflasterstraßenbahn in Hannover, in: Kyklos, Bd. XXIII, 1970, S. 520 ff.

induzierte Änderungen der Grundstückspreise genannt, die sich näherungs-
weise auch abschätzen lassen.

Die Aufstellung der Nutzen und Kosten sollte so vollständig wie möglich
sein, auch wenn nicht alle Posten quantifiziert oder gar in Geldgrößen
ausgedrückt werden können. Um den Barwert der Nutzen bzw. Kosten zu
ermitteln, wurde ein **Diskontierungs-Zinssatz** von 6,5% gewählt, den auch
das Bundesverkehrsministerium im Jahre 1969 verwendete. Die Lebensdauer des Projekts wurde mit 50 Jahren, beginnend mit dem Jahr der Inbe-
triebnahme, angesetzt. Der **Nettonutzen,** soweit meßbar, lag danach bei
287,5 Mio. DM. Das entspricht einem Verhältnis der Nutzen zu den Kosten von 1,76 **(Nutzen-Kosten-Verhältnis).**[33]

b) Kosten-Wirksamkeits-Analyse

Entscheidungen über die Wahl zwischen Ausgabenprogrammen können
nicht nur durch Kosten-Nutzen-Analysen vorbereitet werden; zur Ermitt-
lung der Vorteilhaftigkeit unterschiedlicher Maßnahmen wird auch auf die
Ergebnisse der an Bedeutung gewinnenden Kosten-Wirksamkeits-Analy-
sen zurückgegriffen. Bei ihnen erfolgt keine in Geldeinheiten ausgedrückte
Bewertung des Nutzens; statt ihrer werden **nicht-monetäre Indikatoren der
Zielerreichung** zugrunde gelegt. Damit entfällt einerseits die aus der Kosten-
Nutzen-Analyse als besonders schwierig bekannte Aufgabe, die Nutzen der
Zielerreichung zu quantifizieren. Andererseits wird die Methode damit auf
Anwendungsfälle eingeschränkt, in denen das angestrebte Ziel feststeht
und nur der beste Weg zu seiner Erreichung zu finden ist, d. h. es wird
lediglich die **differentielle Kostenwirksamkeit** alternativer Maßnahmen oder
Handlungen untersucht.

Wenn beispielsweise im Rahmen der Gesundheitsversorgung das Ziel verfolgt wird, die Lebenserwartung der Bevölkerung durch verstärkte Prävention zu erhöhen, und nur der effizienteste Weg gesucht wird, so ist ein
Kostenvergleich angebracht, aufgrund dessen dann bei gleichem Zielerreichungsgrad der kosten- bzw. ausgabengünstigste Weg auszuwählen wäre.
Bei diesem gesundheitspolitisch aktuellen Beispiel geht es um die Wirtschaftlichkeit einer verstärkten **Prävention** in der Gesundheitsversorgung im
Vergleich zu einer alternativen Verwendung der Gesundheitsausgaben,
z. B. für **Krankenbehandlung** oder **Rehabilitation.** Einigt man sich hinsichtlich
des zu erreichenden Zieles beispielsweise auf ein zusätzliches Lebensjahr,
so stellt sich die Frage, mit welcher Verwendung der Ressourcen zusätzliche
Lebensjahre am kostengünstigsten verwirklicht werden können.

Um derartige Berechnungen vorzunehmen, benötigt man zunächst einen Rahmen
zur qualitativen Bewertung der Kosten und Zielbeiträge einer verstärkten Prävention. Die Zielbeiträge in Form eines besseren Gesundheitsstandes und die Einspa-

---

[33] Zu einem aktuellen Beispiel siehe Maennig, W., Kosten-Nutzen-Analyse Olympi-
scher Spiele in Deutschland, in: List Forum für Wirtschafts- und Finanzpolitik, Bd.
17, 1991, S. 336 ff.

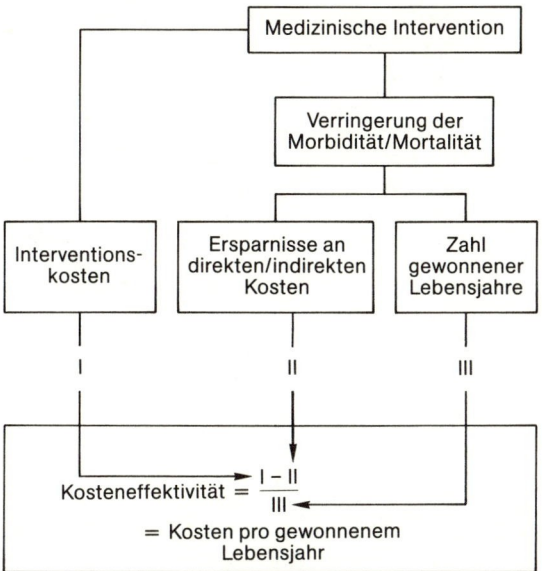

Abb. 3.3: Kosten pro gewonnenem Lebensjahr als Zielgröße der Kosten-Wirksamkeits-Analyse

rungen im Vergleich zu den Kosten des Vorsorgeprogramms werden als Begründung für die **Effektivität (Zielerreichungsgrad)** und **Effizienz (kostengünstige Erreichung eines Ziels) der Prävention** herangezogen. Bei den Zielbeiträgen handelt es sich außer um eine höhere Lebenserwartung etwa um die Vermeidung von Krankheiten, die Verhütung vorzeitiger Erkrankung oder auch nur um die Minderung des Krankheitsrisikos. Bei den Einsparungen durch das Präventionsprogramm können ganz unterschiedliche Ausgabearten bei verschiedenen Ausgabenträgern betroffen sein (Behandlungskosten, Rentenzahlung, Lohnfortzahlung etc.). Schließlich sind bei gegebenem Zielindikator und errechneten Einsparungen die erforderlichen Kosten des Vorsorgeprogramms bzw. der alternativen Verwendungsmöglichkeiten zu ermitteln, um die differentielle Kostenwirksamkeit zu erhalten.

Bei einer Quantifizierung des Zielindikators sowie der Kosten- und Einsparungselemente treten erhebliche Probleme auf, so daß man sich auf der Zielebene meist auf die gewonnenen Lebensjahre beschränkt und dann die Einsparungen und die direkten Kosten des Vorsorgeprogramms saldiert. Indirekte Kosten einer verstärkten Prävention (z. B. höhere Ausgaben während der verlängerten Lebenszeit) und der weitere Nutzen eines Gewinns an Lebensjahren (z. B. der ökonomische und psychosoziale Wert des gewonnenen Humankapitals) bleiben in der quantitativen Analyse in der Regel ausgeklammert. Da die berücksichtigten Nutzen und Kosten zu unterschiedlichen Zeitpunkten auftreten, müssen sie, wie bei der Kosten-Nutzen-Analyse, auf einen Zeitpunkt abgezinst werden (s. oben S. 89). Der Abb. 3.3 läßt sich der methodische Weg zur Ermittlung der Kosten pro gewonnenem Lebensjahr als Zielgröße einer Kosten-Wirksamkeits-Analyse entnehmen. Interventionskosten und Reduktion des Krankheitsrisikos stehen sich gegenüber, wobei die beiden Effekte einer Verringerung des Erkrankungsrisikos in der Einsparung an Kosten und dem Gewinn an Lebenserwartung liegen. Ein positiver Kostenwirksamkeitsquotient zeigt die Höhe des Ressourcenverbrauchs, ein negativer gibt an, daß sich die Maßnahme selbst trägt.[34]

Aus den empirischen Arbeiten, die derzeit vorliegen, läßt sich die kostendämpfende Wirkung einer Prävention, jedenfalls in den ausgewählten Beispielbereichen, nicht belegen. In Tab. 3.2 zeigt sich, daß beim Vergleich zwischen Gesundheitsausgaben für Prävention und für Akutbehandlung die Nettobeträge, die für ein Jahr an gesundem Leben erforderlich sind, erheblich voneinander abweichen. Die lebensrettende Behandlung in kardiologischen Intensivstationen oder der Einsatz von Notarztwagen ist wesentlich billiger als beispielsweise eine Bluthochdruck-Behandlung unter den in der Tabelle genannten Bedingungen. Demnach sind die dort genannten und in den Fußnoten in ihren wichtigen Einzelheiten beschriebenen **Präventionsprogramme kein**

Tab. 3.2: Gesundheitsausgaben pro gewonnenem gesunden Lebensjahr für Präventionsprogramme im Vergleich zu Maßnahmen der kurativen Krankenbehandlung, 1981, in $[a]

	Kosten pro Jahr
I. Kurative Krankenbehandlung	
1. Kardiologische Intensivstation	5 200[b]
2. Notarztwagen	7 300[b, c]
3. Angiographie von Patienten mit entsprechenden Symptomen, mit anschließender koronarer Bypass-Operation	14 000[e]
II. Präventionsprogramme	
4. Cholesterin-Vorsorgeuntersuchung und Spezialdiät	5 700/11 200[b, d]
5. Bluthochdruck-Behandlung mit unvollständiger Mitwirkung (ausgenommen Programmkosten)	
diastolischer Blutdruck 105 und höher	16 900[e]
diastolischer Blutdruck 95–104	32 800[e]
6. Belastungstests von Patienten ohne entsprechende Symptome, mit anschließendem Herzszintigramm und Operation	39 400[e]

[a] Folgekosten und Nutzen wurden mit 5% pro Jahr abgezinst. Kosten der medizinischen Behandlung während der zusätzlichen Lebensjahre sind eingeschlossen.
[b] Zusätzliche Lebensjahre wurden nicht um den Gesundheitsstand bereinigt.
[c] Ausschließlich der anschließenden Kosten für Krankenhausbehandlung.
[d] Abhängig von den Kosten, verursacht von denjenigen, die sich nicht an die Spezialdiät halten. Kosten der Spezialdiät bleiben unberücksichtigt.
[e] Diese Zahlen wurden dem Aufsatz von Weinstein entnommen. Sie wurden auf das Niveau von 1981 bereinigt mit Hilfe eines Preisindex, der nicht die gesamte Preisentwicklung des Jahres 1981 umfaßt. Der korrekte Preisindex für das Jahr 1981 hätte folgende Kosten pro Jahr ergeben: ca. 14 700 $ für Angiographie, ca. 41 400 $ für Belastungstests, ca. 17 700 $ und 34 400 $ für die beiden Kategorien der Bluthochdruck-Behandlung.

Übersetzt und zusammengestellt nach Russell, L. B., The Economics of Prevention, in: Health Policy, Bd. 4, 1984, S. 85 ff.

[34] Siehe im einzelnen Adam, H. und Henke, K.-D., Gewonnene Lebenserwartung durch Prävention. Eine Modellanalyse der Cholesterinreduktion durch medikamentöse Therapie, in: Ott, A. E. u. a., Hrsg., Jahrbücher für Nationalökonomie und Statistik, Bd. 208/6, Stuttgart-New York 1991, S. 596–606.

Mittel zur Kostendämpfung; sie verhüten lediglich Krankheiten oder schieben sie hinaus und tragen insoweit zu einer effektiveren, aber deswegen nicht ausgabensenkenden Gesundheitsversorgung bei.

Derartige Ergebnisse können den Trägern der Gesundheitspolitik, also Landes- und Bundesministerien sowie den Trägern der Selbstverwaltung im Gesundheitswesen (Krankenkassen, kassenärztliche Vereinigungen), als **Entscheidungsgrundlage** dienen. Die Vielfalt der Träger in diesem Aufgabenbereich kann allerdings auch zusätzliche Probleme für die Umsetzung derartiger Programme schaffen. Fällt eine Einsparung nicht dort an, wo die Ausgaben für die effektivere und (mutmaßlich) effizientere Gesundheitsversorgung liegen, sind u. U. trägerübergreifende Lösungsansätze erforderlich. Bei einer volkswirtschaftlichen Betrachtung ist die Vorteilhaftigkeit in der Regel also nicht identisch mit der Vorteilhaftigkeit von mehr Prävention bei einzelnen Trägern der Gesundheitsversorgung, z. B. den Krankenkassen.

Die herangezogenen Beispiele zeigen, daß nicht jede der in diesem Abschnitt aufgezeigten Maßnahmen zur Verbesserung der staatlichen Ausgabenentscheidungen in allen Bereichen der öffentlichen Aufgaben- und Finanzplanung gleichermaßen gut genutzt werden kann. Nicht umsonst werden als Beispiele für Kosten-Nutzen-Analysen immer wieder die Investitionen im Bereich der **Verkehrs- oder Wasserwirtschaft** herangezogen und in besonderem Maße Beispiele aus dem Bereich der **Gesundheitsversorgung** angeführt, wenn Kosten-Wirksamkeits-Analysen diskutiert werden.[35] Insgesamt ist allerdings davon auszugehen, daß generell im Zusammenhang mit einer Rückführung des Staatsanteils und speziell mit knapper werdenden Ressourcen in einzelnen Aufgabenbereichen des Staates die staatswirtschaftlichen Planungsinstrumente an Bedeutung gewinnen werden. Außerdem werden Fortschritte in den einzelnen Methoden es auf längere Sicht erlauben, auch in anderen Aufgabenbereichen den Ablauf der öffentlichen Finanzwirtschaft besser zu beurteilen und effizienter zu gestalten.

Fragen zum dritten Kapitel

Zu Teil A:

1. Skizzieren Sie die Entwicklung des Budgetrechts in England.
2. Inwiefern reicht die Analyse des finanzpolitischen Sachverstands des einzelnen Abgeordneten zur Charakterisierung des finanzpolitischen Willensbildungsprozesses nicht aus?
3. Erläutern Sie die Theorie der Stimmenmaximierung, und schätzen Sie ihren Erklärungswert für die Bestimmung von Volumen und Struktur eines Budgets ein.

---

[35] Während in der Kosten-Nutzen-Analyse und in der Kosten-Wirksamkeits-Analyse die zu vergleichenden Handlungsalternativen an der Verwirklichung eines einzigen Zieles (z. B. gesamtwirtschaftliche Wohlfahrt oder zusätzliche Lebensjahre) orientiert werden, wird im Rahmen von sog. *Nutzwertanalysen* versucht, die zur Diskussion stehenden Alternativen auf verschiedene Ziele mit unterschiedlicher Bedeutung zu beziehen. Siehe im einzelnen Rürup, B., Die Nutzwertanalyse, in: Wirtschaftswissenschaftliches Studium, 11. Jg., 1982, Heft 3, S. 109 ff.

 4. Stellen Sie das Abstimmungsparadoxon dar, und erklären Sie seine Bedeutung beim Zustandekommen von finanzpolitischen Entscheidungen.
 5. Wie könnte man die Intensität der Präferenzen für öffentliche Leistungen im Wahlverfahren berücksichtigen?
 6. Was unterscheidet Budgetmaximierung und Budgetresiduum als Orientierungspunkte eines Bürokraten?
 7. Bewerten Sie die Orientierung an der Budgetmaximierung unter den Aspekten der technischen Effizienz und der gesellschaftlich wünschenswerten Outputmenge.
 8. Inwiefern kann man in verschiedenen Ländern von einer Tendenz zum „Exekutivbudget" sprechen?
 9. Was versteht man unter dem sog. ‚logrolling', und in welchem Verhältnis steht es zu dem sog. ‚package-voting'?
10. In welcher Weise wirken die Verbände auf Umfang und Struktur der öffentlichen Ausgaben ein?

Zu Teil B:

 1. Wie kommt ein Haushaltsgesetz zustande?
 2. In welchen Fällen wird gegen den Haushaltsgrundsatz der Öffentlichkeit verstoßen?
 3. Erläutern Sie die administrative Lenkungsfunktion des Budgets.
 4. Stellen Sie dar, inwiefern die drei Formen des Haushaltsgrundsatzes der Spezialität die administrative Lenkung der Exekutive erleichtern helfen.
 5. Welche Mängel der traditionellen Haushaltsplanung sollen mit Hilfe der Mittelfristigen Finanzplanung behoben werden?
 6. Inwiefern hilft die Mittelfristige Finanzplanung, die wirtschaftspolitische Funktion des Budgets zu erfüllen?
 7. In welchem Verhältnis stehen Mittelfristige Finanzplanung und Haushaltsplan zueinander?
 8. Worin liegen die Mängel der traditionellen Haushaltsplanung und wie könnten sie behoben werden?
 9. Welche Schwierigkeiten standen einer Einführung des PPBS und des ZBBS entgegen?
10. Welcher Zusammenhang besteht zwischen PPBS und Kosten-Nutzen-Analyse?
11. Erörtern Sie neuere Ansätze zur Verbesserung des Budgetverfahrens.
12. Welche Probleme treten bei der Erfassung und Bewertung der Kosten und Nutzen im Rahmen einer Kosten-Nutzen-Analyse auf?
13. Welche Hilfsgrößen kann man für die Abschätzung der „Rate der sozialen Zeitpräferenzen" heranziehen?
14. Wodurch ist eine Kosten-Wirksamkeits-Analyse gekennzeichnet?
15. Erläutern sie am Beispiel der Prävention von Krankheiten die verschiedenen Kosten und Zielbeiträge und treffen Sie ein Urteil über die Kostenwirksamkeit einer verstärkten Prävention.

Literatur zum dritten Kapitel

Zu Teil A:

Bernholz, P., und Breyer, F., Grundlagen der Politischen Ökonomie, 2. Aufl., Tübingen 1984.

Beyme, K. v., Interessengruppen in der Demokratie, 5. Aufl., München 1980.

Buchanan, J. M., und Tullock, G., The Calculus of Consent. Logical Foundations of Constitutional Democracy, Ann Arbor 1962.

Downs, A., Ökonomische Theorie der Demokratie, Tübingen 1968.

Downs, A., Eine ökonomische Theorie des politischen Handelns in einer Demokratie, in: Recktenwald, H. C., Hrsg., Finanzpolitik, Köln, Berlin 1969, S. 49 ff.

Frey, B. S., Public Choice – Ergebnisse der letzten 10 Jahre, in: Wirtschaftswissenschaftliches Studium, 20. Jg., 1991, Heft 10, S. 492 ff.

Kaufmann, F.-X., Hrsg., Staat, Intermediäre Instanzen und Selbsthilfe, München, Wien 1985.

Kelman, S., „Public Choice" and Public Spirit, in: The Public Interest, No. 87, Spring 1987, S. 80 ff.

Kirsch, G., Neue Politische Ökonomie, 2. Aufl., WiSu-Texte, Düsseldorf 1983.

Mueller, D. C., Public Choice II, Cambridge 1989.

Olson, M., Die Logik des kollektiven Handelns, 2. Aufl., Tübingen 1985.

Pommerehne, W. W., und Frey, B. S., Hrsg., Ökonomische Theorie der Politik, Berlin, Heidelberg, New York 1979.

Schmidt, K., Entwicklungstendenzen der öffentlichen Ausgaben im demokratischen Gruppenstaat, in: Finanzarchiv, NF Bd. 25, 1966, S. 213 ff.

Schmölders, G., Finanzpolitik, 3. Aufl., Berlin, Heidelberg, New York 1970.

Zu Teil B:

Andel, N., Nutzen-Kosten-Analysen, in: Handbuch der Finanzwissenschaft, 1. Bd., 3. Aufl., Tübingen 1977, S. 475 ff.

Hanusch, H., unter Mitarbeit von Biene, P., und Schlumberger, M., Nutzen-Kosten-Analyse, München 1987.

Henke, K.-D., und Adam, H., Gesundheitsökonomie, in: Hurrelmann, K., und Laaser, U., Hrsg., Gesundheitswissenschaften, Handbuch für Lehre, Forschung und Praxis, Weinheim und Basel 1993, S. 347 ff.

Langner, P., Zero-Base Budgeting and Sunset Legislation, Baden-Baden 1983.

Nachtkamp, H. H., Mehrjährige Finanzplanungen und mittelfristige Zielprojektionen der Bundesregierung, Baden-Baden 1976.

Piduch, E. A., Bundeshaushaltsrecht, Kommentar zur Bundeshaushaltsordnung, Loseblattsammlung, Stuttgart, Berlin, Köln, Mainz 2.

Piduch, E. A., Das Staatshaushaltsrecht, in: Arnold, V., und Geske, O.-E., Hrsg., Öffentliche Finanzwirtschaft, München 1988, S. 121 ff.

Reding, K., Die Effizienz staatlicher Aktivitäten. Probleme ihrer Messung und Kontrolle, Baden-Baden 1981.

Rürup, B., und Färber, G., Programmbudgets der „Zweiten Generation" I und II, in: Das Wirtschaftsstudium, 10. Jg., 1981, S. 41 ff., und S. 91 ff.

Rürup, B., und Hansmeyer, K.-H., Staatswirtschaftliche Planungsinstrumente, 3. Aufl., WiSu Texte, Düsseldorf 1984.

Senf, P., Kurzfristige Haushaltsplanung, in: Handbuch der Finanzwissenschaft, 1. Bd., 3. Aufl., Tübingen 1977, S. 371 ff.

Weber, W., und Windisch, R., PPBS: Neue Wege in der Planung öffentlicher Ausgaben, in: Dürr, E., Hrsg., Neue Wege der Wirtschaftspolitik, Schriften des Vereins für Socialpolitik, NF Bd. 67, Berlin 1972, S. 147 ff.

Wille, E., Mittel- und langfristige Finanzplanung, in: Handbuch der Finanzwissenschaft, 1. Bd., 3. Aufl., Tübingen 1977, S. 427 ff.

Wille, E., Öffentlicher Haushalt IV, Finanz- und Aufgabenplanung, in: Handwörterbuch der Wirtschaftswissenschaft, 5. Bd., Stuttgart, Tübingen 1980, S. 591 ff.

Wille, E., Informations- und Planungsprobleme im öffentlichen Aufgabenbereich, Frankfurt/M. u. a. 1986.

Viertes Kapitel

Möglichkeiten der Staatsfinanzierung

Die Mittel, die der Staat zur Durchführung seiner Aktivitäten benötigt, kann er sich auf vielfältige Weise beschaffen. Früher hatten **Naturalleistungen** in Form von Gütern und Dienstleistungen großes Gewicht, die heute fast nur noch als ehrenamtliche Tätigkeiten (Schöffe, Wahlhelfer usw.) oder als Dienste (z. B. Wehrdienstverpflichtung) vorkommen, die unter Marktlohn vergütet werden. Der Übergang zu den heute üblichen **monetären Abgaben** erleichtert den Vorgang der Erhebung und Verwendung der Mittel. Die Einnahmen erzielt der Staat (als Gesamtheit aller Gebietskörperschaften einschl. Sozialversicherung) heute **überwiegend aus Steuern und steuerähnlichen Abgaben,** die im Jahre 1991 über 85% der öffentlichen Einnahmen ausmachten, ferner durch Erwerbseinkünfte, Gebühren und Beiträge, Kreditaufnahme, Auflösung von Rücklagen usw. (s. oben 1. Kapitel, Tab. 1.2, S. 16).

Über Gesamtumfang und Struktur der öffentlichen Einnahmen und über die Ausgestaltung der einzelnen Einnahmeart entscheiden die Träger der öffentlichen Finanzwirtschaft. Dazu können als Kriterien die Ziele der Finanzpolitik herangezogen werden (s. oben 1. Kapitel, S. 2ff.); soweit sie sich mit den Zielen der Wirtschaftspolitik decken, wird ihr Einfluß auf die Einnahmegestaltung vornehmlich in den Kapiteln 6 bis 9 behandelt. Von den verbleibenden „abgeleiteten" Zielen der Finanzpolitik liegt im vorliegenden Kapitel das fiskalische Ziel (s. oben S. 5ff.) zugrunde, d. h. es wird nach den **grundsätzlichen Möglichkeiten und Anknüpfungspunkten der Einnahmenerhebung** gefragt (A, B I und II, C, D). Unter Bezug auf die vorgegebenen und abgeleiteten Ziele der Finanzpolitik und die aus ihnen abgeleiteten Beurteilungskriterien soll weiterhin die Frage nach der zweckmäßigen **Struktur der Einnahmen** (B III, E) nach Maßgabe der Finanzverfassung aufgeworfen werden.

A. Empfangene Leistungen oder finanzielle Leistungsfähigkeit als Maßstab für die Erhebung öffentlicher Abgaben?

I. Finanzierung nach dem Entgeltprinzip (Äquivalenzprinzip)

a) Für und Wider einer Entgeltfinanzierung

Wenn öffentliche Ausgaben zu finanzieren sind und für die Aufteilung dieses Finanzbedarfs auf die Staatsbürger Kriterien gesucht werden, so liegt es nahe, zunächst zu fragen, wem diese Ausgaben zugute kommen und ob die Finanzierung sich nicht am Vorteilsempfang orientieren solle. Schließlich erfolgt auch die Allokation der Ressourcen durch den Markt nach diesem Prinzip der Zahlung nach dem empfangenen Vorteil, und die öffentliche Hand, die in einem marktwirtschaftlichen System ohnehin nur insoweit tätig werden soll, wie die Marktergebnisse als korrektur- oder ergänzungsbedürftig angesehen werden, sollte von diesem Prinzip nur insoweit abweichen, wie andere Ziele einem solchen Aufbringungsmodus für die öffentlichen Einnahmen entgegenstehen.

Soweit Aufgaben sich also technisch für eine Entgeltfinanzierung eignen und eine solche Finanzierung unter Zielabwägung politisch wünschenswert erscheint, werden öffentliche Ausgaben durch die Erhebung von Entgelten oder entgeltähnlichen Abgaben finanziert. Insoweit findet das **Äquivalenzprinzip,** das auch als **Vorteils- oder Nutzenprinzip (,benefit principle')** bezeichnet werden kann, als Maßstab der staatlichen Abgabenbemessung Anwendung. Die Höhe des Entgelts richtet sich dann nach dem Empfang staatlicher Leistungen durch den Staatsbürger.

Die Aufgabe, für das vorgegebene Volumen öffentlicher Ausgaben eine Finanzierung zu sichern, ist damit aber nur zum Teil gelöst. Die Möglichkeit, sich bei der Einnahmenerzielung an der Entgeltfähigkeit der Aufgaben zu orientieren, ist nämlich, wie zu zeigen sein wird, stark begrenzt. Daher sind im Jahre 1991 in der Bundesrepublik von allen öffentlichen Einnahmen (ohne Schuldaufnahme) weniger als 10% aus Gebühren, sonstigen Entgelten und Einnahmen aus wirtschaftlicher Tätigkeit und damit auf dem Entgeltwege erzielt worden (s. oben 1. Kapitel, Tab. 1.2, S. 16). Folglich muß für den steuerfinanzierten Teil der öffentlichen Ausgaben nach einem Abgabenprinzip verfahren werden, das vom Finanzierungsgegenstand unabhängig ist. Hierzu dient das Leistungsfähigkeitsprinzip (s. unten).

Die Möglichkeit einer Entgeltfinanzierung sollte unter Gerechtigkeitsaspekten stets dann angestrebt werden, wenn sich *Sondervorteile*[1] nachweisen lassen, die bestimmten Individuen oder Gruppen zufließen. Leistungen sollen in einem marktwirtschaftlichen System zunächst über den Markt bereitgestellt werden, auf dem eine volle Kostenanlastung üblich ist. Auch bei öffentlicher Bereitstellung eines Gutes für Individuen oder Gruppen sollte im Regelfalle ein kostendeckender Preis gefordert werden, um ein Abwägen von Nutzen und Kosten zu induzieren und eine zu hohe Nachfrage zu vermeiden. Für die Entgeltfinanzierung sprechen auch verteilungspolitische Gründe, wenn die kostenlose Inanspruchnahme öffentlicher Güter und Dienstleistungen überproportional Beziehern höherer Einkommen zugutekommt, wie dies bei Museums- und Theaterbesuchern und Bibliotheksbenutzern zu vermuten ist.

Außer in den Fällen, in denen diese Sondervorteile gezielt, beispielsweise aus verteilungspolitischen Gründen, gewährt werden, stellen sie also eine ungerechtfertigte Privilegierung dar, die nicht Sache des Staates sein und

---

[1] Vgl. dazu ausführlich Haller, H., Die Steuern, 3. Aufl., Tübingen 1981, S. 21 ff.

durch entsprechende Abgaben des Begünstigten kompensiert werden sollte. Diese Abgaben könnten dann am Vorteilszufluß oder an den dem Staat entstehenden Kosten anknüpfen.

Eine Entscheidung zugunsten der Entgeltfinanzierung kann auch davon bestimmt sein, daß ein *Steuerwiderstand vermieden* werden soll. Der Steuerwiderstand der einzelnen Staatsbürger, d. h. der Versuch, die Steuerlast durch Steuervermeidung, illegale Steuerhinterziehung oder Einfluß auf die finanzpolitische Willensbildung abzuwehren, bestimmt für die Besteuerung im allgemeinen und die Höhe jeder Einzelsteuer eine, wenn auch nicht genau quantifizierbare Obergrenze.[2] Im Maße wie man sich ihr zu nähern glaubt, kann es politisch zweckmäßig sein, das gewünschte Ausgabenvolumen stärker als zuvor mittels Entgelten zu finanzieren.

Unabhängig von seinen unmittelbaren Finanzierungsaufgaben kann sich der Staat der *Entgelte* aber auch *als Instrument der Nachfragedämpfung* bedienen. Es gibt öffentliche Leistungen, deren Angebotsumfang nicht oder nur mit unverhältnismäßig großem Aufwand ausgedehnt werden kann. So sind z. B. Parkplätze im Zentrum von Großstädten knapp und lassen sich oftmals nicht mehr erweitern. In einem solchen Leistungsbereich könnte mit Hilfe der Entgelterhebung eine zu hohe Nachfrage auf das vorhandene Angebot zurückgedrängt werden. Voraussetzung für die Wirksamkeit eines derartigen Vorgehens ist eine hohe **Preisempfindlichkeit der Nachfrage.**

Den Unterschied zwischen einer solchen Steuerung über den Preis und einer mengenmäßigen Zuteilung kann man am Beispiel der innerstädtischen Parkraumregelung zeigen. Durch Parkscheiben wird die Parkberechtigung insofern zeitlich und mengenmäßig zugeteilt, als sich ihre Nutzung durch die Reihenfolge (und die zulässige Parkzeit) der Nachfrager bestimmt. Im Gegensatz dazu wäre man mit Hilfe eines Parkgebührensystems, das die einzelnen Parkflächen nach ihrer Begehrtheit zuteilt, in der Lage, den dringlichen vom weniger dringlichen Bedarf zu trennen, soweit sich diese Dringlichkeit in der Zahlungsbereitschaft ausdrückt. Wer leicht auf öffentliche Nahverkehrsmittel ausweichen kann, wird jetzt eher auf den Parkraum verzichten als derjenige mit einer ungünstigen Verkehrsverbindung, der folglich den höheren Preis zu zahlen bereit sein wird.

Im Bereich der öffentlichen Wasser- und Stromversorgung kann die Nachfrageregulierung über die Entgelte ebenfalls eine Rolle spielen. So ist z. B. anzunehmen, daß die **kostenlose Abgabe** dieser Güter zur **Verschwendung** führt. Je nach der Preisempfindlichkeit der Nachfrage wird hier durch Entgelte eine übermäßige Inanspruchnahme vermieden.

Es ist grundsätzlich möglich, alle Staatsaufgaben über Steuern zu finanzieren, jedoch sind umgekehrt nicht alle öffentlichen Aufgaben auch „entgeltfähig". Über die Grenzen der Anwendbarkeit einer Entgeltfinanzierung bestimmen technische Gründe und politische Entscheidungen. Die absolute Obergrenze für die „Entgeltfähigkeit" der einzelnen öffentlichen Leistung

---

[2] Vgl. zu Steuerwiderstand und Obergrenzen Schmölders, G., Finanzpolitik, 3. Aufl., Berlin u. a. 1970, S. 323 ff.

ergibt sich aufgrund ihrer bereits aus der Theorie der öffentlichen Güter bekannten Merkmale. Gemäß dieser Theorie sind viele staatliche Leistungen, z. B. Verteidigung oder innere Sicherheit, durch die **Nichtanwendbarkeit des Ausschlußprinzips** und/oder **nicht-rivalisierenden Konsum** charakterisiert, so daß äquivalenztheoretische Erwägungen im Sinne einer marktmäßigen Abgeltung ausscheiden, wenn öffentliche Güter vorliegen.

Während dieses Argument auf eher technische Grenzen der Entgeltfähigkeit verweist, kann es, auch wenn eine Aufgabe entgeltfähig ist, aus politischer Sicht unerwünscht sein, ein Entgelt überhaupt oder zumindest in kostendeckender Höhe zu erheben, weil eine stärkere Nachfrage nach den Leistungen erwünscht ist, als sie bei Entgeltfinanzierung, zumindest wenn sie die Kosten decken soll, entfaltet würde. Dafür können allokative und distributive Ziele sprechen.

Bei manchen öffentlichen Leistungen ist es aus **allokativen Überlegungen** erwünscht, daß sie von möglichst vielen Bürgern in Anspruch genommen werden. Dies gilt insbesondere für Leistungen, deren Nichtinanspruchnahme starke externe Kosten mit sich bringt und die mithin, obwohl individuell zuteilbar, eine starke Kollektivgutkomponente aufweisen. Wer z. B. eine Schutzimpfung gegen eine ansteckende Krankheit unterläßt, gefährdet nicht nur sich selbst, sondern auch andere Bürger, die nicht geimpft wurden. In solchen Fällen wird man kein oder kein kostendeckendes Entgelt verlangen und unter Umständen Werbemaßnahmen mit dem Ziel vermehrter Nachfrage betreiben. Gegebenenfalls kann man bei sehr hohen externen Effekten (epidemische Krankheiten) die Inanspruchnahme sogar vorschreiben, wobei auch ein Benutzerzwang eine (partielle) Entgeltfinanzierung nicht ausschließen muß.

Einen anderen bekannten Anwendungsfall für diese Überlegungen bietet der öffentliche Nahverkehr. Auch hier könnte der **Nulltarif** (Herabsetzung des Entgelts auf Null) mit dem Argument der Nachfragelenkung begründet werden, wenn eine Eindämmung des Individualverkehrs zugunsten des öffentlichen Personennahverkehrs wünschenswert ist und die Senkung des Tarifs genügend zusätzliche Fahrgäste anlockt. Eine solche Maßnahme ist allerdings bei den öffentlichen Verkehrsbetrieben mit Einnahmeausfällen verbunden, die folglich aus allgemeinen Einnahmen aufgebracht werden müßten.

Unter **verteilungspolitischen Aspekten** können Entgelte dann unerwünscht sein, wenn die angebotenen Güter und Dienstleistungen möglichst von allen Bürgern unabhängig von ihrer Kaufkraft in Anspruch genommen werden sollen.

Die vorangehenden Ausführungen zum Für und Wider des Entgeltprinzips führten nicht zu exakten Maßstäben für die Entscheidung, ob bzw. wieweit dieses Abgabeprinzip anzuwenden ist. Im Rahmen eines marktwirtschaftlich-dezentralen Wirtschaftssystems wären die entgeltfähigen Leistungen grundsätzlich über Gebühren und Beiträge zu finanzieren. Neben dieser allokativen Grundorientierung haben Entscheidungen auch weiterhin mit Blick auf den Einzelfall und unter Zugrundelegung der jeweiligen Zielsetzungen zu erfolgen. Gleichzeitig sind Begrenzungen sichtbar geworden, die ein zweites Abgabeprinzip zur Finanzierung der Staatsausgaben erfordern.

b) Formen der Entgeltfinanzierung

Wenn die Finanzierungsentscheidung zugunsten des Äquivalenzprinzips gefallen ist, bieten sich mehrere Möglichkeiten zur konkreten Ausgestaltung der Abgaben. Zunächst könnte der Gedanke naheliegen, den marktwirtschaftlichen Preisbildungsprozeß für privat angebotene Güter auch auf die Versorgung des Bürgers mit öffentlichen Leistungen zu übertragen, d. h. Umfang und Struktur der öffentlichen Leistungen durch die individuelle Nachfrage und nicht durch den politischen Willensbildungsprozeß bestimmen zu lassen. Mag diese Idee zunächst auch überzeugend erscheinen, so ist ihre Realisierung doch mit unüberwindbaren Schwierigkeiten verbunden. Offensichtlich ist bei den Sozialleistungen, daß eine solche *„marktmäßige Äquivalenz"* (**H. Haller**) nicht angewendet werden kann. Die Ausgestaltung dieser Sozialleistungen nach dem Äquivalenzprinzip würde bedeuten, daß ein Bürger die von ihm gewünschte Sozialleistung selbst in voller Höhe nachfragt und finanziert. Soweit die marktmäßige Äquivalenz bei einem einzelnen öffentlich bereitgestellten Gut sinnvoll ist, wird es sich um ein Gut handeln, dessen Produktion auch privat erfolgen könnte. Die Bedeutung der marktmäßigen Äquivalenz ist für die Ausgestaltung der öffentlichen Einnahmen in einem marktwirtschaftlichen System gering, da der Staat den Markt nur ergänzen und nicht ersetzen soll.

Weiter reicht hingegen die Anwendung einer *„kostenmäßigen Äquivalenz"* (Haller). Als Hauptargument werden hierfür die erwähnten Sondervorteile angeführt, die Individuen oder Gruppen zufließen und diesen auch angelastet werden sollten. In diesem Falle wird eine Äquivalenz zwischen den Kosten der öffentlichen Leistungen und den erhobenen Abgaben angestrebt, d. h. der Staat wird z. B. versuchen, über **Entgelte** eine **Kostendeckung** zu erreichen.

Eine verteilungspolitisch begründete Abmilderung der Kostendeckung könnte durch **sozial gestaffelte Entgelte,** z. B. nach dem Einkommen der Benutzer, erreicht werden. Eine derartige Preisdifferenzierung führte dann allerdings zu einer Umverteilung unter den Benutzern, und zwar von denjenigen, die einen über den Kosten ihrer Inanspruchnahme liegenden Preis entrichten, zu denjenigen, die nichtkostendeckende Entgelte zu bezahlen haben. Die Zahlung eines Entgelts entspricht nur bis zur Höhe der Nutzungskosten der empfangenen Gegenleistung, während der darüber hinausgehende Betrag einer speziellen Verbrauchsteuer auf die Inanspruchnahme dieser Leistung gleichkommt. Über die Berechtigung dieser Form der Entgeltpolitik bestehen daher Zweifel. Insbesondere wird darauf hingewiesen, daß die ungedeckten Kosten, die aus der Abgabe von verbilligten Leistungen (aus sozialen Gründen) resultieren, der Allgemeinheit aufgebürdet werden müßten und nicht denjenigen, die bereit sind, für die entsprechende öffentliche Leistung auch mehr als einen kostendeckenden Preis zu zahlen.

Eine Lösung könnte so aussehen, daß die „Normalempfänger" von zurechenbaren öffentlichen Leistungen kostendeckende Entgelte zu entrichten haben, während den „sozial schwachen" Empfängern Ermäßigungen gewährt bzw. die Entgelte gänzlich erlassen werden, wobei der Einnahmeausfall dann von der Allgemeinheit in der Form von Steuern, Schuldaufnahme usf. aufgebracht werden müßte.

Eine spezielle Form der kostenmäßigen Äquivalenz kann man in Steuern sehen, deren Ausgestaltung von Ort zu Ort oder von Bundesland zu Bundesland variiert und durch deren Ausgestaltung bewirkt werden soll, daß die in den einzelnen Räumen bestehenden Abweichungen in den öffentlichen Leistungen auch in der unterschiedlichen Belastung der Bürger zum Ausdruck kommen. Wenn eine Gemeinde mehr Infrastruktur als andere Gemeinden zur Verfügung stellt, könnte sie mit gewissem Recht eine höhere Gemeindesteuer verlangen. Ihre Grenze findet diese *„lokale kostenmäßige Äquivalenz"* (Haller) jedoch dann, wenn „die Wahrung der Einheitlichkeit der Lebensverhältnisse" in allen Teilen der Bundesrepublik Deutschland als zu berücksichtigende Nebenbedingung angesehen wird[3] und sehr große Unterschiede im Versorgungsgrad zwischen Gemeinden nicht hingenommen werden.

c) Entgeltabgaben in der finanzwirtschaftlichen Praxis

Wirft man nach diesen Überlegungen einen Blick auf den **praktischen Anwendungsbereich des Äquivalenzprinzips,** so ist es nicht einfach, eindeutige Beispiele für die sog. marktmäßige oder kostenmäßige Äquivalenz zu finden. Die Praxis der entgeltähnlichen Einnahmen bietet ein verwirrendes Bild. Theoretisch herausgearbeitete Unterschiede sind in der Praxis häufig nicht mehr zu erkennen.

Die *Erwerbseinkünfte* werden als eine Einnahmeart angesehen, die den Merkmalen der marktmäßigen Äquivalenz am ehesten genügt. Definiert man sie weit als „Einnahmen, die die öffentliche Hand durch Beteiligung an der Wertschöpfung der Volkswirtschaft erzielt, ohne sich dabei ihrer Hoheitsgewalt zu bedienen"[4], so wird die Betonung gerade darauf gelegt, daß die **Preisbildung auf der Grundlage von Markt- bzw. Kostengrößen** erfolgt. Die Erwerbseinkünfte fallen mithin im Prozeß der marktwirtschaftlichen Aktivität an. **Öffentliche Unternehmen** zum Beispiel, die nach dem erwerbswirtschaftlichen Prinzip arbeiten, unterscheiden sich von den im Privatbesitz befindlichen Unternehmen oft nur dadurch, daß sich das Kapital in öffentlichem Besitz befindet. Andere Beispiele für marktwirtschaftliche Tauschvorgänge finden sich etwa in der **Vermögenssphäre im öffentlichen Bereich** (Vermietung oder Verpachtung öffentlicher Grundstücke, Gebäude usw.). – **Einschränkend** ist jedoch festzustellen, daß die Preise öffentlicher Versorgungsunternehmen (Gas-, Wasser- und Elektrizitätswerke) häufig auch ho-

---

[3] Art. 72 Abs. 2 (3) und 106 Abs. 3 (2) GG.

[4] Kullmer, L., Artikel „Öffentliche Erwerbseinkünfte", in: Handwörterbuch der Wirtschaftswissenschaft, 5. Bd., Stuttgart u. a. 1980, S. 412.

heitlich im politischen Willensbildungsprozeß festgelegt werden und sich nicht allein „marktlich" bilden.

Der Übergang zwischen Erwerbseinkünften, Gebühren und Beiträgen ist fließend. Bei Gebühren und Beiträgen, denen vor allem im Gemeindebereich eine besondere Bedeutung zukommt, handelt es sich um Entgelte, die von der öffentlichen Hand für die Inanspruchnahme ihrer Leistungen oder für aus staatlichen Maßnahmen resultierende Sondervorteile erhoben werden. Ihre Erhebung setzt also voraus, daß das Ausschlußprinzip zumindest in Grenzen anwendbar ist. Eine Unterscheidung zwischen den beiden Formen der Entgelte ergibt sich dadurch, daß die Gebühr meist für eine Staatshandlung erhoben wird, die nur auf einen Bürger zugeschnitten ist, während der Beitrag oft den Charakter einer Umlage für eine Leistung aufweist, die bestimmten Gruppen von Leistungsempfängern Vorteile bringt.

Gebühren können nach ihrem „Zwangscharakter" bzw. nach der Art der durch sie finanzierten öffentlichen Leistungen unterschieden werden in:

– „**preisähnliche Benutzungsgebühren** (z. B. Wege- und Brückengelder, Marktstandgebühren, Müllabfuhr, Schulgeld) und

– **steuerähnliche Verwaltungsgebühren** (z. B. Gebühren für Auskünfte und Amtshandlungen, Gerichtsgebühren, Grundbuchgebühren)".[5]

Daß die Benutzungsgebühren Preisen ähnlich sind, zeigt sich am Beispiel der Gebühr für die Müllabfuhr oder der Autobahngebühr, denn diese Gebühren lassen dem Benutzer einen **Spielraum hinsichtlich der Inanspruchnahme** der öffentlichen Leistung. Eine solche freie Entscheidung, ob und wie oft „nachgefragt" wird, ist aber bei vielen öffentlichen Verwaltungsleistungen nicht gegeben. Beurkundungen auf dem Standesamt oder Eintragungen im Grundbuch sind staatliche Leistungen, auf die der Staatsbürger kaum oder gar nicht verzichten kann. Eine „gebührenpflichtige" Verwarnung kann er nicht einmal ablehnen. Wird ihm für solche Leistungen eine Gebühr abverlangt, so hat sie keinen Preischarakter mehr in dem Sinne, daß der Bürger seine Nachfrage aufgrund dieses Preises variieren könnte. Damit rücken diese Abgaben in die Nähe einer Steuer auf ein nachfrageunelastisches Gut. Ein Unterschied zu dem zuvor erwähnten Typ von Gebühren liegt zudem darin, daß die Zumessung der Kosten in diesen Fällen oft schwierig ist und nur schematisch erfolgen kann, was sich am Beispiel der „Kosten" einer Beurkundung zeigt.

Einen speziellen Fall von **Entgelten mit geringem Freiheitsgrad** für den Bürger bilden die *Beiträge.* Man kann ihre Problematik gut am Beispiel der sog. Anliegerbeiträge erläutern, die von den Anliegern einer Straße für den Bau der Kanalisation, die Anlage der Straßenbeleuchtung usw. gezahlt werden müssen. Im Gegensatz zur Gebühr liegt hier eine Umlage für eine in der Regel kostspielige Investition vor, deren Nutzung nach Schlüsseln (laufende Meter Straßenfront, Fläche des Grundstücks usw.) bemessen wird. Viele dieser Investitionen wären durch private Initiative nicht zustandegekommen. Während nichtzahlende potentielle Benutzer im Falle der Kanalisa-

---

[5] Schmölders, G., Finanzpolitik, a.a.O., S. 299 (Hervorhebung durch die Verfasser).

tion noch ausgeschlossen werden können, indem man ihnen keinen Anschluß gewährt, ist der Deichbau ein typischer Fall, in dem nichtzahlende Mitbenutzer (,free-rider') nicht ausgeschlossen werden können, da ihnen der Schutz eines Deiches in jedem Fall zugute kommt. Hier kann **öffentliche Aktivität mit anschließender – zwangsweiser – Umlage im Beitragswege** eine von der Mehrheit als richtig erkannte Aufgabe erfüllen helfen.

Eine Kategorie von Abgaben mit Entgeltcharakter, bei denen der Zwangscharakter noch deutlicher zum Ausdruck kommt, bilden alle die Fälle, in denen **ohne direkten Bezug zur einzelnen Inanspruchnahme** einer öffentlichen Leistung eine **Abgabe** erhoben wird. Ein Beispiel für solche *„Sonder- oder Äquivalenzsteuern"* bietet eine Verwendung des Aufkommens der Mineralölsteuer als Substitut für eine Entgeltabgabe zur Finanzierung des Straßenbaus. Einer solchen Finanzierung liegt die Überlegung zugrunde, daß der Kraftstoffverbrauch und damit auch die Steuerzahlung mit der Straßennutzung korrelieren. Dieser Besteuerung kann man nur dadurch ausweichen, daß man das Fahrzeug weniger oder überhaupt nicht benutzt. Auch die Sozialversicherungsbeiträge können in diesem Zusammenhang von Abgaben mit Entgeltcharakter genannt werden (s. unten Teil C).

II. Finanzierung nach dem Leistungsfähigkeitsprinzip

a) Das Konzept der Besteuerung nach der Leistungsfähigkeit

Der Überblick über die Möglichkeiten, Abgaben entsprechend der Nutzung des öffentlichen Leistungsangebots zu gestalten, hat gezeigt, daß dieses Verfahren nicht auf alle öffentlichen Leistungen angewendet werden kann. Kommen bestimmte öffentliche Leistungen wegen mangelnder Ausschließbarkeit oder aus sozialen Erwägungen für eine Finanzierung im Wege der Entgeltabgabe nicht in Frage, so muß nach **Finanzierungsprinzipien** gesucht werden, die **nicht aus der Art der öffentlichen Ausgaben abgeleitet** werden.

Bei der Suche nach einem Aufbringungsmodus für die erforderlichen Einnahmen könnte man auf die einfache Möglichkeit verfallen, den Finanzbedarf durch eine Umlage auf alle Bürger zu verteilen, so daß jeder den gleichen absoluten Betrag zahlt. Die ungünstige Wirkung einer solchen **Kopfsteuer** auf die **Einkommensverteilung** ist jedoch sofort einsichtig, da nunmehr die Bezieher der höchsten wie der niedrigsten Einkommen den gleichen Steuerbetrag zahlen müßten und vielen Bürgern wahrscheinlich nicht einmal ein Existenzminimum verbliebe. Auch die Empfänger von Sozialleistungen würden bei konsequenter Handhabung der Kopfsteuer mit dem gleichen Betrag wie alle anderen herangezogen und trügen folglich überproportional zur Finanzierung der öffentlichen Leistungen bei. Eine Kopfsteuer wird daher allgemein als „ungerecht" angesehen.

In der Realität kann davon ausgegangen werden, daß eine als gerecht anzusehende Steuer Unterschiede in der wirtschaftlichen und sozialen Situation der einzelnen Staatsbürger berücksichtigen muß und Personen in gleichen Umständen gleich (horizontale Gerechtigkeit), Personen in ungleichen Umständen nicht gleich behandelt (vertikale Gerechtigkeit). Woher soll jedoch der Maßstab stammen, mit dessen Hilfe z. B. der Tarifverlauf einer Einkommensteuer bestimmt werden soll?

Ein Vorschlag besteht darin, die **Steuer nach der individuellen Leistungsfähig-keit (‚ability to pay‘)** des Besteuerten (Zensiten) zu bemessen. Da die Staats-einnahmen monetärer Art sein sollen, also für den Zensiten einen Verlust an Zahlungsmitteln bedeuten, kann damit nur die **finanzielle Leistungsfähig-keit** gemeint sein, d. h. die Fähigkeit, Abgaben an den Staat leisten zu können.

Es läge nun nahe, diese finanzielle Leistungsfähigkeit mit dem persönlich verfügbaren Einkommen gleichzusetzen. Abgesehen davon, daß das Ein-kommen hierfür nicht den einzigen Indikator darstellt (s. unten b), ist je-doch zu berücksichtigen, daß die Einkommenserzielung in aller Regel nicht als Selbstzweck angesehen wird, sondern daß das Maß der mit dem Ein-kommen erreichbaren **Bedürfnisbefriedigung** den einzelnen Staatsbürger zur Erzielung dieses Einkommens anhält. Die Argumentation um die finanziel-le Leistungsfähigkeit zielt daher darauf ab, die monetäre Größe „abzufüh-rende Abgabe“ mit einer nicht-monetären Größe „Bedürfnisbefriedigung“ in Beziehung zu setzen. Nimmt man nämlich an, daß sich in diesen Möglich-keiten, mit Hilfe des Einkommens Bedürfnisse zu befriedigen, erst die Leistungsfähigkeit dokumentiert, so liegt es nahe, eine **Steuer an der Kür-zung des Umfanges der privaten „Bedürfnisbefriedigungsmöglichkeiten“ (Nut-zen) zu orientieren.** Die Kürzung des Nutzens (Opfer) ist allerdings nur dann mit einer Kürzung des Einkommens zu erreichen, wenn der Umfang der Bedürfnisbefriedigungsmöglichkeiten tatsächlich mit dem Einkommen in irgendeiner Form korreliert. Nach vorherrschender Ansicht hängen Ein-kommen und Bedürfnisbefriedigungsmöglichkeit zwar eng zusammen, lau-fen jedoch nicht parallel; vielmehr wird zumeist angenommen, daß **mit steigendem Einkommen je Einkommenseinheit die Möglichkeit zur Bedürfnisbe-friedigung bzw. der Nutzen abnimmt.**

b) Indikatoren der Leistungsfähigkeit

In der Besteuerung nach der Leistungsfähigkeit steht das Einkommen als Beispiel für das nutzenstiftende Gut im Vordergrund. Das Einkommen ist aber sicherlich nicht die einzige Form, in der Bedürfnisbefriedigungsmög-lichkeiten bzw. Nutzen sich ausdrücken. Historisch gesehen war das *Ver-mögen,* insbesondere das Grundvermögen, ein schon sehr früh benutzter Indikator für die finanzielle Leistungsfähigkeit. Es hat den Vorzug der leichteren Erfaßbarkeit, der insbesondere dann bedeutsam ist, wenn das Steuerwesen noch nicht gut ausgebaut ist. Heutigen Gerechtigkeitsvorstel-lungen hätte ein solches System allerdings wegen der zahlreichen Steuerpri-vilegien (Kirche, Adel) nicht genügt. Die Vermögensbesteuerung berührt nur wenige Bevölkerungsgruppen, und ihre fiskalische Ergiebigkeit reichte auch bei hohen Steuerzahlungen des einzelnen nicht mehr aus, um die steigende Staatstätigkeit zu finanzieren. Außerdem erzielten im Laufe der Zeit mehr und mehr Bürger ein für die Besteuerung ergiebiges Einkommen. Schließlich wurde die Finanzverwaltung soweit verbessert, daß auch von daher an eine Einkommensbesteuerung zu denken war.

Aus diesen Gründen trat das *Einkommen* als Indikator für finanzielle Leistungsfähigkeit und als zu besteuernde Größe zunehmend in den Vordergrund. Dafür spricht auch, daß mit dem Einkommen eine **wiederkehrende Art von Leistungsfähigkeit** erfaßt wird, denn das Einkommen verschafft seinen Beziehern von Periode zu Periode erneut die Möglichkeit, Nachfrage zu entfalten, und insofern ist es als eine geeignete Bestimmungsgröße des Umfangs der Bedürfnisbefriedigung und der Dispositionskraft über Güter und Dienstleistungen anzusehen. Das Einkommen ist aber zugleich eine Größe, die schwierig in die Steuertechnik umzusetzen ist.

So wäre der **Einkommensbegriff** als Grundlage der Leistungsfähigkeitsbesteuerung sehr eng, wenn man mit ihm nur diejenigen monetären Einkünfte (und die marktwerten Naturalleistungen, z.B. Deputate oder Dienstwohnungen) berücksichtigen würde, die aus bestimmten Quellen mit Regelmäßigkeit fließen, wie es von den Vertretern der sog. **Quellentheorie** der Einkommensbesteuerung vorgeschlagen wird.[6] Solche „Quellen" sind z.B. Arbeitsverhältnisse oder Vermietungen, nicht aber z.B. Spekulationsgeschäfte oder Erbschaften.

Diese Ungleichbehandlung, die in der Auslassung bestimmter zufließender Mittel aus dem Einkommensbegriff liegt, wird vermieden, wenn man der Definition des Einkommens die sog. **Reinvermögenszugangstheorie** zugrundelegt. Gemäß dieser auf **G. v. Schanz** zurückgehenden Auffassung fällt unter Einkommen alles, was einer Person in einem Zeitabschnitt an „Reinvermögen" zufließt. Dazu gehören „alle Reinerträge und Nutzungen, geldwerte Leistungen Dritter, alle Geschenke, Erbschaften, Legate, Lotteriegewinne, Versicherungskapitalien, Versicherungsrenten, Konjunkturgewinne jeder Art". Hingegen müssen „alle Schuldzinsen und Vermögensverluste" abgerechnet werden, um den „Reinvermögenszugang" zu erhalten[7]. Zur Erläuterung und Erweiterung der Schanzschen Liste sei auf weitere Arten von Einkommen hingewiesen, die in diesem Zusammenhang für die Leistungsfähigkeit des Besteuerten bedeutsam sind: Selbstverbrauch in der Landwirtschaft, Naturaleinkommen, Vermögenseinkommen, Nutzung von eigenen Wohngebäuden, zusätzliches Realeinkommen durch gemeinsame Haushaltsführung oder auch die Hausfrauenarbeit. Man könnte sogar fragen, ob nicht das Leben in sauberer Umwelt oder die Nutzung der öffentlichen Infrastrukturleistungen in einen weiten Begriff des Einkommens einzubeziehen ist, z.B. die Möglichkeit, daß die Kinder eine für den privaten Haushalt weitgehend kostenlose öffentliche statt einer Kosten verursachenden privaten Universität besuchen können. Auch die Einbeziehung des

---

[6] Der bekannteste Vertreter dieser Auffassung war Fuisting (Fuisting, B., Grundzüge der Steuerlehre, Berlin 1902, vgl. z.B. S. 110).

[7] Schanz, G. v., Der Einkommensbegriff und die Einkommensteuergesetze, in: Finanzarchiv, 13. Jg., 1. Bd., 1896, S. 24.

Freizeitnutzens wird diskutiert. Spätestens bei diesem Begriff des Einkommens ergeben sich erhebliche **Erfassungs- und Bewertungsschwierigkeiten**, die dazu führen, daß viele der genannten Einkommensbestandteile in der steuerlichen Praxis nicht berücksichtigt werden.

Eine unzureichende Erfassung der steuerlichen Leistungsfähigkeit kann sich auch bei der **intertemporalen Betrachtung** ergeben. Als Beispiel werden die Alterseinkünfte aufgeführt. Will man die steuerliche Leistungsfähigkeit der Grundidee der Einkommensteuer entsprechend erfassen, müssen Alterseinkünfte und Vorsorgeaufwendungen im Zusammenhang gesehen werden. Dadurch soll sichergestellt werden, daß alle der Alterssicherung dienenden Beträge einmal (und nur einmal) über die Lebenszeit hinweg dem steuerbaren Einkommen zugerechnet werden (**Korrespondenzprinzip**).[8] Zu diesem Zweck muß entschieden werden, zu welchem Zeitpunkt die Besteuerung greifen soll. Man kann entweder die Vorsorgeaufwendungen besteuern und die Alterseinkünfte freilassen (vorgelagertes Verfahren) oder umgekehrt vorgehen (nachgelagertes Verfahren). Wählt man ein gemischtes Verfahren, so besteht die Gefahr, daß Besteuerungslücken verbleiben oder Einkommensbestandteile doppelt besteuert werden.

Ein zusätzliches Problem ergibt sich daraus, daß manche Einkommen auf **mehrere Personen** aufgeteilt werden müssen, z.B. wenn in einem Haushalt mit mehreren Personen nur eine Person Einkommen bezieht. Aus dieser Versorgungspflicht ergeben sich u.a. die steuerpolitischen Probleme des sog. **Familienlastenausgleichs**. Der Gesetzgeber sieht es als ungerecht an, wenn ein Familienvater, der für Frau und Kinder sorgt, die kein Einkommen erzielen, der gleichen Steuerbelastung unterliegt wie ein für sich allein sorgender, das gleiche Einkommen erzielender Junggeselle, denn dem Familienvater kann nicht die volle, seinem Einkommen entsprechende Bedürfnisbefriedigungsmöglichkeit zugerechnet werden.

Im Rahmen der hier diskutierten Besteuerung nach der Leistungsfähigkeit kann eine Lösung darin gesehen werden, „daß das Gesamteinkommen eines Haushalts auf die zu versorgenden Personen aufgeteilt wird und daß für den gesamten Haushalt die Steuer als Summe der den einzelnen Personen aufgrund ihrer anteiligen Einkommen berechneten Steuern bestimmt wird".[9] Bei diesem sog. **Vollsplitting** wird das Gesamteinkommen eines Haushalts durch die Zahl der zu versorgenden Personen, also auch der Kinder, geteilt und dann die individuelle Steuerbelastung errechnet. Nicht so weit geht das häufig angewandte sog. **Ehegattensplitting**, bei dem die Einkommensverwendung für die Kinder nicht berücksichtigt wird, das aber oft, wie z.B. in der Bundesrepublik Deutschland, durch andersartige Vergünstigungen für Kinder ergänzt wird. Eine steuerliche Entlastung kann sich durch das Splitting bei einer proportionalen Steuer nicht ergeben; seinen Sinn findet es nur bei einer progressiven Besteuerung, wenn sich also

---

[8] Siehe Wissenschaftlicher Beirat beim Bundesministerium der Finanzen, Gutachten zur einkommensteuerlichen Behandlung von Alterseinkünften, Schriftenreihe des Bundesministeriums für Finanzen, Heft 38, Bonn 1986.

[9] Haller, H., Die Steuern, a.a.O., S. 69.

die relative Steuerbelastung mit steigendem Einkommen erhöht (s. unten Exkurs zur steuerlichen Tariflehre).

Trotz der Schwierigkeiten bei der Durchführung einer Einkommensbesteuerung, wie der genannten Probleme eines Familienlastenausgleichs und der Abgrenzung des steuerlichen Einkommensbegriffs, besteht über die Zweckmäßigkeit, für die Bestimmung der Leistungsfähigkeit vorwiegend den Indikator Einkommen zu verwenden, weitgehend Übereinstimmung.

Alternativ oder ergänzend werden aber auch andere Indikatoren diskutiert. So haben die Schwierigkeiten bei der Bestimmung eines steuerlichen Einkommensbegriffs zusammen mit der z. B. von N. Kaldor vertretenen grundsätzlichen Auffassung, im Konsum bringe ein Individuum seine Leistungsfähigkeit besser zum Ausdruck als über das Einkommen, zu dem Vorschlag geführt, den Konsum als Indikator der steuerlichen Leistungsfähigkeit zu verwenden. Statt der potentiellen Leistungsfähigkeit des regelmäßig wiederkehrenden Einkommens wird dann die tatsächliche Bedürfnisbefriedigung als aussagekräftigerer Indikator angesehen. Darüber hinaus kann aber auch das Sparen, das in einer ausschließlichen Konsumbesteuerung unbelastet bliebe, als eine Form der Bedürfnisbefriedigung angesehen werden, vorausgesetzt, es erfolgt freiwillig.

Unter den nutzenstiftenden Größen (Vermögen, Einkommen, Konsum, Sparen usw.), die einer Besteuerung zugänglich sind, müssen im Zuge der Besteuerung diejenigen herausgegriffen werden, über die die Ziele der Finanzpolitik am besten verwirklicht werden können (s. unten Teil B).

c) Die sog. Opferprinzipien

Es war zuvor argumentiert worden, daß die Höhe der abzuführenden Steuer davon bestimmt wird, wie stark die „Bedürfnisbefriedigungsmöglichkeiten" (Nutzen) gekürzt werden sollen. Den Ausgangspunkt bildet also die Nutzenkürzung. Auch wenn insoweit Einigkeit bestünde, so erforderte die praktische Umsetzung dieses Grundgedankens aber darüber hinaus eine Entscheidung, in welcher Form den Bürgern eine Kürzung ihrer Bedürfnisbefriedigungsmöglichkeiten, d. h. ein Opfer auferlegt werden soll.

Die sich mit diesem Problem befassenden nachfolgenden Überlegungen gehen von zwei Annahmen aus:

(1) Es sei eine **Größe bekannt,** die die **Bedürfnisbefriedigungsmöglichkeiten** (Nutzen) der zu besteuernden Personen bestimmt.

(2) Außerdem sei der **Verlauf dieser** individuellen **Nutzenkurven bekannt** und zwischen Individuen vergleichbar.

Unter diesen Annahmen könnte sich die in Abbildung 4.1 gestrichelt wiedergegebene Kurve I einer Person ergeben. Für andere Personen sei beispielhaft die gestrichelte Kurve II dargestellt.

Mit der Kenntnis dieser einzelnen Kurven könnte man eine auf die Individuen abgestimmte Steuerpolitik betreiben, indem man je nach den Vorstellungen über die **herbeizuführenden Nutzeneinbußen** individuelle Belastungen vornimmt. Das wäre aber sehr kompliziert, zumal die Nutzenkurven sich im Zeitablauf verändern können. In Abbildung 4.1 wird daher aus Gründen

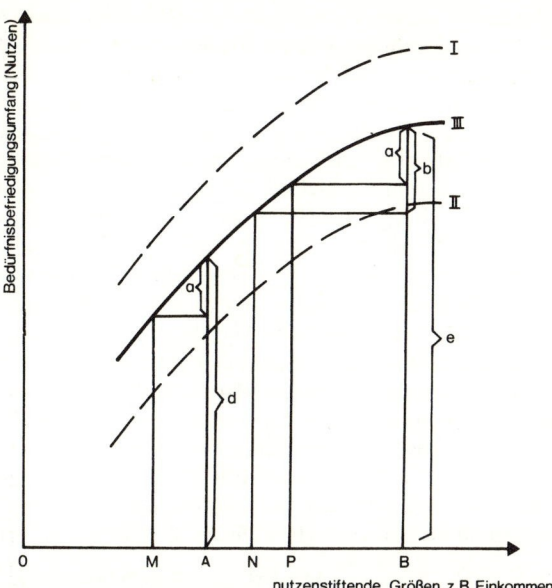

Abb. 4.1: *Ableitung einer aggregierten Nutzenkurve*

der Vereinfachung die durchgezogene Durchschnittskurve III in Form des arithmetischen Mittels zugrundegelegt. Eine solche „Einheitskurve" ist um so eher gerechtfertigt, je näher die individuellen Kurven beieinander liegen würden.

Akzeptiert man im folgenden die **Annahme eines Durchschnittsverlaufs** der individuellen Nutzenkurven und geht von der dargestellten Nutzenkurve III aus, so liegt die Aufgabe einer Besteuerung nach der Leistungsfähigkeit darin, den Individuen solche Abschnitte auf der Abszisse, d. h. also bei den Größen, die den Umfang der Bedürfnisbefriedigungsmöglichkeiten bestimmen, abzuverlangen, die sich aus den als „gerecht" angesehenen Kürzungen der Nutzen auf der Ordinate ergeben. Geht man von dem realistischen Fall aus, daß die beiden Personen, deren Nutzen jetzt als im Durchschnitt gleich anzusehen sind und auf der mittleren Kurve abgebildet sein sollen, über unterschiedliche Quantitäten dieses Gutes verfügten, so sei ihre Position auf der Abszisse durch die Punkte *A* und damit den Nutzen *d* bzw. *B* und damit den Nutzen *e* gekennzeichnet. Dann ergibt sich die zentrale Frage, in welchem Verhältnis nunmehr die Nutzen (auf der Ordinate) gekürzt werden sollen. Hier lassen sich drei Zielvorstellungen unterscheiden, die auch als die **drei Formen des sog. Opferprinzips** bezeichnet und bei denen jeweils unterschiedliche Kürzungen der Bedürfnisbefriedigungsmöglichkeiten (Opfer) angestrebt werden.[10]

---

[10] Vgl. hierzu Musgrave, R. A., Finanztheorie, 2. Aufl., Tübingen 1969, S. 76 ff.

(1) Es sei gewünscht, jedem Individuum den *gleichen absoluten Nutzenentgang* aufzuerlegen **(Prinzip des gleichen absoluten Opfers)**. Kürzt man daher beide Nutzenbeträge um *a*, so führt das bei *A* zu *M* und bei *B* zu *P*. *OM* und *OP* sind jetzt die verbleibenden Quantitäten des Gutes, die einer gleichen Nutzenkürzung entsprechen, d.h. eine „Steuer" *MA* auf die Quantität *OA* bei der Person *A* entspricht nach dieser Variante des Opferprinzips einer „Steuer" *PB* auf die Quantität *OB* bei der Person *B*. Dabei wird deutlich, daß das Prinzip des gleichen absoluten Nutzenentgangs keineswegs einer Kopfsteuer entspricht, denn beiden Personen werden unterschiedliche Quantitäten genommen, d.h. sie zahlen **verschiedene Steuerbeträge**. Aus der Abb. 4.1 ließe sich also der jeweilige Steuerbetrag (abzuziehende Abszissenabschnitte für jeden Abszissenpunkt) ersehen.

(2) Es sei gewünscht, jedem Individuum den *gleichen relativen Nutzenentgang* aufzuerlegen **(Prinzip des gleichen relativen Opfers oder gleichen proportionalen Opfers)**. Geht man von der Kürzung *a* bei der Person, die über die Menge *OA* verfügt, aus, z.B. weil man niemand unter das Nutzenniveau *d–a* sinken lassen will, so ist die relative Kürzung, die dieses Individuum erfahren hat, *a : d*. Um die Person, die über die Menge *OB* verfügt, gleich zu behandeln, muß ihr Nutzen *e* ebenfalls im Verhältnis *a : d* gekürzt werden ($a : d = b : e$ oder $b = \dfrac{a \cdot e}{d}$). Die Person mit dem höheren Nutzen muß in diesem Falle also mehr bezahlen *(BN)* als zuvor *(BP)*. Ein Vergleich der Besteuerung beider Personen zeigt, daß hier keine relativ gleiche Kürzung der besteuerten Quantitäten zustande kam *(AM/AO $\neq$ BN/BO)*. Hingegen sind die Nutzen relativ gleich gekürzt worden. Damit ist das Ziel, das hinter diesem Nutzenkonzept steht, erreicht worden, daß nämlich die Relationen der Nutzen zueinander im Zuge der Besteuerung unverändert geblieben sind.

(3) Schließlich könnte es wünschenswert sein, alle Individuen auf das *gleiche Nutzenniveau* **(Prinzip des gleichen marginalen Opfers)** zu bringen **(gleiches Grenzopfer)**.

Dazu muß man, was in Abb. 4.1 nicht wiedergegeben ist, mit der Wegnahme des Nutzens bei dem Individuum beginnen, das über die höchste Menge der nutzenstiftenden Größe verfügt, und so viel wegnehmen, bis das gewünschte Steueraufkommen erreicht ist. Wenn also das Gesamtsteueraufkommen *PB* betragen soll, wird es voll von dem Individuum getragen, dessen Position mit *B* beschrieben ist.

Wenn das Steueraufkommen durch das erste Individuum nicht voll erbracht werden kann, wird die Belastung auf das zweite Individuum unter Einschluß des zuerst belasteten Individuums solange ausgedehnt, bis das gewünschte Steueraufkommen realisiert wird. Wenn also das Steueraufkommen *MB* betragen soll, zahlt zunächst das erste Individuum die dem Abschnitt *BA* entsprechende Summe, während der Betrag, der durch *AM* charakterisiert wird, je zur Hälfte von beiden Individuen gezahlt wird. In diesem Fall kann von der Belastung nach dem gleichen marginalen Opfer gesprochen werden, da ein zusätzliches Steueraufkommen für beide ein gleich hohes zusätzliches (Grenz-)Opfer an Bedürfnisbefriedigungsmöglichkeit bedeutet und nunmehr für jedes der beiden Individuen die Steigung der in Abb. 4.1 wiedergegebenen Gesamtnutzenkurve gleich ist.

In der Darstellung dieser drei Fälle des Opferprinzips ist von gerechter Besteuerung nicht die Rede gewesen. Die „Opferprinzipien" sind lediglich Techniken, um die Aufteilung eines gewünschten Steueraufkommens zu ermitteln, wenn

(1) individuelle (bzw. durchschnittliche) Nutzenkurven gegeben sind und zugleich

(2) Einigkeit darüber herrscht, in welcher Form die Nutzen durch die Besteuerung reduziert werden sollen.

Während die erste Bedingung mehr technischer Art ist, bedeutet die zweite eine politische Festlegung, denn mit der Wahl eines der drei Opferprinzipien wird eine Gerechtigkeitsnorm eingeführt, auf deren Basis dann die genauere Auswahl eines Tarifs erfolgen kann.

Am häufigsten wird **das gleiche relative Opfer** postuliert und **mit der Besteuerung nach der Leistungsfähigkeit gleichgesetzt.** Die Relationen in den Bedürfnisbefriedigungsmöglichkeiten bleiben zwischen den Besteuerten in diesem Falle vor und nach der Besteuerung gleich. Bei dieser Variante des Opferprinzips wird mithin die Verteilung der Güter und Einkommen, wie sie der Markt hervorgebracht hat, als Ausgangsbasis akzeptiert. Soweit Belastungen höherer und Entlastungen niedrigerer Einkommen die genannten Relationen verändern, kann man diesen weitergehenden Eingriff als Umverteilung interpretieren. Diese spezielle Definition der Leistungsfähigkeit erlaubt eine – zumindest gedankliche – Trennung in „**Besteuerung nach der Leistungsfähigkeit**" und eine Besteuerung zum Zwecke der „**Einkommensumverteilung**". Umverteilung liegt nach dieser Konzeption dann vor, wenn über das gleiche relative Opfer hinaus eine höhere Besteuerung höherer Einkommen erfolgt, es also zu einer **Nivellierung der Bedürfnisbefriedigungsmöglichkeiten** kommt. Dazu müßte man allerdings mit bekannten Nutzenkurven arbeiten können. Sie müßten es erlauben, bei einer gegebenen Progression der Einkommensteuer den Anteil der Progression zu bestimmen, der zur Erreichung des gleichen relativen Opfers erforderlich ist. Nur der Rest der Progression würde dann der Umverteilung dienen.

Man kann sich sogar eine **institutionelle Trennung** von Umverteilungs- und Finanzierungsfunktion des Budgets denken.[11] Dabei würden die Einnahmen aus der Leistungsfähigkeitsbesteuerung nach dem proportionalen Opfer z. B. für Nichttransferausgaben verwendet und die umverteilend wirkenden Teile der Einnahmen, insbesondere der Steuern, etwa für umverteilend wirkende Transferzahlungen ausgegeben. Realistischer ist jedoch, Finanzierungs- und Umverteilungszwecke mit nur einer Besteuerung herbeizuführen, denn auch der Politiker trennt bei seiner Überlegung zur Steuerprogression in der Regel nicht zwischen diesen beiden Funktionen. **In der** steu-

---

[11] Vgl. z. B. Haller, H., Die Steuern, a.a.O., S. 96ff.; häufig wird in diesem Zusammenhang auch vom sog. Verhältnismäßigkeitsgrundsatz der Besteuerung gesprochen, siehe z. B. Neumark, F., Grundsätze gerechter und ökonomisch rationaler Steuerpolitik, Tübingen 1970, S. 135.

erpolitischen **Praxis** ist **nicht festzustellen, ob** eine „**Leistungsfähigkeits**"- oder „**Umverteilungs**"-**Progression** vorliegt. Die vorangehende Diskussion um die Besteuerung führt daher lediglich zu dem Ergebnis, daß nicht jede überproportionale Belastung höherer Einkommen bereits eine überproportionale Verminderung der Bedürfnisbefriedigung darstellen muß und somit zu einer Einkommensumverteilung führt.

d) Die Bemessung der Steuerlast

1. Opferprinzipien und Steuertarif

Bei der vorausgegangenen Darstellung der Opferprinzipien ist deutlich geworden, daß das Ergebnis der Steuerlastverteilung nach der Leistungsfähigkeit von der **politischen Entscheidung** für eine der drei Formen des Opferprinzips abhängt. Da mit der Entscheidung **für ein Opferprinzip** zunächst nur über die Art der Nutzenkürzung entschieden wird, stellt sich die Frage, welche Folgen diese Entscheidung z. B. für den Einkommensteuertarif hat, sofern man Einkommen als aussagefähigen Nutzenindikator akzeptiert. Die Argumentation ist vor allem dann erschwert, wenn auch andere Verläufe der Einkommen-Nutzen-Kurve als der in Abb. 4.1 dargestellte als möglich angesehen werden; dort war ein ansteigender Verlauf der Gesamtnutzenkurve unterstellt, der mit einem sinkenden Verlauf der Grenznutzenkurve einhergeht.

(1) Nach dem Prinzip des *gleichen marginalen Opfers* kann sich unter der Annahme eines konstanten, steigenden oder fallenden Grenznutzens jeweils ein progressiver Tarif ergeben. Die Einkommen werden von der Spitze ausgehend nivelliert, bis das erforderliche Aufkommen erreicht ist.[12] Im Ergebnis werden alle besteuerten Individuen das gleiche Einkommen aufweisen, ohne daß notwendigerweise auch alle Individuen steuerlich erfaßt sein müssen. Unter dem Gesichtspunkt der politischen Bewertung ist allerdings anzunehmen, daß dieser Tarif und das hinter ihm stehende Opferprinzip wegen der stark nivellierenden und zugleich wachstumshemmenden Wirkung nicht in Frage kommen wird.

(2) Auch das *absolut gleiche Opfer* weist Konflikte mit den allgemeinen Gerechtigkeitsvorstellungen auf. Es führt, wenn die Grenznutzen im relevanten Bereich konstant sind, zu gleichen absoluten Steuerbeträgen bei steigenden Einkommen (Kopfsteuern) und damit ebenso zu einem regressiven Tarif wie unter der Annahme steigender Grenznutzen. In den Fällen, in denen ihr Grenznutzen mit steigendem Einkommen fällt, ist die Entscheidung über die Wahl eines progressiven, proportionalen oder regressiven Tarifs davon abhängig, ob die Elastizität des Grenznutzens in bezug auf das Einkommen absolut kleiner, gleich oder größer als eins ist.

(3) Auch im Falle des *gleichen proportionalen Opfers* sind Aussagen über den Steuertarif für den Fall sinkender Grenznutzen schwieriger. Es

---

[12] Selbst im Falle eines sinkenden Grenznutzens ergeben sich je nach Verlauf progressive, proportionale oder regressive Tarife.

herrscht allgemein die Auffassung, daß hier ein progressiver Steuertarif notwendig ist. Allerdings sind Nutzenkurven denkbar, die zu abweichenden Ergebnissen, d. h. zu einem proportionalen oder einem regressiven Tarif führen. Entscheidende Größen sind hier das Niveau und der Verlauf der Grenznutzenkurve sowie die ursprüngliche Einkommensverteilung und das angestrebte Steueraufkommen.

Tab. 4.1: *Besteuerung nach dem Prinzip des gleichen relativen Opfers: Regressiver Einkommensteuertarif bei sinkendem Grenznutzen des zusätzlichen Einkommens*

Steuerzahler	Gesamteinkommen in DM	Index des Nutzens pro zusätzlicher DM	Indexsumme des Gesamtnutzens (kumuliert)	Nutzenentzug von 10%	Steuerschuld in DM (IV : II)	durchschnittlicher Steuersatz in % (V : I)
	I	II	III	IV	V	VI
A	1000	1	1000	100	100	10
B	2000	0,8	1800	180	225	11,25
C	3000	0,77	2570	257	333,8	11,126
D	4000	0,764	3334	333,4	436,4	10,91
E	5000	0,756	4090	409	541	10,82
F	6000	0,75	4840	484	645,3	10,76

Daß sinkender Grenznutzen unter dem **Prinzip des gleichen proportionalen Opfers** zu einem **regressiven Tarifverlauf** führen kann, läßt sich rechnerisch an einem Beispiel zeigen, das auf eine Arbeit von **A. J. Cohen Stuart** aus dem Jahre 1889 zurückgeht.[13] Der Ableitung wie auch der Abb. 4.1 liegen – stark vereinfacht – die folgenden Annahmen zugrunde:

1. Die Nutzenfunktion des Einkommens ist für alle Steuerpflichtigen gleich,

2. der Grenznutzen innerhalb der jeweiligen Einkommensklasse sei konstant, und

3. die Steuerpflichtigen bezahlen ihre Steuerschuld aus dem letzten, folglich am wenigsten dringlichen Einkommensteil.

Aus Tabelle 4.1 läßt sich die Höhe des zugrundegelegten Gesamteinkommens (I), der unterstellte Verlauf des Grenznutzens (II) und damit auch der Verlauf des Gesamtnutzens (III) entnehmen. Als politisch erwünschtes gleiches relatives Opfer seien 10% des Gesamtnutzens angenommen (IV). Um aus dem Nutzenentzug (IV) die jeweilige Steuerschuld zu berechnen, muß wiederum der Nutzenindex (II) herangezogen werden, d. h. die Steuerschuld ergibt sich durch Division von Nutzenentzug und Grenznutzen. Bezogen auf das Einkommen läßt sich mit Hilfe der Steuerschuld der durchschnittliche Steuersatz ermitteln (VI). Es zeigt sich, daß zu Anfang ein progressiver und nach der zweiten Einkommensstufe ein regressiver Tarifverlauf

---

[13] Cohen Stuart, A. J., On Progressive Taxation, in: Musgrave, R. A., und Peacock, A. T., Hrsg., Classics in the Theory of Public Finance, London 1967, S. 62.

erforderlich ist, wenn von den Steuerpflichtigen ein proportionales Steueropfer in Höhe von 10% gewünscht wird.

Steigt der Grenznutzen, kommt es zu einem regressiven Verlauf, während im Falle eines konstanten Grenznutzens ein proportionaler Tarif erforderlich wird. Wenn aus wohlfahrtstheoretischen Gründen im Rahmen der Besteuerung nach den Opferprinzipien die Forderung nach dem geringsten Gesamtopfer gestellt wird, so schneidet von den drei Formen des Opferprinzips das gleiche marginale Opfer am besten ab. Es läßt sich nämlich zeigen, daß das Gesamtopfer bei der Besteuerung nach dem absolut gleichen Opfer größer ist als bei der Besteuerung nach dem gleichen relativen Opfer und daß beide Prinzipien eine größere Nutzeneinbuße erfordern als das Prinzip des gleichen Grenzopfers.[14]

2. Die steuerpolitische Bedeutung des Leistungsfähigkeitsprinzips

Die Schwierigkeiten, das Konzept einer Besteuerung nach der Leistungsfähigkeit in die Praxis zu übertragen, dürften zum geringeren Teil in der **Wahl der Indikatoren** der Bedürfnisbefriedigungsmöglichkeiten (Nutzen) liegen, also in der ersten Annahme, unter der die Opferprinzipien abgeleitet wurden. Vor dem Problem, die richtigen Merkmale beim Besteuerten zu erfassen, nach denen er dem jeweiligen politischen Willen entsprechend belastet werden soll, steht die Steuerpolitik nämlich auch dann, wenn sie nicht nach diesem Konzept vorgeht. Da das Einkommen in möglichst umfassender Form, sei es bei seiner Entstehung oder konsumtiven Verwendung (wobei der Sparanteil nicht erfaßt wird), nach der herrschenden politischen Auffassung das wichtigste Objekt der personenbezogenen Besteuerung bildet, kann man dies als Entscheidung für den Indikator „Einkommen" betrachten.

Doch auch wenn man diese Entscheidung zugrundelegt, liegt eine Schwäche des Leistungsfähigkeitsprinzips bereits in der **Annahme,** daß alle Einkommensbezieher **sinkende Grenznutzen des Einkommens** bei steigendem Einkommen aufweisen. Zunächst einmal kann man diese Hypothese nicht mit dem abnehmenden Grenznutzen beim Verbrauch eines einzelnen Gutes (1. Gossensches Gesetz) belegen. Es ist nämlich möglich, mit dem Einkommen verschiedene Güter nachzufragen, und damit liegt ein wesentlicher Unterschied zwischen dem abnehmenden Grenznutzen der Befriedigung eines speziellen Bedürfnisses und dem Nutzen vor, den Einkommen stiften kann. Wichtiger ist dagegen der Hinweis, daß mit höherem Einkommen und einem damit verbundenen Wechsel der sozialen Schicht zusätzliche Bedürfnisse auftreten können, die nicht unbedingt weniger dringlich sein müssen als vorgelagerte Bedürfnisse, und ein reicher notorischer Geizhals mag den Verlust einer Mark vielleicht ähnlich schmerzhaft empfinden wie jemand, der nur einen Bruchteil von dessen Einkommen bezieht. Diese Fragen, auch die grundlegende nach dem Nutzenverlauf der Individuen und der „Einheitskurve", ließen sich beantworten, wenn die zweite Annahme

---

[14] Vgl. Musgrave, R. A., Finanztheorie, 2. Aufl., Tübingen 1969, S. 85ff.

bei der Ableitung der Opferprinzipien realistisch wäre, nämlich die **interpersonell vergleichbare Nutzenmessung.** Bis heute sind alle Versuche, den Nutzen in einer hierfür ausreichenden Weise zu messen, jedoch gescheitert. Es gibt also weder einen zwingenden Beweis dafür, daß der Grenznutzen des Einkommens mit steigendem Einkommen überhaupt abnimmt, noch empirisch ermittelte Verläufe der Nutzenkurven.

Allerdings könnte man vermuten, daß zahlreiche Personen – Politiker wie Nicht-Politiker – Vorstellungen vom „Nutzen des zusätzlichen Einkommens bei steigendem Einkommen" haben, die sich auf den „üblichen Bürger in der Bundesrepublik" beziehen und, wenn man sie in einer Befragung ermitteln könnte, vielleicht in einer Kurve wie in Abbildung 4.1 wiedergeben ließen. Dazu könnte ermittelt werden, wieviel nach Meinung des Befragten ein Betrag, z. B. 10 DM, Einkommensbeziehern mit monatlichem Einkommen von 500 DM, 1000 DM usw. wert sei.

Ergibt z. B. eine Befragung, daß der Nutzen (ausgedrückt in der Wertschätzung) dieses Geldbetrages mit steigendem Einkommen als kontinuierlich abnehmend angesehen wird, so hätte das zwei Konsequenzen.

(1) Die vorstehenden Nutzenbetrachtungen hätten einen Sinn, selbst wenn die „Nutzen" der Individuen nicht gemessen werden könnten. Die „erfragte" Kurve hätte zugleich einen Durchschnittscharakter, denn man würde nicht nach dem Nutzen des Befragten, sondern nach seiner Vorstellung über „übliche Fälle" fragen. Die „Opferprinzipien" wären dann die Erläuterung dessen, was „gemeint" sein kann, wenn bei Vorliegen einer solchen Nutzenkurve eine proportionale, progressive oder pro Kopf gleiche Einkommensteuer zur Wahl steht.

(2) Die Forderung nach relativ gleichem Nutzenopfer würde in der Regel zu einer mehr oder weniger progressiven Einkommensteuer führen (eine der Ausnahmen stellt das Beispiel in Tabelle 4.1 dar). Das würde bedeuten, daß die heute übliche Erhebung einer progressiven Einkommensteuer mit den Vorstellungen über den Verlauf der Nutzenkurve tendenziell übereinstimmen könnte.

Insgesamt gesehen ergibt sich hinsichtlich des Problems einer Bemessung der Steuerlast also einmal der Hinweis auf **„erfragte" Nutzenkurven,** die der Besteuerung zugrundegelegt werden könnten, und zum zweiten der Verweis auf den **politischen Willensbildungsprozeß,** in dem die Steuertarife letztlich festgelegt werden. In bezug auf die Ermittelbarkeit der hier diskutierten Nutzenkurven müßten die Möglichkeiten der empirischen Sozialforschung geprüft werden, während im zweiten Fall eine detaillierte Analyse des politischen Willensbildungsprozesses im Hinblick auf die steuerpolitischen Handlungsparameter erforderlich wäre (siehe dazu 3. Kapitel).

III. Exkurs: Überblick über die steuerliche Tariflehre

1. Grundbegriffe der Besteuerung

In den bisherigen Ausführungen wurde von Besteuerung in einem recht allgemeinen Sinn gesprochen. Eine detaillierte Behandlung der Steuern ist jedoch auf Kenntnisse der Steuertechnik angewiesen. Allein die Einkommensteuer kann eine Fülle von Tarifformen annehmen. Darüber hinaus wird ein Steuersystem kaum aus nur einer einzigen Steuer bestehen, so daß sich aus dem **Nebeneinander verschiedener Steuern** mit unterschiedlicher Ausgestaltung zusätzliche Probleme der Steuertechnik ergeben können. Daher ist es erforderlich, sich mit den **Grundfragen der Steuertechnik,** d.h. insbesondere den Grundbegriffen der Tariflehre und der Tariftypen, vertraut zu machen:

(1) Der Geld- oder Güterstrom oder der entsprechende Bestand, dem die Steuerleistung entstammt, wird als **Steuerquelle** bezeichnet.

(2) Das Einkommen, das eine Person bezieht, oder das Vermögen, das sie besitzt, war zuvor als ein Indikator einer steuerlichen Leistungsfähigkeit bezeichnet worden. Aber auch das Halten eines Kraftfahrzeuges, der Eigentumswechsel eines Grundstücks oder der Konsum könnte einer Besteuerung unterworfen werden, und sei es nur, um ohne Rücksicht auf Gerechtigkeitsvorstellungen Einnahmen zu erzielen. „Die Sache, die Geldsumme, die wirtschaftliche Handlung oder die rechtlich-ökonomische Transaktion, an die die Besteuerung im konkreten Falle anknüpft",[15] wird als **Steuergegenstand oder -objekt** bezeichnet.

(3) Die Festlegung eines Steuerobjekts reicht aber für die Konstruktion einer Steuer nicht aus. Das „Halten eines Kraftfahrzeugs" ist eine Umschreibung, die bestenfalls für eine pauschale Steuer ausreichen würde (100 DM jährlich für jedes zugelassene Kraftfahrzeug). Daher ist es zusätzlich erforderlich, eine mengen- oder wertmäßige Größe zu bestimmen, die der Ermittlung des Steuerbetrags und damit der individuellen Steuerschuld zugrunde gelegt wird. Als **Steuerbemessungsgrundlage** bietet sich z.B. bei dem Steuergegenstand „Halten eines Kraftfahrzeuges" der Hubraum des Motors, die PS-Zahl, das Gewicht usw. an. Beim Steuergegenstand der Grunderwerbsteuer dagegen, dem „Eigentumswechsel auf dem Grundstücksmarkt", wird man die Höhe des Kaufpreises des betreffenden Grundstücks zugrunde legen.

Während die Wahl der Steuerobjekte eher Gegenstand von Grundsatzdiskussionen über Art und Umfang der Steuern in einem Steuersystem ist (s. unten S. 138ff.), bildet eine brauchbare Bemessungsgrundlage eine unerläßliche technische Voraussetzung für ein wirksames Steuergesetz, in dem der „Steuergedanke in die Tat umgesetzt" wird.[16]

(4) Um die Steuer erheben zu können, muß eine Steuerpflicht festgelegt werden. Als **Steuerschuldner (Steuerpflichtiger, Steuersubjekt)** wird derjenige bezeichnet, an den sich der Staat **(Steuergläubiger)** zwecks Zahlung der Steuer rechtsverbindlich wenden kann.

(5) Wegen der Möglichkeiten der Steuerüberwälzung ist der Steuerschuldner nicht unbedingt mit dem **Steuerträger** identisch (s. 6. Kapitel, B). Als

---

[15] Neumark, F., Artikel „Steuern I: Grundlagen", in: Handwörterbuch der Wirtschaftswissenschaft, 7. Bd., Stuttgart u.a. 1977, S. 298.

[16] Meisel, F., Steuertechnik, neu bearbeitet von W. Gerloff, in: Handbuch der Finanzwissenschaft, 2. Bd., 2. Aufl., Tübingen 1956, S. 358.

Steuerträger heißt diejenige Person, die die Steuer letztlich aufzubringen hat; **Steuerdestinatar** ist der vom Gesetzgeber vorgesehene Steuerträger.

(6) Weiterhin ist die Höhe der **Steuerschuld** festzusetzen. Das Ausmaß dieser steuerlichen Belastung wird durch den sog. Steuertarif angegeben. Mit Hilfe des **Steuertarifs** wird festgelegt, welcher **Steuerbetrag** (Steuerschuld) bei einer bestimmten Höhe der Steuerbemessungsgrundlage zu entrichten ist. Dazu wird für jede **Besteuerungseinheit** (Einheit der Bemessungsgrundlage), z. B. DM oder kg, ein zu zahlender Steuerbetrag für einen bestimmten **Besteuerungszeitraum** festgesetzt. Dabei kann man zwei Verfahrensweisen unterscheiden:

– die Steuerschuld wird auf die Besteuerungseinheit in absoluten Geldbeträgen bezogen **(Steuerbetragstarif)**. Beispiel: 2 DM je kg Kaffee,

– die Steuerschuld wird auf die Besteuerungseinheit in Prozent bezogen **(Steuersatztarif)**. Beispiel: 1% vom Wert des Vermögens.[17]

(7) Um eine Aussage über die Steuerbelastung zu erhalten, wie sie insbesondere für die Umverteilungsdiskussion erforderlich ist, kann man für jede Größe der Bemessungsgrundlage den **Durchschnittssteuersatz**, d. h. das Verhältnis von Steuerbetrag T zur Höhe der Bemessungsgrundlage X bilden. Dieses Verhältnis T/X (Durchschnittssteuersatz) kann sich

– auf eine in Mengengrößen ausgedrückte Bemessungsgrundlage beziehen, wie z. B. ccm Hubraum (bei 1000 ccm = 150 DM Steuer; $T/X = 0{,}15$) **(Mengensteuer)**,

– auf eine in Wertgrößen bezeichnete Bemessungsgrundlage (bei 20000 DM zu versteuerndem Einkommen = 4000 DM Steuer; $T/X = 0{,}2$ oder 20%) beziehen **(Wertsteuer)**. Nur bei Wertgrößen ist ein Prozentsatz und damit die Vorstellung der „prozentualen Belastung" sinnvoll, da Zähler und Nenner in der gleichen Dimension ausgedrückt sind. Dementsprechend ist auch nur bei einer Wertsteuer ein Steuersatztarif anwendbar.

(8) In vielen Tarifen ist dieser Durchschnittssteuersatz nicht für jede Höhe der Bemessungsgrundlage gleich. Als Beispiel diene:

Ein zu versteuerndes Einkommen in Höhe von 100000 DM ergebe eine steuerliche Belastung von 50000 DM Einkommensteuer, d. h. $T/X = 0{,}5$ oder 50%.

Ein zu versteuerndes Einkommen in Höhe von 101000 DM ergebe eine steuerliche Belastung von 50600 DM Einkommensteuer, d. h. $T/X = 0{,}501$ = 50,1%.

In einem solchen Falle, bei dem der Durchschnittssteuersatz mit zunehmendem Einkommen ansteigt, interessiert den Besteuerten die Frage, wieviel

---

[17] Die einfachste funktionale Beziehung zwischen Besteuerungseinheit und Steuerbetrag bildet also die Steuerbetragsfunktion $T = T(X)$, die die absolute Steuerschuld T zur Steuerbemessungsgrundlage X in Beziehung setzt. Sie drückt aus, welche Summe z. B. an Kaffeesteuer vom Importeur an den Fiskus abgeführt werden muß, wenn eine bestimmte Menge Kaffee importiert worden ist, oder welcher Steuerbetrag bei einem bestimmten Einkommen zu zahlen ist.

Einkommensteuer er auf ein zusätzliches Einkommen, z. B. in Höhe von 1000 DM, gezahlt hat. Im Beispiel sind es 600 DM, und im Verhältnis zu 1000 DM ergibt sich ein **Grenzsteuersatz (marginaler Steuersatz)** von $\triangle T/\triangle X$[18] oder 60%. Ein Grenzsteuersatz von 100% hätte sich ergeben, wenn bei dem Einkommen von 101000 DM die Einkommensteuerschuld auf 51000 DM, also ebenfalls um 1000 DM, gestiegen wäre. Dann könnte es für einen Steuerzahler, der seinen marginalen Steuersatz kennt, als nicht mehr lohnend erscheinen, zusätzliches Einkommen zu erzielen, obwohl sein Durchschnittssteuersatz nur von 50% auf 50,5% gestiegen ist.

2. Tariftypen

(1) Der Durchschnittssteuersatz dient zugleich zur Unterscheidung zwischen den bekannten Typen des proportionalen und progressiven (bzw. regressiven) Tarifs. Von einem **proportionalen Tarif** spricht man, wenn für jede Höhe der Bemessungsgrundlage X derselbe durchschnittliche Steuersatz T/X vorliegt (s. Abb. 4.2). Für eine solche Steuer kann wieder die Kaffeesteuer als Beispiel dienen, denn unabhängig von der Höhe der Produktion ist für jedes importierte Kilogramm ein bestimmter DM-Betrag an Steuer zu entrichten. Durchschnittlicher und marginaler Steuersatz sind bei einem proportionalen Tarif gleich.

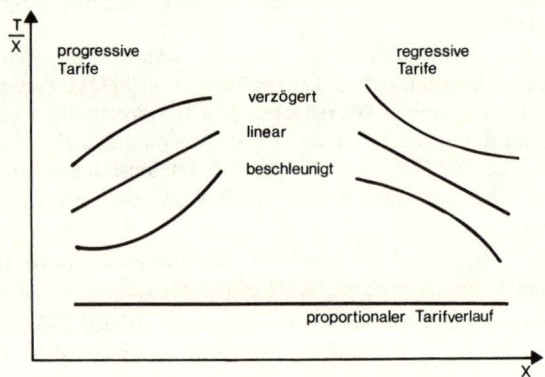

Abb. 4.2: Tariftypen

Steigt der Durchschnittssatz T/X mit steigender Bemessungsgrundlage, spricht man von einem **progressiven,** fällt er, von einem **regressiven Steuertarif.** Die Veränderung kann sich linear, verzögert oder beschleunigt vollziehen (s. Abb. 4.2). Kennzeichnend für eine Progression oder Regression ist in jedem Fall eine Differenz zwischen durchschnittlichem und marginalem

---

[18] Die Berechnung eines „Grenz"-Steuersatzes wird genauer als durch eine Differenzengleichung durch eine Differentialgleichung, nämlich die erste Ableitung der Steuerbetragsfunktion, dargestellt. Es ergibt sich dann:
dT/dX = dT (X)/dX.

Steuersatz: Bei progressiven Tarifen ist der Marginalsatz größer, bei regressiven Tarifen kleiner als der Durchschnittssatz.[19]

Das vorherige Beispiel zur Einkommensteuer zeigte einen progressiven Tarifverlauf (steigender Durchschnittssatz). Über die Art der Progression (linear, verzögert, beschleunigt) läßt sich aber, bei nur zwei bekannten Punkten der Steuerfunktion, keine Aussage machen. Ein Beispiel für einen regressiven Tarifverlauf bildet die **Kopfsteuer.** Bezieht man den von jedem Steuerpflichtigen zu zahlenden gleichen Betrag auf die jeweilige Bemessungsgrundlage (z. B. Einkommen), dann ergibt sich bei steigenden Bemessungsgrundlagen ein sinkender Durchschnittssatz.

In Abb. 4.3 sind die **Tarifverläufe der deutschen Einkommensteuer 1985 und 1990** wiedergegeben. Auf der Abszisse ist das zu versteuernde Einkommen abgetragen, also die nach Berücksichtigung von unbesteuerten Einkom-

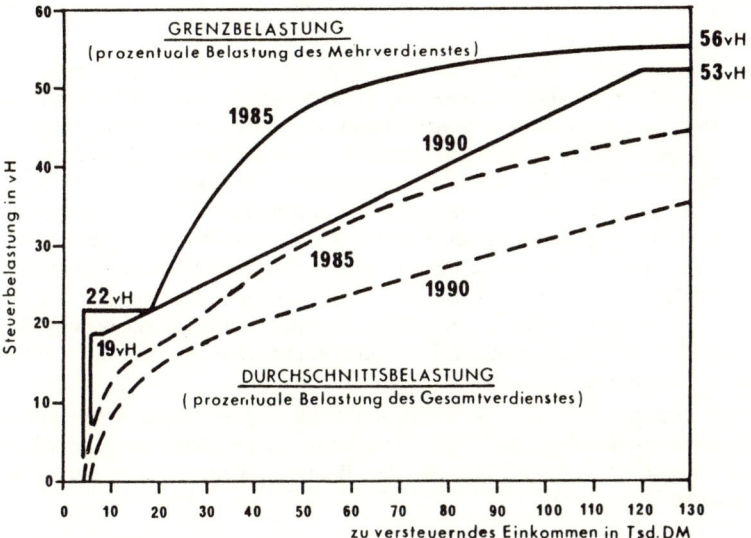

Quelle: Presse- und Informationsamt der Bundesregierung, Hrsg., Steuerreform 1990, Steuerentlastung – Steuergerechtigkeit – Beschäftigungsimpulse, in: Aktuelle Beiträge zur Wirtschafts- und Finanzpolitik, Nr. 4/1990, Bonn, 10. Januar 1990, S. 9.

Abb. 4.3: Die Steuerbelastungen nach den Einkommensteuertarifen in der Bundesrepublik Deutschland, 1985 und 1990 (unter Einbeziehung des jeweiligen Grundfreibetrages in den Tarif)

---

[19] Neben der Einteilung der Tariftypen nach dem Durchschnittssatz-Kriterium finden sich in der Literatur weitere Einteilungskriterien, die für spezifische Untersuchungen genutzt werden können. Siehe dazu im einzelnen Bös, D., und Genser, B., Steuertariflehre, in: Handwörterbuch der Wirtschaftswissenschaft, 7. Bd., Stuttgart u. a. 1977, S. 412–427.

mensteilen, Freibeträgen usw. sich ergebende Größe, auf die der Steuersatz angewendet wird. Zum „zu versteuernden Einkommen" zählt jedoch auch der sog. **Grundfreibetrag,** der in den Tarif eingearbeitet ist. Auf der Ordinate findet sich die tarifliche Steuerbelastung in v. H. Die gestrichelt gezeichneten Kurven geben jeweils die Durchschnittsbelastung, nach der die Progression definiert ist, an. Der Tarif 1990 für die Besteuerung Unverheirateter ist oberhalb des erwähnten Grundfreibetrages von DM 5616,–, bis zu dem keine Besteuerung stattfindet,[20] zunächst durch eine gegenüber früheren Tarifen stark verkürzte Zone **indirekter Progression** gekennzeichnet, die durch den Grundfreibetrag zusammen mit einem proportionalen Grenzsteuersatz zustandekommt. Die Einkommen Unverheirateter werden dann von DM 8154 bis 120041 mit linear steigendem Grenzsteuersatz besteuert, d. h. im Wege der **direkten Progression.** Über DM 120041 liegt dann erneut ein Bereich der indirekten Progression. Im Zuge der Steuerreform 1986–90 wurde u. a., wie in Abb. 4.3 zu sehen, ein linearer Verlauf des Grenzsteuersatzes in der Progressionszone bis zu einem Spitzensteuersatz von 53% (vorher 56%) eingeführt.

(2) Die Begriffe „Progression" und „Regression" können sich sowohl auf den Tarifverlauf **(Tarifprogression)** als auch auf die Belastung durch die Steuer beziehen **(Belastungsprogression).** Der Tarif von Verbrauchsteuern ist oft proportional, d. h. für jede Einheit des besteuerten Gutes ist der gleiche Steuerbetrag zu zahlen (z. B. Mineralölsteuer). Um die Belastung der Konsumenten durch die Verbrauchsteuer zu ermitteln, wird dieser Betrag auf die die Leistungsfähigkeit bestimmende Größe, i. d. R. eine Einkommensgröße, bezogen. Die Belastung der Verbraucher in den verschiedenen Einkommensklassen erweist sich dann zumeist als regressiv, denn mit steigendem Einkommen sinkt der Anteil der gezahlten Verbrauchsteuer am Einkommen. Ein proportionaler Tarif führt somit zu einer regressiven Belastung der privaten Haushalte.

Den einzigen Fall, in dem Tarif- und Belastungsprogression weitgehend identisch sind, bildet die Einkommensteuer, da die Bemessungsgrundlage „Einkommen" zugleich die bei der Belastungsuntersuchung zugrundegelegte Größe ist.

---

[20] Aufgrund eines Urteils des Bundesverfassungsgerichtes (Beschluß des Zweiten Senats des Bundesverfassungsgerichtes vom 25. September 1992, Az.: 2 BvL/591), das die Verfassungwidrigkeit der derzeit geltenden Grundfreibeträge feststellt, wird es voraussichtlich bis zum 1. Januar 1996 zu einer Neuregelung des Tarifverlaufs kommen.

B. Formen der Besteuerung und ihre Beurteilung

I. Anknüpfungspunkte der Besteuerung

Wenn auch das Einkommen als wichtiger Indikator der Leistungsfähigkeit angesehen werden kann, so bedeutet das keineswegs, daß – insbesondere unter fiskalischen Gesichtspunkten – nur die Erhebung einer Einkommensteuer sinnvoll ist. Geht man aber davon aus, daß mehrere Steuern erhoben werden, so ist zu fragen, welches überhaupt geeignete Anknüpfungspunkte der Besteuerung sind. Aus diesem Grunde soll in diesem Abschnitt aufgezeigt werden, welche Formen der Besteuerung theoretisch möglich sind, welche Zugriffsmöglichkeiten für den Staat also bestehen, Teile des verdienten und ausgegebenen Einkommens sowie des Vermögens für seine Zwecke zu besteuern. Die meisten **Anknüpfungspunkte der Besteuerung** lassen sich gut **anhand eines volkswirtschaftlichen Kreislaufmodells** veranschaulichen. In Abb. 4.4 stehen die steuerzahlenden Unternehmer und privaten Haushalte im Vordergrund, und die Märkte für Produktionsfaktoren und Güter sind nur indirekt, nämlich auf den Verbindungslinien enthalten.

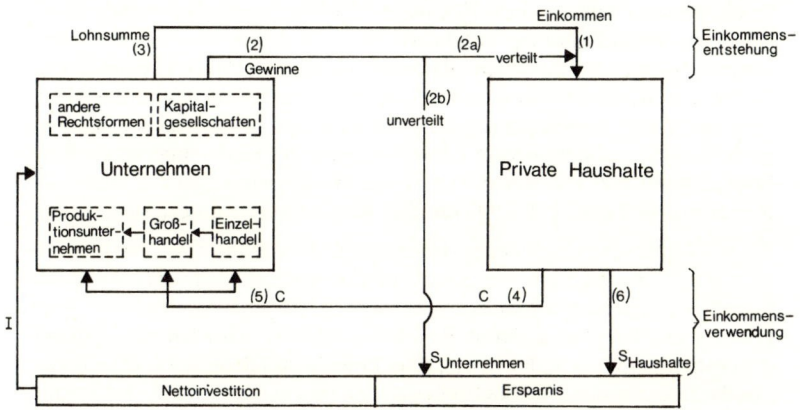

Die Pfeilrichtung zeigt die monetären Ströme (also die Ausgaben bzw. Einnahmen). Die realen Faktor- und Güterströme verlaufen in umgekehrter Richtung.

Abb. 4.4: Anknüpfungspunkte der Besteuerung

a) Besteuerung bei der Einkommensentstehung

Die bisherigen Beispiele entstammten vorwiegend der *Besteuerung des Einkommens,* das der einzelne Bürger erzielt. In einem Kreislaufbild mit Vermögensbildung (Abb. 4.4) würde die Steuer also an dem Punkt erhoben, an dem das Einkommen dem Bürger aus verschiedenen Quellen zufließt. Neben den sieben in § 2 Einkommensteuergesetz genannten Einkunftsarten[21] können auch Erbschaften und Schenkungen usw. darunter gefaßt werden.

In der Abbildung wird sichtbar, daß die Einkommensbesteuerung beim einzelnen Einkommensbezieher (1) einen Spezialfall darstellt, nämlich die Erfassung der Einkommensentstehung dort, wo das Einkommen zufließt. Diese Art der Einkommensbesteuerung liegt z. B. bei der veranlagten Einkommensteuer vor. Eine zweite Möglichkeit besteht darin, Einkommen an der Stelle seiner Entstehung zu besteuern. Der Steuerzahler führt dann die Steuer anders als bei der veranlagten Einkommensteuer nicht selbst an den Fiskus ab. Hier gibt es wiederum zahlreiche Varianten.

Die Lohn- und Einkommensteuer wird, soweit sie dem **Quellenabzugsverfahren** unterliegt, vom Unternehmen, in dem sie entsteht, direkt abgeführt. Der Haushalt erhält nur das Nettoeinkommen. Das gleiche gilt für die bei Kapitalgesellschaften (z. B. AG oder GmbH) entstandenen Einkommen (Gewinne). Diese unterliegen der Körperschaftsteuer und fließen den Haushalten (**ausgeschüttete Gewinne,** 2 a) oder den Unternehmen (**einbehaltene Gewinne,** 2 b) nach Besteuerung zu.

Die Besteuerung der ausgeschütteten Gewinne wurde der Einkommensteuer im Rahmen der Körperschaftsteuerreform ab 1. 1. 1977 dadurch angepaßt, daß die gezahlte Körperschaftsteuer (36%) von den Anteilseignern in voller Höhe auf die Einkommensteuerschuld angerechnet wird und beide Steuern den gleichen Höchstsatz (56%) hatten. Die früher häufig kritisierte **Doppelbelastung** ist durch dieses Anrechnungsverfahren weitgehend **beseitigt** worden.[22] Im Rahmen der Steuerreform 1986–90 wurde jedoch der Regelsatz der tariflichen Körperschaftsteuer auf einbehaltene Gewinne (sog. Thesaurierungssatz) ab dem 1. 1. 1990 von 56 auf 50% gesenkt, während der höchste Grenzsteuersatz der Einkommensteuer (sog. Spitzensteuersatz) von 56 auf 53 v. H. vermindert wurde, so daß die beiden Steuersätze seit dem 1. 1. 1990 um drei Prozentpunkte differierten.

So wie die Körperschaftsteuer den betrieblichen Tatbestand des Gewinns zum Anknüpfungspunkt der Steuer macht, können auch andere betriebliche Merkmale hierfür herangezogen werden, wobei nicht mehr nach Kapitalgesellschaften und anderen Rechtsformen unterschieden wird. Steuergegenstand kann auch der **Ertrag eines Produktionsfaktors** sein. Eine Steuer auf die Lohnsumme eines Betriebes etwa liegt auf dem Entgelt des Faktors Arbeit (3), erfaßt die Einkommensentstehung also in einer früheren Phase.

Wenn alle entstehenden Einkommen von einer einzigen Steuer erfaßt würden, dann wäre das Volkseinkommen (Wertschöpfung) voll einbezogen. Diese Steuer entspräche dann im übrigen einer Mehrwertsteuer, die Konsum und Investition erfaßt.

---

[21] Einkünfte aus Land- und Forstwirtschaft, Gewerbebetrieb, selbständiger Arbeit, nichtselbständiger Arbeit, Kapitalvermögen, Vermietung und Verpachtung sowie sonstige Einkünfte.

[22] Diese Doppelbelastung entstand dadurch, daß die im Unternehmen mit der Körperschaftsteuer belasteten ausgeschütteten Gewinne beim Anteilseigner (Haushalt) noch einmal mit der Einkommensteuer belastet wurden.

Es kann grundsätzlich gefragt werden, ob es sinnvoll ist, neben einer Besteuerung der privaten Haushalte die Unternehmen zum Gegenstand der Besteuerung zu machen. Eine **Rechtfertigung** ergibt sich **aus äquivalenztheoretischen Überlegungen,** soweit diese Besteuerung als Abgeltung unternehmensspezifischer öffentlicher Leistungen angesehen werden kann. Bei den Körperschaften könnte man eine zusätzliche Rechtfertigung für eine, dann allerdings sicherlich nur niedrige Steuer darin sehen, daß eine Körperschaft Vorteile durch die rechtlich fixierte Sonderstellung erworben hat, z. B. durch Haftungsbeschränkung oder erleichterte Kapitalbeschaffung.

Eine Progression der Unternehmenssteuern ist mit Hinweis auf individuelle Nutzenverläufe nicht zu rechtfertigen. Zu diesem Zweck müßte man vielmehr das Gesamteinkommen des Empfängers der einzelnen Erträge (z. B. Gewinn, Zins, Grundrente) kennen, um dann unter Einbeziehung seiner sonstigen Einkünfte seinen Progressionsgrad ermitteln zu können. Damit zeigt sich, daß die Begründung der Progression in der Regel an eine Person und ihre gesamten „Nutzenzugänge" gebunden ist.

b) Besteuerung bei der Einkommensverwendung

Wenn alle Einkommen voll verausgabt werden, dann kann es mit Blick auf den Kreislauf und unter dem Aspekt der fiskalischen Ergiebigkeit eigentlich gleichgültig sein, ob bei der Einkommensentstehung oder -verwendung besteuert wird, da in jedem Fall ein Strom von gleichem Umfang erfaßt wird. Dies gilt allerdings nur dann, wenn Entstehungs- und Verwendungsstrom in gleichem Maße belastet werden können. Aufgrund unterschiedlicher Verteilungswirkungen ist diese Möglichkeit jedoch nicht unbedingt gegeben.

Wie bei der Besteuerung der Einkommensentstehung kann man auch bei der Besteuerung der Einkommensverwendung eine den gesamten Verwendungsstrom erfassende Steuer, analog einer umfassenden Einkommensteuer, und Steuern auf einzelne Teilströme unterscheiden (s. Abb. 4.4). Im Gegensatz zur Besteuerung der Einkommensentstehung wird die private Ersparnis der Haushalte und Unternehmen (6) im derzeit geltenden Steuersystem der Bundesrepublik Deutschland als Besteuerungsgegenstand ausgeklammert. Betrachtet man zunächst Besteuerungsformen, mit denen der Verwendungsstrom in seiner Gesamtheit erfaßt werden soll, so können sie **direkt beim privaten Haushalt anknüpfen** (Ausgabenbesteuerung, (4)), **oder am Kaufvorgang** (Konsumbesteuerung, (5)). Erfaßt die Besteuerung den Konsumakt, so kann zum einen die Gesamtheit aller Verbrauchsgüter besteuert (Umsatzsteuer) und/oder können zum anderen einzelne Verbrauchsgüter (spezielle Verbrauchsteuern) mit der Steuer belegt werden. Knüpft die Besteuerung der Einkommensverwendung direkt beim privaten Haushalt an (4), so kann man von einer „persönlichen allgemeinen *Ausgabensteuer*" sprechen. In diesem Fall, der in ausgebauter Form in Industrieländern nicht vorliegt, wird die Steuer auf den für den einzelnen privaten Haushalt in einer Periode ermittelten Konsum gelegt, der mit einer „Konsumerklärung" festgestellt werden müßte. Im Rahmen der Ermittlung des zu versteuernden Konsums können ebenso wie bei der Ermittlung des zu versteuernden Einkommens persönliche Merkmale berücksichtigt werden, und der zu versteuernde Konsum kann progressiv besteuert werden.[23] In der steuerpolitischen Praxis wird man, schon aus technischen Gründen, am Kaufvorgang anknüpfen (5). Eine *Umsatzbesteuerung* ist dadurch gekennzeichnet, daß bei ihr in der Regel ohne Unterscheidung nach einzelnen Käufern jeder Umsatzakt Anlaß für eine Besteuerung ist, d. h. der Umsatz eines Gutes wird herangezogen, ohne genau zu fragen, welche Person das Gut kauft. Um die verschiedenen Formen der Umsatzbesteuerung voneinander unterscheiden zu können, sei zunächst ein Güterkreislauf von der Produktion zum Konsum verfolgt, wobei auf Lagerhaltung usw. nicht eingegangen wird. In Tab. 4.2 beginne die Produktion im rohstoffproduzierenden Unternehmen *R*. Es zahlt Faktorentgelte (Löhne, Pachten, Gewinne usw.) in Höhe von 100 an die privaten Haushalte, und es sei der Einfachheit halber unterstellt, daß es nichts von anderen Unternehmen kauft, d. h. keine Vorleistungen empfängt. Es verkauft seine Rohstoffe im Wert von 100 an das Unternehmen *HF*, das hieraus Halbfertigfabrikate herstellt. Bei der Herstellung der Halbfertigfabrikate fallen Faktorentgelte in Höhe von 30 an, so daß Erlöse in Höhe von 130 beim Verkauf der Halbfertigfabrikate erzielt werden. Mit Hilfe von Faktorleistungen in Höhe von 50 verarbeitet das Unternehmen *K* die Halbfertigware in verbrauchsreife Konsumgüter, die für 180 an die privaten Haushalte verkauft werden.

Tab. 4.2: Produktionsstufen eines Konsumgutes und Umsatzbesteuerung

| | Unternehmen | | | | Ansatzpunkte für die |
	R	HF	K	Σ	Umsatzbesteuerung
Käufe von anderen Unternehmen (Vorleistungen)	0	100	130	230	Einzelumsätze
Faktorentgelte	100	30	50	180	Wertschöpfung
Produktionswert des Unternehmens	100	130	180	410	Umsatz

Faßt man nun in Tab. 4.2 vertikal für jedes einzelne Unternehmen seine Einkäufe bei anderen Unternehmen und die gezahlten Faktorentgelte zusammen, so erhält man seinen Produktionswert, den es in diesem Beispiel voll absetzen und in Erlöse verwandeln konnte (Umsatz). Wichtig ist dabei,

---

[23] Eine solche „expenditure tax" hat N. Kaldor vorgeschlagen. Vgl. Kaldor, N., An Expenditure Tax, London 1955; ein Auszug in deutscher Übersetzung findet sich in: Kaldor, N., Begründung einer Ausgabesteuer, in: Recktenwald, H. C., Hrsg., Finanztheorie, Köln-Berlin 1970, S. 420ff; siehe auch Peffekoven, R., Persönliche allgemeine Ausgabensteuer, in: Handbuch der Finanzwissenschaft, 2. Bd., 3. Aufl., Tübingen 1980, S. 418ff.

daß man die gezahlten Faktorentgelte, die hier die Wertschöpfung ausmachen, als Differenz zwischen Produktionswert und bezogenen Vorleistungen ausdrücken kann. Die einzelnen Zeilen geben, jeweils für alle Unternehmen zusammen, mögliche Bemessungsgrundlagen einer Umsatzsteuer an. Die erste Zeile gibt die Einzelumsätze des genannten Unternehmensbereiches wieder, die zweite Zeile enthält die gesamte „Wertschöpfung", d. h. das, was produziert, aber nicht zugekauft wurde, und die dritte Zeile enthält alle überhaupt getätigten Umsätze.

Im Rahmen der Umsatzbesteuerung lassen sich zwei grundsätzlich verschiedene Möglichkeiten voneinander trennen. Einmal kann die Steuer auf die gesamten Umsätze (im Beispiel also auf 100, auf 130 und auf 180) bezogen werden (**Bruttoumsatzsteuer**) und zum zweiten lediglich auf die Höhe bzw. den Betrag der jeweiligen Wertschöpfung (100, 30 und 50) der einzelnen Produktionsstufen (**Nettoumsatzsteuer, Wertschöpfungsteuer, Mehrwertsteuer**).

Innerhalb der Umsatzbesteuerung kann man weiter nach der Zahl der Produktions- bzw. Wirtschaftsstufen (Phasen) unterscheiden, auf denen besteuert wird (im Beispiel also drei Produktionsstufen). Dementsprechend gibt es Allphasen-, Mehrphasen- und Einphasen-Umsatzsteuern.

Bei der *Bruttobesteuerung* kommt es, wenn mehr als eine Phase besteuert wird, wegen des mehrfachen Steueraufschlages zu einer sog. **Kumulativwirkung.** Im Beispiel würden *R, HF* und *K* auf ihre erzielten Erlöse Umsatzsteuer zahlen. Mit jedem Umsatz „kumuliert" die Steuer auf das Gut. Da mit der Fusion z. B. der Unternehmen *R* und *HF* eine Steuerzahlung entfällt (die zwischen *R* und *HF* fällig geworden wäre) und sich damit die Gewinnchance erhöht, bietet die Mehrphasenbesteuerung einen Anreiz zur vertikalen Konzentration von aufeinanderfolgenden Produktionsstufen und bewirkt somit Wettbewerbsverzerrungen.

Außerdem ist bei der Bruttoumsatzsteuer „**Steuer von der Steuer**" zu entrichten. Geht man z. B. von einem Steuersatz von 5% aus, so wären auf die Erlöse des Unternehmens *R* 5 DM Steuer zu zahlen. Das Unternehmen *HF* wälzt diese Steuer, wie vom Gesetzgeber vorgesehen, weiter und zahlt jetzt 5% Steuer auf 135 DM, d. h. 6,75 DM. Damit hat es auch von den zuvor gezahlten 5 DM Steuer nochmals 5% Steuer entrichtet.

Das System der *Nettoumsatzsteuer* (Mehrwertsteuer) ist aus der Kritik an den negativen Nebenwirkungen der Bruttoumsatzsteuer heraus entwickelt worden. Die Beschränkung auf die Wertschöpfung (Mehrwert) als Bemessungsgrundlage nimmt den **Konzentrationsanreiz** insoweit aus dem Steuersystem heraus, als eine wirtschaftlich nicht vorteilhafte Konzentration jetzt aus steuerlichen Gründen allein nicht mehr lohnt. Zwar wird auch die Nettoumsatzsteuer bei Gelegenheit des Verkaufs erhoben, aber nicht mehr nach Maßgabe des Verkaufspreises. Vielmehr können von der nach dem Verkaufspreis berechneten Steuer die auf die **Vorleistungen** gezahlten Steuern abgezogen werden, so daß die Steuer nur noch auf die Wertschöpfung bezogen wird. Die Nettoumsatzsteuer ist also nicht mehr Preisbestandteil, sondern läuft gewissermaßen neben dem vom Unternehmer „netto" kalkulierten Warenpreis her und wird in der Regel auch offen ausgewiesen. **Die**

Steuer wird damit rechnerisch **zum durchlaufenden Posten** und macht sich wirtschaftlich erst beim Übergang auf den Verbraucher bemerkbar. In ihrer Wirkung entspricht eine lückenlose einheitliche Nettoumsatzsteuer also einer Steuer, die mit demselben Steuersatz auf alle Konsumgüter gelegt wird. In Tab. 4.2 entspricht die Summe der zweiten Zeile, die Wertschöpfung, der Spaltensumme von *K,* also den abgesetzten Konsumgütern, weil das Einkommen annahmegemäß voll für Konsumzwecke verausgabt wird.

Bei einer breit ausgestalteten Bemessungsgrundlage (Konsum- und Investitionsgüter) wird von einer Mehrwertsteuer vom Sozialproduktstyp und bei einer engen Bemessungsgrundlage (Konsumgüter) von einer Mehrwertsteuer vom Konsumtyp gesprochen.

Die deutsche Umsatzbesteuerung wurde am 1. 1. 1968 von der Brutto-Allphasen-Umsatzsteuer auf eine Umsatzsteuer mit Vorsteuerabzug umgestellt, die damit einer Mehrwertsteuer nahekommt. Die Steuer wird auf jeder Stufe der Wertschöpfung abgeführt, indem der Steuersatz auf den Bruttoumsatz berechnet und die bereits gezahlte Umsatzsteuer abgezogen wird. Die Bemessungsgrundlage der geltenden Umsatzsteuer ist für alle Mitgliedsländer der EG weitgehend harmonisiert.

Die zahlreichen Befreiungen der sozialen Institutionen (z. B. Sozialversicherungsträger, Krankenhäuser, Altersheime, Wohlfahrts- und Jugendverbände), kulturellen Einrichtungen (z. B. Theater, Orchester, Volkshochschulen, Akademien) und die Befreiungen ganzer Wirtschaftssektoren (z. B. die Exportumsätze, Vermietungs- und Verpachtungsumsätze, Umsätze im Geld- und Kapitalverkehr) führen zu der verschiedentlich vertretenen Ansicht, daß die Umsatzsteuer gegen den Grundsatz der Allgemeinheit der Besteuerung verstößt.

Unabhängig davon, auf wieviel Stufen die Umsatzsteuer erhoben wird, kann es wünschenswert sein, einen Teil der Konsumausgaben noch einmal zusätzlich zu besteuern, sei es aus **sozialpolitischen Gründen** (um höhere Einkommen stärker zu erfassen, etwa durch Besteuerung von Luxusgütern), aus **gesundheitspolitischen Gründen** (Verteuerung von Tabak und Alkohol mit dem Ziel der Konsumeinschränkung) oder aus **umwelt-** und **energiepolitischen Gründen** (Verteuerung des Mineralöls). Diesen und anderen Zwecken dienen die *speziellen Verbrauch- und Aufwandsteuern,* die ebenfalls bei den Unternehmen ([5] in Abb. 4.4), in der Regel sogar auf der Produktionsstufe (z. B. Branntweinsteuer), erhoben werden.

Umsatz- und Verbrauchsteuern werfen beim Ex- und Import von Gütern besondere Probleme auf. Die indirekten Steuern zielen in der Regel auf den Konsum und die Investition im jeweiligen Land und werden daher an der Grenze auf alle importierten Güter gelegt. Um eine Doppelbesteuerung im Importland und damit einen Wettbewerbsnachteil gegenüber den dort hergestellten Gütern zu vermeiden, verzichtet das Exportland auf die Besteuerung bei exportierten Gütern. Durch diesen **Grenzausgleich** konkurrieren im Importland einheimische und importierte Güter mit gleicher Umsatz- und Verbrauchsteuerbelastung. Da auf diese Weise die Steuerbelastung des Landes, für das dieses Gut zum Konsum und zur Investition bestimmt war, auf dem Gut liegt, spricht man hier vom *Bestimmungslandprinzip.* Findet dagegen kein Grenzausgleich statt, wie etwa im Falle überwälzter und damit im Preis enthaltener (Anteile von) Einkommen- oder Gewerbesteuer, so tritt das Gut mit der Belastung des Ursprungslandes in die Konkurrenz im Importland ein. Deshalb spricht man hier vom *Ursprungslandprinzip.* In diesem Falle besteuert also das Importland nicht, während das Exportland den Export belastet (s. unten 5. Kapitel, S. 199f.).

c) Besteuerung des Vermögens

In den bisherigen Überlegungen zur Besteuerung von Einkommensentstehung und Einkommensverwendung wurden überwiegend Stromgrößen berücksichtigt. Zu ihnen zählen auch die *Einkünfte aus Vermögen*. Soweit sie, wie in der Bundesrepublik, im Rahmen der Einkommensbesteuerung erfaßt werden, sind also bereits Steuerobjekte aus dem Vermögensbereich einbezogen worden.

Bei einer Einbeziehung des Vermögens kann sich die Besteuerung darüber hinaus

– auf den Bestand,

– auf den Zuwachs und

– auf Vermögensumschichtungen

beziehen.

Im Rahmen einer Besteuerung des *Vermögensbestandes* kommt es leicht zu einem **Substanzverzehr,** insbesondere dann, wenn die Vermögensteuer aus den laufenden Erträgen nicht aufgebracht werden kann. Wenn dagegen die tatsächlich erwirtschafteten Erträge (Ist-Erträge) die Bemessungsgrundlage bilden (s. oben Vermögenserträge), kann es nicht zu einer Substanzbesteuerung kommen.

Steuern, die die Vermögenssubstanz verringern sollen, werden gelegentlich in Kriegs- und Nachkriegszeiten erhoben und dann oft durch reale Übertragung, d. h. Abgabe von Teilen des Vermögens, und nicht in Geldform geleistet.

Ein zentrales Problem jeder Vermögensbesteuerung ist neben der **Abgrenzung des Begriffs „Vermögen"** die **Bewertung** der einzelnen Vermögensteile. Dabei stellt sich insbesondere die Frage, ob bzw. wieweit nicht-realisierte Wertsteigerungen, z. B. bei Grundstücks- oder Wertpapierbesitz, zur Besteuerung herangezogen werden sollen. Diese **nicht-realisierten Wertzuwächse** können Gegenstand einer gesonderten *Wertzuwachsbesteuerung* (Vermögenszuwachssteuer) sein. Während **realisierte Wertzuwächse,** wie sie z. B. beim Verkauf eines Grundstücks sichtbar werden, leicht in eine Vermögensteuer oder in die Einkommensteuer einbezogen werden können, gestaltet sich dies bei den nicht-realisierten Zuwächsen wegen der Bewertung schwierig; das geltende Vermögensteuerrecht kennt die Besteuerung nicht-realisierter Wertzuwächse derzeit nur bei Wertpapieren.

Die Frage der Wertzuwachsbesteuerung wird insbesondere dann aktuell, wenn der Wert von Vermögensobjekten aufgrund bestimmter Entwicklungen (z. B. Expansion der Städte, Entdeckung von Bodenschätzen) steigt und seinen Eigentümern „unverdiente" Vorteile zuschwemmt. Daß eine Besteuerung solcher Wertzuwächse, die sich nicht in einem monetären Zufluß zum Vermögen niedergeschlagen haben, problematisch ist, mag ein Beispiel zeigen. Wenn eine Vermögensbesteuerung eines am Rande der Großstadt gelegenen Bauernhofes bedingungslos nach dem gestiegenen Marktwert bemessen würde, der sich z. B. aus der potentiellen Nutzung für ein Hochhaus herleitet, so müßte der Landwirt wahrscheinlich Teile seines

Bodens verkaufen, um diese Steuer zahlen zu können, obwohl er den Boden nur landwirtschaftlich nutzt.

Schließlich kann die Steuer im Vermögensbereich in der Weise eingesetzt werden, daß *Vermögensumschichtungen* besteuert werden (Vermögensverkehrsteuern). Hierzu eignet sich einmal der Eigentumswechsel, etwa beim Grunderwerb oder Kredit- und Kapitalverkehr. Auch die **Erbschaft** könnte man hierzu zählen, insbesondere wenn die Steuer den Nachlaß insgesamt erfaßt (Nachlaßsteuer), während die Besteuerung beim einzelnen Erben (Erbanfallsteuer) eher eine Steuer auf eine einzelne Form des Vermögenszuwachses darstellt.

Fast alle zuvor aufgeführten Formen der Vermögensbesteuerung erlauben eine Verbindung zum Leistungsfähigkeitsgedanken. Vermögensstand, -ertrag und -zuwachs stellen Indikatoren für die finanzielle Leistungsfähigkeit dar und können ergänzend zum Einkommen herangezogen werden.

II. Die Steuern in der Bundesrepublik Deutschland im Überblick

Mit der Tabelle 4.3 auf Seite 132 ff. wird ein Überblick über die Steuern in der Bundesrepublik Deutschland gegeben. Diese Darstellung bietet vor dem Hintergrund der denkbaren Anknüpfungspunkte der Besteuerung eine erste Information über die Charakteristika des deutschen Steuersystems. Die Erläuterungen zu den einzelnen Steuern können keineswegs vollständig sein. Dies betrifft insbesondere die Anmerkungen zu Bemessungsgrundlagen und Steuersätzen der Einzelsteuern.

III. Die Kombination der Steuern im Steuersystem

a) Beurteilungsmaßstäbe für die Wahl einer Steuer

Bei der Erörterung der einzelnen Anknüpfungspunkte für eine Steuer, spätestens aber bei einem Blick in die steuerpolitische Wirklichkeit und damit auf das „System" bestehender Steuern in der Bundesrepublik Deutschland (s. unten Tab. 4.3), stellt sich die Frage, ob diese Ansammlung von Steuern irgendwelchen „Prinzipien" gehorcht außer dem Grundsatz, Einnahmen für die öffentliche Hand bereitzustellen. Im ersten Kapitel wurde bereits deutlich, daß alle Teilbereiche der öffentlichen Finanzwirtschaft auf ihren Beitrag zur Verwirklichung der ihr vorgegebenen wirtschaftspolitischen Ziele sowie der sog. abgeleiteten Ziele untersucht werden können (s. oben 1. Kapitel, Schema 1.1, S. 3). Auch im vorliegenden Zusammenhang können daher die **Steuern** auf ihre **Zieladäquanz** geprüft werden. Solche Normen, nach denen sich Umfang und Ausgestaltung der Einzelsteuern ausrichten lassen, werden meist in die Form von **Grundsätzen**

der Besteuerung gekleidet.[24] Sie können als Anforderungen verstanden werden, die sich aus den jeweils als vorherrschend angesehenen politischen Zielen ableiten lassen.

Im Rahmen der *fiskalischen Zielsetzung* ist zunächst erforderlich, daß die Steuereinnahmen insgesamt ausreichend hoch sind, um die Ausgaben zu decken, die nicht durch andere Einnahmearten finanziert werden. Da die Ergiebigkeit einer Steuer ceteris paribus bei niedrigen **Erhebungskosten** am höchsten ist, sollte bei jeder Steuer auf eine hohe „**Nettoergiebigkeit**" (Bruttoaufkommen ./. Erhebungskosten) geachtet werden. Aus der fiskalischen Zielsetzung läßt sich also die Forderung nach **Erhebungsbilligkeit** ableiten. In diesem Zusammenhang ist auch zu erwähnen, daß der Aufwand, der dem Besteuerten durch die Ermittlung der Bemessungsgrundlage und die Abführung der Steuerschuld entsteht, möglichst niedrig sein soll (Forderung nach **Entrichtungsbilligkeit**).

Wenn Steuern einen starken Einfluß auf Konjunktur und Wachstum ausüben, muß jede Steuer auf ihre *konjunktur- und wachstumspolitische Brauchbarkeit* überprüft werden. So ist es z.B. vorteilhaft, wenn sich das Aufkommen einer Steuer automatisch dämpfend auf die Konjunktur auswirkt oder von ihr keine investitionshemmenden Wirkungen ausgehen. Auch die Möglichkeit ihres gezielten konjunktur- und wachstumspolitischen Einsatzes ist von großer Bedeutung (s. unten 7. und 8. Kapitel).

Schließlich wird gefordert, daß eine Steuer *verteilungspolitisch einsetzbar* sein soll. Am Beispiel der Einkommensteuer und der Diskussion der Leistungsfähigkeitsbesteuerung wurde deutlich, daß die Besteuerung die Verteilungsposition der Einkommensempfänger entscheidend beeinflussen kann, selbst oder gerade dann, wenn sie vorwiegend fiskalisch konzipiert ist. Entsprechend der jeweiligen Bedeutsamkeit verteilungspolitischer Ziele muß daher die Besteuerung einer entsprechenden Prüfung unterzogen werden. Dabei kann zunächst gefragt werden, ob alle Steuerpflichtigen gleich besteuert werden. Diese Frage stellt sich insbesondere beim Übergang von einem Staat mit **ständischen Steuerprivilegien** (z.B. für Adel und Kirche) zu einem Staat, in dem **Allgemeinheit und Gleichmäßigkeit der Steuer** im Sinne der Beseitigung von Steuerbefreiungen und von Ungleichbehandlungen bei gleichen Verhältnissen typisch sein sollen (Grundsatz der horizontalen Gleichheit). Eine „gerechte" Behandlung bei ungleichen Verhältnissen wird postuliert, wenn durch die Besteuerung eine Umverteilung zugunsten der unteren Einkommensklassen angestrebt wird (Grundsatz der vertikalen Gleichheit).

Die „Grundsätze" bzw. Ziele der Besteuerung stehen zueinander häufig in *Konflikt,* der am einfachsten dann zu lösen ist, wenn sie unterschiedlich gewichtet werden. So sind z.B. die Grundsätze der Allgemeinheit und Gleichmäßigkeit als eher subsidiär anzusehen, d.h. sie treten hinter explizit formulierte Ziele, die eine Einschränkung von Allgemeinheit und Gleich-

---

[24] Diese Tradition reicht von A. Smith bis in die neuere Zeit. Vgl. Neumark, F., Grundsätze gerechter und ökonomisch rationaler Steuerpolitik, a.a.O., S. 2f. und 28ff.

9*

Tab. 4.3: Die Steuern in der Bundesrepublik Deutschland im Überblick[1], Stand
1. 1. 1993

Name der Steuer	Steuerbemessungs-grundlage	Steuersatz

A. Steuern auf das Einkommen und Vermögen[3]
1. Einkommensteuer

a) veranlagte Ein-kommensteuer	Einkünfte aus 7 Ein-kunftsarten ./. Werbungskosten bzw. Betriebsausgaben ./. Sonderausgaben ./. außergewöhnliche Belastungen = zu versteuerndes Einkommen	1. 0–5616 DM Grundfreibetrag 2. 5617–8153 DM 19% 3. 8154–120041 DM 19%–53% 4. 120042 DM und mehr 53%
b) Lohnsteuer	Einkünfte aus nichtselbständiger Arbeit ./. Werbungskosten ./. Sonderausgaben ./. außergewöhnliche Belastungen = zu versteuerndes Einkommen	wie oben
c) Kapitalertrag-steuer	Bruttoertrag aus Kapitalvermögen oder tatsächlich ausgezahlter Betrag	25–42,85%, i. d. R. 30%
2. Körperschaftsteuer	Steuerbilanzergebnis + Zuzählungen ./. Abzüge = zu versteuerndes Einkommen	I. Normalsteuersätze: 1. 50% auf den nicht ausgeschütteten Gewinn 2. 36% auf den ausgeschütteten Gewinn II. Ermäßigte Steuersätze: 46% für Körperschaften gem. § 23, Abs. 2 KStG
3. Vermögensteuer	1. nat. Personen: Gesamtvermögen ./. Freibeträge 2. Körperschaften, Personenvereinigungen und Vermögensmassen: Gesamtvermögen, sofern >20000 DM ./. Freibeträge	0,5% 0,6%

Steuerzahler	Aufkommen 1991[2] Mio. DM Anteil	Ertrags- hoheit	Gesetz- gebungs- hoheit
natürliche Personen	41533 6,27%	„Gemein- schaftsteuer": Bund 42,5%, Länder 42,5%, Gemeinden 15%	Bund
Arbeitgeber (Arbeitnehmer = Steuerschuldner)	214175 32,36%	wie oben	Bund
Zahler des Kapitaler- trags (Empfänger = Steuerschuldner)	11381 1,72%	„Gemein- schaftsteuer": Bund 44%, Länder 44%, Gemeinden 12%	Bund
juristische Personen	31716 4,79%	„Gemein- schaftsteuer": Bund 50%, Länder 50%	Bund
natürliche und juristi- sche Personen	6729 1,02%	Länder	Bund

Name der Steuer	Steuerbemessungs-grundlage	Steuersatz
4. Grundsteuer (A und B)	Einheitswert der land- und forstwirtschaftlichen Betriebe (Grundsteuer A) und der außerland-wirtschaftlichen bebauten und unbebauten Grund-stücke (Grundsteuer B) lt. Bewertungsgesetz	tatsächlicher Steuersatz ermittelt sich aus Pro-dukt: Steuermeßzahl × Hebesatz (im Bundes-durchschnitt 1990 ca. 1,07%)
5. Gewerbesteuer auf Gewerbeertrag (1) und Gewerbekapital (2)	(1) Gewerbeertrag (Steu-erbilanzgewinn + Hinzurechnungen ./. Kürzungen)	(1) tatsächlicher Steuer-satz ermittelt sich aus Produkt: Steuermeß-zahl × Hebesatz (im Bundesdurchschnitt 1990 ca. 18,2%; Steuermeßzahlen ab 1993 gestaffelt)
	(2) Gewerbekapital (Ein-heitswert + Hinzu-rechnungen ./. Kürzungen)	(2) tatsächlicher Steuer-satz ermittelt sich aus Produkt: Steuermeß-zahl × Hebesatz (im Bundesdurchschnitt 1990 ca. 0,73%)

B. Steuern auf Vermögensverkehr[3]

6. Erbschaftsteuer (einschl. Schenkung-steuer)	Wert der Erbschaft (Ein-heitswert bzw. Kurswert bzw. Verkehrswert bzw. Teilwert)	3–70% je nach Höhe der Erbschaft und Verwandt-schaftsgrad
7. Grunderwerbsteuer	Veräußerungspreis bzw. Einheitswert des Grund-stücks	2%
8. Wechselsteuer	Wechselsumme	0,15 DM je 100 DM, in bestimmten Fällen Ermä-ßigung auf die Hälfte

C. Steuern auf die Einkommensverwendung[3]

9. Umsatzsteuer (einschl. Einfuhrum-satzsteuer)	Entgelt für: – Lieferungen und sonst. Leistungen – Eigen- und Gesell-schafterverbrauch – Einfuhr	15% bzw. 7% sowie ver-schiedene Durchschnitts-sätze

Steuerzahler	Aufkommen 1991[2]		Ertrags-hoheit	Gesetz-gebungs-hoheit
	Mio. DM	Anteil		
Eigentümer	A: 547 B: 9374	0,08% 1,40%	Gemeinden	Bund (Hebesatzau-tonomie der Gemeinden)
Gewerbebetrieb	41297	6,24%	Gemeinden, Gewerbe-steuerumlage je zur Hälfte an Bund und Länder	Bund (Hebesatzau-tonomie der Gemeinden)
Erbe, Beschenkter; bei Schenkungen da-neben Schenker	2636	0,40%	Länder	Bund
i. d. R. Erwerber (Steuerschuldner sind aber prinzipiell Er-werber und Veräuße-rer)	4523	0,68%	Länder und Gemeinden	Bund
Aussteller	328	0,05%	Bund	Bund
Unternehmer	179672	27,14%	„Gemein-schaftsteuer": Bund 63%, Länder 37% (Anteile va-riabel)	Bund

Name der Steuer	Steuerbemessungsgrundlage	Steuersatz
10. Versicherungsteuer	Versicherungsentgelt (1) oder Versicherungssumme (2)	(1) i. d. R. 10%, sonst 2% oder (2) 0,20 DM je 1000 DM (bei Hagelversicherung)
11. Feuerschutzsteuer	Entgelt für Feuerversicherung	5% (12% bei Pflichtversicherungen)
12. Kraftfahrzeugsteuer	(1) Kraftrad, PKW: Hubraum	(1) Kraftrad: 3,60 DM/25 ccm, PKW: je nach Schadstoffstufe und Zündungsart 13,20–38,00 DM/100 ccm
	(2) Sonstige Fahrzeuge: Gesamtgewicht und Achszahl	(2) nach Gesamtgewicht und Achszahl gestaffelter Tarif 22,00–166,00 DM/200 kg Gesamtgewicht
13. Mineralölsteuer	(1) Leichtöle (bleiarm) (2) verbleite Leichtöle (3) mittelschwere Öle (4) Schweröle usw. (5) Erdgas (6) sonstige Mineralöle	(1) 82,00 DM/100 l (2) 92,00 DM/100 l (3) 82,00 DM/100 l (4) 65,30 DM/100 kg (5) 158,70 DM/100 kg (6) 1,50 DM/100 kg
14. Tabaksteuer	Tabakwaren (Menge und Kleinverkaufspreis)	gestaffelt nach Menge und Kleinverkaufspreis (z. B. 0,11 DM je Zigarette)
15. Branntweinsteuer	reiner Alkohol (Menge) für: (1) Trinkzwecke (2) Heilmittelzwecke (3) Riechmittel	(1) 2550,00 DM/hl Weingeist (2) 1200,00 DM/hl Weingeist (3) 600,00 DM/hl Weingeist
16. Schaumweinsteuer	(1) Schaumwein (2) schaumweinähnliche Getränke	(1) 2,00 DM/0,75 l (2) 0,40 DM/0,75 l
17. Biersteuer	Bier (Menge)	6,00–22,50 DM/hl (je nach Brauereigröße, Ausstoß und Biergattung)
18. Kaffeesteuer	Kaffee (Menge)	3,60–9,90 DM/kg

| Steuerzahler | Aufkommen 1991[2] | | Ertrags- | Gesetz- |
	Mio. DM	Anteil	hoheit	gebungs-hoheit
Versicherer (bei Versicherungen, die im Ausland genommen werden, der Versicherte)	5862	0,89%	Bund	Bund
Versicherer	445	0,07%	Länder	Bund
Halter des Fahrzeugs	11011	1,66%	Länder	Bund
Produzent oder Importeur	47266	7,14%	Bund	Bund
Produzent oder Importeur	19591	2,96%	Bund	Bund
Branntweinmonopol-verwaltung	5648	0,85%	Bund	Bund
Produzent oder Importeur	1051	0,16%	Bund	Bund
Produzent oder Importeur	1647	0,25%	Länder	Bund
Importeur bzw. Ersterwerber	2151	0,33%	Bund	Bund

Name der Steuer	Steuerbemessungs-grundlage	Steuersatz
19. Rennwett-, Sport-wett- und Lotterie-steuer	(1) Wetteinsätze (2) Nennwert des Loses	(1) 16 2/3% (2) 20%
20. Sonstige Verbrauch-und Aufwandsteuern im Gemeindebe-reich[4] (Getränkesteu-er, Vergnügung-einschl. Kinosteuer, Hundesteuer, Jagd-und Fischereisteuer, Schankerlaubnis-steuer usw.)		

Summe der aufgeführten Steuern[5]
Summe aller kassenmäßig vereinnahmten Steuern[5]

Anmerkungen zu Tabelle 4.3:
[1] Ähnliche Aufstellungen finden sich in: Schmölders, G., und Hansmeyer, K.-H., Allgemeine Steuerlehre, 5. Aufl., Berlin 1980, S. 287 ff.; Mennel, A., Hrsg., Steuern in Europa, USA, Kanada und Japan, Herne-Berlin 1980.
[2] Statistisches Jahrbuch 1992 für die Bundesrepublik Deutschland, Stuttgart und Mainz 1993, S. 538 f. einschließlich der neuen Bundesländer und Berlin-Ost.
[3] Die Einteilung in A, B und C folgt den Übersichten im Finanzbericht (vgl. Finanz-bericht 1993, a. a. O., z. B. S. 97), so daß neuere Ergebnisse mit den Angaben in dieser Liste verglichen werden können. Eine Einteilung in die im Text (4. Kapitel, S. 123 ff.) gewählten Gruppierungen ist nicht ratsam, insbesondere weil bei vielen

mäßigkeit zweckmäßig erscheinen lassen, zurück und dienen folglich eher der Vermeidung unbeabsichtigter oder jedenfalls nicht expliziter Änderun-gen in der Verteilungsposition. Sofern zwischen expliziten Zielen bzw. da-von abgeleiteten Grundsätzen Konflikte bestehen, müssen sie **politisch ge-löst werden.** Damit wird zugleich deutlich, daß ein konkretes „rationales" Steuersystem wissenschaftlich nicht abgeleitet werden kann. Ihm liegen Wertungen über die wünschenswerte Einkommensverteilung und das Maß der Wachstumsförderung zugrunde. Daher sollen hier nur einzelne Bemer-kungen zur Rationalität eines Steuersystems folgen.

b) Die Beurteilung einzelner Steuerarten und der Steuerstruktur

Der kursorische Überblick über Besteuerungsgrundsätze läßt vermuten, daß alle Anforderungen an die Besteuerung kaum von einer einzelnen Steu-er erfüllt werden können.

Steuerzahler	Aufkommen 1991[2] Mio. DM Anteil	Ertrags- hoheit	Gesetz- gebungs- hoheit
Wettbüro, Totalisator usw.	2410 0,36%	Länder	Bund
		Gemeinden	Länder oder Gemeinden
	640993 96,84% (661919) (100,00%)		

der im betrieblichen Bereich erhobenen Steuern die Zuordnung zur Einkommensentstehung bzw. -verwendung nicht befriedigend lösbar ist.

[4] Nicht gesondert ausgewiesen, aber im Gesamtaufkommen aller Steuern enthalten.

[5] Die Addition der aufgeführten Steuern (absolut und in %) ergibt eine geringere als die Summe aller vereinnahmten Steuern. Die Differenz wird hauptsächlich dadurch hervorgerufen, daß in den letzten Jahren Steuern aufgehoben wurden und folglich in der Liste nicht mehr erscheinen, die aber, beispielsweise durch späte Veranlagung oder Nachzahlung, noch kassenmäßige Einnahmen erbringen.

Vorschläge für eine **Alleinsteuer** gehen daher auch meist von der Verabsolutierung eines einzelnen Ziels aus, oder sie basieren auf einem zu einfachen Wirkungsmechanismus. Der berühmte ,impôt unique' des französischen Physiokraten **F. Quesnay**, beispielsweise, beruhte auf der unrealistischen Annahme, daß alle Wertschöpfung aus dem Ertrag des Bodens stamme, wiewohl diese Annahme für die damalige Agrargesellschaft sicherlich stärker galt als für eine moderne Industriegesellschaft. Die vorgeschlagene Steuer auf den Bodenertrag erfaßte nach dem Verständnis der Physiokraten also die gesamte Wertschöpfung. – Heute ist am ehesten noch zu fragen, wieweit eine Einkommensteuer in der Lage wäre, die Funktion einer Alleinsteuer zu übernehmen, da sie ein hohes Aufkommen erbringt und zur Realisierung der wirtschaftspolitischen Ziele beitragen kann.

In der Regel werden daher mehrere Steuern gemeinsam erhoben, so daß sich die Frage stellt, welche Steuer als **Zentralsteuer** dienen könnte. – Zunächst kann man die Auswahlmöglichkeiten etwas einschränken. Die früher gelegentlich im Mittelpunkt stehende Vermögensteuer kommt heute als Zentralsteuer nicht mehr in Frage, weil schon im Hinblick auf das erforderliche Steueraufkommen der Hauptteil der Einnahmen sicherlich dem quantitativ ergiebigsten Strom der Einkommensentstehung und -verwendung entstammen muß. Ebenso würde eine Ertragsteuer, wie z. B. die Grundsteuer, als Zentralsteuer als unzulänglich angesehen werden. Sie knüpft im Kreislauf an einer Stelle an, die keinerlei Orientierung an der Leistungsfähigkeit des einzelnen Steuerzahlers erlaubt, so daß das Verteilungsziel nicht hinreichend berücksichtigt werden kann.

Die Tatsache, daß eine Steuer unter heutigen Zielvorstellungen nicht als Zentralsteuer akzeptiert wird, schließt nicht aus, daß solche Steuern im Zentrum **historischer Steuersysteme** gestanden haben, da zu anderen Zeiten andere Anforderungen an eine Steuer gestellt wurden.[25] In einer Zeit, in der der Finanzbedarf vergleichsweise gering und der Wunsch nach Umverteilung wenig ausgeprägt war, konnten Verbrauch- und Ertragsteuern weitgehend ausreichen, zumal ihre einfache Erhebung einem wenig ausgebauten Erhebungssystem entsprach. Als das Ziel der Einkommensumverteilung in den Vordergrund rückte, nahm das Gewicht der Einkommensteuern im Steuersystem zu. Stieg darüber hinaus der Finanzbedarf stark an, wurden erneut die Einkommensverwendungsteuern ausgebaut. – Während das 19. Jahrhundert durch **Ertragsteuersysteme** gekennzeichnet war, trat die Ertragsbesteuerung im 20. Jahrhundert zugunsten der **Einkommens- und Verbrauchsbesteuerung** zurück.

Die Diskussion einer möglichen Zentralsteuer kann sich daher auf die Fälle der Einkommensbesteuerung und der Umsatz- und Verbrauchsbesteuerung beschränken. Es wurde bereits gezeigt, daß der Zugriff einer *Einkommensbesteuerung* sich auf die von **natürlichen und juristischen Personen** empfangenen Einkommen richtet (s. oben S. 123 ff.). In der Regel werden die Vorteile der Einkommensbesteuerung in ihrer verteilungs- und konjunkturpolitischen Effizienz gesehen. Insbesondere kann mit Hilfe der Einkommensteuer die unterschiedliche Leistungsfähigkeit der Steuerzahler berücksichtigt werden. Diese Steuer ermöglicht es, Familienstand, Kinderzahl, Alter usw. im Rahmen einer politisch gewünschten Verteilungspolitik zu berücksichtigen (s. unten 6. Kap.).

Eine mögliche **Grenze der Einkommensbesteuerung** ergibt sich, wenn durch sie ein hoher Finanzbedarf gedeckt werden soll. Zu diesem Zweck müßten die **Sätze** dieser Steuer **angehoben** werden. Überschreitet die Besteuerung jedoch ein gewisses Ausmaß, so ist nicht auszuschließen, daß sich negative Auswirkungen auf **Investitions- und Arbeitsbereitschaft** ergeben und damit das Wachstum beeinträchtigt wird. Dagegen könnte eingewandt werden, daß ein höherer Anteil der Einkommensteuer bei gleichem Gesamtsteueraufkommen die Gesamtbelastung nicht verändert, sondern nur wahrnehmbarer macht, weil die Einkommensteuer für den Besteuerten merklicher ist als die Verbrauchsteuer. Für die Wirkung auf Investition und Arbeitsbereitschaft ist aber wahrscheinlich nicht die tatsächliche Belastung eines privaten Haushalts oder Unternehmens entscheidend, sondern nur der Teil der Belastung, der wahrgenommen wird und in die ökonomischen Entscheidungen eingeht. – Eine weitere Möglichkeit, das Aufkommen zu erhöhen, besteht

---

[25] Zum Überblick über die sich im Zeitablauf wandelnden steuerpolitischen Vorstellungen siehe Mann, F. K., Steuerpolitische Ideale, Jena 1937 (Nachdruck mit Nachwort des Verfassers, Darmstadt 1977).

in der **Ausdehnung der Steuerpflicht** auf niedrige Einkommen und Gewinne. Dann erhöhen sich jedoch die **Erhebungskosten**. So müßten kleine Betriebe, etwa in der Landwirtschaft, entweder zur Buchführung gezwungen und veranlagt oder pauschal besteuert werden. Die Erfassung aller möglichen Steuerfälle verstößt leicht gegen das Ziel der Erhebungsbilligkeit.

Im Gegensatz zu möglichen negativen Wachstumswirkungen, die sich bei einer starken Erhöhung der Einkommensteuersätze ergeben, wäre eine Einkommensteuer als Zentralsteuer **konjunkturpolitisch** vorwiegend **positiv** zu beurteilen. Sie besitzt automatische Steuerungsqualitäten und kann darüber hinaus auch zu aktiver Konjunkturpolitik eingesetzt werden (s. unten 7. Kap.).

Tab. 4.4: Anteile der Steuerarten in der Bundesrepublik Deutschland am Gesamtaufkommen der Steuern, in %

Steuerart	1960	1970	1980	1990		1991	1992[1]	1993[1]
				Ge- biet A[2]	Ge- biet B[3]	Zusam- men	Zusam- men	Zusam- men
Steuern auf Einkommen und Vermögen sowie Vermögensverkehr	54,9	54,7	59,4	58,0	39,5	56,6	56,3	55,4
Einkommens- verwendung	45,1	45,3	40,6	42,1	60,4	43,4	43,7	44,6
Steueraufkommen insgesamt	100,0	100,0	100,0	100,1	99,9	100,0	100,0	100,0

[1] Schätzung.
[2] Gebiet A ist der Gebietsstand der Bundesrepublik Deutschland (einschl. Berlin [West]) vor dem 3. 10. 1990.
[3] Gebiet B sind die Bundesländer Brandenburg, Mecklenburg-Vorpommern, Sachsen, Sachsen-Anhalt und Thüringen sowie das frühere Berlin [Ost].

Quelle: Finanzbericht 1970, Bonn 1970, S. 35; Finanzbericht 1980, Bonn 1979, S. 31; Finanzbericht 1992, Bonn 1991, S. 95; Finanzbericht 1993, Bonn 1992, S. 97.

Wenn für die Zukunft mit hohem öffentlichem Finanzbedarf gerechnet wird, werden die *Umsatz- und Verbrauchsteuern* wahrscheinlich weiterhin einen bedeutenden Platz einnehmen; allerdings hat ihr relativer Anteil, wie Tabelle 4.4 zeigt, von 1970 an abgenommen, liegt aber 1990 als Folge der Einkommensteuersenkung wieder etwas höher. Unter den Umsatzsteuern steht die Nettoumsatzsteuer im Vordergrund, da eine Bruttoumsatzsteuer, vor allem wenn sie auf mehreren Stufen erhoben wird, Nachteile aufweist. Allgemein wird die **geringe „Merklichkeit"** als Vorteil der indirekten Besteuerung angesehen. Dem Konsumenten ist diese indirekte Steuerbelastung oft nicht bewußt, was zu den erwähnten **wachstumspolitischen Vorteilen** führen kann. Fraglich ist jedoch, ob dieser nicht unbestrittene Vorteil die **verteilungspolitischen Schwächen** der indirekten Besteuerung aufwiegen kann. Lediglich durch eine Staffelung der Steuersätze nach dem Charakter der Güter (lebensnotwendiger Bedarf, Luxusgüter) können unter bestimmten Bedingungen soziale Forderungen verwirklicht werden. Merkmale, die die Leistungsfähigkeit betreffen (z. B. Kinderzahl, Einkommenshöhe, Alter etc.), können bei der Umsatzbesteuerung nicht berücksichtigt werden.

Gegen ein Steuersystem, das vorwiegend auf wenigen *speziellen Verbrauchsteuern* beruht, würden sowohl unter dem Aspekt der Gleichmäßigkeit und der fiskalischen Ergiebigkeit, aber auch unter konjunktur- und verteilungspolitischen Zielen Bedenken erhoben. Problematisch sind die Verbrauchsteuern auf einzelne Güter auch deshalb, weil **Sonderbegründungen oft** nur **vorgeschoben** werden, um das gewünschte **fiskalische Ziel** zu erreichen.

Ein gutes Beispiel bildet die Besteuerung von Genußmitteln, wie Tabak und Alkohol, die u. a. mit dem Ziel der **gesundheitspolitisch motivierten Verbrauchseinschränkung** vorgenommen wird. Empirische Beobachtungen zeigen jedoch, daß selbst von Zeit zu Zeit durchgeführte Steuererhöhungen die gewünschten Verbrauchseinschränkungen nicht bewirken.

Eine vorwiegende Verbrauchs-, insbesondere Umsatzbesteuerung wird also, soll sie fiskalisch ergiebig und gerecht sein, die Form einer möglichst weitgehenden Belastung des gesamten Verbrauchs annehmen müssen.

Auch die **konjunkturpolitische Effizienz** der Umsatzsteuer und der speziellen Verbrauchsteuern ist strittig. Soll beispielsweise die wirtschaftliche Aktivität in einem Land angeregt werden, so liegt es nahe, die Steuern zu senken. Bei einer Senkung dieser Steuern ist aber nicht ohne weiteres gewährleistet, daß es dann zu der erwünschten Belebung von Konsum und Produktion kommt; die Produzenten und Händler könnten die Steuersenkung zu einer relativen Preiserhöhung nutzen und dem Konsumenten weiterhin den gleichen Endpreis abfordern.

Umsatz- und Verbrauchsteuern sind also fiskalisch ergiebig und weisen insofern Vorteile auf. Sie sind administrativ wenig aufwendig und werden häufig dann zum Zuge kommen, wenn man annimmt, andere steuerpolitische Ziele wie Einkommensumverteilung und Konjunkturstabilisierung weitgehend mit anderen Steuern oder auch mit Hilfe der Ausgaben zu verwirklichen, jedoch zusätzliche Einnahmen erzielen will.

Als dritte Gruppe wird, vorwiegend aus verteilungspolitischen Gründen, häufig eine *Vermögensbesteuerung* hinzutreten. Während es denkbar ist, die Erfassung der Vermögenserträge in die Einkommensbesteuerung einzubauen (s. oben S. 129f. und unten 6. Kap., S. 289f.), müssen Steuern auf Vermögensbestand und Erbschaften zusätzlich erhoben werden. Eine Umverteilung des Vermögens durch die Erbschaftsteuer wird einerseits sozialpolitisch positiv bewertet, insbesondere auch wegen der mit ihr verbundenen Herbeiführung von gleichmäßigen Startchancen im Wirtschaftsleben. Andererseits hemmt eine zu hohe Besteuerung den Anreiz zur Vermögensbildung und damit u. U. das Wachstum.

C. Sozialabgaben als Einnahmeart zwischen Äquivalenz- und Leistungsfähigkeitsprinzip

I. Sozialabgaben als Finanzierungsform der Daseinsvorsorge

In der Bundesrepublik Deutschland gibt es, ebenso wie in anderen Ländern, eine Sozialversicherung, deren Haushalte weitestgehend getrennt von den Haushalten der Gebietskörperschaften geführt und finanziert werden (s. oben 1. Kapitel, S. 8 ff., zu den Parafisci). Aufgabe dieser Sozialversicherung (Sozialfisci) ist es, die Bevölkerung beim Eintreten bestimmter Risiken, denen Menschen ausgesetzt sind (z. B. Arbeitslosigkeit, Invalidität, Unfall, Krankheit), zu schützen und für die (Renten-)Einkommen der nicht mehr erwerbstätigen Bevölkerung im Alter zu sorgen. Die Finanzierung der „Daseinsvorsorge" kann grundsätzlich in drei Formen erfolgen, von denen an dieser Stelle nur eine der weiteren finanzwissenschaftlichen Erörterung bedarf.

Die *Besteuerung* stellt eine erste Möglichkeit dar, die Ausgaben der sog. Sozialfisci zu bestreiten. Unabhängig von individuellen Risiken und von einem etwaigen individuellen Beitragsaufkommen würde die Sozialversicherung ihren Aufgaben entsprechend die steuerfinanzierten Sozialausgaben vornehmen. Bei einer vollen Finanzierung aus Steuern bzw. allgemeinen Deckungsmitteln könnten diese Ausgaben sogar in das allgemeine Budget integriert werden; eine institutionelle Trennung von den Haushalten der Gebietskörperschaften ließe sich bei dieser Finanzierungsform aus technischer bzw. aus organisatorischer Sicht weniger gut rechtfertigen als bei einer gesonderten Beitragsfinanzierung. Hinsichtlich der Finanzierung der Sozialversicherung bestünde dann kein Unterschied zu den heutigen Sozialausgaben der Gebietskörperschaften (z. B. Sozialhilfe, Wohngeld oder Ausbildungsförderung), da auch diese aus allgemeinen Deckungsmitteln, also insbesondere Steuern, finanziert werden. Eine gesonderte Behandlung dieses ersten Finanzierungsweges ist daher nicht erforderlich, und soweit die Finanzierung über Steuern erfolgt, könnte das bereits dargestellte Leistungsfähigkeitsprinzip (Teil B) zum Zuge kommen.

In der Bundesrepublik Deutschland spielt die Steuerfinanzierung auch für die Sozialversicherung eine Rolle. Eine Finanzierung aus allgemeinen Deckungsmitteln (Steuern, Krediten usw.) gibt es in Form der Überweisungen des Bundes an die Sozialversicherungshaushalte, die entweder als Zuschüsse (z. B. an die Rentenversicherung und an die Bundesanstalt für Arbeit) oder als Erstattungen (z. B. für bestimmte Ausgaben der gesetzlichen Krankenversicherung) gewährt werden. Diese Zuwendungen aus öffentlichen Mitteln als Einnahmeart der Sozialversicherung belaufen sich im Jahre 1990 auf 31,4% (s. Tab. 4.5). Insoweit ist die Besteuerung eine Finanzierungsform der Sozialversicherung in der Bundesrepublik, die allerdings in den einzelnen Zweigen des Systems der sozialen Sicherung unterschiedlich stark eingesetzt wird.

Eine grundsätzlich andere Form der finanziellen Vorsorge für das Alter und gegen die genannten Lebensrisiken besteht im Abschluß entsprechender privater Versicherungen mit einer Finanzierung über sog. *risikoproportionale Prämien.* In diesem der Steuerfinanzierung entgegengesetzten Fall erfolgt die Abdeckung der individuellen Risiken nach dem versicherungstechnischen Äquivalenzprinzip, d. h. die Prämien bzw. Beiträge entsprechen dem Erwartungswert der Leistungen für den individuellen Versicherungsnehmer. Nach diesem Prinzip sind tendenziell die Tarife der privaten Lebens- oder Krankenversicherungen gestaltet. Bei einer reinen Marktlösung ist weder eine öffentliche Zwangsversicherung erforderlich noch überhaupt ein Zwang für die Bevölkerung, sich einer Versicherung anzuschließen (Versicherungszwang). Am Markt bildet sich eine Vielfalt von Tarifen heraus, die im Wettbewerb durchgesetzt werden muß und sich an der Nachfrage orientiert.[26] Eine Umverteilung zwischen Einkommensgrößenklassen entfällt bzw. beschränkt sich auf versicherungsimmanente Umverteilungsvorgänge, die sich aus der risikobedingten Streuung der Kosten ergeben. Eine derartige privatwirtschaftliche Lösung, die sozialpolitische Eingriffe des Staates nicht ausschließen muß, erfordert ebenfalls keine gesonderte Behandlung in einem finanzwissenschaftlichen Lehrbuch.

In der Bundesrepublik bestehen private Kranken-, Lebens- und Unfallversicherungen, in denen sich die Bevölkerung freiwillig versichern kann. Die privaten Versicherungsunternehmen unterliegen der öffentlichen Versicherungsaufsicht, müssen also u. a. ihre Tarife genehmigen lassen. Abgesehen von dieser öffentlichen Aufsicht entspricht diese Finanzierungsform dem Prinzip der marktmäßigen Äquivalenz (s. oben S. 103).

Die im folgenden im Vordergrund stehende Finanzierungsform der Daseinsvorsorge sind die sog. *Sozialabgaben* (Sozialversicherungsbeiträge, payroll taxes). Sie müssen vom Aufkommen her die Ausgaben, die nicht durch Zuschüsse, Erstattungen und sonstige Einnahmen der Sozialversicherungshaushalte gedeckt werden können, finanzieren. Diese Zwangsabgaben treten in aller Regel zu der individuellen Steuerlast hinzu; daher wird gelegentlich auch von „Steuern und steuerähnlichen Abgaben" gesprochen (s. oben Tab. 1.2, S. 16). Sozialabgaben sind mit einem Anteil von ca. 65% das vorherrschende Einnahmeinstrument der Sozialversicherungshaushalte bzw. des Sozialbudgets in der Bundesrepublik Deutschland (s. Tab. 4.5) und werden im Rahmen eines Quellenabzugs von den Pflichtmitgliedern und freiwilligen Mitgliedern der Sozialversicherung erhoben, um die den Sozialfisci per Gesetz (z. B. im Sozialgesetzbuch) zugewiesenen Aufgaben zweckgebunden zu finanzieren.

Als Bemessungsgrundlage der Beitragsberechnung dient das versicherungspflichtige Arbeitseinkommen der Mitglieder bis zu einer bestimmten Einkommenshöhe (sog. Beitragsbemessungsgrenze), die der Einkommensentwicklung jährlich angepaßt wird. Abgabepflichtig sind die Pflichtmitglieder, deren Abgrenzung im einzelnen im

---

[26] Eine Marktlösung wird als die aus allokativer Sicht effizienteste Lösung angesehen, da sie am ehesten den wohlfahrtstheoretischen Postulaten der Produktionseffizienz, Verbrauchseffizienz und Austauscheffizienz entspricht. Siehe hierzu im einzelnen Metze, I., Gesundheitspolitik, Stuttgart u. a. 1982, S. 15 ff.

Sozialgesetzbuch vorgenommen wird,[27] und die Arbeitgeber. Die Aufbringung der Sozialabgaben erfolgt in der Regel im Verhältnis 1:1 durch die sog. Arbeitgeberbeiträge und Arbeitnehmerbeiträge.[28] Am 1. 1. 1993 betrugen die Sätze für die Arbeitnehmerbeiträge, bezogen auf das beitragspflichtige Einkommen, 8,75% in der Rentenversicherung der Arbeiter und Angestellten, durchschnittlich 6,7% bzw. 6,25% in der Krankenversicherung West bzw. Ost und 3,25% für die Arbeitslosenversicherung.

Die einkommensproportionalen Sozialabgaben lassen sich a priori weder dem Äquivalenz- noch dem Leistungsfähigkeitsprinzip voll zuordnen, so daß die gesonderte Beschäftigung mit dieser – im übrigen auch quantitativ erheblich ins Gewicht fallenden – Einnahmekategorie gerechtfertigt erscheint. Einerseits stehen die am Arbeitseinkommen und nicht am individuellen Risiko orientierten Beiträge im klaren Gegensatz zum versicherungswirtschaftlichen Äquivalenzprinzip, wie es privaten Versicherungen zugrundeliegt. Andererseits handelt es sich um zweckgebundene Abgaben, die anders als die allgemeinen Deckungsmittel nur von bestimmten Gruppen der Bevölkerung aufgebracht werden und nur für bestimmte Aufgaben verwendet werden dürfen. Außerdem weisen sie im Vergleich zur Lohn- und Einkommensteuer ein anderes, in der Regel enger abgegrenztes Einkommen als Bemessungsgrundlage auf (siehe C II).

Aus Tabelle 4.5 sind Höhe und Struktur der Sozialbeiträge im Vergleich zu den Zuweisungen und sonstigen Einnahmen in den Jahren 1980 und 1990 zu ersehen. Es zeigt sich in der Betrachtung der Finanzierung nach Einnahmearten (I), daß fast 65% der im Sozialbudget zusammengefaßten Sozialausgaben über Sozialbeiträge gedeckt werden. Ihre Höhe betrug im Jahre 1990 etwa 476 Mrd. DM und lag damit knapp 100 Mrd. unter dem gesamten Steueraufkommen von Bund, Ländern und Gemeinden[29].

Die Betrachtung der Finanzierung nach Einnahmequellen (II) zeigt, welche Wirtschaftssubjekte in welchem Umfang die Mittel an die Träger der Sozialversicherung abführen. Unternehmen und private Haushalte bringen zusammen knapp 60% auf. Der Rest stammt überwiegend von Gebietskörperschaften, also aus allgemeinen Deckungsmitteln (s. o.). Werden die Einnahmen des sog. Sozialbudgets nach den Trägern der Sozialversicherungen aufgeteilt (III), entfällt der größte Einnahmeposten mit knapp 30% auf die gesetzliche Rentenversicherung und ein Anteil von nahezu 20% auf die gesetzliche Krankenversicherung (s. im einzelnen Tab. 4.5).

---

[27] In der gesetzlichen Krankenversicherung beispielsweise sind knapp 90% der Bevölkerung versichert, davon im Jahre 1991 im Falle der Mitglieder (einschl. Rentner) 13,5% (West) bzw. 4,9% (Ost) freiwillig. Berechnet nach: Der Bundesminister für Arbeit und Sozialordnung, Hrsg., Die gesetzliche Krankenversicherung in der Bundesrepublik Deutschland im Jahre 1991, Bonn 1992, S. 29, sowie Sommer, B., Entwicklung der Bevölkerung bis 2030, in: Wirtschaft und Statistik, Heft 4/1992, S. 217ff.

[28] In der gesetzlichen Unfallversicherung übernehmen die Arbeitgeber die gesamten Beiträge, die in diesem Zweig der sozialen Sicherung allerdings risikoproportional, d. h. in diesem Fall entsprechend den Risiken am Arbeitsplatz, erhoben werden.

[29] Das geschätzte Steueraufkommen in der Bundesrepublik belief sich 1990 (einschl. neue Bundesländer, 2. Halbjahr) auf 566,4 Mrd. DM (Finanzbericht 1993, Bonn 1992, S. 89).

Tab. 4.5: *Finanzierung des Sozialbudgets nach Einnahmearten, Einnahmequellen und Trägern der Sozialversicherung, Bundesrepublik Deutschland, 1980 und 1990*

	1980		1990	
	Mio. DM	%	Mio. DM	%
I. Einnahmearten				
Sozialbeiträge	308 774	61,9	476 048	64,8
der Versicherten	124 557	25,0	204 611	27,9
– Arbeitnehmer	91 149	18,3	146 865	20,0
– Selbständige	4 983	1,0	8 137	1,1
– Sonstige Personen	28 425	5,7	49 609	6,8
der Arbeitgeber	184 217	36,9	271 437	37,0
– tatsächliche Beiträge	110 204	22,1	174 326	23,7
– unterstellte Beiträge[1]	74 013	14,8	97 111	13,2
Zuweisungen	179 346	36,0	244 416	33,3
aus öffentlichen Mitteln	167 751	33,6	230 357	31,4
sonstige Zuweisungen	11 595	2,3	14 059	1,9
Sonstige Einnahmen	10 722	2,1	13 980	1,9
Sozialbudget insgesamt	498 842	100,0	734 444	100,0
II. Quellen der Einnahmen				
Unternehmen	159 771	32,0	229 259	31,2
Private Haushalte	129 761	26,0	211 029	28,7
Bund	111 968	22,4	145 305	19,8
Länder	57 468	11,5	80 148	10,9
Gemeinden	35 908	7,2	62 246	8,5
Sonstige	3 965	0,8	6 456	0,9
Sozialbudget insgesamt	498 842	100,0	734 444	100,0
III. Einnahmen nach Trägern				
Gesetzliche Rentenversicherung (einschl. Knappschaft)	144 741	29,0	219 214	29,8
Gesetzliche Krankenversicherung	82 743	16,6	141 534	19,3
Gesetzliche Unfallversicherung	11 112	2,2	14 041	1,9
Arbeitsförderung	22 360	4,5	51 560	7,0
Übrige, z. B. Sozialhilfe, Vermögensbildung, soziale Entschädigung, beamtenrechtliche Systeme	237 886	47,7	308 095	42,0
Sozialbudget insgesamt	498 842	100,0	734 444	100,0

[1] Bei unterstellten Beiträgen der Arbeitgeber handelt es sich um Finanzierungsmittel, die von privaten und öffentlichen Arbeitgebern für gesetzliche, vertragliche und freiwillige Leistungen aufgebracht werden, z. B. die Lohnfortzahlung.

Quelle: Bundesminister für Arbeit und Sozialordnung, Hrsg., Materialband zum Sozialbudget 1990, Bonn 1990, S. 17, 84, 86, 91, 104, 105, 107.

II. Gestaltungsprinzipien der Daseinsvorsorge und Beurteilungskriterien der Sozialabgaben

a) Sozialabgaben innerhalb der Gestaltungs- und Finanzierungsprinzipien der Daseinsvorsorge

Um die Vielzahl möglicher und praktizierter Finanzierungsalternativen (siehe CI) besser einordnen und beurteilen zu können, ist eine Rückbesinnung auf die grundsätzlichen Gestaltungs- und Finanzierungsprinzipien der Daseinsvorsorge zweckmäßig. Sie haben ähnlich wie die Grundsätze der Besteuerung eine lange Tradition und dienen vor allem der sozial- und ordnungspolitischen Auseinandersetzung über Ziele und Formen der Daseinsvorsorge und damit auch der Diskussion über die Aufgaben der Sozialversicherung.

Folgt man dem Schema 4.1, das die Gestaltungs- und Finanzierungsprinzipien der Daseinsvorsorge enthält, so lassen sich zunächst das Individualprinzip und das Sozialprinzip einander gegenüberstellen. Die freiwillige individuelle Vorsorge erfolgt über Rücklagen und über den Abschluß von privaten Versicherungen, für die risikoorientierte Beitragszahlungen (Prämien) zu leisten sind. Diese Form der Eigenvorsorge entspricht der marktmäßigen Äquivalenz (s. oben S. 103).

Im Falle der gesetzlich verfügten staatlichen Vorsorge lassen sich das Versicherungs-, Versorgungs- und Fürsorgeprinzip[30] als die drei Gestaltungsprinzipien unterscheiden, denen sich jeweils bestimmte Finanzierungsformen mit den dahinterstehenden finanzwissenschaftlichen Abgabeprinzipien, dem Äquivalenzprinzip (siehe Teil A) und dem Leistungsfähigkeitsprinzip (siehe Teil B), zuordnen lassen.

Dem *Fürsorgeprinzip* folgend wird dem bedürftigen Individuum nur in einer Notlage und erst nach Ausschöpfung aller anderen Möglichkeiten Hilfe gewährt. Es liegt dem System der Sozialversicherung grundsätzlich nicht zugrunde, sondern kommt nur bei einigen Sozialausgaben der Gebietskörperschaften, z. B. bei der Sozialhilfe der Gemeinden, zum Tragen. Die Hilfeleistungen im Rahmen des Fürsorgeprinzips sind dementsprechend von Beitragszahlungen irgendwelcher Art unabhängig und werden aus den allgemeinen Deckungsmitteln, also überwiegend aus Steuern, finanziert. Das Fürsorgeprinzip kann daher hinsichtlich der finanzwissenschaftlichen Abgabeprinzipien am ehesten mit der Finanzierung nach dem Leistungsfähigkeitsprinzip in Zusammenhang gebracht werden und folglich hier im weiteren unbehandelt bleiben.

Das *Versorgungsprinzip* ist ähnlich wie das Fürsorgeprinzip dadurch gekennzeichnet, daß ein „do ut des" zwischen Leistungen und Beiträgen nicht

---

[30] Zu den Prinzipien der sozialen Sicherung siehe im einzelnen die Lehrbücher der Sozialpolitik, z. B. Lampert, H., Lehrbuch der Sozialpolitik, 2. Aufl., Berlin u. a. 1991, S. 143 ff.

vorliegt. Erlittene Nachteile bzw. Schäden (z.B. durch den Krieg verursacht) begründen die Versorgungsleistungen; ihre Finanzierung erfolgt aus den allgemeinen Deckungsmitteln, also wiederum vorwiegend aus Steuermitteln. Während in der Bundesrepublik z.B. die Ausgaben nach dem Lastenausgleich und die Kriegsopferversorgung dem Versorgungsprinzip folgen, finanzieren andere Länder auch Aufgaben der Sozialversicherung nach diesem Prinzip (z.B. England oder Schweden). Dementsprechend würde allen Staatsbürgern aus Steuermitteln eine Sicherung im Alter oder bei Krankheit gewährt, was der Finanzierung entsprechend erhebliche Konsequenzen für die Einkommensverteilung und das Wirtschaftswachstum hätte. Da diese Finanzierungsform – genau wie die Finanzierung im Rahmen des Fürsorgeprinzips – über die allgemeinen Deckungsmittel erfolgt, ist auch hier der Bezug zur Finanzierung nach dem Leistungsfähigkeitsprinzip gegeben und insoweit bereits behandelt worden (s. Teil B). Würden also beispielsweise die Bundeszuschüsse an einzelne Zweige der Sozialversicherung erhöht, so führte das zu einer erweiterten Anwendung des Versorgungsprinzips.

Der größte Teil des Systems der sozialen Sicherung in der Bundesrepublik Deutschland ist dem sog. *Versicherungsprinzip* zuzuordnen, wobei es nicht einfach ist, das Versicherungsprinzip in der Sozialversicherung vom Versicherungsprinzip in der Individualversicherung klar abzugrenzen.

Das privatwirtschaftliche Versicherungsprinzip wurde schon von Beginn der Sozialversicherungsgesetzgebung an durchbrochen. Insbesondere waren es sog. Sicherungs- und Solidarziele, die ebenfalls mit Hilfe der gesetzlichen Sozialversicherung verwirklicht werden sollten und die in der privaten Versicherung keine vergleichbare Rolle spielen. Zu den Elementen, die einen sog. Solidarausgleich unter den Mitgliedern der Sozialversicherung herbeiführen und mit deren Hilfe eine Abgrenzung zwischen Individual- und Sozialversicherung vorgenommen werden kann, zählten u.a.

– der Zwangscharakter der Sozialversicherung,

– die Einschränkung in der Mitgliedschaft,

– Umverteilungsaufgaben und

– das Einkommen als Bemessungsgrundlage.

Obwohl über Richtung und Umfang der durch die Elemente des Solidarausgleichs hervorgerufenen Verteilungswirkungen oft auch heute noch Unklarheit besteht, sind sie kennzeichnend für die Ausgestaltung der gesetzlichen Sozialversicherung. Je mehr diese Art von versicherungsfremden Aufgaben wahrgenommen wird, desto stärker geht das Versicherungsprinzip in der Sozialversicherung in ein Versorgungsprinzip über.

Wie schwierig die Zuordnung der Finanzierungsformen der Daseinsvorsorge auf bestimmte Prinzipien ist, zeigt sich bei einem gesetzlich verfügten Abschluß einer privaten Versicherung (Versicherungszwang, siehe Schema 4.1). Staatliche und marktliche Lösungen lassen sich in diesem Fall, wie es für die finanzielle Absicherung des Pflegerisikos erörtert wurde und für die obligatorische Kraftfahrzeughaftpflichtversicherung praktiziert wird, nicht klar voneinander trennen. Bei einer solchen Lösung können im Falle von

Schema 4.1: Gestaltung und Finanzierung der Daseinsvorsorge

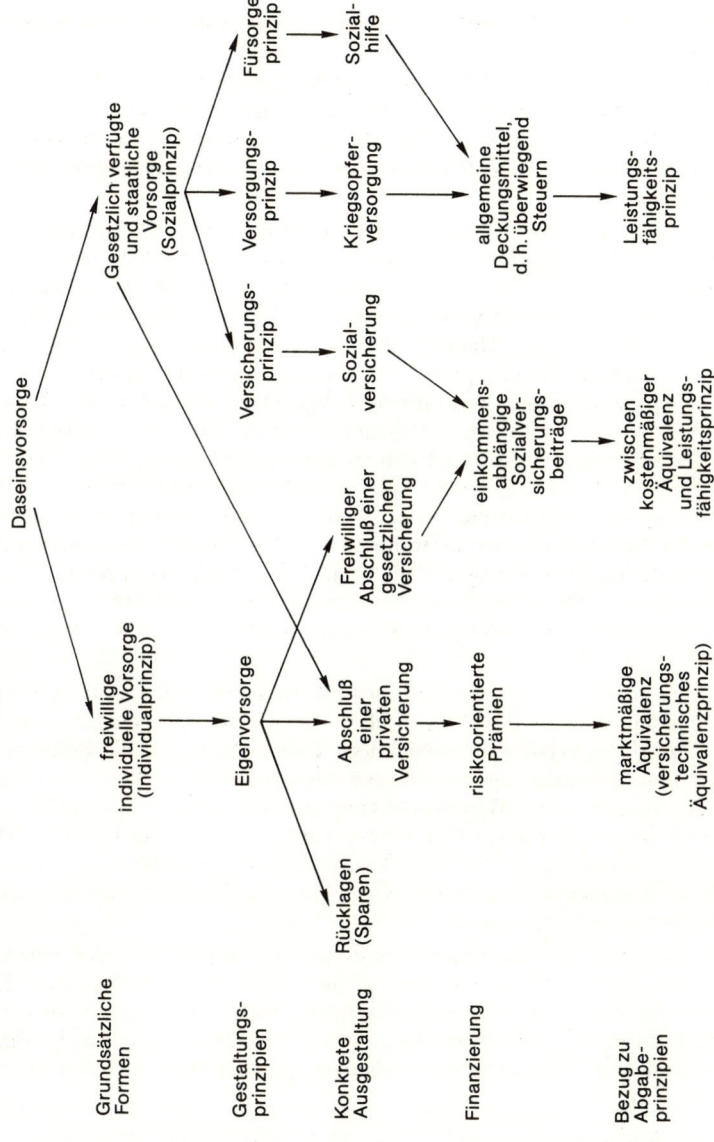

Arbeitslosigkeit und Armut die Beiträge vom Staat übernommen werden, um sozialpolitische Einwände zu berücksichtigen. – Mit der Lohnfortzahlung liegt ein weiterer Sonderfall vor. Durch die Pflicht zur Lohnfortzahlung im Krankheitsfall des Arbeitnehmers durch den Arbeitgeber zeigt sich, wie eine staatlich verfügte Kostenverlagerung in den privaten Sektor erfolgt.

Sind nun – wie es in der Bundesrepublik Deutschland der Fall ist – die Sozialabgaben das kennzeichnende Finanzierungsinstrument einer gesetzlichen Sozialversicherung, so bleibt die Frage nach dem Bezug dieser Finanzierungsform zu den beiden finanzwissenschaftlichen Abgabeprinzipien (s. Schema 4.1).

Dem Prinzip der *kostenmäßigen Äquivalenz* (s. 4. Kapitel, S. 103) genügen die Sozialabgaben insoweit, wie die Ausgaben der Sozialversicherung gruppenspezifisch über Beitragszahlungen aufgebracht und für die Gruppen wieder zweckgebunden verwendet werden. Diese „gruppenmäßige kostenmäßige Äquivalenz" (Haller) läßt sich zeitlich auf ein Jahr beziehen und auch intergenerativ interpretieren. Auch ein räumlicher Bezug kann gegeben sein, wenn man z. B. an regional abgegrenzte gesetzliche Krankenkassen denkt. Die Äquivalenzelemente bestehen darin, daß in aller Regel keine Leistungen in Anspruch genommen werden können, ohne daß früher irgendwelche Zahlungen oder laufende Beiträge geleistet wurden, und es geht so weit, daß beispielsweise in der gesetzlichen Rentenversicherung auch Umfang und Dauer der während der Erwerbstätigkeit geleisteten Beiträge zu den Bestimmungsgrößen für die Höhe der späteren Rentenzahlungen gehören. Die Höhe dieser Beitragsäquivalenz spielt daher auch in der Diskussion über die gesetzliche Rentenversicherung stets eine zentrale Rolle.[31]

Elemente des *Leistungsfähigkeitsprinzips* treten bei den Sozialabgaben dadurch auf, daß das Einkommen als Bemessungsgrundlage dient. Die Abgrenzung des versicherungspflichtigen Einkommens und die Bestimmung der Beitragsbemessungsgrenzen sind dann Beispiele, an denen eine mehr oder weniger starke Berücksichtigung der finanziellen Leistungsfähigkeit der Beitragszahler aufgezeigt werden kann. So wird unter Leistungsfähigkeitsaspekten gelegentlich eine Ausweitung des Einkommensbegriffs, wie im Einkommensteuerrecht gefordert, und eine Erhöhung der Beitragsbemessungsgrenze diskutiert.

Entscheidend für die finanzwissenschaftliche Beurteilung der Finanzierungsformen der Daseinsvorsorge ist nicht allein die möglichst genaue Einordnung des gegenwärtigen Finanzierungssystems der Sozialversicherung in die nicht immer einheitlich abgegrenzten Gestaltungs- und Finanzierungsprinzipien der Daseinsvorsorge, sondern auch die Frage nach den Erschei-

---

[31] Die Beitragsäquivalenz der Leistungen steht bei der privaten Alterssicherung über Lebensversicherungen im Vordergrund. Das aus der privaten Lebensversicherung bekannte Anwartschaftsdeckungsverfahren ist dadurch gekennzeichnet, daß von jedem Versicherungsnehmer die späteren Rentenansprüche individuell aufgebracht werden müssen.

nungsformen staatlichen Handelns in der Daseinsvorsorge (b) und die Berücksichtigung weiterer Beurteilungskriterien im Falle von geplanten Veränderungen im derzeitigen Finanzierungssystem (c).

b) Die Vielfalt der Erscheinungsformen staatlicher Aktivität in der Daseinsvorsorge

Die vorangegangenen Ausführungen haben gezeigt, daß auch die private Versicherung für die finanzielle Vorsorge für die meisten Lebensrisiken Lösungen bietet. Daher stellt sich hier wie in anderen Aufgabenbereichen die Frage, ob und ggf. in welchem Umfang Eingriffe der öffentlichen Hand überhaupt erforderlich sind.

In einem marktwirtschaftlich-dezentralen Wirtschaftssystem ist ein Abweichen vom Prinzip der marktwirtschaftlichen Äquivalenz dann geboten, wenn als schwerwiegend angesehene angebots- und/oder nachfrageseitige Mängel in der marktlichen Allokation auftreten (s. oben 2. Kapitel, S. 42 ff.). So kann es z. B. bei der Produktion bzw. dem Angebot von Versicherungsleistungen leicht zu unvollkommenen Markt- und Preisstrukturen sowie zu einer unerwünschten Risikoauslese (z. B. durch Leistungsausschlüsse in der privaten Krankenversicherung) kommen. Auf der Nachfrageseite gibt es möglicherweise verzerrte oder gar nicht vorhandene Präferenzen der Wirtschaftssubjekte. Mangelhafte Informationen können zu einer Unterschätzung zukünftiger Risiken beitragen und damit zu Kosten in der Zukunft führen, die die Gesellschaft zu tragen hat, wenn sie den Bürger nicht seiner dann ungünstigen Situation überlassen will. Die gleiche Überlegung gilt bei vorliegender Unfähigkeit zu eigenen Entscheidungen sowie bei fahrlässigem Verhalten. Auch hier divergieren individuelle und kollektive Vorstellungen über den wünschenswerten Versicherungsschutz, was zu öffentlichen Hilfeleistungen oder meritorischen Eingriffen führen kann. Angebots- und nachfrageseitige Mängel in der marktlichen Allokation sowie positive externe Effekte durch die Vermeidung existentieller Not können also staatliche Eingriffe rechtfertigen, die die Allokationseffizienz erhöhen und – falls politisch gewünscht – auch zu mehr Verteilungsgerechtigkeit im Sinne der erwähnten Sicherungs- und Sozialziele beitragen.

Aus dem sich ergebenden Handlungsbedarf des Staates läßt sich jedoch noch keine Begründung eines bestimmten Systems der sozialen Sicherung ableiten (siehe Schema 4.1). Vielmehr scheint eher eine Vielfalt von Erscheinungsformen öffentlicher Aktivität dazu geeignet zu sein, die Marktergebnisse zu verbessern:

(1) So kann beispielsweise der Abschluß von privaten Versicherungen steuerlich begünstigt werden, Leistungsausschlüsse können verboten werden („Kontrahierungszwang"), und eine strenge Rechtsaufsicht kann darauf achten, daß der Wettbewerb durch bestimmte Rahmenbedingungen gesichert wird.

(2) Werden diese Handlungsformen des Staates nicht als ausreichend angesehen, ist als nächster Schritt auch ein Versicherungszwang denkbar,

der z. B. den Abschluß einer Grundsicherung vorschreibt. Eine solche Vorschrift muß Marktlösungen mit freier Preisbildung noch nicht oder nicht erheblich beeinträchtigen.[32] Eine gesetzlich verfügte Grundsicherung, verbunden mit individuellen Zusatzversicherungen, könnte zu einem dualen System der sozialen Sicherung führen, wie es in der sozialpolitischen Diskussion verschiedentlich für die Renten-, Kranken- und Pflegeversicherung gefordert wird.

(3) Der nächste Schritt führte dann zu einer gesetzlichen Sozialversicherung, für deren einzelne Bereiche (Rentenversicherung, Krankenversicherung u. a.) der Staat genaue Vorschriften erläßt.[33]

(4) Schließlich ist es denkbar, daß die Daseinsvorsorge über die allgemeinen Deckungsmittel, also nicht mehr nur über Beiträge, finanziert wird. Das Aufgehen der Sozialversicherung in den Ausgaben der Gebietskörperschaften wäre ein Endpunkt auf der Skala der Eingriffsintensität des Staates und führt zum sog. Versorgungsstaat.

Die Vielzahl der Interventionsformen des Staates ergibt ein breites Spektrum zwischen privaten und öffentlich verfügten Lösungen der Daseinsvorsorge. Die relativ starke Rolle der öffentlichen Hand im gegenwärtigen System der Sozialversicherung in der Bundesrepublik Deutschland läßt sich überwiegend historisch erklären; aus ökonomischer Sicht ist die derzeitige Rolle des Staates in der Daseinsvorsorge in Verbindung mit der sozialen Selbstverwaltung nur eine unter vielen denkbaren Gestaltungsmöglichkeiten. Eine stärkere Anwendung des Äquivalenzprinzips hat gegenüber dem Leistungsfähigkeitsprinzip insbesondere allokative Vorteile und stärkt die Selbststeuerungsfähigkeit des Systems der sozialen Sicherung.

c) Weitere Beurteilungskriterien für die Finanzierung über Sozialabgaben

Die vorangegangenen Überlegungen waren stark von dem Gedanken der ordnungspolitischen Systemgerechtigkeit unterschiedlicher Finanzierungssysteme geprägt. Wie in anderen Bereichen der öffentlichen Finanzwirtschaft sind aber auch die übrigen Ziele der Wirtschaftspolitik heranzuziehen, insbesondere wenn im Rahmen des bestehenden Systems nur marginale Veränderungen diskutiert werden. Hierzu zählen vor allem die Wirkungen unterschiedlicher Finanzierungs-(und Leistungs-)regelungen auf

– die Beschäftigung, das Preisniveau und den Arbeitsmarkt,

– die Konjunktur, das Wachstum und den Wettbewerb,

– die Einkommens- und Vermögensverteilung,

– die finanzielle Ergiebigkeit,

---

[32] Dies zeigt sich am Beispiel der Kraftfahrzeughaftpflichtversicherung, die zwar jeder Autohalter bei einer privaten Versicherung abschließen muß, wobei er aber zwischen zahlreichen Anbietern mit unterschiedlichen Konditionen wählen kann.

[33] Sie sind für die Bundesrepublik im sog. Leistungs-, Mitgliedschafts- und Beitragsrecht des Sozialgesetzbuchs, getrennt nach den Trägern der Sozialversicherung, kodifiziert.

– die Praktikabilität, Transparenz und Autonomie und das Vertrauen in die Selbstverwaltung.

Dieser Kanon von Zielen, der in ähnlicher Form auch den Beurteilungskriterien der Besteuerung (s. oben S. 138ff.) zugrunde liegt, kann zur Beurteilung des gesamten Finanzierungssystems oder auch nur von Veränderungen der Finanzierungsregeln herangezogen werden. Änderungen in der Abgrenzung des versicherungspflichtigen Einkommens, in dem Aufbringungsverhältnis von Arbeitgeber- und Arbeitnehmerbeiträgen, in der Höhe der Versicherungspflicht- und Beitragsbemessungsgrenze, Änderungen hinsichtlich der Besteuerung von Renten sowie die Einführung einer Pflegeversicherung können vor dem Hintergrund der übergreifenden Gestaltungsprinzipien (siehe II a) und auch anhand der anderen Beurteilungsgesichtspunkte geprüft werden.

Als Beispiel für eine Veränderung des Finanzierungssystems kann der Vorschlag der „Maschinensteuer" dienen. Häufig ist in den letzten Jahren – wie auch schon in den 60er Jahren – eine Umstellung der Bemessungsgrundlage für Sozialabgaben auf eine Wertschöpfungsgröße diskutiert worden, wobei sich die Vorschläge oft nur auf eine Umstellung der Arbeitgeberbeiträge in der Rentenversicherung beziehen. Ein zusätzlicher Finanzbedarf in Verbindung mit dem Rückgang der Anzahl erwerbstätiger Menschen und eine behauptete einseitige Belastung des Faktors Arbeit führten in der Reformdiskussion u. a. zu dem Vorschlag, die Bemessungsgrundlage Lohn- und Gehaltssumme um die Einkommen aus Unternehmertätigkeit und Vermögen auszudehnen (sog. Maschinenbeitrag). Begründet wurde dieser Vorschlag u. a. mit den vermeintlichen negativen Beschäftigungseffekten, die sich bei der derzeitigen Bemessungsgrundlage daraus ergeben, daß kapitalintensive Unternehmungen bevorzugt und personalintensive benachteiligt werden. Neben dieser arbeitsmarktbezogenen Betrachtung stand die Befürchtung, daß die finanzielle Ergiebigkeit bei einer lohnbezogenen Abgabe gefährdet würde, wenn die gesamte Wertschöpfung stärker als die Lohnsumme steige. Von Gegnern einer Umstellung wird vorgebracht, daß die Beitragsäquivalenz in der gesetzlichen Rentenversicherung weiter geschwächt wird und die veränderten Abgaben den Charakter von Steuern annähmen mit den entsprechenden Konsequenzen für die Ertragshoheit und die Selbstverwaltung.[34] Auch in der gesetzlichen Krankenversicherung wird die beschriebene Umbasierung der Beiträge ein Thema werden, da vom 1. 1. 93 an den Beiträgen der freiwillig versicherten Rentner alle sieben Einkunftsarten zugrunde liegen.

D. Öffentliche Schuld als Finanzierungsform

I. Anlässe für öffentliche Schuldaufnahme

Trotz sorgfältiger Planung der öffentlichen Ausgaben und Einnahmen ergibt sich in der finanzpolitischen Praxis im Ablauf des Haushaltsjahres häufig ein Finanzierungsdefizit, das weder durch verstärkte Entgeltfinanzie-

---

[34] Siehe im einzelnen Schmähl, W., Henke, K.-D., Schellhaaß, H. M., Änderung der Beitragsfinanzierung in der Rentenversicherung? Ökonomische Wirkungen des Maschinenbeitrags, Baden-Baden 1984.

rung noch durch eine Erhöhung der Steuern kurzfristig ausgeglichen werden kann. Gelingt es auch nicht, die entstehende Lücke durch Ausgabenkürzungen zu schließen, so ist es erforderlich, sie durch Schuldaufnahme zu decken. Dabei ist der **Verschuldungsanlaß** eines ad hoc herbeigeführten Haushaltsausgleichs mit Hilfe der öffentlichen Verschuldung von dem ebenfalls *fiskalischen Motiv* einer kontinuierlichen, auf Dauer geplanten Schuldaufnahme zu unterscheiden, wie sie insbesondere auf kommunaler Ebene üblich ist. Neben diese beiden fiskalisch begründeten Verschuldungsanlässe, die durchaus gleichzeitig gegeben sein können, treten nichtfiskalische Motive der Schuldaufnahme: Konjunktur-, verteilungs- und wachstumspolitische Überlegungen können ebenfalls den Ausschlag für eine Schuldaufnahme geben.

Ohne an dieser Stelle auf die *konjunkturpolitische Bedeutung* der öffentlichen Schuld im einzelnen einzugehen (s. unten 7. Kapitel), sei nur vermerkt, daß Aufnahme und Rückzahlung der öffentlichen Schuld bei den Zeichnern der Schuldtitel monetäre Entzugs- und Zuführungswirkungen zur Folge haben, derer sich die öffentliche Hand instrumentell bedienen kann. Weil von der Schuldaufnahme und der Besteuerung unterschiedliche Auswirkungen auf private Konsum- und Sparentscheidungen sowie auf die private Investitionstätigkeit ausgehen, ist das Verhältnis zwischen Steuern und öffentlicher Verschuldung von konjunktur- und wachstumspolitischer Bedeutung.

Verglichen mit dem fiskalischen und konjunkturpolitischen Ziel wird das *verteilungspolitische Ziel* bei der Rechtfertigung und Ausgestaltung der öffentlichen Schuld seltener angeführt. Sollte sie als Instrument der Einkommens- und Vermögenspolitik eingesetzt werden, müßte ein qualitativer Zusammenhang zwischen Schuldaufnahme, Verzinsung und Rückzahlung und der politisch erwünschten Umverteilung von Einkommen und Vermögen herstellbar sein.[35] Wenn sich eine solche Verbindung nachweisen ließe und ihr darüber hinaus quantitative Bedeutung zukäme, so ließen sich auch diese Wirkungen möglicherweise gezielt einsetzen.

Schließlich kann die Schuldaufnahme deswegen erfolgen – und hier fällt die Unterscheidung zwischen fiskalischen und nichtfiskalischen Motiven schwer –, weil im Falle einer andernfalls erforderlichen Steuerfinanzierung der *Steuerwiderstand* als zu hoch eingeschätzt wird und Wählerstimmenverluste nicht ausgeschlossen werden können. Da der Steuerzahler die sich aus der Verzinsung ergebende zukünftige Belastung durch die Verschuldung möglicherweise nicht erkennt, liegt hier u. U. mit der **Schuldenillusion** eine spezielle Form der sog. **Finanzierungsillusion** vor, die der Staat für seine Ziele nutzen kann (s. auch 3. Kapitel, S. 66). Die Schuldenillusion ist einer der Gründe dafür, daß diese Einnahmenart weitaus umstrittener ist als das Entgelt oder die Steuer.

---

[35] Ein Zusammenhang zwischen öffentlicher Schuld und Einkommens- bzw. Vermögensverteilung wird im sog. Transferansatz behauptet (s. unten 6. Kapitel); verschiedentlich wird auch ein Zusammenhang zwischen öffentlicher Verschuldung und privater Vermögensbildung diskutiert.

Durch die nichtfiskalischen Motive unterscheidet sich die öffentliche Schuldaufnahme von der Kreditaufnahme privater Unternehmen und Haushalte. Ein weiteres Unterscheidungsmerkmal besteht darin, daß beim Staat **Rentabilitätserwägungen** vergleichsweise zurücktreten. Gemeinsam ist dagegen der privaten und öffentlichen Verschuldung, daß weder der Staat noch die Gesamtheit der Unternehmen und grundsätzlich auch nicht die Gesamtheit der privaten Haushalte ihre Schulden jemals vollständig zurückzahlen müssen, sondern daß innerhalb dieser Sektoren in aller Regel Umschuldungen und Prolongationen erfolgen. Ähnlich sind sich auch einzelne Elemente der **privaten und öffentlichen Schuldtransaktionen.** Neben die Schuldaufnahme und die Rückzahlung sowie Verzinsung tritt als ein dritter Bestandteil von Schuldtransaktionen die Veränderung der Schuldenstruktur. Sie kann auch bei gegebenem Schuldenvolumen vorgenommen werden und bezieht sich auf die gezielte Beeinflussung der Struktur der Verzinsung, also der Laufzeit, Schuldarten oder Gläubiger.

II. Gläubigerstruktur und Schuldarten

Im Gegensatz zur Besteuerung ist es bei der öffentlichen Verschuldung nicht üblich, von „Anknüpfungspunkten" zu sprechen. Vielmehr hilft bei dieser Einnahmeart ein Blick auf die möglichen Zeichner, um zu erkennen, wo der Staat grundsätzlich Kredit aufnehmen, d.h. sich verschulden kann (s. Schema 4.2). Die dort für die Inlandsverschuldung vorgenommene Unterscheidung gilt natürlich auch im Falle der Auslandsverschuldung; hier tritt noch die Möglichkeit hinzu, daß ein Staat sich bei einem anderen verschuldet, der Bund also beispielsweise einem anderen Land Kredit gewährt.

Führt man sich die Anlagepräferenzen der verschiedenen *Gläubiger* vor Augen, so ist es offensichtlich, daß ihre Interessen nicht homogen sind. So sind z.B. Versicherungen in aller Regel an einer langfristigen Anlage stärker interessiert als die Kreditinstitute, die die **Liquidität** ihrer Anlage oft einer dauerhaften Anlage vorziehen. Ähnliche Überlegungen gelten für die **Rentabilität** und **Sicherheit** der Schuldtitel; auch hier unterscheiden sich die Wünsche der Anleger. Es verwundert daher nicht, daß in der schuldenpolitischen Praxis eine Vielfalt von Schuldarten besteht (s. Tab. 4.6). Sie zeugt von dem Versuch einer sog. **marktkonformen Verschuldungspolitik,** in deren Rahmen der öffentliche Kreditnehmer versucht, die Schuldtitel den Zeichnerwünschen entsprechend auszustatten. Denkbar sind jedoch auch **marktfremde Anleihemodalitäten,** z.B. ein Zeichnungszwang, durch den die öffentliche Schuld steuerähnliche Züge annehmen kann **(sog. Zwangsanleihe).**

Die *Gläubigerstruktur* der öffentlichen Schuld in der Bundesrepublik ist dem unteren Drittel der Tab. 4.6 zu entnehmen. Sie ist durch einen hohen Anteil der Kreditinstitute gekennzeichnet, der zum Ausdruck bringt, daß in der Bundesrepublik die **Staatsschuld überwiegend Bankenkredit** ist, eine Aussage, die nicht nur für den genannten Zeitpunkt, sondern für die gesamte Nachkriegszeit in der Bundesrepublik – z.T. im Gegensatz zu anderen

Schema 4.2: Mögliche Zeichner der öffentlichen Schuld

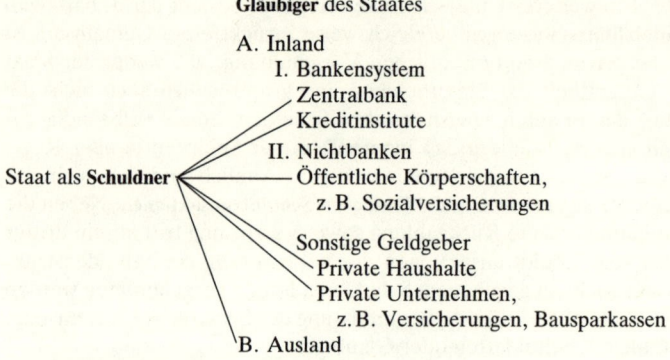

Ländern – typisch ist. Weiterhin ist die Zunahme der Auslandsverschuldung hervorzuheben. Die Kenntnis der Gläubigerstruktur, vor allem die Unterscheidung zwischen den von den Kreditinstituten und privaten Haushalten gehaltenen Schuldtiteln des Staates, wird oft als entscheidend für die Einschätzung der Auswirkungen der Staatsschuld auf die ökonomische Aktivität angesehen. Damit käme in erster Linie dem Verhältnis zwischen dem von den Kreditinstituten gehaltenen und dem Anteil der Verschuldung, der unter „Sonstige" (private Haushalte, Unternehmen) ausgewiesen ist, instrumentelle Bedeutung zu.

Praktisch kein Einfluß kann auf den Teil der Schuld ausgeübt werden, der als Altschulden von der Bundesbank (ausnahmsweise) langfristig gehalten wird. Es handelt sich hierbei überwiegend um die sog. Ausgleichsforderungen. Diese Forderungen der Bundesbank an den Bund sind – ähnlich wie die Ausgleichsforderungen der Banken, Bausparkassen und Versicherungen – im Rahmen der Währungsreform von 1948 entstanden. Sie entsprechen dem bilanzmäßigen Gegenwert der Erstausstattung der Wirtschaft mit Geld (ca. 9 Mrd. DM). Die Ausgleichsforderungen der Bundesbank werden erst ab dem Jahre 2024 vom Bund in 10 Jahresraten getilgt und sind normalerweise illiquide. Sie waren aber von geldpolitischem Interesse, weil sie „mobilisiert" werden konnten, d. h. der Bund als Schuldner dieser Titel mußte sie auf Verlangen der Bundesbank in kurzfristige Titel für die Offenmarktgeschäfte der Bundesbank umwandeln. Damit verfügte die Zentralbank über Titel, die sie z. B. im Rahmen einer kontraktiven Geldpolitik zur Abschöpfung von Liquidität an die Kreditinstitute verkaufen konnte. Seit der Änderung des Bundesbankgesetzes vom 1. 11. 1992 werden keine Mobilisierungspapiere mehr begeben. Statt dessen erlaubt § 42 BBankG die Ausgabe von ähnlich ausgestatteten sog. Liquiditätspapieren bis zu einem Volumen von 50 Mrd. DM (vgl. auch § 29 StabG). Eine Bindung an die Ausgleichsforderungen ist nicht mehr erkennbar. Dem Bundeshaushalt fließen aber auch durch die Liquiditätspapiere keine neuen Mittel zu. – Die Ausgleichsforderungen der Banken und Versicherungen stellen ebenfalls Forderungen gegen den Bund dar. Sie wurden diesen Instituten zum Ausgleich der Bilanzlücken, die durch die 1:10-Umstellung privater Verbindlichkeiten während der Währungsreform entstanden waren, in einer Höhe von ca. 13 Mrd. DM zugesagt. Diese Ausgleichsforderungen sind niedrig verzinslich und werden aus den Gewinnen der Bundesbank langfristig getilgt.

Tab. 4.6: Stand der öffentlichen Verschuldung¹ nach Kreditnehmern, Schuldarten und Gläubigern, Bundesrepublik Deutschland, 1981 und 1991

	Stand Ende 1981 Mio. DM	%	Stand Ende 1991 Mio. DM	%
I. Kreditnehmer				
1. Bund²	273 114	50,1	586 493	50,0
2. Fonds „Deutsche Einheit"	–	–	50 482	4,3
3. Kreditabwicklungsfonds	–	–	27 472	2,3
4. ERP-Sondervermögen	4 714	0,9	16 368	1,4
5. Westdeutsche Länder	165 150	30,3	347 409	29,6
6. Ostdeutsche Länder	–	–	4 937	0,4
7. Westdeutsche Gemeinden	102 639	18,8	132 060	11,3
8. Ostdeutsche Gemeinden	–	–	8 643	0,7
	545 617	100,1	1 173 864	100,0
II. Schuldarten				
1. Buchkredite der Bundesbank	4 745	0,9	189	0,0
2. Unverzinsliche Schatzanweisungen	9 106	1,7	34 709	3,0
3. Kassenobligationen/Schatzanweisungen	12 231	2,2	66 159	5,6
4. Bundesobligationen	20 050	3,7	133 663	11,4
5. Bundesschatzbriefe	13 841	2,5	34 696	3,0
6. Anleihen	55 513	10,2	333 202	28,4
7. Direktausleihungen der Kreditinstitute	378 817	69,4	527 630	44,9
8. Darlehen von Sozialversicherungen	10 691	2,0	6 998	0,6
9. Sonstige Darlehen	23 835	4,4	21 841	1,9
10. Vereinigungsbedingte Altschulden	–	–	1 481	0,1
11. Ausgleichsforderungen	16 603	3,0	13 109	1,1
12. Sonstige Altschulden	187	0,0	188	0,0
13. Investitionshilfeabgabe	–	–	79	0,0
	545 617	100,0	1 173 864	100,0
III. Gläubiger				
1. Bankensystem				
a) Bundesbank	15 738	2,9	13 005	1,1
b) Kreditinstitute	365 000	67,1	613 800	52,3
2. Inländische Nichtbanken				
a) Sozialversicherungen	10 700	2,0	7 000	0,6
b) Sonstige (private Haushalte, Unternehmen)	86 479	15,8	268 559	22,9
3. Ausland	66 800	12,2	271 500	23,1
insgesamt	545 617	100,0	1 173 864	100,0

¹ Ohne Verschuldung der öffentlichen Haushalte untereinander.
² Der Bund hat 1980 die Schulden des Lastenausgleichsfonds übernommen, die seither zusammen mit der Bundesschuld nachgewiesen werden.

Quelle: 1981: Monatsbericht der Deutschen Bundesbank, 34. Jg., Nr. 12, Dezember 1982, S. 64*.
1991: Monatsbericht der Deutschen Bundesbank, 45. Jg., Nr. 1, Januar 1993, S. 73* ff.

Unter den *Schuldarten* (mittlerer Teil der Tab. 4.6) nahmen die sog. **Kassenkredite** (Kassenverstärkungskredite) bis 1993 eine Sonderstellung ein[36]. Bei ihnen handelte es sich um kurzfristige Überbrückungskredite, die der öffentlichen Hand von der Zentralbank in Form von Buchkrediten (Kontokorrentkrediten) gewährt wurden. Kassenkredite sind im Mittelteil der Tabelle 4.6 noch in den **„Buchkrediten der Bundesbank"** enthalten. Kassenkredite durften nur in Anspruch genommen werden, wenn die Zahlungsmitteleingänge und -ausgänge des Staates nicht übereinstimmten. Sie gehörten also nicht zur sog. fundierten, d. h. im Haushaltsplan untergebrachten öffentlichen Verschuldung und wurden deshalb auch als „schwebende" bzw. „nicht fundierte" Schuld bezeichnet. – Ökonomisch gesehen stellen Kassenkredite eine Geldschöpfung dar.

Aus der Tabelle 4.6 ist zu entnehmen, welcher weiteren unterschiedlichen Schuldarten sich die öffentlichen Kreditnehmer bedienen, wobei – was aus der Tabelle nicht zu ersehen ist – nicht alle Schuldarten für alle Gebietskörperschaften gleichermaßen typisch sind. Der größte Teil (52,3%) lag im Jahr 1991 als Folge der direkten Kreditaufnahme bei den Banken; er hatte überwiegend die Form von **Schuldscheindarlehen,** denen auf kommunaler Ebene besondere Bedeutung zukommt. Diese relativ kurzfristigen Titel werden nicht an der Börse gehandelt, wie das bei den öffentlichen **Anleihen** der Fall ist, die durch eine längere Laufzeit gekennzeichnet sind und die, wie aus Tabelle 4.6 hervorgeht, einen Anteil von 28,4% an der gesamten öffentlichen Verschuldung aufweisen. **Kassenobligationen** haben eine Laufzeit von bis zu 5 Jahren. Für ihre Begebung wird, ebenso wie für Schatzanweisungen, häufig ein spezielles Emissionsverfahren gewählt. Anders als bei den anderen Schuldarten setzt der Kreditnehmer bei ihrer Emission oft neben den übrigen Konditionen nur einen Mindestkurs fest und ruft die Kreditgeber zu einem Zeichnungsangebot auf. Die Kreditangebote werden dann entsprechend ihrer Vorteilhaftigkeit durch den öffentlichen Schuldner angenommen (sog. **Tenderverfahren**). Bei den **Bundesschatzbriefen** handelt es sich schließlich um fortwährend angebotene mittelfristige Titel für private Haushalte.

Ohne an dieser Stelle eine noch detailliertere Beschreibung der in der Tabelle 4.6 aufgeführten Schuldarten vorzunehmen, sei zusammenfassend vermerkt, daß sich die Schuldarten hinsichtlich ihrer **wertpapierrechtlichformalen Ausgestaltung** (Buch- oder Briefschuld), **Verzinsung** (einschl. des Ausgabekurses), **Zinszahlungsmodalitäten, Tilgungsbedingungen, Emissionsverfahren** oder **steuerlichen Behandlung** unterscheiden und daß es sich bei diesen Anleihemodalitäten nicht nur um – unverzichtbare – Ausstattungsmerkmale bei der Emission unterschiedlicher Schuldtitel handelt, sondern durchaus um schuldenpolitische Instrumente. Wieweit dabei neben fiskalischen Interessen auch wirtschaftspolitische Zielvorstellungen verwirklicht werden können, hängt u. a. von der Höhe der Staatsverschuldung ab.[37]

---

[36] Als Folge des „Vertrages über die Europäische Union" vom 7. 2. 1992 (Maastrichter Vertrag) sind die Kassenkredite mit Wirkung vom 1. 1. 1994 abgeschafft.

[37] Zu Einzelheiten der Technik der öffentlichen Schuld siehe auch Dreißig, W., Die

Die Struktur der *Kreditnehmer* (oberer Teil der Tab. 4.6) hat sich langfristig stark geändert. Im Jahre 1965 hatten der Bund einen Anteil von 38,7%, die Länder von 20,9% und die Gemeinden von 31,9%.[38] Im Jahre 1981 machte die Bundesverschuldung ziemlich genau die Hälfte aus (Tab. 4.6), so daß schon damals die weitaus größte Verantwortung für eine angemessene Schuldenpolitik beim Bund lag. Diese Tendenz verstärkte sich noch im Zuge der deutschen Einheit. Zwar ist der Anteil des Bundes anscheinend nicht weiter gestiegen; wenn jedoch die Finanzierung des Fonds Deutsche Einheit und des Kreditabwicklungsfonds – zumindest zum Teil – zum Bund gezählt würde, hat sein Anteil nochmals zugenommen. Für 1991 ist die Verschuldung der ostdeutschen Länder und Gemeinden gesondert ausgewiesen worden. Sie ist noch sehr gering, denn für diese Gebietskörperschaften handelt es sich um einen neuen Finanzierungsweg, der sicherlich nicht ohne Konsequenzen für die Konkurrenz zwischen alten und neuen Ländern und deren Gemeinden am Kapitalmarkt bleiben wird. Zusätzliche Kapitalmarktbelastungen haben sich im Zuge der deutschen Einheit aus der Verschuldung der Treuhandanstalt und durch die Schulden der ostdeutschen Wohnungswirtschaft ergeben[39]. Außerdem werden damit Fragen des Finanzausgleichs und die Einhaltung der Konvergenzkriterien für die europäische Währungsunion berührt.

III. Entwicklung und Grenzen der öffentlichen Verschuldung

Ein hoher Schuldenstand und eine hohe Steigerungsrate besitzen allein nur geringe Aussagekraft hinsichtlich ihrer ökonomischen Auswirkungen und wirtschaftspolitischen Bedeutung. Daher werden zur Beurteilung der *Grenzen der Staatsverschuldung* bestimmte Indikatoren gebildet.[40] Aus Tab. 4.7 lassen sich für alle öffentlichen Haushalte die entsprechenden Werte für die Jahre 1970–1991 entnehmen.

Die **Zins-Steuer-Quote** (Zinsausgaben : Steueraufkommen) und die **Zins-Ausgaben-Quote** (Zinsausgaben : Gesamtausgaben) zeigen für die Jahre 1970 bis 1985 einen kontinuierlichen Anstieg des Anteils der Zinsausgaben an

---

Technik der Staatsverschuldung, in: Handbuch der Finanzwissenschaft, 3. Bd., 3. Aufl., Tübingen 1981, S. 54ff.
[38] Finanzbericht 1967, Bonn 1966, S. 535 (ohne Schulden für Gebietskörperschaften).
[39] Siehe hierzu im einzelnen Jahresgutachten 1992/93 des Sachverständigenrates zur Begutachtung der gesamtwirtschaftlichen Entwicklung, Bundestagsdrucksache 12/3774 vom 19. 11. 1992, Tz. 196ff.
[40] Für sie hat sich die Bezeichnung „Quote" eingebürgert. Meist handelt es sich um unechte Quoten (s. oben 1. Kapitel, S. 29).

den Ausgaben und Steuern, eine Entwicklung, die haushaltspolitisch eine wichtige Rolle spielt, da sich in ihr die **Flexibilität in den öffentlichen Haushalten** widerspiegelt. Es gibt Gemeinden, die ihre Ausgabenverpflichtungen zeitweilig nicht mehr erfüllen konnten oder ihre Leistungen drastisch reduzieren mußten, um den Zins- und Tilgungszahlungen nachkommen zu können. Aus theoretischer Sicht lassen sich zwar Ausgaben jederzeit kürzen und/oder Steuereinnahmen erhöhen, doch sind diesen Strategien politische und haushaltspolitische Grenzen gesetzt oder sie lassen sich aus den Zwängen des föderalistischen Systems heraus nicht immer verwirklichen (z. B. wegen mangelnder Steuerautonomie der Gemeinden und Bundesländer). In Zukunft wird insbesondere der Bund von einer steigenden Zins-Ausgaben-Quote betroffen. Der Zinsausgabenanteil nach öffentlichen Ebenen differiert u. a. wegen der unterschiedlichen Zunahme der Staatsverschuldung im Zuge der deutschen Einheit, von deren Finanzierung der Bund besonders stark betroffen war (s. Tab. 4.6).

Die **Kreditfinanzierungsquote** (Nettokreditaufnahme : Gesamtausgaben), die insbesondere im konjunkturpolitischen Zusammenhang verwendet wird, zeigt, zu welchem Anteil die öffentlichen Ausgaben über Kreditaufnahme finanziert werden. Sie stieg von 1970 bis 1975 erheblich, war dann rückläufig und stieg wieder stark an. – Die **Neuverschuldungsquote** (Nettokreditaufnahme : BSP) hatte sich nach einem rezessionsbedingten Anstieg zwischen

Tab. 4.7: Indikatoren der Staatsverschuldung[1], Bundesrepublik Deutschland, 1970– 1991, in %

Jahr	Zins-Steuer-quote	Zins-Aus-gaben-Quote	Kreditfinan-zierungsquote	Neuverschul-dungsquote	Schuldenstands-quote
1970	4,4	3,5	3,3	1,0	18,0%
1975	6,0	4,0	14,8	5,2	24,9%
1980	8,0	5,8	10,6	3,6	31,7%
1985	12,7	9,2	6,7	2,2	41,4%
1990	11,4	8,0	11,0	3,7	43,2%
1991	12,5	7,9	10,4	3,8	44,5%

[1] Ab 1991 Angaben für Deutschland. Bund, Lastenausgleichsfonds, ERP-Sondervermögen, EG-Anteile, Länder (West und Ost), Gemeinden (West und Ost), Fonds „Deutsche Einheit" (1991: 35 Mrd. DM im öffentlichen Gesamthaushalt) sowie Kreditabwicklungsfonds. Bis 1990 Rechnungsergebnisse, 1990 vorläufig. 1991: Ist-Ergebnisse für Bund, EG, Lastenausgleichsfonds, ERP-Sondervermögen, Fonds „Deutsche Einheit" und Kreditabwicklungsfonds; Schätzungen für die Länder (West und Ost) und die Gemeinden (West und Ost) basierend auf den Ergebnissen der Vierteljahrsstatistik. Krankenhäuser und Sonderrechnungen eingeschlossen.

Quelle: Zusammengestellt und berechnet nach: Sachverständigenrates zur Begutachtung der gesamtwirtschaftlichen Entwicklung, Jahresgutachten 1992/93, Bonn 1992, S. 328, 333, 314.

1974 und 1976 kurzfristig auf ein höheres Niveau als Anfang der 70er Jahre eingependelt und lag 1988 und 1989 wieder auf dem Niveau von vor 1975. Seitdem ist sie als Folge der Wiedervereinigung Deutschlands erneut angestiegen und lag 1991 bei 3,8%. Die Neuverschuldungsquote gibt einen anschaulichen Eindruck über die quantitative Bedeutung der Nettokreditaufnahme. Beide Quoten werden herangezogen, um die fiskalischen Probleme aufzuzeigen, die sich aus einer zunehmenden Staatsverschuldung ergeben können. Die **Schuldenstandsquote** (Schuldenstand: Bruttosozialprodukt) schließlich gibt eine Vorstellung vom Gewicht der Schuldenhöhe und spielt im internationalen Vergleich sowie als Kriterium für den Zutritt zur europäischen Währungsunion eine Rolle.

Bei der Erklärung der sinkenden Kreditfinanzierungsquote wurde auch oft auf eine besondere, nicht zur öffentlichen Schuld zählende Einnahmeart verwiesen: die **Abführung des Bundesbankgewinns** nach § 27 BBankG. Nach der gesetzlich vorgeschriebenen Dotierung der Rücklagen der Bundesbank steht der Restbetrag als Einnahme dem Bund zur Verfügung. Diese Einnahmeart fand lange Zeit keine Aufmerksamkeit, denn bis zum Jahre 1980 war dieser Restbetrag entweder negativ, oder die Gewinne wiesen einen sehr bescheidenen Umfang auf. Da aufgrund einer veränderten Währungsposition die Zinserträge der Bundesbank aus den Devisenreserven stark stiegen, wurden dementsprechend in den letzten Jahren Beträge von einer beträchtlichen Größenordnung an den Bund überwiesen. Die Gewinnabführungen erreichten beispielsweise im Jahre 1982 eine Höhe von über 11 Mrd. DM und stiegen bis annähernd 13 Mrd. DM (1984 u. 1985). Im Jahre 1986 beliefen sich diese Einnahmen des Bundes noch auf 7,3 Mrd. DM, während sie 1987 nur noch 0,3 Mrd. betrugen. In den Jahren danach sind sie wieder erheblich gestiegen, und zwar auf 13,1 Mrd. DM im Jahr 1992.[41]

Die Gefahr einer Schuldendienstunfähigkeit, also einer **ökonomischen Grenze** der Verschuldung, ist volkswirtschaftlich gesehen so lange nicht gegeben, wie über ein ausreichendes Wachstum genügend Steuermehreinnahmen erzielt werden, um den zusätzlichen Schuldendienst zu finanzieren und – bei entsprechender Konjunkturlage – Schulden vorzeitig zu tilgen.

Neben den ökonomischen Grenzen, die sich auch in der Zeichnungsunwilligkeit der potentiellen Kreditgeber dokumentieren können, sind insbesondere die **rechtlich-institutionellen Grenzen** von praktischer Bedeutung. Eine globale Begrenzung der Kreditaufnahme findet sich im Art. 115 GG, in dem die Forderung enthalten ist, daß „die Einnahmen aus Krediten ... die Summe der im Haushaltsplan veranschlagten Ausgaben für Investitionen nicht überschreiten" dürfen. Ausnahmen von dieser Vorschrift sind jedoch „zur Abwehr einer Störung des gesamtwirtschaftlichen Gleichgewichts" und für Sondervermögen des Bundes (einschl. Fonds Deutsche Einheit) zulässig. In Boomzeiten kann die Schuldaufnahme aller Gebietskörperschaften **aus konjunkturpolitischen Erwägungen** begrenzt werden (§§ 19 ff. StabG sowie Art. 109 Abs. 4 GG; sog. „Schuldendeckel"-Verordnung). Schließlich ist die direkte langfristige Verschuldung bei der Notenbank in der Bundesrepublik nicht erlaubt, und die **Kassenkredite,** die die Bundesbank den Ländern und dem Bund bis 1993 zur Überbrückung einräumte,

---

[41] Deutsche Bundesbank, Geschäftsbericht 1992, Frankfurt 1993, S. 145.

wenn Zahlungsmitteleingänge und -ausgänge nicht übereinstimmten, waren **begrenzt.**

Neben den ökonomischen und juristischen Grenzen gewinnen die **psychologischen Grenzen** der Staatsverschuldung an Bedeutung, wenn das Vertrauen der Bürger in den Staat und eine ordentliche Finanzgebarung abnnehmen. Diese Grenzen sind in aller Regel enger als die ohnehin nur schwer definierbaren ökonomischen Grenzen öffentlicher Kreditaufnahme.

E. Zur Bestimmung der Einnahmenstruktur

Bei der Bestimmung der Einnahmenstruktur sind insbesondere die relativen Anteile der Entgelt-, Steuer-, Sozialabgaben- und Kreditfinanzierung zu ermitteln. Bei der Frage Steuer- oder *Entgeltfinanzierung* hatte sich gezeigt, daß zwar alle Staatsaufgaben steuerlich finanziert werden können, jedoch umgekehrt nicht alle öffentlichen Ausgaben bzw. Leistungen „entgeltfähig" sind. Technische Gründe, die in der Art der öffentlichen Güter liegen, und in bestimmten Fällen politische Ziele setzen der Entgeltfinanzierung Grenzen. Damit sind allerdings nur Obergrenzen festgelegt, und eine positive Regel, unter welchen Bedingungen ein wie großes Maß an Ausgaben entgeltlich finanziert werden soll, existiert damit nicht. Allein eine Abtrennung der Sozialversicherungsbeiträge von den Steuern würde ein völlig anderes statistisches Bild ergeben. Zur relativen Bedeutung der Sozialabgaben im Einnahmenspektrum ist also keine eindeutige Aussage möglich. Ihre Besonderheit liegt u. a. in der Zweckbindung dieser Einnahmen für die Finanzierung der Sozialversicherungshaushalte, so daß sich die Alternative einer Erhöhung der Sozialabgaben im Vergleich zu einer Erhöhung der Steuerfinanzierung in aller Regel nicht stellt. Das heißt jedoch nicht, daß Ausgaben, insbesondere die des Bundes, immer ohne Bezug zu dieser Finanzierungsalternative erfolgten. So kann der Bund beispielsweise bestimmte politisch erwünschte Leistungen über die Renten-, Kranken- oder Arbeitslosenversicherung wahrnehmen, d. h. er erfüllt Aufgaben, ohne sie finanzieren zu müssen bzw. ohne den Sozialversicherungshaushalten die versicherungsfremden Leistungen (z. B. Familienlastenausgleich oder Arbeitsförderungsmaßnahmen) zu erstatten. Die Möglichkeit dieser Ausgabenverlagerungen und Einnahmenverschiebungen zeigt, daß eine Art unsichtbarer Finanzausgleich zwischen Gebietskörperschaften und Sozialversicherungshaushalten besteht und in der Praxis instrumentell eingesetzt werden kann, ohne daß in allen Fällen klare normative Vorgaben bestünden.

Soweit sich das Entgeltprinzip und die Sozialabgaben nicht zur Finanzierung öffentlicher Ausgaben eignen, können einerseits die *Steuern* herangezogen werden, andererseits ist es jedoch auch möglich, die verbleibenden Staatsausgaben über *Verschuldung* zu finanzieren. Folglich stellt sich dann die Finanzierungsalternative „Steuer oder Anleihe?". Ähnlich wie bei der Diskussion „Entgelt oder Steuer?" die Entgeltfähigkeit öffentlicher Leistungen geprüft wurde, haben sich auch die Überlegungen zur Anleihefinanzierung lange Zeit an den öffentlichen Ausgaben orientiert. Die sog. **Deckungsgrundsätze** sollten darüber Auskunft geben, welche öffentlichen Projekte über Schulden zu finanzieren wären. Im Rahmen einer derartigen **objekt- oder verwendungsbezogenen** Rechtfertigung der Schuldaufnahme sollte ein „außerordentlicher" Ausgabenbedarf ermittelt werden, der über Schuldaufnahme gedeckt werden konnte und der dem steuerfinanzierten Bedarf gegenüberzustellen war.

Auf dieser Unterscheidung in einen außerordentlichen und ordentlichen Bedarf beruhte die in der Bundesrepublik bis zum Jahre 1969 übliche Einteilung des Haushalts in einen ordentlichen und einen außerordentlichen Teil. Im außerordentlichen Haushalt wurden Einnahmen aus der öffentlichen Schuld, neben denen es nur noch einige wenig bedeutende außerordentliche Einnahmen (z. B. aus Vermögensveräußerungen) gab, sog. außerordentlichen Ausgaben gegenübergestellt.

Für die Abgrenzung der „außerordentlichen" Ausgaben wurden verschiedene Kriterien herangezogen, von denen zwei angeführt seien. Das eine Kriterium war die **Periodizität** der Ausgaben. Nach dieser Trennung in regelmäßig und aperiodisch auftretende Ausgaben wurde gefordert, die letzteren über eine Schuldaufnahme zu finanzieren. Diese Einteilung ließ sich insofern nicht eindeutig vornehmen, als die **Trennung der Ausgaben nach ihrer Regelmäßigkeit** u. a. von der Größe der jeweiligen Gebietskörperschaft abhängig ist. Ein Schulneubau z. B. gehört in einer großen Gemeinde zum regelmäßig anfallenden Bedarf, während er in einer kleineren Gemeinde sehr viel seltener erforderlich ist. Heute ist zudem zu berücksichtigen, daß außergewöhnliche Investitionen in den Rahmen einer Mittelfristigen Finanzplanung einbezogen und damit kalkulierbarer gemacht werden können. Von anderer Dimension war freilich die Finanzierung der Deutschen Einheit, deren historische Einmaligkeit sicherlich mit dazu beigetragen hat, die Staatsverschuldung zu erhöhen und mehrere Sonderfonds zu gründen (s. Tab. 4.6).

Die **Rentabilität** öffentlicher Ausgaben wurde als eine zweite Rechtfertigung für die Schuldaufnahme angesehen; Investitionen für „werbende Zwecke" galten dem Gesetzgeber daher lange Zeit als bevorzugte Anlässe zur Schuldaufnahme. Dieser Objektbezug ist jedoch noch problematischer, da zum einen der Begriff der Rentabilität in bezug auf Staatstätigkeit schwer zu präzisieren ist und zum anderen die Rentabilität manipuliert werden kann. Die Präzisierung fällt schwer, weil kaum eine öffentliche Ausgabe denkbar ist, die nicht in irgendeiner Form eine **„Umwegsrentabilität"**, sei es als „Wachstumsbeitrag" (z. B. Infrastruktur) oder als „Wohlstandsmehrung" (Sozialausgabe), aufweist. Manipulierbar ist eine – jetzt allerdings eng gefaßte und auf spätere Erhöhung der Steuereinnahmen abzielende – Rentabilität insofern, als die öffentliche Hand eine von ihr als rentabel bezeichnete Einrichtung durch Benutzungszwang (über Entgelte) oder Schaffung günstiger kostenmäßiger Voraussetzungen rentabel im haushaltsrechtlichen Sinne machen kann.[42]

---

[42] Siehe hierzu Zimmermann, H., Der letzte „klassische" Deckungsgrundsatz, in: Finanzarchiv, NF Bd. 24, 1965, S. 70 ff.; sowie Wissenschaftlicher Beirat beim

Mit dem Fehlen eines trennscharfen Kriteriums für die „Außerordentlich-keit" einer Ausgabe wurde die **objektbezogene Schuldfinanzierung** insgesamt **in Frage gestellt.**

Mit dem Wegfall der Deckungsgrundsätze entfiel zugleich eine Hilfe für die Bestimmung der Einnahmenstruktur der öffentlichen Haushalte. Wird aber die Objektorientierung der Schuldaufnahme im beschriebenen Sinne abge-lehnt, so erscheint die öffentliche Verschuldung als ein Einnahmeinstru-ment, das ebenso wie die Besteuerung nicht aus den Leistungen des Staates zu rechtfertigen ist, sondern vielmehr an den Kriterien orientiert und beur-teilt wird, die sich aus den Zielen der Finanzpolitik ergeben (sog. **situations-bezogene Schuldenpolitik**).

Abschließend kann man über die Fragen der zweckmäßigen Einnahmen-struktur hinausgehend untersuchen, ob nicht für das Volumen einzelner Steuern, für das Steueraufkommen und die Sozialabgaben insgesamt, die Höhe der Kreditfinanzierung und schließlich für das gesamte Einnahmen-volumen **Grenzen der Einnahmenerzielung** bestehen. Die Höhe der gesamten Einnahmen deckt sich mit dem Ausgabenvolumen und dadurch mit dem Staatsanteil, so daß insoweit auf das zweite Kapitel verwiesen werden kann. Speziell für das Steuer- und Sozialabgabenaufkommen ist eine Grenze nicht leicht auszumachen, zumal in jedem Land noch Reserven für Steuern und steuerähnliche Abgaben auszumachen sein dürften. Jedoch hat es den An-schein, als ob eine bestimmte Gruppe von Steuern zusammen mit den So-zialabgaben inzwischen zu so starken Gegenreaktionen geführt hat, daß man hier Grenzen vermuten kann. Es handelt sich um alle Abgaben, die in die individuelle Entscheidung, Arbeitsleistung oder Güter am Markt anzu-bieten, als Kosten eingehen: Einkommen- und Körperschaftsteuer, Um-satzsteuer, Sozialabgaben, ggfs. spezielle Verbrauchsteuern usw. Sie bil-den, zusammen mit anderen Faktoren, einen großen Anreiz, durch Vermei-dung oder Hinterziehung (Schwarzarbeit, Geschäfte ohne Rechnung) in die „Schattenwirtschaft" überzuwechseln und drücken insoweit **Steuerwiderstand** aus. Darauf kann der staatliche Entscheidungsträger auf unterschiedliche Weise reagieren. Er kann mit härteren Strafen und höherem Kontrollauf-wand wie in Schweden vorgehen, neuartige Einnahmen erfinden oder Steu-ersenkungen wie in den USA vornehmen.

Ein gern gewählter Ausweg besteht in der Einführung harmlos klingender und je-weils für sich genommen eher geringfügiger **gesonderter Abgaben.** Diese häufig als „Pfennigabgaben" (Kohlepfennig, Wasserpfennig, Ölpfennig) bezeichnete Finanzie-rung suggeriert eine minimale Belastung, um sie gegenüber dem Bürger leichter einführen zu können. Die Abgrenzung zu den herkömmlichen Zwangsabgaben – Steuern, Sozialabgaben, Gebühren und Beiträge – ist schwierig und jeweils nur im Einzelfall vorzunehmen. Zumeist werden diese Abgaben für spezielle Ausgaben zweckgebunden, insbesondere wenn sie die vom Bundesverfassungsgericht entwik-kelte Rechtsform der **„Sonderabgabe"** einnehmen. Gegen diese Zweckbindung und die damit oft verbundene Auslagerung der Mittel aus dem allgemeinen Haushalt wird aus finanzwissenschaftlicher Sicht eingewendet, daß sie gegen die Haushaltsgrundsät-

---

Bundesministerium der Finanzen, Gutachten zum Begriff der öffentlichen Investi-tionen, Schriftenreihe des Bundesministeriums der Finanzen, Heft 29, Bonn 1980.

ze der Einheit und der Nonaffektation (s. 3. Kapitel) verstößt. Bei diesen nichtsteuerlichen Abgaben handelt es sich zumeist um eine Belastung spezieller Güter, vergleichbar also mit speziellen Verbrauchsteuern wie der Branntwein-, Bier-, Schaumwein- oder Tabaksteuer.

Fragen zum vierten Kapitel

Zu Teil A:

1. Wie beurteilen Sie die Anwendungsmöglichkeiten einer totalen marktmäßigen Äquivalenz?
2. Welche Argumente sprechen für eine verstärkte Anwendung der Entgeltfinanzierung?
3. Was spricht für das Abgabeprinzip der kostenmäßigen Äquivalenz als Richtschnur der Finanzierung öffentlicher Ausgaben?
4. Inwiefern können auch öffentliche Erwerbseinkünfte den Charakter von Gebühren oder Beiträgen annehmen?
5. Wie würden Sie die als zu stark angesehene Benutzung eines Sees mit Motorbooten über Entgelte beeinflussen?
6. Erklären Sie den Zusammenhang zwischen dem Umfang der Bedürfnisbefriedigungsmöglichkeiten und der finanziellen Leistungsfähigkeit.
7. Halten Sie das Einkommen für einen geeigneten Indikator der steuerlichen Leistungsfähigkeit?
8. Wodurch unterscheiden sich die drei Varianten des Opferprinzips?
9. Erläutern Sie den Zusammenhang zwischen Nutzenverlauf und Einkommensteuertarif.
10. Welches ist der Grundgedanke des Familienlastenausgleichs, und wie sieht das sog. Vollsplitting aus?
11. Wie beurteilen Sie die „Leistungsfähigkeit des Leistungsfähigkeitsprinzips"?

Zu Teil B:

1. Welche Möglichkeiten einer Besteuerung lassen sich im Bereich der Einkommensentstehung unterscheiden?
2. Inwiefern läßt sich eine besondere Besteuerung der Unternehmen rechtfertigen?
3. Wodurch unterscheidet sich eine persönliche Ausgabensteuer von einer Umsatzsteuer?
4. Erklären Sie an der Tabelle 4.2 die Wirkungsweise einer Brutto- und einer Nettoumsatzsteuer.
5. Skizzieren Sie die Möglichkeiten einer Vermögensbesteuerung.
6. Welche Grenzen sind einer Erhöhung der Einkommensteuer gesetzt?
7. Anhand welcher Kriterien würden Sie einen Vergleich zwischen der Einkommens- und Verbrauchsbesteuerung vornehmen?

Zu Teil C:

1. Welche Rolle spielen die Sozialabgaben in der Bundesrepublik Deutschland?

2. Welche Bedeutung kommt der öffentlichen Aktivität innerhalb der verschiedenen Ordnungs- und Gestaltungsprinzipien der Daseinsvorsorge zu?
3. Diskutieren Sie alternative Bemessungsgrundlagen von Sozialabgaben.
4. Erörtern Sie die Möglichkeiten einer finanziellen Absicherung des Pflegerisikos.

Zu Teil D:

1. Nennen Sie die Merkmale öffentlicher und privater Verschuldungsanlässe.
2. Nennen Sie die Käufer staatlicher Schuldtitel. Warum ist die Kenntnis der sog. Gläubigerstruktur finanzpolitisch bedeutsam?
3. Wodurch unterschieden sich Kassenkredite von den übrigen Schuldarten?
4. Welche Bedeutung haben „Neuverschuldungsquote" und „Zins-Steuer-Quote" für die Beurteilung des Schuldenstandes eines Landes?
5. Anhand welcher Kriterien wurde in der Vergangenheit die Frage „Steuer oder Anleihe?" zu beantworten versucht? Woran orientiert sich die heutige Schuldenpolitik?
6. Beurteilen Sie die Staatsverschuldung als Instrument zur Finanzierung der Deutschen Einheit.

Literatur zum vierten Kapitel

Zu Teil A:

Van der Bellen, A., Öffentliche Unternehmen zwischen Markt und Staat, Köln 1977.

Bös, D., Artikel „Steuertariflehre", in: Handwörterbuch der Wirtschaftswissenschaft, 7. Bd., Stuttgart u. a. 1977., S. 412 ff.

Bohley, P., Gebühren und Beiträge, in: Handbuch der Finanzwissenschaft, 2. Bd., 3. Aufl., Tübingen 1980, S. 916 ff.

Haller, H., Probleme der progressiven Besteuerung, Walter-Eucken-Institut, Vorträge und Aufsätze, Nr. 27, Tübingen 1970.

Haller, H., Die Steuern, 3. Aufl., Tübingen 1981.

Hansmeyer, K.-H., und Fürst, D., Die Gebühren, Stuttgart 1968.

Kullmer, L., Artikel „Öffentliche Erwerbseinkünfte", in: Handwörterbuch der Wirtschaftswissenschaft, 5. Bd., Stuttgart u. a. 1980, S. 412 ff.

Littmann, K., Ein Valet dem Leistungsfähigkeitsprinzip, in: Haller, H., u. a., Hrsg., Theorie und Praxis des finanzpolitischen Interventionismus. F. Neumark zum 70. Geburtstag, Tübingen 1970, S. 113 ff.

Mann, F. K., Steuerpolitische Ideale, Jena 1937, Nachdruck mit Nachwort des Verfassers, Darmstadt 1977.

Musgrave, R. A., Finanztheorie, 2. Aufl., Tübingen 1969.

Musgrave, R. A., Der gegenwärtige Stand der Theorie der Besteuerung, in: Finanzarchiv NF Bd. 39, 1981, S. 29 ff.

Neumark, F., Grundsätze gerechter und ökonomisch rationaler Steuerpolitik, Tübingen 1970.

Neumark, F., Artikel „Steuern I: Grundlagen", in: Handwörterbuch der Wirtschaftswissenschaft, 7. Bd., a. a. O., S. 295 ff.

Pohmer, D., Leistungsfähigkeitsprinzip und Einkommensumverteilung, in: Haller, H., u.a., Hrsg., Theorie und Praxis des finanzpolitischen Interventionismus. F. Neumark zum 70. Geburtstag, a.a.O., S. 135ff.

Pollak, H., Steuertarife, in: Handbuch der Finanzwissenschaft, 2. Bd., 3. Aufl., a.a.O., S. 239ff.

Schmidt, K., Das Leistungsfähigkeitsprinzip und die Theorie vom proportionalen Opfer, in: Finanzarchiv, NF Bd. 26, 1967, S. 385ff.

Schmölders, G., und Hansmeyer, K.-H., Allgemeine Steuerlehre, 5. Aufl., Berlin 1980.

Zeitel, G., Artikel „Gebühren und Beiträge", in: Handwörterbuch der Wirtschaftswissenschaft, 3. Bd., Stuttgart u.a. 1981, S. 347ff.

Zu Teil B:

Albers, W., Artikel „Einkommensbesteuerung I: Einkommensteuern", in: Handwörterbuch der Wirtschaftswissenschaft, 2. Bd., Stuttgart u.a. 1980, S. 189ff.

Bös, D., Rose, M., Seidl, Ch., Hrsg., Beiträge zur neueren Steuertheorie, Berlin und Heidelberg 1984.

Engels, W., Mitschke, J., Starkloff, B., Staatsbürgersteuer, Heft 26 des Karl-Bräuer-Instituts des Bundes der Steuerzahler, Wiesbaden 1974.

Haller, H., Die Steuern, a.a.O.

Hessler, H. D., Finanzwissenschaftliches System der Besteuerung, WiSU-Texte, Tübingen, Düsseldorf 1976.

Musgrave, R. A., Hrsg., Broad-Based Taxes: New Options and Sources, Baltimore 1973.

Neumark, F., Grundsätze gerechter und ökonomisch rationaler Steuerpolitik, Tübingen 1970.

Pollak, H., Steuertarife, in: Handbuch der Finanzwissenschaft, 2. Bd., 3. Aufl., a.a.O., S. 239ff.

Report of the Royal Commission on Taxation (sog. Carter-Report), Band 2 und 3, Ottawa 1966.

Schmölders, G., und Hansmeyer, K.-H., Allgemeine Steuerlehre, 5. Aufl., Berlin 1980.

Schmölders, G., Steuersysteme, in: Handwörterbuch der Wirtschaftswissenschaft, 7. Bd., a.a.O., S. 405ff.

Schultz, U., Hrsg., Mit dem Zehnten fing es an. Eine Kulturgeschichte der Steuer, München 1986.

Siegel, T., Arbeitsbuch Steuerrecht. Grundzüge des Steuersystems in Strukturübersichten, Beispielen und Aufgaben, 2. Aufl., München 1988.

Wissenschaftlicher Beirat beim Bundesministerium der Finanzen, Gutachten zur einkommensteuerlichen Behandlung von Alterseinkünften, Schriftenreihe des Bundesministeriums der Finanzen, Heft 38, Bonn 1986.

Wissenschaftlicher Beirat beim Bundesministerium der Finanzen, Die Einheitsbewertung in der Bundesrepublik Deutschland – Mängel und Alternativen –, Schriftenreihe des Bundesministeriums der Finanzen, Heft 41, Bonn 1989.

Wissenschaftlicher Beirat beim Bundesministerium der Finanzen, Gutachten zur Reform der Unternehmensbesteuerung, Schriftenreihe des Bundesministeriums der Finanzen, Heft 43, Bonn 1990.

Zu Teil C:

Bäcker, A., Bispinck, R., Hofemann, K., Naegele, G., Sozialpolitik und soziale Lage in der Bundesrepublik Deutschland, 2. Aufl., Köln 1989.

Frerich, J., Sozialpolitik, München, Wien 1987.

Hedtkamp, G., Finanzwissenschaftliche Aspekte der Sozialversicherung, in: Zacher, H. F., Hrsg., Die Rolle des Beitrags in der sozialen Sicherung, Schriftenreihe für internationales und vergleichendes Sozialrecht, Bd. 4, Berlin 1980, S. 437 ff.

Henke, K.-D., Alternativen zur Weiterentwicklung der Sicherung im Krankheitsfall, in: Hansmeyer, K.-H., Hrsg., Finanzierungsprobleme der sozialen Sicherung II, Schriften des Vereins für Sozialpolitik, NF Bd. 194/II, Berlin 1991, S. 177 ff..

Henke, K.-D., Hesse, J. J., Schuppert, G. F., Hrsg., Die Zukunft der sozialen Sicherung in Deutschland, Baden-Baden 1991.

Maydell, B. von, und Kannengießer, W., Handbuch Sozialpolitik, Pfullingen 1988.

Pfaff, M., und Schneider, M., Unterscheiden sich beitragsgedeckte und nicht beitragsgedeckte Systeme Sozialer Sicherung hinsichtlich ihrer ökonomischen Voraussetzungen und Wirkungen – insbesondere auch im Hinblick auf die Umverteilung?, in: Zacher, H. F., Hrsg., Die Rolle des Beitrags in der sozialen Sicherung, a. a. O., S. 391 ff.

Schäfer, D., Soziale Sicherung: Konstruktionselemente und Gestaltungsalternativen II und III, in: Das Wirtschaftsstudium, Jg., 1981, S. 75 ff. und 119 ff.

Schmähl, W., Hrsg., Versicherungsprinzip und soziale Sicherung, Tübingen 1985.

Winterstein, H., Das System der Sozialen Sicherung in der Bundesrepublik Deutschland, WiSt-Taschenbücher, München 1980.

Zu Teil D:

Dieckheuer, G., Staatsverschuldung und wirtschaftliche Stabilisierung, Baden-Baden 1978.

Dreißig, W., Die Technik der Staatsverschuldung, in: Handbuch der Finanzwissenschaft, 3. Bd., 3. Aufl., Tübingen 1981, S. 51 ff.

Finanzwissenschaftlicher Beirat beim Bundesministerium für Wirtschaft und Finanzen, Gutachten zur Finanzierung eines höheren Staatsanteils am Sozialprodukt, Schriftenreihe des Bundesministeriums für Wirtschaft und Finanzen, Heft 20, Bonn 1972.

Gandenberger, O., Theorie der öffentlichen Verschuldung, in: Handbuch der Finanzwissenschaft, 3. Bd., 3. Aufl., a. a. O., S. 3 ff.

Hansmeyer, K.-H., Die optimale Schuldenstruktur bei gegebenem Schuldenstand, in: Haller, H., und Albers, W., Hrsg., Probleme der Staatsverschuldung, Schriften des Vereins für Socialpolitik, NF Bd. 61, Berlin 1972, S. 19 ff.

Hansmeyer, K.-H., Der öffentliche Kredit I. Der Staat als Schuldner, Taschenbücher für Geld, Bank und Börse, Bd. 23, 3. Aufl., Frankfurt 1984.

Hansmeyer, K.-H., und Ewringmann, D., Der Wasserpfennig, Anmerkungen zum baden-württembergischen Regierungsentwurf, Berlin 1987.

Kitterer, W., in: Hansmeyer, K.-H., Hrsg., Rechtfertigung und Risiken einer Finanzierung der deutschen Einheit durch Staatsverschuldung, in Druck.

Krause-Junk, G., Staatsverschuldung über Notenbankkredite, in: Cansier, D., und Kath, D., Hrsg., Öffentliche Finanzen, Kredit und Kapital. Festschrift für W. Ehrlicher, Berlin 1985, S. 145 ff.

Milbradt, G. H., Debt Management, in: Nowotny, E., Hrsg., Öffentliche Verschuldung, Stuttgart, New York 1979, S. 75 ff.

Nowotny, E., Hrsg., Öffentliche Verschuldung, a. a. O.

Richter, W. F., und Wiegard, W., Zwanzig Jahre „Neue Finanzwissenschaft", Teil II: Steuern und Staatsverschuldung, in: Zeitschrift für Wirtschafts- und Sozialwissenschaften, 113. Jg., 1993, S. 337 ff.

Wissenschaftlicher Beirat beim Bundesministerium der Finanzen, Gutachten zur Lage und Entwicklung der Staatsfinanzen in der Bundesrepublik Deutschland, in: Dokumentation des Bundesministeriums für Finanzen, Nr. 15, Bonn 1975.

Wissenschaftlicher Beirat beim Bundesministerium für Wirtschaft, Gesamtwirtschaftliche Orientierung. Fragen bei drohender finanzieller Überforderung, Gutachten vom 11. 7. 1992.

Ziffzer, S., Ökonomische Grenzen der staatlichen Kreditaufnahme, Berlin 1980.

Zimmermann, H., Hrsg., Die Zukunft der Staatsfinanzierung, Stuttgart 1988.

Fünftes Kapitel

Der Finanzausgleich. – Die Zuordnung von öffentlichen Aufgaben, Ausgaben und Einnahmen auf Gebietskörperschaften in einem föderativen Staat

A. Die Aufgabe des Finanzausgleichs

Die bisherigen Überlegungen zur Erfassung und Planung von Einnahmen und Ausgaben im öffentlichen Haushalt konnten den Eindruck erwecken, daß nur ein einziger Haushalt besteht, in dem die Aktivitäten aller Teilbereiche der öffentlichen Finanzwirtschaft zusammengefaßt werden. Dieser Fall ist denkbar, wenn alle öffentlichen Aufgaben von einer einzigen staatlichen Instanz verantwortet würden. Ein solches Staatswesen, das nur in einigen Kleinstaaten existiert und vor allem in den ehemals sozialistischen Ländern bestand, ist durch ein **zentralisiertes Finanzsystem** gekennzeichnet. Zwar gibt es aus Gründen einer effizienten Verwaltung immer regionale Untergliederungen, doch haben diese Untereinheiten lediglich ausführende Befugnisse der Verwaltung, d. h. ihre Aufgaben sind festgelegt, und sie erhalten die erforderlichen Finanzmittel von der Zentralinstanz zugewiesen **(Dekonzentration)**. Ein **dezentralisiertes Aufgaben- und Finanzsystem** ist hingegen dadurch gekennzeichnet, daß es neben der Zentralgewalt (Bund) weitere autonome Entscheidungseinheiten (z. B. Länder, Gemeinden) gibt.

Der **Begriff des föderativen Systems** wird zum einen, vor allem in der ökonomischen Theorie des Föderalismus, auf jeden Staatsaufbau angewendet, der auch untergeordnete Entscheidungsebenen mit Aufgaben- und Einnahmenautonomie umfaßt. Der „föderative Gehalt" eines Staatsaufbaus wird demnach durch die Zentralität oder Dezentralität der Entscheidungskompetenzen bestimmt. Zum anderen wird der Begriff oft auf einen Staatsaufbau beschränkt, bei dem zwischen zentralstaatlicher und kommunaler Ebene eine selbständige Gebietskörperschaftsebene besteht, z. B. die Länder in der Bundesrepublik Deutschland oder die ‚states' in den USA.

Mit der Frage, wie in einem föderativen System die Befugnisse zur Erfüllung öffentlicher Aufgaben auf die Gebietskörperschaften verteilt werden sollen, ist ein verfassungsrechtliches Problem angesprochen, das zunehmend Gegenstand einer allgemeinen ökonomischen Theorie des Föderalismus geworden ist.

Bei der Zuordnung von Kompetenzen auf Träger der öffentlichen Finanzwirtschaft wäre es wenig sinnvoll, einer Ebene unterhalb der Zentralgewalt zwar Aufgaben zuzuweisen, ihr aber die Entscheidung über die Art der Mittelverwendung und Finanzierung zu entziehen. Diese Vorgehensweise würde für die untergeordnete Einheit nur dann eine Autonomie bedeuten, wenn zur Erfüllung der Aufgabe keine oder wenige Ausgaben und damit Einnahmen erforderlich sind (z. B. im Falle rechtlicher Regelungen). Je mehr Mittel die Erfüllung einer Aufgabe jedoch erfordert, desto mehr gehört zur Autonomie der einzelnen Gebietskörperschaft auch das Recht, Ausgaben und Einnahmen selbständig bestimmen zu dürfen. Damit wird sowohl die Finanzausstattung der einzelnen Gebietskörperschaften als auch die Aufgaben- und Ausgabenverteilung in einem föderativen Staatswesen zu einem finanzpolitischen Problem.

Die Fragen, die sich daraus ergeben, daß zwischen den verschiedenen Ebenen von Gebietskörperschaften eine Bestimmung ihrer Aufgaben, Ausgaben und Einnahmen erforderlich ist, zerfallen in zwei Gruppen, die miteinander nur lose zusammenhängen. Zum einen müssen Aufgaben, Ausgaben und Einnahmen zwischen Gebietskörperschaften unterschiedlicher Ebenen aufgeteilt werden. Genau genommen ergeben sich Gebietskörperschaften erst dadurch, daß es aus verschiedenen zu erörternden Gründen zweckmäßig erscheint, öffentlich zu erfüllende Aufgaben nicht alle nur einem Träger zuzuweisen. Da solche Gebietskörperschaften dann üblicherweise in einem Verhältnis der Unter- bzw. Überordnung zueinander stehen, spricht man vom *vertikalen Finanzausgleich*.

Zum anderen rühren Probleme daher, daß es auf den entstehenden Gebietskörperschaftsebenen unterhalb der Zentralgewalt mehrere gleichrangige öffentliche Institutionen geben kann. Sobald aber, wie in der Bundesrepublik Deutschland auf der Ebene der Bundesländer oder der Gemeinden, mehrere Gebietskörperschaften nebeneinander stehen,[1] ist zu erwarten, daß die Ausgaben, die aus den zugewiesenen Aufgaben resultieren, sich mit den ebenfalls zugewiesenen Einnahmen nicht bei jeder Einheit gleich gut zur Deckung bringen lassen. Es fallen entweder spezielle Aufgaben an (Unterhalt eines Hafens, Versorgung eines ungewöhnlich hohen Anteils an Flüchtlingen usw.), oder die Entwicklung der Einnahmebasis ist vergleichsweise ungünstig (schrumpfende Branchen, rückläufige regionale Wirtschaftsentwicklung usw.), so daß die Berücksichtigung dieser Einzelumstände im vertikalen Finanzausgleich entweder unmöglich oder technisch sehr aufwendig würde. Besteht der Wunsch, diese Finanzierungslücken auszugleichen, etwa unter Hinweis auf die im Grundgesetz angesprochene Wahrung der „Einheitlichkeit der Lebensverhältnisse",[2] so wird ein *horizontaler Finanzausgleich* erforderlich.

Die Methoden und politischen Probleme bei der Ermittlung des Ausgleichsbedarfs und der laufenden Anpassung des horizontalen Ausgleichs unterscheiden sich von denen, die mit dem vertikalen Finanzausgleich verbunden sind. Während beim vertikalen Finanzausgleich Fragen des Staatsaufbaus, der Verteilung der Kompetenzen für die Aufgabenerfüllung und Einnah-

---

[1] In der Bundesrepublik Deutschland gab es 1993 neben Berlin 15 Bundesländer, 16043 Gemeinden und 543 Stadt- und Landkreise (Statistisches Jahrbuch 1993 für die Bundesrepublik Deutschland, Wiesbaden 1993, S. 52).

[2] Art. 72 Abs. 2 (3) und 106 Abs. 3 (2) GG.

menerzielung und damit auch Fragen der finanziellen Autonomie angesprochen sind, gelten diese Probleme vor dem Einsatz des horizontalen Finanzausgleichs weitgehend als gelöst. Im Vordergrund des horizontalen Finanzausgleichs steht die exakte Ermittlung von Finanzkraft und Finanzbedarf bei den einzelnen Körperschaften einer Ebene sowie die Erarbeitung eines annehmbaren „Schlüssels" für eine gegebenenfalls erforderliche Angleichung der Unterschiede.

Soll nach diesem kurzen Überblick über den Gegenstand des Kapitels der Bereich des Finanzausgleichs genauer definiert werden, so ergeben sich unterschiedliche Möglichkeiten. Der Begriff „Finanzausgleich" ist unglücklich gewählt, weil der Ausdruck „Ausgleich" so verstanden werden könnte, als ob es sich ausschließlich um die Angleichung von Differenzen, z. B. zwischen Ausgabenverpflichtungen und Einnahmemöglichkeiten, handelte. Diese bilden aber nur einen Teilbereich des Fragenkomplexes, den man mit dem Begriff „Finanzausgleich" üblicherweise versieht. Am häufigsten spricht man von der **„Regelung der finanziellen Beziehungen zwischen öffentlichen Körperschaften"** (‚intergovernmental fiscal relations'). Bei einer solchen Abgrenzung ist die Aufgabenverteilung allerdings nur insoweit einbezogen, wie sie zu Ausgaben führt. Zweckmäßiger, wenn auch etwas umständlicher, ist es daher, – wie im Folgenden – von „Finanzausgleich" als der **„Verteilung der Aufgaben, Ausgaben und Einnahmen auf öffentliche Körperschaften"** zu sprechen. In diesem Sinne umfaßt dann der **vertikale Finanzausgleich** die Verteilung von Aufgaben, Ausgaben und Einnahmen auf die einzelnen Ebenen von Gebietskörperschaften. Der über den vertikalen Finanzausgleich hinaus als erforderlich angesehene Ausgleich in der Finanzausstattung der Gebietskörperschaften gleicher Ebenen wird im Rahmen des **horizontalen Finanzausgleichs** vorgenommen.

In der Literatur wird häufig auch zwischen aktivem und passivem Finanzausgleich unterschieden. Der passive Finanzausgleich umfaßt die vertikale Zuordnung der Aufgaben, während der lange Zeit im Vordergrund stehende aktive Finanzausgleich die vertikale Ausstattung mit Finanzmitteln und den horizontalen Einnahmenausgleich umfaßt.

Diese Aufgaben- und Begriffsbestimmungen sind nicht ausdrücklich nur auf den Finanzausgleich innerhalb eines Staates (**nationaler Finanzausgleich**) bezogen. Vielmehr kann man die Aufgaben-, Ausgaben- und Einnahmenverteilung auch zwischen Staaten betrachten (**internationaler Finanzausgleich**, s. unten E).

B. Ökonomische Begründung und Gestaltung eines föderativen Staatsaufbaus (vertikaler Finanzausgleich)

I. Ökonomische Kriterien für die Zuordnung von Aufgaben (und Ausgaben) auf unterschiedliche Ebenen

Fragen des Staatsaufbaus und der zweckmäßigen Ausgestaltung der ökonomischen Beziehungen zwischen den Gebietskörperschaften wurden bis in die 60er Jahre vorwiegend im Staatsrecht und in der Politikwissenschaft diskutiert. Seither entwickelte sich eine eigenständige **ökonomische Theorie des Föderalismus,** deren Anliegen es ist, die Verteilung von Aufgaben, Ausgaben und Einnahmen auf öffentliche Entscheidungsträger ökonomisch zu begründen. Dort wird auch unter Verwendung der Begriffe Fiskalföderalismus, Finanzföderalismus und ‚fiscal federalism' diskutiert, welcher Aufbau der öffentlichen Finanzwirtschaft bestimmte ökonomische Kriterien am besten erfüllt.

Die dazu erforderlichen Kriterien lassen sich aus den Zielen der Finanzpolitik ableiten (s. oben Schema 1.1, S. 3) und an dieser Stelle nach allokativen, distributiven und stabilitätsorientierten Kriterien trennen (s. zur Vorgehensweise Schema 5.1). Bei der Analyse einer ökonomisch zweckmäßigen Organisation der öffentlichen Finanzwirtschaft können neben nichtökonomischen Zielen, z. B. dem Ziel der Machtaufspaltung, vor allem Allokationskriterien herangezogen werden. Begründungen für oder gegen einen föderativen Staatsaufbau werden einerseits diskutiert, wenn **Verfassungen geschaffen** oder von Grund auf reformiert werden; in der Bundesrepublik Deutschland fiel z. B. eine grundlegende Entscheidung mit der Einführung des Grundgesetzes. Andererseits kommt es bei Abweichungen zwischen Verfassungsnorm und Verfassungswirklichkeit immer wieder zu Überlegungen, ob es nicht zweckmäßig sei, die eine oder andere **Kompetenzverlagerung** im Aufgaben- und/oder Finanzierungsbereich **vorzunehmen.** Insbesondere werden in der historischen Entwicklung Dezentralisierungs- bzw. Zentralisierungstendenzen beobachtet, die es auch aus ökonomischer Sicht zu beurteilen gilt.

Zur Rechtfertigung eines föderativen Staatsaufbaus wird von den möglichen Ausprägungen des *Allokationsziels* (s. Schema 5.1), d. h. hier der Frage, welche Gebietskörperschaftsebene welche öffentlichen Güter anbieten soll, vor allem die Abstimmung der öffentlich abgegebenen Leistungen auf die Präferenzen der Staatsbürger angeführt, das gleiche Ziel also, das auch in der Theorie der öffentlichen Güter im Vordergrund steht. Es wird unterstellt, daß es in einem größeren Staatsgebiet **regionale Unterschiede in den Präferenzen** für öffentliche Leistungen gibt, und zwar sowohl für das Niveau an öffentlichen Leistungen als auch für seine Struktur und die Ausgestaltung der einzelnen Leistungen. Soweit diese Vermutung zutrifft, also etwa aus landsmannschaftlichen, religiösen, lagebedingten (Grenze zu anderen Staaten) oder ähnlichen Gründen unterschiedliche Vorstellungen

Schema 5.1: Ökonomische Kriterien für die Begründung und Ausgestaltung eines föderativen Staatsaufbaus

Ökonomische Entscheidungskriterien	Entscheidung über die Zentralität	Zielerfüllung eher zentral	Zielerfüllung eher dezentral
1. Allokative Kriterien			
a. Abstimmung des öffentlichen Angebots auf die individuellen Präferenzen			
– Herstellung der fiskalischen Äquivalenz		(×)	×
– Berücksichtigung von „spillovers"		×	
b. Förderung innovativer Prozesse im öffentlichen Sektor			×
c. Produktion zu geringstmöglichen Kosten (Berücksichtigung von Skalenerträgen und der Teilbarkeit öffentlicher Güter)		×	
2. Distributive Kriterien			
– personale und regionale Verteilung von Einkommen, Gütern und Leistungen		×	
3. Stabilitätsorientierte Kriterien			
– Kurzfristige Stabilität (Konjunktur)		×	
– Gesamtwirtschaftliches Wachstum		×	
– Regionales und sektorales Wachstum		(×)	×

über das Bildungswesen, das Kulturleben, die innere Sicherheit usw. oder auch über das Ausmaß der Staatstätigkeit in Teilgebieten des Staates bestehen, berücksichtigt ein regional differenziertes Angebot diese Unterschiede besser als eine national einheitliche Vorgabe.

Ein solches regional differenziertes Angebot könnte zwar auch von einer zentralen Instanz ausgehen, wenn sie sich die Informationen über die regionalen Präferenzunterschiede und damit die regionalen Unterschiede in den anzubietenden Leistungen beschafft, beispielsweise durch Befragungen, Formen der direkten Demokratie oder über die regionalen Abgeordneten im Zentralparlament. Diese Institution würde sich jedoch auf eine sehr hohe Nachfrage nach öffentlichen Leistungen einstellen müssen, wenn die individuellen Präferenzen ohne Berücksichtigung der entstehenden Kosten erhoben würden. Dieser Sachverhalt, daß bei unvollständiger Anlastung der Kosten eine zu hohe Nachfrage artikuliert wird, ist aus der Theorie der öffentlichen Güter bekannt und auf Finanzierungsillusionen zurückzuführen. Ihm kann dadurch begegnet werden, daß jede Region außer über ihr **Leistungsangebot** auch über die damit verbundenen **Ausgaben** und die folglich erforderlichen **Einnahmen** selbst bestimmt, also die Abgabenlast durch die gleiche regionale Gruppe von Bürgern festgelegt wird, der auch der

Ausgabenvorteil zufließt. Nur dann findet ein Prozeß des Abwägens darüber statt,

(1) ob ein öffentliches Angebot mit der entsprechenden Ausgabe, verglichen mit den notwendigen Einnahmen, überhaupt erwünscht ist oder ob die Summe nicht besser für die private Verwendung zur Verfügung stehen soll (Frage nach der **Höhe der regionalen Staatsquote**) und

(2) welche öffentlichen Leistungen, auch im Hinblick auf ihre unterschiedlichen Kosten, wichtiger sind als andere (Frage der **Struktur der regionalen Staatsquote**).

Folglich sollte der Kreis der Abstimmungsberechtigten so gezogen werden, daß er sich mit dem regionalen Nutzerkreis und dem Kreis der Kostenträger deckt (Grundsatz der **„fiskalischen Äquivalenz"** von M. Olson). Diese fiskalische Eigenverantwortlichkeit soll Finanzierungsillusionen vermeiden und führt zur Forderung nach Einnahmenautonomie der Gebietskörperschaften.

Im Fall regional begrenzter externer Effekte von öffentlichen Leistungen (lokale Güter) wird man daher dezentrale Entscheidungskompetenzen begründen können, während mit der regionalen Ausdehnung der ‚benefits' öffentlicher Leistungen zweckmäßigerweise eine höhere Zentralität einhergeht (regionale Güter), die sich allerdings nicht auf alle Aspekte der Aufgabenerfüllung, also Planung, Entscheidung, Durchführung und Kontrolle, zugleich erstrecken muß. Vor allem muß nicht jeder Nutzen, der über die Grenzen einer kleinen Gebietskörperschaft hinausreicht (regionaler ‚spillover', vgl. Schema 5.1), gleich zu einer Übertragung der Aufgabe an die nächsthöhere Ebene führen. Es genügt möglicherweise eine gewisse Korrektur von dort aus, beispielsweise die Gewährung einer Zweckzuweisung (s. unten), um das Angebot genügend hoch zu halten.

Ein weiteres Allokationskriterium betrifft die *Innovationsfähigkeit im öffentlichen Sektor,* die durch eine Vielzahl und Vielfalt dezentraler Träger und den sich dadurch verstärkenden Wettbewerb gefördert wird. Er dürfte zugleich zu einer stärkeren Berücksichtigung der Bürgerpräferenzen führen.

Wenn man die bisher diskutierten allokativen Kriterien heranzieht, erscheint ein **mehrstufiger Aufbau des Staates ökonomisch sinnvoll.** Wenn auch das Kriterium der „fiskalischen Äquivalenz" im Falle einiger Aufgaben eine zentrale Zielerfüllung nahelegt (nationale Güter), erscheint in zahlreichen anderen Fällen eine dezentrale Zuständigkeit als zielgerecht.

Eine zusätzliche eingangs bereits erwähnte Begründung für einen dezentralen Staatsaufbau liefern **nicht-ökonomische Ziele.** In diesem Zusammenhang gehört die verfassungsrechtliche Argumentation, die neben der Trennung der staatlichen Gewalt in Gesetzgebung, Verwaltung und Rechtsprechung eine **vertikale Aufteilung der Gewalten** vorsehen kann.

In der Bundesrepublik Deutschland können auf diese Weise die Länder als Gebietskörperschaften gerechtfertigt werden. Die Gemeinden konnten nach dem Zweiten Weltkrieg kaum als Gegengewicht zur Macht des Bundes angesehen werden, da sie zersplittert waren und erst wieder eine große gemeinsame Organisation hätten aufbauen müssen. Aus überwiegend machtpolitischen Erwägungen wurde daher im Jahre 1949 von den alliierten Mächten die Schaffung der **Länder als Gegengewicht** zum Bund gefordert. Daß die Länder heute ein großes Machtpotential bilden, zeigt sich z. b. im Ablauf der Gesetzgebung, in dem dem Bundesrat beim Beschluß über Bundesgesetze eine starke Stellung zukommt, die allerdings auch im Zusammenhang mit dem jeweils herrschenden parteipolitischen Kräfteverhältnis in Bund und Ländern gesehen werden muß.

Die bisherigen Ausführungen besagen nun aber keineswegs, daß die Bürger unter Allokationsgesichtspunkten dann am besten versorgt sind, wenn sie sich zur Erfüllung öffentlicher Aufgaben in möglichst vielen kleinen öffentlichen Körperschaften zusammenschließen (Gemeinden, Landkreise, Zweckverbände etc.), die im Extremfall immer genau auf den Nutzenkreis nur einer öffentlichen Aufgabe zugeschnitten sind („single-function governments"; M. Olson). Dem steht nicht nur der genannte Umstand entgegen, daß sich bei vielen öffentlich angebotenen Gütern der Kreis der möglichen Nutzer nicht auf eine kleine Region beschränkt, sondern man wird sich, schon um z. B. die Zahl der mit Verwaltungen auszustattenden Ebenen, der durchzuführenden Wahlen zu den Entscheidungsgremien usw. nicht ausufern zu lassen, auf wenige Ebenen unter der Zentralinstanz beschränken müssen.

Schließlich gibt es innerhalb der allokativen Kriterien *produktionstechnische Argumente,* die für zentralere Zuständigkeiten sprechen können. So kann es vorkommen, daß sich bestimmte Güter technisch überhaupt nicht in kleinen Einheiten dezentral anbieten lassen (economies of scale), oder, falls es möglich ist, die Lösung zu teuer würde. Zwischen Zentralität und der **Produktion zu geringstmöglichen Kosten** besteht daher ein zu berücksichtigender Zusammenhang, der eine stark dezentrale Aufgabenerfüllung in manchen Bereichen aus ökonomischer Sicht unzweckmäßig erscheinen läßt.

Fragt man aus allokativer Sicht nach der konkreten Zuordnung von Aufgaben in einem System mit mehreren Gebietskörperschaftsebenen, so werden die Aufgaben am besten der Ebene von Gebietskörperschaften zugesprochen, auf der die einzelne öffentliche Körperschaft, also das Land oder die Gemeinde, zwei Kriterien erfüllt. Zum einen sollte sie klein genug sein, um eine gute Trennung der regionalen Präferenzen für dieses Gut zu gewährleisten; im Zweifelsfall sollte die unterste Ebene gewählt werden (**Subsidiaritätsprinzip**). Zum anderen sollte die öffentliche Körperschaft groß genug sein, um den regionalen Nutzerkreis zu enthalten und ausreichend niedrige Produktionskosten möglich zu machen. Nach diesen Kriterien würde man dem Zentralstaat etwa Verteidigungsaufgaben, wirtschaftspolitische Funktionen und die Außenpolitik zuweisen, da diese öffentlichen Aktivitäten nur das Staatsgebiet als Ganzes betreffen. Den Gemeinden würden u. a. die Kompetenzen für die örtliche Ver- und Entsorgung (Gas, Wasser, Strom, Kanalisation, Müllabfuhr), den regionalen Feuerschutz oder Polizeischutz usw. zufallen. Für die Bundesländer als mittlere Ebene ist eine Aufgabenzuordnung schwierig. Das Grundgesetz bestimmt in Art. 30 GG: „Die Ausübung der staatlichen Befugnisse und die Erfüllung der staatlichen Aufgaben ist Sache der

Länder, soweit dieses Grundgesetz keine andere Regelung trifft oder zuläßt".

Gelegentlich kann es zweckmäßig sein, alle Zuständigkeiten für eine bestimmte Aufgabe dem Zentralstaat zuzuordnen. Sofern aber ein möglichst großer Anteil dezentraler Aufgabenerfüllung gewünscht wird, kann eine **Rahmenkompetenz** ausreichend sein.[3] Mit ihrer Hilfe kann die Zentralinstanz allgemeine Normen setzen, z. B. im Bereich der Raumordnung oder Hochschulpolitik, und die speziellen Normen sowie die gesamte Ausführung den unteren Ebenen überlassen. In diesen Fällen ist die Kompetenzabgrenzung weitgehend offen, da jeweils geklärt werden muß, was der Begriff „Rahmen" umfassen soll. Umgekehrt kann, wenn eine Aufgabe z. B. wegen der technisch erforderlichen Mindestgröße für eine Einrichtung nicht voll von der einzelnen Gemeinde erfüllt werden kann, ein **Zweckverband** mehrerer Gemeinden die ausreichende Lösung bringen. So kann die Müllabfuhr Aufgabe der Einzelgemeinde bleiben, während die Müllverbrennungsanlage wegen der erforderlichen Größe von mehreren Gemeinden gemeinsam betrieben werden kann.

Mit der Finanzreform 1969 wurden die – nicht unumstrittenen – sog. **Gemeinschaftsaufgaben** (Art. 91 a und b GG) eingeführt, deren Gestaltung und Finanzierung Bund und Ländern gemeinsam obliegen. Sie umfassen den Ausbau und Neubau von wissenschaftlichen Hochschulen, die Verbesserung der regionalen Wirtschaftsstruktur und die Verbesserung der Agrarstruktur und des Küstenschutzes. Die sog. **Mischfinanzierung**, zu der die Gemeinschaftsaufgaben ebenso zählen wie die Finanzhilfen des Bundes für bestimmte Investitionen der Länder und Gemeinden (Art. 104 a Abs. 4 GG), sind Ausdruck dafür, daß die exakte Zuordnung einer Aufgabe zum Bund oder zu den Ländern, wie sie dem Grundgesetz vorschwebte, nicht immer durchzuhalten ist. Diese gemeinschaftliche Aufgabenerfüllung durch mehrere Ebenen hat nicht alle Erwartungen erfüllt. Sie hat zu einer Aufgaben- und Finanzierungsverflechtung geführt, die insbesondere wegen der gegenseitigen Blockierung der Entscheidungsträger die Lösung der übertragenen Aufgaben hemmt und inzwischen zu einer eher kritischen Bewertung dieser neuen Verfassungskonstruktionen geführt hat.

Neben allokative Überlegungen treten distributive und stabilitätsorientierte Kriterien bei der Entscheidung über die wünschenswerte Zentralität bzw. Dezentralität in der Aufgabenerfüllung. Für das *Distributionsziel* könnte man eine – eingeschränkte – dezentrale Aufgabenerfüllung erwarten. Die unmittelbare Kenntnis bedürftiger Bürger, vielleicht auch die Sorge vor negativen Auswirkungen extremer Armut, etwa vor einer Zunahme der Verbrechensrate, führt auch in Gemeinden häufig zu Maßnahmen der Einkommens- und Sozialpolitik. Zu einer so weitgehenden Umverteilung und sozialen Absicherung der Daseinsrisiken, wie sie derzeit in vielen westlichen Hocheinkommensländern politisch für richtig erachtet wird, würde es bei dezentraler Aufgabenerfüllung, etwa auf Gemeindeebene, aber kaum kommen. Die hochbesteuerten Bürger könnten sich in separaten Gemeinden zusammenschließen, in denen sie dann für niedrigere Steuersätze sorgen, weil sie keine Sozialleistungen zu finanzieren haben und viele andernorts öffentlich angebotene Leistungen lieber privat erstellen. In den Ge-

---

[3] Art. 75 GG.

meinden mit vorwiegend einkommensschwachen Schichten ist das Steueraufkommen gering, und zugleich ist der Ausgabenbedarf besonders hoch;
gewähren sie besonders hohe soziale Hilfen, so hätten sie überdies den
Zuzug sozial schwacher Bevölkerungsteile zu erwarten. Daher erfolgt der
größere Teil der Umverteilungspolitik in der Regel auf höheren Gebietskörperschaftsebenen, die sich dazu auch der Parafisci, insbesondere der
Sozialversicherung, bedienen.

Auch bei der Erfüllung des *Konjunkturziels* kann ein – wiederum nur be-
grenztes – Interesse der Gemeinden unterstellt werden. Es rührt daher, daß
ein konjunktureller Rückschlag Einnahmenausfälle bei den gemeindlichen
Steuern und zusätzlichen Bedarf für Sozialausgaben mit sich bringt. Daher
kann eine Gemeinde, insbesondere wenn sie bei differenziertem Konjunk-
turbild überproportional negative Auswirkungen verspürt, lokale Arbeitsbeschaffungsmaßnahmen und vielleicht auch Unterstützungszahlungen für
angezeigt halten. Die Verwendung dieser Mittel kommt ihr selbst nur zum
Teil zugute, zum vielleicht größeren Teil aber den umliegenden Regionen
(räumliche externe Effekte), und wenn durch diese Maßnahmen ein positiver Beitrag zu den gesamtwirtschaftlichen Stabilisierungszielen erreicht
wird, so profitiert davon die gesamte Volkswirtschaft. Die Kosten der Stabilisierung jedoch fallen allein in der Gemeinde an. Daher ist der Anreiz zu
solcher Politik begrenzt, und in der Boomphase fehlt er völlig, da die Gemeinden dann für sich genommen nur positive Effekte der Konjunktur
verspüren, die Preisniveausteigerung als nationales Phänomen auffassen
und keinen Anlaß haben, Gegenmaßnahmen zu ergreifen. Gemeinden verhalten sich also im Hinblick auf den Konjunkturverlauf weitgehend wie
private Wirtschaftssubjekte. Nur im Ausnahmefall ist ein konjunkturpolitisch wichtiges Projekt für sie vorteilhaft, im übrigen lohnt sich ein „Tritt-
brettfahrer"-Verhalten. Folglich kann man nicht erwarten, daß das Gut
„Konjunkturstabilisierung" aus den Entscheidungen dezentraler Einheiten
heraus entsteht. – Nationale konjunkturpolitische Maßnahmen der Geld-
und Finanzpolitik kommen dagegen der Erfolgsbilanz des Politikers auf der
nationalen Ebene auch zugute. Er kann dann über entsprechende Programme, z. B. zur Erweiterung der gemeindlichen Investitionstätigkeit, auch die
unteren Gebietskörperschaftsebenen zu konjunkturpolitisch angemessenem Verhalten anhalten. Dazu besteht in einem föderativen System verstärkter Anlaß, da Länder und Gemeinden, soweit sie autonom über Ausgaben und Einnahmen entscheiden können, dazu tendieren, bei konjunkturpolitisch verursachtem Absinken der Einnahmen die Ausgaben zu kürzen und in Boomzeiten die vermehrten Einnahmen zu erhöhten Ausgaben
zu verwenden (Parallelpolitik, s. unten S. 294). Insofern besteht ein **Zielkonflikt** zwischen föderativem Staatsaufbau und effizienter Konjunkturpolitik. Insbesondere in der Boomphase ist mit Blick auf die Instrumente primär die Zentralinstanz angesprochen, da nur sie über die in dieser Konjunkturphase erforderlichen geldpolitischen Instrumente verfügt (s. unten
7. Kapitel).

In den bisherigen Ausführungen wurde davon ausgegangen, daß es bereits Gebietskörperschaftsebenen gibt und ihnen die jeweils geeigneten Aufgaben zugewiesen

werden sollen. Man kann aber auch noch einen Schritt weiter zurückgehen und für Güter, die nicht marktlich angeboten werden (können), die Frage stellen, welche Entscheidungseinheit grundsätzlich in der Lage ist, ein gewünschtes Gut anzubieten. Es geht dann letztlich um eine **ökonomisch begründbare Organisation des gesamten nichtöffentlichen Sektors** einer Volkswirtschaft.

Ein Verein, Club oder Verband beispielsweise wird gegründet, um ein Gut zu produzieren, das jedes Mitglied für sich nicht produzieren kann, sei es, weil die Kosten zu hoch wären, etwa wegen Unteilbarkeiten im Angebot (Golfplatz, Schwimmbad usw.), oder sei es, weil das Ausschlußprinzip nicht anwendbar ist, d.h. Nicht-Beitragswillige nicht vom Mitkonsum ausgeschlossen werden könnten. Durch „**Club-Lösungen**" werden also mehr Güter (**Club-Güter**) bereitgestellt, als wenn es nur private und öffentliche Güter gäbe. Das erwähnte **Subsidiaritätsprinzip** wird im übrigen erst neuerdings auch innerhalb des öffentlichen Sektors angewendet. In seiner ursprünglichen Form bezog es sich darauf, daß diese **nichtstaatlichen Institutionen** Vorrang vor den staatlichen haben sollten, beispielsweise in der Sozialpolitik die private Gruppe (oder auch Familie) vor der staatlichen Instanz.

Sofern bei der Inanspruchnahme des Gutes oder in der Finanzierung ein Zwangselement enthalten ist, wird häufig ein **Parafiskus** gegründet (s. oben S. 8ff.), der auf die Erfüllung nur einer – meist hoheitlichen – Aufgabe ausgerichtet ist (Funktionsfiskus) und in die Gliederung nach Gebietskörperschaftsebenen nicht ohne weiteres einzuordnen ist.

Aus der Sicht einer solchen verallgemeinerten Theorie der Aufgabenzuweisung ist eine **Gebietskörperschaft,** also z.B. eine Gemeinde, als „**Regionalfiskus**" ein sehr ‚spezieller' „Club", der

– für eine bestimmte Region zuständig ist,

– für die verschiedensten gruppenmäßigen Angebote an öffentlichen Gütern gleichzeitig verantwortlich ist und

– Zwangsabgaben erhebt, sofern ein freiwilliges Angebot nicht zustandekommt.

Genau wie zwischen den Gebietskörperschaften können auch innerhalb der nichtgebietskörperschaftlich organisierten Entscheidungsträger finanzielle Beziehungen auftreten. In dem Falle, daß von den Gebietskörperschaften, z.B. dem Bund, Überweisungen an Parafisci, z.B. Träger der Sozialversicherung, vorgenommen werden, wird gelegentlich auch vom sog. diagonalen Finanzausgleich gesprochen.

Bei der Zuordnung von Aufgaben auf Gebietskörperschaften wurde stillschweigend davon ausgegangen, daß mit der Zuweisung einer **Aufgabe zugleich** auch die zur Erfüllung erforderlichen **Ausgaben** zur Verfügung gestellt werden (Grundsatz der **Konnexität**). Die Zuständigkeiten für Aufgaben und Ausgaben sind aber keineswegs immer identisch. Wenn z.B. der zentralen Körperschaft nur eine Rahmengesetzgebung zugesprochen wird, die Ausführung, insbesondere die Verausgabung der Mittel, aber Sache nachgeordneter Körperschaften ist, so decken sich die beiden verantwortlichen Trägerebenen nicht mehr.

Eine spezielle Form des Auseinanderfallens von Aufgabe und Ausgabe bildet der sog. „**unsichtbare Finanzausgleich**". Er ergibt sich daraus, daß eine Gebietskörperschaft Regelungen erläßt, also die Erfüllung einer Aufgabe vorsieht, dabei aber, gewollt oder ungewollt, andere Gebietskörperschaften finanziell be- oder entlastet und damit deren Autonomiespielraum einengt oder erweitert.

Ein Beispiel sind Erhöhungen der von den Gemeinden zu leistenden Sozialhilfezahlungen im Rahmen des Bundessozialhilfegesetzes, die zu wesentlichen Teilen die Gemeinden aus ihren Einnahmen zu finanzieren haben. Daß ein „unsichtbarer Finanzausgleich" auch auf Steuervorschriften beruhen kann, zeigen die grundsteuerlichen Erleichterungen im Rahmen des sozialen Wohnungsbaus, die in den Bundesgesetzen zur Wohnungsbauförderung festgelegt werden, aber bei den Gemeinden zu Steuerausfällen führen.

Hier können Vorschriften helfen, die es einer gesetzgebenden Körperschaft vorschreiben, für die finanziellen Folgen ihrer Gesetzgebung entweder selbst aufzukommen oder zumindest die entstehenden Kosten zu decken.[4] Über diesen Zusammenhang von staatlichen Aufgaben zu Ausgaben und über das Verhältnis der Gebietskörperschaftsebenen zueinander ist die Behauptung aufgestellt worden, daß die zentrale Instanz dazu neige, ihre Kompetenzen und ihr Finanzvolumen in Relation zu den anderen Gebietskörperschaften zu vergrößern. Dieses sog. **Popitz'sche Gesetz von der Anziehungskraft des zentralen Etats** bzw. des Zentralstaates[5] wurde damit begründet, daß der Zentralstaat Aufgaben an sich ziehe, denen dann die Zentralisierung der Ausgaben folge, oder daß er von den unteren Ebenen um Finanzierung gebeten wurde und daraufhin später die Aufgabenkompetenz an sich zog.

II. Möglichkeiten der vertikalen Einnahmenzuordnung

a) Elemente der Steuerhoheit

Nach dem Wortsinn des Begriffes „Finanzausgleich" und seiner Beziehung zu „Finanzen" und „Finanzierung" würde man im Bereich der Einnahmen den gewichtigeren Teil des in diesem Kapitel behandelten Problemkreises vermuten. Logisch läßt sich die Zuordnung der Einnahmen aber erst nach der Entscheidung über die Aufgaben und die daraus resultierenden Ausgaben bestimmen, denn, wie dargelegt, sollte bei jeder Gebietskörperschaft das Recht (und die Pflicht) liegen, die Einnahmen für diejenigen Ausgaben selbst zu beschaffen, die sich aus den zugewiesenen eigenverantwortlich zu erfüllenden Aufgaben ergeben. Da die Steuern den größten Teil der Staatseinnahmen ausmachen, ist in besonderem Maße die **Zuordnung der** von der jeweiligen Gebietskörperschaft zu erhebenden bzw. ihr zufließenden **Steuer entscheidungsbedürftig.** Mit dieser Entscheidung wird ein zentrales Element der **Finanzautonomie** der betreffenden Gebietskörperschaft festgelegt.

Die *Zuordnung der* sog. *Steuerhoheit* umfaßt drei Elemente:
- **Ertrags- oder Aufkommenshoheit** (Festlegung, welcher Ebene von Gebietskörperschaften das Steueraufkommen zufließen soll),

---

[4] Vgl. dazu z. B. Art. 106 Abs. 8 GG.
[5] Popitz, J., Der Finanzausgleich, in: Handbuch der Finanzwissenschaft, 2. Bd., 1. Aufl., Tübingen 1927, S. 348 ff.

Schema 5.2: Mögliche Zuordnung von Einnahmen auf Gebietskörperschaftsebenen

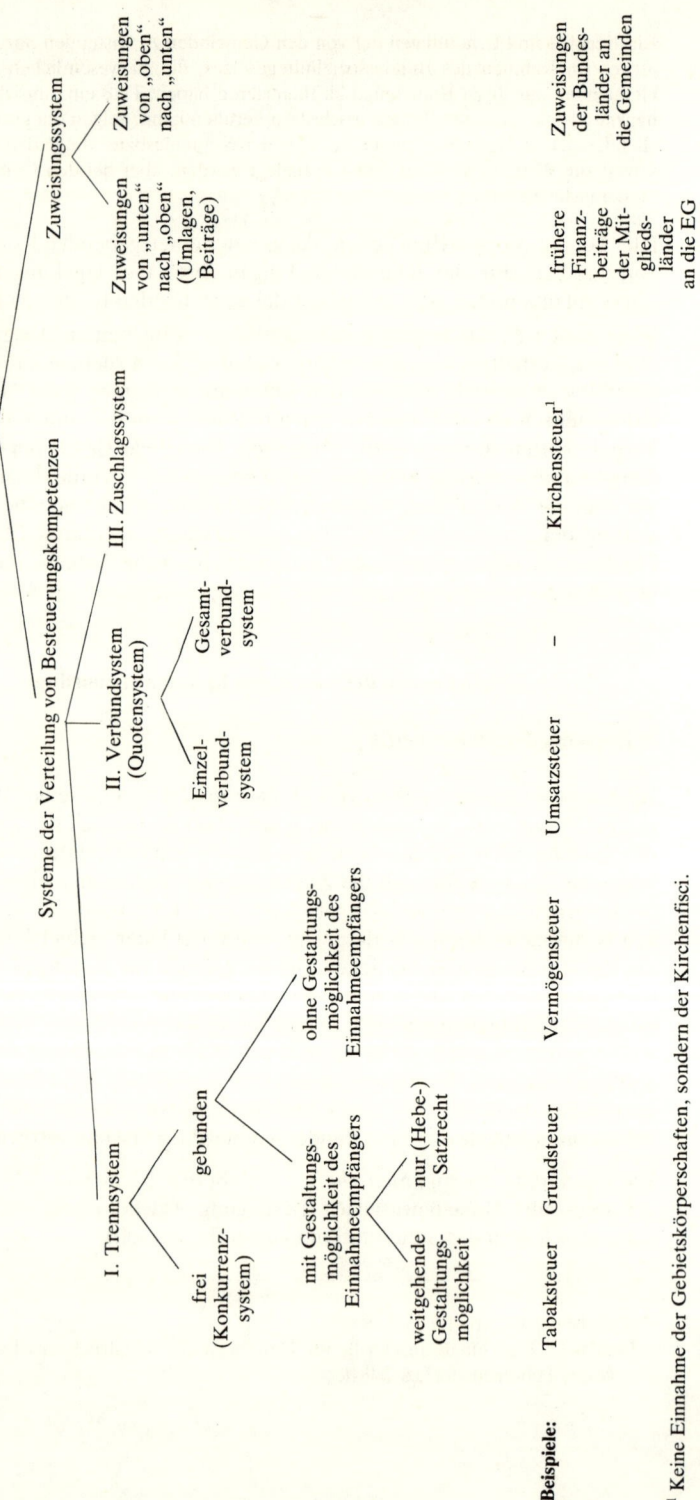

vertikale Zuordnung der Einnahmen

	Systeme der Verteilung von Besteuerungskompetenzen			Zuweisungssystem	
I. Trennsystem	II. Verbundsystem (Quotensystem)		III. Zuschlagssystem	Zuweisungen von „unten" nach „oben" (Umlagen, Beiträge)	Zuweisungen von „oben" nach „unten"
	Einzel-verbund-system	Gesamt-verbund-system			

Beispiele: Tabaksteuer   Grundsteuer   Vermögensteuer   Umsatzsteuer   –   Kirchensteuer[1]   frühere Finanz-beiträge der Mit-glieds-länder an die EG   Zuweisungen der Bundes-länder an die Gemeinden

[1] Keine Einnahme der Gebietskörperschaften, sondern der Kirchenfisci.

- **Durchführungs- oder Verwaltungshoheit** (Festlegung, durch wessen Verwaltung die Steuer eingezogen werden soll) und
- **Gesetzgebungshoheit.**

Zur Gesetzgebungshoheit gehören die Objekthoheit und die Gestaltungshoheit. Im Rahmen der Objekthoheit (Steuerfindungsrecht) geht es u. a. um die Einführung oder Abschaffung von Steuern, während zur Gestaltungshoheit unterschiedliche Elemente wie die Abgrenzung der Bemessungsgrundlage, der Umfang der Steuerpflicht sowie die Bestimmung des Tarifs gehören.

Soll ein Land oder eine Gemeinde die zugewiesenen Aufgaben und damit verbundenen Ausgaben der Höhe nach variieren können, so muß Gesetzgebungshoheit gewährt werden. Würden nur Erträge aus Steuern zugewiesen, über deren Erhebung auf einer anderen Ebene entschieden wird, so müssen die Ausgaben allein an den zu erwartenden und nicht zu beschließenden Einnahmen ausgerichtet werden; ihre Höhe kann nur durch eine Politik zur Vermehrung der Bemessungsgrundlage, beispielsweise durch die Attrahierung von Gewerbebetrieben, beeinflußt werden. Man wird daher unter den Gesichtspunkten der fiskalischen Äquivalenz und des Subsidiaritätsprinzips bemüht sein, unteren Ebenen eine erhebliche Steuerautonomie einzuräumen. Soweit sich dadurch die Einnahmenunterschiede zwischen den Gebietskörperschaften auf einer Ebene vergrößern, kann man den noch zu erörternden horizontalen Finanzausgleich verstärken.

In der Analyse des Föderalismus werden verschiedene **Systeme der Zuordnung von steuerlichen Kompetenzen** unterschieden, die die Gesetzgebungs- und Ertragshoheit in unterschiedlicher Weise den Gebietskörperschaften zuordnen (s. Schema 5.2). Die Praxis des Föderalismus sieht in der Regel allerdings so aus, daß analytisch unterscheidbare vertikale Einnahmenausgleichssysteme nebeneinander bestehen. Auch in der Bundesrepublik Deutschland ist der vertikale Einnahmenausgleich in diesem Sinne ein Mischsystem, das zudem durch Zuweisungssysteme ergänzt wird. Die Gesetzgebungs- und Ertragshoheit der einzelnen deutschen Steuern ist Tab. 4.3 im 4. Kapitel zu entnehmen.

b) Systeme der vertikalen Einnahmenverteilung

1. Trennsysteme

Wenn in der zuvor beschriebenen Weise vorgesehen ist, den einzelnen Gemeinden, Ländern usw., d. h. den einzelnen Gebietskörperschaften auf den Ebenen unterhalb der Zentralgewalt, ein hohes Maß an Einnahmenautonomie zu überlassen, ist eine Form des sog. Trennsystems angebracht. Das Trennsystem sieht vor, daß der **volle Ertrag einer Steuerart einer Körperschaft zusteht.** In seiner extremen Form, dem sog. *Konkurrenzsystem* oder *ungebundenen* (freien) *Trennsystem* kann jede Gliedkörperschaft sowohl die **Art der Steuer** (z. B. Einkommensteuer oder Umsatzsteuer) als auch ihre **Höhe** autonom bestimmen.

Wegen der zuvor beschriebenen möglichen negativen Auswirkungen findet man in der Praxis häufiger andere, stärker koordinierte Systeme, vor allem Elemente eines gemilderten Trennsystems *(gebundene Trennsysteme).* Bei dieser Art sind für die unteren Gebietskörperschaftsebenen die Steuern der Art nach durch den Oberverband festgelegt, d. h. bei ihm liegt die Objekthoheit, und den Unterverbänden steht der Ertrag dieser Steuern zu. Mehrere Ausprägungen sind denkbar.

Bei einer **ersten Form des gebundenen Trennsystems** ist für eine Gebietskörperschaftsebene die Steuer, die sie erheben kann, nur der Art nach eingegrenzt. Die Eingrenzung kann sich auf eine Gruppe von Steuern beziehen oder eine spezielle Steuer bezeichnen. Ob die Steuer erhoben wird und ggf. in welcher Ausgestaltung, ist der Gebietskörperschaftsebene, der die Ertragshoheit zugesprochen ist, dann freigestellt. Insoweit fällt dem Einnahmenberechtigten eine weitgehende Gestaltungsmöglichkeit zu.

So steht in der Bundesrepublik dem Bund nach Art. 106 Abs. 1 GG das Aufkommen aus „den Verbrauchsteuern" als einer Gruppe von Steuern zu[6] und aus der Versicherungsteuer als einer eng definierten Abgabe.

Bei einer **zweiten Form des gebundenen Trennsystems** kann die zur Ertragshoheit berechtigte Gebietskörperschaftsebene lediglich den Satz der Steuer variieren, während die Gesetzgebungshoheit im übrigen einer anderen Ebene zugewiesen ist. Die Gestaltungshoheit beschränkt sich also nur auf das Satzrecht (bei Gewerbe- und Grundsteuer als **Hebesatzrecht** bezeichnet).

Ein solcher Fall liegt in der Bundesrepublik bei der Grundsteuer vor. Die Gesetzgebung liegt beim Bund. Die Gemeinden erhalten das Aufkommen aus dieser Steuer und können die Hebesätze in gewissen Grenzen selbst bestimmen.

Schließlich gibt es den Fall, daß dem Einnahmenempfänger überhaupt keine Gestaltungshoheit eingeräumt wird, d. h. er ist ohne Einfluß auf Art und Höhe „seiner" Steuer. Bei dieser **dritten Form des gebundenen Trennsystems** kann man so lange noch vom Trennsystem sprechen, wie das gesamte Aufkommen einer Steuer bei einer Gebietskörperschaft verbleibt. In diesem Falle ist die Autonomie der Gebietskörperschaft allerdings weiter eingeschränkt.

So liegt in der Bundesrepublik die Gesetzgebungshoheit für die Erbschaftsteuer, Vermögensteuer und Kraftfahrzeugsteuer hinsichtlich der Bestimmung von Art und Ausgestaltung der Steuer beim Bund, während das Aufkommen dieser Steuern allein den Ländern zufließt.

2. Verbund- und Zuschlagssysteme

Wenn sich mehrere Ebenen von Gebietskörperschaften das **Aufkommen einer oder mehrerer Steuern teilen,** wird von Verbund- oder Quotensystemen gesprochen.

Beim *Verbundsystem (Quotensystem, Steuerverbund)* teilen sich mehrere Gebietskörperschaftsebenen das Aufkommen einer oder mehrerer Steuern, d. h. sie müssen sich über die Quoten an dieser Steuer einigen. Dabei kann nochmals danach getrennt werden, ob die Quote auf die Gesamtheit der gemeinschaftlichen Steuern bezogen wird **(Gesamtverbundsystem)** oder ob sie für jede Steuer gesondert festgelegt wird **(Einzelverbundsystem).** Um Erhebungskosten zu sparen, wird in der Regel nur eine Gebietskörperschaftsebene diese Steuern erheben und dann die festgelegte Quote an die andere überweisen.

Für den Einzelsteuerverbund gibt es in der Bundesrepublik unter der Bezeichnung

---

[6] In Art. 106 Abs. 1 Nr. 2 GG wird auf wenige Ausnahmen hingewiesen.

Tab. 5.1: Steuern mit geteilter Ertragshoheit; Anteile von Bund, Ländern und Gemeinden am Aufkommen 1991, alle Bundesländer, in %

Steuerarten	Bund	Länder	Gemeinden[1]
1. Lohnsteuer und veranlagte Einkommensteuer[2]	42,5	42,5	15,0
2. Körperschaftsteuer und Kapitalertragsteuer	50,0	50,0	–
3. Umsatzsteuer	65,0	35,0	–
4. Gewerbesteuer[3]	ca. 7,0	ca. 7,5[4]	ca. 85,5

[1] Einschl. Gemeindesteuern in den Stadtstaaten.

[2] Ohne Solidaritätszuschlag.

[3] Die Anteile sind nicht politisch festgelegt, sondern ergeben sich vor allem empirisch (Statistisches Jahrbuch 1992 für die Bundesrepublik Deutschland, Wiesbaden 1992, S. 538). Die Gewerbesteuer fällt auch nicht unter die in Art. 106, Abs. 3 GG, definierten Gemeinschaftsteuern.

[4] Einschließlich erhöhter Gewerbesteuerumlage.

Quelle: Tab. 4.3, S. 132 ff. und eigene Berechnung.

„Gemeinschaftsteuern"[7] mehrere Beispiele, die aus der Tabelle 5.1 zu ersehen sind (Nr. 1–3). Die Ertragshoheit und Gesetzgebungshoheit der übrigen Einzelsteuern ist der Tabelle 4.3 im 4. Kapitel (S. 132 ff.) zu entnehmen.

Durch ein Verbundsystem werden die beteiligten Ebenen gemeinsam von Schwankungen im Aufkommen dieser Steuern betroffen. Weiterhin wird eine einheitliche Steuergesetzgebung gewährleistet und eine Anpassung an veränderte Finanzbedarfe über sog. Revisionsklauseln ermöglicht, mit denen die Anteile geändert werden können. Gegen das Verbundsystem bzw. Gemeinschaftsteuern spricht die mangelnde Autonomie der beteiligten Gebietskörperschaften und die geringe Beachtung der fiskalischen Äquivalenz insofern, als die einzelne Gebietskörperschaft ihre Einnahmen nicht den gewünschten Aufgaben anpassen kann. Der Anreiz zur Pflege und Ausschöpfung ist geringer als bei eigenen Steuerquellen, und Probleme der Aufteilung, etwa des Länderanteils am Steueraufkommen auf die Einzelländer, treten hinzu (sog. **Zerlegung**).

In der Bundesrepublik dominiert das Verbundsystem. Der Anteil des Aufkommens aus den Gemeinschaftsteuern und der Gewerbesteuer am gesamten Steueraufkommen liegt im Jahre 1991 über 80 v. H. Reine Bundessteuern belaufen sich im selben Jahr auf 14 v. H., und Ländersteuern liegen bei 4 v. H.[8]

[7] Wenn innerhalb der EU von Gemeinschaftsteuern (community taxes) gesprochen wird, so handelt es sich primär um Steuern der EU (Europasteuern), was nicht ausschließt, daß die in der Diskussion befindlichen Vorschläge zur Finanzierung des EU-Haushalts (z. B. Zigaretten-, Benzin- oder Alkoholsteuern) zu einem Einzelverbund führen können.

[8] Eigene Berechnungen nach: Statistisches Jahrbuch 1992 für die Bundesrepublik Deutschland, Wiesbaden 1992, S. 538.

Beim Zuschlagssystem besitzt eine Gebietskörperschaftsebene die Gesetzgebungshoheit, während auf einer anderen Gebietskörperschaftsebene autonom ein Zuschlag erhoben werden kann. Beide Gebietskörperschaftsebenen erhalten also Erträge aus dieser Steuer. Der Vorteil dieses Systems liegt darin, daß die Zuschläge dem Finanzbedarf angepaßt werden können; nachteilig ist wiederum die Möglichkeit, daß dieselbe Steuerquelle mehrfach belastet sein kann.

Zwischen Verbund- und Zuschlagssystem gibt es Verbindungen. So kann man sich vorstellen, daß die Bundesländer und die Gemeinden auf ihrem Einkommensteueranteil im Verbundsystem gesonderte Zuschläge erheben.[9] Die Bemessungsgrundlage der Steuer wird dann für alle Ebenen einheitlich festgesetzt, was für den Steuerzahler einfach ist. Nur die Sätze variieren möglicherweise im Rahmen bundeseinheitlicher Ober- und Untergrenzen, von Land zu Land und von Gemeinde zu Gemeinde, wie man dies etwa aus der Schweiz und den USA kennt.

3. Zuweisungssysteme

Soll einer Ebene von Gebietskörperschaften gegenüber den anderen im Einnahmensystem eine besonders starke Stellung zugewiesen werden, so wird man sich für das Zuweisungssystem entscheiden. Bei diesem System ist der Autonomiegrad des Einnahmenempfängers bei entsprechender Ausgestaltung besonders gering, und es stellt insofern auch einen Gegenpol zum Trennsystem dar. Das Kennzeichen des Zuweisungssystems ist darin zu sehen, daß eine Ebene von Gebietskörperschaften aus ihrer Finanzmasse eine andere Ebene „alimentiert". Zu dieser Finanzmasse zählt nicht nur das Steueraufkommen, sondern können auch andere Einnahmenarten (Kredite, Erwerbseinkünfte, usf.) gehören. Unter den Zuweisungssystemen lassen sich zwei Varianten unterscheiden.

Im einen Falle bestimmt die übergeordnete Gebietskörperschaft über die Finanzmasse. Sie gibt dann *Zuweisungen von „oben nach unten"*, wobei ein Verteilungskriterium für diese „Zuweisung" gefunden werden muß. In der Bundesrepublik wird das Verteilungssystem zwischen Land und Gemeinden (kommunaler Finanzausgleich) großenteils im Wege von Zuweisungen der Länder an die Gemeinden geregelt. Außerdem gibt es einige Zuweisungen des Bundes an die Länder.

Im anderen Falle haben die unteren Gebietskörperschaften die Verfügung über die Finanzmasse. Sie geben dann *Zuweisungen von „unten nach oben"* (Umlagen) an die höhere Ebene, z.B. den Zentralstaat, damit dieser seine Aufgaben erfüllen kann. Ein bekannter Fall dieser Art waren die sog. **Matrikularbeiträge** der Länder für den Deutschen Bund und das Deutsche Reich im 19. Jahrhundert. Die mit diesem System verbundene Verteilung der finanzpolitischen Macht zeigt sich darin, daß in dieser Zeit das Reich häufig „Kostgänger der Länder" genannt wurde. Ein weiterer Fall sind die **Finanzbeiträge** der Mitgliedsländer für das Budget der Europäischen Gemeinschaft, die für alle Länder bis einschließlich 1978 auf der Basis des Sozialprodukts der Mitgliedsländer erhoben wurden. Die seit diesem Zeitpunkt betriebene Umstellung der Finanzbeiträge auf einen Anteil der harmonisierten Bemessungsgrundlage der Mehrwertsteuer signalisierte den Übergang von Finanzbeiträgen zu eigenen Einnahmen und erhöhte die Finanzautonomie der EU.

---

[9] Näheres zu diesem Vorschlag findet sich in: Wissenschaftlicher Beirat beim Bundesministerium der Finanzen, Gutachten zum Länderfinanzausgleich in der Bundesrepublik Deutschland, Schriftenreihe des Bundesministeriums der Finanzen, Heft 47, Bonn 1993, S. 93ff.

In der Praxis eines föderativen Systems verfolgen die Zuweisungsgeber mit der gewährten Zuweisung vielfältige Ziele. Dazu werden die Zuweisungen in besonderer Weise ausgestaltet (s. Schema 5.3):

(1) Wenn der Geber auf die Ausgabentätigkeit des Empfängers Einfluß nehmen will, etwa weil er mehr Sportanlagen wünscht oder aus konjunkturpolitischen Zielen zusätzliche Investitionen bewirken will, wird er eine engere (Sportstätten) oder weitere (Investitionen) Form der Zweckbindung wählen (**Zweckzuweisungen, spezielle Finanzzuweisungen**). Andernfalls gewährt er ungebundene Zuweisungen (**Schlüsselzuweisungen, allgemeine Finanzzuweisungen**). Mit Zweckzuweisungen greift er in die Präferenzen des Empfängers, wie sie sich bei ungebunden zugewiesenen Mitteln in dessen Ausgabenstruktur ausgedrückt hätten, ein und erhöht seinen eigenen Autonomiespielraum auf Kosten des Empfängers. Eine Ausnahme bildet der Extremfall, daß der Empfänger ohnehin genau diese Verwendungsabsicht hatte und folglich die Zuweisung lediglich „mitnimmt" (sog. **Mitnahmeeffekt**).

(2) Zweckgebundene Zuweisungen sind oft zusätzlich durch eine **Mitfinanzierungspflicht** gekennzeichnet, d. h. der Empfänger (die Gebietskörperschaft) erhält den Betrag nur, wenn er selbst einen festen oder variablen Prozentsatz zuschießt. Damit entlastet sich der Geber fiskalisch, da er für den erstrebten Ausgabezweck nur einen Teil der erforderlichen Mittel aufbringen muß. Zugleich greift er in die Präferenzen des Empfängers ein, weil dieser nunmehr aus anderen an sich beabsichtigten Verwendungen noch Mittel abziehen muß, wenn das bezuschußte Vorhaben zustandekommen soll. Durch eine solche Mitfinanzierungspflicht werden – abhängig von der konkreten Ausgestaltung – die finanzstärkeren Empfänger bevorteilt, da es ihnen leichter fällt, die **Mitfinanzierungsquote** aufzubringen.

(3) Ebenfalls der finanziellen Entlastung des Gebers dient die Möglichkeit, das **Gesamtvolumen** des Zuweisungsprogramms zu **begrenzen**. Die Zuteilung der knappen Mittel kann dann zum einen nach Prioritätskriterien erfolgen; dies ist vor allem

Schema 5.3: Merkmale von Zuweisungen

Merkmal	Ausprägung
1) Zweckbindung	ungebunden (Schlüsselzuweisung oder allgemeine Finanzzuweisung)
	an weit definierte Verwendung gebunden (z. B. „für Investitionen")
	an eng definierte Verwendung gebunden (Zweckzuweisung oder spezielle Finanzzuweisung; z. B. Sportstättenbau)
2) Mitfinanzierung	ohne oder mit (konstanter, variabler) Mitfinanzierungspflicht der empfangenden Gebietskörperschaft
3) Gesamtvolumenbegrenzung	mit oder ohne Begrenzung des Gesamtvolumens für das Zuweisungsprogramm
4) Finanzkraftgewichtung	mit oder ohne Berücksichtigung der Finanzkraft des Empfängers
5) Zuteilungsmodus	automatisch oder auf Antrag

bei Schlüsselzuweisungen üblich, da das Gesamtvolumen in aller Regel vorab festgelegt wird. Die Zuteilung kann aber auch der Reihenfolge der Anmeldung überlassen bleiben (sog. **Windhundverfahren**); dieses Vorgehen findet sich bei Zweckzuweisungen häufig.

(4) Wenn erreicht werden soll, daß finanzschwächere Empfänger mehr Mittel als finanzstärkere erhalten sollen, gewichtet der Geber die Zuweisung nach der **Finanzkraft** des Empfängers. Dieses Verfahren ist bei Zweckzuweisungen möglich und wird bei Schlüsselzuweisungen, die das wichtigste Element des horizontalen Finanzausgleichs (s. unten) darstellen, fast immer angewendet.

(5) Schließlich kann der **Zuteilungsmodus** zwischen den Zuweisungsprogrammen variieren. Während Schlüsselzuweisungen in der Regel **automatisch** gewährt werden und in Grenzen auf einem Rechtsanspruch beruhen, werden viele Zweckzuweisungen nur **auf Antrag** vergeben.

Wenn man diese Zuweisungsmerkmale kombiniert, so liegt die für den Empfänger vorteilhafteste Kombination in der Schlüsselzuweisung; sie ist ohnehin nicht mit einer Mitfinanzierungspflicht denkbar. Umgekehrt ist die Autonomie des Empfängers am stärksten eingeschränkt, wenn eine auf ein eng definiertes Vorhaben beschränkte Zweckzuweisung auf Antrag gewährt und zugleich eine hohe Mitfinanzierung vorgeschrieben wird. Ob die Gewichtung mit der Finanzkraft als positiv angesehen wird, hängt von der Einschätzung des verteilungspolitischen Ziels im gegebenen föderativen System ab.

Schließlich ist darauf hinzuweisen, daß viele dieser Aussagen über Zuweisungen auch auf Transferzahlungen an private Haushalte und Unternehmen zutreffen, die man sich dann als „Empfänger" vorzustellen hat.

Das **Zuweisungssystem** ist ein Finanzausgleichssystem mit **geringem föderativen Gehalt**. Das zeigt sich daran, daß nur eine Ebene am Wachstum der Steuerquellen beteiligt ist, während der „Zuweisungsempfänger" in der Regel lediglich absolute, nicht anteilig festgesetzte Beträge erhält.

III. Zentralisierung und Verflechtung als Probleme des vertikalen Finanzausgleichs

Die Aufgaben- und Einnahmenverteilung in der Bundesrepublik Deutschland, wie sie zuvor innerhalb der Möglichkeiten der vertikalen Aufgaben- und Einnahmenzuordnung beschrieben wurde, läßt sich seit 1949 durch zwei Entwicklungen kennzeichnen. Zum einen ist der Einfluß der jeweils höheren Gebietskörperschaftsebene, also des Landes auf die Gemeinden und des Bundes auf die Länder und die Gemeinden, gestiegen. Zusätzlich zu dieser Zentralisierung hat eine erhebliche, im Grundgesetz ursprünglich nicht vorgesehene Verflechtung der Gebietskörperschaftsebenen bei der Aufgabenerfüllung und -finanzierung stattgefunden.

Diese beiden Entwicklungen schwächen die Fähigkeiten des einzelnen Bundeslandes oder der einzelnen Gemeinde, selbstverantwortlich nach den Präferenzen der Bürger darüber zu befinden, welche Aufgaben in Abwägung mit den erforderlichen Einnahmen erfüllt werden sollen. Dadurch führen diese beiden Tendenzen wahrscheinlich zu Verstößen gegen die allokativen Ziele eines kostenminimalen und an den Präferenzen orientierten Finanzausgleichs und tragen zur Verschwendung bei.

Neben den Allokationszielen werden vor allem auch Verteilungsziele von der Entwicklung des Finanzausgleichs berührt. So schien der sog. Einheitlichkeit der Lebensverhältnisse als Beurteilungskriterium des Finanzausgleichs in der Bundesrepublik Deutschland für einige Zeit vorherrschende Bedeutung zuzukommen. Unter diesem Beurteilungskriterium kam dem Aufgaben- und Finanzierungsverbund sowie der stärkeren Zentralisierung in den Zuständigkeiten innerhalb der Gebietskörperschaften die Aufgabe zu, die Unterschiede in der regionalen Wirtschaftskraft, Einkommensentwicklung und Finanzausstattung anzugleichen. Zu der erwähnten Form des Allokationsziels entsteht dadurch ein Konflikt, da für die untergeordneten Gebietskörperschaften die Möglichkeit eingeschränkt wird, sich zur Erfüllung ihrer eigenen Aufgaben eigene Einnahmen in der von ihnen gewünschten Höhe und Art zu beschaffen.

Wenn vor dem Hintergrund der Ziele und Beurteilungskriterien (siehe Schema 5.1, S. 175) dem Prinzip der fiskalischen Äquivalenz und dem Subsidiätsprinzip insbesondere unter Allokationsaspekten wieder mehr Raum geschaffen werden soll, so ist nach Möglichkeiten der Dezentralisierung und Entflechtung zu suchen. Dazu bieten die abgehandelten Gestaltungsmöglichkeiten des vertikalen Finanzausgleichs die organisatorisch-technischen Voraussetzungen. So kann sich eine beobachtete *Zentralisierung, d. h.* die Verlagerung der Kompetenzen von einer Gebietskörperschaftsebene zu einer höheren Gebietskörperschaftsebene, auf Aufgaben (und ihre Ausgaben) oder Einnahmen und die damit jeweils verbundenen Planungserfordernisse erstrecken. Dementsprechend knüpft ein Bemühen um Dezentralisierung auch an diesen Zuständigkeiten an.

Der deutlichste Fall einer dezentralen Aufgabenerfüllung liegt vor, wenn die Frage, ob eine Aufgabe überhaupt erfüllt werden soll, die Entscheidung über Art und Umfang ihrer Erfüllung sowie die Finanzierung voll in die Zuständigkeit der unteren Gebietskörperschaft fallen. Dieser Zustand wäre unter dem Ziel der weitestgehenden Dezentralisierung und aus allokativer Sicht für alle Aufgaben anzustreben, deren Nutzerkreis regional begrenzt ist und deren Erfüllung der untergeordneten Ebene völlig anheimgestellt werden soll. Abgesehen von diesem Fall der vollständigen Dezentralisierung einer Aufgabe lassen sich alle Vorgänge, die die jeweils untergeordneten Gebietskörperschaften in ihrer Autonomie stärken, als regionale oder räumliche Dezentralisierung kennzeichnen, wobei nach den einzelnen Zuständigkeiten unterschieden werden kann. So lassen sich auch einzelne Elemente von Aufgaben dezentralisieren:

(1) Von den Elementen der *Gesetzgebungshoheit* kann die obere Ebene nur die Rahmengesetzgebung für sich behalten.

(2) Gesetzgebung und Vollzug seitens der oberen Ebene kann mit starken *Mitwirkungsrechten* der unteren Ebene, im Extremfall mit einem Vetorecht, versehen sein.

(3) Der *Vollzug* einer Maßnahme kann ganz oder teilweise der unteren Ebene überlassen bleiben. Wenn ihr allerdings Art und Umfang der zu erfüllenden Aufgabe weitgehend vorgeschrieben sind, sollten ihr auch die entstehenden Ausgaben erstattet werden.

In Hinblick auf die Zuordnung von Einnahmen auf Gebietskörperschaften
ergeben sich dezentralere Lösungen dann, wenn Verbundsysteme und Systeme, bei denen der unteren Gebietskörperschaft lediglich Ertragshoheit
eingeräumt wird, zugunsten von Finanzausgleichssystemen reformiert werden, die die Gestaltungsmöglichkeiten der betroffenen Gebietskörperschaften stärken. Für die Bundesrepublik Deutschland ist hier insbesondere an
Hebesatzrechte der Länder und Gemeinden auf ihre Anteile an den Ver-
bundsteuern zu denken. Die analogen Möglichkeiten im Falle von Zuweisungssystemen liegen vor, wenn Zuweisungen zugunsten einer direkten Beteiligung am Steueraufkommen abgebaut, Zweckzuweisungen durch allgemeine Zuweisungen ersetzt und Selbstbeteiligungsregelungen vermieden
werden.

Die genannten Möglichkeiten der Dezentralisierung im Aufgaben- und Ein-
nahmenbereich stärken die unter allokativen Zielen gewünschte fiskalische
Äquivalenz und tragen möglicherweise zu einem kostengünstigeren und
bedarfsgerechteren Angebot an öffentlichen Gütern bei.

Ob die Tendenz zur Zentralisierung im Vergleich zur ebenfalls zunehmenden Verflechtung zwischen den Gebietskörperschaftsebenen das größere
Problem darstellt, etwa weil die Zentralisierungstendenz bereits bald nach
Inkrafttreten des Grundgesetzes begann und den Absichten des Grundgesetzes vermutlich widersprach, ist eine offene Frage. Der erhebliche Ver-
bund von Aufgaben und Einnahmen (Mischfinanzierung) führt seit länge-
rem zu dem Wunsch nach *Entflechtung*. Im Vorgrund steht dabei die Mischfinanzierung, insbesondere in Form der Gemeinschaftsaufgaben (s. oben
S. 178 f.). Aufgaben- und Finanzierungsverflechtungen schwächen die Ent-
scheidungsfähigkeit aller beteiligten Gebietskörperschaftsebenen. Wenn
daher eine Entflechtung angezeigt erscheint, so ist gesondert zu entscheiden, welcher Ebene die Aufgaben und Einnahmen zugeordnet werden sollen. Dabei kann ein Wunsch nach Dezentralisierung eine Entscheidungshilfe bieten, d. h. die Zuordnung erfolgt wiederum „nach unten"; dafür spricht
nicht zuletzt die Tatsache, daß die verflochtenen Aufgaben häufig Aufgaben der unteren Ebene gewesen waren.

C. Begründung und Ausgestaltung des horizontalen Einnahmenausgleichs

I. Zur Begründung eines horizontalen Finanzausgleichs

Die Argumente, die für die Notwendigkeit eines horizontalen Einnahmenausgleichs angeführt werden, unterscheiden sich von denen für einen vertikalen Einnahmenausgleich. Während bei der Zuordnung der Aufgaben,
Ausgaben und Einnahmen auf „über"- und „unter"geordnete Ebenen von
Gebietskörperschaften die Frage der zweckmäßigen Zentralität der Aufgabenerfüllung und der Finanzierung im Vordergrund stand, ist es beim horizontalen Finanzausgleich vor allem die Finanzausstattung von Gebietskör-

perschaften gleicher Ebene. Dem horizontalen Finanzausgleich fällt die Aufgabe zu, die **bei der vertikalen Verteilung** der Steuern und übrigen Einnahmen in der Regel **noch verbleibenden Unterschiede anzugleichen,** die zwischen den – durch die übernommenen Aufgaben bedingten – Ausgaben einerseits und den aus den zugewiesenen Einnahmequellen, insbesondere den Steuern, fließenden Einnahmen andererseits entstehen. Der **Zielbezug** des horizontalen Finanzausgleichs ist damit vergleichsweise einfach. Im Vordergrund steht ein Unterfall des **Distributionsziels,** nämlich die Absicht, die regionalen Unterschiede zu verringern. Dagegen ist die Frage, wie diese regionalen Unterschiede festgestellt werden können und wieweit sie angeglichen werden sollen, schwieriger zu beantworten. Diese Schwierigkeiten beginnen damit, daß die Differenz zwischen dem Ausgabenbedarf und der Finanzkraft verschiedene Gründe haben kann.

Zum einen kann es zu einer Differenz dadurch kommen, daß sich das Aufkommen der den einzelnen Ländern oder Gemeinden im Rahmen des vertikalen Einnahmenausgleichs zugewiesenen *Steuern* im Zeitablauf unterschiedlich entwickelt.

So ist z. B. der Stadt Wolfsburg durch die Expansion des dort ansässigen Volkswagenwerkes im Zeitablauf ein überproportionales Aufkommen der Gewerbesteuer zugeflossen, das im Vergleich zu anderen Gemeinden zu großen Unterschieden im Pro-Kopf-Aufkommen an Gewerbesteuer führte.

Eine Erhöhung des Steueraufkommens, die sich im Vergleich zu anderen Körperschaften derselben Ebene ergibt, muß aber nicht zu einer Änderung des Finanzausgleichs führen.

So kann beispielsweise das hohe Pro-Kopf-Aufkommen an Gewerbesteuer in Wolfsburg überkompensiert werden durch einen hohen Ausgabenbedarf, wie er sich z. B. in Anforderungen an das Schulwesen, Krankenhauswesen, den Straßenbau usw. dieser Stadt niederschlägt.

Zum anderen können unterschiedliche Finanzsituationen auch von der Aufgabenseite her und damit durch die *Entwicklung der Ausgaben* bestimmt werden. Wenn z. B. im Rahmen der Umweltpolitik bundeseinheitliche Qualitätsstandards vorgegeben werden, sind zu ihrer Realisierung in den Ländern oder Gemeinden, die besonders stark unter Umweltschäden leiden, verstärkte Aktivitäten erforderlich, die zu zusätzlichen Ausgaben führen können. Doch auch ein verstärkter Ausgabenbedarf, der sich für eine Gemeinde oder ein Land ergibt, erfordert nicht automatisch eine Änderung des Finanzausgleichs. Häufig sind z. B. die Umweltschäden gerade in den Gebieten groß, die durch hohen Industriebesatz und damit ein hohes Steueraufkommen gekennzeichnet sind.

Erst wenn sich nach *Abwägen von Ausgabenbedarf und Finanzausstattung* zwischen den Körperschaften derselben Ebene **nachhaltige Unterschiede** ergeben, die nicht hingenommen werden sollen, ist ein horizontaler Finanzausgleich erforderlich. Zunächst kann gefragt werden, ob der gesamten Ebene von Gebietskörperschaften nicht Aufgaben (und damit Ausgabearten) und Einnahmen zugewiesen werden sollen, die regional weniger stark streuen. Man kann also zunächst den vertikalen Finanzausgleich ändern, was einen horizontalen Finanzausgleich erübrigt oder in seinem Umfang einschränkt.

Eine völlig andere Möglichkeit, eine sich abzeichnende Notwendigkeit oder Ausdehnung des horizontalen Finanzausgleichs zu vermeiden, besteht in der **Neuabgrenzung der Verwaltungseinheiten** auf einer Ebene von Gebietskörperschaften. Man könnte zu diesem Zweck z. B. die Länder des Bundesgebietes so abgrenzen, daß ein horizontaler Ausgleich als überflüssig erscheint oder sein Ausmaß verringert werden kann. Eine bessere Bündelung finanzschwacher und finanzstarker Teilgebiete zu neuen Bundesländern ist eines der Anliegen der Vorschläge zur **Neugliederung des Bundesgebiets** gewesen.[10] Auch im Gemeindebereich kann eine Zusammenfassung bisher selbständiger Gemeinden zu größeren Einheiten den kommunalen Finanzausgleich erleichtern. Von 1970 bis 1982 wurde durch eine **kommunale Gebietsreform** die Zahl der Gemeinden in allen Bundesländern von 22 550 auf 8 505 verringert[11], und für die neuen Bundesländer wird ebenfalls eine Gebietsreform erörtert.

Neuabgrenzungen der Länder und Gemeinden stellen als Maßnahmen zur Einschränkung des horizontalen Finanzausgleichs eher eine am Rande liegende Möglichkeit dar, da sie nur in großen Zeitabständen vorgenommen werden können und auf erheblichen politischen Widerstand stoßen. Häufige Änderungen im vertikalen Finanzausgleich vermögen auch nicht alle Unterschiede zwischen Körperschaften auf einer Ebene zu beseitigen. Ob dann bei gegebener Aufgaben- und Steuerverteilung ein laufender Ausgleich der Einnahmen unter den Ländern und unter den Gemeinden erforderlich ist, bedarf einer gesonderten Entscheidung. Wenn dieser Ausgleich gewünscht wird, kann er auf zweierlei Weise erfolgen:

(1) Die „reichen" Körperschaften zahlen an die „armen" der gleichen Ebene. Dies ist der **horizontale Finanzausgleich in reiner Form.**

(2) In den vertikalen Finanzausgleich wird eine Vorschrift eingebaut, daß „arme" Körperschaften der unteren Ebene mehr erhalten als „reiche". Dadurch übt die vertikale Zuführung der Finanzmittel (in der Form von Zuweisungen; s. o. Zuweisungssystem) einen nivellierenden Effekt auf die Finanzausstattung der unteren Körperschaften aus. In diesem Fall spricht man vom **vertikalen Finanzausgleich mit horizontalem Effekt.**

II. Ausgestaltung des horizontalen Einnahmenausgleichs

Bei beiden genannten Verfahren muß ein **Verteilungsschlüssel** entwickelt werden, mit dessen Hilfe ermittelt werden kann, **welche Körperschaft** einer Ebene **Zahlungen in welcher Höhe leisten bzw. empfangen soll.** Zur Ermittlung dieses Schlüssels sind drei Aufgaben zu lösen:

---

[10] Vorschläge zur Neugliederung des Bundesgebietes gemäß Art. 29 GG, Köln 1973 (sog. Ernst-Kommission), vgl. auch Hansmeyer, K.-H., und Kops, M., Die Gliederung der Länder im vereinten Deutschland, in: Wirtschaftsdienst, 70. Jg., 1990, S. 234 ff.

[11] Statistisches Jahrbuch für die Bundesrepublik Deutschland 1971, Stuttgart und Mainz 1971, S. 34, und 1983, S. 52 f.

(1) Es muß die **Finanzkraft** einer einzelnen Gebietskörperschaft erfaßt werden.

(2) Dazu muß die Ermittlung des **Finanzbedarfs** treten.

(3) Dann ist eine Entscheidung darüber notwendig, in welcher Höhe eine etwaige Differenz von Finanzkraft und Finanzbedarf ausgeglichen werden soll (**Maß des Ausgleichs**).

Bei der Ermittlung der *Finanzkraft* beschränkt man sich in der Regel darauf, die Steuereinnahmen einer Körperschaft, u. U. einschließlich der Steuern ihrer nachgeordneten Haushalte, zusammenzufassen. Kann die Körperschaft den Satz einer Steuer variieren, so wird man nicht unbedingt den tatsächlichen, sondern einen normierten Satz zugrundelegen, beispielsweise den landesdurchschnittlichen Satz. Sonst erschiene eine Körperschaft, die ihre Steuerkraft nicht ausnutzt, als zu arm und lebte auf Kosten der übrigen, die ihr im Wege des Finanzausgleichs Mittel zukommen lassen müssen.

In der Bundesrepublik wird, um am Beispiel des Länderfinanzausgleichs zu argumentieren, für die einzelnen Länder eine „Finanzkraftmeßzahl" ermittelt, die die Einnahmen eines Landes (einschließlich der Hälfte des Steueraufkommens seiner Gemeinden) erfaßt, wobei das Aufkommen der Gemeindesteuern auf der Basis „genormter" Sätze im erwähnten Sinne umgerechnet wird.

Der Finanzkraft ist der Finanzbedarf gegenüberzustellen. Er müßte aus den Ausgaben einer Körperschaft bzw. aus den ihr überwiesenen Aufgaben abgeleitet werden. Die großen Schwierigkeiten, den **„zulässigen" Ausgabenbedarf** zu ermitteln, legen es nahe, auf **Hilfsgrößen** auszuweichen, die als Indikator für eine Vielzahl von Ausgabearten stehen.

Im *Länderfinanzausgleich* der Bundesrepublik weicht man daher auf die Messung der durchschnittlichen Einnahmen aus, weist also jedem Land eine Finanzausstattung zu, die ihm eine durchschnittliche Ausgabenpolitik ermöglichen soll. Zur Ermittlung des **Finanzbedarfs** wird eine „Ausgleichsmeßzahl" errechnet, eine Art „Steuerkraftsollzahl" (H. Kolms), die angibt, wie hoch die Steuerkraft des Landes im Bundesdurchschnitt sein müßte. – Dazu wird zunächst festgestellt, welches Einnahmenvolumen aus der Gesamtheit der einbezogenen Länder- und Gemeindesteuern pro Kopf der Bevölkerung anfällt; dabei wird für die Stadtstaaten Hamburg und Bremen eine Höhergewichtung vorgenommen. Dieser Pro-Kopf-Wert wird dann mit der Bevölkerungszahl des Landes multipliziert. Diese auf das Gesamtgebiet bezogene Pro-Kopf-Steuersumme wird anschließend mit der Bevölkerungszahl jedes einzelnen Landes multipliziert.[12]

Im *kommunalen Finanzausgleich,* der Sache des einzelnen Bundeslandes ist, wird ein nach den Bundesländern differenzierendes noch komplizierteres Verfahren gewählt, in dem ebenfalls mit einem **normierten Bedarf** gearbeitet wird. Im Vordergrund steht die Ortsgröße, weil man mit A. Brecht annimmt, daß die Pro-Kopf-Ausgaben der öffentlichen Hand mit größerer Bevölkerungsdichte steigen (s. oben 2. Kapitel, S. 39 ff. Die so **„veredelte" Bevölkerungszahl** wird dann um spezielle Bedarfe erweitert, z. B. um die Alterszusammensetzung oder die Zahl der Schüler.

---

[12] Der genaue Berechnungsgang findet sich in den Verordnungen zum Länderfinanzausgleich, z. B. in: Zweite Verordnung zur Durchführung des Gesetzes über den Finanzausgleich zwischen Bund und Ländern im Ausgleichsjahr 1986, Bundesratsdrucksache 31/92 vom 16. 1. 1992.

Der *Vergleich von Finanzkraft und Finanzbedarf* wird zumeist eine positive oder negative Differenz ergeben. Wie weit sie ausgeglichen werden soll, hängt vom Ziel des Finanzausgleichs ab. Soll die **Eigeninitiative der Gebietskörperschaften** zur Hebung ihrer Finanzkraft und zur sparsamen Mittelverwendung gestärkt werden, wird man den **Unterschied nicht voll ausgleichen** und nur einen sog. Spitzenausgleich vornehmen. Die Ausgleichsmaßnahmen selbst können dann die erwähnten beiden Formen annehmen.

Während der Länderfinanzausgleich überwiegend horizontal erfolgt (ausgleichspflichtige Bundesländer leisten an ausgleichsberechtigte Bundesländer), nimmt der kommunale Finanzausgleich die Form des vertikalen Finanzausgleichs mit horizontalem Effekt an, denn das einzelne Bundesland gewährt seinen Gemeinden umfangreiche Schlüsselzuweisungen (s. o.), die auf dem Vergleich von Finanzkraft und Finanzbedarf der Gemeinden beruhen.

D. Finanzausgleich und deutsche Einheit

I. Sonderregelungen im Zuge der deutschen Einheit

Mit der Vereinigung Deutschlands ergab sich die Notwendigkeit, die fünf neuen Länder in die Finanzverfassung einzubeziehen. In die Steuerverteilung zwischen Bund, Ländern und Gemeinden wurden die neuen Länder mit einigen Übergangsregelungen aufgenommen. Auch aus den üblichen Bundesprogrammen floß von Anfang an viel Geld in diese Länder, und ebenso wurden sie in die Sozialversicherungssysteme integriert. Hier hielten sich die Sonderregelungen in engen Grenzen. Eine besondere Situation ergab sich jedoch für den Länderfinanzausgleich, also die überwiegend horizontalen Finanzbeziehungen zwischen den Bundesländern. Vor dem Hintergrund der strukturellen Disparitäten zwischen alten und neuen Ländern entschied man sich hier für eine zeitlich begrenzte Übergangsregelung. Weil die Regelungen zum Länderfinanzausgleich in der Finanzverfassung des Grundgesetzes auf einen Bundesstaat mit nur geringen Unterschieden zwischen den Bundesländern zugeschnitten waren, wurden sie mit Hilfe des neu eingeführten Art. 143 Abs. 2 GG für die Zeit bis zum 31. 12. 1995 teilweise ausgesetzt. Ihre Anwendung im vereinten Deutschland hätte zu einem plötzlichen erheblichen Mitteltransfer von West nach Ost geführt, ohne daß die unterschiedliche Leistungsfähigkeit der ausgleichspflichtigen Länder ausreichend berücksichtigt worden wäre.

Als Substitut für die ausgesetzten Regelungen schuf man den **Fonds „Deutsche Einheit"**[13]. Er sah zunächst vor, daß von 1990 bis 1994 Zuweisungen von insgesamt 115 Mrd. DM an die neuen Bundesländer im Verhältnis ihrer Einwohnerzahl vorgenommen wurden. Die Aufbringung der Mittel erfolgte zum Teil durch den Bund durch Einsparungen in Höhe von 20 Mrd. DM bei sog. teilungsbedingten Kosten (z. B. Berlinförderung, Vertei-

---

[13] Vgl. Art. 31 des Gesetzes zum ersten Staatsvertrag.

digungsausgaben). Der weitaus größere Teil mit 95 Mrd. DM wurde hingegen durch Kreditaufnahme finanziert. Die Zins- und Tilgungsleistungen hierfür werden je zur Hälfte von Bund und Ländern (einschl. Berlin-West, aber ohne Saarland und Bremen) erbracht. Im Jahre 1992 wurde der Fonds um ca. 30 Mrd. DM aufgestockt. Zur Finanzierung trug u. a. die Anhebung des Umsatzsteuersatzes von 14 auf 15% zum 1. 1. 1993 bei. Auch diese Aufstockung hat sich als nicht ausreichend erwiesen. Die Steuereinnahmen der neuen Länder blieben weit hinter den Erwartungen zurück. Zur Verstetigung ihrer Finanzausstattung wurde der Fonds „Deutsche Einheit" deshalb nochmals erhöht. Für die Jahre 1993 und 1994 wurden zusätzliche Leistungen von knapp 4 bzw. 11 Mrd. DM vorgesehen.

Um dem strukturellen Nachholbedarf der neuen Bundesländer gesondert Rechnung zu tragen, wurde zusätzlich das „Gemeinschaftswerk Aufschwung Ost" aufgelegt. Hierbei handelte es sich um ein Programm im Rahmen des Bundeshaushalts mit einem Gesamtvolumen von 24 Mrd. DM für 1991 und 1992, das insbesondere für kommunale Investitionen, Arbeitsbeschaffungsmaßnahmen, Verkehr, Wohnungs- und Städtebau vorgesehen war.

Die Sonderprobleme der deutschen Einheit bringen es mit sich, daß zwischen dem Finanzausgleich im klassischen Sinne und der Finanzierung der deutschen Einheit nicht immer klar getrennt werden kann. Zusammengefaßt handelt es sich um interregionale Transferleistungen von bisher nicht gekanntem Ausmaß (im Jahre 1991 ca. 140 Mrd. DM oder 5½% des westdeutschen BSP und 1992 ungefähr 180 Mrd. DM oder 6½%[14]. Solche Transfers können grundsätzlich über Ausgabenumschichtungen und -kürzungen, Steuererhöhungen[15], Kreditaufnahme oder durch die Privatisierung öffentlichen Vermögens aufgebracht werden. Diese Finanzierungsformen führen im föderativen Bundesstaat zu ganz unterschiedlichen Finanzausgleichseffekten, wobei beabsichtigt war, die zusätzlichen Einnahmen bzw. Ausgabenverzichte vornehmlich auf dem Gebiet der alten Bundesländer anfallen zu lassen. Ziel aller Regelungen ist es, die Wirtschafts- und Finanzkraft der neuen Länder dauerhaft zu erhöhen. Soweit dies gelingt, werden sie nicht nur finanzausgleichsfähig im Sinne einer Teilnahme am horizontalen Finanzausgleich, sondern zugleich verringert sich auch ihr Transferbedarf.

II. Neuordnung des Länderfinanzausgleichs

Die bei der Konzeption der Sonderregelungen zugrundegelegten Annahmen über eine nur kurze Transformationsphase erwiesen sich als falsch. Die Finanzkraft der neuen Bundesländer wird auch im Jahre 1995 nicht annä-

---

[14] Monatsberichte der Deutschen Bundesbank, 44. Jg., März 1992, S. 15.

[15] In diesem Zusammenhang kann auch auf den sog. Solidaritätszuschlag verwiesen werden, der in der Zeit vom 1. 7. 1991 bis 30. 6. 1992 erstmals eingeführt wurde. Er stellte eine Ergänzungsabgabe zur Einkommensteuer und zur Körperschaftsteuer dar und wurde in Höhe von 7,5% der Steuerschuld erhoben. Er wird ab 1. 1. 1995 erneut erhoben in Höhe von wieder 7,5%.

hernd derjenigen der alten Länder entsprechen. Als Folge davon hätten die alten Länder, wenn der Länderfinanzausgleich ohne Änderung oder Begleitmaßnahmen um die neuen Länder erweitert worden wäre, auch 1995 noch etwa 30 Mrd. DM in die neuen Länder zu transferieren.[16] Besonders die finanzschwachen Westländer kämen dadurch in eine sehr schwierige finanzielle Lage. Deshalb die „Fondslösung" weiterzuführen, widerspräche aber bewährten Haushaltsgrundsätzen, insbesondere dem Haushaltsgrundsatz der Einheit (3. Kapitel, S. 11). Aufgrund dieses Verstoßes bestünde u. a. die Gefahr, daß die Notwendigkeit von Ausgabenkürzungen und einer Begrenzung der Kreditfinanzierung in den parlamentarischen Beratungen der Haushalte von Bund und Ländern nicht ausreichend deutlich wird.

Vielmehr mußte so schnell wie möglich ein Zustand haushaltspolitischer Normalität hergestellt werden. Weil der **Länderfinanzausgleich** kein Instrument zum Ausgleich unterschiedlicher Wirtschaftskraft im Bundesgebiet und erst recht nicht zur Herstellung gleichwertiger Lebensverhältnisse in Ost und West ist, sondern seine **Aufgabe im „Spitzenausgleich"** liegt, eignet er sich nicht für den gezielten Abbau von Strukturdefiziten in den neuen Bundesländern. Das Ausmaß des horizontalen Finanzausgleichs sollte daher grundsätzlich gering bleiben, um das Länderinteresse an eigener Steuerkraft und verbesserter Wirtschaftsstruktur weder bei den zahlenden noch bei den empfangenden Ländern zu mindern. Um eine Überforderung der alten Länder bei der Durchführung des gesamtstaatlichen Länderfinanzausgleichs zu vermeiden, muß wohl letztlich der Bund einen Teil der Ausgleichslasten übernehmen. Für diesen Zweck eignet sich das grundgesetzlich vorgesehene Instrument der **Bundesergänzungszuweisungen,** d. h. vertikale Zuweisungen des Bundes mit horizontalem Ausgleichseffekt unter den Ländern.

Für den gezielten **Abbau der Infrastrukturrückstände** in den neuen Ländern ist dann zusätzlich der Einsatz anderer Instrumente erforderlich. **Zweckgebundene Zuweisungen mit Eigenbeteiligung** sind hierfür am ehesten geeignet. Durch die Zweckbindung wird politischem Druck zur konsumtiven Verwendung begegnet. Die Zweckbindung sollte aber nicht zu eng sein, um Raum für eine auf regionale Präferenzen gegründete Selbstgestaltung der Infrastruktur durch die Länder zu lassen. Die Eigenbeteiligung soll dabei eine sorgfältige Auswahl und Kontrolle der Projekte durch die Länder gewährleisten. Auch eine zeitliche Begrenzung dieser Transferleistungen ist geboten. Nach Ablauf der vorgesehenen Zeit muß neu bestimmt werden, wie hoch und wie lange diese Art von Mitteltransfer aufrecht erhalten werden soll. Dies verstärkt die Kontrolle der Mittelverwendung und verhindert Gewöhnungseffekte. Der ab 1995 vorgesehene gesamtstaatliche Länderfinanzausgleich erfüllt diese Anforderungen nur bedingt. Durch die Ausgleichszuweisungen des Länderfinanzausgleichs i. e. S. und die Umsatzsteuerergänzungsanteile sowie die Bundesergänzungszuweisungen werden den neuen Ländern dann jährlich über 50 Mrd. DM ungebundene Mittel

---

[16] Wissenschaftlicher Beirat beim Bundesministerium der Finanzen, Gutachten zum Länderfinanzausgleich in der Bundesrepublik Deutschland, a. a. O., S. 116.

zufließen. Die ebenfalls ab 1995 vorgesehenen zweckgebundenen Finanzhilfen mit Eigenbeteiligung haben dagegen nur ein Volumen von 6,6 Mrd. DM.

Ein besonderes Problem stellen die mehreren hundert Mrd. DM **Schulden** dar, die teils auf Verpflichtungen der ehemaligen DDR beruhen, teils durch die Transformation des planwirtschaftlichen Wirtschaftssystems bedingt sind. Ab 1995 ist die Zusammenfassung der Schulden aus den Bereichen **Treuhandanstalt** und des im wesentlichen für die Altschulden der DDR geschaffenen „**Kreditabwicklungsfonds**" zu einem „Erblastentilgungsfonds" vorgesehen, der über einen Zeitraum von 30 Jahren vom Bund mit einer Annuität von ca. 30 Mrd. DM getilgt werden soll.

Der weitere Aufschwung und ein sich selbst tragendes Wirtschaftswachstum in den neuen Ländern werden nicht allein durch den Mitteltransfer im Rahmen des Finanzausgleichs erreicht, sondern vor allem durch einen Ordnungsrahmen, der diese Wirtschaftsentwicklung ermöglicht. Dazu zählt die rasche Klärung der Eigentumsfrage, der weitere Ausbau einer funktionstüchtigen Verwaltung und der Abbau von Regulierungen. Zur Finanzierung solcher und weiterer Maßnahmen sind, soweit sie zu zusätzlichen Ausgaben führen, als erstes immer die bestehenden Staatsausgaben zu durchforsten. Eine weitere Kreditaufnahme birgt erhebliche haushaltspolitische Risiken, und Steuererhöhungen können nur als ultima ratio zur Finanzierung der auch weiterhin erforderlichen Transfers gelten.

E. Internationaler Finanzausgleich

I. Notwendigkeit eines internationalen Finanzausgleichs

Der Finanzausgleich als Verteilung der Aufgaben, Ausgaben und Einnahmen auf öffentliche Körperschaften hat neben der nationalen Dimension, die bisher im Vordergrund stand, auch internationale Ausprägungen. In neuerer Zeit ist hier vor allem an die Europäische Union (EU) zu denken. Aus Sicht der Bundesrepublik Deutschland als einem föderalen Bundesstaat gibt es oberhalb der drei Gebietskörperschaftsebenen mit der EU eine weitere Instanz, die eigene Aufgaben erfüllt, dementsprechende Ausgaben tätigt, der Einnahmearten zugewiesen werden und die sogar auf vielen Gebieten gesetzgeberisch tätig ist. Auch für unitarische Staaten wie z.B. Frankreich oder Großbritannien, die keine Länderebene kennen, tritt die EU als föderatives Element neu hinzu. Dieser auf Integration ausgelegten Form des internationalen Finanzausgleichs stehen ältere Finanzausgleichsbeziehungen zwischen unabhängigen Staaten gegenüber, die im folgenden zunächst behandelt werden. Es handelt sich um die steuerliche Behandlung von grenzüberschreitenden Güter- und Einkommensströmen und um die Gestaltung und Finanzierung internationaler Organisationen.

Die Formen des internationalen Finanzausgleichs lassen sich, ähnlich wie im nationalen Finanzausgleich, nach vertikalen und horizontalen Beziehungen unterscheiden. So entsteht mit der Gründung von internationalen Organisationen die Notwendigkeit, vertikal deren Aufgaben, Ausgaben und Einnahmen zu denen der sie tragenden Staaten abzugrenzen; horizontal hingegen werden – zwischen souveränen Staaten – beispielsweise Doppelbesteuerungsabkommen geschlossen. Es mag offen bleiben, ob die Souveränität der beteiligten Staaten eine Besonderheit darstellt, die die bisherigen Überlegungen zum nationalen Finanzausgleich prinzipiell so verändert, daß eine weitere Analyse erforderlich ist. Unstrittig dürfte jedoch sein, daß die mit der Souveränität gesetzten Staatsgrenzen und Steuergrenzen finanzwirtschaftliche Verteilungsfragen aufwerfen, die eine besondere Analyse ihrer internationalen Finanzausgleichswirkungen rechtfertigen, um entsprechende Regelungen zwischen den Staaten beurteilen zu können.

II. Finanzausgleichsbeziehungen zwischen unabhängigen Staaten

a) Die Besteuerung von grenzüberschreitenden Güter- und Einkommensströmen als Problem

1. Anforderungen an eine Besteuerung grenzüberschreitender Güter- und Einkommensströme

Steuersysteme entwickeln sich länderspezifisch, weil die verschiedenen Ziele, die mit der Gestaltung einer Steuer zusammenhängen, überwiegend der nationalen Politik entstammen. Wenn Staaten ohne Blick auf die außenwirtschaftlichen Verflechtungen und ohne Absprache miteinander ihre Besteuerung durchsetzen würden, käme es zur Doppelbesteuerung. Eine Flasche amerikanischer Whisky würde beim amerikanischen Produzenten mit einer Alkoholsteuer belegt, und der deutsche Fiskus würde nochmals eine Alkoholsteuer erheben, so daß kein amerikanischer Produzent nach Deutschland exportieren würde. Einem ausländischen Arbeitnehmer würde für Einkommen in Deutschland die Lohnsteuer abgezogen, und sein Heimatstaat würde ihn am dortigen Wohnsitz nochmals der Einkommensbesteuerung unterwerfen, so daß er unter diesen Bedingungen sicherlich in Deutschland nicht um Arbeit nachsuchen würde. Die bei mangelnder Abstimmung erfolgende Doppelbesteuerung und die entsprechende Wettbewerbsverzerrung kann, wie beide Beispiele zeigen, mithin sowohl Güter- als auch Einkommensströme treffen.

Daß eine Doppelbesteuerung – und ebenso eine Nichtbesteuerung – verhindert werden muß, erscheint zur Vermeidung von Wettbewerbsverzerrungen plausibel und bedarf keiner besonderen Begründung. Doch die Anforderung, grenzüberschreitende Leistungsströme (Güter und Einkommen) wettbewerbsneutral zu besteuern, verlangt, vor der Festlegung eines geeigneten Besteuerungsverfahrens zu klären, was unter Wettbewerbsneutralität verstanden werden soll. Hier werden drei Konzepte unterschieden, die als

allokationspolitische, zahlungsbilanzpolitische und fiskalische Wettbewerbsneutralität bezeichnet werden. Das erste Konzept fordert, daß von der Besteuerung kein Einfluß auf die weltweite Faktorverteilung ausgeht (ein vorstellbares weltwirtschaftliches Pareto-Optimum sozusagen nicht gestört wird). Analog dazu verlangt das zweite Konzept eine Besteuerung, die die internationalen Leistungsströme nicht beeinflußt. Neben diesen auf unverzerrte Marktkräfte zielenden Postulaten wird im dritten Konzept die Forderung erhoben, daß die beteiligten Staaten am Aufkommen aus der Besteuerung grenzüberschreitender Leistungsströme „angemessen" beteiligt werden. Während sich das allokations- und das zahlungsbilanzpolitische Konzept der Wettbewerbsneutralität am ehesten dazu eignen, eine Besteuerung zu beurteilen, spielt in der politischen Auseinandersetzung in jüngerer Zeit zunehmend auch die fiskalische Wettbewerbsneutralität eine Rolle.

Da grenzüberschreitende Güter- und Einkommensströme unterschiedliche Probleme bei der wünschenswerten Koordination zur Vermeidung der wettbewerbsverzerrenden Wirkungen aufwerfen, werden sie im folgenden getrennt beurteilt.

2. Steuern auf Güter: Ursprungs- versus Bestimmungslandprinzip

Güter (Waren und Dienstleistungen) unterliegen der Umsatz- und Verbrauchsbesteuerung. Sobald sie exportiert oder importiert werden, beeinflussen die Steuern ihren internationalen Handel. Es muß daher herausgefunden werden, welche Besteuerung ihn möglichst wenig stört. Außerdem haben die beteiligten Staaten das verständliche Interesse, ursprüngliche Besteuerungsziele zu erreichen. Neben der Absicht des Gesetzgebers, den Umsatz oder Konsum im eigenen Land in einer betimmten Höhe zu belasten, steht das fiskalische Ziel, daß jedes Land den Anteil am Steueraufkommen erhalten will, den es für richtig ansieht.

Diese Ziele können auf unterschiedliche Weise verfolgt werden. Das sog. *Ursprungslandprinzip* legt fest, daß Güter nur in dem Land, aus dem sie stammen, besteuert werden. Mit der Steuerbelastung des Ursprungslandes treten sie dann in den Wettbewerb des Bestimmungslandes ein, in das sie exportiert worden sind. Dieses Prinzip gilt selbstverständlich auch innerhalb eines Landes, z. B. wenn in der Bundesrepublik von einem Bundesland in ein anderes „exportiert" wird. Im internationalen Handel dagegen ist das nicht selbstverständlich. Da jeder Staat seine Bürger nach eigenen steuerpolitischen Zielen besteuert, kommt es international zu unterschiedlichen Steuersätzen. Beispielsweise sind in den skandinavischen Ländern die Alkoholsteuern höher als in Deutschland. Dies würde bei Anwendung des Ursprungslandprinzips bedeuten, daß der Import in Skandinavien steigt und dort ein niedriges Aufkommen aus diesen Steuern anfällt, obwohl die Bürger einen vergleichsweise hohen Konsum aufweisen; Deutschland als nunmehr exportstarkes Land würde hingegen ein hohes Steueraufkommen erzielen. Auch werden – bei unterschiedlichen Steuersätzen im Export- und im Importland – das einheimische und das importierte Gut im Bestimmungsland steuerlich unterschiedlich belastet. Somit verstößt eine Besteuerung nach dem Ursprungslandprinzip sowohl fiskalisch als auch zahlungsbilanzpolitisch gegen Wettbewerbsneutralität.

Aus diesen Gründen ist in der internationalen Steuerkoordination für Umsatz- und Verbrauchsteuern das sog. *Bestimmungslandprinzip* festgelegt worden (Regelung im GATT). Danach werden die importierten Güter im Bestimmungsland genauso besteuert wie dessen einheimische Güter. Auch sollen dem Bestimmungsland die Steuern im Maße des Konsums seiner Bürger zufließen, so wie dies der Besteuerungsidee einer Umsatz- bzw. Verbrauchsteuer entpricht.

Um das Bestimmungslandprinzip zu realisieren, bedarf es eines sog. Grenzausgleichs. Da Umsatz- und Verbrauchsteuern auf den Produktionsstufen erhoben werden (und nicht auf der Endverbrauchstufe), muß das exportierende Ursprungsland das Exportgut steuerlich entlasten, ehe es beim Import in das Bestimmungsland mit der dort geltenden Steuer belastet wird. Jetzt unterliegen im Bestimmungsland einheimische und importierte Güter der gleichen Umsatz- und Verbrauchsbesteuerung. Außerdem wird der inländische Konsum unabhängig davon, ob die Güter aus dem Ausland oder Inland stammen, mit der gleichen Steuer belastet, so daß nicht nach der Herkunft der Güter diskriminiert wird, sondern der Konsum als solcher der Besteuerung unterliegt. Insofern wird das Bestimmungslandprinzip der fiskalischen Wettbewerbsneutralität gerecht.

Mit dem Grenzausgleich wäre ein einigermaßen befriedigendes Ergebnis auch im Hinblick auf die zahlungsbilanzpolitische Wettbewerbsneutralität sichergestellt, wenn der Grenzausgleich tatsächlich der Höhe der marktwirksamen Steuerbelastung entsprechen würde. Es ist aber nicht auszuschließen, daß auch andere Steuern auf diesen Gütern liegen, beispielsweise Gewinnsteuern, wie die Einkommen-, Körperschaft- und Gewerbeertragsteuer. Sie sind zwar nach dem Willen des Gesetzgebers nicht dafür gedacht, die Güterströme zu belasten. Aber die Unternehmen, die diese Steuern zu zahlen haben, werden versuchen, sie durch Erhöhung der Güterpreise (Überwälzung) auf ihre Abnehmer weiterzuwälzen. Dieser Fall soll hier jedoch nicht weiterverfolgt werden, da diese Überwälzungsthese ökonomisch umstritten und analytisch kompliziert zu zeigen ist.

Ökonomisch unstrittig und analytisch recht einfach darstellbar ist jedoch ein anderes Argument, welches belegt, daß der Grenzausgleich gegen die zahlungsbilanzpolitische Wettbewerbsneutralität verstößt. Ausgangspunkt ist die Überlegung, daß die Umsatz- und Verbrauchsteuern zwar überwälzt werden können, aber – unter den „normalen" Bedingungen einer negativ geneigten Nachfrage- und einer positiv geneigten Angebotskurve (s. unten 6. Kapitel, S. 233 ff.) – nicht in voller Höhe. Wenn der Grenzausgleich nun in voller Höhe der ursprünglichen Steuerbelastung erfolgt, dann erhalten die Unternehmen nicht nur jenen Teil der Steuerbelastung zurück, den sie über eine Preiserhöhung an die Konsumenten überwälzt hätten, sondern auch jenen nicht überwälzbaren Teil der Steuerbelastung, der sich bei Absatz im Inland in keiner Preiserhöhung niedergeschlagen hätte. Wird ihnen dieser über den Grenzausgleich nun ebenfalls erstattet, so wird der Preis des Exportgutes in dieser Höhe in den meisten Fällen tatsächlich subventioniert mit der Folge, daß es im Bestimmungsland gegenüber dem dortigen einheimischen Gut – trotz gleicher Steuerbelastung – in vergleichsweise größeren Mengen verkauft werden kann, da es einen Wettbewerbsvorteil genießt. Die weltweit eingeführte GATT-Regelung einer Besteuerung von grenzüberschreitenden Güterströmen nach dem Bestimmungslandprinzip subventioniert in der Regel das Exportgut.

3. Steuern auf Einkommen: Doppelbesteuerungsabkommen

Die Gewinnsteuern, aber auch die Lohn-, Vermögen- oder Erbschaftsteuer werfen beim Grenzausgleich keine Schwierigkeiten auf, weil sie nach dem Ursprungslandprinzip behandelt werden. Die im internationalen Austausch auftretenden Verzerrungen bei diesen Steuern liegen auf einem anderen Gebiet und sind kaum geringer anzusetzen als bei den Steuern auf Güter. Auf Einkünften liegen in jedem Land Lohn-, Einkommen- und Körperschaftsteuern. Entstehen Einkommen im Ausland, z. B. als Gewinne von Tochterunternehmen oder als Zinserträge von ausländischen Wertpapieren, dann haben sowohl das Wohnsitzland des steuerpflichtigen Einkommensbeziehers als auch das ausländische Quellenland, in dem das Einkommen entstanden ist, ein verständliches Interesse an der Besteuerung. Während die Besteuerung grenzüberschreitender Güterströme von den GATT-Regelungen international grundsätzlich einheitlich festgelegt worden ist, existieren bisher keine vergleichbar grundsätzlichen Abkommen zur Besteuerung grenzüberschreitender Einkommensströme. Außerdem hat im Falle von Gütern jedes einzelne Land ein Interesse daran, seinen Export von Steuern zu entlasten, und umgekehrt jeder importierende Staat das Bedürfnis, seine eigenen entsprechenden Steuern dem Import aufzuerlegen, so daß im Ergebnis ein gemeinsames, wenngleich ungeplantes, Vorgehen das Bestimmungslandprinzip hervorbringen würde. Dagegen fehlt im Falle von Löhnen oder Gewinnen, die ganz oder zum Teil im Ausland verdient worden sind, ein gleichgerichtetes Interesse zwischen Wohnsitzland und Quellenland, auf eine Besteuerung zu verzichten. Unkoordiniertes Vorgehen führt hier in aller Regel zu einer Doppelbesteuerung mit der Folge, daß der Prozeß der internationalen Arbeitsteilung beeinträchtigt wird, woran letztlich keinem der beteiligten Länder gelegen sein kann.

Eine Lösung des Problems kann nicht darin liegen, daß der Quellenstaat auf die Besteuerung verzichtet oder umgekehrt jede beliebige Besteuerung des Quellenstaates vom Wohnsitzstaat als steuermindernd anerkannt wird. Beides ist unter dem Aspekt der erwähnten fiskalischen Wettbewerbsneutralität, aber auch mit Blick auf die Besteuerung nach der Leistungsfähigkeit (s. oben 4. Kapitel, S. 106 ff.) nicht akzeptabel.

Die bilateralen Doppelbesteuerungsabkommen, die mangels einer weltweiten Regelung geschlossen werden, um **Doppelbesteuerung** zu vermeiden, gehen daher unterschiedliche Wege, die man nur begrenzt bestimmten Prinzipien zuordnen kann. Vom Grundtyp her kommen zwei Verfahren zur Anwendung:

– Nach dem **Anrechnungsverfahren** wird das Gesamteinkommen (Welteinkommen) am Wohnsitz des Steuerpflichtigen veranlagt. Auf die errechnete Steuerschuld wird die bereits im Quellenland gezahlte Steuer angerechnet. Dies geschieht aber zumeist nur bis zu einem **Höchstbetrag**. Andernfalls könnte der Quellenstaat den Wohnsitzstaat fiskalisch „ausbeuten", denn er könnte hohe Quellensteuern erheben, die ihm hohe Einnahmen erbringen und dennoch den Steuerzahler nicht belasten, weil dieser den Betrag ja im Wohnsitzstaat voll angerechnet erhält.

– Nach dem **Freistellungsverfahren** läßt der Wohnsitzstaat die ausländische Bemessungsgrundlage bei der Ermittlung des Gesamteinkommens heraus. Weil sich daduch aber bei einer progressiven Steuer der Satz reduziert, wird oft ein **Progressionsvorbehalt** vereinbart. Er sieht vor, daß die ausländischen Einkünfte zwar zur Ermittlung des Steuersatzes einbezogen werden, daß aber der ermittelte Satz dann nur auf die inländischen Einkünfte angewendet wird.

Zur internationalen Koordination der Steuern auf Einkommen gehört auch die Behandlung von Steueroasen. Bei der Flucht in die sog. „**Steueroasen**" oder, allgemeiner, bei der internationalen Steuerausweichung ist, wie bei vielen Formen der Steuerausweichung, illegales und legales Verhalten zu unterscheiden. Ein Fall der Steuerhinterziehung liegt vor, wenn ausländische Gewinn- oder Einkommensteile bei der inländischen Steuererklärung nicht angegeben werden. Die legale Ausweichung der Haushalte und Unternehmen ist dadurch gekennzeichnet, daß Teile der Steuerbemessungsgrundlage in Länder mit niedrigerer Steuerbelastung verlegt werden. Viele derartige Verlagerungen werden im Rahmen der internationalen Arbeitsteilung als erwünscht angesehen, beispielsweise die Verlagerung einer Produktion in Länder mit niedrigeren Kosten. Folglich ist nur ein Mißbrauch zu verhindern. Um gewünschte räumliche Anpassungen nicht zu behindern, muß eine mögliche Doppelbesteuerung desselben steuerlichen Tatbestandes durch verschiedene Länder vermieden werden, und dies geschieht durch Doppelbesteuerungsabkommen. Länder, die als sog. Steueroasen bezeichnet werden, beteiligen sich jedoch meist nicht an diesen Abkommen. Bei Steueroasen handelt es sich oft um sehr kleine Länder, die von der Steuerflucht in Form der Verlagerung von Bemessungsgrundlagen profitieren wollen und keine Abkommen dieser Art zu schließen bereit sind. Dann helfen nur spezielle Bestimmungen des benachteiligten Landes, mit denen der Mißbrauch der aus ökonomischer Sicht grundsätzlich wünschenswerten Mobilität von Personen, Gütern und Finanzströmen verhindert wird.[17]

b) Aufgaben und Finanzierung von internationalen Organisationen

Die Koordination der Besteuerung, um wettbewerbsverzerrende Wirkungen zu vermeiden, geschieht durch Staaten, die sich dazu untereinander abstimmen, also auf gleicher Ebene (horizontal). Ein vertikales Element tritt hinzu, wenn Staaten eine internationale Organisation gründen und

---

[17] In Deutschland finden sich entsprechende Vorschriften vor allem im Außensteuergesetz.

unterhalten. Im Zeitablauf wandelten sich deren Aufgaben von engen Vorhaben, die den Empfängern der Nutzen direkt zugerechnet und daher entgeltähnlich finanziert werden können, zu Gütern mit einer hohen Kollektivgutkomponente, die eine andere Finanzierungsform erfordern.

Historisch wurden die ersten dieser internationalen Organisationen für Aufgaben geschaffen, die für jeden beteiligten Staat einen **unmittelbar zurechenbaren Vorteil** ergeben. Hierzu zählen die älteste noch bestehende Institution dieser Art, die 1815 vom Wiener Kongreß gegründete Zentrale Kommission für Rheinschiffahrt (heute mit Sitz in Straßburg) und der 1874 gegründete Weltpostverein. Die erfüllten Aufgaben haben einen stark eingegrenzten Charakter, so daß der einzelne Staat bei dieser Institution im Wege seiner Beiträge gewissermaßen äquivalente Leistungen bezieht.

Es traten dann internationale Organisationen mit **Aufgaben** hinzu, die einer Staatenmehrheit als **Kollektivgut** zugute kommen, so daß der einzelne Staat nicht mehr genau sagen kann, ob sein Einsatz den auf ihn entfallenden Vorteil wert ist. Ein Beispiel hierfür bildet die Gründung des Völkerbundes nach dem Ersten Weltkrieg und der UNO nach dem Zweiten Weltkrieg. Der Völkerbundeinsatz für ein Land, die UNO-Friedenssicherung oder auch die Flüchtlingshilfe der UNO in bestimmten Ländern sind im Sinne der Zurechenbarkeit nicht vergleichbar mit den Leistungen der Rheinschiffahrtskommission oder des Weltpostvereins. Der finanzierende Staat kann sich nur indirekt Vorteile ausrechnen, die zudem eher in einer schwer quantifizierbaren politischen Form anfallen. Weil die unmittelbare Zurechnung des Vorteils kaum möglich ist, tritt auch das Trittbrettfahrer-Problem verstärkt auf und erschwert die Finanzierung.

Mit den genannten internationalen Organisationen wird allenfalls am Rande das Ziel verfolgt, Transferzahlungen international von wohlhabenden zu armen Staaten zu lenken. Tritt dieses **Distributionsziel** explizit hinzu, bedarf es einer Weiterentwicklung der internationalen Organisationen. Hier dominieren die Entwicklungshilfeinstitutionen wie die Weltbankgruppe (Weltbank, International Development Association, International Finance Corporation), also regional definierte Einrichtungen zur internationalen Kapitalumlenkung.[18] Eine neue Entwicklung bilden schließlich internationale Umweltschutzfonds und ihre Finanzierungsmodalitäten. So ist auf der Basis des Montreal-Protokolls zum Schutz der Ozonschicht ein entsprechender Fonds der Teilnehmerländer beschlossen worden, der ebenfalls internationale Transfers an ärmere Länder zum Ziel hat, und auch im Gefolge der Konferenz für Umwelt und Entwicklung in Rio 1992 sind weitere Fonds zu erwarten. Weil bei Institutionen zur internationalen Kapitalumlenkung die eingesetzten Mittel viel umfangreicher sind und zugleich die Zurechnungsprobleme zunehmen, verstärken sich die Finanzierungsprobleme.

---

[18] Zum Überblick hierüber, aber auch über andere internationale Organisationen s. Deutsche Bundesbank, Internationale Organisationen und Gremien im Bereich von Währung und Wirtschaft, Sonderdrucke der Deutschen Bundesbank, Nr. 3, 4. Aufl., Frankfurt/M. 1992.

Für die unterschiedlichen Institutionen sind wegen ihrer spezifischen Zielsetzungen auch verschiedene **Kostenteilungsregeln** entwickelt worden. Auf der ersten **Stufe** können aufgabenbezogene Bemessungsgrundlagen gewählt werden, wie das Schienennetz bei der internationalen Eisenbahnorganisation oder das Außenhandelsvolumen beim GATT, die also an der *Kostenverursachung* anknüpfen; dies entspricht dem *Äquivalenzprinzip* (4. Kapitel, S. 99 ff.).

Wenn größere Finanzvolumina nicht mehr nach den empfangenen Leistungen verteilt werden können, kommt eine Kostenverteilung ins Spiel, die sich stärker am *Leistungsfähigkeitsprinzip* orientiert. Nicht zufällig wurden daher gerade für die UNO-Institutionen schon bald ganz andere Bemessungsgrundlagen diskutiert.[19] Die Basis hierfür bilden Größen wie das Volkseinkommen, das in wohlhabenden Ländern pro Kopf höher liegt als in ärmeren Ländern. Werden Beiträge als Prozentsatz des Volkseinkommens erhoben, so liegt das internationale Gegenstück zu einer nationalen proportionalen Einkommensteuer vor. Wie im nationalen Einkommensteuersystem kann man dann auf einer weiteren Stufe darüber diskutieren, ob die Umlage zur Finanzierung einer solchen Organisation nicht in der Weise erfolgen soll, daß bei pro Kopf gerechnet höherem Volkseinkommen auch ein höherer Anteil des Volkseinkommens abzuführen ist. Eine solche Kostenteilungsregel bedeutet eine Übertragung des Gedankens einer progressiven Besteuerung, weil auf den durchschnittlichen Einwohner eines wohlhabenden Landes ein höherer Anteil des Volkseinkommens entfällt als auf Einwohner des Landes mit niedrigem Volkseinkommen. – Im übrigen sind ähnliche Probleme der richtigen Einnahmenart auch für die EU-Finanzierung zu diskutieren.

III. Finanzausgleichsbeziehungen in der Europäischen Union (EU)

a) Die EU als präföderative Ebene

Die im Jahr 1958 gegründete Europäische Wirtschaftsgemeinschaft (EWG) stellt eine Form der wirtschaftlichen Integration dar. Diese beruht vor allem auf dem gemeinsamen Außenzoll als dem charakteristischen Merkmal einer Zollunion im Gegensatz zu einer Freihandelszone wie der EFTA, die die Zölle nur zwischen den Mitgliedsländern vereinheitlicht, gegenüber Drittländern aber unterschiedlich läßt. Über eine Zollunion hinausgehend war bei der Gründung auch eine weitergehende politische Annäherung geplant worden. Sie drückte sich in den Folgejahren darin aus, daß schon die EWG begann, selbst Zollpolitik zu betreiben, gesetzgeberisch tätig zu werden und einen eigenen Haushalt aufzubauen. Allerdings ist auch die heutige EU nur

---

[19] Vgl. etwa United Nations, Report of the Committee on Contributions, General Assembly, Official Records, 31. Session, Supplement No. 11 (A/31/11), New York 1976.

begrenzt demokratisch legitimiert, weil das Europäische Parlament in Straßburg kaum legislative Entscheidungen für die Aktivitäten der EU fällt, und der maßgebliche Rat der EU (oft Ministerrat genannt) aus der Exekutive der EU-Staaten hervorgeht. Dennoch hat sich die EU zu einer Ebene mit erheblichem Gewicht für den politischen Aufbau des EU-Raumes entwickelt. Trotz der genannten Einschränkungen wird sie in Deutschland gelegentlich als „vierte Ebene" im Staatsaufbau und damit auch in der öffentlichen Finanzwirtschaft charakterisiert.

Eine Betrachtung des Haushalts der EU zeigt, daß es sich hier – haushaltswirtschaftlich betrachtet – um eine „dünne" Ebene handelt, die 1989 nur 2,4% der Haushalte aller Mitgliedsstaaten und 0,8% des BIP der EU-Staaten zusammen ausmachte (Tab. 5.2, unterer Teil). In ihren Entscheidungen ist die EU noch immer vom Wohlwollen der einzelnen Mitgliedsländer abhängig, die nicht nur über den genannten Ministerrat, sondern auch über den europäischen Rat der Staats- und Regierungschefs letztlich die Entscheidungen treffen. Von einer voll mit dem Bund vergleichbaren Ebene kann daher jetzt und wahrscheinlich auch in absehbarer Zukunft nicht gesprochen werden. Die Folgen für Ausgaben- und Einnahmenautonomie der EU, aber auch für die Durchführung eines horizontalen Finanzausgleichs innerhalb der EU werden in den folgenden Teilen sichtbar gemacht. Sie drücken sich über die Haushaltswirtschaft hinaus u. a. darin aus, daß die EU zwar einen Europäischen Gerichtshof in Luxemburg hat, aber keine eigenständige rechtliche Gewalt zur Durchsetzung ihrer Anordnungen aufweist.

So richtet sich der Europäische Gerichtshof, der für die vertragsgemäße Anwendung des Gemeinschaftsrechts zuständig ist, nie direkt an Unternehmer oder Bürger, sondern immer an ein Mitgliedsland. Wenn dieses nicht reagiert, so kann er zwar ein zweites Urteil wegen Nichtbeachtung ergehen lassen, aber selbst nicht eingreifen, also beispielsweise keinen Staatsanwalt beauftragen.

Wirtschaftlich hat die EU seit dem 1. 1. 1993 einen neuen Entwicklungsschritt getan, weil seitdem die wirtschaftlichen Grenzen zwischen den Mitgliedsländern weitgehend abgebaut worden sind. Mit der Einführung des sog. Europäischen Binnenmarktes sind zahlreiche Harmonisierungsschritte bei Steuern, einzelstaatlichen Verordnungen usf. erfolgt, von denen ein deutlicher weiterer Integrationsschub für die Wirtschaft erwartet wird.[20] Über den Binnenmarkt hinausgehend wurde im Jahre 1992 im Vertrag von Maastricht eine Wirtschafts- und Währungsunion für die damalige EG ver-

---

[20] Zum gleichen Zeitpunkt haben sich die EFTA-Länder mit der EU wirtschaftlich zum Europäischen Wirtschaftsraum (EWR) zusammengeschlossen, ohne der EU beizutreten. Von daher sind sie an deren Willensbildung bis zu einem Beitritt nicht beteiligt, so daß sie auch nicht zur EU-Ebene im föderativen Sinne gerechnet werden können.

[21] Vgl.: Die Beschlüsse von Maastricht zur Europäischen Wirtschafts- und Währungsunion, in: Monatsberichte der Deutschen Bundesbank, 44. Jg., Februar 1992, S. 2ff. – Als Folge der Maastricht Beschlüsse spricht man ab 1. 11. 1993 nur noch von der EU.

einbart.[21] Deren Auswirkungen werden finanzpolitisch vor allem die Verschuldungspolitik der Mitgliedsländer betreffen, und im Vordergrund steht die Vereinheitlichung der Währung.

Tab. 5.2: Der Haushalt der Europäischen Union

Ausgabenbereiche	1993[1] in Mio. ECU	in % der Gesamtausgaben	Steigerung 1979–1993 in %[2]
A. Operationelle Mittel			
Agrarpolitik (Agrarfonds, Abteilung Garantie)	34052,0	52,0	173,9
Regionalpolitik („Strukturmaßnahmen")	20709,8	31,6	2298,4
Sozialbereich	470,1	0,7	−31,1
Energie und Umwelt	242,6	0,3	
Binnenmarkt und Industrie	298,5	0,4	
Forschung	2351,5	3,5	
Entwicklungshilfe und Zusammenarbeit	2788,3	4,2	353,3
Garantien und Reserven	1209,0	1,8	
B. Verwaltungsmittel			
– Kommission	2283,6	3,4	216,0
–andere Organe	1117,2	1,7	224,2
Gesamtausgaben	**65522,6**	**100,0**	**286,7**
Einnahmearten			
Mehrwertsteuer-Eigenmittel	35677,1	54,5	545,8
BSP-Eigenmittel	14029,9	21,4	
Zölle	13118,6	20,0	123,8
Agrarabschöpfungen und Zuckerabgaben	2239,4	3,4	− 16,6
Verschiedene Einnahmen	457,7	0,7	139,0
Gesamteinnahmen	**65522,6**	**100,0**	**286,7**

Nachrichtlich:	1980 in Mrd. ECU	1989 in Mrd. ECU
(1) Haushalte der Mitgliedstaaten (Zentralstaaten)	1043	1742
(2) BIP der heutigen Mitgliedstaaten	3122	4916
Anteil Haushalt der EU in %		
an Nr. 1	1,9%	2,4%
an Nr. 2	0,6%	0,8%

[1] Soll-Zahlen; Zahlungsermächtigung, 1 ECU – DM 2,04 (Haushaltskurs 1993).
[2] ERE umgerechnet in ECU zu Kursen von 1979 und 1993; 1979 war das erste Jahr, in dem MwSt-Eigenmittel transferiert worden sind.
Quellen: Bundesministerium der Finanzen, Finanzbericht 1994, Bonn 1993, S. 168f. Finanzbericht 1980, S. 179f. Nachrichtliche Information aus: Statistisches Bundesamt, Statistisches Jahrbuch 1990 für das Ausland, Tab 14.7 und Ausgabe 1993, Tab 14.1, 14.8 und 17.3, Wiesbaden 1990 und 1993 sowie eigene Berechnungen.

b) Der vertikale Finanzausgleich in der EU

1. Aufgaben und Ausgaben der EU

Die Existenzberechtigung einer föderativen Ebene muß aus der Sicht der ökonomischen Theorie des Föderalismus aus den Aufgaben hervorgehen, die diese Ebene besser als die bereits bestehenden Gebietskörperschaftsebenen erfüllen kann. Nach dem Prinzip der fiskalischen Äquivalenz soll sie zur Erfüllung dieser Aufgaben die entsprechenden Ausgaben tätigen dürfen und von den betroffenen Bürgern die erforderlichen Einnahmen erheben müssen. Im Einklang mit dem Prinzip der Subsidiarität, das im Vertrag von Maastricht verankert wurde und daher auf EU-Ebene zunehmend beachtet wird, bleibt immer wieder zu prüfen, inwieweit diese Aufgaben ganz oder zum Teil auf der Ebene des Mitgliedslandes besser erfüllt werden können.

Wenn die Aufgabenverteilung innerhalb eines Bundesstaates im großen und ganzen als richtig gilt und eine entsprechend verbesserte Aufgabenverteilung für eine um die EU-Ebene erweiterte Struktur angestrebt wird, so fallen die **Aufgaben** mit **übernationalem Nutzenkreis** in die Zuständigkeit der EU. Man wird dort die europäische Verteidigungspolitik, die europäische Außenpolitik, eine die Mitgliedsländer übergreifende Regionalpolitik, eine europäische Konjunkturpolitik usf. vermuten und im Budget die entsprechenden Ausgaben erwarten. Ein Blick auf die Positionen des EU-Haushalts (Tab. 5.2) zeigt, daß dies für nur wenige und fiskalisch eher geringfügige Aufgaben zutrifft. Es erscheint angemessen, daß die EU eine eigene Regionalpolitik zum Ausgleich der Unterschiede zwischen den Mitgliedsländern und deren Regionen betreibt. Schon die relativ kleine Haushaltsposition Sozialpolitik entspricht aber keineswegs der von der Zentralregierung entwickelter Staaten betriebenen Sozialpolitik, da sie sich nur auf sehr wenige Aufgabenbereiche, wie die Beihilfe zur Wiedereingliederung in Montanrevieren und strukturschwachen ländlichen Regionen und auf die Förderung des Austausches zwischen Hochschulen erstreckt. Im Bereich Forschung werden größere europäische Forschungsvorhaben gefördert, die durchaus den Charakter einer übernationalen Aufgabe haben und für die EU-Ebene „richtig" sind. Ebenfalls als geringfügig erscheint der Posten für Entwicklungshilfe und internationale Zusammenarbeit.

Beim Vergleich mit den Budgets der Zentralregierungen souveräner Staaten sticht der hohe Anteil von 52% der EU-Ausgaben für Agrarpolitik hervor. Dieses eklatante Mißverhältnis erklärt sich aus den Besonderheiten der europäischen Agrarpolitik. Die Unterstützung der europäischen Bauern erfolgt überwiegend durch administrativ und damit künstlich hochgehaltene Erzeugerpreise. Will eine solche Politik einen gemeinsamen Markt für Agrarprodukte herstellen, müssen zum einen diese Preise EU-einheitlich festgesetzt werden, und zum anderen müssen die unabweisbaren Stützungskäufe, die sich daraus ergebenden Lagerhaltungskosten und die Subventionen, die zur Vermarktung auf dem Weltmarkt zu den dort niedrigeren Preisen erforderlich sind, EU-übergreifend finanziert werden. Daher stand im EU-Haushalt der Agrarsektor von Anfang an im Vordergrund. Wieweit erste Reformschritte, beispielsweise der Übergang zu Einkommenshilfen, zu einer Entlastung des EU-Haushalts führen, bleibt abzuwarten.

Würde man zur Charakterisierung des Einflusses der EU lediglich den Haushalt heranziehen, entstünde ein schiefes Bild. Mehr noch als die Zentralstaaten der Mitgliedsländer definiert sich die EU über Aufgaben mit geringer Ausgabenintensität. Aufgabenbereiche wie das Wettbewerbsrecht, die Umweltpolitik oder die Verkehrspolitik schlagen sich im EU-Haushalt überwiegend nur bei den Verwaltungsausgaben nieder (die im übrigen zum erheblichen Teil aus den unvermeidlichen Übersetzungskosten resultieren), nicht aber unter den „operationellen" Mitteln. Daher ist es bei der EU noch weniger als bei den Mitgliedsländern zulässig, aus dem erwähnten **niedrigen „Staatsanteil" der EU** auf einen entsprechend niedrigen „Staatseinfluß" dieser Ebene zu schließen (vgl. 2. Kapitel S. 25 ff.). Im Bereich der **Verordnungstätigkeit** ist er viel stärker geworden, und die Überlegungen, ob „Brüssel" in die Mitgliedsländer zu stark hineinregiert, haben ihren Ursprung weniger in den finanzwirtschaftlichen Aktivitäten als vielmehr in den Richtlinien und sonstigen Beschlüssen der EU.

Diese Verordnungstätigkeit bewirkt zugleich eine gewisse **Harmonisierung der Aufgaben und Ausgaben** der Mitgliedsländer. Wenn die EU eine Richtlinie erläßt, die von den Mitgliedsländern in einer gewissen Frist in nationales Recht umzusetzen ist, so wird damit eine bestimmte Aufgabe im Sinne der Richtlinie „harmonisiert". Viele nationale Aufgaben sind auf dem Wege zum Binnenmarkt 1993, angestoßen durch das Weißbuch der Kommission von 1985, in den Mitgliedsländern in parallelem Vorgehen angepaßt worden.

2. Einnahmen der EU

Nach dem Prinzip der fiskalischen Äquivalenz soll eine föderative Ebene ihre Ausgaben durch eigene, selbst zu verantwortende Einnahmen, die sie von ihren Bürgern und Unternehmen erhebt, finanzieren. Ähnlich wie für die Aufgaben kann man auch bei ihrer Finanzierung fragen, welche Einnahmearten nach den Erfahrungen föderativ aufgebauter Staaten auf der obersten Ebene zweckmäßig sind.

Zunächst einmal gibt es eine sozusagen natürliche Einnahmeart für eine Wirtschaftsgemeinschaft mit einem gemeinsamem Außenzoll, und das sind *Zolleinnahmen.* Sie fallen wegen der gemeinsamen Zollpolitik an und werden an den sich im Laufe der Zeit herausbildenden hauptsächlichen Importpunkten der EU (z. B. Rotterdam) vereinnahmt. Sie können nicht den Staaten, in denen diese Orte liegen, als Einnahmen zugeordnet werden. Es lag daher nahe, die Zölle dem EU-Haushalt zuzuweisen. Dort machen sie 20% der Einnahmen aus (Tab. 5.2), und in den Haushalten der Mitgliedsländer sind sie dementsprechend verschwunden. Eine weitere Einnahmenart, die *Agrarabschöpfungen,* ergibt sich durch die geschilderte Agrarpreispolitik. Wenn Agrarprodukte in die EU importiert werden, so schöpft die

EU die Differenz zwischen dem niedrigeren Weltmarktpreis und dem höheren Preis innerhalb der EU ab, um den Preis dieser Produkte auf das erhöhte Niveau der EU zu bringen, damit sie dort zu gleichen Bedingungen konkurrieren können. Abgesehen von diesen beiden aus dem Integrationsprozeß der EU sich ergebenden spezifischen Einnahmenarten hatte sich die EU ursprünglich weitgehend über jährlich beschlossene *Finanzbeiträge* finanziert. Sie wurden zunächst in festen Beträgen je Land ausgedrückt (beispielsweise aus Gründen der Gleichbehandlung absolut **gleiche Beträge** für Frankreich und Deutschland) und später stärker am Sozialprodukt orientiert.

Die Suche nach einer eigenen Steuerquelle der EU führte zur Umsatzsteuer. Die EU hatte sich früh bemüht, die Bemessungsgrundlagen dieser Steuer soweit wie möglich zu harmonisieren, um eine der Voraussetzungen für eine eigene EU-Mehrwertsteuer langsam zu schaffen. Was allerdings als *„Mehrwertsteuer-Eigenmittel"* im EU-Haushalt erscheint, ist keine Mehrwertsteuer bzw. Umsatzsteuer der EU selbst. Vielmehr wird in allen Mitgliedsländern nach dem gleichen Rechenverfahren eine für das ganze Mitgliedsland geltende Bemessungsgrundlage fiktiv errechnet. Auf der Grundlage dieser Bemessungsgrundlage wird im Wege des EU-einheitlich verabredeten Satzes die Summe ermittelt, die der EU, beispielsweise aus Deutschland, zusteht. Dieser Betrag wird der EU vom Bund aus dessen allgemeinen Deckungsmitteln überwiesen, stellt also eine Zuweisung von „unten" nach „oben" dar. Wollte man – in Analogie zur Aufteilung der Umsatzsteuer auf Bund und Länder in Deutschland – die EU mit einem eigenen Anteil im jeweiligen nationalen Steuerverbund beteiligen, so würde dies zunächst voll harmonisierte Bemessungsgrundlagen voraussetzen. Diese Bemessungsgrundlage müßte zudem in jedem Land durch die dortige Steuerverwaltung gleich gut ausgeschöpft werden, weil sonst die EU aus dem einen Land mehr und aus dem anderen weniger Steuereinnahmen erhielte, beispielsweise wegen niedrigerer oder höherer Steuerhinterziehung. Schließlich müßten auch die Steuersätze harmonisiert werden. Unterstellt man einmal, dies alles könnte gelingen, so könnte die EU von den *jeweiligen Steuerverwaltungen* der Mitgliedsländer im Rahmen des Finanzausgleichs ihren Anteil direkt überwiesen bekommen.

In Tab. 5.2 findet sich als weitere Einnahmenart der Posten *„BSP-Eigenmittel"*. Dabei handelt es sich nicht um die bereits genannten Finanzbeiträge, die bis Ende der siebziger Jahre dominierten. Vielmehr sind sie das Ergebnis eines 1988 geänderten Regelwerks zur Ermittlung der gesamten EU-Einnahmen und ihrer Aufteilung auf die Mitgliedsländer:

Diese Regelungen sehen folgendes vor:
(1) Die Mehrwertsteuer-Eigenmittel sollen 1,4% von maximal 55% des nationalen BSP nicht überschreiten, d.h. es ergibt sich durch diese „Kappung" ein effektiver maximaler Satz von 0,77% des nationalen BSP. Der Grund liegt darin, daß sich die erwähnte Bemessungsgrundlage für die Mehrwertsteuer-Eigenmittel zwischen den Mitgliedsländern anders verteilt als deren BSP. Man möchte aber letztlich die Belastung am BSP des Mitgliedslandes zugrundelegen, um seine Leistungsfähigkeit zu berücksichtigen.

(2) Die gesamten Eigenmittel der EU sollen 1,2% des BSP der EU nicht überschreiten. Eigenmittel in der Sprache der EU sind die vier zuerst genannten Einnahmearten in Tab. 5.2, also nahezu die gesamten Einnahmen. Soweit Zölle, Agrareinnahmen und Mehrwertsteuer-Eigenmittel diese 1,2% nicht erreichen, wird die vierte
Einnahmenart eingeführt, die BSP-Eigenmittel. Bemessungsgrundlage für die Verteilung auf die Mitgliedsländer ist deren BSP. Während diese Aufteilung auf die
Mitgliedsländer wiederum auf das BSP als Leistungsfähigkeitsindikator abzielt, ist
der Plafond von 1,2% des BSP der Gesamt-EU nicht als Orientierung an einem
Wohlstandsmaß, sondern als „Deckel" auf die Einnahmen der EU und damit als
Maßnahme der einnahmenseitigen Haushaltsbegrenzung anzusehen.

Abschließend sollen die EU-Einnahmen in das System der vertikalen Zuordnung der Einnahmen eingeordnet werden. Eine Schwierigkeit liegt darin, daß die EU in ihren Entscheidungen letztlich immer vom EU-Minister-
rat und vom Europäischen Rat abhängt, die von den Mitgliedsländern bestimmt werden. Wenn man Ministerrat und Europäischen Rat als EU-Insti-
tutionen ansieht wie den Bundesrat auf der Bundesebene, so wäre eine
Entscheidung, die die EU-Kommission im Zusammenwirken mit einem der
beiden Räte trifft, eine reine „EU-Entscheidung". Werden die Räte aber
als Entscheidungsorgan nur der Mitgliedsländer gesehen, wofür manches
spricht, so hätte die EU kaum eigene Kompetenzen von Gewicht. Agrareinnahmen und Zölle wären ebenso wie die BSP-Eigenmittel dann im ersten Fall reine EU-Einnahmen, weil nur einer der Räte hier mitwirkt. In
diesem Fall würde man von einem Element des freien Trennsystems sprechen können. Bei der zweiten Interpretation und der entsprechend starken
Mitwirkung der Mitgliedsländer wäre demgegenüber von einem gebundenen Trennsystem auszugehen.

Auch die Mehrwertsteuer-Eigenmittel lassen sich in die gleichen Kategorien einordnen. Anders sähe ihre Beurteilung dann aus, wenn man, etwa
bezogen auf die Bundesrepublik Deutschland, in der jetzigen Regelung
tatsächlich eine Finanzierung aus dem Mehrwertsteueraufkommen sähe.
Dann würde es sich um ein Einzelverbundsystem handeln. Da dies zumindest aus ökonomischer Sicht nicht der Fall ist, sind die Mehrwertsteuer-
Eigenmittel in ihrer heutigen, noch nicht steuerähnlichen Form und die
BSP-Eigenmittel als „Zuweisungen von unten nach oben" zu interpretieren. Jedenfalls ist die Einnahmenhoheit der EU nicht als sehr hoch einzuschätzen, wenn sie an den Merkmalen eigener Steuern einer Ebene beurteilt wird.

Besondere Fragen wirft die *Schuldaufnahme* durch die EU auf. Bisher ist es
der EU-Kommission nicht gestattet, in die Haushaltsplanung eine Schuldaufnahme einzukalkulieren, so wie der Bund oder ein Bundesland dies
vermag. Die Europäische Investitionsbank als Institution der EU ist hierzu
aber berechtigt und nimmt in erheblichem Maße Schulden auf, um spezielle
Projekte zu finanzieren. Diese enge Handhabung der Verschuldung auf der
EU-Ebene spricht dafür, daß es sich hier immer noch um eine „präföderale
Phase" handelt.[22] Auch verweist die Schuldaufnahme durch die Europäi-

---

[22] Kommission der EG, Bericht der Sachverständigengruppe zur Untersuchung der

sche Investitionsbank auf eine Rechtfertigung der Schuldaufnahme, die sich am Objekt der Finanzierung orientiert (siehe 4. Kap., S. 163f.).

Wie sich das *Einnahmensystem* der EU insgesamt fortentwickeln wird, ist derzeit nicht abzusehen.

Die Mehrwertsteuer-Eigenmittel könnten sich über die Zeit durchaus zu einer eigenständigen Beteiligung der EU im Sinne eines Steuerverbundes entwickeln, doch müßten sich dazu die Steuersysteme der Mitgliedsländer stärker annähern. Ob es darüber hinaus zu einer eigenständigen EU-Steuer etwa in Form eines gesondert ausgewiesenen Zuschlags zur Einkommensteuer kommen könnte[23], ist offen; vor allem müßten dazu die legislativen Voraussetzungen geschaffen werden.

3. Horizontale Finanzausgleichsaspekte innerhalb der EU

In einer Form der wirtschaftlichen Integration wie die der EU, die aus finanzwirtschaftlicher Sicht einer vertikalen „Aufstockung" des jeweiligen Staatsaufbaus der Mitgliedsländer gleichkommt, entstehen auch horizontale Beziehungen im Verhältnis der Mitgliedsländer zueinander. Sie betreffen zum einen die Frage, wie die Mitgliedsländer unterschiedlich vom EU-Haushalt betroffen werden, und zum anderen die Frage, inwieweit Steuern, Ausgaben und die Budgetpolitik der Mitgliedsländer im Zuge des Integrationsprozesses zu harmonisieren sind.

In der EU ist von Anfang an die Frage untersucht worden, *welches Mitgliedsland wieviel* zu den *Einnahmen* der EU beiträgt *und wieviel* es von den *Ausgaben* der EU erhält. Bei den Einnahmen werden die Mitgliedsländer unterschiedlich betroffen, je nachdem, ob das Bruttosozialprodukt oder die Mehrwertsteuer-Bemessungsgrundlage als Maßstab für die Aufbringung der Mittel gewählt wird. Noch komplizierter ist die Zurechnung von Zöllen und Agrareinnahmen angesichts ihrer regionalen Inzidenz. Der in Rotterdam erhobene Zoll betrifft auch Güter, die nicht für die Niederlande bestimmt sind, und importierte Agrarprodukte, die zu EU-Agrareinnahmen in einem Mitgliedsland führen, werden über den Agrarhandel in andere Mitgliedsländer verkauft. Analog geht man für die Ausgaben vor. Die „Vorteile" der Agrarausgaben werden dem produzierenden Land zugerechnet, weil seine Landwirte hiervon profitieren. Die Regionalausgaben, Sozialausgaben etc. rechnet man dem Land zu, in dem die Mittel verausgabt wurden. Aus der Gegenüberstellung der Ergebnisse der Einnahmen- und Ausgabenzurechnung ergeben sich Nettovorteile bzw. Nettonachteile für ein Mitgliedsland. Diese sogenannten **„Zahlmeister"-Rechnungen** können dann zu Forderungen der Länder mit negativem Saldo (die Einzahlungen an die EU überwiegen die Auszahlungen aus der EU) an die Gemeinschaft führen.

Rolle der öffentlichen Finanzen bei der Europäischen Integration (McDougall-Bericht), Bd. I, Brüssel 1977, S. 14.

[23] Vergleiche etwa den Vorschlag von Biehl, D., u.a., Die EG-Finanzierung aus föderalistischer Perspektive, in: dies., Europa finanzieren – ein föderalistisches Modell, Gütersloh 1990, S. 82ff.

Der zweite Fragenkreis, der innerhalb der EU das Verhältnis der Mitgliedsländer zueinander betrifft, ist mit der *Harmonisierung von Steuern, Ausgaben und Budgetpolitik* gekennzeichnet. Die **Steuerharmonisierung** ist am
wichtigsten. In der EU war sie von Anfang an der Weg, auf dem mit Hilfe
von Gutachten, großen Plänen und gelegentlichen kleinen politischen
Schritten die Integration unter den Mitgliedsstaaten, also auch unabhängig
von der Stärkung der EU-Ebene, vorangebracht werden sollte. Der größte
Erfolg war zweifellos die Annäherung der Umsatzsteuersysteme der Mitgliedsländer, teils weil die früheren Umsatzsteuersysteme konzentrations-
fördernd waren (siehe 4. Kapitel, S. 127), teils weil auf diese Weise die
Mehrwertsteuer-Bemessungsgrundlage entwickelt werden konnte, die dann
Basis für eine EU-Einnahme wurde. Bei den übrigen Steuern geschah hingegen bis in die jüngste Zeit nicht viel. Ein großer Schritt war erforderlich,
als der Binnenmarkt für 1993 vereinbart wurde. Weil die physischen Grenzen zwischen den Mitgliedsländern wegfallen sollten, konnten die Grenz-
kontrollen, die mit dem Bestimmungslandprinzip verbunden sind, nicht
mehr vorgenommen werden. Deshalb ist für 1997 der Übergang zum Ursprungslandprinzip vorgesehen. Damit geht dann aber eine andere Verteilung der Steuereinnahmen auf die Mitgliedsländer einher, weil beispielsweise Deutschland als exportstarkes Land dann weniger an Umsatzsteuer beim
Güterexport erstatten muß, während ein importstarkes Land viel Vorsteuer
aus anderen Mitgliedsländern anerkennen muß (siehe oben die Methodik
des Bestimmungslandprinzips). Daher werden, um die bisherige Verteilung
der Steuereinnahmen beizubehalten, für eine Übergangszeit bis 1996 die
Umsatz- und Verbrauchsteuern noch so erhoben, als ob das Bestimmungslandprinzip gälte.

Die Regelung in der Übergangsphase bis 31. 12. 1996 sieht vor, daß der Exporteur
von der Umsatzsteuer befreit wird, aber auf seiner Rechnung schon seine und des
Empfängers Steuernummer angibt. Der Importeur muß dann eine Erklärung über
den Erwerb abgeben und wie bisher die Umsatzsteuer des Importlandes abführen.
Das gleiche gilt für die speziellen Verbrauchsteuern. Verkäufe von Kraftfahrzeugen
und über den Versandhandel werden in direkter Weise weiterhin nach dem Bestimmungslandprinzip behandelt. Insgesamt wird auf diese Weise erreicht, daß sich das
Steueraufkommen zwischen den Mitgliedsländern ungefähr so wie bisher verteilt;
eine Ausnahme bildet der private grenzüberschreitende Einkauf, der nach dem Ursprungslandprinzip erfolgt, weil an der Grenze keine Versteuerung mehr stattfinden
kann.

Verglichen mit den Steuern findet auf der **Ausgabenseite** der Budgets der
Mitgliedsländer wenig Harmonisierung statt, und diese nimmt überwiegend
den erwähnten Weg über die Verordnungspolitik der EU-Ebene, z. B. im
Bereich des betrieblichen und umweltbezogenen Gesundheitsschutzes, im
Arzneimittelmarkt sowie bei medizinisch-technischen Geräten. Außerdem
sollen die Ausschreibungen für öffentliche Aufträge nunmehr grundsätzlich
auch grenzüberschreitend wirksam sein, so daß private Unternehmer über-
all mitbieten können. Auf lange Sicht werden die erheblichen Unterschiede
in der sozialen Sicherung der Mitgliedsländer – und bei zunehmender Mi-
gration der Europäer – Fragen einer möglichen Annäherung, z. B. bei der
Absicherung der Daseinsrisiken (siehe 4. Kapitel, S. 147 ff.), aufwerfen.

Einen über die Steuern und einzelne Ausgabenaspekte (siehe oben) hinausgehenden Harmonisierungsbedarf hatte man bisher kaum gesehen. Dies änderte sich seit der Diskussion über eine Europäische Wirtschafts- und Währungsunion. Die dort ins Auge gefaßte einheitliche Währung für die EU macht flankierende Vorschriften für die Budgetpolitik der Mitgliedsländer erforderlich. Wenn ein einzelnes Land sein Budget in besonders starkem Maße über Kredit finanziert, so hat dieses Land selbst den Vorteil der aufgeschobenen Steuerfinanzierung usf., während der Nachteil einer möglicherweise geschwächten Währung nach Einführung einer europaweiten Währung alle Mitgliedsländer treffen würde. Daher ist zur Zeit vorgesehen, daß nur solche Mitgliedsländer diesem neuen System beitreten dürfen, deren jährliche Defizitfinanzierungsrate unter 3% des BIP liegt und deren kumulierter Schuldenstand nicht mehr als 60% des BIP ausmacht. Sollte eine solche Regel in allen Ländern eingehalten werden können, so wäre der Anteil der Nettokreditaufnahme an der Ausgabenfinanzierung zwischen den Mitgliedsländern insoweit harmonisiert.

Fragen zum fünften Kapitel

Zu Teil B I und II:

1. Welche allokationspolitischen Gründe sprechen für gemeindliche Zuständigkeiten für bestimmte Aufgaben?
2. Welchen Beitrag liefern nicht-ökonomische Ziele zur Begründung eines föderativen Staatsaufbaus?
3. Welche Probleme ergäben sich, wenn die Zuständigkeit für die Einkommensumverteilung ausschließlich den Gemeinden zugewiesen würde?
4. Welches Interesse hat der Bund an der Konjunkturstabilisierung, und welches Interesse haben die einzelnen Gemeinden?
5. Worin unterscheidet sich die Zuordnung der Aufgaben von der Zuordnung der Ausgaben im föderativen System?

Zu Teil B III:

1. Welche Aufgaben erfüllen Gesetzgebungs-, Ertrags- und Verwaltungshoheit im Rahmen der Einnahmenverteilung?
2. Welche Einwände lassen sich gegen ein ungebundenes Trennsystem vorbringen?
3. Zu welchem System der Einnahmenverteilung gehören die folgenden Fälle:
   Die Länder erheben eine Steuer und
   a) überweisen die Hälfte aus eigenem Antrieb an den Bund, um mit ihm gemeinsam eine Aufgabe zu finanzieren,
   b) überweisen die Hälfte auf Grund einer grundgesetzlichen Regelung an den Bund,
   c) die Gemeinden erheben auf diesen Steuerbescheid nochmals 50% Steuer?

4. Woher rührt die Notwendigkeit eines horizontalen Finanzausgleichs?
5. Inwiefern kann die Neuabgrenzung von Verwaltungseinheiten den horizontalen Finanzausgleich entlasten?
6. Wie beurteilen sie die Zweckzuweisungen als Instrument des Finanzausgleichs?
7. Inwiefern kann ein vertikaler Finanzausgleich horizontale Effekte aufweisen?

Zu Teil C und D:

1. Wie lassen sich die bestehenden regionalen Disparitäten zwischen alten und neuen Bundesländern verringern?
2. Erläutern Sie die Sonderregelungen im Zuge der deutschen Einheit.
3. Warum ist eine Weiterführung der Fondslösung abzulehnen?
4. Welche Besonderheiten ergeben sich bei der Neuordnung des Länderfinanzausgleichs?

Zu Teil E:

1. Warum ergeben sich die erwünschten Effekte des Bestimmungslandprinzips auch ohne Abstimmung zwischen Staaten, und warum tritt die unerwünschte Doppelbesteuerung von Einkommen auf?
2. Warum helfen Doppelbesteuerungsabkommen im Fall der sog. Steueroasen nicht?
3. Was unterscheidet die hohen Agrarausgaben von den übrigen Positionen im EU-Haushalt, und was begründet ihre Existenz?
4. Warum sind die „Mehrwertsteuer-Eigenmittel" der EU als Zuweisungen der Mitgliedsstaaten anzusehen?
5. Auf welche Aussage zielt die sog. Zahlmeistertheorie zum EU-Haushalt?

Literatur zum fünften Kapitel

Biehl, D., Finanzausgleich in der Bundesrepublik Deutschland, in: Handbuch der Finanzwissenschaft, 4. Bd., 3. Aufl., Tübingen 1982, S. 71 ff.

Bohley, P., Chancen und Gefährdungen des Föderalismus, in: Bohr, K., Hrsg., Föderalismus, München 1992, S. 31 ff.

Break, G. F., Financing Government in a Federal System, Washington, D. C. 1980.

Breton, A., und Scott, A., The Economic Constitution of Federal States, Toronto 1978.

Buchanan, J. M., An Economic Theory of Clubs, in: Economica, Bd. 32, 1965, S. 1 ff.

Bulutoglu, K., Fiscal Decentralization: A Survey of Normative and Positive Contributions, in: Finanzarchiv, NF Bd. 35, 1976/77, S. 1 ff.

Bundesministerium der Finanzen, Hrsg., Die Finanzbeziehungen zwischen Bund, Ländern und Gemeinden aus finanzverfassungsrechtlicher und finanzwirtschaftlicher Sicht, Bonn 1982.

Ehrlicher, W., Finanzausgleich III: Der Finanzausgleich in der Bundesrepublik Deutschland, in: Handwörterbuch der Wirtschaftswissenschaft, 2. Bd., Stuttgart u. a. 1980, S. 662 ff.

Fischer-Menshausen, H., Finanzausgleich II: Grundzüge des Finanzausgleichsrechts, in: Handwörterbuch der Wirtschaftswissenschaft, 2. Bd., a.a.O., S. 636 ff.

Frey, D., Die Finanzverfassung in der Bundesrepublik Deutschland, in: Arnold, V., und Geske, O.-E., Öffentliche Finanzwirtschaft, München 1988, S. 11 ff.

Frey, R. L., Zwischen Föderalismus und Zentralismus. Ein volkswirtschaftliches Konzept des schweizerischen Bundesstaates, Bern, Frankfurt/M. 1977.

Gramlich, E. M., Intergovernmental Grants: A Review of the Empirical Literature, in: Oates, W. E., Hrsg., The Political Economy of Fiscal Federalism, Lexington, Toronto 1977, S. 219 ff.

Hansmeyer, K.-H., Hrsg., Ausgewählte Probleme der EG-Finanzen, Schriften des Vereins für Socialpolitik, NF Bd. 216, Berlin 1992.

Henke, K.-D., Der parafiskalische Finanzausgleich – dargestellt am Beispiel der Gesetzlichen Krankenversicherung, in: Bea, F. X., und Kitterer, W., Hrsg., Finanzwissenschaft im Dienste der Wirtschaftspolitik, Dieter Pohmer zum 65. Geburtstag, Tübingen 1990, S. 357 ff.

Henke, K.-D., Die Finanzierung der Europäischen Gemeinschaften. Zur integrationsfördernden Fortentwicklung des europäischen Einnahmensystems, in: Pohmer, D., Hrsg., Probleme des Finanzausgleichs III, Schriften des Vereins für Socialpolitik, NF Bd. 96/III, Berlin 1981, S. 1 ff.

Henke, K.-D., Finanzbeziehungen zwischen Bund und Ländern, Bestandsaufnahme und Entscheidungsbedarf, in: Wirtschaftswissenschaftliches Studium, Heft 2, 22. Jg., 1993, S. 67 ff.

Henke, K.-D., und Schuppert, G. F., Rechtliche und finanzwissenschaftliche Probleme der Neuordnung der Finanzbeziehungen von Bund und Ländern im vereinten Deutschland, Baden-Baden 1993.

Hesse, H., Finanzausgleich im Bundesstaat: Implikationen für Europa, in: Staatswissenschaften und Staatspraxis, 4. Jg., 1993, S. 43 ff.

Hettlage, K. M., Finanzverfassung und Finanzverwaltung, in: Staatslexikon, 7. Aufl., Bd. 2, Freiburg u. a. 1986, S. 606 ff.

Hüther, M., Reform des Finanzausgleichs: Handlungsbedarf und Lösungsvorschläge, in: Wirtschaftsdienst, 73. Jg., 1993, S. 43 ff.

Hüther, M., Umsatzsteuerharmonisierung im Zeichen der Binnenmarktvollendung, in: Staatswissenschaften und Staatspraxis, 3. Jg., 1992, S. 319 ff.

Kirsch, G., Hrsg., Föderalismus, Stuttgart und New York 1977.

Kitterer, W., Hrsg., Sozialhilfe und Finanzausgleich, Heidelberg 1990.

Messal, R., Das Eigenmittelsystem der Europäischen Gemeinschaft, Schriftenreihe Europäisches Recht, Politik und Wirtschaft, Bd. 141, Baden-Baden 1991.

Münstermann, E., Der kommunale Finanzausgleich, in: Das Wirtschaftsstudium, 5. Jg., 1976, S. 275 ff. und 325 ff.

Oates, W. E., Fiscal Federalism, New York 1972.

Olson, M., Das Prinzip „fiskalischer Gleichheit": Die Aufteilung der Verantwortung zwischen verschiedenen Regierungsebenen, in: Kirsch, G., Hrsg., Föderalismus, Stuttgart und New York 1977, S. 66 ff.

Olson, M., Toward a More General Theory of Governmental Structure, in: American Economic Review, Bd. 76, Number 2, 1986, S. 120 ff.

Pagenkopf, H., Das Gemeindefinanzsystem und seine Problematik, Siegburg 1978.

Peffekoven, R., Deutsche Einheit und Finanzausgleich, in: Staatswissenschaften und Staatspraxis, 1. Jg., 1990, S. 485 ff.

Peffekoven, R., Finanzausgleich I: Wirtschaftstheoretische Grundlagen, in: Handwörterbuch der Wirtschaftswissenschaft. 2. Bd., a. a. O., S. 608 ff.

Peffekoven, R., Finanzausgleich und Sonderbedarfe. – Thema und vier Variationen – in: Bea, F. X., und Kitterer, W., Hrsg., Finanzwissenschaft im Dienste der Wirtschaftspolitik. Dieter Pohmer zum 65. Geburtstag, a. a. O., S. 323 ff.

Peffekoven, R., Probleme der internationalen Finanzordnung, in: Handbuch der Finanzwissenschaft, 4. Bd., 3. Aufl., a.a.O., S. 219ff.

Peffekoven, R., Zur Neuordnung des Länderfinanzausgleichs, in: Finanzarchiv, NF Bd. 45, 1987, S. 181ff.

Postlep, R.-D., Gesamtwirtschaftliche Analyse kommunaler Finanzpolitik – Ein Beitrag zur ökonomischen Föderalismustheorie, Schriften zur öffentlichen Verwaltung und öffentlichen Wirtschaft, Bd. 136, Baden-Baden 1993.

Sachverständigenrat für die Begutachtung der gesamtwirtschaftlichen Entwicklung, Jahresgutachten 1992/93, Bonn 1992.

Sachverständigenrat für die konzentrierte Aktion im Gesundheitswesen, Jahresgutachten 1991, Das Gesundheitswesen im vereinten Deutschland, Baden-Baden 1991.

Scott, A., Wirtschaftliche Ziele einer föderativen Finanzwirtschaft, in: Recktenwald, H. C., Hrsg., Finanztheorie, Köln, Berlin 1969, S. 120ff.

Voigt, R., Das System des kommunalen Finanzausgleichs in der Bundesrepublik Deutschland, Stuttgart u. a. 1980.

Wiseman, J., The Political Economy of Federalism: A Critical Appraisal, in: Government and Policy, Bd. 5, 1987, S. 383ff.

Wissenschaftlicher Beirat beim Bundesministerium der Finanzen, Gutachten zum Länderfinanzausgleich in der Bundesrepublik Deutschland, Bonn 1992.

Zimmermann, H., Allgemeine Probleme und Methoden des Finanzausgleichs, in: Handbuch der Finanzwissenschaft, 4. Bd., 3. Aufl., a.a.O., S. 1ff.

Zimmermann, H., Fiscal Federalism and Regional Growth, in: Bennett, R. J., Hrsg., Decentralisation, Local Governments, and Markets, Oxford 1990, S. 246ff.

Zimmermann, H., Horizontaler Finanzausgleich (Einnahmenausgleich), in: Institut für Kommunalwissenschaften, Hrsg., Dezentralisierung des politischen Handelns (III), Melle 1987, S. 143ff.

Sechstes Kapitel

Finanzpolitik im Dienste der Einkommensumverteilung

A. Das Ziel einer gleichmäßigeren Verteilung der Einkommen

Eine Umverteilung des Einkommens von Empfängern hoher zu Empfängern niedriger Einkommen wurde lange Zeit als ein wünschenswertes, nicht in Frage zu stellendes Ziel angesehen. So hieß es in verschiedenen Parteiprogrammen, eine Steuerreform sollte „die Lasten so verteilen, daß eine ausgewogenere Einkommensverteilung ... bewirkt wird",[1] oder: „Die Marktwirtschaft gewährleistet von sich aus keine gerechte Einkommens- und Vermögensverteilung".[2] Diese Forderung nach einer „ausgewogenen" und „gerechten" Einkommensverteilung zeigte, daß die bestehende Einkommensverteilung als ungerecht angesehen wurde und das Ziel, für sich genommen, politisch gewünscht war, zumindest soweit seine Realisierung andere Ziele nicht verletzte.[3] In den achtziger Jahren wurden Steuerreformen in Deutschland wie im Ausland durchgeführt, durch die u. a. auch bisher hohe Steuersätze, etwa die der Einkommensteuer, gesenkt wurden. Statt der gleicheren Einkommensverteilung wird jetzt eher die für ein Land zum gegebenen Zeitpunkt angemessene Einkommensverteilung angestrebt, wobei deren Einschätzung je nach politischem Programm und individuellem Werturteil sehr verschieden ausfällt.

Soweit auch heute die Forderung nach größerer Gleichmäßigkeit in der Verteilung der Einkommen erhoben wird, muß deutlich gemacht werden, welcher Einkommensbegriff verwendet wird und auf welche Art der Verteilung man sich bezieht. Dies ist erforderlich, weil sowohl der Begriff des Einkommens als auch die Bezugsgröße, auf die verteilt werden soll, unterschiedlich abgegrenzt werden kann.

Unter Einkommen wird meist das **monetäre Nominal- oder Realeinkommen** verstanden. Die Diskussion über die Besteuerung nach der Leistungsfähigkeit (s. oben 4. Kapitel, S. 106 ff.) hatte jedoch gezeigt, daß das Geldeinkommen nur als eine Hilfsgröße für die Bestimmung der steuerlichen Leistungsfähigkeit eines Individuums angesehen werden kann. Neben Einkom-

---

[1] Berliner Programm der CDU, Fassung von 1974, Ziffer 66.

[2] Grundsatzprogramm der SPD, Bad Godesberg 1959, S. 16.

[3] Von den Freien Demokraten wurde ein „gerechtes Steuersystem" gefordert, „das der persönlichen Leistungsfähigkeit des Bürgers entspricht und seinen wirtschaftlichen Leistungswillen nicht schwächt" (FDP, Praktische Politik für Deutschland – Das Konzept der FDP, Nürnberg 1969, S. 26).

mensteilen, die einen **quasimonetären** Charakter besitzen (z. B. Naturaleinkommen in der Landwirtschaft), gibt es die verschiedensten nutzenstiftenden Güter und Werte, die ebenfalls als Elemente eines weit verstandenen Einkommensbegriffs bzw. der steuerlichen Leistungsfähigkeit angesehen werden können, beispielsweise die öffentlichen Leistungen oder der Bildungs- und Gesundheitsstand (Humankapital) sowie die Umweltqualität. Es zeigt sich somit, daß bei einer Beschränkung auf das monetäre Einkommen die in der Sozialpolitik im Vordergrund stehende reale Lebenslage des Einzelnen nur unzureichend erfaßt wird.

Neben der Bestimmung dessen, was verteilt bzw. umverteilt werden soll **(Gegenstand der Verteilung)**, ist die Bezugsgröße bzw. die **Empfängereinheit** zu bezeichnen, nach der die Bevölkerung in (Einkommens-)Gruppen aufgeteilt werden soll. Die verschiedenen Bezugsgrößen drücken sich in den Arten der Einkommensverteilung aus; so kann man trennen in eine Verteilung nach

(1) **Produktionsfaktoren,** wie geleistete Arbeit oder bereitgestelltes Kapital *(funktionale Einkommensverteilung)*. Unter dieser Fragestellung interessiert die Entwicklung der **Lohnquote,** d. h. des Anteils der Einkommen aus unselbständiger Arbeit am Volkseinkommen, gegenüber der der **Gewinnquote,** d. h. des Anteils an Einkommen aus Unternehmertätigkeit und Vermögen.

(2) **Personen,** Haushalten und Familien *(personale Einkommensverteilung)*. Betrachtet wird dabei, über welches Einkommen die einzelnen Personengruppen verfügen, unabhängig davon, aus welchen Quellen (z. B. Löhne, Zinsen, Mieten) ihnen dieses Einkommen zufließt.

(3) **Wirtschaftsbereichen** *(sektorale Einkommensverteilung)*. In diesem Zusammenhang wird untersucht, ob Löhne oder Gewinne in einem Wirtschaftszweig, z. B. Textilwirtschaft, unter den vergleichbaren Löhnen bzw. Gewinnen anderer Wirtschaftszweige liegen.

(4) **Regionen** einer Volkswirtschaft *(regionale Einkommensverteilung)*. Hier interessiert z. B. die Erklärung von Unterschieden im Pro-Kopf-Einkommen zwischen verschiedenen Regionen (z. B. Mecklenburg im Vergleich zu Hamburg).

In allen Fällen kann weiterhin die sog. **Primärverteilung**[4], wie sie sich auf Grund der Marktprozesse bei Existenz staatlicher Aktivitäten in einem bestimmten Zeitraum ergibt, von der **Sekundärverteilung,** in der die staatlichen Steuern und Übertragungseinkommen berücksichtigt werden, unterschieden werden.[5]

---

[4] Bei der Primärverteilung kann noch danach getrennt werden, ob die Einkommensverteilung der Einkommen ohne staatlichen Einfluß „gedacht" wird („originäre Primärverteilung") oder ob sie bereits die Anpassungen der Wirtschaftssubjekte einschließt, die sich daraus ergeben, daß staatliche Aktivität antizipiert wird („intermediäre Primärverteilung").

[5] Zwischen der Einkommensverteilung und der Vermögensverteilung besteht ein enger Zusammenhang, da Vermögens- und Einkommenshöhe und damit Vermö-

B. Verteilungseffekte von öffentlichen Einnahmen und Ausgaben

Der Einsatz der Finanzpolitik für verteilungspolitische Zwecke setzt die Kenntnis der Distributionseffekte der öffentlichen Haushalte voraus. Auch wenn zu einem gegebenen Zeitpunkt kein Einsatz der Finanzpolitik für verteilungspolitische Zwecke als erforderlich angesehen wird, ist es wichtig, die Distributionseffekte der öffentlichen Haushalte im Zeitablauf zu kennen. Wenn sie beispielsweise zu einer deutlichen Änderung der gewünschten Einkommensverteilung führen, kann dies nunmehr Anlaß für verteilungspolitische Maßnahmen sein.

Für eine solche Analyse der Verteilungseffekte des öffentlichen Haushalts muß gefragt werden, wer die Steuerlast trägt (I) und wem die öffentlichen Ausgaben und Leistungen zugute kommen (II).

Dieses Verfahren, das mit der Zurechnung der öffentlichen Finanzströme auf die nach Einkommensklassen gruppierten privaten Haushalte endet, wäre einfach, wenn

(1) alle öffentlichen Einnahmen nur von privaten Haushalten an die Staatskasse abgeführt würden und man davon ausgehen könnte, daß die zahlenden Haushalte die „Last" dieser Abgabe auch voll trügen, und wenn

(2) zugleich alle öffentlichen Ausgaben und Leistungen ausschließlich an private Haushalte gezahlt würden und man davon ausgehen könnte, daß ihnen der „Vorteil" aus diesem Zufluß nicht wieder weggenommen würde.

Dann brauchte man nur die Zahllast der Einnahmen vom Bruttoeinkommen der jeweiligen Einkommensklassen abzuziehen und die zugeflossenen Ausgaben und monetär bewerteten Leistungen hinzuzufügen, um die Sekundärverteilung nach Einkommensklassen zu berechnen. Vielfach ergeben sich „Last" bzw. „Vorteil" aber erst nach zahlreichen Anpassungsvorgängen im privaten Sektor, insbesondere dann, wenn eine Steuer vom Unternehmen gezahlt oder eine Ausgabe von ihm empfangen wird. In diesem Fall sind zunächst die Wirkungen auf Preise und Mengen von Gütern und Faktoren zu verfolgen, und erst im Anschluß daran kann wieder ein Bezug zur personalen Einkommensverteilung hergestellt werden. Teile dieses Kapitels sind also als notwendige Vorarbeit für die letztlichen Aussagen über die Verteilungseffekte (III) und damit auch für eine redistributiv einsetzbare Finanzpolitik (C) anzusehen.

---

gensverteilung und Einkommensverteilung positiv korrelieren. Instrumentell wirkt sich dies z. B. in der Form aus, daß mit einer breiteren Streuung der Vermögen zugleich eine tendenzielle Verbesserung der Einkommensverteilung geschaffen werden kann und mit einer zusätzlichen Belastung der großen Vermögen in direkter Weise Einkommen in höheren Einkommensklassen verringert werden sollen.

I. Wer trägt die Steuerlast?

Die wirtschaftspolitische Bedeutung der Steuerlast ist angesichts der Höhe der Besteuerung (und Sozialabgaben) offenkundig. Ebenso einsichtig ist es, daß die Steuerzahler versuchen werden, sich der Besteuerung zu entziehen, um auf diese Weise über ein höheres Nettoeinkommen zu verfügen. Die **Kenntnis der steuerlich bedingten Verhaltensänderungen** ist daher die Voraussetzung für eine zielgerechte Steuerpolitik. Der Erfolg von Steuerreformen hängt nicht zuletzt davon ab, wie zutreffend die Anpassungsreaktionen der Zensiten auf Steueränderungen von den Trägern der Steuerpolitik vorausgesehen wurden. Unter Verteilungsaspekten interessiert insbesondere, welche Personen(gruppen) bzw. Haushalte die Steuern letztlich aufbringen und die Steuerlast tragen müssen. Da diese Verteilungswirkungen erst die Folge der zahlreichen Anpassungen an die Besteuerung sind, werden in einem Überblick zunächst diese Anpassungen behandelt (I a 1). Im Anschluß an eine kurze Zusammenstellung einiger Bestimmungsfaktoren, die diese Verhaltensänderungen bedingen (I a 2), und an eine exkursartige Erläuterung üblicher Inzidenzbegriffe (I a 3) werden ausgewählte Anpassungsprozesse behandelt (I b).

a) Der Anpassungsprozeß und seine Analyse im Überblick

1. Die Anpassung an die Besteuerung (Überwälzung i. w. S.)

1.1. Die Anpassungsformen in ihrer Gesamtheit

Die Ursache für die steuerlich bedingten Anpassungen liegt in der Veränderung oder veränderten Wahrnehmung der Besteuerung, dem sog. „**Steueranstoß**" (impact point). Bei einer schon seit langem bestehenden Steuer kommt es zum Steueranstoß häufig durch die Steuerzahlung selbst. Wird eine Steuer dagegen neu eingeführt oder verändert, kann bereits vor der Zahlung der Anstoß zu Überlegungen gegeben sein, wie dieser Steuer begegnet werden soll.

Grundsätzlich lassen sich bei den Verhaltensanpassungen, die durch die Steueränderungen verursacht werden, drei Möglichkeiten unterscheiden (vgl. zum folgenden Schema 6.1). Einmal kann das Unternehmen oder der private Haushalt versuchen, die anstehenden Steuerzahlungen ganz oder teilweise zu vermeiden. Diese **legale Steuerausweichung,** die von der hier nicht behandelten **illegalen Steuerhinterziehung** zu unterscheiden ist[6], führt dazu, daß der Staat seine geplanten Steuereinnahmen nicht oder nicht im vollen Umfang erhält. Für die Steuerausweichung bieten sich eine Fülle von Möglichkeiten an, die alle darauf hinauslaufen, das Eintreten des rechtlichen Tatbestandes, an den das Gesetz die Steuerpflicht knüpft, zu vermei-

---

[6] Siehe dazu Hagedorn, R., Theorie der Steuerhinterziehung, in: Wirtschaftswissenschaftliches Studium, 20. Jg., 1991, S. 523 ff.

Schema 6.1: Möglichkeiten der Anpassung an Steueränderungen[1] (Steuerüberwälzung i. w. S.)

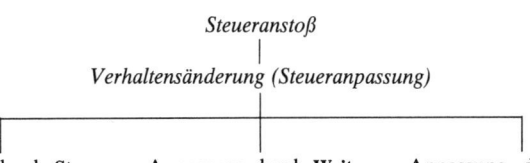

Steueranstoß
|
Verhaltensänderung (Steueranpassung)

Anpassung durch **Steuerausweichung** (Steuervermeidung)	Anpassung durch **Weitergabe der Zahllast** (Steuerüberwälzung i. e. S.)	Anpassung durch **Kompensation der Belastung** (Steuereinholung)
a) sachliche Anpassung, d. h. Substitution von besteuerten durch unbesteuerte Tatbestände, z. B. im Bereich – der Produktion – des Konsums – von Arbeitszeit und Freizeit – von Sparen im Verhältnis zum Konsum – der Rechtsform b) zeitliche Anpassung, z. B. beim Konsum oder bei Abschreibungen c) räumliche Anpassung – national – international	a) Vorwälzung, z. B. auf die Güterpreise b) Rückwälzung, z. B. auf die Vorleistungen	a) im privaten Haushalt, z. B. durch Mehrarbeit b) im Unternehmen, z. B. durch Rationalisierung

[1] Ein ähnliches Schema, in dem die Anpassungen des Besteuerten nach dem ihm verbleibenden Freiheitsgrad gruppiert werden, entwickelte G. Schmölders für die Einführung einer neuen Steuer. Es ist dadurch gekennzeichnet, daß drei nacheinander gelagerte Phasen unterschieden werden (Schmölders, G., und Hansmeyer, K.-H., Allgemeine Steuerlehre, 5. Aufl., Berlin 1980, S. 147).

den (1.2.1). Die zweite Form der Steueranpassung besteht darin, die Zahlung zwar zu leisten, aber zugleich die Belastung (**Überwälzung i. e. S.**)[7] „weiterzugeben" (1.2.2). Bei der dritten Form der Anpassung versucht der Steuerzahler, die **steuerliche** Einkommens**belastung** zu **kompensieren,** indem er z. B. mehr arbeitet. Im Falle eines Unternehmens kann es zu verstärkter Rationalisierung kommen (1.2.3).

---

[7] Von Überwälzung i. w. S. soll die Rede sein, wenn **alle** Anpassungsvorgänge vom Augenblick des Steueranstoßes bis zum Endpunkt aller Anpassungen an die Besteuerung betrachtet werden.

1.2. Die Anpassungsformen im einzelnen

1.2.1. Anpassung durch Steuerausweichung

Private Haushalte und Unternehmen trachten, die von ihnen wahrgenommene steuerliche Belastung oder deren Folgen möglichst gering zu halten. Deshalb versuchen sie, den steuerlichen Tatbestand zu vermeiden oder zu vermindern. Diese rechtlich zulässige Steuervermeidung nimmt im Bereich der Unternehmen und der privaten Haushalte verschiedene Formen an.

Die Steuerausweichung **privater Haushalte** kann im Falle einer allgemeinen Umsatzsteuer durch Einschränkung des Verbrauchs erfolgen und bei speziellen Verbrauchsteuern dadurch, daß hoch besteuerte Güter durch nicht oder niedriger besteuerte Güter substituiert werden.

Neben der Steuerausweichung im Bereich der Einkommensverwendung (s. oben Abb. 4.4) der privaten Haushalte ist es auch möglich, bei der Einkommenserzielung den Tatbestand zu vermeiden, an den ein Steuergesetz die Steuerpflicht geknüpft hat. Sieht man von der Substitution von „normaler" Arbeit durch Schwarzarbeit ab, so stellt sowohl eine zeitliche Verlagerung der Einkommen als auch die Einschränkung der Arbeit zugunsten der Freizeit eine Möglichkeit der Steuervermeidung dar. Sie führt im letzten Fall freilich zu Einkommenseinbußen beim Individuum.

Im Bereich der privaten Haushalte, aber auch im Hinblick auf die **Unternehmensbesteuerung,** können drei Formen der Steuerausweichung unterschieden werden (s. Schema 6.1). Der steuerliche Tatbestand kann dadurch vermieden werden, daß der potentielle Steuerzahler

– den Kauf eines besteuerten Gutes vermeidet **(sachliche Anpassung),**
– einer vorgesehenen Erhöhung einer Steuer vorübergehend dadurch ausweicht, daß er auf Vorrat kauft **(zeitliche Anpassung),** oder
– den steuerlichen Tatbestand in ein Gebiet verlagert, in dem er nicht steuerpflichtig ist **(räumliche Anpassung).**

Als ein Beispiel, an dem alle drei Formen sichtbar werden, kann die Reaktion des Konsumenten auf eine spürbare Erhöhung der Branntweinbesteuerung gelten. Der Verbraucher kann vom Trinkbranntwein auf den unbesteuerten Wein ausweichen, eine beträchtliche Menge Branntwein vor Inkrafttreten einer Steuererhöhung einkaufen oder darauf vertrauen, daß er Gelegenheit haben wird, kleinere Mengen zollfrei aus dem Nachbarland zu beziehen, das eine niedrigere oder gar keine Branntweinsteuer erhebt.

Die *sachliche Anpassung,* die vorwiegend für die Besteuerung einzelner Güter Bedeutung hat, steht privaten Haushalten und auch Unternehmen offen, gilt also für die Besteuerung von Einkommensentstehung und -verwendung bzw. von Investitions- und Konsumgütern gleichermaßen. Allerdings handelt es sich nicht um eine „kostenlose" Anpassung, denn jede Verhaltensänderung bedeutet eine Verminderung des bisherigen Nutzens und/oder Gewinns, wenn man unterstellt, daß sich die privaten Haushalte und Unternehmen zuvor rational verhalten haben.

Dem Unternehmen steht mit der Wahl bzw. **Änderung der Rechtsform** eine spezielle Ausweichmöglichkeit zur Verfügung. Wenn Kosten oder Gewinne in Unternehmen mit einer bestimmten Rechtsform besonders hoch besteuert werden, kann sich der Übergang zu einer anderen, weniger hoch besteuerten Rechtsform lohnen. Der ursprünglichen Wahl waren wahrscheinlich Abwägungen vorausgegangen, bei denen z. B. die Haftungsbeschränkung von Kapitalgesellschaften mit der größeren Kreditfähigkeit der Personengesellschaft verglichen wurde. Von dieser Wahl wird nun unter steuerlichen Gesichtspunkten abgewichen, d. h. dem Steuervorteil kann eine ungünstigere Lage nach den nichtsteuerlichen Kriterien gegenüberstehen.

Von Bedeutung sind auch einseitige Belastungen des Faktors Arbeit oder Kapital. Sie führen zu Faktorsubstitutionen zugunsten des unbesteuerten Faktors, sofern es die Produktionsverhältnisse zulassen.

Zur Vermeidung der sachlichen Substitution werden häufig sog. **Ausgleich- oder Folgesteuern** erhoben, um die Einnahmeverluste des Staates zu kompensieren. So „folgt" oft einer Besteuerung von Erbschaften die Schenkungsteuer und einer Besteuerung des Kaffees die des Tees und anderer Substitute. Es gibt jedoch auch Fälle, in denen eine steuerlich bedingte Substitution das Ziel einer Verbrauchsteuer ist. So wird z. B. die Erhebung der Tabak- und Branntweinsteuer in manchen Ländern mit der Unerwünschtheit des Alkoholkonsums und Nikotinverbrauchs begründet (sin taxes). Die gewünschte Substitution, die Mindereinnahmen für den Staat bedeuten würde, trat jedoch trotz mehrmaliger Steuererhöhungen im gewünschten Umfang nicht auf.

Zeitliche Anpassungen können sowohl von Haushalten als auch von Unternehmen vorgenommen werden. Die bekanntesten Beispiele im Haushaltsbereich sind die **Vorratskäufe bei** angekündigten **Erhöhungen spezieller Verbrauchsteuern.** Die steuerlich bedeutsameren, weil regelmäßig stattfindenden zeitlichen Anpassungen sind jedoch in Unternehmen zu beobachten. Jede von der Steuerpolitik zugelassene **vorzeitige Abschreibung** eines Wirtschaftsgutes bedeutet, daß die Steuerbelastung aus dem betreffenden Jahr in die folgenden Jahre verschoben werden kann, da die Abschreibungen steuerlich gesehen Aufwand darstellen und den Ertrag der betreffenden Periode mindern. Diese Abschreibungsbeträge können dann in den zukünftigen Perioden nicht mehr geltend gemacht werden; insofern ist die **Steuerersparnis** nur **vorübergehend**er Art, kommt aber in der Wirkung der Aufnahme eines zinslosen Kredits gleich. Solche zeitlichen Verschiebungen sind manchmal wirtschaftspolitisch beabsichtigt, z. B. als Mittel der Investitionsförderung (s. unten S. 339 f.). In anderen Fällen können sie unbeabsichtigt entstehen, weil es nicht möglich ist, den betriebswirtschaftlich „richtigen" Abschreibungssatz zu ermitteln.

Räumliche Anpassungen schließlich sind besonders durch ihre internationale Variante bekannt, sei es als Flucht in die sog. Steueroasen oder sei es, allgemeiner, als **internationale Steuerausweichung** (s. oben 5. Kapitel, S. 202). Es ist, wie bei vielen Formen der Steuerausweichung, illegales und legales Vorgehen zu unterscheiden. Ein Fall der Steuerhinterziehung liegt vor, wenn ausländische Gewinn- oder Einkommensteile bei der inländischen Steuererklärung nicht angegeben werden. Die legale Ausweichung der Haushalte und Unternehmen ist dadurch gekennzeichnet, daß Teile der

Steuerbemessungsgrundlage in Nationen mit niedrigerer Steuerbelastung verlegt werden. Eine solche Verlagerung wird im Rahmen der internationalen Arbeitsteilung als erwünscht angesehen, so daß nur ein Mißbrauch zu verhindern wäre. Um gewünschte räumliche Anpassungen nicht zu behindern, muß eine mögliche Doppelbesteuerung desselben steuerlichen Tatbestandes durch verschiedene Länder vermieden werden. Wenn z. B. ein Steuerpflichtiger im einen Land wohnt, das ihm gehörende gewinnbringende Unternehmen hingegen im anderen Land liegt, werden beide Länder Steuer erheben wollen. Um diese doppelte Belastung zu vermeiden, werden zwischen Staaten Abkommen zur Vermeidung der Doppelbesteuerung (**Doppelbesteuerungsabkommen**) geschlossen. Länder, die als „**Steueroasen**" bezeichnet werden, beteiligen sich meist nicht an diesen Abkommen. Bei Steueroasen handelt es sich oft um sehr kleine Länder, die von der Steuerflucht in Form der Verlagerung von Bemessungsgrundlagen profitieren wollen und keine Abkommen dieser Art zu schließen bereit sind. Dann helfen nur spezielle Bestimmungen des benachteiligten Landes, mit denen der Mißbrauch der aus ökonomischer Sicht wünschenswerten Mobilität von Personen, Gütern und Finanzströmen verhindert wird.

Räumliche Anpassungen innerhalb einer Volkswirtschaft können als Folge von räumlichen Unterschieden in der Steuerbelastung auftreten, die aus der **Besteuerungshoheit untergeordneter Gebietskörperschaften** stammen. In der Bundesrepublik Deutschland können die Gemeinden z. B. die Hebesätze der Grund- und Gewerbesteuer variieren und damit auf die Attraktivität von Standorten einwirken.

1.2.2. Anpassung durch Weitergabe der Zahllast (Überwälzung i. e. S.)

Die Betrachtung der verschiedenen Ausweichmöglichkeiten war unter der Annahme erfolgt, daß der Unternehmer oder private Haushalt versucht, die Steuerzahlung zu vermeiden oder zu vermindern. Demgegenüber sind jetzt **Anpassungen** zu betrachten, **denen eine Steuerzahlung zugrundeliegt**, sei es, daß sie schon erfolgte oder zu erwarten ist. Die **tatsächliche Steuerzahlung** ist also das Merkmal, das im Schema 6.1 den ersten Typ der Anpassung (linker Teil) vom zweiten (mittlerer Teil) trennt. Diese **Anpassungen** an die Steuerzahlung kann man **als Weitergabe der Zahllast (Überwälzung i. e. S.)** bezeichnen, d. h. der Steuerzahler versucht, die Last der gezahlten oder zu zahlenden Steuer von sich auf andere abzuwälzen.

Das Überwälzen der Last einer gezahlten Steuer kann in verschiedene Richtungen erfolgen. Man kann sie danach unterscheiden, ob der Steuerzahler auf dem Markt, auf dem er die Überwälzung versucht, als Anbieter von Gütern bzw. Produktionsfaktoren auftritt oder ob er diese nachfragt.

Versucht ein Unternehmen, die Steuerzahllast auf die Nachfrager zu überwälzen, so spricht man von *Vor- oder Fortwälzung* einer Steuer. Sie liegt dann vor, wenn es gelingt, die steuerliche Belastung ganz oder zum Teil in Form einer **Erhöhung der Güterpreise** oder einer Verschlechterung der Qualität (und damit einer indirekten Preiserhöhung) weiterzugeben. Ein Spezialfall ergibt sich, wenn die auf einem bestimmten Gut liegende Steuer durch eine Preiserhöhung (Qualitätsverschlechterung) nicht bei diesem, sondern bei einem anderen Gut weitergegeben wird (sog. **schräge Überwälzung**), wie es in der Mischkalkulation möglich ist. Auch die Gewerkschaften könnten durch Steuererhöhungen zu entsprechenden Lohnforderungen und damit einer Vorwälzung veranlaßt werden.

Versucht ein Unternehmen als Nachfrager von Produktionsgütern (Vorleistungen) und Arbeitsleistungen eine Überwälzung, so spricht man von der *Rückwälzung* einer Steuer. Sie liegt dann vor, wenn das Unternehmen die Steuerbelastung in Form einer **Senkung der** gezahlten **Entgelte** (z. B. Löhne, Einkaufspreise) weiterzugeben versucht. – Im privaten Haushalt sind Beispiele für Rückwälzungen nicht so leicht zu finden. Denkbar wäre z. B., daß eine zu starke steuerliche Belastung zu Käuferstreiks führt, die eine Senkung der Konsumgüterpreise bewirken sollen.

Ein Sonderfall der Steuerrückwälzung liegt vor, wenn ertragabwerfende Projekte, z. B. Grundstücke oder Gebäude, besteuert werden und diese Kosten nicht (z. B. in der Miete) abgewälzt werden können. Damit sinkt die Nettorendite des Objekts, und ein Käufer wird nur so viel zu zahlen bereit sein, wie er für ein anderes Objekt mit gleicher Rendite (z. B. Anleihen) anlegen würde. Bei dieser Gegenüberstellung geht die kumulierte ertragsenkende Wirkung der Steuer in den Renditevergleich ein und mindert entsprechend den Kaufpreis des Grundstücks. Der Verkäufer trägt folglich die kumulierte zukünftige Steuerbelastung des Käufers. Dieser Fall der Steuerüberwälzung wird auch als **Steueramortisation** bezeichnet.

1.2.3. Anpassung an die erfolgte Belastung

Unter dieser Form der Anpassung an die Besteuerung werden nur noch die Reaktionen verstanden, die weder auf die Steuervermeidung oder -verminderung noch auf die Möglichkeiten der Steuerüberwälzung gerichtet sind. Eine solche **Situation der endgültigen Belastung durch eine Steuer** muß keineswegs erst nach zahlreichen Ausweich- und Überwälzungsprozessen auftreten, sondern kann sich schon einstellen, wenn ein Steuerschuldner selbst die von ihm zu zahlende Steuer weder vermeiden noch in irgendeiner Form vor- oder rückwälzen kann. Eine empirisch eindeutige Abgrenzung, wie sie in Schema 6.1 die Steuerzahlung zwischen den ersten beiden Typen von Anpassungen möglich macht, gibt es zum letzten Typ (rechter Teil des Schemas) daher nicht.

Ist es im Zuge der Besteuerung zu einer endgültigen Belastung gekommen, so verbleiben dem Haushalt oder Unternehmen nur noch zwei grundsätzliche Anpassungsmöglichkeiten. Sie bestehen darin, den Verlust an ökonomischer Verfügungsmöglichkeit

– durch erhöhte Aktivität ganz oder teilweise auszugleichen (**Steuereinholung**) oder

– ihn hinzunehmen (**passive Formen der Anpassung**).

Wenn im Bereich der privaten Haushalte die erfolgte Einkommensminderung zu vermehrter Arbeit führt und bei den Unternehmen zu Bemühungen, Kosten zu senken, um die Situation vor der Belastung durch die Besteuerung ganz oder teilweise wiederherzustellen, kann von *Steuereinholung* gesprochen werden. Bei diesen Anstrengungen der Besteuerten, die erfolgte Belastung auszugleichen, werden sie häufig gleichzeitig versuchen, den besteuerten Tatbestand zu vermeiden, so daß eine genaue Trennung zwischen Steuereinholung und Steuerausweichung in praxi nur selten gelingen wird. In ihrer reinen Form wäre die Steuereinholung dadurch gekennzeichnet, daß sie zu keinen Steuereinbußen für den Staat führt und im Falle von Mehrarbeit, Rationalisierung usw. sogar zu erhöhten Steuereinnahmen.

Eine Steuereinholung kann wirtschaftspolitisch beabsichtigt sein, z. B. um betriebliche Rationalisierungsmaßnahmen zu induzieren. Dazu kann eine Steuer derart konstruiert werden, daß sie nicht am tatsächlichen, sondern an einem fiktiven Ertrag ausgerichtet wird und für den Fall, daß ein Ansporn beabsichtigt ist, über dem **Ist-Ertrag** festgesetzt wird (sog. Sollertrags- oder Ansporbesteuerung). Wenn z. B. eine Grundsteuer auf landwirtschaftlichen Boden auf einen **Normertrag** abstellt, der etwas über dem derzeitigen Ertrag liegt, kann dies ein Anreiz sein, die – unverändert zu zahlende – Steuer durch verbesserte Anbaumethoden zu kompensieren.

Wenn die Steuer angefallen und eine Steuereinholung nicht möglich oder gewollt ist, ergibt sich eine Verminderung des persönlich verfügbaren Einkommens eines privaten Haushalts oder der Liquidität eines Unternehmens, auf die sich der Belastete einzustellen hat *(passive Formen der Anpassung)*. Der besteuerte **Haushalt** wird jetzt seinen Konsum oder sein Sparen einschränken oder aber Kredit aufnehmen. Im **Unternehmen** hingegen wird eine Kürzung der Investitionen, eine Verminderung der Kapitalverzinsung oder vielleicht eine höhere Verschuldung die Folge sein; diese Wirkungen sind unter Wachstumsaspekten besonders wichtig und werden berücksichtigt, wenn wachstumsorientierte Steuerreformen in Angriff genommen werden.

Abschließend sei zum Gesamtbereich der individuellen und unternehmerischen Anpassung an die Besteuerung noch einmal vermerkt, daß die hier unterschiedenen **Formen der Anpassung** (s. oben Schema 6.1, S. 221) **in** der **Wirklichkeit** meist **kombiniert** auftreten. So können sich z. B. Haushalte und Unternehmen an eine Steuerveränderung dadurch anpassen, daß sie einen Teil durch Substitution zu vermeiden, einen anderen Teil zu überwälzen und schließlich durch Steuereinholung die verbleibende erfolgte Belastung auszugleichen versuchen. Weiterhin handelt es sich bei den diskutierten Verhaltensänderungen um Reaktionen, die nicht nur im Zusammenhang mit der Besteuerung, sondern auch in Verbindung mit anderen Kostensteigerungen auftreten können.

2. *Überblick über Bestimmungsfaktoren der Steuerüberwälzung i. w. S.*

Nachdem bekannt ist, welche Anpassungsformen im Zuge der Besteuerung bei den privaten Wirtschaftssubjekten auftreten können, stellt sich die Frage, wovon es abhängt, ob die privaten Haushalte und Unternehmen Anpassungsspielräume überhaupt besitzen und ggf. ausnutzen. Diesen Bestimmungsfaktoren der Steuerüberwälzung kommt jedoch nicht nur deswegen Bedeutung zu, weil sie individuelle und unternehmensspezifische Anpassungsvorgänge erklären helfen, sondern weil ihre Kenntnis eine der Voraussetzungen ist, um die Inzidenz der Besteuerung im politisch gewünschten Sinne beeinflussen zu können.

Ein wichtiger Bestimmungsfaktor der Steuerüberwälzung ist die *Steuerart* bzw. der *Anknüpfungspunkt der Besteuerung* im Einkommenskreislauf (siehe Abb. 4.4, S. 123). Bei den sog. **Faktorsteuern**, die im Schema 4.4 im 4. Kapitel zu den Steuern auf die Einkommensentstehung gehören und die auf den Einsatz und/oder die Erträge der Faktoren (Arbeit, Kapital, Boden) gerichtet sein können, ist es für die Überwälzung entscheidend, ob Faktorsubstitutionen zwischen den besteuerten und unbesteuerten Faktoren auftreten bzw. möglich sind. Folglich sind bei diesen Steuern das Verhalten des besteuerten und unbesteuerten Faktorangebots (Arbeit, Kapital) und seine (primären) Auswirkungen auf die Haushaltseinkommen für die Anpassungsvorgänge entscheidend. Die **Faktormobilität**, z. B. in räumlicher Hinsicht, und die **Substituierbarkeit** von besteuerten durch unbesteuerte Faktoren werden damit zu Bestimmungsgrößen der Steuerüberwälzung.

Ähnliche Überlegungen gelten im Falle von **Gütersteuern** (oder Steuern auf die Einkommensverwendung), bei denen es sich um die allgemeine und spezielle Verbrauchsbesteuerung handelt. Hier sind es die primären Wirkungen auf die Preise und Mengen der besteuerten und unbesteuerten Güter sowie der (schichtenspezifische) Verbrauch, die als Bestimmungsfaktoren der Überwälzung angesehen werden können.

Die Reaktionen im Bereich der Faktorsteuern wie der Gütersteuern hängen auch vom *Umfang des Steuerzugriffs* sowie der *steuertechnischen Ausgestaltung* ab. Je breiter die Steuerbemessungsgrundlage definiert ist, desto schwieriger wird es ceteris paribus, sich dem steuerlichen Zugriff zu entziehen. Als ein weiteres Beispiel für den Einfluß der Steuertechnik kann der Progressionstarif in der Einkommensteuer gelten, der im Vergleich mit einem proportionalen Tarif die Überwälzung erschwert (s. unten S. 253 ff.).

Neben die Steuerart, die Breite der Steuerpflicht und die Steuertechnik tritt insbesondere die *Marktform* als weitere Bestimmungsgröße der Steuerüberwälzung. Die Inzidenz der Besteuerung auf Konkurrenzmärkten weicht von der Steuerinzidenz auf unvollkommenen Märkten (Oligopol, Monopol) ab, und in allen Marktformen sind die *Elastizitäten der Angebots- und Nachfragekurven* entscheidend für die Anpassung an die Besteuerung. Lebensnotwendiger Bedarf kann nicht dauerhaft substituiert werden, und produktionstechnische Erfordernisse lassen sich oft gar nicht oder nur unter erheblichem Kostendruck, z. B. im Zuge des technischen Fortschritts, verändern.

Schließlich wird die Belastung durch die Besteuerung vom *Zeitraum der Anpassung* bestimmt. Bei kurzfristiger oder langfristiger Betrachtung ergeben sich jeweils unterschiedliche Wirkungen auf die Faktoren und Produktpreise. Mit der Fristigkeit wird in diesem Zusammenhang nur indirekt die zeitliche Dauer angesprochen. Vielmehr geht es um unterschiedliche Typen von Anpassungen vor allem auf der Angebotsseite. Bei kurzfristiger Betrachtungsweise wird mit gegebenen Kapazitäten argumentiert; im Falle einer sehr kurzen Periode (market period) wird das Angebot sogar nur durch die bereits produzierten Güter bestimmt, während in der üblicherweise als kurzfristig bezeichneten Betrachtung noch die Güter hinzutreten können, die bei Vollauslastung gegebener Kapazitäten produziert werden

können. Bei langfristiger Betrachtung werden demgegenüber Kapazitätsan-
passungen zugelassen, die auch Produktionsverlagerungen von einer besteuerten zu einer unbesteuerten Branche enthalten können.

3. *Exkurs: Ebenen und Arten der Steuerinzidenz*

Die geschilderten Formen der Anpassung an die Besteuerung lassen sich in allen
ihren Konsequenzen wahrscheinlich weder modellhaft abbilden noch empirisch ermitteln. Die verschiedenen Verfahren, kleinere oder größere Teile des gesamten
Anpassungsprozesses analytisch zu erfassen, werden u.a. mit verschiedenen Inzi-
denzbegriffen belegt. Für die steuerpolitische Aussagekraft von Inzidenzanalysen ist
es daher entscheidend, welcher methodische Rahmen gewählt wird. Dabei lassen sich
zwei Fragestellungen unterscheiden:

(1) Wieweit sollen die Anpassungen auf dem Weg von der Abführung der Steuer an
den Staat bis zur letzten Fortwirkung analysiert werden? (3.1).

(2) Ist es methodisch und empirisch zweckmäßig, nur einen Finanzstrom zu verfolgen, oder können bzw. sollen mehrere zugleich analysiert werden? (3.2).

3.1. *Das Ausmaß der zu erfassenden Anpassungen*

Im Rahmen von theoretischen Modellen und empirischen Analysen können die Anpassungsvorgänge unterschiedlich weit verfolgt werden. Im Rahmen eines engen
Ansatzes lassen sich diejenigen Personen und Unternehmen ermitteln, die die Steuern an die Finanzämter abführen (**Steuerzahler**). Eine solche Verteilung der Steuern
nach der rechtlichen Verpflichtung zur Steuerzahlung gibt die *Inzidenz der Zahlungsverpflichtung* wieder.

Da die Definition auf die „rechtliche Plazierung" bezogen ist, könnte man bei Steuern, für deren Abführung nach Vorschrift des Gesetzgebers aus Gründen der Verwaltungsvereinfachung (Erhebungsbilligkeit) eine Art **Inkassostelle** zwischengeschaltet ist (**„Quellenabzugsverfahren"**), statt dieser Inkassostelle[8] gleich dem gesetzlichen
Steuerschuldner die geleistete Zahlung zurechnen. Dann würde man die Lohnsteuer
als vom Arbeitnehmer statt vom Arbeitgeber und die Kapitalertragsteuer als vom
Bezieher des Kapitalertrags statt von der Bank „gezahlt" betrachten.

Bei einer Zurechnung der Steuerzahlungen nach der Zahlungsverpflichtung im Sinne
der Entrichtungspflicht würde z.B. im Fall der Tabaksteuer ausgewiesen, daß sie in
einer bestimmten Höhe von den Zigarettenherstellern an den Fiskus abgeführt worden ist. Daraus sollte aber nicht der Schluß gezogen werden, daß die Eigentümer
dieser Unternehmen im Maße der Steuerzahlung auf Gewinn verzichtet hätten und
die Tabaksteuer also von ihnen getragen würde. Der Zigarettenhersteller ist nach der
Absicht des Gesetzgebers auch gar nicht der erwünschte **Steuerdestinatar**, d.h. derjenige, der die Steuer nach Absicht des Gesetzgebers tragen soll, und wird in aller
Regel auch tatsächlich nicht der Steuerträger sein. Die **Verteilung der Steuerzahlungen**
nach der Zahlungsverpflichtung im Sinne der Entrichtungspflicht ist also nur dann
aussagefähig, wenn die Vermutung besteht, daß **Steuerzahler und Steuerträger identisch**
sind.

Das Merkmal, ob eine Steuer vom Steuerzahler getragen wird, ist eines der Kriterien, nach denen **direkte** (nicht überwälzte) und **indirekte** (überwälzte) **Steuern** getrennt werden. Diese geläufige Einteilung wird auch in der Volkswirtschaftlichen

---

[8] Dritte, die für die Rechnung des Steuerpflichtigen den Steuerbetrag abführen,
werden gelegentlich auch als Steuerentrichtungspflichtige bezeichnet.

Gesamtrechnung verwendet. Ein anderes, von F. Neumark herangezogenes Kriterium, das der Diskussion über die Besteuerung nach der Leistungsfähigkeit entstammt (s. oben 4. Kap., S. 106 ff.), ist die direkte bzw. indirekte Erfassung der Leistungsfähigkeit.[9] Beiden Ansätzen ist u. a. gemeinsam, daß die Umsatzsteuer als „indirekt", die Erbschaft- und Schenkungsteuer natürlicher Personen dagegen als „direkt" bezeichnet werden. Da die Begriffe „direkte" und „indirekte Steuern" verschiedenartigen Inhalt haben können, muß jeweils geklärt werden, welche Definition gemeint ist.

Während also die Zuordnung der abgeführten Steuern nach der rechtlichen Verpflichtung zur Steuerzahlung nur eine erste Stufe der Steuerinzidenz ausmacht, von der aus man weitere Untersuchungen betreibt, könnte möglicherweise nicht einmal im Rahmen eines sehr weiten Ansatzes ermittelt werden, wer **nach allen** durch die Besteuerung **ausgelösten Primär- und Sekundärwirkungen** auf die Einkommenssituation letztlich getroffen wird (sog. *effektive, ökonomische* oder *tatsächliche Steuerinzidenz*). Unter diese Wirkungen fällt nicht nur die über mehrere Stufen erfolgende Weitergabe der Steuerlast, sondern z. B. auch die Auswirkung einer Überwälzung auf das Preisgefüge, die Wirkung dieses veränderten Preisgefüges auf die Nachfrage der Haushalte und Unternehmen usw. Eine Ermittlung aller Anpassungswirkungen dieser Art im Sinne eines ‚final resting place' (R. A. Musgrave) dürfte empirisch nicht durchführbar sein und wird deshalb vorwiegend in theoretischen Modellen und auch dort nur in Annäherung erfolgen können (s. unten b 2 und 3).

Mit Hilfe dieser beiden extremen Ansätze, der Ermittlung der Steuerzahlungen nach der Zahlungsverpflichtung sowie der effektiven Inzidenz im Sinne eines fiktiven Endpunkts von Wirkungen der Besteuerung, kann nunmehr der Bereich der *Steuerüberwälzung i. w. S.* genauer definiert werden: Er entspricht der „Differenz" zwischen den beiden Ebenen. In diesem Bereich zwischen der Inzidenz der Zahlungsverpflichtungen und der effektiven Inzidenz, der alle im Schema 6.1 genannten Anpassungen

Schema 6.2: Ebenen und Arten der Steuerinzidenz

I. Steuerinzidenzebenen von der Abführung des Steuerbetrages an den Staat bis zur (fiktiven) Endwirkung		II. Arten der Steuerinzidenz nach dem Umfang der in eine Inzidenzanalyse einzubeziehenden Finanzströme
1. Zahlungsverpflichtung (Entrichtungsinzidenz)		1. Wirkungen nur einer Steuer (absolute oder spezifische Inzidenz)
2. Vom Gesetzgeber beabsichtigte Belastung (Destinatarinzidenz)	formale Inzidenz	2. Wirkungen aufkommensgleicher Steuern im Vergleich (differentielle Inzidenz)
3. Ergebnisse modelltheoretischer Untersuchungen (modellspezifische Inzidenz)		
4. (Fiktiver) Wirkungsendpunkt nach Berücksichtigung aller Anpassungswirkungen (effektive, tatsächliche, ökonomische Inzidenz)	effektive Inzidenz	3. Wirkungen von Steuern und daraus finanzierten Ausgaben (Budget- oder Nettoinzidenz)

---

[9] Neumark, F., Steuern, I: Grundlagen, in: Handwörterbuch der Wirtschaftswissenschaft, Bd. 7, Stuttgart u. a. 1977, S. 299.

enthält, sind auch die **theoretisch und empirisch interessanten Fragestellungen** zur Ermittlung der Verteilungswirkungen zu finden (vgl. Schema 6.2). So könnte man die effektive Inzidenz mit der Inzidenz vergleichen, die sich nach den Vorstellungen des Gesetzgebers hätte ergeben sollen (sog. *Destinatarinzidenz*), um auf diese Weise Anspruch und Realität der Steuerpolitik miteinander zu vergleichen. Da die effektive Inzidenz mehr ein gedanklicher Fixpunkt ist als eine Verteilungssituation, die sich in praxi ermitteln läßt, wird die Destinatarinzidenz auch häufig mit den Ergebnissen verglichen, die sich in steuertheoretischen und empirischen Untersuchungen ergeben und die folglich stark „autorenspezifisch" sind, so daß man hier von *„modellspezifischer" Inzidenz* sprechen könnte. Bei diesen Untersuchungen handelt es sich vor allem um Wirkungsanalysen. Zurechnungen von Steuerbeträgen und Ausgabensummen auf Einkommensklassen auf der Grundlage von Überwälzungshypothesen, wie sie in den wirkungstheoretischen Analysen erarbeitet wurden, können auch hierzu gezählt werden.

3.2. Der Umfang der einzubeziehenden Finanzströme

Im Rahmen modelltheoretischer Untersuchungen muß entschieden werden, ob eine einzige Steuer, mehrere Steuern im Vergleich oder Einnahmen und Ausgaben gleichzeitig untersucht werden sollen.

Wenn die Veränderung einer Steuer isoliert untersucht wird, so werden die Verteilungseffekte einer Steuerveränderung ceteris paribus, also bei Konstanz der anderen Steuern und der Ausgaben, zu ermitteln versucht *(absolute Inzidenz, spezifische Inzidenz)*. Im Rahmen dieses Konzepts ergibt sich bei einer Steuererhöhung die Frage, wie die anfallenden Steuereinnahmen verwendet werden (Ausgabenwirkungen) und wie sich die resultierende Budgetausweitung volkswirtschaftlich auswirkt („Niveaueffekte"). Diese Probleme werden vermieden, wenn im Rahmen einer **differentiellen Betrachtungsweise** eine Steuer durch eine andere Steuer mit gleichem Steueraufkommen ersetzt und die Verteilungswirkung dieser Steuersubstitution ceteris paribus ermittelt wird *(differentielle Steuerinzidenz)*. Ausgaben- und Niveaueffekte werden auf diese Weise ausgeklammert. Schließlich handelt es sich bei einer gleichzeitigen Betrachtung der Einnahmen- und Ausgabenveränderung um die Ermittlung der *Budgetinzidenz* (Nettoinzidenz) eines finanzpolitischen Maßnahmenbündels. Den verschiedenen Betrachtungsweisen kommt unterschiedliche finanzpolitische Bedeutung zu. So gilt es in der Realität häufig, Handlungsalternativen gegenüberzustellen und abzuwägen. Dann wird die Entscheidungssituation eines Finanzpolitikers mit einer differentiellen Betrachtungsweise besonders gut wiedergegeben.

Im Schema 6.2 sind die in der Literatur bzw. im Rahmen von theoretischen und empirischen Ermittlungen der Steuerwirkungen unterschiedenen Ebenen und Arten der Inzidenz noch einmal zusammengefaßt wiedergegeben. Sie lassen sich mit nur geringfügigen Abwandlungen auch auf die Analyse von Ausgaben anwenden.

b) Ausgewählte Fälle der theoretischen und empirischen Analyse der Steuerinzidenz

1. Kombination der Analysemöglichkeiten und Auswahl der zu untersuchenden Fälle

Wie bei allen lösungsbedürftigen Problemen der Volkswirtschaftslehre und Finanzwissenschaft ist auch für die Analyse der Steuerwirkungen die Frage zu stellen, welche Methoden angewandt werden sollen. Von Bedeutung sind hier zunächst modelltheoretische Analysen, die um einige Ergebnisse aus ökonometrischen Arbeiten ergänzt werden. Die Analysen sind dadurch gekennzeichnet, daß die Fragen nach den kurz- und langfristigen Steuerwirkungen im Vordergrund stehen, ohne daß immer unmittelbar der Bezug zur personalen Einkommensverteilung hergestellt wird. Ihre Ergebnisse können aber für die sog. Budgetinzidenzuntersuchungen verwendet werden, d. h. auf der Grundlage der theoretischen Erkenntnisse über die Steuerüberwälzung wird versucht, eine empirische Zurechnung der Steuern (und Ausgaben) auf Einkommensklassen vorzunehmen. Auf diese Weise ist der Bezug zu dem in diesem Kapitel behandelten Ziel der Einkommensumverteilung gegeben.

Die in den einzelnen Untersuchungen zugrundegelegten Modelle können durch mehrere Merkmale und durch die Art des analytischen Vorgehens gekennzeichnet werden. Abgesehen von den die Überwälzung mitbestimmenden Faktoren, wie etwa

– Steuerart,

– Umfang der Bemessungsgrundlage (Steuerpflicht),

– Steuertechnik,

– Marktform (vollständige Konkurrenz, Oligopol, Monopol),

– Preiselastizität des Angebots und der Nachfrage sowie

– Dauer des Anpassungszeitraums,

zählt hierzu insbesondere die Frage, ob es sich um eine

– Partial- oder Totalanalyse (Anzahl und Verbundenheit der Märkte) und

– mikroökonomische oder makroökonomische Betrachtung (Anzahl der einzubeziehenden Wirtschaftssubjekte: einzelne Unternehmen bzw. Haushalte, Sektoren, Gesamtwirtschaft)

handeln soll.

Vier dieser Einflußfaktoren und Analysemethoden – Marktform, Steuerart, Anzahl der Märkte und Anzahl der Wirtschaftssubjekte – sind im Schema 6.3 wiedergegeben. Will man beispielsweise die Inzidenz einer Faktor- oder Gütersteuer ermitteln, so ergeben sich die auf der oberen Fläche aufgeführten Analysemethoden. Die Fälle 1 und 2 sind dadurch gekennzeichnet, daß nur ein Faktor- oder Gütermarkt untersucht wird; im Rahmen der mikroökonomischen Betrachtung steht die Inzidenz beim einzelnen Produzenten und Konsumenten im Vordergrund, während im Falle der makroökonomischen Analyse die Produzenten und Konsumenten in ihrer Gesamtheit analysiert werden. In beiden Fällen steht die Betrachtung eines (Teil) Marktes im Vordergrund, während bei einer Totalanalyse (Fälle 3 und 4) weitere (relevante) Märkte in die Inzidenzanalyse einbezogen werden. Im Fall 3 geht es dann beispielsweise um die Einbeziehung von Nachfrage- und Angebotssubstitutionen durch die **einzelnen Nachfrager und Anbieter,** d. h. um die mikroökonomischen Beziehungen zwischen besteuerten und unbesteuerten (oder weniger stark besteuerten) Märkten. Der Fall 4 ist schließlich dadurch gekennzeichnet, daß wiederum die **Aggregate der Anbieter und Nachfrager** mit ihren Reaktionen auf die Güter- oder Faktorbesteue-

Schema 6.3: Analysemöglichkeiten in der Steuerwirkungslehre

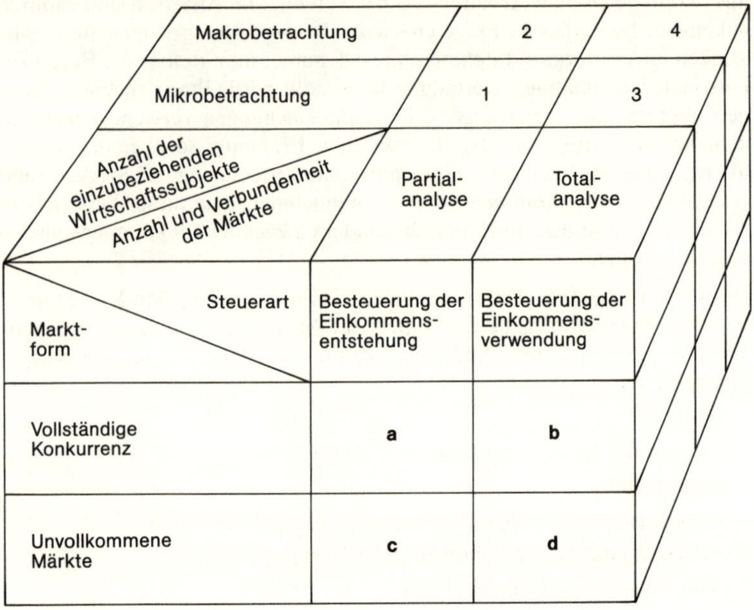

rung im Mittelpunkt stehen. Jede dieser Möglichkeiten hat ihre spezifischen Vor- und Nachteile, wobei die für die politische Anwendung wichtigeren, aber zugleich methodisch schwierigeren Fälle wohl in die mikro- und makroökonomische Totalanalyse fallen.

Angesichts dieser Vielzahl von Möglichkeiten, modelltheoretische und empirische Analysen zur Ermittlung der Steuerinzidenz vorzunehmen, ist eine Auswahl erforderlich. Sie soll sowohl wichtige Aspekte der Realität einbeziehen, in der die steuerlichen Wirkungen vor sich gehen, als auch mit verschiedenen Methoden der Analyse vertraut machen. Im folgenden wird die Besteuerung der Einkommensentstehung und der Einkommensverwendung als Grobeinteilung für eine Vorgehensweise nach Steuerarten gewählt (s. Vorderseite von Schema 6.3). Innerhalb der Grobstrukturierung werden dann im Rahmen der mikro- und makroökonomischen Modelltheorie partialanalytische und totalanalytische Ansätze unterschieden, die jeweils bei unterschiedlichen Marktformen angewendet werden. Hier wie bei der Einbeziehung empirischer Ansätze zur Analyse der Steuerinzidenz werden jeweils solche Ausschnitte behandelt, die für einen Inzidenzaspekt oder eine Analysemethode kennzeichnend sind.

2. Inzidenz der Besteuerung bei der Einkommensverwendung

Aus dem Schema über die Anknüpfungspunkte der Besteuerung (Abb. 4.4, S. 123) lassen sich die Bemessungsgrundlagen der Verbrauchsbesteuerung entnehmen. Da die Besteuerung des Sparens dort ausgeklammert blieb, geht es im wesentlichen – sieht man einmal von einer persönlichen allgemeinen Ausgabensteuer ab – um die Inzidenz einer allgemeinen Umsatzsteuer und die Inzidenz spezieller Verbrauchsteuern.

2.1. Partialanalytische Untersuchung der Mengensteuer auf ein Gut

Im Mittelpunkt der folgenden Diskussion steht die partialanalytische Betrachtung einer Mengensteuer auf ein einzelnes Gut bei unterschiedlichen Marktformen und verschiedenen Preiselastizitäten der Nachfrage und des Angebots. Im Sinne der zuvor getroffenen Einteilung handelt es sich mithin um eine Analyse der spezifischen Inzidenz.

Bei der Besteuerung sollen die Marktformen

(1) der vollständigen Konkurrenz,

(2) des Angebotsmonopols sowie

(3) des Angebotsoligopols

im Vordergrund stehen. Um die Bedeutung der Nachfrage- und Angebotselastizitäten für Richtung und Umfang der Überwälzung hervorzuheben, werden z. T. verschiedene Elastizitäten bei derselben Marktform gegenübergestellt. Dabei lassen sich im Rahmen partialanalytischer Ansätze – je nach Aggregation – auf dem untersuchten Markt der mikroökonomische Fall der Analyse beim einzelnen Produzenten (Anbieter) und Konsumenten (Nachfrager) von dem makroökonomischen Fall trennen, bei dem auf dem besteuerten Gütermarkt für die Gesamtheit der Produzenten und Konsumenten argumentiert wird. Als Beispiele könnten Steuern auf Zigaretten, Spirituosen, Mineralöl oder Versicherungen dienen.

(1) Vollständige Konkurrenz

Geht man von dem relativ wirklichkeitsnahen Fall aus, in dem weder Angebot noch Nachfrage vollkommen elastisch oder starr sind, so ergibt sich – im Falle einer Mengensteuer[10] – die in Abb. 6.1 wiedergegebene Situation.

OP_1 bezeichnet den Gleichgewichtspreis vor der Einführung oder Erhöhung der Mengensteuer und OM_1 die Gleichgewichtsmenge. Es sei angenommen, daß nach der Einführung bzw. Erhöhung der Steuer in Höhe von t jeder Anbieter (Produzent) versucht, die steuerliche Belastung vorzuwälzen, d. h. der geforderte Verkaufspreis wird um t erhöht. Dadurch verlagert sich die Angebotskurve um t nach oben. Der neue Gleichgewichtspreis liegt dann bei OP_2, die dazugehörige Absatzmenge bei OM_2. Fragt man jetzt, in welchem Ausmaß die Mengensteuer von Anbietern oder Nachfragern getragen wird, so ist zu klären, wie sich das Steueraufkommen $OM_2 \cdot t$ bzw. $FBDP_2$ aufteilt. Während auf die Nachfrager $P_1P_2 \cdot OM_2 = P_1CDP_2$ abge-

---

[10] Neben einer Mengensteuer, die auf die physische Einheit eines Gutes erhoben wird, z. B. x DM je kg, gibt es Wertsteuern, die sich auf den Wert oder Erlös eines Gutes richten und z. B. auf den Verkaufswert als Prozentsatz erhoben werden (s. 4. Kapitel, S. 118).

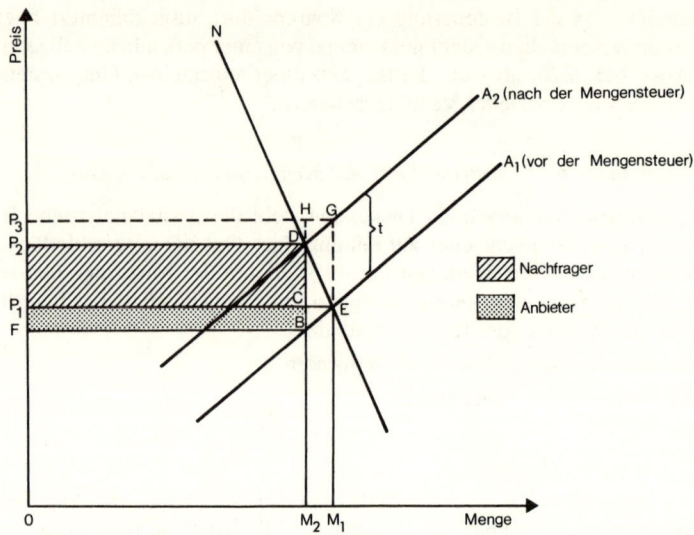

Abb. 6.1: Mengensteuer bei vollständiger Konkurrenz und mittlerer Elastizität

wälzt wird (schraffierte Fläche), tragen die Anbieter $FP_1 \cdot OM_2 = FBCP_1$ (punktierte Fläche).

Wenn die öffentliche Hand sich aufgrund der bisher von den Anbietern abgesetzten Menge OM_1 bei einer Steuererhöhung um t ein Steueraufkommen $OM_1 \cdot t = P_1EGP_3$ erhofft hatte, mußte sie nun erfahren, daß eine gewisse Steuerausweichung im Maße $(OM_1 - OM_2) \cdot t = CEGH$ stattgefunden hat. Es zeigt sich also, daß Steuerausweichung und -überwälzung i. e. S. gleichzeitig stattgefunden haben.

Das **Ausmaß der** zu erwartenden **Steuerausweichung** ist bei gegebener Angebotskurve **durch die Steigung der Nachfragekurve gegeben.** Das zeigt sich auch, wenn man nunmehr den Extremfall einer vollkommen elastischen Nachfrage annimmt und fragt, wieweit für die Anbieter die Überwälzung möglich ist. Dann ergibt sich die in Abb. 6.2 wiedergegebene Situation. Die Angebotskurve A_1 verschiebt sich um die Steuer t auf A_2. Der Gleichgewichtspreis bleibt unverändert ($OP_1 = OP_2$), und die nachgefragte Menge geht von OM_1 auf OM_2 zurück. Die Anbieter tragen die abzuführende Steuer $t \cdot OM_2$ in vollem Umfang, d. h. es findet keine Überwälzung statt.

Der andere Extremfall beim Verlauf der Nachfragekurve, bei dem die Nachfrage völlig preisunempfindlich (unelastisch) ist, führt zu dem entgegengesetzten Ergebnis (Abb. 6.3). Der Gleichgewichtspreis steigt um t von OP_1 auf OP_2. Die Steuererhöhung wird voll auf die Nachfrager (Käufer) abgewälzt.

In den Abb. 6.1 bis 6.3 wurden unterschiedliche Nachfragekurven bei gegebenen Angebotskurven in unterschiedlichen Elastizitätsbereichen analy-

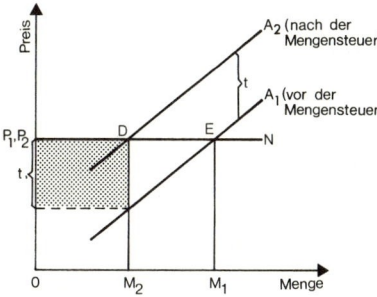

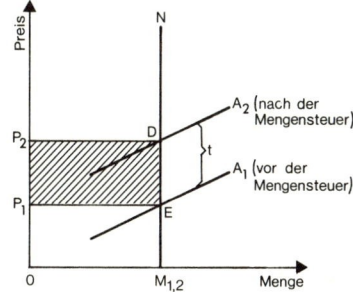

Abb. 6.2: Mengensteuer bei vollständiger Konkurrenz und vollkommen elastischer Nachfrage

Abb. 6.3: Mengensteuer bei vollständiger Konkurrenz und vollkommen unelastischer Nachfrage

siert. Nun können aber auch beim Angebot extreme Verläufe angenommen werden. In Abb. 6.4 wird eine vollkommen elastische Angebotskurve unterstellt, etwa weil alle Anbieter mit gleichen konstanten Stückkosten produzieren. Vor der Besteuerung liegt das Gleichgewicht bei der Menge OM_1 und dem Preis OP_1. Nach der Besteuerung steigt der Preis auf OP_2, und die Menge geht auf OM_2 zurück. Das Steueraufkommen P_1CDP_2 wird voll von den Konsumenten getragen. Schließt man noch den Fall ein, daß die Produktion unter den Bedingungen einer vollkommen unelastischen Angebotskurve erfolgt, also die Produzenten ihre Angebotsmenge bei Preisänderungen nicht variieren können oder wollen, so ergibt sich die in Abb. 6.5 wiedergegebene Situation. Eine Verbrauchsteuer muß in dieser Lage voll vom Anbieter getragen werden; Preis und Menge bleiben auch nach der Besteuerung auf OP_1 bzw. OM_1; mit anderen Worten sinken die Erträge des Unternehmens um die Höhe des Steueraufkommens ($t \cdot OM_1$).

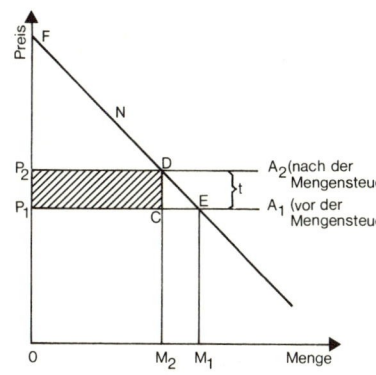

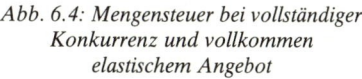

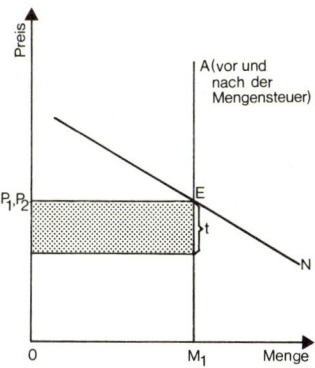

Abb. 6.4: Mengensteuer bei vollständiger Konkurrenz und vollkommen elastischem Angebot

Abb. 6.5: Mengensteuer bei vollständiger Konkurrenz und vollkommen unelastischem Angebot

(2) Angebotsmonopol

Die für den Fall der vollständigen Konkurrenz ermittelten Ergebnisse reichen über diese Marktform hinaus. Vor allem gilt auch für andere Marktformen, daß die Überwälzungsmöglichkeit von den Angebots- und Nachfrageelastizitäten abhängt. So gilt bei Vorliegen eines Angebotsmonopols mit gegebenen Kostenverläufen ebenso die Regel, daß die Steuer desto weniger im Preis überwälzbar ist, je elastischer die erwartete Preis-Absatz-Beziehung ist.

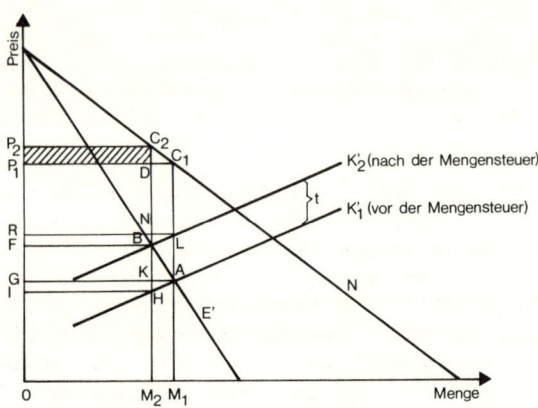

Abb. 6.6: Mengensteuer bei Angebotsmonopol mit Preis-Absatzkurve mittlerer Elastizität

Der Abb. 6.6 sind die Mengen- und Preiswirkungen einer Mengensteuer im Monopolfall zu entnehmen. Die Grenzkostenkurve K'_1 schneidet die Grenzerlöskurve E' im Punkt A, dessen Lot auf die Preis-Absatzfunktion N den gewinnmaximalen Cournot'schen Punkt C_1 ergibt. Die gewinnmaximale Menge entspricht OM_1, der Preis beträgt OP_1. Eine Mengensteuer mit dem Steuersatz t führt zu einer Erhöhung der Grenzkosten und zu einer Verschiebung der Kurve um t nach K'_2 und damit zu einem neuen Gleichgewicht, in dem die ausgebrachte Menge auf OM_2 sinkt und der Preis auf OP_2 ansteigt. Das Steueraufkommen $OM_2 \cdot t$ beträgt $IHBF$, wobei der Anteil $P_1DC_2P_2$ auf die Konsumenten im Preis überwälzt wird und die Anbieter die Differenz der Flächen $IHBF - P_1DC_2P_2$. tragen. Die Steuerausweichung, d.h. die Differenz zwischen erwartetem und tatsächlichem Steueraufkommen beträgt GALR – IHBF (= KALN).

(3) Angebotsoligopol

Die **empirisch bedeutsameren Marktformen** liegen zwischen der vollständigen Konkurrenz und dem Monopol. Aus diesem Zwischenbereich sei das Angebotsoligopol herausgegriffen, dessen Bedeutung erkennbar wird, wenn man sich Zahl und Gewicht der Märkte vor Augen führt, auf denen nur wenige Anbieter vorhanden sind. Aus den theoretischen Ansätzen sei in Abb. 6.7 der Fall der einmal geknickten Preis-Absatzkurve angeführt. Dort wird davon ausgegangen, daß der Anbieter sich in der Nähe des Knickpunktes bewegen wird, da er bei einer Preissenkung zu viele Nachahmer findet und bei einer Preiserhöhung mit starkem Umsatzrückgang rechnen muß. Damit bezieht dieser Fall den Sachverhalt ein, daß auf vielen Oligopolmärkten Preisbewegungen kaum auftreten.

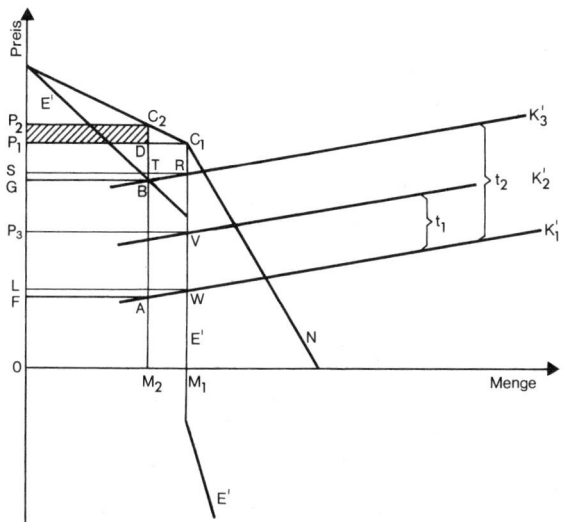

Abb. 6.7: Mengensteuer bei Angebotsoligopol mit geknickter Preis-Absatzkurve

Wird in einer Situation wie in Abb. 6.7 eine Mengensteuer erhoben, so verschiebt sich, wie zuvor, die Grenzkostenkurve nach oben. Für die Überwälzungschance ist nun bedeutsam, ob die verschobene Grenzkostenkurve die Grenzerlöskurve E' im unstetigen Bereich (senkrechter Verlauf) schneidet oder darüber. Im ersten Fall (von K'_1 zu K'_2) bleibt M_1 die gewinnmaximale Menge, und der Anbieter trägt die Steuer in Höhe von $OM_1 \cdot t_1$ in vollem Umfang selbst (LWVP$_3$). Beträgt die Steuer dagegen t_2, so verschiebt sie die Grenzkostenkurve von K'_1 nach K'_3, so daß der neue Schnittpunkt mit der Grenzerlöskurve E' bei B liegt und zum erhöhten Preis OP_2 führt. Jetzt ähnelt der Fall dem des Monopols, denn der Nachfrager trägt $P_1DC_2P_2$ und der Anbieter die Differenz zwischen dem Steuerbetrag $FABG$ und dem auf die Konsumenten abgewälzten Anteil in Höhe von $P_1DC_2P_2$. Die Steuerausweichung beträgt LWRS – FABG (= AWRT).

In den Abb. 6.1 bis 6.7 wurde jeweils gefragt, wie sich das Steueraufkommen zwischen Nachfragern (Käufern) und Anbietern (Produzenten) im Zuge der Anpassung aufteilt. Die Steuerlast entsprach dem Steueraufkommen, und ihre Aufteilung auf Konsumenten und Verkäufer wurde in allen behandelten Marktformen durch die Preiselastizität von Angebot und Nachfrage bestimmt. Bei unelastischer Nachfrage und elastischem Angebot tragen tendenziell die Käufer die Last, während es im Falle einer elastischen Nachfrage und eines unelastischen Angebots tendenziell umgekehrt ist und die Verkäufer den Steuerbetrag tragen müssen.

2.2. Die Zusatzlast am Beispiel der Verbrauchsbesteuerung

Es läßt sich zeigen, daß die Steuerlast größer sein kann, als das in Abb. 6.3 und 6.5 ausgewiesene und von Nachfragern bzw. Anbietern voll getragene Steueraufkommen. Die im folgenden zunächst behandelte **These** lautet also, daß die **Gesamtbelastung einer Volkswirtschaft** bzw. der Käufer und Verkäufer **höher** sein kann, **als** es dem **Steueraufkommen** entspricht.

In Abb. 6.4 fällt in Höhe von P_1EF eine Konsumentenrente an, die nach der Besteuerung auf P_2DF zurückgeht. Die Differenz beträgt für den Käufer $P_1EF - P_2DF = P_1CDP_2 + CED$. P_1CDP_2 entspricht dem Steueraufkommen, während das Dreieck CED eine über das Steueraufkommen hinausgehende „Zusatzlast" für die Volkswirtschaft (sog. „excess burden") bedeutet.

Will man sich ein genaueres Bild von diesem Wohlfahrtsverlust machen, so benötigt man einen Maßstab, in diesem Fall also beispielsweise eine Steuer, die über ihr Aufkommen hinaus zu keinen Verzerrungen bzw. zu keinen zusätzlichen Verhaltensänderungen führt; man argumentiert dann im Vergleich zweier Steuern und folglich mit der differentiellen Inzidenz (s. oben S. 230). Als eine solche Steuer gilt die sog. **Kopfsteuer (Pauschalsteuer),** die von jedem Bürger eines Landes in gleicher Höhe (absolut gleicher Betrag) zu zahlen wäre. Diese Steuer knüpft in ihrer rechtlichen Ausgestaltung in keiner Weise an wirtschaftliche Tatbestände des Steuerpflichtigen an. Insofern kann sie auch nicht kraft ihrer Ausgestaltung einen Einfluß auf die ökonomischen Tatbestände beim Steuerpflichtigen ausüben und Substitutionseffekte auslösen. Weil von dieser Steuer über die finanzielle Belastung des Zensiten hinaus keine Verhaltensänderungen ausgehen, eignet sie sich als Maßstab im Rahmen einer differentiellen Betrachtungsweise. Da sie wegen der negativen Verteilungswirkungen in der Realität nicht vorkommt, benutzt man für die jeweilige Argumentation gelegentlich solche Steuern als Referenzgröße, die für den behandelten Anwendungsfall auch keine Verhaltensänderungen auslösen, aber zugleich wirklichkeitsnäher sind.

So genügt es beispielsweise für das Aufzeigen bestimmter Wohlfahrtsverluste bei Einzelverbrauchsteuern, wenn eine **allgemeine Verbrauchsteuer** zum Vergleich herangezogen wird. Auf diese Weise kann die Zusatzlast mit Hilfe von Abb. 6.8 sichtbar gemacht werden. Wenn durch die Gerade AB mögliche Konsum- oder Produktionskombinationen der Güter X und Y gegeben sind und mit den Indifferenzkurven i_1 bis i_3 die Präferenzstruktur eines Wirtschaftssubjekts dargestellt ist, so gibt E' die Situation des mikroökonomischen Gleichgewichts wieder.

Erhebt nun der Staat eine allgemeine Verbrauchsteuer mit einem Aufkommen von AA' (ausgedrückt in Gütereinheiten von X), so verschiebt sich lediglich die Gerade AB parallel (nunmehr $A'B'$), d.h. der Bürger kann insgesamt weniger von Gut X und Y konsumieren. Es erhöhen sich zwar die absoluten Preise, aber weil die Steuer kein Gut diskriminiert, bleiben die relativen Preise gleich (*A'B'* verläuft parallel zu *AB*). Nun stellt *E"* das neue Gleichgewicht dar, und von Gut *Y* wird die Menge *OC* und von Gut *X* die Menge *CE"* nachgefragt.

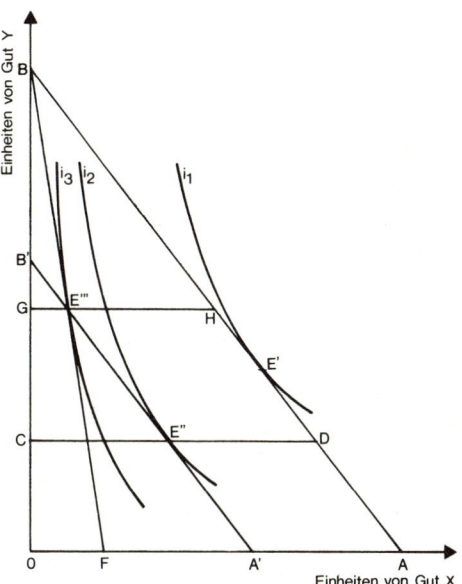

[1] Vgl. Musgrave, R. A., Musgrave, P. B., Kullmer, L., Die öffentlichen Finanzen in Theorie und Praxis, 2. Bd., 5. Aufl., Tübingen 1993, S. 104.

Abb. 6.8: Anpassung an eine allgemeine und an eine spezielle Verbrauchsteuer[1]

Die Situation ändert sich jedoch, wenn der Staat ein gleich hohes Steueraufkommen dadurch erzielen will, daß er einseitig das Gut *X* besteuert. Für den Bürger ergibt sich dann als neue Preisgerade *BF*, und die für ihn bestmögliche Situation ist in *E'''* gegeben, wo die Preisgerade die höchstmögliche Indifferenzkurve tangiert. Diese Steuer erbringt ein gleich hohes Aufkommen wie im vorherigen Falle, denn *E''' H* entspricht *A'A*. Nach der Besteuerung bleiben dem Bürger *OG* Einheiten von *Y* und *GE'''* Einheiten von *X*. Die Zusatzlast der speziellen im Vergleich zur allgemeinen Verbrauchsteuer (oder einer Kopfsteuer) kommt in Abb. 6.8 darin zum Ausdruck, daß statt der Indifferenzkurve i_2 nunmehr (bei gleicher Höhe des Steueraufkommens) nur noch die Indifferenzkurve i_3 und damit ein niedrigeres Wohlfahrtsniveau erreichbar ist. Während im Falle der allgemeinen Verbrauchsteuer nur **Einkommenseffekte** auftreten, kommt es bei einer selektiven Verbrauchsteuer mit gleich hohem Steueraufkommen auch zu einem die Wohlfahrt mindernden **Substitutionseffekt**. Daher sind bei dieser Sichtweise allgemeine Verbrauchsteuern speziellen Verbrauchsteuern überlegen. Wie in den Fällen in Abb. 6.3 und 6.5 treten auch hier über das

Steueraufkommen hinaus keine zusätzlichen Belastungen im Sinne eines Wohlfahrtsverlustes auf.

Von einer Zusatzlast der speziellen Verbrauchsteuer kann allerdings nur gesprochen werden, wenn man allein die autonomen individuellen Präferenzen als Wertmaßstab gelten läßt. Der Sachverhalt erscheint in einem anderen Licht, wenn mit einer speziellen Verbrauchsteuer meritorische Aufgaben des Staates erfüllt werden sollen und die Verhaltensänderung Ziel des Eingriffs war.

Statt der Konsumentscheidungen können steuerliche Diskriminierungen auch die Wahl zwischen Einkommenserzielung (und damit Gütern) und Freizeit oder zwischen Gegenwarts- und Zukunftskonsum (Konsum und Sparen) beeinflussen und auf diese Weise eine Zusatzlast herbeiführen.

Wird **Sparen als zukünftiger Konsum** interpretiert, so läßt sich die Entscheidungssituation des privaten Haushalts hinsichtlich der Aufteilung seines Einkommens auf gegenwärtigen und zukünftigen Konsum wiederum mit Hilfe der in Abb. 6.8 gewählten Darstellungsweise veranschaulichen. Gegenwärtigen und zukünftigen Konsum trägt man auf Abszisse bzw. Ordinate der Abb. 6.8 ab; von der Möglichkeit, die Mittel für den Zukunftskonsum zinstragend anzulegen, sei hier einmal abgesehen. Die Indifferenzkurven drücken dann gleich bewertete Kombinationen von Zukunfts- und Gegenwartskonsum aus. Eine Erhöhung der Lohnsteuer verschiebt die „Gerade der Realisierungsmöglichkeiten" nach links und läßt lediglich **Einkommenseffekte** entstehen. Wird dagegen entweder der Gegenwartskonsum (z. B. durch eine Verbrauchsteuer) oder das Sparen für den Zukunftskonsum (z. B. durch eine Zinssteuer) stärker erfaßt, ergeben sich auch **Substitutionseffekte,** d. h. die Gerade dreht sich.

Das Vorhandensein der differentiellen „Zusatzlast" einer Steuer und die Überlegenheit einer Kopfsteuer unter Effizienzaspekten gaben die Anstöße für die Entwicklung der **Theorie der optimalen Besteuerung (optimal taxation).** [11] Es handelt sich um eine theoretische Betrachtung der Besteuerung, in der u. a. Aussagen darüber abgeleitet werden, durch welche Steuerarten und durch welche spezifische Ausgestaltung der Steuern Effizienzverluste in Form der Zusatzlast minimiert werden können. So wird die Umverteilung mittels Steuern darauf untersucht, wie sie mit dem geringsten Effizienzverlust erfolgen kann (optimale Umverteilung). In methodischer Hinsicht handelt es sich überwiegend um eine neoklassische Analyse, in der die Totalanalyse im Vordergrund steht. Bestimmte empirische Situationen (Basisjahr) werden als allgemeines Gleichgewicht approximiert und als Referenz für die wohlfahrtstheoretischen Überlegungen verwendet. Inwieweit die meist unter engen Annahmen gewonnenen theoretischen Aussagen zu finanzpolitischen Empfehlungen führen können, ist derzeit noch schwer absehbar. Immerhin wendet sich die Theorie der optimalen Besteuerung auf ihrer Suche nach wohlfahrtsverbessernden Änderungen bestehender

---

[11] Zur Einführung in das Gebiet s. etwa Stiglitz, J. E., und Schönfelder, B., Finanzwissenschaft, 1. deutschsprachige Aufl., München-Wien 1989, Kapitel 18 und 19.

Steuersysteme zunehmend Fragen der Rechtsform- oder Standortneutralität sowie der Tarifgestaltung zu.

2.3. *Erweiterungen der mikroökonomischen Analyse*

Die vorstehenden Ausführungen waren durch eine partialanalytische, überwiegend mikroökonomisch und kurzfristig ausgerichtete Betrachtung gekennzeichnet. Ohne Erweiterung der Modelle ist es allerdings nicht möglich, bestimmte in der Realität nachweisbare und für die Überwälzung wichtige Phänomene zu berücksichtigen.

So gelingt es nur im Rahmen einer allgemeinen Gleichgewichtsbetrachtung (Totalanalyse) des Anpassungsprozesses, die – in der Regel erst längerfristig und nur bei entsprechender Mobilität der Produktionsfaktoren erfolgenden – **Wirkungen auf unbesteuerte Güter und Märkte** einzubeziehen. Da im Zuge der Besteuerung Produzenten und Käufer getroffen werden, kann es – induziert durch ihr Verhalten – zu sekundären Wirkungen kommen, die von einer Totalanalyse ebenfalls erfaßt werden müßten. So werden die Käufer bei steigenden Preisen der besteuerten Güter (Märkte) auf unbesteuerte Güter (Märkte) ausweichen und damit die Preise für beide Güter beeinflussen. Wenn die Güter im besteuerten und unbesteuerten Sektor zu steigenden Kosten produziert werden, steigen bei zunehmender Nachfrage nach den Substitutionsgütern deren Preise relativ, während die Preise der nunmehr weniger nachgefragten besteuerten Güter relativ sinken. Die Steuerlast verteilt sich somit auch auf die zunächst unbesteuerten Güter bzw. deren Käufer. Außerdem können sich im Zusammenhang mit den Faktorwanderungen auf der Produktionsseite Anpassungen ergeben, wenn die relativen Produktionskosten sich ändern. Eine zusätzliche Komplizierung in der Analyse ergibt sich unter der für viele Fälle realistischen Annahme, daß die besteuerten und die unbesteuerten Güter mit unterschiedlichen Faktorintensitäten (Kapital, Arbeit) produziert werden und sich somit im Substitutionsprozeß Auswirkungen auf die Entlohnung der eingesetzten Produktionsfaktoren ergeben. Alle diese Aspekte werden am Beispiel der Inzidenz einer Gewinnsteuer noch genauer behandelt (s. unten 3.1.1., S. 245 ff.).

Schließlich bleibt in der partialanalytischen (und totalanalytischen) Betrachtung die längerfristige Entwicklung der Einkommen und deren Auswirkung auf die Einkommenselastizität der Konsumnachfrage unberücksichtigt. Ist die **Einkommenselastizität der Nachfrage** nach einem Gut, z. B. einem Luxusgut, hoch, so verlagert sich die Nachfragekurve im Zeitablauf nach außen, und dieser Vorgang erleichtert anscheinend tendenziell die Überwälzung im Preis. Allerdings kann man fragen, ob hier der Begriff der Überwälzung noch angebracht ist. Auch ohne die Erhebung der Steuer hätte sich die Nachfragekurve nach außen verlagert und – unabhängig von der Besteuerung – eine Preiserhöhung erlaubt. Diese Überlegungen zu der Ausdehnung der Nachfrage auf Grund steigender Einkommen gelten nicht nur im Falle der vollständigen Konkurrenz, denn die Gewinnsituation des Angebotsmonopolisten und des Angebotsoligopolisten würde sich ebenfalls ohne sein unmittelbares Dazutun verbessern.

Die bisherigen Ausführungen haben nicht nur gezeigt, daß es im Zuge der Erhebung spezieller Verbrauchsteuern zu verschiedenen Preis- und Mengenwirkungen, zu Auswirkungen auf unbesteuerte Faktor- und Gütermärkte kommen kann, sondern daß es auch – jeweils damit einhergehend – zu Wirkungen auf die Höhe des Steueraufkommens kommt. Zur Erfüllung des **fiskalischen Ziels** ist es wichtig zu wissen, daß die **Steuer** ceteris paribus **desto mehr einbringt, je starrer das Angebot und/oder die Nachfrage** ist (s. Abb. 6.3 und Abb. 6.5, S. 235). Die Nachfrage nach „lebensnotwendigen" Gütern ist z. B., wie der Begriff schon beinhaltet, ziemlich starr, so daß eine Steuererhöhung, z. B. bei der auf diesen Gütern liegenden Umsatzsteuer, aber auch bei der Versicherungsteuer, relativ stark auf die Konsumenten überwälzt wird. Eine steuerlich bedingte Erhöhung der Preise ist in diesen Fällen je nach Steuersatz und umgesetzter Menge des Gutes fiskalisch ergiebig. In diesen Bereichen kommt es aber leicht zu Konflikten mit dem verteilungspolitischen Ziel, denn aus verteilungspolitischen Erwägungen wird man die Verbrauchsgüter, die vorwiegend für den „Warenkorb" niedriger Einkommensschichten Bedeutung haben, gerade nicht verteuern wollen. Fiskalischen Erwägungen stehen also die behaupteten Regressionswirkungen der Verbrauchsbesteuerung entgegen.

2.4. Zur These von der Regressions- und Proportionalwirkung der Verbrauchsbesteuerung

Eine weit verbreitete These besagt, daß die **Steuern auf den Verbrauch regressiv** wirken, d. h. bei den Beziehern höherer Einkommen zu relativ geringerer Belastung führen als bei den Angehörigen niedrigerer Einkommensklassen. Diese These wird damit begründet, daß der relative Anteil des Konsums am Gesamteinkommen mit zunehmendem Einkommen geringer wird. Folglich muß eine speziell den Konsum treffende Steuerbelastung zu einer relativ niedrigeren Belastung der höheren Einkommen führen.

Um diese Behauptung zu überprüfen, wird häufig – unter der Annahme einer vollen Überwälzung der Verbrauchsteuern auf die Güterpreise – versucht, die Steuerlast, getrennt nach Einzelsteuern, auf Einkommensklassen zuzurechnen. Die Ermittlung dieser vermuteten Belastungsregression (s. 4. Kapitel, Exkurs) erfolgt **methodisch in verschiedenen Schritten.** Erstens muß ermittelt werden, wieviel an indirekten Steuern auf den Preis eines jeden Verbrauchsguts entfällt; dazu sind die unterschiedlichen Steuersätze und vor allem im Falle der Umsatzsteuer zusätzlich die zahlreichen Steuerbefreiungen zu ermitteln. In einem weiteren Schritt muß – zweitens – die steuerliche Belastung pro Konsumgut den Käufern dieser Güter zugerechnet werden. Dazu benötigt man möglichst detaillierte Angaben über die Konsumstruktur der Haushalte, gegliedert nach Einkommensgrößenklassen; solche Angaben sind beispielsweise einer Verbrauchsstichprobe oder laufenden Haushaltsrechnungen zu entnehmen. Mit diesen Angaben über den sog. **schichtenspezifischen Verbrauch** kann dann – drittens – die prozentuale Gesamtbelastung des Einkommens der privaten Haushalte durch indirekte Steuern errechnet werden. Die gruppenspezifischen Steuerlastquoten ergeben sich aus der verbrauchten Menge und der je Mengeneinheit ermittelten Steuerbelastung.

Die empirischen Ergebnisse zur Belastungswirkung aller indirekten Steuern sind nicht eindeutig. Eine Studie für das Jahr 1974 zeigt unterschiedliche Verläufe je nachdem, ob die steuerliche Belastung auf das verfügbare Einkommen oder den privaten Verbrauch bezogen wird (Abb. 6.9). So nimmt die Belastung des privaten Verbrauchs mit indirekten Steuern von 14,6% in der untersten Klasse der Nettoeinkommen auf annähernd 17% in der obersten Einkommensklasse zu, verläuft also progressiv. Dagegen ergibt sich bei Bezugnahme auf das verfügbare Einkommen, das in der wirtschaftspolitischen Diskussion im Vordergrund steht, eine nahezu proportionale und keine deutlich regressive Belastung der Einkommen privater Haushalte. Auch wenn sich möglicherweise bei einer feineren Aufteilung der höchsten Einkommen dort noch eine gewisse Regressionswirkung zeigen ließe,[12] so erscheint doch aufs Ganze gesehen die These von der ungünstigen Verteilungswirkung dieser Steuern in einem anderen Licht.

Die Ursache für eine proportionale Belastung könnte im Falle der Umsatzsteuer in der Tarifgestaltung zu suchen sein, denn hier werden neben vielen Befreiungen auf zahlreiche **Güter des lebensnotwendigen Bedarfs,** der bei

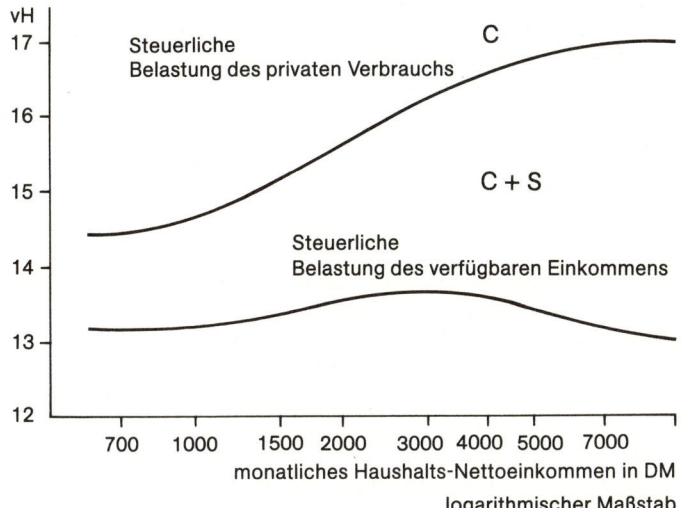

Entnommen aus: Bedau, K.-D., und Göseke, G., Die Belastung der privaten Haushalte mit indirekten Steuern, in: Wochenberichte des Deutschen Instituts für Wirtschaftsforschung, 44/77, vom 3. 11. 1977, S. 384.

Abb. 6.9: Belastung der privaten Haushalte mit indirekten Steuern in der Bundesrepublik Deutschland, 1974

---

[12] Siehe Huppertz, P. H., und Wartenberg, U., Wirkt die Umsatzsteuer verteilungsneutral?, in: Wirtschaftsdienst, 58. Jg., 1978, S. 395 ff.

niedrigen Einkommen einen hohen Anteil ausmacht, **niedrigere Sätze** angewendet, z. B. auf die meisten Lebensmittel. Damit wird die allgemeine Belastung des Konsums mit einem einheitlichen Umsatzsteuersatz durchbrochen, was den unteren Einkommensschichten relativ stärker zugute kommt. Verschiedene Untersuchungen deuten aber darauf hin, daß die behauptete Regressionswirkung für die Umsatzsteuer allein besteht und daß es eher die speziellen Verbrauchsteuern sind,[13] die die annähernd proportionale Belastung durch die Gesamtheit der indirekten Steuern hervorrufen. In diesem Sinne lassen sich auch die Ergebnisse neuerer Untersuchungen zu den Verteilungswirkungen der Umsatzsteuer interpretieren. Während sich bei einer Bezugnahme auf das Haushaltsbruttoeinkommen über alle Einkommensschichten hinweg ein regressiver Belastungsverlauf ergibt, wird in bezug auf das Haushaltsnettoeinkommen für Einkommen unter 3000 DM eine proportionale und ab 3000 DM eine durchgehend regressive Belastung ermittelt[14]. Bei einzelnen Verbrauchsteuern ergibt sich wiederum ein unterschiedliches Bild, wenn man die Mineralölsteuer einerseits – als eher regressiv wirkende Variante – und die Versicherungsteuer andererseits – als eher progressiv wirkende Einzelverbrauchsteuer – heranzieht[15]. Gegen alle Einschätzungen dieser Art kann vorgebracht werden, daß es sich um Querschnittsbetrachtungen handelt, die um Längsschnittuntersuchungen ergänzt werden müßten. Dann wäre die Verbrauchsbesteuerung auch im Zusammenhang mit der demographischen Entwicklung zu erörtern. Eine stärkere Verbrauchsbesteuerung wäre erforderlich, wenn die abnehmende Zahl von Erwerbstätigen nicht überproportional belastet werden soll und auch nicht erwerbstätige Personen stärker zur Besteuerung herangezogen werden sollen.

3. Inzidenz der Besteuerung bei der Einkommensentstehung

Ähnlich wie bei der Besteuerung der Einkommensverwendung, wo mit Umsatzsteuern und speziellen Verbrauchsteuern unterschiedlich breite Bemessungsgrundlagen besteuert werden, kann man auch die Einkommensentstehung mit allgemeineren oder spezielleren Steuern zu erfassen suchen. Von den verschiedenen Formen sollen in diesem Abschnitt die allgemeine

---

[13] Wartenberg, U., Die Belastung der privaten Haushalte mit Steuern auf spezielle Güter, in: Wirtschaftsdienst, 59. Jg., 1979, S. 34 ff.

[14] Siehe Kaiser, H., Die Mehrwertsteuerbelastung privater Haushalte in der Bundesrepublik Deutschland, in: DIW-Vierteljahresheft zur Wirtschaftsforschung, 1989, Heft 1, S. 24 ff., insbes. S. 27 f. und 34 f.

[15] In allen Untersuchungen wird jedoch deutlich, daß die unterschiedlichen Ergebnisse nicht in den Grundannahmen liegen, sondern auf statistisch-methodische Probleme zurückzuführen sind. Siehe im einzelnen: Das Transfersystem in der Bundesrepublik Deutschland, Bericht der Sachverständigenkommission zur Ermittlung des Einflusses staatlicher Transfereinkommen auf das verfügbare Einkommen der privaten Haushalte (Tranfer-Enquête-Kommission), Stuttgart, u. a. 1981, S. 82 ff.

Einkommensteuer (3.2) und die Körperschaftsteuer als Besteuerung einer Einkommensart für bestimmte Unternehmen (3.1) behandelt werden.

3.1. Inzidenz im Rahmen der Gewinnbesteuerung

Im Rahmen der modelltheoretischen Betrachtung, die hier von empirischen Ansätzen (3.1.3) getrennt werden soll, läßt sich die Inzidenz einer Gewinnsteuer entsprechend der Marktform bei unvollkommenen Märkten (Monopol, Oligopol) (3.1.2) und vollkommenen (Wettbewerbs-)Märkten (3.1.1) behandeln. Letzteres soll hier am Beispiel einer nicht in die Einkommensteuer integrierten Körperschaftsteuer geschehen, d. h. einer Steuer, die die Gewinne körperschaftlich organisierter Unternehmen belastet, und zwar zusätzlich zur Erfassung dieser Gewinne bei den Kapitaleignern durch die Einkommensteuer.

3.1.1. Totalanalytische Untersuchung einer Körperschaftsteuer bei vollständiger Konkurrenz

Im Rahmen einer totalanalytischen und langfristigen Analyse geht es im folgenden um die Wirkungen der Besteuerung des Kapitaleinkommens aus einem Sektor, wobei die Steuer einer Körperschaftsteuer vergleichbar ist, wie sie in der Bundesrepublik Deutschland bis 1977 bestand (keine Anrechnung der Körperschaftsteuer bei der Einkommensteuer). Das darzustellende, auf A. C. Harberger zurückgehende Modell[16] geht von einer 2-Sektoren-Wirtschaft aus, wobei der Sektor X durch die körperschaftlich verfaßten Unternehmen und der Sektor Y durch die übrigen Unternehmen gebildet wird. Im Modell wird dann die Besteuerung der Kapitalerträge im Sektor X unter den Annahmen

– eines konstanten Kapitalangebots in der Gesamtwirtschaft,

– eines ertragselastischen Kapitalangebots und

– vollkommener Kapitalmärkte

untersucht.

Bei **kurzfristiger** Analyse, also bei immobilen Produktionsfaktoren, ergibt sich eine Belastung allein des Sektors $X,$ in dem die Unternehmen die Rechtsform der Körperschaft haben und folglich die Kapitalerträge mit einem entsprechenden Steuersatz belastet werden. Somit liegt die Inzidenz auf der ersten Stufe bei den Eigentümern des Kapitals, das im Sektor X investiert ist.

Im Rahmen einer **langfristigen** Betrachtung ergeben sich aber vielfältige weitere Anpassungen, von denen diejenige, die zur Angleichung der Nettoerträge in beiden Sektoren führt, aus Abb. 6.10 zu entnehmen ist. Dort ergibt sich **vor der Besteuerung** ein Ausgangsgleichgewicht, bei dem die Ertragsrate des Kapitals in beiden Sektoren OI beträgt; die dazugehörigen

[16] Harberger, A. C., The Incidence of the Corporation Income Tax, in: Journal of Political Economy, Bd. 70, 1962, S. 215 ff. (wiederabgedruckt in ders., Taxation and Welfare, Boston 1974, Kap. 7). Zur Einführung s. auch: Benkert, W., Das Harberger-Modell – Versuch einer verbalen Darstellung, in: Das Wirtschaftsstudium, 10. Jg., 1981, S. 249 ff. und 299 ff.

Kapitalmengen betragen *OH* in Sektor *X* und *OM* in Sektor *Y*, so daß der gesamte (konstante) Kapitalstock *OH* + *OM* beträgt. Die Verläufe der Grenzproduktivitäten des Kapitals entsprechen der Kurve *CD* in Sektor *X* und *FG* in Sektor *Y*.

Nach der Besteuerung der Kapitalerträge im Sektor *X* verschlechtert sich dort die Ertragslage, und die Grenzproduktivität des Kapitals sinkt von *CD* auf *ED*. Wegen der Annahme vollkommener Kapitalmärkte und ertragselastischen Kapitalangebots kommt es dann aufgrund der höheren Kapitalrendite im Sektor *Y* zu einer Kapitalwanderung in den unbesteuerten Bereich. Die Kapitalverlagerung führt in Sektor *X* zu einem Abzug an Kapital in Höhe von *KH* und zum Kapitalzugang in gleicher Höhe von *ML* in Sektor *Y*. Der gesamte (in seiner Höhe unveränderte) Kapitalstock setzt sich also nach der Kapitalwanderung (im neuen Gleichgewichtszustand) aus *OK* und *OL* zusammen; die neue Ertragsrate des Kapitals ist von *OI* auf *OP* gesunken.

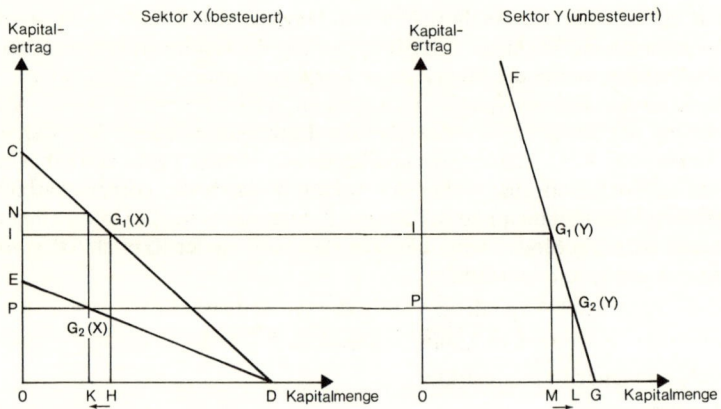

Entnommen aus: Musgrave, R. A., Musgrave, P. B., Kullmer, L., Die öffentlichen Finanzen in Theorie und Praxis, 2. Bd., a. a. O., S. 87.

Abb. 6.10: Wirkungen der Besteuerung von Kapitalerträgen in einem Sektor bei langfristiger Betrachtung eines Konkurrenzmarktes (Angleichung der Nettoerträge in beiden Sektoren)

Als Ergebnis dieses Teils der Analyse ist festzuhalten, daß langfristig die Steuerlast von den Kapitaleigentümern in beiden Sektoren, also auch im unbesteuerten Sektor, getragen wird, d. h. die Steuerlast verteilt sich auf das in beiden Sektoren investierte Kapital und trifft tendenziell eher die höheren Einkommen (Schema 6.4).

Zusätzliche Wirkungen treten im Zuge der langfristigen Anpassung auf, wenn in den Sektoren *X* und *Y* mit unterschiedlichen Faktorproportionen (Arbeit, Kapital) produziert wird und als Folge der nunmehr unterstellten Faktormobilität Kapital oder Arbeit zum stärker gesuchten Faktor werden. Es wird zunächst *(Unterfall [a])* unterstellt, daß die im Sektor *X* produzierten Güter weniger kapitalintensiv hergestellt werden als die im Sektor Y hergestellten Produkte. Dadurch wird in beiden Sektoren die Kapitalrendite relativ steigen, da Kapital zum knapperen Faktor wird. Daraufhin werden im Sektor X aufgrund der weniger kapitalintensiven Produktion mehr Arbeitskräfte freigesetzt, als preisneutral vom relativ kapitalintensiven Sektor Y absorbiert werden können. Umgekehrt wird vom Sektor Y mehr Kapital nachgefragt, als Sektor X preisneutral freisetzen kann. Kapital wird somit zum knapperen Faktor. Während die Kapitalrendite dadurch steigt, sinkt die Entlohnung des Faktors Arbeit relativ; die Entlohnung der Arbeit wird deshalb relativ sinken, weil dieser Produktionsfaktor jetzt weniger gesucht wird. Damit sinkt die Nettoertragsrate des Kapitals um weniger, als der steuerlichen Belastung entspricht. Die Belastung des in beiden Sektoren investierten Kapitals wird also durch eine gegenläufige Entwicklung gemindert, während nunmehr zusätzlich auch die Lohnempfänger durch die relativ schlechtere Bezahlung des Faktors Arbeit eine Last tragen.

Wird dagegen in Sektor X stärker kapitalintensiv und in Y weniger kapitalintensiv gefertigt *(Unterfall [b])*, ergibt sich das umgekehrte Bild. Der Faktor Arbeit wird nunmehr relativ knapper und daher besser entgolten, während die Kapitalrendite sinken wird. Die Kapitaleigentümer tragen in diesem Fall nicht nur die Steuerlast, sondern darüber hinaus die Last einer (weiteren) Einschränkung der Kapitalrendite, die sich daraus ergibt, daß annahmegemäß der Faktor Arbeit zum stärker gesuchten Faktor wird. Eine verbesserte Situation ergibt sich für Lohnempfänger, da die Arbeitsentgelte tendenziell steigen.

Es zeigt sich mithin als **zweites Ergebnis** innerhalb **der langfristigen Betrachtung,** daß die Faktoreinsatzrelationen in den beiden Branchen im Zuge der Faktorwanderungen die funktionale Einkommensverteilung beeinflussen. Geht man davon aus, daß Kapitalerträge eher in höheren Einkommensklassen anfallen, so ist insoweit die Verbindung zur personalen Einkommensverteilung hergestellt, die in diesem Kapitel im Vordergrund steht (Schema 6.4).

Während die bisher vorgenommenen Erweiterungen der Inzidenzaussagen die Produktionsseite der – besteuerten bzw. nicht besteuerten – Unternehmen und demnach die Faktormärkte betrafen,[17] können auch Erweiterungen im Hinblick auf Einkommensverwendungseffekte vorgenommen und auf diese Weise die Gütermärkte einbezogen werden. Im Rahmen dieser Betrachtung ist mit Blick auf die personale Einkommensverteilung zu fragen, wer (welche Einkommensgruppe) die Güter aus dem Sektor X und dem Sektor Y kauft, und zwar vor der Besteuerung und nach der Besteuerung. Hierbei ist zu berücksichtigen, daß sich im Zuge der Produktionsverlagerung – je nachdem, unter welchen Kostenbedingungen produziert

---

[17] Es wurde unterstellt, daß unter Produktionsfunktionen produziert wurde, deren Inputs stetig teilbar und gegeneinander substituierbar waren (Cobb-Douglas-Funktion, CES-Funktion etc.). Im Falle von Funktionen mit Limitationalität der Inputbeziehungen ergeben sich andere Auswirkungen, die hier nicht untersucht werden.

Schema 6.4: Der Harberger-Ansatz in seiner Bedeutung für die personale Einkommensverteilung

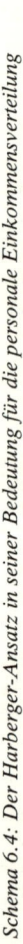

Kurzfristige Wirkungen

Belastung im Sektor X → Kapitaleigner in X tragen Belastung voll aus Vermögen → bedeutet Belastung der höheren Einkommen

Progressivste Variante der Verteilungswirkung

Regressivste Variante der Verteilungswirkung — –

Langfristige Wirkungen

Anpassung auf den Faktormärkten → Ausgleich der Ertragsraten in den Sektoren X und Y

→ ohne Änderung der Nachfrage nach Arbeit und Kapital → bedeutet Belastung der höheren Einkommen

→ Änderung der Nachfrage nach Arbeit und Kapital
 - Wenn Arbeit relativ stärker zum gesuchten Faktor wird
 - Wenn Arbeit relativ weniger stark zum gesuchten Faktor wird

Schluß von der funktionalen auf die personale Einkommensverteilung

Anpassung auf den Gütermärkten → Je nach Inputanteil des Kapitals steigen z. B. Produktionskosten in X → X-Güter werden relativ teurer
 - Wenn Bezieher hoher Einkommen X-Güter kaufen
 - Wenn Bezieher niedriger Einkommen X-Güter kaufen

Betrifft unmittelbar die personale Einkommensverteilung

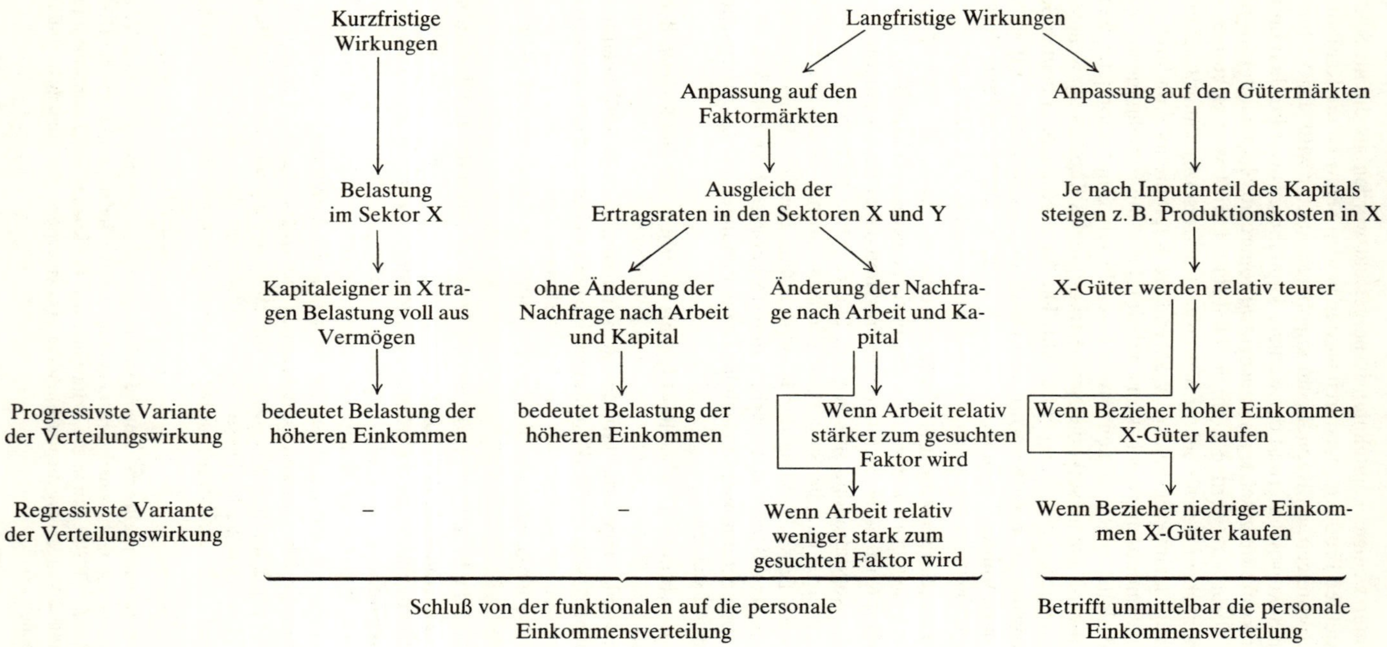

wird – die Relation der Güterpreise verändert. So werden unter der Annahme einer Produktion bei sinkenden Kosten die Güter in Sektor *X* bei rückläufiger Produktion relativ teurer und jene in Sektor *Y* relativ billiger, weil die Preisrelationen sich aufgrund der Besteuerung ändern. Damit ergibt sich ein Bezug zur personellen Einkommensverteilung, da die Realeinkommen der Käufer von Gütern aus Sektor *X* fallen, während sie bei Käufern von Gütern aus Sektor *Y* steigen. Kaufen „arme" Personen die billiger werdenden Produkte und „reiche" Personen die teurer werdenden Produkte, so ergäbe sich zusätzlich zu den bisher dargestellten Ergebnissen eine Progressionswirkung (Schema 6.4).

Harberger kommt zu dem Gesamtergebnis, daß die Effekte aus den beiden Substitutionsprozessen das erste Ergebnis der langfristigen Betrachtung, demzufolge die Gesamtsteuerlast von den Kapitaleigentümern getragen wird, nicht in Frage stellen. Unter den restriktiven Annahmen schiene demnach die Last der Besteuerung von Kapitalerträgen proportional zum gesamten Kapitaleinkommen zu sein. Da Kapitalerträge mit steigendem Einkommen relativ zunehmen, ergäbe sich somit eine progressive Belastung. Über die übrigen Effekte kann keine so eindeutige Verteilungsaussage gemacht werden, da sie je nach der unterstellten Substitutionselastizität anders ausfiele.[18] Aufs Ganze gesehen liegt der Vorteil des Harberger-Ansatzes im Vergleich mit Partialbetrachtungen darin, die Vielfalt der Verteilungswirkungen aufzuzeigen, die simultan von einem einzigen Steueranstoß ausgehen können (siehe zusammenfassend Schema 6.4).

3.1.2. Zur Inzidenz einer Gewinnbesteuerung auf unvollkommenen Märkten

Die Analyse der Gewinnsteuerinzidenz kann durch die Berücksichtigung weiterer Marktformen (Monopol, Oligopol) vervollständigt werden. Dazu müßte die Gewinnsteuer im Monopol und im Oligopol und wiederum unter der Annahme der Gewinnmaximierung und der Konstanz der Gesamtnachfrage auf ihre Inzidenz im Rahmen der Partialanalyse geprüft werden. Ohne weitere Ableitungen zur Überwälzung von Gewinnsteuern hier vorzunehmen,[19] ergibt sich also, daß – zumindest kurzfristig – die Gewinnsteuer nicht überwälzt werden kann.

Stärker als die Ergebnisse der Modellanalyse hat eine der Modellannahmen, nämlich die der Gewinnmaximierung, Bedeutung in der wissenschaftlichen Auseinandersetzung über die Inzidenz einer Gewinnsteuer erlangt. Am Beispiel der gewinnlosen Unternehmen kann gezeigt werden, daß eine

---

[18] Eine letzte Erweiterung der Inzidenzbetrachtung ergibt sich, wenn die Annahme eines konstanten Kapitalangebots aufgehoben wird. Wächst/sinkt die Wachstumsrate des Kapitalstocks, so ergeben sich Auswirkungen auf die erzielbaren Arbeits- und Kapitaleinkommen.

[19] Siehe hierzu die Diskussion zur Überwälzbarkeit von Gewinnsteuern, die in den Jahren 1960–62 zwischen K. Häuser und H. Arndt im „Finanzarchiv" geführt wurde. Vgl. ferner Bea, F. X., Kritische Untersuchungen über den Geltungsbereich des Prinzips der Gewinnmaximierung, Berlin 1968.

Preiserhöhung seitens gewinnbesteuerter Unternehmen u. U. doch Erfolg haben könnte.

Erhöht nämlich ein Unternehmen, dem auf einem oligopolistischen Markt eine gewisse **Preisführerschaft** zugesprochen wird, wegen einer Gewinnsteuererhöhung den Preis, so muß das gewinnlose, häufig kleinere Unternehmen abwägen, ob es seine Ertragslage bei altem Preis und erwartetem höheren Umsatz oder eher durch höheren Preis und – bei gegebenem Umsatz – unmittelbar höheren Ertrag verbessern wird. Der letzte Weg bedeutet wahrscheinlich die sicherere Ertragsteigerung, während im ersten Fall auf mittlere Sicht Sanktionen der größeren Anbieter, die ihren Marktanteil zumindest erhalten wollen, zu befürchten wären, beispielsweise durch weitere Preissenkungen oder umfangreiche Werbekampagnen.

Für die Unternehmen, die als erste die Preise erhöhen, muß jedoch ebenfalls gelten, daß **Preiserhöhungsspielräume** und damit **unausgenutzte Gewinnspielräume** vorhanden gewesen sein müssen. Sie lassen sich aus mehreren zusammenwirkenden Ursachen erklären.

Zunächst einmal setzt die *Kenntnis dieses Preisspielraums* einen Informationsstand voraus, den viele Unternehmen nicht haben (können). Er müßte sich auf die Nachfragesituation beziehen und hier sowohl die **Preiselastizität** als auch die **Einkommenselastizität der Nachfrage** umfassen. Außerdem müßten im Regelfall der unvollständigen Konkurrenz die möglichen **Reaktionen der Konkurrenten** bekannt sein.

Wichtiger ist jedoch die Frage, ob selbst bei Kenntnis des Gewinnspielraums die Bereitschaft zu seiner *Ausnutzung* immer vorhanden ist. Eine ständige maximale Ausnutzung dieses Spielraums würde **häufige Preisanpassungen** erforderlich machen, die Gewinne würden schwanken, die Dividenden wären häufiger anzupassen usw. Außerdem würde in besonders gewinnträchtigen Branchen die Konkurrenz schneller zum Eintritt in die Branche gelockt oder die Aufmerksamkeit des Kartellamts geweckt. Die Praxis der Preisgestaltung scheint denn auch eher darauf abzuzielen, kurzfristig wie langfristig eine Art von zufriedenstellendem Normalgewinn zu erzielen und den Marktanteil zu halten. Beides wird häufig eingeplant und der Gewinn auf die ermittelten, ebenfalls um kurzfristige Schwankungen bereinigten Kosten aufgeschlagen (markup-pricing).

Zur Durchsetzung dieser Strategie der administrierten Preisbildung bedarf es einer gewissen Marktmacht, die auf der Mehrzahl der quantitativ bedeutsamen Märkte vorliegen dürfte, zumal wenn kleinere Konkurrenten die Preisführerschaft der größeren Unternehmen anerkennen. Die Bereitschaft zu einer Preiserhöhung und ihre Durchsetzbarkeit in der Öffentlichkeit dürften gerade dann groß sein, wenn der Anlaß eine Steuererhöhung ist; denn aus dieser Preiserhöhung folgt, wenn mit ihr nur die Steuer vorgewälzt werden soll, keine Gewinnerhöhung. Trifft diese Argumentation zu, ist aufgrund der vorgenommenen Plausibilitätserwägungen die Überwälzung einer Gewinnsteuer – im Gegensatz zu den Ergebnissen preistheoretischer Partialmodelle – zumindest in gewissem Maße möglich.

Die Frage, ob im Falle einer auf alle Sektoren und Kapitalerträge bezogenen Gewinnsteuer eine Überwälzung gesamtwirtschaftlich durchgesetzt werden kann, führte in den 50er Jahren zu einer ausgedehnten Kontroverse.[20] Bei dieser makroökonomischen Totalbetrachtung der Überwälzungsmöglichkeiten ergibt sich zunächst die Frage, wie die Umsatzerhöhungen, die sich annahmegemäß aus den Preiserhöhungen ergeben, gesamtwirtschaftlich finanziert werden können. Dazu müßte – bei kurzfristig gegebener Geldumlaufgeschwindigkeit – die verfügbare *Geldmenge* kurzfristig entsprechend ausdehnbar sein. Das ist auch der Fall, da das **Geldangebot** aus institutionellen und geldpolitischen Gründen bis auf Ausnahmesituationen **flexibel** genug ist. Die Summen, die für die erfolgreiche Überwälzung zur Verfügung stehen müssen, sind selbst im Vergleich zu den kaum kontrollierbaren kleineren Schwankungen der Geldmenge so gering, daß von daher selbst bei einer Politik der Geldmengenbegrenzung eine Einschränkung der Überwälzungsmöglichkeiten kaum zu erwarten ist.

Für die Beurteilung der Überwälzungschance einer Gewinnsteuer ist weiterhin zu fragen, ob die Besteuerung nicht zu einer Verringerung der gesamtwirtschaftlichen *Nachfrage* führt. Für die Beantwortung dieser ebenfalls aus konjunkturpolitischer Sicht wichtigen Frage ist entscheidend, daß in einer konjunkturellen Normalsituation die Steuereinnahmen sofort wieder ausgegeben werden, so daß die Gesamtnachfrage gleich bleibt. Ob sich die Struktur der Nachfrage ändert, hängt davon ab, wie der Staat die Steuermehreinnahmen verwendet und was nachgefragt worden wäre, hätte die Steuererhöhung nicht stattgefunden. Die Frage der Verwendung der durch Steuern finanzierten Ausgaben bleibt bei der partialanalytischen Betrachtung deswegen ausgespart, weil das einzelne Unternehmen nur im Ausnahmefall von einer Erhöhung der Gewinnsteuer auf vermehrte Staatsaufträge oder Staatsleistungen, die es selbst erhält, schließen kann. Oft wird auch die unrealistische Annahme getroffen, daß Staat, private Haushalte und Unternehmen identische Konsumstrukturen aufweisen.

Schließlich ergibt sich die Frage, ob eine höhere **Gewinnbesteuerung** die **Investitionsbereitschaft** der Unternehmen und damit eine Bestimmungsgröße des wirtschaftlichen Wachstums berührt. Es ist denkbar, daß sich die betroffenen Unternehmen geringere Nettogewinne für die Zukunft ausrechnen und Investitionsvorhaben zurückstellen oder ihren Standort verlagern. Dies ist ein Sachverhalt, der die Senkung einer Gewinnsteuer zu einem konjunktur- und vor allem wachstumspolitischen Instrument werden läßt (s. unten 7. und 8. Kapitel).

3.1.3. Empirische Ansätze

Angesichts der kontroversen Beurteilung von Möglichkeit, Richtung und Ausmaß der Gewinnsteuerüberwälzung stellt sich die Frage, ob nicht durch empirische, insbesondere ökonometrische Ansätze die Wirklichkeit besser erfaßt werden kann. So sind zur Überprüfung der **Überwälzungshypothesen**

---

[20] Vgl. zum ersten Teil der Kontroverse den abschließenden Aufsatz: Föhl, C., Das Steuerparadoxon, in: Finanzarchiv, NF Bd. 17, 1956/57, S. 1ff.

zahlreiche empirische Untersuchungen durchgeführt worden. Sie beziehen sich häufig auf die **Körperschaftsteuer,** weil es sich bei ihr um eine Steuer handelt, die nur den Gewinn treffen soll und in ihrer nicht-anrechnungsfähigen Form (in der Bundesrepublik Deutschland bis 1977) eine Zusatzbelastung der körperschaftlich organisierten Unternehmen darstellt.[21]

Eine Vorgehensweise besteht in der Analyse der Gewinnsituation der von einer Körperschaftsteuer erfaßten Unternehmen. Ein einfaches Verfahren könnte so aussehen, daß man die **Entwicklung der Gewinne,** bezogen auf das eingesetzte Kapital, **im Zeitablauf bei variierendem Steuersatz** beobachtet (vgl. Tab. 6.1). Amerikanischen Ergebnissen kann man für verschiedene Zeiträume zwischen 1927 und 1983 entnehmen, daß die Steuererhöhungen nicht dazu geführt haben, die Rentabilität des gesamten Kapitals nach Abzug der Steuern zu senken.

Die Zahlen in Tabelle 6.1 geben jedoch keinerlei Auskunft darüber, welchen Einfluß die Steuererhebung auf die Entwicklung der besteuerten Unternehmen ausgeübt hat. Beispielsweise hätte die Rentabilität ohne die Körperschaftsteuer noch wesentlich höher sein können, so daß zumindest ein Teil der Steuer in Form der Gewinnreduzierung getragen worden wäre.

Tab. 6.1: Rentabilität amerikanischer „Corporations" der verarbeitenden Industrie, 1927–1983, in %

	1927–1929	1936–1939	1953–1956	1957–1961	1964–1967	1968–1971	1977–1980	1981–1983
Rentabilität des Eigenkapitals								
vor der Steuer	8,8	7,8	18,4	14,1	17,8	13,5	19,4	11,2
nach der Steuer	7,8	6,4	9,2	7,3	10,1	6,8	13,9	8,2
Rentabilität des gesamten Kapitals								
vor der Steuer	8,7	7,3	15,7	12,2	14,9	11,6	16,4	12,7
nach der Steuer	7,8	6,2	8,2	6,8	9,1	7,0	12,8	10,8
Satz der Körperschaftsteuer	12,2	17,0	52,0	52,0	48,5	50,7	47,0	46,0

Quelle: Pechman, J. A., Federal Tax Policy, 5. Aufl., Washington, D. C. 1987, S. 147.

Um den Einfluß der Körperschaftsteuer auf die Rentabilität eines Unternehmens oder Sektors zu bestimmen, müßte er im Rahmen ökonometri-

---

[21] Ein Überblick über frühe empirische Ergebnisse zur Inzidenz einzelner Steuerarten findet sich in Break, G. F., The Incidence and Economic Effects of Taxation, in: Blinder, A. S., u. a., The Economics of Public Finance, Washington, D. C. 1974, S. 138 ff.

scher Verfahren von den anderen Bestimmungsfaktoren der Gewinnentwicklung (Staats-, Konsumentennachfrage, Preise, Kapazitätsauslastung, andere Steuern usw.) isoliert werden, was angesichts der Korrelationen zwischen den Einflußgrößen erhebliche methodische Probleme aufwirft. Eine bekannte ältere Untersuchung dieser Art stammt von **M. Krzyzaniak** und **R. A. Musgrave**. Auch sie wählen die Rentabilität als die zu erklärende Größe und analysieren sie in Abhängigkeit von mehreren Variablen. Sie kommen zu dem Ergebnis, daß die Körperschaftsteuer in den USA in den betrachteten drei Perioden (1927–29, 1936–39, 1955–57) **kurzfristig voll überwälzt** worden ist.[22] Sie ermitteln sogar eine „Überwälzung" von 134%, wenn die Gesamtkapitalrentabilität als abhängige Variable, und 123%, wenn die Eigenkapitalrentabilität zugrundegelegt wird, wobei man allerdings bei dem die 100% überschreitenden Anteil nicht mehr von Überwälzung der Steuererhöhung sprechen kann. Dieses Ergebnis hat jedoch Kritik gefunden, die sich insbesondere auf die Einflußgrößen bezog, die zur Bestimmung der Rentabilität als der zu erklärenden Größe herangezogen wurden. Zum **entgegengesetzten Resultat,** daß nämlich die Rentabilität ohne die Körperschaftsteuererhöhung höher ausgefallen wäre, kommt **R. J. Gordon** in einer Untersuchung, die sich auf ungefähr den gleichen Zeitraum bezieht. Demgegenüber belegt **Sebold** auf der Basis einer Simultanschätzung für den Zeitraum 1931–1970 eine Überwälzung der Körperschaftsteuer in Höhe von 69%.[23]

Die **Diskussion** um die kurzfristige Überwälzbarkeit der Körperschaftsteuer (und damit generell einer proportionalen Gewinnsteuer) ist selbst dann nicht abgeschlossen, wenn empirische Studien herangezogen werden. Immerhin scheint die Annahme des Gesetzgebers, daß das Unternehmen in vollem Umfang der Steuerträger ist, nicht haltbar zu sein. Wenn auch über die Richtung und das Ausmaß der Gewinnsteuerüberwälzung kontroverse Ansichten bestehen, läßt sich die Möglichkeit ihrer Überwälzung zumindest prinzipiell nicht ausschließen.

3.2. Zur Inzidenz im Rahmen der Einkommensteuer

3.2.1. Grundsätzliche Überlegungen

Der Schwerpunkt der theoretischen Analyse der Inzidenz der Einkommensteuer liegt auf den steuerinduzierten Änderungen des Faktorangebots, im Falle der Lohnsteuer als der wichtigsten Komponente der Einkommensteu-

---

[22] Krzyzaniak, M., und Musgrave, R. A., The Shifting of the Corporation Income Tax. An Empirical Study of Its Short-Run Effect Upon the Rate of Return, Baltimore 1963. Eine Zusammenfassung dieses Modells und der Kritik, aber auch einiger Untersuchungen nicht-ökonometrischer Art, findet sich bei Schreiber, K. F., Zur Aussagekraft empirischer Untersuchungen der Überwälzbarkeit der Körperschaftsteuer, in: Finanzarchiv, NF Bd. 29, 1970, S. 54 ff.

[23] Gordon, R. J., The Incidence of Corporation Income Tax in US Manufacturing 1925–62, in: American Economic Review, Bd. XVII, 1967, S. 731 ff., und Sebold, F. D., The Short-Run Shifting of the Corporation Income Tax: A Simultaneous Equation Approach, in: The Review of Economics and Statistics, Bd. LXI, 1979, S. 401 ff.

er also auf dem **Arbeitsangebot**. Unterstellt man als Marktform vollständige Konkurrenz und legt für die Arbeitsnachfrage DD und das Arbeitsangebot SS mittlere Elastizitäten zugrunde, ergibt sich das in Abb. 6.11 wiedergegebene Bild. Im Ausgangsgleichgewicht M (vor Steuer) beträgt der Lohnsatz OB und die nachgefragte Arbeitsmenge OC. Eine Steuer auf Lohneinkünfte in Höhe von t (GL) führt zu einem verminderten Lohnsatz in Höhe von OK und einem Steueraufkommen von KLGF.[24] Die Arbeitgeber tragen BHGF und die Arbeitnehmer KLHB. Je steiler die Angebotskurve SS verläuft, desto mehr muß der Arbeitnehmer bei vollständiger Konkurrenz auf dem Arbeitsmarkt die Steuerlast tragen. Wie bei der Mengensteuer in Verbindung mit einer starren Nachfrage (Abb. 6.3), führt ein vollkommen unelastisches Angebot am Arbeitsmarkt dazu, daß die Zusatzlast (HLM) verschwindet.

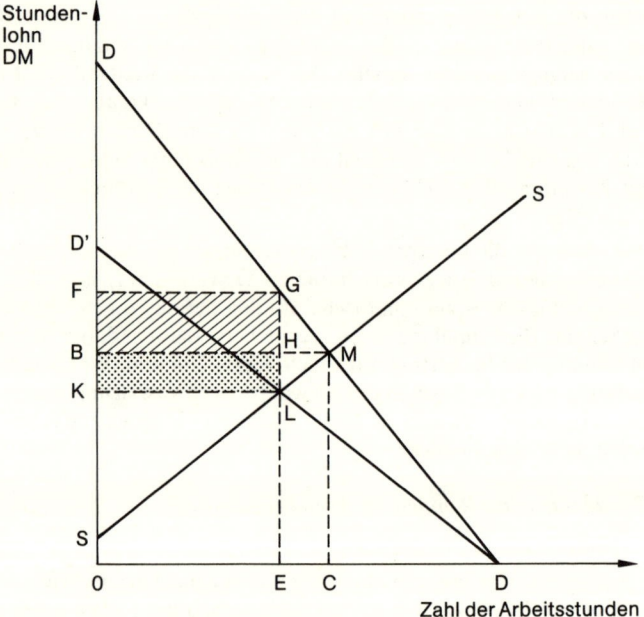

Abb. 6.11: Steuer auf Lohneinkünfte bei vollständiger Konkurrenz und mittlerer Elastizität

Die Marktform der vollkommenen Konkurrenz ist auf dem Arbeitsmarkt empirisch noch weniger relevant als auf Gütermärkten. Angesichts der Lohnverhandlungen in einer Wirklichkeit, die durch die Tarifautonomie

---

[24] Bei Anwendung des Quellenabzugsverfahrens wird die Steuer als Besteuerung des Faktoreinsatzes der Produzenten erkennbar. Daher wird die Steuer auf Lohneinkünfte graphisch als sinkende Arbeitsnachfragekurve dargestellt. Stattdessen könnte das gleiche Ergebnis auch mit einer Linksverschiebung von SS (Schnittpunkt in G) gezeigt werden.

der Vertragspartner und damit einen unvollkommenen Markt gekennzeichnet ist, soll daher im folgenden für unselbständig Beschäftigte, Manager und höhere Angestellte sowie freie Berufe argumentiert werden.

Im Falle der Tarifverhandlungen für Arbeitnehmer in nichtselbständiger Beschäftigung können gestiegene Lebenshaltungskosten als Folge von steuerlich bedingten Preiserhöhungen in die Auseinandersetzung zwischen Arbeitgeber und Arbeitnehmer eingehen. Das gilt auch für Belastungen, die aufgrund einer Erhöhung der Lohn- und Einkommensteuer das Nettoeinkommen vermindern. Wenn diese Forderungen durchgesetzt werden können, werden die betroffenen Unternehmen diese „Last" in ihren Preisen zu überwälzen versuchen, was wegen der dann steigenden Preise zu erneuten Lohnforderungen Anlaß geben könnte.

Ähnliche Überlegungen können für die außertarifliche Entlohnung leitender Angestellter und Manager vorgebracht werden. Auch sie werden versuchen, bei Steuersatzerhöhungen oder beim Hineinwachsen in die Progression ihre Nettoeinkommen als Zielgröße in Gehaltsvereinbarungen einzubringen.

Angehörige freier Berufe werden bei zunehmender einkommensteuerlicher Belastung versuchen, ihre Gebühren, Honorare etc. zur Kompensation zu erhöhen. Allerdings steht die Festsetzung der Gebühren im Regelfall nicht im Belieben des einzelnen Notars, Steuerberaters oder Arztes, so daß eine vollständige Weitergabe der Steuerlast die Ausnahme sein dürfte.

Wenn auch eine generelle Aussage über die Inzidenz einer Einkommensteuer auf unvollkommenen Märkten kaum möglich ist und gelegentlich eine Teilüberwälzung nicht auszuschließen ist, so geht die herrschende Ansicht doch dahin, daß die Steuerpflichtigen auch die Steuerträger sind.

3.2.2. Zurechnung der Lohnsteuer auf Einkommensklassen

Wie eine empirisch ermittelte Steuerlastverteilung aussieht, hängt bei der Lohnsteuer wie bei allen anderen Steuern weitgehend von den **Überwälzungsannahmen** ab. Da man bei der Lohnsteuer als Normalfall annimmt, daß der Steuerpflichtige sie auch trägt, d. h. daß sie eine geringe Überwälzungswahrscheinlichkeit aufweist, ist die Verteilung der Steuerzahlungen verhältnismäßig einfach zu ermitteln. Die Verteilung der Steuerlast deckt sich mit der Zahlungsverteilung, und Zahlungsverteilungen können prinzipiell immer aufgestellt werden, da dem Fiskus der Pflichtige bekannt ist. Eine Grenze für die Ermittlung kann also nur darin liegen, daß die statistischen Unterlagen nicht detailliert genug sind, also z. B. die Einkommensklasse des Pflichtigen nicht enthalten ist, oder daß sie geheimgehalten werden.

Für die Lohnsteuer lassen sich aus der amtlichen Statistik die in der Tabelle 6.2 wiedergegebenen Daten entnehmen. Spalte 8 zeigt, daß die relative steuerliche Belastung durch die **Lohnsteuer mit steigenden Bruttolöhnen zunimmt**. Diese „Steuerprogression" weist auf den ersten Blick auf einen Effekt hin, der die Einkommensverteilung nivelliert. Zur gleichen Aussage würde man bei der Betrachtung der entsprechenden Daten für die veranlag-

Tab. 6.2: Die Belastung des Bruttolohns mit Lohnsteuer im Jahre 1986

Bruttolohn-gruppe	Lohnsteuer-pflichtige in 1000	%	Bruttolohn-summe Mio. DM	%	Σ Lohnsteuer (Steuerschuld) Mio. DM	%	„Bela-stung" (6:4) %
1	2	3	4	5	6	7	8
unter 4800	2560,2	11,4	5529,8	0,6	34,7	0,0	0,6
4800– 12000	2116,8	9,5	17431,4	2,0	359,4	0,3	2,1
12000– 20000	1857,2	8,3	29511,3	3,4	1756,8	1,3	6,0
20000– 30000	2748,1	12,3	69664,0	8,0	7086,6	5,1	10,2
30000– 40000	3723,0	16,6	130465,5	15,0	16395,6	11,7	12,6
40000– 50000	2960,6	13,2	132080,1	15,1	18160,0	13,0	13,7
50000–100000	5614,6	25,1	377893,7	43,3	64876,7	46,4	17,2
über 100000	797,8	3,6	109735,8	12,6	31021,4	22,2	28,3
Insgesamt[1]	22378,3	100,0	872311,6	100,0	139691,2	100,0	16,0

[1] Abweichung von 100% durch Rundung.

Quelle: Zusammengestellt nach: Statistisches Jahrbuch 1992 für die Bundesrepublik Deutschland, Wiesbaden 1992, S. 545.

te Einkommensteuer gelangen. Auch für diese Steuer ergibt sich eine beachtliche Progression, wenn als Bezugsgröße das Bruttoeinkommen gewählt wird.

Dieser **Progressionsverlauf** ändert sich, wenn die Belastung nicht auf den **Bruttolohn,** sondern auf die **zu versteuernden Einkommen** bezogen wird.

So können z. B. in der Bundesrepublik im Rahmen des Lohnsteuerjahresausgleichs erhöhte Werbungskosten, erhöhte Sonderausgaben, außergewöhnliche Belastungen, besondere Freibeträge für Flüchtlinge und Heimatvertriebene, Pauschbeträge für Körperbehinderte und Hinterbliebene sowie Altersfreibeträge vom erzielten (Brutto-)Einkommen abgezogen werden (s. 6. Kapitel, Schema 6.9, S. 282).

Durch diesen **Abzug von der Steuerbemessungsgrundlage** „Einkommen" ergeben sich für Personen **mit höherer Progression** auch **höhere Vergünstigungen,** so daß die in Tabelle 6.2 ausgewiesene progressive „Belastung" um diesen Sachverhalt zu bereinigen wäre (siehe S. 277ff.). Dazu wäre aus dem Bruttolohn (4) das zu versteuernde Einkommen zu berechnen. Die auf diesen Betrag zu zahlende Steuer ist im Tarif der Einkommensteuer festgelegt.

3.3 Zur Inzidenz der Sozialabgaben

Sozialabgaben werden trotz ihrer erheblichen quantitativen Bedeutung (siehe 4. Kapitel, Tab. 4.5) in Inzidenzanalysen oft vernachlässigt. Das mag zum einen daran liegen, daß sie wie die anderen Elemente der Sozialversicherung bis heute oft nicht zum Staat gezählt werden (vgl. 1. Kapitel, Teil B I), obwohl sie sich a priori nicht von Lohn- oder Einkommensteuerzahlungen unterscheiden. Zum anderen kann es darin begründet sein, daß es sich im Gegensatz zu Steuern um zweckgebundene Zahlungen handelt, die nur im Rahmen einer Budgetinzidenz sinnvoll untersucht werden können. Schließlich erschweren institutionelle Besonderheiten, wie z. B. die paritätische Aufbringung der Mittel durch Arbeitgeber und Arbeitnehmer sowie die Existenz von Versicherungspflicht- und Beitragsbemessungsgrenzen, die Bestimmung ihrer Inzidenz.

Bei Analyse der Inzidenz ist zu berücksichtigen, daß es sich bei Sozialabgaben um Abgaben handelt, die zwischen dem Leistungsfähigkeitsprinzip und dem Prinzip der kostenmäßigen Äquivalenz stehen. Betrachtet man lediglich die einkommensproportionale Aufbringung der Mittel bis zur Beitragsbemessungsgrenze im Vergleich zur Regelung darüber hinaus, so handelt es sich um regressiv wirkende Zahlungen, da die prozentual gleiche Belastung oberhalb der Bemessungsgrenze regressiv wirkt. Aus dieser Sicht, die den Äquivalenzaspekt zurückstellt, wird auch beklagt, daß bei den Pflichtversicherten die Einnahmen aus nichtselbständiger Arbeit nur einen geringen Teil des Gesamteinkommens ausmachen. Einer Ausweitung der Bemessungsgrundlage bei Pflichtversicherten auf alle sieben Einkunftsarten (s. oben 4. Kapitel, S. 124) steht aber der (rudimentäre) Versicherungscharakter der Sozialbeiträge gegenüber, der die Lohnbezogenheit der Beiträge begründet und den Beitragszahler vom Steuerzahler unterscheidet.[25]

Im Vordergrund der Diskussion stehen allerdings nicht Verteilungsaspekte, sondern andere Wirkungen der erhobenen Sozialabgaben. Als Lohnnebenkosten gefährden sie die Unternehmergewinne und die Investitionskraft der Wirtschaft. Steigende Beiträge können zudem Lohnerhöhungen auslösen und die Preisniveaustabilität gefährden. Auch die Leistungsbereitschaft der privaten Haushalte und ihre Spareigung kann beeinträchtigt werden. Damit wird das wirtschaftliche Wachstum gefährdet, das erst Voraussetzung und Finanzierungsbasis für die Sicherung der Daseinsvorsorge ist. Allerdings muß in einzelnen Bereichen (z. B. Gesundheitswesen) auch danach differenziert werden, inwieweit die Lohnnebenkosten nicht auch zugleich die Nachfrage nach modernen Produkten anregen und Wirtschaftswachstum stimulieren.

II. Wem kommen die öffentlichen Ausgaben zugute?

Im Gegensatz zur Frage „Wer trägt die Steuerlast?" wird die Frage nach der Verteilung der Vorteile, die mit den öffentlichen Ausgaben verbunden sind, in der Literatur eher selten erörtert. Sie sollen hier gleichwohl behandelt werden, denn die verteilungspolitische Bedeutung der Inzidenz von Ausgaben bzw. Leistungen ist unstrittig. Auch zur Ermittlung der budgetären Umverteilung insgesamt ist die Kenntnis der Inzidenz der Staatsausga-

---

[25] Siehe im einzelnen am Beispiel der gesetzlichen Krankenversicherung Henke, K.-D., und Behrens, C., Umverteilungswirkungen der gesetzlichen Krankenversicherung, Bayreuth 1989.

ben unverzichtbar.[26] – Verhaltensänderungen, die sich aufgrund der Ausgaben ergeben, werden in einem ersten Schritt analog zu negativen Transfers (Steuern, Sozialabgaben) behandelt. Methodisch ergeben sich besondere Probleme allerdings bei den öffentlichen Gütern, weil der durch sie bewirkte Nutzenzuwachs sich nicht an einem individuellen Mittelzufluß orientieren kann. Die Inzidenz der Leistungsabgabe erfordert daher, anders als im Falle der Subventionen und Sozialausgaben, mehr als eine „umgekehrte Analogie".

a) Die Inzidenz der Transferzahlungen

Die Inzidenz der Transfertätigkeit scheint auf den ersten Blick gut ermittelbar zu sein, da sie in Form von Zahlungsströmen erfolgt und zumindest die **Zahlungsempfänger** feststellbar sein müßten. Ähnlich wie bei der Besteuerung kann man von einer Verteilung des **Zahlungsempfangs** sprechen (s. zum folgenden das Schema 6.2, S. 229). Eine solche Ermittlung des Zahlungsempfangs könnte dann um jene Empfänger bereinigt werden, die das Geld nur aus Gründen der Verwaltungsvereinfachung in Empfang nehmen und an die eigentlichen Empfänger weitergeben. Diese bereinigte Zahlungsempfangsverteilung muß wiederum nicht identisch sein mit einer Begünstigung, wie sie der Gesetzgeber beabsichtigt (Destinatarinzidenz). Zusätzlich gilt es dann noch eine Ebene der Ausgabeninzidenz, bei der Vorgänge berücksichtigt werden, die der Steuerüberwälzung (umgekehrt) analog sind. Sie werden auch als „Vorteilswegnahme" (‚expenditure snatching') bezeichnet. Soweit es zu einer Vorteilswegnahme bei Transfers an private Haushalte kommt, betrifft die Analogie die Steuern, die nach Auffassung des Gesetzgebers von privaten Haushalten getragen werden sollen, während bei Subventionen der Vergleich mit Steuern, deren Inzidenz beim Unternehmen liegen soll, naheliegt. Im Extrem könnte man sich die Ermittlung einer (fiktiven) **effektiven Transferinzidenz** vorstellen, bei der alle Wirkungen berücksichtigt würden, die von der Transferzahlung ausgelöst werden. Weiterhin gibt es analog zu den Ebenen der Steuerinzidenz auch eine modellspezifische Ausgabeninzidenz, die sich z. B. im Rahmen einer mikroökonomischen Partialanalyse bestimmen läßt. Die Ergebnisse dieser Untersuchungen können dann bei der Zurechnung von Ausgaben auf Einkommensklassen zugrundegelegt werden.

Innerhalb der Transfers wirft die Ermittlung der Inzidenz von *Sozialausgaben* im Sinne von laufenden Einkommensleistungen (Einkommensübertragungen) auf Individuen auf den ersten Blick geringere Probleme auf als diejenige der Subventionen an private Unternehmen, da im Fall der Sozialzahlungen die Identität von Zahlungsempfänger und Zahlungsdestinatar eher gegeben ist. Das trifft insbesondere dann zu, wenn die gesetzliche

---

[26] Auch als staatliche Vorleistung für die private Wirtschaftstätigkeit kommt den Ausgaben, insbesondere im Rahmen der Infrastrukturtätigkeit des Staates, Bedeutung zu. Sowohl in der Volkswirtschaftlichen Gesamtrechnung (s. unten 7. Kapitel, S. 298ff.) als auch in der regionalen und sektoralen Wirtschaftspolitik spielen die öffentlichen Ausgaben eine wichtige Rolle.

Kodifizierung der Sozialausgaben die Empfänger eindeutig bestimmt und zugleich zu vermuten ist, daß der Markt keine der Überwälzung analoge Prozesse der **Vorteilswegnahme durch Nichtdestinatare** zuläßt.

Am Anfang einer empirischen Ermittlung der Inzidenz der Sozialausgaben auf bestimmte Einkommensgruppen müßte ein **Katalog der zu analysierenden Transferprogramme** stehen. Dabei kann es sich zum einen um die Geldleistungen der Gebietskörperschaften handeln (z. B. Wohngeld, Ausbildungsbeihilfen, Kindergeld, Sozialhilfe, Sparförderung, Bafög, Wohnungsbauprämien) und zum anderen um die Geldleistungen der Sozialversicherungsträger (Renten, Krankengeld, Pflegegeld, Arbeitslosenunterstützung), die überwiegend über zweckgebundene Sozialabgaben finanziert werden. Neben dieser Gruppierung der Sozialtransfers kann man auch von funktionalen Zielkategorien ausgehen (z. B. Programme mit Ausrichtung auf Merkmale wie Alter, Krankheit, Invalidität oder Bildung).[27] Bei der Aufstellung dieser Kataloge ergeben sich jedoch erhebliche Schwierigkeiten, da die Sozialtransfers, so wie sie sich etwa in der Bundesrepublik Deutschland historisch ergeben haben, durch mannigfache Überschneidungen gekennzeichnet sind und möglicherweise doch bei Nichtdestinataren kumulieren.

Wird angesichts der prinzipiellen Ermittelbarkeit der den Sozialausgabenempfängern zufließenden Zahlungen gefragt, ob der **Destinatar** identisch ist mit dem tatsächlich **Begünstigten,** so ergeben sich ähnliche Probleme wie bei der Analyse im Bereich der Steuern. Führt man sich vor Augen, daß ein Individuum durch seine Einkommenserzielung und Einkommensverwendung mit dem Marktgeschehen verbunden ist, so werden die Möglichkeiten einer **Vorteilswegnahme** deutlich. So ist denkbar, daß die Preise von Gütern mit schichtenspezifischem Verbrauch dann erhöht werden, wenn die betroffene Käuferschicht (z. B. Studenten oder Rentner) höhere Sozialtransfers erhält. Höhere Umschulungsbeihilfen, Wohngelderhöhungen und höhere Heizkostenzuschüsse können zu Steigerungen der Kursgebühren, Mieten und Energiepreise führen. Die erwünschte **Realeinkommenserhöhung** unterbleibt dadurch bzw. wird gemindert.

Im Falle der Zahlung von *Subventionen* kann zunächst nur gesagt werden, daß eine Zahlungsverteilung ausschließlich Unternehmen als Empfänger ausweisen würde. Es wäre jedoch offensichtlich in vielen Fällen falsch, daraufhin die **Einkommensposition der Anteilseigner** dieser Unternehmen zu ermitteln und ihnen dann die Subventionen als Einkommenserhöhung zuzurechnen. Dieses Verfahren führt nur dann zu zutreffenden Ergebnissen, wenn die Annahme plausibel ist, daß die Begünstigung auch den Eigentümern verbleibt. Tendenziell dürfte diese Annahme bei Unternehmen seltener gerechtfertigt sein als bei privaten Haushalten, weil Unternehmen für den Markt produzieren und über Beschaffungs- und Absatzmärkte enger mit dem Marktgeschehen verbunden sind als private Haushalte. Um zu ergründen, wer durch die Subventionszahlung begünstigt wird, bedarf es einer Untersuchung ihrer Verteilungswirkungen. In dieser Analyse wird

---

[27] Siehe im einzelnen zu den im sog. Sozialbudget zusammengefaßten Leistungen Sozialbericht 1990, Bonn 1990, S. 103 ff.

ähnlich wie in der Steuerwirkungslehre verfahren. In **Analogie zur Steuertechnik** spricht man daher auch bei Subventionen von einem Gegenstand oder Objekt (z. B. Sachen, Personen, Handlungen), an dessen Existenz die Subventionsberechtigung anknüpft. Weiterhin ist eine Bemessungsgrundlage erforderlich, nach der die Höhe des Subventionsbetrages bestimmt wird. Aus der Bemessungsgrundlage und dem Satz bzw. Betrag pro Einheit der Bemessungsgrundlage ergibt sich die Höhe des unternehmensspezifischen Subventionsbetrages. Dieser Betrag fließt an den **Subventionsempfänger.** Sofern dem Subventionsempfänger, der definitionsgemäß immer ein Unternehmen ist, die Subvention auch zugute kommt, ist er zugleich der **Subventionsbegünstigte.** Häufig wird der Subventionsempfänger durch die Marktkräfte gezwungen, den Subventionsvorteil ganz oder teilweise weiterzugeben, so daß ein anderes Unternehmen oder ein privater Haushalt zum Begünstigten wird. Derjenige, dem der Subventionsvorteil nach dem Willen des Gesetzgebers zufließen soll, wird als **Subventionsdestinatar** bezeichnet. In der Realität dürften Subventionsdestinatar, -empfänger und -begünstigter keineswegs immer identisch sein.

Im Schema 6.5, das den umgekehrt analogen Vorgang zur Steuerüberwälzung seitens des Unternehmens wiedergibt, ist zu erkennen, welche Unterschiede zwischen Zahlungsempfang und Subventionsinzidenz auftreten können.

Auf der **Beschaffungsseite** kann die dem Unternehmen zufließende Subvention dazu führen, daß bei den am Markt beschafften Diensten und Gütern Preiszugeständnisse gemacht werden. Sie können die Form des Zugeständnisses einer Lohnerhöhung, eines erhöhten Preises für Vorleistungen bzw.

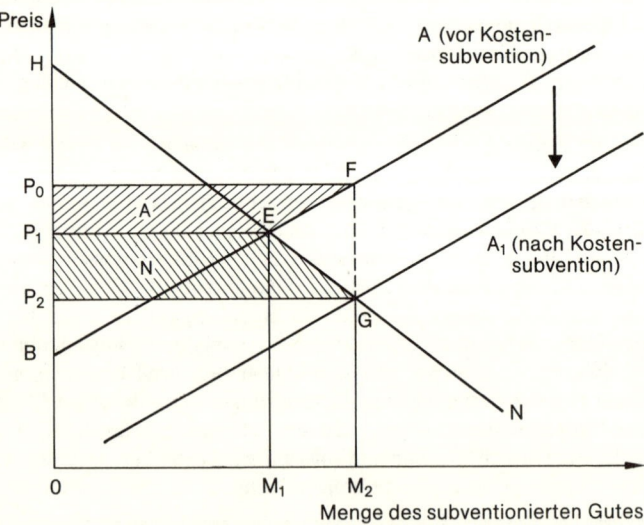

Abb. 6.12: Kostensubvention bei vollständiger Konkurrenz und mittleren Elastizitäten

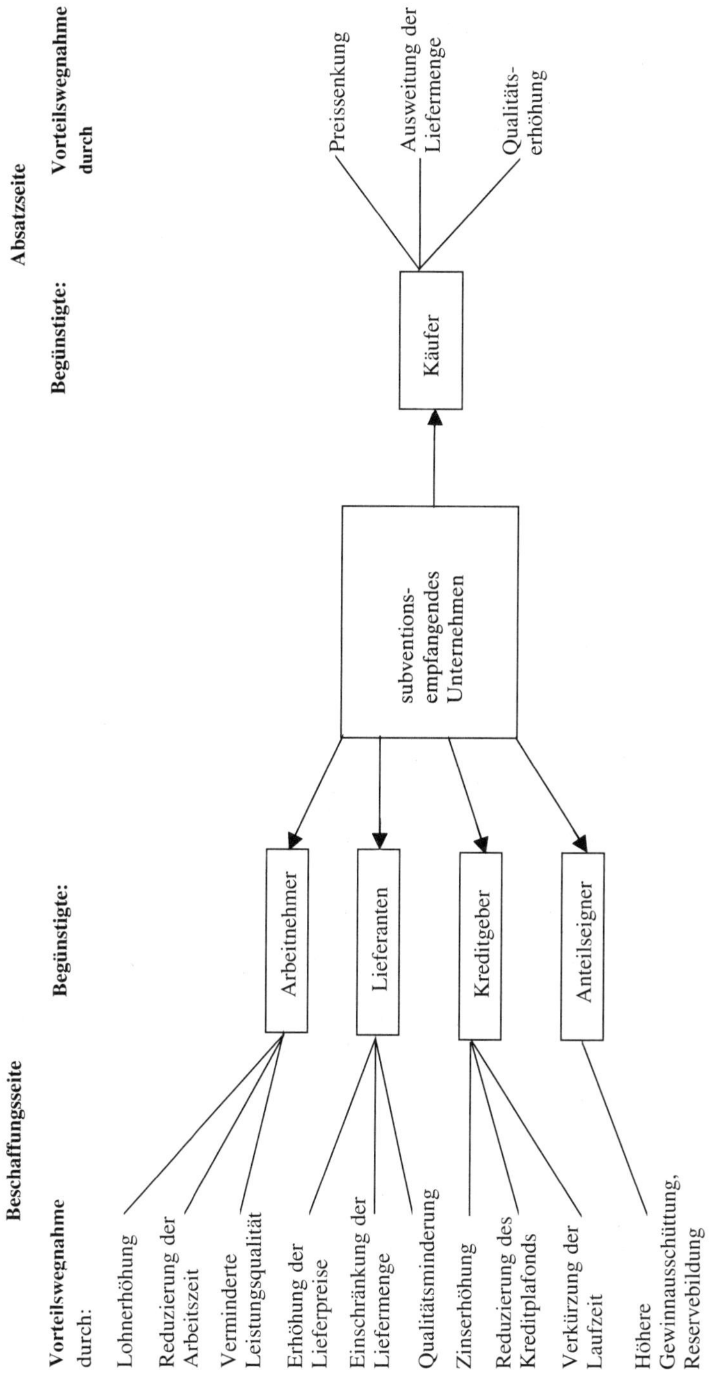

Schema 6.5: Möglichkeiten einer Anpassung an den Subventionsempfang

Beschaffungsseite

Begünstigte:

Arbeitnehmer

Lieferanten

Kreditgeber

Anteilseigner

Vorteilswegnahme durch:

Lohnerhöhung

Reduzierung der Arbeitszeit

Verminderte Leistungsqualität

Erhöhung der Lieferpreise

Einschränkung der Liefermenge

Qualitätsminderung

Zinserhöhung

Reduzierung des Kreditplafonds

Verkürzung der Laufzeit

Höhere Gewinnausschüttung, Reservebildung

subventions-empfangendes Unternehmen

Absatzseite

Begünstigte:

Käufer

Vorteilswegnahme durch

Preissenkung

Ausweitung der Liefermenge

Qualitäts-erhöhung

bei der Fremdfinanzierung einer ungünstigeren Kondition annehmen. Wenn der Begünstigte auf der **Absatzseite** zu suchen ist, kann ihm die Begünstigung durch niedrigere Preise, höhere Qualität oder ganz einfach durch die Möglichkeit einer erhöhten Liefermenge zukommen. Was nicht in diesen Formen weitergegeben wird, fließt den Besitzern des Eigenkapitals in der Form von Gewinnausschüttung (bzw. Verlustminderung) sowie einer Reservebildung zu.

Wird versucht, die Wirkungen einer Kostensubvention mit Hilfe der mikroökonomischen Partialanalyse zu erfassen, so lassen sich – bei mittleren Elastizitäten auf beiden Marktseiten – die Preis- und Mengenwirkungen der Abb. 6.12 entnehmen. Das neue Marktgleichgewicht für das subventionierte Gut führt – bei unveränderter Nachfrage NN – zur Menge OM_2 beim Preis OP_2. Die Subventionszahlung in Höhe von P_2GFP_0 führt im Ausmaß von BFP_0 ./. $BEP_1 = P_1EFP_0$ zu einer Begünstigung des Anbieters und zu einem Vorteil in Höhe von P_2GH ./. $P_1EH = P_2GEP_1$ für den Nachfrager. Das Dreieck EGF stellt eine mit der Subventionsvergabe verbundene Zusatzlast dar. Wie im Fall der Mengensteuer bei vollständiger Konkurrenz (Abb. 6.1) hängt auch hier das Ausmaß der Wirkungen auf Anbieter und Nachfrager vom Verlauf der Angebots- und Nachfragekurven ab.

Die Zahl der Anpassungsmöglichkeiten erhöht sich noch, wenn man über die **Reichweite der Anpassungen,** die im Schema 6.5 wiedergegeben sind, und über die mikroökonomische Partialanalyse hinausgeht und z. B. unterstellt, daß ungebunden zufließende Subventionen Rationalisierungsanstrengungen verringern. Im Rahmen einer makroökonomischen Betrachtung aller Märkte ist es möglich, daß Faktorwanderungen in die begünstigten Sektoren einsetzen und – je nach Ausgestaltung der Subvention – das aufzuwendende Volumen an Subventionen erhöhen und den Strukturwandel behindern. Schließlich könnte noch der Zusammenhang zwischen Subventionszahlung und Investitionstätigkeit einer näheren Prüfung unterzogen werden.

Sofern man einmal von der Annahme ausgeht, daß die Subvention in eine oder mehrere der in Schema 6.5 genannten Richtungen weitergegeben worden ist, kann man sie den jeweiligen Begünstigten entsprechend ihrer Einkommensposition zuordnen. Indizien für Richtung und Ausmaß der Weitergabe können die **Auflagen** geben, die den Subventionen als Instrument der sektoralen Wirtschaftspolitik beigegeben werden (s. unten 8. Kapitel, S. 431 f.). Wenn eine Subvention z. B. die gezahlten Löhne als Bemessungsgrundlage hat und an ihre Erhöhung gebunden ist, kann man sicherlich einen Teil des Subventionsvorteils den Arbeitnehmern zurechnen (Lohnsubventionen), ebenso wie eine nur der Finanzierung des Landarbeiterwohnungsbaus vorbehaltene Zahlung z. T. dieser Gruppe zugeordnet werden kann. Hat die Subvention dagegen keine Auflagen dieser Art, so wird man den Vorteil eher den Anteilseignern zurechnen.

b) Die Inzidenz der Transformationstätigkeit

Die Verteilungsanalyse der Transformationstätigkeit des Staates wird dadurch erschwert, daß Verteilungseffekte einerseits bei den Sach- und Personalausgaben auftreten, also im **Prozeß der Leistungserstellung,** und andererseits durch das **nichtmonetäre Leistungsangebot (Leistungsabgabe).** Bei der Leistungsabgabe handelt es sich nicht um geleistete Zahlungen, sondern um Realtransfers, die der Staat kostenlos oder zu nicht kostendeckenden Preisen abgibt. Um es an einem Beispiel zu veranschaulichen: Wenn Schulen gebaut oder erweitert werden, so interessieren einerseits die Beschäftigungswirkungen der Bauinvestitionen und der Einstellung von Lehrern, und andererseits wird auch gefragt, welchen Einkommensklassen z. B. die angebotenen Schulleistungen zugute kommen.

Wollte man in der Phase der *Leistungserstellung* bei der Bestimmung der Verteilungseffekte der Personal- und Sachausgaben ähnlich verfahren wie bei den Transfers und die Ausgaben auf ihre Empfänger verteilen, so würde das eine Zurechnung dieser Ausgaben auf die Anbieter der vom Staat nachgefragten Güter und Produktionsfaktoren bedeuten. Eine solche Zuordnung öffentlicher Transformationsausgaben auf die Staatslieferanten und die vom Staat beschäftigten Personen würde jedoch zu dem unsinnigen Ergebnis führen, daß im öffentlichen Sektor tätige Personen einen höheren Leistungsempfang durch den Staat aufweisen würden als vergleichbare privat beschäftigte Arbeitnehmer und daß die Staatslieferanten im Vergleich zu Unternehmen, die nur an private Auftraggeber liefern, besser dastünden. Es kann also im vorliegenden Problemzusammenhang nicht um die unmittelbare zahlenmäßige Zurechnung der Gesamtsumme an Personal- und Sachausgaben auf die Einkommensklassen der Empfänger gehen, sondern um ihre Wirkungen auf die funktionale und personale Einkommensverteilung im nachfolgend näher zu erläuternden Sinne.

Allerdings ist denkbar und auch realistisch, daß in den vom Staat gezahlten Faktorentgelten und Güterpreisen **Transferelemente** enthalten sind. Durch die öffentliche Entlohnung der Produktionsfaktoren und die Bezahlung von Gütern kann es nicht nur zu einer unbeabsichtigten zusätzlichen, also nicht marktgerechten Vergütung kommen, sondern auch zu einer gezielten Bevorteilung, beispielsweise zur Förderung wenig entwickelter Regionen oder mittelständischer Unternehmen.

Bei den Sachausgaben könnte z. B. geprüft werden, ob die Bezahlung der Produktionsfaktoren und Güter durch den Staat zu Wettbewerbspreisen erfolgt. Ob dies geschieht, hängt u. a. von der Wettbewerbsintensität ab, die auf den Märkten herrscht, auf die die staatliche Nachfrage trifft. Wo Güter gehandelt werden, für die der Staat als alleiniger oder hauptsächlicher Nachfrager in Erscheinung tritt, ist die **potentielle Markt- und Verhandlungsmacht des Staates** groß. Einer solchen oft als vorteilhaft angesehenen Situation steht ein möglicher Nachteil für den Fall gegenüber, daß Produkte nachgefragt werden, die entweder konkurrenzlos angeboten werden oder sich noch in der Entwicklung befinden.

Auch bei den staatlichen **Personalausgaben** gilt es, die Entlohnung des Faktors Arbeit durch den Staat mit derjenigen durch private Arbeitgeber zu vergleichen, wobei sich Bewertungsprobleme für nicht ohne weiteres in Geld ausdrückbare **Lohnbestandteile** (z. B. verminderte Entlassungsmöglichkeit bei Beamten, Beihilfe im Krankheitsfall, Pensionsansprüche) ergeben. Diese Transferelemente müßten ebenfalls auf Einkommensklassen zugerechnet werden, wobei ein solches Vorgehen dadurch, daß keine einheitlichen Maßstäbe für die Bewertung dieser Art von Transfers bestehen, erschwert wird. Außerdem muß auf die Gefahr von Doppelzählungen geachtet werden.

Vergleichsweise bedeutender für die Erreichung einer gerechteren Einkommensverteilung als der beschriebene Prozeß staatlicher Leistungserstellung im Transformationsbereich ist jedoch die staatliche *Leistungsabgabe,* die die zweite Stufe der staatlichen Transformationstätigkeit (Ausgaben werden in Leistungen transformiert) darstellt. Bei den hier angesprochenen Tätigkeiten handelt es sich beispielsweise um die Leistungen der öffentlichen Hand im Gesundheits-, Bildungs- und Kulturbereich, im Wohnungs- und Städtebau, in der äußeren und inneren Sicherheit oder in der Rechtsprechung.

Unter dem Aspekt der Zurechenbarkeit einer Leistung ist es zweckmäßig, **empfängerindifferente** bzw. „unteilbare" (z. B. Verteidigung) von **empfängerspezifischen** Leistungen (z. B. Schulbesuch) zu trennen. Im ersten Fall überwiegt die „**Kollektivgutkomponente**" der Leistung, im letzteren die „**Individualgutkomponente**". Bei einer Analyse der Infrastrukturleistungen würde man sicherlich im zuletzt genannten Bereich beginnen und z. B. verbilligten Wohnraum oder Hochschulbesuch auf die Inanspruchnahme durch einzelne Staatsbürger hin analysieren. Eine besondere Rolle spielen auch die sog. Sachleistungen (ärztliche Behandlung, Arzneimittel usw.), zu denen insbesondere die Ausgaben der gesetzlichen Krankenkassen und anderer Sozialversicherungsträger führen. Hier handelt es sich um Leistungen, deren personelle Inzidenz über die Inanspruchnahme ermittelbar erscheint.

Doch selbst wenn die personelle Inzidenz, z. B. in Form der Nutzung des nichtmonetären Leistungsangebots, ermittelt werden konnte und die Benutzer nach ihrer Einkommenshöhe kategorisiert sind, ist damit noch nicht geklärt, um wieviel sich die Einkommenssituation verbessert hat. Im Gegensatz zu monetären Transfers müssen die in Anspruch genommenen Leistungen erst in Geldgrößen umgerechnet und dem Einkommen zugeschlagen werden.

Als **Bewertungsmöglichkeit** für die zuzurechnenden Leistungen könnten, neben einer Bewertung zu den **im Haushalt ausgewiesenen (Herstellungs)Kosten,** unter Verteilungsaspekten auch die **individuellen Kostenvorteile** herangezogen werden, die sich aus der Inanspruchnahme der genannten öffentlichen Leistungen ergeben. So bewirkt u. U. der Besuch einer höheren Schule und/oder der Universität ein erhöhtes Einkommen. Sofern dieses erhöhte Lebenseinkommen ursächlich auf die Inanspruchnahme dieser öffentlichen Leistung zurückführbar ist, handelt es sich um einen solchen individuellen Kostenvorteil.

Eine dritte Möglichkeit bestünde darin zu ermitteln, wie die Leistungen bei einer subjektiven Bewertung eingestuft würden. Im Falle einer **Bewertung zu individuellen Nutzenvorstellungen,** wie sie durch Befragung ermittelbar sind, könnte sich z. B. eine Ablehnung der Verteidigungsausgaben ergeben, so daß auf alle Personen, die diese Leistung ablehnen, bei der genannten Bewertung auch keine Verteidigungsleistungen zugerechnet werden könnten. Den gleichen Personen würde jedoch bei einer Bewertung zu Haushaltskosten, je nach Zurechnungsschlüssel, ein bestimmter Betrag zugerechnet. Im Falle der meritorischen Güter scheitert eine Zurechnung nach den individuellen Nutzenvorstellungen, da sie definitionsgemäß staatlicherseits bei nicht oder nur unvollkommen vorhandenen Konsumentenpräferenzen durchgesetzt werden.

Bei der Zurechnung der Leistungsabgabe ist also eine direkte Verknüpfung mit der personalen Einkommensverteilung nur bedingt möglich. Andererseits wird man die Tatsache, daß Realtransfers angesichts ihrer Substituierbarkeit mit monetären Transfers (z. B. verbilligte Sozialwohnungen versus Wohngeld) Verteilungseffekte aufweisen, nicht in Frage stellen. Im Rahmen weiterer Analysen sind hier neben Querschnittsbetrachtungen insbesondere Untersuchungen über einen längeren Zeitabschnitt erforderlich, um die Verteilungswirkungen angemessen, z. B. im Bereich der sozialen Sicherung, zu erfassen. Schließlich stellt sich im Rahmen von Verteilungsuntersuchungen und der Bewertung ihrer Ergebnisse immer wieder die Frage nach dem Beurteilungsmaßstab für die Wirkungen der Verteilungspolitik.[28]

III. Die sog. Budgetinzidenzuntersuchungen; Ergebnisse und Kritik

Mit Hilfe der sog. Budgetinzidenzuntersuchungen soll der Nettoeffekt der öffentlichen Einnahmen und Ausgaben auf die personale Einkommensverteilung ermittelt werden. Ausgehend von den Ergebnissen der Inzidenzforschung werden – häufig unter Verwendung alternativer Inzidenzhypothesen – die Steuern und Ausgaben auf Einkommensgrößenklassen zugerechnet. In den vorausgegangenen Abschnitten I und II waren bereits die Ergebnisse einiger Untersuchungen zur Zurechnung einzelner Steuer- und Ausgabearten wiedergegeben worden, z. B. zu den Verbrauchsteuern und den Agrarsubventionen. Sie könnten als Teile in Budgetinzidenzuntersuchungen eingehen. Budgetinzidenzuntersuchungen stellen den Versuch dar, über die Zurechnung einzelner (a) Steuern und (b) Ausgaben hinaus den Nettoeffekt des gesamten Budgets auf die personale Einkommensver-

---

[28] Zu empirischen Ansätzen einer Zurechnung der Transformationsausgaben in verschiedenen Lebensbereichen siehe Hanusch, H., Henke, K.-D., Mackscheidt, K., Pfaff, M., und Mitarbeiter, Verteilung öffentlicher Realtransfers auf Empfängergruppen in der Bundesrepublik Deutschland, Band 3, Teilband 1 der Schriften zum Bericht der Transfer-Enquête-Kommission „Das Transfersystem in der Bundesrepublik Deutschland", Stuttgart u. a. 1982.

Tab. 6.3: Zurechnung des Steueraufkommens auf Einkommensklassen, USA, 1960, in %[1]

	Monetäres Familieneinkommen (Dollar/Jahr)							Insge-samt
	Unter 2000	2000 bis 2999	3000 bis 3999	4000 bis 4999	5000 bis 7499	7500 bis 9999	10000 und darüber	
Bundessteuern	17,8	24,1	27,9	28,7	21,5	15,6	30,6	24,2
Staats- und Gemeindesteuern	12,3	14,4	14,9	17,8	12,9	6,1	7,0	10,0
Steuern insgesamt	30,1	38,5	42,8	46,6	34,3	22,6	36,8	34,2
Anteil der Familien	14	9	9	11	28	15	14	100
Anteil des Geldeinkommens der Familien	2	4	5	8	28	20	33	100

[1] Die Prozentsätze beziehen sich auf ein „adjusted broad income". – Zu seiner Ermittlung werden dem monetären Einkommen, das die öffentlichen monetären Transfers (Übertragungseinkommen) enthält, die erhaltenen öffentlichen Leistungen hinzugefügt, und die Steuern werden abgezogen. Entnommen aus: Gillespie, W. I., Wirkung des Finanzsystems auf die Einkommensverteilung, in: Recktenwald, H. C., Hrsg., Finanzpolitik, Köln-Berlin 1969, S. 241.

teilung und damit die budgetäre Umverteilung für einen bestimmten Zeitraum zu ermitteln.

a) Die Zurechnung des Steueraufkommens auf Einkommensklassen

Eine der ersten Budgetinzidenzanalysen, die sich aber zur Veranschaulichung des Vorgehens nach wie vor besonders gut eignet, stammt von W. I. Gillespie. Bei seiner Zurechnung der Steuern auf Einkommensklassen ergibt sich das in Tab. 6.3 wiedergegebene Bild. Dort zeigt sich, daß in den USA die Gesamtbesteuerung für die ersten vier Einkommensklassen progressiv verläuft, während die steuerliche Belastung in den Einkommensgruppen 5000–7499 $ und 7500–9999 $ deutlich abnimmt. Bei Einkommen über 10000 $ steigt die Progression dann wieder an.[29]
Differenziert man das Gesamtergebnis nach Bundessteuern und den Steuern der Staaten und Kommunen, so zeigt sich, daß die letzteren tendenziell weniger zur Umverteilung beitragen als die überwiegend progressiven Bundessteuern. Ohne an dieser Stelle alle Inzidenzhypothesen, auf denen die Ergebnisse beruhen, anzuführen, sei nur auf jene für die Körperschaftsteuer hingewiesen, deren Inzidenz, wie oben gezeigt wurde, besonders schwierig zu bestimmen ist. Daher behelfen sich manche Autoren damit, daß sie die Steuern alternativ **nach verschiedenen Hypothesen zurechnen** (vgl. Schema 6.6). Das hat den Vorteil, die mangelnde Sicherheit der Zurechnung und damit der Ergebnisse zu verdeutlichen. Gleichzeitig wird sichtbar, wie sehr die Ergebnisse dieser Arbeiten von der Wahl der Hypothesen abhängen.

b) Die Zurechnung der Ausgaben auf Einkommensklassen

Aus Tab. 6.4 gehen die Ergebnisse der Studie von Gillespie für die Ausgabenseite hervor. Die Prozentsätze zeigen jeweils an, wieviel die Angehörigen der angegebenen Einkommensklassen an öffentlichen Ausgaben im Verhältnis zu ihrem Haushaltseinkommen „erhalten" bzw. zugerechnet bekommen.
Aus den Angaben ist ersichtlich, daß die Ausgaben des Bundes überwiegend unteren Einkommen zugute kommen, allerdings kommt es von der ersten zur zweiten und von der vorletzten zur letzten Einkommensgruppe zu einer geringfügigen Änderung der Tendenz. Die Verteilungswirkungen der Staats- und Gemeindeausgaben wirken dagegen durchgängig in der Weise, daß ihr Anteil am Haushaltseinkommen mit steigendem Einkommen abnimmt. Das gleiche gilt für die öffentlichen Ausgaben insgesamt. Zu einem ähnlichen Ergebnis gelangt die erwähnte Studie der Tax Foundation.

---

[29] Einen Überblick über frühere empirische Studien zur Steuerlastverteilung gibt Recktenwald, H. C., Tax Incidence and Income Redistribution, Detroit 1971, S. 155 ff.

Schema 6.6: Annahmen zur Inzidenz der Körperschaftsteuer in einigen Untersuchungen zur Steuerlastverteilung

Musgrave, Daicoff[1] (1948)	Drei Alternativen: 1. Ein Drittel Gesamtkonsum, ein Achtel Lohneinkommen, Rest Einkommen aus Kapitalerträgen 2. Gesamtkonsum 3. Gesamtes Einkommen aus Kapitalerträgen
Gillespie[2] (1960)	Ein Drittel Gesamtkonsum, Rest Einkommen aus Kapitalerträgen
Tax Foundation[3] (1961, 1965)	Zwei Alternativen: 1. Gesamtkonsum 2. Eine Hälfte Gesamtkonsum, andere Hälfte Einkommen aus Kapitalerträgen
Hake[4] (1963)	Fünf Alternativen: 1. Kapitalvermögen 2. 60% Gesamtkonsum; 40% Kapitalvermögen 3. 80% Gesamtkonsum; 20% Kapitalvermögen 4. 100% Gesamtkonsum 5. 134% Gesamtkonsum[6]
Pechman/ Okner[5] (1966)	Fünf Alternativen: 1. Dividenden 2. Vermögenseinkommen insgesamt 3. 50% Dividenden, 50% Vermögenseinkommen insgesamt 4. 50% Dividenden, 25% Konsum, 25% Löhne und Gehälter 5. 50% Vermögenseinkommen insgesamt, 50% Konsum

Quellen:

[1] Musgrave, R. A., und Daicoff, D. W., Who Pays the Michigan Taxes?, Michigan Tax Study Staff Papers, Ann Arbor 1958, S. 131 ff.

[2] Gillespie, W. I., The Effect of Public Expenditures on the Distribution of Income: An Empirical Investigation, in: Musgrave, R. A., Hrsg., Essays in Fiscal Federalism, Washington, D. C. 1965, S. 122 ff.

[3] Tax Foundation, Tax Burdens and Benefits of Government Expenditures by Income Class, 1961 and 1965, New York 1967.

[4] Hake, W., Umverteilungseffekte des Budgets, Göttingen 1972.

[5] Pechman, J. A., und Okner, B. A., Who Bears the Tax Burden?, Washington, D. C. 1974, S. 38.

[6] Zur Erklärung dieser Angabe s. oben S. 253.

Auch W. Hake ermittelte für die Bundesrepublik, daß die öffentlichen Ausgaben positiv auf untere Einkommensschichten wirken; selbst wenn man die am stärksten in dieser Richtung wirkende Gruppe der reinen Kollektiv-

Tab. 6.4: Zurechnung der Ausgaben auf Einkommensklassen, USA, 1960, in %[1]

	Monetäres Familieneinkommen (Dollar/Jahr)							
	unter 2000	2000– 2999	3000– 3999	4000– 4999	5000– 7499	7500– 9999	über 10000	Insge- samt
Ausgaben des Bundes	41,8	43,8	37,3	26,0	18,9	16,0	17,3	21,1
Ausgaben der Staaten und Gemeinden	43,4	39,1	24,0	19,2	12,6	8,3	6,2	12,9
Ausgaben insgesamt	85,2	82,9	61,3	45,2	31,5	24,3	23,5	34,0
Anteil der Familien	14	9	9	11	28	15	14	100
Anteil des Geldeinkommens der Familien	2	4	5	8	28	20	33	100

[1] Vgl. Fußnote zu Tab. 6.3.
Entnommen aus: Gillespie, W. I., Wirkung des Finanzsystems auf die Einkommensverteilung, a. a. O., S. 241.

güter (Verteidigung, öffentliche Sicherheit usw.) nicht einbezieht, verändert sich dieses Bild nicht.[30]

Auch im Falle der Ausgaben sei auf die Problematik der notwendigen Entscheidungen über die Inzidenzhypothesen nur beispielhaft eingegangen. Dazu eignen sich die Realtransfers besonders gut, da hier die Zurechnung, wie zuvor erwähnt (S. 263 ff.), weniger direkt möglich ist als beispielsweise bei Transfers an private Haushalte. Aus Schema 6.7 ist an einigen Beispielen zu sehen, wie verschiedene Autoren ihre Inzidenzhypothesen aus dem Bereich der Leistungsabgabe gewählt haben, d. h. nach welchem **Verteilungsschlüssel** die öffentlichen Ausgaben auf Einkommensklassen zugerechnet worden sind. Wenn z. B. die **Verkehrsausgaben** einmal nach der Höhe des Einkommens, ein anderes Mal nach den Treibstoff- und Konsumausgaben sowie den Ausgaben für Gütertransporte zugerechnet wurden, so müssen sich entsprechend der verwendeten Hypothesen unterschiedliche Verteilungswirkungen ergeben, wenn nicht das Einkommen mit den anderen Größen eng korreliert. Das Einkommen ist einfach zu ermitteln, doch vernachlässigt die pauschale Zuordnung nach dieser Größe die einzelnen Wirkungen der Verkehrsausgaben. Da sie vornehmlich den Kraftfahrzeugbesitzern zugute kommen, wird man ihnen den größeren Teil zurechnen; das kann anhand der Ausgaben der privaten Haushalte für Kraftstoff, Öl usw. und im gewerblichen Bereich anhand der Gütertransporte geschehen. Da der Erschließungseffekt einer neuen Straße auch den Grundstücksbesitzern zugute kommt, kann man ihnen auf der Basis ihres Vermögens einen, wenn auch nur kleinen Teil der Verkehrsausgaben zurechnen.

Ähnlicher Verfahren bedient man sich auch bei der Zurechnung der **Bildungsausgaben** (s. Schema 6.7). Die Annahme „gleiche Bildungsleistung pro Kopf" ist empirisch einfach zu verwenden, aber zu grob. Man wird diese Ausgaben daher eher den Familien mit Kindern in der Ausbildung zuordnen und kann dann den Nutzen, der davon unabhängig ist (auch Kinderlose befürworten ein gutes Bildungssystem), nach einer Einkommensgröße, vielleicht sogar pro Kopf zurechnen.

Eine besondere Schwierigkeit bieten Staatsleistungen mit großer Kollektivgutkomponente (s. S. 264) wie **Verteidigung**, Außenpolitik usw., für die eine Inzidenzhypothese in jedem Fall einen höheren Grad von Willkür hat als etwa für die Verkehrsausgaben. Als Beispiel sei die Untersuchung der Tax Foundation für die Jahre 1961 und 1965 erwähnt, in der mit alternativen Hypothesen gearbeitet wurde; dieses Verfahren ist gerade dann angebracht, wenn jeder einzelnen Hypothese eine beträchtliche Unsicherheit anhaftet. In einer ersten Hypothese werden diese Leistungen im Verhältnis zur Anzahl der Familien in jeder Einkommensklasse zugerechnet, was zu einer positiven Wirkung auf die unteren Einkommensschichten führt. Leistungen, die so behandelt werden, als kämen sie jedem Staatsbürger gleichermaßen zugute, wirken dann als **„negative Kopfsteuern"**. Nach einer zweiten Hypothese werden Ausgaben gemäß der Höhe des Familieneinkommens zugerechnet. Bei der Verteilung der öffentlichen Ausgaben entspre-

---

[30] Hake, W., Umverteilungseffekte des Budgets, a. a. O., S. 241.

Schema 6.7: Inzidenzhypothesen für die Zurechnung der Leistungsabgabe bei einigen Transformationsausgaben auf Einkommensgruppen in verschiedenen Untersuchungen

Untersuchung / Ausgabeart	Adler (1947/48)[1]	Musgrave, Daicoff (1948)[2]	Gillespie (1960)[3]	Tax Foundation (1961, 1965)[4]	Hake (1963)[5]
	Alle öffentlichen Haushalte	Staats- und Gemeindehaushalte	Alle öffentlichen Haushalte	Alle öffentlichen Haushalte	Alle öffentlichen Haushalte
Verkehr	Einkommen	Öl- und Benzinausgaben sowie Konsumausgaben	Öl- und Benzinausgaben, Ausgaben für Gütertransporte sowie Sachvermögen	Kraftfahrzeugausgaben sowie Konsumausgaben	Benzinausgaben, Konsumausgaben, Gesamtvermögen
Bildung	pro Kopf	Einkommen von Familien mit Kindern im schulpflichtigen Alter	Anzahl der Studenten sowie Löhne und Gehälter	Anzahl der Kinder unter 18 Jahren sowie Erziehungsausgaben	Schulbesuch pro Einkommensgruppe, private Erziehungsausgaben nach besuchten Schultypen
Verteidigung und internationale Angelegenheiten	Einkommen	nicht ausgewiesen	Anzahl der Haushalte, verfügbares Einkommen sowie Kapitaleinkommen	Anzahl der Familien, Geldeinkommen und beides	Anzahl der Haushalte

Quelle:

[1] Adler, J.H., The Fiscal System, The Distribution of Income and Public Welfare, in: Poole, K.E., Hrsg., Fiscal Policies and the American Economy, New York 1953, S. 359ff.
[2-5] s. Quellen zu Schema II 6.6, S. 268.

chend der Einkommenshöhe wird unterstellt, daß die Bezieher hoher Einkommen von den allgemeinen Staatsleistungen stärker profitieren als die Bezieher niedriger Einkommen. Bei der zweiten Inzidenzhypothese ergibt sich infolgedessen eine weniger positive Wirkung auf die unteren Einkommensschichten. Die Wahl der Inzidenzhypothese bestimmt somit Richtung und Ausmaß der budgetären Umverteilung.

c) Die budgetäre Umverteilung und ihre Problematik

Wenn beide Seiten des öffentlichen Haushalts auf Einkommensgrößenklassen zugerechnet worden sind, liegt es nahe – und ist letztlicher Zweck dieser Analysen der Budgetinzidenz als gleichzeitiger Einnahmen- und Ausgabeninzidenz (s. oben S. 230) –, einen Nettoeffekt zu berechnen. Dazu wird eine Saldierung vorgenommen, die für die Untersuchung von Gillespie der Abb. 6.13 zu entnehmen ist. In den unteren Einkommensklassen liegen die zugerechneten Ausgaben über der steuerlichen Belastung, und ab 4000 $ Jahreseinkommen liegt die Besteuerung mit einer Ausnahme (7500–9999 $) höher als der Vorteil aus der Ausgabentätigkeit. Dabei fällt auf,

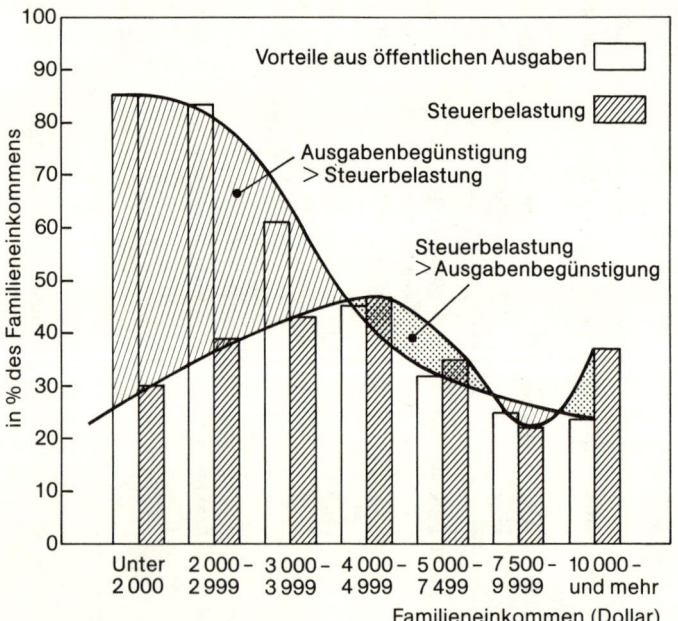

[1] Vgl. Fußnote zu Tab. 6.3.

Quelle: Tabellen 6.3 und 6.4.

Abb. 6.13: Steuern und Ausgaben in Prozent des Einkommens[1] nach Einkommensgrößenklassen, USA, 1960

daß die Ausgaben im unteren Einkommensbereich die Steuern wesentlich stärker übertreffen, als die Steuern die Ausgaben im oberen Einkommensbereich übersteigen. Daraus ergibt sich insgesamt eine Umverteilung zugunsten der unteren Einkommensklassen, wobei der redistributive Einfluß der Ausgaben größer als der der Steuern zu sein scheint. Würde dieser Saldo für die verschiedenen Einkommensgruppen im Ablauf der Jahre beobachtet, so könnte er darüber Auskunft geben, ob die sich im Budget niederschlagende Staatstätigkeit im Zeitablauf mit dem politisch erwünschten Ziel einer gleichmäßigeren Einkommensverteilung harmoniert.

Die Ergebnisse der Umverteilungswirkungen der Sozialversicherung, der Steuern und der Staatsausgaben in der Bundesrepublik Deutschland lassen sich der Abb. 6.14 entnehmen. Dort kann man ablesen, daß die Umverteilung durch die Sozialversicherung den stärksten Effekt hat. Er übertrifft die Umverteilungswirkungen von Steuern und Ausgaben. Das zeigt sich optisch am größeren Abstand von Kurve 1 zu 2 im Vergleich zu den Abständen der Kurven 2 zu 3 sowie 3 zu 4. Auch der Gini-Koeffizient (G), der die Fläche zwischen der Kurve und der 45°-Linie zum Dreieck ABO in Beziehung setzt, weist dies aus, denn seine Differenz ist zwischen den Kurven 1 und 2 größer als zwischen den Kurven 2 und 3 sowie 3 und 4.

Die Ergebnisse der Budgetinzidenzanalysen werden sehr unterschiedlich beurteilt. Die **Kritik** entzündete sich weniger an der oft bemängelten Unzulänglichkeit des statistischen Materials und auch nicht so sehr an den mehr oder minder plausiblen Inzidenzhypothesen. Auch die Vernachlässigung der Verteilungseffekte der Gebührenfinanzierung und der Parafisci wird nicht als ernsthafter Einwand erhoben. Vielmehr liegt der Grund in den **methodischen Bedenken** gegen eine zu weitgehende Interpretation des ermittelten Nettoeffekts.

Man kann sich die Bedenken anhand des Lorenzkurvendiagramms in Abb. 6.14 vor Augen führen. Wenn dort die äußere Kurve 1 eine Einkommensverteilung ohne Berücksichtigung der budgetwirksamen Staatstätigkeit und die inneren Kurven 2 bis 4 diese Verteilung unter Einschluß der Steuer- und Ausgabenströme wiedergeben, so liegt es nahe, die äußere Kurve als Verteilungssituation ohne Staat zu interpretieren („originäre Primärverteilung", s. oben S. 218).

Eine solche von staatswirtschaftlicher Beeinflussung gänzlich freie Situation (,no budget situation'), die gerade durch eine so umfassende Zurechnung aller Finanzströme nahegelegt wird, läßt sich aber nicht ermitteln. Dies läßt sich am Beispiel eines einzelnen Finanzstroms, z.B. der Lohnsteuer, darstellen, was zugleich bedeutet, daß die Fiktion einer staatsfreien Referenzsituation, auf die dann der Staat verändernd einwirkt, schon bei der Zurechnung eines einzelnen Finanzstroms nicht zulässig ist. Zieht man nämlich vom Bruttoeinkommen die Lohnsteuer ab, kann man zwar den Verlauf beider Kurven, der Brutto- und der Nettoeinkommenskurve, in einem Lorenzkurvendiagramm darstellen, aber nicht unterstellen, bei Fehlen der Lohnsteuer wäre die Bruttoeinkommenskurve eine ausreichende Beschreibung des „**staats- bzw. steuerlosen**" Zustands. Es ist wahrscheinlich, daß die Arbeitnehmer und ihre Gewerkschaften sich dann an einem anderen als

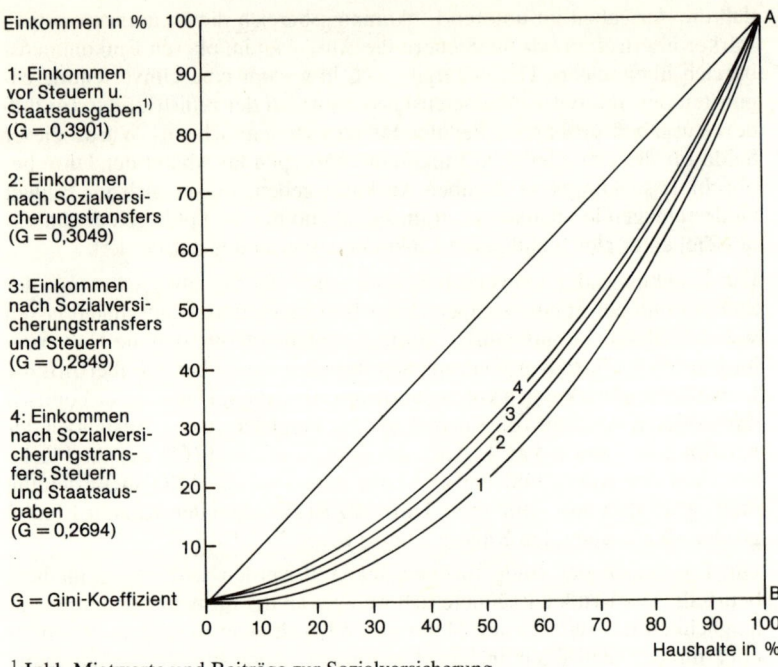

Einkommen in %

1: Einkommen vor Steuern u. Staatsausgaben[1] (G = 0,3901)

2: Einkommen nach Sozialversicherungstransfers (G = 0,3049)

3: Einkommen nach Sozialversicherungstransfers und Steuern (G = 0,2849)

4: Einkommen nach Sozialversicherungstransfers, Steuern und Staatsausgaben (G = 0,2694)

G = Gini-Koeffizient

Haushalte in %

[1] Inkl. Mietwerte und Beiträge zur Sozialversicherung

Quelle: Grüske, K.-D., Personale Verteilung und Effizienz der Umverteilung: Analyse und Synthese, Göttingen 1985, S. 252.

Abb. 6.14: Umverteilungswirkungen der Sozialversicherung, der Steuern und der Staatsausgaben, Bundesrepublik Deutschland, 1978

dem Bruttolohn orientiert hätten. Außerdem hätten die Beschäftigten in einer Situation ohne Besteuerung vielleicht weniger gearbeitet usw. Die in Abb. 6.14 angegebenen Zahlen dürfen daher nur als fiktive Zu- und Abrechnungen interpretiert werden, nicht dagegen als Situation „vor und nach der budgetwirksamen Staatstätigkeit". Insofern handelt es sich bei Lorenzkurven nur um eine bestimmte Art der Darstellung von Verteilungsergebnissen anhand einer Gleichverteilungsgeraden und nicht etwa um eine Messung von Verteilungseffekten. Dazu wäre ein anderer Maßstab erforderlich. Ein Verzicht auf staatliche Aktivitäten würde zu Anpassungen im privaten Sektor führen, die man zur Beurteilung von Verteilungseffekten kennen müßte. Weniger öffentliche Sozialausgaben können beispielsweise zu einer Stärkung des individuellen Solidarverhaltens führen. Bei der Betrachtung der Verteilungseffekte eines Gesamtbudgets wäre also auch eine differentielle Betrachtung bei variablem Staatsanteil erforderlich, um in relevanten Alternativen zu diskutieren (s. S. 1 f.). Außerdem wären neben Querschnittsbetrachtungen auch Längsschnittsbetrachtungen budgetärer Umverteilung erforderlich.

Aus diesen Gründen wird trotz der zentralen Frage nach der Umverteilungswirkung staatlicher Einnahmen und Ausgaben gelegentlich auch vorgeschlagen, auf eine Inzidenzanalyse des gesamten Budgets zu verzichten. Statt dessen wird empfohlen, lediglich die Verteilungswirkungen von einzelnen Einnahmen- oder Ausgabenprogrammen zu untersuchen (Schema 6.8).

Eine solche Analyse der Verteilungswirkungen **einzelner Bereiche staatlicher Aktivität,** z. B. im Bildungs- oder Gesundheitswesen, kann ebenfalls mit Berücksichtigung der Finanzierungsseite erfolgen **(partielle Budgetinzidenz,** siehe Schema 5.9), oder sie kann auf die Finanzierungsseite verzichten. In jedem Fall stellt sie dann ein weniger anspruchsvolles Verfahren dar als die zuvor behandelten Studien, die die **totale Budgetinzidenz** zu erfassen suchen.

Schema 6.8: Formen der Budgetinzidenzanalyse

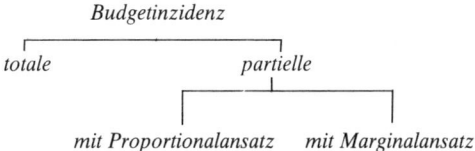

Fragt man bei der partiellen Budgetinzidenz, wer ein einzelnes öffentliches Ausgabenprogramm bezahlt, so entspricht die Finanzierungsinzidenz des speziellen Ausgabenbereichs der Inzidenz aller Deckungsmittel. Ist also im Falle einer Steuerfinanzierung des Ausgabenprogramms das gesamte Steuersystem regressiv, so ist auch die Lastverteilung für die untersuchten Ausgaben regressiv. Die steuerliche Belastung durch ein Ausgabenprogramm wird also als proportional zur Gesamtsteuerbelastung angesehen (sog. *Proportionalansatz*).

Um eine partielle Budgetinzidenzanalyse, also die Frage, wer einen bestimmten Posten öffentlicher Ausgaben zahlt und wem er zufließt, geht es auch in der Kontroverse über die **interpersonalen Verteilungswirkungen der öffentlichen Verschuldung.** Es wird behauptet, eine wachsende Staatsverschuldung käme überwiegend den Beziehern höherer Einkommen zugute. Zur Begründung wird angeführt, daß die Schuldtitel von den oberen Einkommensklassen gehalten und vom Durchschnitt der Steuerzahler, also auch von den „Armen", über Steuern verzinst und zurückgezahlt würden. Infolgedessen würden nach diesem Gedankengang „Arme" an „Reiche" transferieren (daher wird hier vom **„Transferansatz"** gesprochen), und die Einkommensverteilung würde sich entsprechend verschlechtern. Konsequenterweise folgerten die Vertreter dieses Ansatzes, daß bei tendenziell regressivem Steuersystem und progressiver Schuldtitelbesitzverteilung ein zusätzlich an „Arme" verkaufter Schuldtitel ceteris paribus die Einkommensverteilung verbessern würde, weil der „Arme" dann Zinsen und Tilgungszahlungen erhält, die teilweise von Wohlhabenderen aufgebracht werden. Nur für den unrealistischen Fall, daß die Schuldtitelbesitzer die zur Verzinsung und Tilgung der begebenen Schuld notwendigen Mittel selbst aufbringen und diese dann an sie entsprechend der erfolgten Aufbringung zurückfließen, findet keine Umverteilung statt. Der **Steuer-Zins-Kreislauf** wäre in diesem Fall einkommensneutral.

Der Transferansatz wird seit einiger Zeit angegriffen, weil in ihm – nach Meinung seiner Kritiker – übersehen wird, daß der Anleihezeichner bei der ebenfalls denkbaren Steuerfinanzierung öffentlicher Aufgaben wahrscheinlich eine andere (privatwirtschaftliche) Anlage für sein Sparvermögen gewählt und dann die Zinsen vom privaten Schuldner erhalten hätte. Es wäre demnach nicht korrekt, bei den Anleihezeichnern von einem Einkommenszuwachs zu sprechen, der erst durch die staatliche Verschuldung induziert wird; die staatliche Kreditaufnahme ist also nicht die Ursache für die anfallenden Zinszahlungen bei Beziehern hoher Einkommen. Die Diskussion mündet mithin in die weitere Fragestellung „**Steuer oder Anleihe?**" ein (s. oben 4. Kapitel, S. 162 f.).[31]

Der **Proportionalansatz** wird verschiedentlich als **willkürlich** angesehen und abgelehnt. Kürzt oder erhöht man nämlich ein bestimmtes Ausgabenprogramm, so ist es unwahrscheinlich, daß die spezielle damit einhergehende Kürzung oder Erhöhung der Steuerquote alle Steuerzahler im Maße ihrer bisherigen Belastung trifft.

Bei einer Betrachtung von marginalen Änderungen *(„Marginalansatz")* wäre es denkbar, daß im Untersuchungsjahr eine bestimmte Steuer erhöht wurde (z. B. der Hebesatz der Gewerbesteuer) und gleichzeitig der Ausbau eines bestimmten öffentlichen Projektes erfolgte. Dann könnte man daran denken, diese marginale Änderung auf der Steuerseite der Ausgabenvariation gegenüberzustellen. Die Anwort auf die Frage nach der Belastung sähe also beim „Marginalansatz" anders als beim „Proportionalansatz" aus.

Gegen den Marginalansatz kann wiederum vorgebracht werden, daß seine Anwendung daran scheitert, daß in praxi wegen des **Vorherrschens des Nonaffektationsprinzips** (s. oben 3. Kapitel, S. 85 f.) die Zuordnung bestimmter Ausgaben zu bestimmten Einnahmen im laufenden Budget nicht oder eben nur gedanklich möglich ist und daß der kurzfristige Zusammenhang einer Steuer- mit einer Ausgabenvariation nur in den Fällen einer Zweckbindung unstrittig ist.

C. Steuern und Ausgaben im Dienste der Umverteilung

Die Ergebnisse von Inzidenzanalysen oder die grundsätzliche Absicht, die Einkommensverteilung zu verbessern, können dazu führen, daß finanzpolitische Maßnahmen auf der Einnahmen- oder Ausgabenseite des Budgets eingesetzt werden. Sie müssen nicht unbedingt auf die Einkommensverteilung als ganze gerichtet sein (ausgedrückt etwa in der Lorenzkurve), sondern können die Änderung der Einkommensposition spezieller sozialer Gruppen zum Gegenstand haben. In jedem Fall sind die Ergebnisse von Inzidenzanalysen und der mit ihr erörterten Wirkungsanalyse dann wichtig, um diese Instrumente zielgerecht auszugestalten.

---

[31] Siehe im einzelnen Gandenberger, O., Öffentlicher Kredit und Einkommensverteilung, in: Finanzarchiv, NF Bd. 29, 1970, S. 1 ff.

I. Steuerpolitische Instrumente

Eine wichtige Voraussetzung für den verteilungspolitischen Einsatz der Steuern ist die Kenntnis ihrer Verteilungswirkungen. Bei der Analyse dieser Wirkungen hatte sich herausgestellt, daß im Grunde alle Steuern überwälzbar sind. Richtung und Ausmaß der Überwälzung variieren mit

- der **Art der Steuer** (Faktor-, Gütersteuern),
- dem **Zeitraum der Anpassung** und
- der **technischen Ausgestaltung** der einzelnen Steuer (Abgrenzung der Bemessungsgrundlage, Gestaltung der Steuertarife, Abzugsmöglichkeiten usw.).

Für die Verteilungspolitik ergeben sich aus diesen Größen die steuerpolitischen Aktionsparameter.

a) Belastung der Einkommensentstehung

Fragt man, welche Steuern vermutlich die Einkommensentstehung belasten werden, hier also nicht nur ihren formalen Anknüpfungspunkt haben, wird man zunächst danach trennen, ob die Steuer, die die Einkommensentstehung erfassen soll, an eine objektive oder, wie die **Einkommensteuer,** eine subjektive Leistungsfähigkeit geknüpft wird.

Der Einbau einer *Progression* z. B. erscheint nur dann sinnvoll, wenn eine Steuer an die persönliche Leistungsfähigkeit anknüpft. Mit der Progression sollen die Besteuerten unterschiedlich belastet werden. Diese Gerechtigkeitsvorstellung liegt der Einkommensteuer zugrunde, deren Grenzsteuersatz seit der Steuerreform des Jahres 1990 eine lineare Progression aufweist (siehe Abb. 4.3, S. 121). Gleichzeitig wird durch die Progression die **Überwälzungschance** herabgesetzt und damit das Umverteilungsziel, den Steuerzahler auch effektiv zu belasten, mit zunehmendem Steuersatz auch erreicht. Das läßt sich anhand des folgenden Beispiels verdeutlichen.

Gäbe es die Einkommensteuer als **proportionale** Steuer ohne jegliche Abzugsmöglichkeit, so würden die Arbeitskräfte um Stellen mit relativ gleicher Steuerbelastung konkurrieren, da auf gleichen Bruttogehältern gleiche Steuerbeträge lägen. Im Falle einer **progressiv** ausgestalteten Einkommensteuer ist eine Überwälzungschance im Sinne einer Vorwälzung auf die Nachfrager nach Arbeitskräften erschwert. Konkurrieren Bewerber um eine Stelle mit **gleichem Bruttogehalt,** so hat der eine Bewerber, weil er vielleicht unverheiratet ist, keine Hausabschreibungen geltend machen kann usw., einen höheren Einkommensteuersatz auf dieses Bruttogehalt zu zahlen als seine Mitbewerber. Zumindest die durch die Progression bedingte höhere steuerliche Belastung gegenüber dem Mitbewerber kann er auf keinen Fall überwälzen. – Doch auch im Vergleich **unterschiedlicher Bruttogehälter** ist die Progression von Bedeutung. Um nämlich als Arbeitnehmer dasselbe Nettoeinkommen (Bruttoeinkommen ./. Einkommensteuer) zu erhalten, müssen bei einer progressiven Einkommensteuer relativ immer höhere Lohnaufschläge durchgesetzt werden, wie aus Tabelle 6.5 hervorgeht. Um z. B. bei einem bestehenden Durchschnittssteuersatz von 20% (Spalte 2) ein Nettoeinkommen von 100 (3) zu erhalten, ist nur ein

Tab. 6.5: *Brutto- und Nettoeinkommen bei verschiedenen Einkommensteuersätzen*

Wenn bei einem Bruttoeinkommen von	und bei einem Durchschnittssteuersatz von	das Nettoeinkommen gleichbleiben soll	dann beträgt der erforderliche Aufschlag auf das Nettoeinkommen
(1)	(2)	(3)	(4)
100	0%	100	0 %
111,1	10%	100	11,1%
125	20%	100	25 %
142,8	30%	100	42,8%
200	50%	100	100 %
333,3	70%	100	233,3%
1000	90%	100	900 %

Bruttoeinkommen von 125 (1) erforderlich, da auf dieses Bruttoeinkommen der Satz von 20% gerade 25 ausmacht. Will man dasselbe Nettoeinkommen von 100 immer noch erzielen, wenn in diesem Einkommensbereich der Durchschnittssatz auf 50% angestiegen ist, so ist hierfür ein Bruttoeinkommen von 200 erforderlich. Bei steigenden Durchschnittssteuersätzen (2) ist also, wenn das Nettoeinkommen konstant bleiben soll (3), ein überproportional zum Durchschnittssteuersatz steigendes Bruttoeinkommen erforderlich. Damit wird die volle Überwälzung bei progressivem Einkommensteuertarif tendenziell erschwert.

Eine zweite grundsätzliche Gestaltungsmöglichkeit neben der Progression, mit der ebenfalls eine verteilungspolitische Differenzierung bewirkt wird, bieten innerhalb der Einkommensbesteuerung die *Abzugsmöglichkeiten,* die bei der Berechnung des zu versteuernden Einkommens zugelassen werden können. **Zwei** technische **Varianten** mögen verdeutlichen, welche Unterschiede in der Verteilungswirkung durch die Abzugsbeträge erreicht werden können.

Allen Varianten liegt ein Vergleich eines Bruttoeinkommens in Höhe von 100000 (Steuerzahler I) mit einem niedrigeren Bruttoeinkommen in Höhe von 30000 (Steuerzahler II) und entsprechend unterschiedlichen Grenzsteuersätzen (50 bzw. 30%) zugrunde (s. Tab. 6.6). Außerdem wird unterstellt, daß der Steuerzahler I höhere Abzugsbeträge geltend machen kann als der Steuerzahler II und die tatsächlichen Ausgaben 2000 bzw. 1000 betragen.

(1) Es kann gestattet sein, eine private **Ausgabe,** die auf eine Minderung der finanziellen Leistungsfähigkeit hindeutet (etwa die Kosten einer außergewöhnlichen Belastung, z.B. einer schweren Krankheit), **in unbeschränkter Höhe** vom Bruttoeinkommen **abzusetzen** (Fall A). Dann ergibt sich eine Steuerersparnis für I in Höhe von 1000 und für II von 300; je Mark, die von der Bemessungsgrundlage abgezogen wird, spart der „Reichere" 0,50 DM und der „Ärmere" nur 0,30 DM. Diese für den

Tab. 6.6: Wirkungen der verschiedenen Abzugsmöglichkeiten bei der Einkommensteuer

I. Abzug von der Bemessungsgrundlage	Steuerzahler I	Steuerzahler II
Ausgangslage		
Bruttoeinkommen	100 000	30 000
Grenzsteuersatz	50%	30%
tatsächliche Ausgaben	2000	1000
Steuerliche Vorschrift		
Fall A: voller Betrag abzugsfähig	2000	1000
Fall B: bis 1000 DM (Höchstbetrag)		
abzugsfähig	1000	1000
Steuerersparnis in DM		
Fall A: voller Betrag abzugsfähig	1000	300
Fall B: bis 1000 DM (Höchstbetrag)		
abzugsfähig	500	300
Steuerersparnis je DM Ausgabenabzug		
Fall A und B	0,50 DM	0,30 DM
	(50%)	(30%)
II. Abzug von der Steuerschuld		
Ausgangslage: wie oben		
Steuerliche Vorschrift (hier = Steuererlaß)	250	250
Steuerersparnis	250	250

Besteuerten positive Wirkung der Progression auf seine Ausgabenabzugsmöglichkeiten enspricht genau der für ihn negativen Wirkung auf sein hohes Einkommen und wird daher häufig als die unter dem Aspekt der Besteuerung nach der Leistungsfähigkeit als steuersystematisch gebotene adäquate Form der Abzugsmöglichkeit angesehen.

(2) Um eine zusätzliche umverteilende Wirkung zu erzielen, kann man vorsehen (Fall B), daß solche Kosten nur **bis zu einem Höchstbetrag,** hier 1000, **abgezogen** werden dürfen. Damit sind im vorliegenden Beispiel zwar die abzugsfähigen Beträge ausgeglichen worden, aber auf sie wird immer noch der unterschiedliche Grenzsteuersatz angewendet. Immerhin hat sich der Unterschied in der Steuerersparnis insgesamt von 1000 zu 300 (Fall A) auf 500 zu 300 (Fall B) reduziert.

Eine grundsätzlich andere Form, solche Belastungen steuerlich zu begünstigen, besteht darin, ihren **Abzug von der Steuerschuld** und nicht von der Bemessungsgrundlage vorzusehen. Zu diesem Zweck könnte man im angegebenen Beispiel vorsehen, daß beispielsweise DM 250,– von der Steuerschuld abgezogen werden dürfen **(Steuererlaß),** in diesem Fall also bei jedem Steuerpflichtigen der gleiche Betrag. Dieser auch als **Steuerkredit** bezeichnete Abzug führt jedoch nur bei steuerzahlenden Wirtschaftssubjekten zu einem Vorteil.

Zu den Abzugsposten im weiteren Sinne kann man auch die *Freibeträge* rechnen. Durch sie wird ein bestimmter Betrag der Bemessungsgrundlage von der Steuer freigestellt. Am bekanntesten und in den Steuergesetzen der verschiedenen Staaten am weitesten verbreitet ist ein **Grundfreibetrag,** der ein **steuerfreies Existenzminimum** gewährleisten soll (s. 4. Kapitel, S. 122f.). Der Grundfreibetrag, der in Deutschland in den Tarif eingearbeitet ist, entlastet nach Maßgabe des Eingangssteuersatzes und wirkt insoweit verteilungspolitisch stark zugunsten niedriger Einkommen. Neben dem Grundfreibetrag gibt es weitere Freibeträge, z. B. den Kinderfreibetrag, die nicht am Eingang des Tarifs steuerlich freigestellt, sondern bei der Ermittlung des zu versteuernden Einkommens („aus der Progression") abgezogen werden. Ein solcher Freibetrag wirkt also wie ein für alle Einkommen gleich hoher Abzugsbetrag von der Bemessungsgrundlage (s. Tab. 6.6, Fall B).

Diese unterschiedlichen Verteilungswirkungen eines Freibetrags und eines Abzugs von der Steuerschuld lassen sich mit Hilfe der Abb. 6.15 verdeutlichen, die die individuelle Steuerschuld T, das zu versteuernde Einkommen ZVE und eine Steuertariffunktion $T = T (ZVE)$ wiedergibt. Im oberen Teil der Abbildung zeigt sich, daß ein absolut gleicher Freibetrag ($F_1 = F_2$),

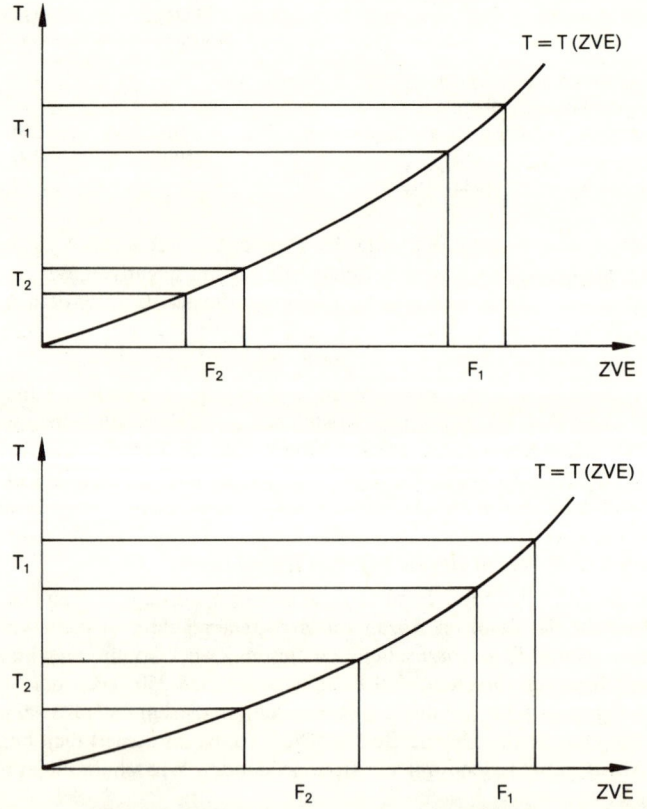

Abb. 6.15: Wirkung eines Freibetrages im Vergleich mit einem Abzug von der Steuerschuld

wenn er bei niedrigem Einkommen angewendet wird, zu geringerer ersparter Steuerschuld führt, als wenn er bei einem höherem Einkommen abgezogen wird, denn T_2 ist kleiner als T_1. Im unteren Teil der Abbildung kann man die Wirkung eines für alle Einkommensbezieher gleich hohen Abzugsbetrages von der Steuerschuld ($T_1 = T_2$) ablesen. Er entspricht bei niedrigem Einkommen einem höheren Freibetrag als bei einem hohen Einkommen, denn F_2 ist größer als F_1.

Stärker als der Freibetrag wirkt auf das Umverteilungsziel eine *Freigrenze;* bis zu ihrer Höhe findet keine Besteuerung statt, aber nach Überschreiten ihrer Höhe setzt die Steuer voll ein, d. h. Bezieher höherer Einkommen haben keinerlei Vorteil mehr von dieser Vorschrift.

Unter den steuermindernden Posten kommen einige den unteren Einkommensschichten relativ stärker zugute, z. B. **Freibeträge mit Höchstgrenzen** (in der Bundesrepublik Deutschland etwa die Pauschale für Vorsorgeaufwendungen). Andere Posten schlagen sich dagegen in einer Steuerminderung für höhere Einkommen nieder, insbesondere, wenn sie keine Höchstgrenze aufweisen. Zudem ist darauf zu verweisen, daß den Beziehern höherer Einkommen in der Regel eher die Möglichkeit offensteht, die Höhe des zu besteuernden Einkommens bzw. die Bemessungsgrundlage zu beeinflussen.

Zu den zahlreichen Möglichkeiten, das zu versteuernde Einkommen zu vermindern, gehören die in vielen Ländern von der öffentlichen Hand **steuerbegünstigten** und damit geförderten **Anlagemöglichkeiten** in einzelnen Sektoren (Schiffbau, Wohnungsbau, Ölförderung usw.) oder Regionen (Fördergebiete, Berlin usw.). Sie kommen den oberen Einkommensschichten besonders zugute, zum einen, weil dort die vergleichsweise hohen Sparsummen eine solche Anlage überhaupt erst ermöglichen, und zum anderen, weil die Steuerersparnis, gemessen am Grenzsteuersatz, am größten ist. Es kommt also zu einem Konflikt zwischen den Förderzielen und dem Ziel einer gerechteren Einkommensverteilung.

Schließlich sei noch auf eine Verteilungswirkung besonderer Art hingewiesen, die sich aus dem Progressionstarif der Einkommensteuer dann ergibt, wenn die **Einkommen** im Zuge der **Inflation** nominell ansteigen. Dann wachsen die Steuerpflichtigen auf Grund von lediglich nominell steigenden Einkommen in höhere Steuersätze hinein, d. h. die **Steuerbelastung** erhöht sich, und die Bedürfnisbefriedigungsmöglichkeiten der Besteuerten vermindern sich entsprechend (sog. kalte Progression). Um diesen Effekt zu vermeiden, müßte man den Steuertarif „indexieren", d. h. eine automatische Senkung der Sätze im Maß der Inflationsrate vorsehen, oder regelmäßig Steuerermäßigungen durchführen.

Führt man sich die Möglichkeiten, die Einkommensteuer verteilungsgerecht zu gestalten, abschließend noch einmal vor Augen, so ergibt sich zusammenfassend das in Schema 6.9 wiedergegebene Bild. Es soll verdeutlichen, auf welchen Stufen der Ermittlung der zu versteuernden Einkommen und der Steuerschuld Umverteilungsmaßnahmen eingebaut werden können. Je differenzierter die Einkommensteuer in der beschriebenen Weise ausgestaltet wird, desto wahrscheinlicher wird das Umverteilungsziel erreicht. Daß mit dem Bemühen um eine solche Ausgestaltung das **Steuerrecht komplizierter** wird und die **Erhebungsbilligkeit sinkt,** wäre dann als **Preis**

Schema 6.9: Ansatzpunkte einer verteilungspolitischen Ausgestaltung der Einkommensteuer

Ansatzpunkte bei der Ermittlung der festzusetzenden Einkommensteuer:	Beispiele für mögliche Umverteilungsmaßnahmen:
I. Ermittlung der Einkünfte aus den Einkunftsarten a) Anerkennung von Betriebsausgaben b) Abzug von Werbungskosten	Steuerbefreiung bestimmter Einnahmen: z. B. Arbeitslosenunterstützung Mögliche Abzugsposten: beruflich genutzter PKW, Abschreibungen auf Gebäude
II. Abzug von a) Sonderausgaben b) Außergewöhnlichen Belastungen usw. c) Sonstigen Abzugsposten	Mögliche Abzugsposten: Abschreibung eines Eigenheims, Sozialversicherungsbeiträge, private Alters- und Gesundheitsvorsorge, Kosten einer schweren Krankheit
aus I und II ergibt sich „zu versteuerndes Einkommen"	betrifft Abzugsmöglichkeiten insgesamt: Übergang von unbeschränktem Abzug zu prozentualem oder absolut begrenztem Abzug (u. U. mit Einkommensgrenze)
III. Steuertarif	Progressionsverlauf, Splitting, hoher Grundfreibetrag, zusätzliche Freibeträge und Steuerermäßigungen, z. B. Altersfreibetrag oder reduzierter Steuersatz
IV. Steuerschuld	Übergang vom Abzug von der Bemessungsgrundlage zum Abzug von der Steuerschuld.

für eine höhere Verteilungsgerechtigkeit anzusehen. Vor allem aber müssen die fiskalischen Wirkungen in Form von Mindereinnahmen berücksichtigt werden. Besser ist es daher, eine differenzierende Betrachtungsweise zugrundezulegen, die den verteilungspolitisch wirkenden Einsatzmöglichkeiten deren negative Konsequenzen unter anderen Zielbezügen gegenüberstellt.

Die genannten verteilungspolitischen Vorteile der Einkommensteuer, die vor allem darin bestehen, daß sie sich mittels Progression und Abzugsposten verteilungswirksam ausgestalten läßt, rühren daher, daß diese Steuer an persönliche Tatbestände anknüpft und die **subjektive Leistungsfähigkeit** erfaßt. Diese Vorteile müssen sich folglich vermindern, wenn die Besteuerung im Unternehmensbereich anknüpft, wie z. B. im Falle von Körperschaftsteuer, Gewerbesteuer, Grundsteuer auf betrieblich genutzte Grundstücke bzw. Gebäude usw. Diese Steuern gehen in die unternehmerische Kalkulation ein und verteilen sich je nach Konjunktursituation, unternehmensspezifischer Absatzsituation usw. auf die Abnehmer der verkauften Waren, z. T. vielleicht auch auf den Betrieb selbst, also die Zulieferer oder die Arbeitnehmer.

Wenn Unternehmenssteuern prinzipiell überwälzbar sind und die Chance ihrer Abwälzung auf Dauer hoch einzuschätzen ist, so wären brauchbare Verteilungsaussagen nur zu gewinnen, wenn wenigstens die Richtung der Abwälzung ermittelbar wäre. Da auch hierüber nur sehr willkürliche Aussagen möglich sind, fragt es sich, ob man nicht unter verteilungspolitischem Aspekt diese **Steuern mit unsicherem Wirkungsverlauf** wenigstens teilweise **durch solche mit befriedigend abschätzbaren Verteilungswirkungen ersetzen** sollte. Zwar wird man beispielsweise auf die Körperschaftsteuer nicht völlig verzichten wollen, solange nicht sicher widerlegt ist, daß ein hoher Satz dieser Steuern nicht wenigstens zu einer gewissen Belastung der Unternehmen führt, deren Gewinne eben ohne solche Steuern noch höher sein könnten. Jedoch dürfen sich die Befürworter einer gezielten Politik der Einkommensumverteilung von einer Erhöhung solcher Steuern nicht allzuviel versprechen.

b) Belastung der Einkommensverwendung

Bei der Beurteilung der Umsatzsteuer und einzelner Verbrauchsteuern kann man nach herrschender Auffassung davon ausgehen, daß die Überwälzung langfristig weitgehend gelingt. Dementsprechend wird es möglich, auch die Verteilungseffekte zu ermitteln und soziale Gesichtspunkte bei der Besteuerung zu berücksichtigen. Bei der *Umsatzsteuer,* könnten z.B. **Güter des täglichen Bedarfs** geringer besteuert, **Luxusgüter** höher besteuert und Güter, die zum Existenzminimum gehören, grundsätzlich steuerfrei gelassen werden (s. oben 4. Kapitel, S. 128f.). Ebenso könnten die *speziellen Verbrauchsteuern* in Kenntnis des schichtenspezifischen Verbrauchs zumindest verteilungsneutral ausgestaltet werden. Um dies zu erreichen, müßten sie, ebenso wie die Umsatzsteuer, allerdings die bei höherem Einkommen relativ geringere **Verbrauchsneigung** in Rechnung stellen, d.h. sie müßten den gehobenen Konsum über- und den lebensnotwendigen Bedarf unterproportional besteuern.

Besondere Probleme sind mit der Einführung von sog. *Luxussteuern* verbunden. Sie müssen nicht nur so differenziert eingesetzt werden, daß **Ausweichmöglichkeiten** entfallen, sondern es muß auch bedacht werden, daß sich die Meinung darüber, welche Güter zum Luxuskonsum zählen, im Zeitablauf rasch ändern kann. Schließlich ist zu bedenken, daß Luxusgüter zu **Prestigeobjekten unterer Einkommensschichten** werden können und ihre Besteuerung dann die erwünschte Verteilungswirkung verliert. Baut man allerdings eine mäßige Luxussteuer in ein differenziertes Verbrauchsteuersystem ein, das vielleicht sogar in kurzen Abständen kleine Anpassungen erfährt, so kann eine Luxusbesteuerung gelingen.

Auch bei Umsatz- und Verbrauchsteuern hängt wie bei der Einkommensteuer die Verteilungswirkung von der technischen Ausgestaltung ab. Da zumindest grobe Differenzierungsmöglichkeiten gegeben sind und die Belastung, wenn dies beabsichtigt ist, annähernd proportional gestaltet werden kann (siehe zur Proportionalthese Abb. 6.9, S. 243), werden Umsatz- und

Verbrauchsteuern oft als ergänzende Steuern, insbesondere unter fiskalischen Gesichtspunkten, herangezogen. Weitgehende Redistributionsaufgaben wird man ihnen jedoch schon deshalb nicht auferlegen können, weil sie letztlich doch nur im Maße des Verbrauchs belasten und damit tendenziell hohe Einkommen in abnehmendem Maße erfassen. Eine Ausnahme stellt die Versicherungsteuer dar, die im Zuge der Finanzierung des Golfkrieges und der deutschen Einheit stark erhöht wurde. Die Überwälzung auf die Versicherungsnehmer ist wahrscheinlich, und der Bedarf an Risikovorsorge steigt mit zunehmendem Einkommen. Somit erscheint diese Art indirekter Besteuerung verteilungsfreundlicher als beispielsweise die Mineralölsteuer, die – bei gleicher Fahrleistung – eher die Bezieher niedriger Einkommen trifft.

c) Belastung des Vermögens

Wenn lediglich die Einkommen als Gegenstand der Verteilungspolitik betrachtet wurden, könnte es genügen, das aus dem Vermögen fließende Einkommen bei der Einkommensteuer zu erfassen. Die *Vermögenserträge* würden damit automatisch der Einkommensteuerprogression unterworfen.

Die Erfassung der Vermögenserträge gelingt ohne weiteres bei **realisierten Vermögenserträgen**, z. B. zugeflossenen Zinsen und Dividenden, bei **nichtrealisierten** *Wertzuwächsen* (z. B. aus Grundstücks- und Wertpapierbesitz) dagegen nur unter Schwierigkeiten. Zur Besteuerung der nichtrealisierten Zuwächse wird daher häufig eine **gesonderte Steuer** vorgeschlagen. Soll die Besteuerung dieser Zuwächse an der Besteuerung nach der Leistungsfähigkeit orientiert werden, so ergeben sich im Vergleich zur Einkommensteuer Schwierigkeiten. So ist z. B. denkbar, daß nichtrealisierte Vermögenszuwächse auch bei Personen anfallen, die, an der Höhe ihres gesamten Einkommens gemessen, nicht als finanziell leistungsfähig angesehen werden können. Soweit also die Höhe der nichtrealisierten Zuwächse mit der Höhe des Einkommens nicht korreliert und damit auch nicht als Indikator steuerlicher Leistungsfähigkeit angesehen werden kann, wäre eine gesonderte Vermögenszuwachsbesteuerung kein Instrument zur Realisierung einer gerechteren Einkommensverteilung. Dieser Nachteil ließe sich durch einen **Einbau** der Wertzuwachsbesteuerung **in die Einkommensteuer** beseitigen. Dann könnten die Wertsteigerungen ähnlich behandelt werden wie die realisierten Vermögenserträge und in dem Maß besteuert werden, wie sie die steuerliche Leistungsfähigkeit des Zensiten erhöhen.

Wird über die Besteuerung der – realisierten und nichtrealisierten – Vermögenserträge hinaus eine Umverteilung der *Vermögensbestände* angestrebt, z. B. weil ein möglicherweise negativer Effekt der ungleichen Vermögensverteilung auf die Einkommensverteilung vermieden werden soll (s. oben S. 129 ff.), so sind Steuern erforderlich, die die Vermögenssubstanz angreifen.

Das vielleicht bedeutsamste Instrument zur Erreichung des Ziels einer gleichmäßigeren Vermögensverteilung ist die **Erbschaftsteuer.** Dies gilt insbesondere dann, wenn mit ihr nicht nur das jeweilige Erbe, also jeweils ein Teil des Nachlasses, besteuert wird, sondern der gesamte Nachlaß, da diese – bei mehreren Erben – sehr viel größere Gesamtsumme in eine höhere Progression fällt.

Während die genannten Maßnahmen vorwiegend der Besteuerung hoher Einkommens- und Vermögensschichten dienen, wird es meist zugleich als wünschenswert angesehen, in unteren Einkommensklassen Vermögen und Vermögenseinkommen entstehen zu lassen. Dazu sind jedoch eher Vermögensbildungspläne geeignet (z. B. Investivlohn), die staatlicherseits gefördert werden können.

Wenn man die Steuern allein unter dem Aspekt betrachtet, daß sie Einkommen umverteilen sollen, so ergeben sich *zusammenfassend* die folgenden Aussagen:

(1) Das leistungsfähigste Instrument dürfte die **Einkommensteuer** sein. Ihre Überwälzungsmöglichkeit ist zwar grundsätzlich nicht auszuschließen, sinkt aber mit zunehmender Progression sowie individueller und gruppenspezifischer Differenzierung.

(2) Für die an **Tatbestände im Unternehmen** anknüpfenden Steuern ergeben sich die unsichersten Verteilungshypothesen. Die Möglichkeit ihrer Abwälzung wird kaum bestritten, exaktes Ausmaß und Richtung können jedoch nur grob abgeschätzt werden, so daß sich die Unternehmensbesteuerung als verteilungspolitisches Instrument kaum eignet.

(3) Steuern auf die **Einkommensverwendung** werden in der Regel auf die Käufer der Produkte überwälzt. Das erlaubt eine gewisse Differenzierung nach Einkommensschichten, die sich jedoch naturgemäß nur innerhalb des Konsums abspielt und mit steigendem Einkommen immer weniger wirkt, zumal einer Luxusbesteuerung enge Grenzen gesetzt sind.

(4) Die Besteuerung des **Vermögens** ist in dem Maße wirksam, wie die Einkommensverteilung davon berührt wird, also vor allem in den oberen Einkommensklassen. Um eine stärkere Umverteilung herbeizuführen, läßt sich die Erbschaftsteuer einsetzen, insbesondere wenn sie als Steuer auf das Gesamterbe (Nachlaß) ausgestaltet würde. Ebenso könnten Vermögenszuwächse, die ein Potential für späteres Einkommen bilden, gesondert besteuert werden.

II. Ausgabenpolitische Instrumente

Um eine gerechtere Verteilung zu erzielen, wird man die öffentlichen Ausgaben dort einsetzen, wo sie nachweislich den Schichten zugute kommen, die gefördert werden sollen. Anhaltspunkte hierfür können die Untersuchungen zur Ausgabeninzidenz liefern. Die Analysen einzelner Ausgabearten, z. B. der Subventionen an die Landwirtschaft, erlauben Aussagen, wo – ceteris paribus – innerhalb einer Ausgabeart Ansatzpunkte für eine verteilungswirksame Ausgestaltung liegen könnten, während die Studien zur Gesamtheit der Ausgaben erste Ansatzpunkte für einen Vergleich der Verteilungseffekte öffentlicher Ausgabearten und damit für eine übergreifende Umorientierung der Ausgabenpolitik unter verteilungspolitischem Aspekt liefern können.

Bei der verteilungspolitischen Ausgestaltung der Ausgaben ist das Augenmerk nicht nur auf diejenigen Ausgaben zu richten, die verteilungspolitisch begründet sind, wie z. B. Sozialausgaben, sondern auch auf die anderen Bereiche der Transferzahlungen, insbesondere aber auf die Leistungserstellung und Leistungsabgabe im Bereich der Realtransfers des Staates, die, wie gezeigt wurde, ebenfalls auf die personale Einkommensverteilung einwirken.

Die Beurteilung der Subventionen und Sozialausgaben kann in gewisser Analogie zur Besteuerung der Unternehmen und privaten Haushalte vorgenommen werden. Genau wie die Inzidenz der unternehmensorientierten Steuern ungewiß war und diese Steuern sich daher für den verteilungspolitischen Einsatz wenig eigneten, ist es bei den meisten *Subventionen* ungewiß, wie sie von den Unternehmen verwendet werden. Ihre verteilungspolitische Effizienz ließe sich zwar dadurch erhöhen, daß über Auflagen dafür gesorgt wird, daß die Unternehmen die Zahlungen an die zu fördernden einkommensschwachen Schichten weiterleiten, aber dann kann man grundsätzlich auch eine direkte Förderung der privaten Haushalte über Sozialausgaben vornehmen; Ausgabendestinatar und -empfänger sind dann eher identisch.

Wie bei der Lohn- und Einkommensteuer über Progression und Abzugsmöglichkeiten sozialpolitische Vorstellungen über die Besteuerung realisiert werden, können bei der Gewährung von *Sozialausgaben* persönliche Merkmale berücksichtigt werden. Mit **Einkommensgrenzen** kann überdies dafür gesorgt werden, daß die Vergünstigungen auf den zu unterstützenden Empfängerkreis bis zu einem Höchsteinkommen beschränkt bleiben. Je differenzierter diese Zahlungen ausgestaltet werden, desto wahrscheinlicher ist schließlich, daß diese Vergünstigungen den Empfängern nicht wieder streitig gemacht werden; der der Steuerüberwälzung analoge Prozeß der Vorteilswegnahme könnte so unterbunden werden.

Eine spezielle Form der Unterstützung unterer Einkommensschichten besteht darin, **Sozialtransfers in nichtmonetärer Form** zu gewähren. Wenn der Staat z. B. Nahrungsmittelgutscheine ausgibt oder verbilligten Wohnraum zur Verfügung stellt und damit seine Unterstützung verwendungsmäßig festlegt, kann er besonders gezielt eingreifen. Unter Hinweis auf die Sozialausgaben, die hinsichtlich ihrer Verwendung ungebunden sind, kann jedoch eingewendet werden, daß der Sozialempfänger bevormundet wird und seine Präferenzen nicht wie gewünscht realisieren kann.

Während bei den Transferzahlungen und ihrer verteilungsorientierten Ausgestaltung Analogien zur Besteuerung auftreten, ist eine Ähnlichkeit zwischen der Steuererhebung und der Transformationstätigkeit des Staates nicht ohne weiteres gegeben.

Im Bereich der *Leistungserstellung* kann ein Beitrag zu einer gerechten Einkommensverteilung erbracht werden, wenn **funktionslose** bzw. nicht leistungsgerechte **Einkommen** im Zuge einer konsequenten Ausschreibungspraxis, u. U. unterstützt durch eine entsprechende Wettbewerbspolitik, vermieden werden. Sollen dagegen über öffentliche Personal- und Sachausgaben gezielt Einkommensvorteile gewährt werden, so erscheint es fraglich, ob sie dem Gebot der Öffentlichkeit, Transparenz und Kontrollierbarkeit öffentlichen Finanzgebarens entsprechen. Das Hauptproblem in diesem Bereich staatlichen Handelns besteht unter verteilungspolitischen Vorzeichen daher auch in den unbeabsichtigt und damit ungezielt vorgenommenen Transfers, die der Staat im Wege der Personal- und Sachausgaben gewährt. Hier wäre es Aufgabe der Verteilungspolitik, Bereiche wie etwa den Rüstungs- und Bausektor, aber auch die öffentlichen Besoldungsvorschriften, darauf zu überprüfen, ob in ihnen funktionslose Einkommen anfallen, deren Abbau dann ebenfalls das Verteilungsziel erreichen hilft.

Ein zentraler Ansatzpunkt staatlicher Umverteilungspolitik ist mit der sog. *Leistungsabgabe* (Realtransfers) angesprochen. Hier liegt es nahe, die Einzelbereiche der Infrastruktur zu fördern, die erwiesenermaßen den Beziehern niedriger Einkommen zugute kommen und die Leistungen zu belasten, die überwiegend von Beziehern hoher Einkommen genutzt werden. Wenn auch im Bildungs-, Freizeit-, Wohnungs- und Gesundheitssektor nach verbreiteter Ansicht noch Potentiale für die Verwirklichung einer gleichmäßigeren Verteilung bestehen, reichen die Kenntnisse über die Verteilungswirkungen des nichtmonetären Leistungsangebots und seiner Nutzung häufig noch nicht aus, um eindeutige Handlungsanweisungen geben zu können. Zudem ist mit derartigen Strategien nicht immer ein direkter Bezug zur personalen Einkommensverteilung gegeben, und außerdem tritt für die hier anzustellenden Überlegungen die Frage auf, wieweit es sich noch um einen Gegenstand der Finanzwissenschaft handelt. Während die erste Problematik behelfsweise dadurch gelöst werden kann, daß die Realtransfers nicht zu ihrem Nutzen, sondern zu ihren Kosten bewertet werden, ist bei der Frage nach dem Gegenstand des Faches Finanzwissenschaft noch einmal auf die Abgrenzungsproblematik hinzuweisen. In den Bereichen der Leistungsabgabe lassen sich – bei Zugrundelegung eines weiten Verteilungsbegriffes – **Strategien** entwickeln, die **wenig oder gar nichts kosten und sehr verteilungswirksam** sein können. Diese Staatstätigkeit auf dem Verordnungswege (s. oben 1. Kapitel, S. 26 f.) gehört nach traditioneller Ansicht nicht zum Gegenstand der Finanzwissenschaft. Außerdem kann eingewendet werden, daß es mit der Verkehrs-, Bildungs-, Gesundheitsökonomie usw. wissenschaftliche Disziplinen gibt, innerhalb derer ebenfalls verteilungspolitische Überlegungen angestellt werden, und es dann eine Frage der zweckmäßigen Arbeitsteilung ist, wo die Realtransfers ausführlich behandelt werden.

III. Die sog. negative Einkommensteuer als steuer- und ausgabenpolitische Maßnahme

Einer konsequenten Entlastung bei den untersten Einkommensschichten steht der einfache Tatbestand entgegen, daß es Gruppen gibt, die kein steuerbares Einkommen beziehen, sondern z. B. Sozialtransfers erhalten.

Aus theoretischer Sicht liegt es nahe, sie in ein **kombiniertes System der Einkommensbesteuerung und Transfergewährung** einzubeziehen, in dem bei Unterschreitung gewisser Einkommensgrenzen die zu zahlenden Steuern von zu erhaltenden Transfers abgelöst werden. Dieses oft als *„negative Einkommensteuer"* bezeichnete System hätte den Vorteil, daß Sozialtransfers und Einkommensteuer durch einen einheitlichen Tarif miteinander verbunden wären und die Zweigleisigkeit von Besteuerung und Sozialtransfers aufgehoben würde. Nach Ansicht der Befürworter einer negativen Einkommensteuer brächte sie mehr Transparenz in das System der sozialen Sicherheit und Einsparungen in den Verwaltungskosten, da sie unmittelbar mit der Lohnauszahlung verbunden werden könnte. Außerdem entfielen komplizierte Antragsverfahren, psychologische Barrieren und leistungshemmende Grenzsteuerbelastungen. Den Vorteilen wird entgegengehalten, daß der Staat Interventionsmöglichkeiten verliert und die Einkommensverwendung voll beim Individuum liegt. Darüber hinaus sind komplizierte Regelungen für Personen erforderlich, die nicht zu den abhängig Beschäftigten zählen; ferner kann man argumentieren, daß angesichts des „Transferdschungels" eine derart grundlegende Reform kaum Aussichten auf Erfolg hat.

Graphisch läßt sich die negative Einkommensteuer als Verbindung von Sozialtransfers und Einkommensteuer in einem Tarif darstellen (Abb. 6.16). Die Berücksichtigung persönlicher Verhältnisse (z. B Kinderzahl) läßt sich durch eine Parallelverschiebung der Kurve nach rechts erreichen. Entscheidend für die Wirkung einer negativen Einkommensteuer ist der Tarifverlauf, der nicht zu Grenzbelastungen führen darf, die so hoch sind, daß sich der Einkommenserwerb nicht mehr lohnt.

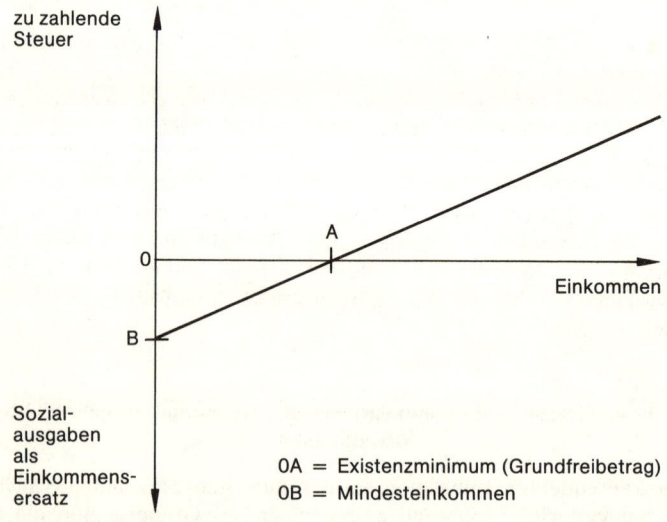

Abb. 6.16 Negative Einkommensteuer

Fragen zum sechsten Kapitel

Zu Teil A:

1. Operationalisieren Sie die Forderung nach einer gleichmäßigeren Verteilung der Einkommen.

Zu Teil B:

1. In welchen Fällen der Anpassung an die Besteuerung ergeben sich keine Einnahmen für den Staat?
2. Zeigen Sie anhand einer Verbrauchsteuererhöhung das Zusammenwirken von Einkommens- und Substitutionseffekt.
3. Welche Möglichkeiten ergeben sich für Unternehmen, Steuerzahlungen in eine spätere Periode zu verschieben?
4. Inwiefern erleichtern Doppelbesteuerungsabkommen die steuerbedingten räumlichen Anpassungen?
5. Welche Form der Überwälzung liegt vor, wenn eine zu starke steuerliche Belastung von Konsumgütern zu Käuferstreiks führt?
6. Zeigen Sie am Beispiel einer Mengensteuer auf einem Konkurrenzmarkt, welche Bedeutung die Preiselastizität der Nachfrage für das Ausmaß der Überwälzung hat.
7. Weisen Sie die anscheinend größeren Überwälzungsmöglichkeiten bei hoher Einkommenselastizität nach, indem Sie in Abbildung 6.1 bei unveränderten Angebotskurven die Nachfragekurve parallel nach außen verschieben.
8. Wodurch erklärt es sich, daß es Fälle gibt, in denen eine Mengensteuer bei Vorliegen eines Angebotsoligopols mit geknickter Preis-Absatzkurve voll vom Anbieter getragen wird?
9. Was versteht man unter der „Zusatzlast" der Besteuerung, und wie kann sie graphisch dargestellt werden?
10. Warum ist bei Gewinnmaximierung eine Gewinnsteuer nicht überwälzbar, wohl aber in vielen Fällen eine Mengensteuer auf ein Gut?
11. Halten Sie die Annahme, daß Unternehmen ihre Gewinnspielräume ständig ausnutzen, für realistisch?
12. Welche Wirkungsebenen ergeben sich im Rahmen des Harberger-Modells?
13. Erörtern Sie den Bezug der Gewinnsteuerüberwälzung zur Einkommensverteilung.
14. Welche Anpassungsmöglichkeiten verbleiben, wenn eine Überwälzung der Steuer nicht möglich ist?
15. Welche wirtschaftspolitische Bedeutung kommt einer Sollertragsbesteuerung zu?
16. Welche Aussagen erlaubt die Kenntnis der Verteilung der geleisteten Steuerzahlungen?
17. Wer trägt die Sozialabgaben?
18. Wie verändert die Inflation die Belastung durch die Einkommensteuer?
19. Wie ermitteln Sie die Verteilungsrelevanz von Umsatz- und Verbrauchsteuern?

20. Mit welchen Überwälzungsannahmen wird bei der Bestimmung der Inzidenz der Körperschaftsteuer gearbeitet?
21. Skizzieren Sie für den Fall der Sozialausgaben den der Überwälzung analogen Fall der Vorteilswegnahme.
22. Welche Probleme ergeben sich bei der Ermittlung der Verteilungswirkung von Subventionen?
23. Führt die nacheinander erfolgende Analyse von Verteilungseffekten der Leistungserstellung und Leistungsabgabe zur Doppelzählung? Welche Verteilungswirkungen fallen im Prozeß der Leistungserstellung an?
24. Welche methodischen Probleme ergeben sich bei der Zurechnung der Realtransfers auf private Haushalte?
25. Nach welchen Methoden können die zuzurechnenden Leistungen bewertet werden?
26. Wie beurteilen Sie die Ergebnisse der empirischen Arbeiten zur Budgetinzidenz?
27. Was besagt der sog. Transferansatz in der Theorie der öffentlichen Schuld, und warum wird er an dieser Stelle des Buches behandelt?
28. Wodurch unterscheiden sich Proportional- und Marginalansatz in der Budgetinzidenzanalyse?
29. Welcher Zusammenhang besteht zwischen den Budgetinzidenzuntersuchungen und den modelltheoretischen Untersuchungen zur Steuerüberwälzung?

Zu Teil C:

1. Erschwert die Progression einer Einkommensteuer ihre Überwälzung?
2. Erläutern Sie anhand einer graphischen Darstellung die Verteilungswirksamkeit eines Abzugspostens, der
   a) von der Bemessungsgrundlage,
   b) von der zu zahlenden Steuer abgezogen werden darf.
3. Erläutern Sie die unterschiedliche Verteilungswirksamkeit der Freibeträge im Vergleich zu Freigrenzen.
4. Würden Sie die Luxusbesteuerung als ein wirksames Instrument der Einkommensumverteilung ansehen?
5. Was spricht dafür, die Besteuerung von Vermögenszuwächsen in die Einkommensteuer einzubauen?
6. Wie läßt sich die Abgabe öffentlicher Leistungen verteilungswirksam ausgestalten?

Literatur zum sechsten Kapitel

Aaron, H., und McGuire, M., Public Goods and Income Distribution, in: Econometrica, Bd. 33, 1970, S. 907 ff.

Ahlheim, M., und Rose, M., Alte und neue Maße individueller Steuerlasten, in: Finanzarchiv, NF Bd. 42, S. 274 ff.

Andel, N., Artikel „Subventionen", in: Handwörterbuch der Wirtschaftswissenschaft, Bd. 7, Stuttgart u. a. 1977, S. 491 ff.

Benkert, W., Das Harberger-Modell – Versuch einer verbalen Darstellung, in: Das Wirtschaftsstudium, 10. Jg., 1981, Heft 5 und 6, S. 249 ff. und S. 299 ff.

Bird, R. M., Income Redistribution Through the Fiscal System: The Limits of Knowledge, in: American Economic Review, Bd. 70, 1980, S. 77 ff.

Blinder, A. S., The Level and Distribution of Economic Well-Being, in: Feldstein, M., Hrsg., The American Economy in Transition, Chicago 1980, S. 415 ff.

Bohnet, A., Finanzwissenschaft: Staatliche Verteilungspolitik, München und Wien 1989.

Frey, R. L., Finanzpolitik und Verteilungsgerechtigkeit, in: Finanzarchiv, NF Bd. 31, 1972/73, S. 1 ff.

Gandenberger, O., Öffentlicher Kredit und Einkommensverteilung, in: Finanzarchiv, NF Bd. 29, 1970, S. 1 ff.

Gandenberger, O., Einkommensabhängige staatliche Transfers. Bestandsaufnahme, Wirkungen – Handlungsmöglichkeiten und Handlungsgrenzen, Baden-Baden 1989.

Gillespie, W. I., Effects of Public Expenditures on the Distribution of Income, in: Musgrave, R. A., Hrsg., Essays in Fiscal Federalism, Washington, D. C. 1966, S. 165 ff. – Eine gekürzte deutsche Fassung: Wirkung des Finanzsystems auf die Einkommensverteilung, in: Recktenwald, H. C., Hrsg., Finanzpolitik, Köln und Berlin 1969, S. 230 ff.

Grüske, K.-D., Die personale Budgetinzidenz, Göttingen 1978.

Grüske, K.-D., Personale Verteilung und Effizienz der Umverteilung: Analyse und Synthese, Göttingen 1985.

Hake, W., Umverteilungseffekte des Budgets, Göttingen 1972.

Haller, H., Die Steuern, 3. Aufl., Tübingen 1981.

Haller, H., Finanzpolitik, 5. Aufl., Tübingen 1972.

Hanusch, H., Verteilung öffentlicher Leistungen, Göttingen 1976.

Hanusch, H., u. a., Verteilung öffentlicher Realtransfers auf Empfängergruppen in der Bundesrepublik Deutschland, Band 3, Teilband 1 der Schriften zum Bericht der Transfer-Enquête-Kommission, „Das Transfersystem in der Bundesrepublik Deutschland", Stuttgart u. a. 1982.

Henke, K.-D., Öffentliche Gesundheitsausgaben und Verteilung. Ein Beitrag zur Messung und Beeinflussung des gruppenspezifischen Versorgungsniveaus im Gesundheitsbereich, Göttingen 1977.

Henke, K.-D., Öffentliche Ausgaben und Verteilungswirkungen, in: Hamburger Jahrbuch für Wirtschafts- und Gesellschaftspolitik, 20. Jahr, 1975, S. 177 ff.

Hüther, M., Integrierte Steuer- und Transfersysteme für die Bundesrepublik Deutschland. Normative Konzeption und empirische Analyse, Volkswirtschaftliche Schriften, Heft 400, Berlin 1990.

Kaiser, H., Die Mehrwertsteuerbelastung privater Haushalte in der Bundesrepublik Deutschland, in: DIW-Vierteljahreshefte zur Wirtschaftsforschung, 1989, Heft 1, S. 24 ff.

Krupp, H.-J., Das monetäre Transfersystem in der Bundesrepublik Deutschland – Elemente einer Gesamtbilanz, in: Krupp, H.-J., und Glatzer, W., Hrsg., Umverteilung im Sozialstaat – Empirische Einkommensanalysen für die Bundesrepublik, Frankfurt und New York 1978.

Mackscheidt, K., Öffentliche Güter und Ausgabeninzidenz: in: Dreißig, W., Hrsg., Öffentliche Finanzwirtschaft und Verteilung IV, Schriften des Vereins für Socialpolitik, NF Bd. 75/IV, Berlin 1976, S. 59 ff.

Mitschke, J., Steuer- und Transferordnung aus einem Guß. Entwurf einer Neugestaltung der direkten Steuern und Sozialtransfers in der Bundesrepublik Deutschland, Baden-Baden 1985.

Musgrave, R. A., Finanztheorie, 2. Aufl., Tübingen 1969.

Neumark, F., Grundsätze gerechter und ökonomisch rationaler Steuerpolitik, Tübingen 1970.

Oberhauser, A., Familie und Haushalt als Transferempfänger, Situation, Mängel und Reformansätze, Frankfurt 1989.

Pechman, J. A., Federal Tax Policy, 5. Aufl., Washington, D.C. 1987.

Pechman, J. A., Who Paid the Taxes, 1966–85?, Washington, D. C. 1985.

Pechman, J. A., und Timpane, P. M., Hrsg., Work Incentives and Income Guarantees: The New Jersey Negative Income Tax Experiment, Washington, D.C. 1975.

Recktenwald, H. C., Tax Incidence and Income Redistribution, Detroit 1971 (= erweiterte Fassung von: Steuerüberwälzungslehre, 2. Aufl., Berlin 1966).

Rose, M., Finanzwissenschaftliche Verteilungslehre, München 1977.

Schmähl, W., Artikel „Sozialausgaben", in: Handwörterbuch der Wirtschaftswissenschaft, 6. Bd., Stuttgart, u. a. 1981, S. 562 ff.

Schmölders, G., und Hansmeyer, K.-H., Allgemeine Steuerlehre, 5. Aufl., Berlin 1980.

Schneider, D., Grundzüge der Unternehmensbesteuerung, 4. Aufl., Wiesbaden 1985.

Schreiber, U., Hrsg., Steuerreform 1990. Steuerpolitik und Marktwirtschaft, Stuttgart 1989.

Siebert, H., Zur Frage der Distributionswirkungen öffentlicher Infrastrukturinvestitionen, in: Jochimsen, R., und Simonis, U. E., Hrsg., Theorie und Praxis der Infrastrukturpolitik, Schriften des Vereins für Socialpolitik, NF Bd. 54, Berlin 1970, S. 33 ff.

Das Transfersystem in der Bundesrepublik Deutschland, Bericht der Sachverständigenkommission zur Ermittlung des Einflusses staatlicher Transfereinkommen auf das verfügbare Einkommen der privaten Haushalte (Transfer-Enquête-Kommission), Stuttgart u. a. 1981.

Wartenberg, U., Verteilungswirkungen staatlicher Aktivitäten. Ein Beitrag zur Untersuchung der personellen Budgetinzidenz, Berlin 1979.

Siebentes Kapitel

Finanzpolitik in Boom und Rezession

A. Die konjunkturpolitische Zielsetzung

I. Von der Bedarfsdeckungs- zur Stabilisierungsfunktion der öffentlichen Finanzen

Öffentliche Finanzpolitik und konjunkturelle Entwicklung wurden bis zur Weltwirtschaftskrise des Jahres 1929 als weitgehend voneinander unabhängig angesehen. Zwar beobachtete man, daß im konjunkturellen Aufschwung mehr und im Abschwung weniger Einnahmen in die öffentlichen Kassen flossen, als für die jeweilige Haushaltsperiode veranschlagt worden waren, aber eine instrumentelle Ausnutzung dieses Sachverhalts und anderer finanzpolitischer Einflüsse auf die konjunkturelle Entwicklung unterblieb, vor allem wegen fehlender theoretischer Einsichten.

Es hätte auch einer Änderung des althergebrachten **Haushaltsgrundsatzes der Ausgeglichenheit** bedurft, um eine Politik geplanter Defizite und Überschüsse überhaupt durchzuführen. Der Haushaltsgrundsatz sollte vor allem die Bildung von Defiziten verhindern, die dann über Schuldaufnahme am Kapitalmarkt oder gar durch Notenbankfinanzierung hätten gedeckt werden müssen. Die traditionelle Finanzierung beschränkte sich daher auf Entgelte und Steuern; Schuldaufnahme sollte nur für besondere nicht-konjunkturelle Anlässe zulässig sein, und die Notenbankfinanzierung war nur in Form von Kassenkrediten vorgesehen (s. oben 4. Kapitel, S. 158 ff.).

Eine solche „**Bedarfsdeckungsfinanz**" (W. Gerloff) war vertretbar, solange nicht ein wachsender Staatsanteil eine genügend große konjunkturpolitische Manövriermasse in Form umfangreicher Budgets darstellte und solange die konjunkturtheoretischen Grundlagen für ein aktives Eingreifen fehlten. Dafür war die erste Bedingung spätestens um die Zeit des Zweiten Weltkrieges erfüllt, und die zweite Bedingung konnte mit der auf J. M. Keynes aufbauenden Theorie der Konjunkturpolitik zunächst als erfüllt gelten.

Der Anstoß zum Ausbau der Konjunkturtheorie und -politik wurde nicht zuletzt dadurch gegeben, daß ein Haushaltsausgleich um jeden Preis eine passive Anpassung der Staatseinnahmen und Staatsausgaben an die konjunkturelle Entwicklung impliziert; schwankt also das Steueraufkommen mit der ökonomischen Aktivität, so müssen in der Hochkonjunktur die dann steigenden Steuereinnahmen für zusätzliche Ausgaben verwendet oder frühzeitig durch Steuersenkungen vermieden werden, wenn es zu einem Haushaltsausgleich kommen soll. Eine derartige Anpassungsstrategie bewirkt jedoch eine weitere (unerwünschte) Belebung der Konjunktur, da eine Senkung der Steuerlast und/oder eine Ausweitung der Staatsausgaben die Nachfrage verstärkt. Ebenso deutlich treten die Mängel einer solchen Politik des unbedingten Haushaltsausgleichs in Rezessionszeiten in Erscheinung. In dieser Situation kommt es durch die Steuerausfälle zu Haushaltsfehlbeträgen (Defiziten), die man durch Ausgabenkürzungen und/oder Steuererhöhungen zu bekämpfen versucht. Eine erhöhte Steuerbelastung führt jedoch tendenziell zu einer Verringerung der privaten Konsum- und Investitionstätigkeit und die eingeschränkte Ausgabenaktivität der öffentlichen Hand zu einer Reduzierung der öffentlichen Nachfrage, so daß in beiden Fällen der konjunkturelle Abschwung verstärkt wird. – In den beschriebenen Konjunkturphasen folgt die staatliche Finanzwirtschaft also in ihrem Verhalten dem des privaten Sektors und verstärkt den wirtschaftlichen Auf- bzw. Abschwung. Aufgrund dieses gleichgerichteten Verhaltens wird daher auch von **Parallelpolitik** gesprochen.

Konnte auch anhand der beiden extremen Konjunktursituationen (Boom, Rezession) die Unzulänglichkeit der Parallelpolitik verdeutlicht werden, so darf nicht übersehen werden, daß die Anhänger der klassischen Budgettheorie die Vollbeschäftigung, d. h. die Vollausnutzung aller Produktionsmöglichkeiten, unterstellten und daß in einer solchen Konjunkturlage ein Haushaltsausgleich konjunkturgerecht sein kann. Soll in dieser Situation die staatliche Nachfrage erhöht werden, so muß sie von einer entsprechenden Einschränkung der privaten Nachfrage durch Besteuerungsmaßnahmen begleitet sein, wenn Preissteigerungen vermieden werden sollen.

Soweit die Stabilisierungsfunktion der öffentlichen Finanzen anerkannt ist, wird die Bedeutung des jährlichen Haushaltsausgleichs relativiert. Neben Steuern und Entgeltabgaben erscheinen auch Einnahmen aus der Schuldaufnahme am Kreditmarkt und vielleicht sogar Mittel von der Notenbank als zulässige Finanzierungsformen. Der Haushaltsausgleich reduziert sich dann auf einen formalen Ausgleich aller ausgewiesenen Ausgaben und Einnahmen. Eine materielle Vorschrift, mit deren Hilfe eine bestimmte Struktur des Haushalts erreicht wird, beinhaltet der Grundsatz der Ausgeglichenheit dann nicht mehr.

Damit stehen neben den Ausgaben, deren konjunkturpolitische Einsatzmöglichkeit rechtlich nie eingeschränkt und faktisch am ehesten ausgenutzt worden ist (Arbeitsbeschaffungsprogramme ab 1932), auch die Einnahmen und damit alle öffentlichen Finanzströme für einen konjunkturpolitischen Einsatz zur Verfügung. – Dieser **konjunkturpolitische Einsatz der öffentlichen Finanzen** wird in Übersetzung von „**fiscal policy**" häufig auch als **Fiskalpolitik** bezeichnet und ist keinesfalls zu verwechseln mit der Erfüllung der auf Einnahmeerzielung gerichteten fiskalischen Zielsetzung. Aufgabe der Fiskalpolitik ist es also, die ökonomische Entwicklung mit konjunkturpolitischen Maßnahmen zu stabilisieren, wenn die Schwankungen in der konjunkturellen Entwicklung ein nach vorherrschenden Anschauungen unerwünschtes Ausmaß überschreiten.

Eine finanzpolitische Beeinflussung der konjunkturellen Entwicklung ist durch die Argumentation des Monetarismus und durch neuere gesamtwirtschaftliche Entwicklungen relativiert worden. Vertreter der sog. **monetaristischen Richtung** der Volkswirtschaftslehre plädieren gegen den Einsatz der Finanzpolitik zum Zwecke der Konjunkturbeeinflussung, da ihrer Ansicht nach weder die zeitlich genaue Dosierung der Wirkung der Maßnahmen gewährleistet sei noch überhaupt ein gesicherter instrumenteller Zusammenhang zwischen Einnahmen- bzw. Ausgabenveränderungen und den gesamtwirtschaftlichen Störfaktoren bestünde. Diese Argumentation, die auf einen Verzicht auf jegliche Fiskalpolitik hinausläuft, wird zum Schluß des Kapitels nochmals kurz aufgenommen (Teil F II).

Auch wenn man sich der monetaristischen Sicht nicht oder nur z.T. – etwa was die Wirkung der Geldpolitik angeht – anschließt, ist der Einsatz der Fiskalpolitik schwieriger geworden. Arbeitslosigkeit und Preisniveausteigerungen (**Stagflation**) treten seit geraumer Zeit häufig gleichzeitig auf (Teil E III). Außerdem sind damit oft mittelfristige Strukturanpassungen verbunden, die man eher unter den längerfristigen Wachstums- als den kurzfristigen Konjunkturaspekten analysiert.

Trotz dieser beiden Einwände sind wesentliche Teile dieses Kapitels auf **klar umrissene Rezessions- oder Boomsituationen** abgestellt, in denen also

– Arbeitslosigkeit bei relativ konstantem Preisniveau oder

– Preisniveausteigerung (Inflation) bei Überbeschäftigung

auftritt. Diese Vorgehensweise läßt sich aus zwei Gründen rechtfertigen. Zum einen läßt sich an diesen eindeutigen Fällen die Wirkungsweise der finanzpolitischen Instrumente besonders gut erläutern. Zum anderen gibt es in der Wirklichkeit des gesamtwirtschaftlichen Ablaufs nach wie vor Phasen, in denen das Element des Booms oder das der Rezession überwiegt und das eine Ziel deutlich mehr gefährdet ist als das andere. Dann wird man bei der Kombination der konjunkturpolitischen Instrumente zu einem Teil auch auf boom- bzw. rezessionswirksame Maßnahmen der Finanzpolitik zurückgreifen.

Eine extreme Form des Einsatzes der Fiskalpolitik zur Bekämpfung von Inflation und Arbeitslosigkeit bildete der Vorschlag der ,**functional finance**' (A. P. Lerner). Steuern und öffentliche Ausgaben haben danach nur den Zweck, private Konsum- und Investitionsausgaben unter Stabilisierungsgesichtspunkten zu beeinflussen, und das fiskalische Ziel der Einnahmeerzielung wäre durch die Notenbankfinanzierung zu erfüllen.

Soll die Finanzpolitik für konjunkturpolitische Zwecke eingesetzt werden (Stabilisierungsfunktion), so ergibt sich zunächst die Notwendigkeit einer **Präzisierung des Konjunkturziels** (II) und einer **Theorie des Wirkungszusammenhangs** zwischen finanzpolitischen Maßnahmen und dem konjunkturpolitischen Ziel (C). In diesem Zusammenhang liefert die exkursartige Behandlung des Staates in der Volkswirtschaftlichen Gesamtrechnung wichtige Informationen für den konjunkturpolitischen Einsatz der Finanzpolitik (B). – Auf dieser Basis können dann die **finanzpolitischen Strategien** entwickelt werden (D und E), die auch die Möglichkeiten für eine quantitative Beurteilung der konjunkturellen Effekte des Haushalts und seines mittelfristigen Konsolidierungsbedarfs zu beachten haben (Abschnitt D IV). Abschließend wird dann ein Überblick über unterschiedliche Argumente geboten, mit denen die Wirksamkeit der Fiskalpolitik zunehmend bezweifelt wird (Teil F).

II. Die konjunkturpolitische Zielsetzung und ihre Operationalisierung

Vor dem Einsatz von Instrumenten ist es erforderlich, die konjunkturelle Situation zu messen und mit den konjunkturpolitischen Zielvorstellungen zu vergleichen. Voraussetzung ist dafür, daß die einzelnen Ziele in meßbare Größen umgeformt werden, die als **Maßstab für** den Grad der **Erreichung oder Gefährdung** jedes einzelnen Zieles herangezogen werden und damit gleichzeitig als **Erfolgsindikatoren** finanzpolitischer Maßnahmen dienen können.

Im Bereich der ‚fiscal policy' ist der Prozeß der Zielfindung und -operationalisierung bereits weit fortgeschritten, so daß es sich bei den im folgenden zugrunde gelegten Zielen um allgemein anerkannte **wirtschaftspolitische Zielsetzungen** handelt. Mit der Zusammenstellung der Ziele ist jedoch noch nichts über das wünschenswerte Ausmaß ihrer Realisierung gesagt.

Das übliche Vorgehen, konjunkturpolitische Zielsituationen zu umschreiben, besteht darin, Einzelziele zu nennen, d. h. einzelne Merkmale der gewünschten Zielsituation anzugeben.[1] Bekanntestes Beispiel für diese Aufspaltung des Konjunkturziels ist das sog. **magische Dreieck.** Die drei Ecken dieses Dreiecks und damit die vorgeschlagenen Komponenten des Konjunkturziels sind **Vollbeschäftigung, Preisniveaustabilität** und **außenwirtschaftliches Gleichgewicht.**

Diese Zielkombination ist als **scheinbar kompatibles Leitschema** formuliert und wurde in die verschiedensten Vertrags- und Gesetzeswerke, angefangen vom **Bretton Woods-Abkommen** aus dem Jahre 1944 (mit dem Weltbank und Weltwährungsfonds errichtet wurden) bis hin zum „Gesetz zur Förderung der Stabilität und des Wachstums der Wirtschaft" der Bundesrepublik Deutschland aus dem Jahre 1967, dem **Stabilitätsgesetz,** aufgenommen. Als **viertes Ziel** tritt meist „stetiges und angemessenes **Wirtschaftswachstum**" hinzu. Im Gesetz über den Sachverständigenrat zur Begutachtung der gesamtwirtschaftlichen Entwicklung von 1963 wurde außerdem zur Auflage gemacht, bei den Analysen die **Bildung und Verteilung von Einkommen und Vermögen** einzubeziehen.[2]

Wenn im folgenden von *Vollbeschäftigung* gesprochen wird, so wird sie auf die Vollauslastung des Faktors „Arbeit" bezogen. Zwar können Beschäfti-

---

[1] Der Sachverständigenrat zur Begutachtung der gesamtwirtschaftlichen Entwicklung erfaßt die konjunkturelle Entwicklung auch anhand einer einzigen Größe, der Schwankungen im Auslastungsgrad des Produktionspotentials (vgl. etwa Jahresgutachten 1982/83, Bundestagsdrucksache 9/2118, Tz. 181). Zugleich argumentiert er aber auch mit den Einzelzielen (ebenda, Kurzfassung sowie Erstes Kapitel, Teil B). Für bestimmte Konjunktursituationen eignet sich das Produktionspotential offenbar weniger gut als alleiniger Indikator. Beispielsweise wurde für das Jahr 1980 die Ausnutzung des Produktionspotentials als „zu reichlich" eingeschätzt, während gleichzeitig die Arbeitslosenquote stieg (Jahresgutachten 1980/81, Bundestagsdrucksache 9/17, Tz. 95 und Tabelle 15), d. h. nach dem einen Indikator wäre die Konjunktur positiv, nach dem anderen negativ zu beurteilen.

[2] § 2 des „Gesetzes über die Bildung eines Sachverständigenrates zur Begutachtung der gesamtwirtschaftlichen Entwicklung".

gungs- oder Auslastungsprobleme grundsätzlich auf allen Faktormärkten auftreten, jedoch beschränkt man sich in der kurzfristigen Analyse der Konjunkturtheorie – nicht zuletzt wegen seiner sozialpolitischen Bedeutung – auf den Faktor „Arbeit". Das Ziel der Vollbeschäftigung kann man z.B. als erfüllt ansehen, wenn die jahresdurchschnittliche Arbeitslosenquote (Anteil der Arbeitslosen an der Zahl der unselbständigen Erwerbspersonen) eine bestimmte Prozentzahl nicht übersteigt.[3] Zu beachten ist allerdings, daß solche Durchschnittswerte in einzelnen Sektoren oder Regionen der Wirtschaft wesentlich über- oder unterschritten werden können. Allerdings handelt es sich dann nicht um eine durch kurzfristigen Nachfrageausfall bedingte konjunkturelle, sondern um strukturell bedingte Arbeitslosigkeit, die mit anderen Instrumenten als einer globalen Nachfrageausweitung bekämpft werden muß (s. 8. Kapitel).

Als Indikator für die *Preisniveaustabilität* wird häufig ein Preisindex für die Lebenshaltung verwendet, weil er den politischen Zielvorstellungen, soweit sie sich auf die jeweiligen Lebensbedingungen der Bevölkerung beziehen, am besten entspricht. Mit seiner Hilfe werden die Veränderungen gemessen, die sich in den Preisen der Güter ergeben, die zur Lebenshaltung einer Familie gehören. Daneben wird oft der Preisindex für alle im Bruttosozialprodukt enthaltenen Güter und Dienstleistungen aufgeführt. Im Idealfall bleibt der Preisindex der Lebenshaltung konstant, er kann aber auch, wie im Jahre 1986 geschehen, sinken, wenn etwa die Einfuhrpreise rückläufig sind oder Rationalisierungserfolge zu Kostenersparnis führen. Eine Steigerung um nur 2–4% wird aber oft schon als Zielerreichung angesehen.[4]

Preisniveausteigerungen können **negative Auswirkungen auf Investitionen** mit sich bringen und damit kurzfristig den Beschäftigungsstand und langfristig das Wachstum beeinflussen. Die Ursache kann darin liegen, daß es für den Unternehmer schwieriger wird abzuschätzen, ob die steigenden Preise für seine Produkte ausreichen, um die ebenfalls steigenden Beschaffungskosten zu decken. Damit verliert bei Inflation der Preis seine Allokationsfunktion; die Gefahr von Fehlinvestitionen nimmt zu. – Aus sozialpolitischer Sicht sind Preisniveausteigerungen in dem Maße unerwünscht, wie sie ungünstig auf die **Einkommensverteilung** wirken. So sind Bezieher fester Einkommen gegenüber Personen benachteiligt, die preisabhängig entlohnt werden. Beispielsweise kommt es im Falle der **Lohneinkommen** zu keiner Benachteiligung, wenn es der gewerkschaftlichen Lohnpolitik gelingt, die erwarteten Preissteigerungen als Bestandteile ihrer Lohnforderungen, d.h. eine preisabhängige Lohnpolitik, durchzusetzen. Für die Empfänger von **Renteneinkommen** ergeben sich bei Inflation dann negative Verteilungswirkungen, wenn die Renten nicht oder nur mit zeitlicher Verzögerung an die Preisni-

---

[3] Im Jahreswirtschaftsbericht 1993 der Bundesregierung (Hrsg. Bundesministerium für Wirtschaft, Bonn 1993, Anlage „Jahresprojektion 1993", S. 121) wurden Quoten von rd. 9% aller Erwerbspersonen als kurzfristig erreichbares Ziel angesehen.

[4] Im Jahreswirtschaftsbericht 1993 der Bundesregierung (a.a.O., S. 118) wurden 4% Anstieg der Verbraucherpreise erwartet.

veauentwicklung angepaßt werden. Eine Benachteiligung ergibt sich auch bei den Sparern bzw. Gläubigern für den Fall, daß in der Verzinsung die Preisentwicklung nicht oder nicht ausreichend berücksichtigt wird.

Mit der Verwirklichung des Ziels eines *außenwirtschaftlichen Gleichgewichts* kann zum einen gemeint sein, daß eine außenwirtschaftliche Situation angestrebt wird, in der auf Maßnahmen zum Ausgleich der Zahlungsbilanz verzichtet werden kann.[5] Zum anderen kann unter dem Ziel verstanden werden, daß außenwirtschaftliche Einflüsse so weit ausgeschaltet oder umgelenkt werden, daß sie die Erfüllung der beiden vorher erwähnten Ziele sowie des Wachstumsziels nicht oder so wenig wie möglich negativ beeinflussen. Bei einer Operationalisierung dieser Größe wird es also im wesentlichen darum gehen, eine Maßgröße zu finden, die den engen Zusammenhang zwischen Außen- und Binnenwirtschaft herzustellen imstande ist. Neben einem Operieren mit absoluten Werten aus der Zahlungsbilanz[6] wird hier oft der sog. Außenbeitrag der Volkswirtschaftlichen Gesamtrechnung[7] zu anderen gesamtwirtschaftlichen Größen, wie etwa dem BSP, ins Verhältnis gesetzt. Bei einem Vergleich der drei Ziele wird man dem Ziel des außenwirtschaftlichen Gleichgewichts eher die Bedeutung eines Instruments oder Zwischenziels geben,[8] das für die Erreichung der beiden anderen Ziele kontrolliert werden muß.

B. Die öffentliche Finanzwirtschaft in der Volkswirtschaftlichen Gesamtrechnung

Wenn mit Hilfe der finanzpolitischen Instrumente der Ablauf der Gesamtwirtschaft kurzfristig beeinflußt werden soll, so muß die ökonomische Aktivität erfaßt und in ihren Veränderungen verfolgt werden können. Um sie zu erfassen, bedient man sich der Volkswirtschaftlichen Gesamtrechnung, die aus der Kreislauftheorie und der Volkseinkommensstatistik entwickelt wurde. Sie stellt die Güter-, Einkommens- und Zahlungsströme dar, die innerhalb einer Periode zwischen Teilbereichen (Sektoren) der Volkswirtschaft fließen, dient damit der laufenden Wirtschaftsbeobachtung und ist heute als Diagnose- und Prognoseinstrument unverzichtbar. Weil die Einbeziehung der staatlichen Aktivität z.T. nach anderen Prinzipien als die der anderen

---

[5] Vgl. Giersch, H., Konjunktur- und Wachstumspolitik in der offenen Wirtschaft, Wiesbaden 1977, S. 97.

[6] Für das Jahr 1993 strebte die Bundesregierung einen Außenbeitrag von 6 bis 10 Mrd. DM an (Jahreswirtschaftsbericht 1993, a.a.O., S. 116).

[7] Dieser ist bis auf wenige Korrekturposten mit dem Saldo der Handels- und Dienstleistungsbilanz identisch. – Für 1993 beispielsweise strebte die Bundesregierung an, den Außenbeitrag bei ½% des Bruttosozialprodukts zu halten (Jahreswirtschaftsbericht 1993, a.a.O., S. 116).

[8] So z.B. Cassel, D., und Thieme, H.J., Stabilitätspolitik, in: Vahlens Kompendium der Wirtschaftstheorie und Wirtschaftspolitik, 2. Bd., 5. Aufl., München 1992, S. 312ff.

Sektoren erfolgt und weil der Staatsverbrauch eine besondere Rolle für die Konjunktur- und Wachstumspolitik spielt, wird im folgenden die staatliche Produktionstätigkeit in der Volkswirtschaftlichen Gesamtrechnung (I), die Behandlung des Staates bei der Berechnung des Sozialprodukts (II) sowie die Abgrenzung der öffentlichen Einnahmen und Ausgaben in der Volkswirtschaftlichen Gesamtrechnung (III) behandelt.

I. Staatliche Produktionstätigkeit in der Volkswirtschaftlichen Gesamtrechnung

Unter den vielfältigen Staatstätigkeiten interessieren aus der Sicht der Volkswirtschaftlichen Gesamtrechnung insbesondere solche, die zur Produktion von Gütern oder Leistungen durch den Staat führen, folglich Einkommen schaffen und das Gesamtvolumen an produzierten Gütern und Dienstleistungen einer Volkswirtschaft erhöhen. Dementsprechend werden nur **die auf öffentlichen Einnahmen und Ausgaben beruhenden Staatstätigkeiten** erfaßt. Die „Verordnungstätigkeit", also der Erlaß von Gesetzen und sonstigen Vorschriften, bleibt unberücksichtigt bzw. geht nur mit den Verwaltungskosten in die Volkswirtschaftliche Gesamtrechnung ein. Ein Rückschluß auf die gesamte Staatstätigkeit oder gar den „Staatseinfluß" auf die Produktion ist daher nicht möglich.

Typisch für die staatlich produzierten Güter und Dienstleistungen, beispielsweise im Verkehrs- und Bildungssektor oder im Bereich der äußeren und inneren Sicherung, ist ihre **unentgeltliche Abgabe**. Die staatliche Leistungsabgabe gegen Entgelt macht demgegenüber nur einen geringen Anteil aus, der allerdings nach Gebietskörperschaftsebenen (Bund, Länder, Gemeinden) schwankt. Die unentgeltliche Bereitstellung der Leistungen zeigt, daß eine **Marktbewertung** bei der Ermittlung der Summe aller Güter und Dienstleistungen **nicht möglich** ist. Statt einer Outputbewertung erfolgt eine Inputbewertung über die Aufwendungen des Staates. Auf dieses unvermeidbar erscheinende Vorgehen richtet sich die vielleicht gewichtigste Kritik daran, wie der Staat derzeit in der Volkswirtschaftlichen Gesamtrechnung behandelt wird. Wohl auch um die Bedeutung dieses Mangels zu begrenzen, wird die Definition des Staates in der Volkswirtschaftlichen Gesamtrechnung insofern eng gewählt, als die im Eigentum des Staates befindlichen Unternehmen dem Sektor „Unternehmen" zugeordnet werden. Damit sind beispielsweise Industrieunternehmen im Bundesbesitz, aber auch Bundesbahn und -post sowie kommunale Versorgungsunternehmen dem Sektor „Unternehmen" zugeordnet.

„Der **Sektor Staat** umfaßt in den Volkswirtschaftlichen Gesamtrechnungen alle Institutionen, deren Aufgabe überwiegend darin besteht, Dienstleistungen eigener Art für die Allgemeinheit zu erbringen, und die sich hauptsächlich aus Zwangsabgaben finanzieren. ... Zum Staat zählen die Gebietskörperschaften und die Sozialversicherung."[9] Zu den Gebietskörperschaften zählen hier Bund einschließlich Lastenaus-

---

[9] Statistisches Bundesamt, Der Staat in den Volkswirtschaftlichen Gesamtrechnungen 1950–1988, Fachserie 18, Reihe S 13, Stuttgart 1989, S. 8.

gleichsfonds und ERP-Sondervermögen, Länder und Stadtstaaten, Gemeinden und
Gemeindeverbände (Ämter, Kreise, Bezirks- und Landschaftsverbände usw.) sowie
Zweckverbände. Zur Sozialversicherung rechnen die Rentenversicherungen der Arbeiter und Angestellten, die knappschaftliche Rentenversicherung, Zusatzversor-
gungseinrichtungen im öffentlichen Dienst, die Altershilfe der Landwirte, die gesetzliche Kranken- und Unfallversicherung sowie die Arbeitslosenversicherung.

Entstehung und Zusammensetzung der „Produktion" des so definierten
Sektors „Staat" sind für die Jahre 1980 und 1991 der Tab. 7.1 zu entnehmen. Um seine Güter und Dienstleistungen erstellen zu können, bezieht
der Staat zunächst wie ein privates Unternehmen **Vorleistungen.** Dabei handelt es sich um Käufe des Staates von Gütern für die laufende Produktion.
Hinzu tritt die **staatliche Bruttowertschöpfung** (Beitrag zum Bruttoinlandsprodukt). Sie ist ganz überwiegend identisch mit den Löhnen und Gehäl-
tern der beim Staat Beschäftigten. Periodisierte Investitionsausgaben erscheinen nur als ein kleiner Posten, der im wesentlichen die Abschreibungen auf Gebäude umfaßt; „Straßen, Brücken, Wasserwege und ähnliche
Güter des Staates mit schwer bestimmbarer Nutzungsdauer werden ...
nicht abgeschrieben".[10] Hinzu treten noch die durch den Staat gezahlten
Produktionssteuern, z.B. Kfz-Steuer für öffentliche Kraftfahrzeuge.

Vorleistungen und staatliche Bruttowertschöpfung, die in etwa die gleiche
Höhe aufweisen, ergeben den Produktionswert des Staates. Als Maßgröße
für diesen **Wert staatlicher Produktion** „werden in Ermangelung von Marktpreisen die für die Erstellung dieser Leistungen erforderlichen laufenden
Aufwendungen der Institutionen des Staatssektors verwendet", also Input-
größen herangezogen. Ausgedrückt in finanzwissenschaftlichen Begriffen
umfaßt dieser Produktionswert hauptsächlich die laufenden Sachausgaben
oder Käufe des Staates und die Personalausgaben, die also – sieht man von
selbsterstellten Anlagen ab – in öffentliche Leistungen „transformiert" werden. Diese Leistungen werden dann zu einem geringen Teil gegen Gebühren und Beiträge „verkauft", zum größten Teil aber unentgeltlich abgegeben und als „Staatsverbrauch" bezeichnet (vgl. Tab. 7.1). Der entgeltlich
abgegebene ebenso wie der unentgeltlich bereitgestellte Teil der staatlichen
Produktion umfaßt damit die öffentlichen Güter, die der Staat für die Bevölkerung zur Verfügung stellen läßt, da die Bürger sie aus produktionstechnischen Gründen privat entweder nicht erstellen können oder aus politischen Gründen nicht erstellen wollen.

Angesichts von Umfang und Struktur der Produktionstätigkeit des Staates
in der Volkswirtschaftlichen Gesamtrechnung wird deutlich, daß es gute
Gründe gibt, auf ihre Wiedergabe in diesem Rechenwerk nicht zu verzichten:

(1) **Konjunkturpolitische Analysen** mit empirischem Bezug, die in diesem
Kapitel im Vordergrund stehen, werden zunehmend in Kategorien der

---

[10] Statistisches Bundesamt, Statistisches Jahrbuch 1993 für die Bundesrepublik
Deutschland, Stuttgart 1993, S. 676.
[11] Statistisches Bundesamt, Der Staat in den Volkswirtschaftlichen Gesamtrechnungen 1950–1988, a.a.O., S. 12.

Tab. 7.1: *Die Produktionstätigkeit des Staates in Kategorien der Volkswirtschaftlichen Gesamtrechnung, Bundesrepublik Deutschland, 1980 und 1991, in Mio. DM*

| | Produktionstätigkeit | | |
| | 1980 | 1991 | |
	insgesamt	insgesamt	darunter Sozialversicherung
Vorleistungen (Käufe von Gütern für die laufende Produktion)	**166 570**	**285 940**	**146 040**
+ **Staatliche Bruttowertschöpfung**	**172 390**	**270 830**	**16 790**
bestehend aus: Nettowertschöpfung (Löhne und Gehälter, Sozialbeiträge der Arbeitgeber)	162 660	252 570	16 080
+ Abschreibungen auf Gebäude und Ausrüstungen	9 490	18 010	700
+ von öff. Institutionen gezahlte Produktionssteuern (z. B. Kfz-Steuer für öffentliche Kfz)	240	250	10
= **Produktionswert des Staates** (= staatliche „Produktion")	**338 960**	**556 770**	**162 830**
weitergegeben als: Verkäufe von Verwaltungsleistungen (entgeltlich abgegebene Waren und Dienstleistungen) an private Haushalte und Unternehmungen	40 890	88 270	80
+ selbsterstellte Anlagen (z. B. Beteiligung öffentlich Beschäftigter an der Erstellung von öff. Investitionsvorhaben)	280	430	–
+ Staatsverbrauch („entspricht den Aufwendungen des Staates für Verwaltungsleistungen, die der Allgemeinheit ohne spezielles Entgelt zur Verfügung gestellt werden"[1])	297 790	468 070	162 750
darunter: für soziale Sachleistungen	(91 510)	(163 910)	(139 450)

[1] Statistisches Jahrbuch 1992 für die Bundesrepublik Deutschland, a. a. O., S. 651.

Quelle: 1980: Statistisches Bundesamt, Fachserie 18, Volkswirtschaftliche Gesamtrechnungen, Reihe 1.3, Konten und Standardtabellen 1988, Hauptbericht, Stuttgart 1989, S. 239.
1991: Statistisches Bundesamt, Fachserie 18, Volkswirtschaftliche Gesamtrechnung Reihe 1.3, Konten und Standardtabellen 1991, Hauptbericht, Stuttgart 1992, S. 233.

Volkswirtschaftlichen Gesamtrechnung ausgedrückt. Dies gilt beispielsweise für die Jahresgutachten des Sachverständigenrates zur Begutachtung der gesamtwirtschaftlichen Entwicklung und den Jahreswirtschaftsbericht der Bundesregierung. Mit Hilfe der Volkswirtschaftlichen Gesamtrechnung läßt sich abschätzen, welches Volumen an Finanzströmen
die öffentliche Hand im Vergleich zu den Strömen des privaten Bereichs
einsetzen kann, wenn sie die gesamtwirtschaftliche Entwicklung beeinflussen will.

(2) Auch im Zusammenhang mit **wachstums- und strukturpolitischen Fragen**
ist die Einbeziehung des Staates über die Daten der Volkswirtschaftlichen Gesamtrechnung unverzichtbar. Werden beispielsweise die Staatsausgaben nach Aufgabenbereichen und Ausgabearten aufgeführt und
wird auf dieser Grundlage ein Wandel in den Schwerpunkten der staatlichen Aufgabenerfüllung deutlich (beispielsweise die Zunahme des Anteils der sozialen Sicherung oder die Abnahme des Anteils der öffentlichen an den gesamten Investitionen), so kann dieses unter Wachstums-
und Strukturaspekten diskutiert werden.

(3) Wenn eine Sozialproduktgröße im Zeit- und Ländervergleich als **Wohlstandsmaß** verwendet wird, wäre es unzweckmäßig, die staatlichen Leistungen herauszulassen. Dann könnte ein Land nur deshalb als wohlha-
bender erscheinen, weil Leistungen, etwa im Bildungs- oder Gesundheitsbereich, privat angeboten werden, die in anderen Ländern stärker
die öffentliche Hand bereitstellt.

(4) Schließlich setzt „eine fundierte **Abschätzung von Konsolidierungsspiel-
räumen** ... die Kenntnis und Analyse der Entwicklung der Einnahmen
und Ausgaben des Staates in der Vergangenheit im gesamtwirtschaftlichen Zusammenhang voraus".[12]

II. Berücksichtigung des Staates
bei der Ermittlung des Sozialprodukts

Die in Tab. 7.1 wiedergegebene Produktionstätigkeit des Staates ist mit
dem System der Volkswirtschaftlichen Gesamtrechnung verbunden, in dem
eine Berechnung der Aggregate der Volkswirtschaftlichen Gesamtrechnung
erfolgt, die über Konten und Standardtabellen dargestellt werden. Dieses
Vorgehen wird im folgenden genauer erläutert, wobei die Daten der
Tab. 7.1 teils in die Entstehungs- und teils in die Verwendungsrechnung
eingehen.

Aus der Zusammenfassung einzelner Ströme werden die Volkswirtschaftlichen Gesamtgrößen wie **Bruttosozialprodukt und Volkseinkommen** gebildet.
Sie dienen u. a. als Ausdruck für die Produktion und das Einkommen in

---

[12] Statistisches Bundesamt, Der Staat in den Volkswirtschaftlichen Gesamtrechnungen 1960–1983, Fachserie 18; Reihe S 6, Stuttgart und Mainz 1984, S. 8; Hervorhebung durch die Verf.

einer Periode; ihre Messung erfolgt an verschiedenen Stellen des volkswirtschaftlichen Kreislaufs. Diese Produktions- und Einkommensmessung geschieht **unter drei Fragestellungen,** die hier deshalb interessieren, weil die finanzwirtschaftliche Aktivität jeweils auf andere Weise einbezogen wird:

(1) Wie hoch sind die Beiträge der verschiedenen Wirtschaftsbereiche einer Volkswirtschaft zum Sozialprodukt (**Entstehungsrechnung**)?

(2) Wie verteilen sich die im Zuge der Produktion entstandenen Faktoreinkommen auf die Einkommensarten und auf die verschiedenen Sektoren (**Verteilungsrechnung**)?

(3) Wofür wird das Sozialprodukt verwendet, bzw. wie setzt sich die volkswirtschaftliche Gesamtnachfrage zusammen (**Verwendungsrechnung**)?

a) Der Staat in der Entstehungsrechnung

Wenn nach der Zusammensetzung der in einer Periode produzierten Güter und Dienste (als Ausdruck für geschaffene Faktoreinkommen bzw. Wertschöpfung) gefragt wird, zeigt sich, daß Güter des warenproduzierenden Gewerbes im Vordergrund stehen, gefolgt von Dienstleistungsunternehmen, Handel und Verkehr sowie Land- und Forstwirtschaft (vgl. Tab. 7.2, Teil I). Der **Beitrag des Staates** in Höhe von 10,3% im Jahre 1991 besteht in seiner **Bruttowertschöpfung.** Er hat im beobachteten Zeitraum leicht abgenommen (vgl. Tab. 7.2). Die von ihm bezogenen Vorleistungen werden in der Entstehungsrechnung nicht ausgewiesen. „Die Bruttowertschöpfung der Wirtschaftsbereiche wird in der Regel durch Abzug der Vorleistungen von den Produktionswerten ermittelt", wobei der Produktionswert von den Verkäufen abgeleitet wird.[13] Die staatliche Bruttowertschöpfung wird hingegen als Aufwandsposten, d. h. aus der Summe der Faktorenentgelte berechnet (s. oben I).

b) Der Staat in der Verteilungsrechnung

Mit der Verteilungsrechnung wird die funktionale Einkommensverteilung in der Bundesrepublik beschrieben, also die Aufteilung der durch die Produktion entstandenen Einkommen in Einkommen aus unselbständiger Arbeit und Einkommen aus Unternehmertätigkeit und Vermögen. Da Arbeitnehmertätigkeit als Funktion nur dem Sektor „private Haushalte" zugeordnet ist, kann der Staat „Einkommen" in diesem Sinne nur aus der zweiten Kategorie erhalten. Er ist dort mit einer geringfügigen Nettogröße berücksichtigt. Sie errechnet sich aus **Vermögenseinkünften der öffentlichen Hand** und den an den Staat abgelieferten **Gewinnen öffentlicher Unternehmen** zuzüglich einer Größe, die den unausgeschütteten Gewinnen privater Unternehmen ähnelt, und abzüglich der vom Staat auf die öffentliche Schuld

---

[13] Statistisches Bundesamt, Statistisches Jahrbuch für die Bundesrepublik Deutschland 1993, a. a. O., S. 675f.

Tab. 7.2: Entstehung, Verteilung und Verwendung des Sozialprodukts, Bundesrepublik Deutschland, 1980 und 1991

	1980 Mrd. DM	%[1]	1991 Mrd. DM[2]	%[1]
I. Entstehung des Sozialprodukts				
Land- und Forstwirtschaft, Fischerei	30,9	2,1	32,8	1,3
Warenproduzierendes Gewerbe	639,4	43,1	983,6	37,4
Handel und Verkehr	226,0	15,2	373,9	14,2
Dienstleistungsunternehmen	330,2	22,2	795,5	30,2
Staat	**172,2**	**11,6**	**270,8**	**10,3**
Übrige Posten	82,7	5,6	156,0	5,9
Bruttoinlandsprodukt	1481,4	99,7	2612,6	99,3
Saldo mit dem Ausland[3]	+ 4,3	+ 0,3	+ 18,6	+ 0,7
Bruttosozialprodukt[4]	1485,2	100,0	2631,2	100,0
II. Verteilung des Sozialprodukts				
Einkommen aus unselbständiger Arbeit[5]	842,1	56,7	1422,1	54,0
Einkommen aus Unternehmertätigkeit und Vermögen	307,3	20,7	586,7	22,3
a) der Privaten	316,0	(103,9)	624,9	(106,5)
b) des **Staates**[6]	− 11,8	(− 3,9)	− 38,2	(− 6,5)
Volkseinkommen[7]	1149,4	77,4	2008,8	76,3
Indirekte Steuern[8] ./. Subventionen	163,0	11,0		
Abschreibungen	173,3	11,7		
Bruttosozialprodukt[4]	1485,7	100,0	2631,2	100,0
III. Verwendung des Sozialprodukts				
Privater Verbrauch	834,0	56,1	1420,7	54,0
Anlageinvestitionen	338,0	22,6	565,1	21,4
Vorratsinvestitionen	+ 18,9	1,3	− 8,6	−0,3
Außenbeitrag[9]	− 3,1	− 0,2	+ 186,0	7,1
Staatsverbrauch	**297,9**	**20,1**	**468,1**	**17,8**
a) für zivile Zwecke	257,5	17,3		
b) Verteidigungsaufwand	40,4	2,7		
Bruttosozialprodukt[4]	1485,7	100,0	2631,2	100,0

[1] Differenzen in den Summen durch Runden der Zahlen.
[2] Vorläufige Ergebnisse.
[3] Saldo der Erwerbs- und Vermögenseinkommen zwischen In- und Ausland.
[4] Zu Marktpreisen.
[5] Einschl. tatsächlicher Sozialbeiträge der Arbeitgeber und unterstellten Beiträge für die Beamtenversorgung, betriebliche Sozialleistungen etc.
[6] Nach Abzug der Zinsen auf öffentliche Schulden, daher für 1980 und 1991 negativer Wert. Quelle der Aufteilung auf Staat und Private: Statistisches Bundesamt, Fachserie 18, Volkswirtschaftliche Gesamtrechnungen, Reihe 1.3, Konten und Standardtabellen 1988, Hauptbericht, Stuttgart 1989, S. 192 und Konten und Standardtabellen 1991, Hauptbericht, Stuttgart 1992, S. 179.

[7] Nettosozialprodukt zu Faktorkosten.

[8] Produktionsteuern, nicht abzugsfähige Umsatzsteuer und Einfuhrabgaben.

[9] Ausfuhr ./. Einfuhr, einschl. Waren- und Dienstleistungsverkehr mit der DDR bzw. den neuen Bundesländern.

Quelle: Monatsberichte der Deutschen Bundesbank, 37. Jg., 1985, Nr. 12, S. 68* und 45. Jg., 1993, Nr. 3, S. 78*.

gezahlten Zinsen. Bei entsprechend hohen Zinszahlungen kann dieser Posten also negative Werte annehmen (vgl. in Tab. 7.2 die Werte für die Jahre 1980 und 1991).

Aus dem solchermaßen zusammengesetzten Volkseinkommen (Nettosozialprodukt zu Faktorkosten) ergibt sich durch Addition der indirekten Steuern und Subtraktion der Subventionen das Nettosozialprodukt zu Marktpreisen, das unter Berücksichtigung der Abschreibungen wieder das Bruttosozialprodukt ergibt (s. Tab. 7.2).

Aus dem bei der Produktion entstandenen Bruttoeinkommen der Privaten fließen wichtige staatliche Einnahmen. Dazu zählen u. a. die direkten Steuern in der Abgrenzung der Volkswirtschaftlichen Gesamtrechnung, insbesondere die Einkommen- und Körperschaftsteuer. Von ihnen wird unterstellt, daß sie „das Einkommen der jeweiligen Wirtschaftseinheiten belasten, die diese Abgabe zu leisten haben"[14], also keine Überwälzung stattfindet. Die Bruttoeinkommen aus unselbständiger Arbeit enthalten außerdem die Sozialbeiträge einschließlich der Arbeitgeberanteile.

c) Der Staat in der Verwendungsrechnung

Während man die Entstehungsrechnung vor allem unter wachstums- und die Verteilungsrechnung unter einkommens- und sozialpolitischen Aspekten betrachtet, lautet eine im konjunkturpolitischen Zusammenhang interessierende Frage bei der Sozialproduktberechnung, wie die in einem Jahr geschaffenen Einkommen verwendet wurden, d. h. wie hoch die **volkswirtschaftliche Gesamtnachfrage** in einer Periode war und wie sie sich zusammensetzte. Diese Frage wird mit Hilfe der Verwendungsrechnung zu beantworten versucht. Sie gibt Auskunft über die Entwicklung der volkswirtschaftlichen, vor allem konjunkturpolitisch bedeutsamen Größen wie Konsum oder Investition, mit denen die nachfrageorientierte Theorie der Konjunkturpolitik befaßt ist, auf die weiter unten einzugehen ist (C II).

In die Verwendungsrechnung geht der Staat mit dem **Staatsverbrauch und seinen Bruttoinvestitionen** ein. Der Staatsverbrauch besteht, wie in Tab. 7.1 gezeigt, aus den erworbenen Vorleistungen und dem eigenen Beitrag des Staates zum Sozialprodukt (Bruttowertschöpfung) abzüglich der entgeltlich abgegebenen Güter und Dienstleistungen sowie der selbsterstellten Anlagen.

---

[14] Statistisches Bundesamt, Der Staat in den Volkswirtschaftlichen Gesamtrechnungen 1950–1988, a. a. O., S. 10.

Der Ausweis und die Bewertung des Staatsverbrauchs sind in verschiedener Hinsicht diskussionsbedürftig. Was hat man sich unter einem „Staatsverbrauch" vorzustellen, wenn in der Verwendungsrechnung private Haushalte „verbrauchen" und wenn „Investitionen" getätigt werden (s. Tab. 7.2)? Extrem formuliert könnte man sagen, daß die Definition eines gesonderten „Staatsverbrauchs" überhaupt nicht sinnvoll ist, da der Staat letztlich für die Bedürfnisse der Bürger und die Erfordernisse der Unternehmen produziert. Folglich wäre jede „Inanspruchnahme" von seiten des Staates als Inanspruchnahme durch die privaten Haushalte und Unternehmen zu kennzeichnen. Mit beiden Bereichen, den privaten Haushalten und den Unternehmen, verbinden sich dann auch zusätzliche Probleme des Staates in der Verwendungsrechnung.

Die öffentlich produzierten Güter und Dienstleistungen gehen zu einem Teil als Vorleistungen in die unternehmerische Produktion und Kalkulation ein. Soweit dies zutrifft, dürften sie nicht zum Sozialprodukt gerechnet werden, so wie die entgeltlich an Unternehmen abgegebenen Leistungen auch als Vorleistungen behandelt werden und nicht in das Sozialprodukt eingehen. Die unentgeltlich abgegebenen öffentlichen Leistungen könnten daraufhin untersucht werden, ob sie eher den Charakter von Vorleistungen oder den eines Endverbrauches aufweisen, und dementsprechend könnte eine Zuordnung erfolgen.

Ein solcher Ansatz zeigte, daß für die Bundesrepublik Deutschland im Jahre 1975 nur 3,6% des **Staatsverbrauchs als Vorleistungen** an Unternehmen anzusehen waren[15] und dementsprechend bei einer Revision des Verfahrens das Sozialprodukt senken würden. – In diesem Zusammenhang ist auch vorgeschlagen worden, den privaten Unternehmen die empfangenen Vorleistungen pauschal in Höhe der indirekten Steuern und den privaten Haushalten entsprechend die genutzten Endprodukte im Maße der direkten Steuern anzurechnen. Bei diesem sog. tax payment approach wurde unterstellt, die von den Unternehmen bzw. privaten Haushalten genutzten Staatsleistungen entsprächen im Werte den indirekten bzw. direkten Steuern. Einer derartigen gruppenmäßigen Äquivalenz fehlt aber die empirische Basis; es handelt sich weder bei den indirekten noch den direkten Steuern um Entgelte für unternehmensspezifische Vorleistungen bzw. Leistungen des Endverbrauch für private Haushalte.

Wegen der Zurechnungsschwierigkeiten werden die den Unternehmen unentgeltlich zufließenden Leistungen nicht gesondert ermittelt und als Vorleistungen herausgerechnet. Vielmehr bleiben sie nach den Konventionen der Volkswirtschaftlichen Gesamtrechnung Teil des „Staatsverbrauchs", werden also als „Endverbrauch" definiert und führen insoweit zu Doppelzählungen und zum **Ausweis eines zu hohen Sozialprodukts**. Dieser Fehler ist jedoch quantitativ sehr gering und dürfte für die Errechnung des Sozialprodukts keine erheblichen Wirkungen haben.

Zu anderen Konsequenzen führt eine Spezifizierung derjenigen öffentlichen Leistungen, die den privaten Haushalten zufließen. In dem Maße, wie sie identifiziert werden können, wechseln sie vom „Staatsverbrauch" zum

---

[15] Reich, U. P., Treatment of Government Activity on the Production Account, in: Review of Income and Wealth, Series 32, No. 1, 1986, S. 81.

„privaten Verbrauch" (die entgeltlich abgegebenen Leistungen für private
Haushalte werden von vornherein dem privaten Verbrauch zugeschlagen).
Damit wird lediglich die **Struktur der Verwendungsrechnung** berührt und die
Höhe des Sozialprodukts folglich unverändert ausgewiesen.

Um diese **Umgruppierung vom Staatsverbrauch zum privaten Verbrauch** vorzunehmen,
wären in den einzelnen Aufgabenbereichen des Budgets Leistungen mit Individual-
gut- und Kollektivgut-Charakter (z. B. Schulleistungen versus Verteidigungsleistungen) zu trennen (s. oben 6. Kapitel, S. 264). Bei den individuell empfangenen Leistungen könnte man auf die Einbeziehung der „Gemeinkosten" wegen ihrer willkür-
lichen Zurechnung verzichten und nur die (Einzel-)Kosten der unmittelbar abgegebenen Institutionen berücksichtigen. Eine Proberechnung für das Jahr 1981 auf der
Basis derartiger Abgrenzungen ergab einen Anteil von 12,2% des Bruttosozialprodukts, der beim Staatsverbrauch abgezogen und dem privaten Verbrauch zugeschlagen werden müßte.[16]

Da solche gesonderten Zuordnungen von Teilen des Staatsverbrauchs zu
Unternehmen und zu privaten Haushalten nach wie vor als unbefriedigend
erscheinen, werden in der Volkswirtschaftlichen Gesamtrechnung alle unentgeltlich abgegebenen öffentlichen Leistungen als „Staatsverbrauch" aus-

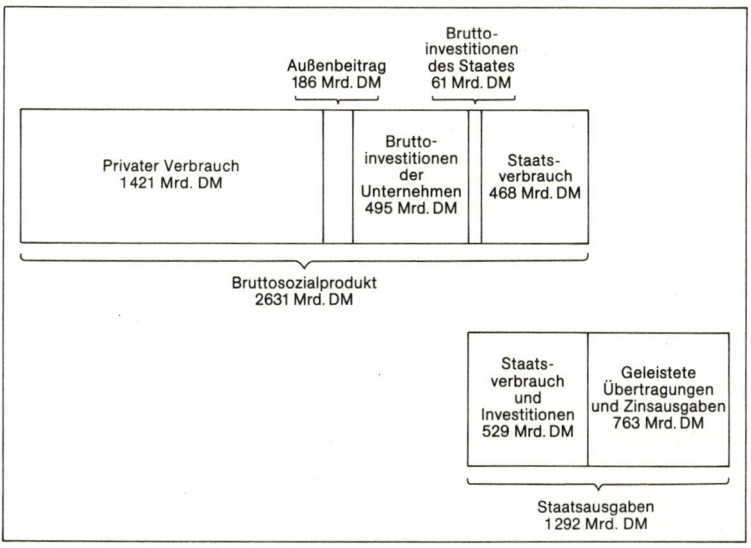

Quelle: Zusammengestellt nach: Statistisches Bundesamt, Hrsg., Fachserie 18,
Volkswirtschaftliche Gesamtrechnungen, Reihe 1.3, Konten und Standardtabellen
1991, Hauptbericht, Stuttgart 1992, S. 235, 242, 251, 274.

Abb. 7.1: Bruttosozialprodukt und Ausgaben des Staates im Jahre 1991

---

[16] Kopsch, G., Staatsverbrauch nach dem Ausgaben- und dem Verbrauchskonzept,
in: Wirtschaft und Statistik, Jg. 1984, S. 297ff.

gewiesen, auch wenn man weiß, daß sie letztlich für die privaten Haushalte und Unternehmen erstellt worden sind. Dies hat zugleich den Vorteil, daß der **Staatsverbrauch** weitgehend **den Personal- und Sachausgaben entspricht,** wenn man von dem kleinen Posten der entgeltlich abgegebenen Leistungen absieht. Dadurch wird sichtbar, wie hoch die Nachfrage des Staates nach Gütern und Arbeitsleistungen ist. Sie ist eine wichtige Instrumentvariable in der nachfrageorientierten Konjunkturtheorie und -politik.

Um zu zeigen, wie bedeutsam der „Staatsverbrauch" in seiner derzeitigen Erfassung und Bewertung ist, sei auf Abb. 7.1 verwiesen. Dort läßt sich die Höhe der Ausgaben für den Staatsverbrauch und für die öffentlichen Investitionen entnehmen und als Anteil am Bruttosozialprodukt und an den gesamten Staatsausgaben ablesen. Die Bruttoinvestionen des Staates werden in der Volkswirtschaftlichen Gesamtrechnung oft zusammen mit denen der Privaten ausgewiesen. Anstelle des Staatsverbrauchs (Staatsnachfrage) kann auch von Personal- und Sachausgaben oder von Staatsausgaben für Güter und Arbeitsleistungen gesprochen werden. Sie stellen als Budgetkomponenten Instrumente der öffentlichen Hand dar und richten sich teils auf private Haushalte (Personalausgaben) und teils auf Unternehmen (Sachausgaben), so daß in einer durch Nachfrageschwankungen gekennzeichneten und als korrekturbedürftig angesehenen Konjunktursituation Maßnahmen möglich sind, die auf diese Sektoren zielen. Aus den Kategorien der Verwendungsrechnung läßt sich also unmittelbar auf die Bestandteile des Budgets überleiten, die dann in Teil D II und III auf ihre instrumentelle Verwendbarkeit untersucht werden.

III. Einnahmen und Ausgaben des Staates in der Volkswirtschaftlichen Gesamtrechnung

Den Personal- und Sachausgaben (Transformationsausgaben) stehen in der Finanzwissenschaft die Subventionen und Sozialausgaben (Transferausgaben) und den Gesamtausgaben die unterschiedlichen **Einnahmearten** gegenüber (1. Kapitel, S. 16ff.). Diese Finanzströme werden in die Volkswirtschaftliche Gesamtrechnung an unterschiedlichen Stellen aufgenommen; aus Tab. 7.3 geht hervor, wie die wichtigsten Einnahme- und Ausgabearten dort behandelt werden.

Eine wichtige Unterteilung trennt die öffentlichen Finanzen in **laufende Einnahmen und Ausgaben** sowie in **Einnahmen und Ausgaben der Vermögensrechnung.** Die laufenden Posten (in Tab. 7.3 die Summe aus Vermögenseinkommen und empfangenen laufenden Übertragungen sowie die Summe aus Zinsen auf öffentliche Schulden, geleisteten Übertragungen und Staatsverbrauch) werden – rein rechnerisch – mit der Position „Ersparnis" (genauer „Bildung von Ersparnissen") saldiert (s. unterer Teil von Tab. 7.3). Die Ersparnis bildet den Übergang von der laufenden Rechnung (auch „Einkommenskonto des Staates" genannt)[17] zur Vermögensrechnung, in der

---

[17] Vgl. Stobbe, A., Volkswirtschaftliches Rechnungswesen, 7. Aufl., Berlin u. a. 1989, S. 128.

Tab. 7.3: *Einnahmen und Ausgaben des Staates in der Volkswirtschaftlichen Gesamt-rechnung, Bundesrepublik Deutschland, 1980 und 1991, in Mio. DM*

	1980	1991
Einnahmen	**679390**	**1198860**
Empfangene Vermögenseinkommen	16750	33680
Empfangene laufende Übertragungen	645920	1139260
Indirekte Steuern	193390	342140
Direkte Steuern	187750	316100
Sozialbeiträge	248610	449320
Sonstige laufende Übertragungen	16170	31700
Empfangene Vermögensübertragungen		
(z.B. Erbschaftsteuer, Anliegerbeiträge)	7230	7910
Abschreibungen	9490	18010
− Ausgaben	**722360**	**1292470**
Zinsen auf öffentliche Schulden	28550	71900
Geleistete laufende Übertragungen	309140	626510
Subventionen	30530	46650
Soziale Leistungen	249320	397350
Sonstige laufende Übertragungen	29290	182510
Geleistete Vermögensübertragungen		
(z. B. Investitionszuschüsse)	33290	65120
Staatsverbrauch (Aufwendungen)	297790	468070
Käufe von Gütern für die lfd. Produktion (Vorleistungen)	166570	285940
Geleistete Einkommen aus unselbständiger Arbeit (vorwiegend Personalausgaben)	162660	252570
übrige Posten[1]	− 31440	− 70440
Bruttoinvestitionen (des Staates)	53590	60870
Käufe von neuen Anlagen[2]	50450	59550
Sonstige	3140	1320
= Finanzierungssaldo		
(+ = F.-Überschuß, − = F.-Defizit)	**− 42970**	**− 93610**
Ersparnis	27190	6460
Laufende Einnahmen	662670	1172940
− laufende Ausgaben	635480	1166480
Saldo der Vermögensübertragungen	− 26060	− 57210
− Nettoinvestitionen	44100	42860

[1] Abschreibungen + Produktionssteuern + selbsterstellte Anlagen − Verkäufe von Verwaltungsleistungen; vgl. auch Tab. 7.1.
[2] Einschließlich selbsterstellter Anlagen.

Quelle: 1980: Statistisches Bundesamt, Fachserie 18, Volkswirtschaftliche Gesamt-rechnungen, Reihe 1.3, Konten und Standardtabellen 1988, Hauptbericht, Stuttgart 1989, S. 276.
1991: Statistisches Bundesamt, Fachserie 18, Volkswirtschaftliche Gesamtrechnungen, Reihe 1.3, Konten und Standardtabellen 1991, Hauptbericht, Stuttgart 1992, S. 274.

alle das Geld- und Sachvermögen des Staates betreffenden Vorgänge erfaßt und z. B. Anlageinvestitionen der öffentlichen Hand (Landkäufe, Bauten außer für militärische Zwecke usw.), Abschreibungen auf einige dieser Investitionen und Vermögensübertragungen (z. B. Investitionszuschüsse an Unternehmen) gebucht werden.

Innerhalb der Gesamtheit der Posten in Tab. 7.3 kann man dann nochmals die verschiedenen „Übertragungen" (Transfers) den genannten Transformationsausgaben und „empfangenen Vermögenseinkommen" gegenüberstellen. Übertragungen, gleich ob sie dem Staat als Steuern, Sozialbeiträge oder Vermögensübertragungen zufließen oder durch ihn als Subventionen, soziale Leistungen oder Vermögensübertragungen geleistet werden, stellen nur Umverteilungsvorgänge dar. Im Gegensatz dazu handelt es sich bei den empfangenen Vermögenseinkommen um erhaltene Faktorentgelte, und die geleisteten Einkommen aus unselbständiger Arbeit (Personalausgaben) sowie die Vorleistungen stellen gezahlte Faktorentgelte und Entgelte für erworbene Güter dar.

Eine besondere Stellung nehmen die vom Staat gezahlten Zinsen auf die öffentliche Schuld ein, die im Zeitablauf besonders stark stiegen. Sie werden nicht als Faktorentgelte und damit als Teil der, in diesem Falle staatlichen, Wertschöpfung angesehen. Dies wäre dann sinnvoll, wenn die aufgenommenen Kredite allein zur Erstellung staatlicher Leistungen oder für Investitionen verwendet würden, was aber schon wegen der fehlenden Zweckbindung der Schuldaufnahme nicht gewährleistet ist und beispielsweise in dem Extremfall einer konjunkturpolitisch motivierten Schuldaufnahme im Boom (mit gleichzeitiger Stillegung der aufgenommenen Mittel bei der Zentralbank) gerade vermieden werden soll. Die Schuldzinsen des Staates werden daher in der Volkswirtschaftlichen Gesamtrechnung gesondert ausgewiesen (Tab. 7.3) und nicht so behandelt wie die Schuldzinsen privater Wirtschaftssubjekte.

Die Einteilung der Finanzströme nach Arten von Ausgaben und Einnahmen steht in der Volkswirtschaftlichen Gesamtrechnung deshalb im Vordergrund, weil dort vorrangig die Entstehung und Verwendung von Einkommen erfaßt wird. Dagegen zielt die Untergliederung der Ausgaben nach Aufgabenbereichen auf letztliche Zwecke von Einkommens- (oder auch Transfer-)strömen ab, also auf Staatsfunktionen, und wird daher in der Volkswirtschaftlichen Gesamtrechnung eher zusätzlich ausgewiesen.[18] Öffentliche Einnahmen können wegen des vorherrschenden Verbots der Zweckbindung der Einnahmen für bestimmte Ausgaben (Nonaffektationsprinzip) nur zu einem geringfügigen Teil den Aufgabenbereichen zugeordnet werden. Daher dominiert in der Volkswirtschaftlichen Gesamtrechnung, im Budget und in der Finanzstatistik bei den Einnahmen wie bei den Ausgaben die Einteilung in Arten.

Abgesehen davon, daß die Einteilung nach Aufgabenbereichen u. a. für verteilungs- und wachstumspolitische Analysen erforderlich ist (vgl. 6. und 8. Kapitel), wird sie im

---

[18] Zum Vorgehen vgl. Kopsch, G., Staatsverbrauch nach dem Ausgaben- und dem Verbrauchskonzept, a. a. O., S. 297 ff.

Rahmen der Volkswirtschaftlichen Gesamtrechnung noch an Gewicht gewinnen, wenn dort „**Satellitensysteme**" aufgebaut werden, die „die statistische Durchleuchtung ausgewählter gesellschaftlicher Anliegen (Aufgabenbereiche) zum Ziel (haben), wie Sozialschutz, Gesundheit, Bildung, Tourismus, Forschung, Umweltschutz".[19] Im jeweiligen Aufgabenbereich würden dann neben den privaten Ausgaben für diesen Zweck die entsprechenden öffentlichen Ausgaben erscheinen.

Im Vergleich der Aufgabenbereiche läßt sich zeigen, daß der **Anteil der Übertragungen** (Transfers) **im Vergleich zum Staatsverbrauch** (der die Transformationsausgaben enthält) an der Erfüllung einer Aufgabe sehr unterschiedlich ist. Während im Gesundheitswesen 1976 laufenden Übertragungen (Geldleistungen) von nur 0,5 Mrd. DM ein Staatsverbrauch (Sachleistungen) in Höhe von 68 Mrd. DM gegenüberstand, betrug dieses Verhältnis im Bereich der sozialen Sicherung wegen der dort überwiegenden Geldleistungen 183 : 18 Mrd. DM.[20] Aus Tab. 7.1 läßt sich zudem entnehmen, daß in der Sozialversicherung der Staatsverbrauch zu über 85% aus sozialen Sachleistungen besteht.

In dieser und ähnlicher Weise erlauben die Einnahmen und Ausgaben des Staates in den Kategorien der Volkswirtschaftlichen Gesamtrechnung zahlreiche Interpretationsmöglichkeiten. Allerdings ist in Rechnung zu stellen, daß die zahlenmäßige Wiedergabe der öffentlichen Finanzwirtschaft in der Finanzstatistik ihren Ursprung im Kameralismus hat; in der Volkswirtschaftlichen Gesamtrechnung liegt dagegen eine Kreislaufbetrachtung zugrunde, so daß im Kreislaufmodell in Teil C II auf die diesbezügliche Strukturierung der Volkswirtschaftlichen Gesamtrechnung zurückgegriffen werden kann.

IV. Die Berücksichtigung des Staates bei der Ermittlung des verfügbaren Einkommens der privaten Haushalte

Von den direkten Steuern war bei den drei Formen der Berechnung des Sozialprodukts nicht die Rede gewesen und von den verschiedenen Transferzahlungen nur am Rande. Diese und einige weitere staatliche Aktivitäten können erst sichtbar werden, wenn man sich von Gesamtgrößen wie Bruttosozialprodukt und Volkseinkommen abwendet und stattdessen nachspürt, wie sich die umverteilenden Aktivitäten des Staates in den Einkommen der einzelnen Sektoren niederschlagen. Die zentrale konjunkturpolitische Bedeutung von Höhe und Veränderung des verfügbaren Einkommens der privaten Haushalte im Zeitablauf legt es nahe, die Ermittlung dieser Einkommensgröße aus dem Bruttosozialprodukt zu Marktpreisen nachzuzeichnen und jeweils den spezifischen Einfluß finanzwirtschaftlicher Aktivität herauszustellen.

Der Weg vom Bruttosozialprodukt zum Volkseinkommen führt über mehrere Schritte. Geht man vom **Bruttosozialprodukt** zu Marktpreisen aus, wie es am Ende der

---

[19] Hamer, G., Satellitensysteme im Rahmen der Weiterentwicklung der Volkswirtschaftlichen Gesamtrechnung, in: Hanau, K., Huyer, R., und Neubauer, W., Hrsg., Wirtschafts- und Sozialstatistik, Göttingen 1986, S. 60.

[20] Kopsch, G., Ausgaben des Staates nach Aufgabenbereichen in den Volkswirtschaftlichen Gesamtrechnungen, in: Wirtschaft und Statistik, Jg. 1980, S. 164.

Entstehungs- oder der Verwendungsrechnung erscheint,[21] so werden zunächst die *Abschreibungen* abgezogen, um das in dieser Periode neu geschaffene Sozialprodukt zu berechnen, das nicht mehr die Leistungen enthält, die für die Erhaltung des Produktionsapparates erforderlich sind.

$$\begin{array}{l} \text{Bruttosozialprodukt zu Marktpreisen} \\ - \text{ Abschreibungen} \\ \hline = \text{Nettosozialprodukt zu Marktpreisen} \end{array}$$

Das so ermittelte **Nettosozialprodukt zu Markpreisen** muß insofern korrigiert werden, als die der Berechnung zugrunde liegenden Marktpreise durch zwei staatliche Einflüsse, die indirekten Steuern und die Subventionen, verändert worden sind. Sie müssen herausgerechnet werden, wenn der geschaffenen Produktion die Einkommen (Faktoreinkommen) gegenübergestellt werden sollen, die bei diesem Produktionsprozeß angefallen sind.

Zu diesem Zweck werden zunächst die *indirekten Steuern* abgezogen. Dieses Verfahren geht von der Überwälzungsannahme aus, daß diese Steuern zwar den Preis erhöht haben, nach der Vereinnahmung aber an den Staat abgeführt und folglich nicht als Faktoreinkommen ausgezahlt worden sind. Es wird deutlich, daß das Ergebnis in starkem Maße von der Überwälzungshypothese abhängt, denn wenn auch Teile der direkten Steuern, z.B. der Körperschaftsteuer, im Preis weitergegeben worden sind, wäre eine Korrektur der Marktpreise auch um diesen Betrag erforderlich (s. oben 6. Kapitel, S. 245 ff.).

Außerdem müssen die *Subventionen* berücksichtigt werden, da man unterstellt, daß sie die Preise gesenkt haben (s. oben 6. Kapitel, S. 259 ff.). Der einbezogene Betrag ist relativ gering, da es sich nur um gezahlte bzw. direkte Subventionen handelt. Da gezahlte Subventionen als preissenkend angesehen werden, wird der Gesamtbetrag hinzugerechnet.[22] Auch bei Steuervergünstigungen oder der Vergabe eines öffentlichen Auftrags zu einem höheren als dem niedrigsten Angebotspreis kann man von Subventionen sprechen, die allerdings nicht berücksichtigt werden.

$$\begin{array}{l} \text{Nettosozialprodukt zu Marktpreisen} \\ - \text{ indirekte Steuern} \\ + \text{ Subventionen} \\ \hline = \text{Nettosozialprodukt zu Faktorkosten} \\ \quad (\text{Volkseinkommen, Wertschöpfung}) \end{array}$$

Das so entstandene **Nettosozialprodukt zu Faktorkosten** stellt das **Volkseinkommen** dar, wobei „Einkommen" im funktionalen Sinne zu verstehen ist, d.h. als Zusammenfassung der verschiedenen Faktoreinkommen (einschließlich Gewinne), die im Produktionsprozeß entstanden sind.

Um aus dem Volkseinkommen das verfügbare Einkommen der privaten Haushalte zu ermitteln, geht man wiederum in mehreren Schritten vor. Zunächst wird der

---

[21] Die Abgrenzung zum Bruttoinlandsprodukt, also die Differenz der von Inländern aus der übrigen Welt empfangenen und an die übrige Welt geleisteten Erwerbs- und Vermögenseinkommen, wird hier vernachlässigt.

[22] Diese beiden Korrekturposten, Subventionen und indirekte Steuern, werden häufig in einem Strom ausgewiesen, indem man die Subventionen von den indirekten Steuern abzieht und nur den Saldo ausweist.

Anteil des Einkommens der privaten Haushalte am Volkseinkommen ausgerechnet. Dazu sind u. a. einige auf den Staat zurückzuführende Einflüsse zu berücksichtigen, denn der Staat ist selbst als Empfänger an der Verteilung des Volkseinkommens beteiligt. Das von ihm empfangene *„Bruttoeinkommen des Staates aus Unternehmertätigkeit und Vermögen"* ist abzuziehen. Es ist geschaffenes Einkommen im Sinne des Volkseinkommens, nicht aber privates Einkommen. Dagegen sind die *„Zinsen auf öffentliche Schulden"* hinzuzurechnen, da diese den Haushalten zur Verfügung stehen. Schließlich werden die *„unverteilten Gewinne der Unternehmen mit eigener Rechtspersönlichkeit"* abgezogen, da sie zwar Einkommen darstellen, aber nicht verfügbar sind. Daraus ergibt sich das **Bruttoeinkommen der privaten Haushalte**, wie es im Volkseinkommen enthalten ist.

Nettosozialprodukt zu Faktorkosten
− Bruttoeinkommen des Staates aus Unternehmertätigkeit
    und Vermögen
+ Zinsen auf öffentliche Schulden
− unverteilte Gewinne der Unternehmen mit eigener Rechts-
    persönlichkeit

= Bruttoeinkommen der privaten Haushalte

Wenn man zu dieser Größe die *empfangenen Transferzahlungen* („empfangene laufende Übertragungen") hinzuzählt, ergibt sich die maximale Größe, die sich im Rahmen dieser Rechnung den privaten Haushalten zuordnen läßt. Nicht alle Bestandteile dieses **„gesamten Einkommens"** verbleiben den privaten Haushalten jedoch zur freien Verfügung. Von diesem Einkommen werden zunächst die *„direkten Steuern"* abgezogen. Sie sollen das Faktoreinkommen besteuern und nicht auf jemand anderen abgewälzt werden. Bei der Behandlung der *Sozialbeiträge* ergibt sich das Problem, wieweit die Sozialversicherung in den Sektor „Staat" einbezogen werden soll. Wenn es sich bei den Beiträgen der Versicherten um ähnlich freiwillig geleistete Zahlungen handelt wie bei den Beiträgen an private Versicherungen, bestünde kein Grund, sie nicht ebenfalls als Verwendung des Einkommens zu betrachten wie alle anderen Ausgaben des privaten Haushalts. Sie gehören dann zum verfügbaren Einkommen der privaten Haushalte. Wegen ihres Zwangscharakters rücken die Sozialversicherungsbeiträge jedoch in die Nähe der Steuer, so daß eine Gleichbehandlung mit den Steuern und damit ein Abzug vom Bruttoeinkommen zweckmäßig erscheint.

Bruttoeinkommen der privaten Haushalte
+ empfangene laufende Übertragungen (Transfers)

= gesamtes Einkommen der privaten Haushalte
− geleistete laufende Übertragungen, d. h.
    direkte Steuern
    Sozialversicherungsbeiträge
    sonstige laufende Übertragungen[23]

= verfügbares Einkommen der privaten Haushalte

---

[23] Es handelt sich um Übertragungen der privaten Haushalte an Unternehmen mit eigener Rechtspersönlichkeit (z. B. Versicherungsprämien), an den Staat (z. B. Strafen, Verwaltungsgebühren) und an die übrige Welt (z. B. Heimatüberweisungen ausländischer Arbeitnehmer). Siehe im einzelnen die Quellenangaben zu Tabelle 7.4.

Tab. 7.4: Die Ermittlung des verfügbaren Einkommens der privaten Haushalte, Bundesrepublik Deutschland, 1980 und 1991, in Mio. DM

	1980	1991
Bruttosozialprodukt zu Marktpreisen	1 485 200	2 631 200
./. Abschreibungen	173 740	326 960
= Nettosozialprodukt zu Marktpreisen	1 311 460	2 304 240
./. indirekte Steuern	193 390	342 140
+ Subventionen	30 530	46 650
= Nettosozialprodukt zu Faktorkosten (Volkseinkommen, Wertschöpfung)	1 148 600	2 008 750
./. Bruttoeinkommen des Staates aus Unternehmertätigkeit und Vermögen (Anteil des Staates am Volkseinkommen)	16 750	33 680
+ Zinsen auf öffentliche Schulden	28 550	71 900
./. Unverteilte Gewinne der Unternehmen mit eigener Rechtspersönlichkeit[1] (Anteil der Unternehmen am Volkseinkommen)	45 740	126 950
= Bruttoeinkommen der privaten Haushalte[2] (Anteil der privaten Haushalte am Volkseinkommen)	1 114 660	1 920 020
+ empfangene laufende Übertragungen	303 570	513 100
= gesamtes Einkommen der privaten Haushalte[3]	1 418 230	2 433 120
./. geleistete laufende Übertragungen		
direkte Steuern	161 180	271 480
Sozialbeiträge	278 620	494 720
sonstige laufende Übertragungen	44 900	86 770
= verfügbares Einkommen der privaten Haushalte[4]	933 530	1 580 150
Verwendung des verfügbaren Einkommens		
a) für Verbrauch	840 780	1 420 650
b) für Ersparnis	92 750	159 500
Sparquote (Ersparnis in % des verfügbaren Einkommens)	9,9%	10,1%

[1] Bruttoeinkommen der Unternehmen aus Unternehmertätigkeit und Vermögen.
[2] Wie im Volkseinkommen enthalten, d. h. nach Abzug der Zinsen auf Konsumentenschulden.
[3] Nach Abzug der Zinsen auf Konsumentenschulden.
[4] Nach der Umverteilung, einschließlich nichtentnommener Gewinne der Unternehmen ohne eigene Rechtspersönlichkeit.

Quelle: 1980: Statistisches Bundesamt, Fachserie 18, Volkswirtschaftliche Gesamtrechnungen, Reihe 1.3, Konten und Standardtabellen 1988, Hauptbericht, Stuttgart 1989, S. 150, 156, 187ff., 203, 269, 296, 300.

1991: Statistisches Bundesamt, Fachserie 18, Volkswirtschaftliche Gesamtrechnungen, Reihe 1.3, Konten und Standardtabellen 1991, Hauptbericht, Stuttgart 1992, S. 126, 132, 174 ff., 193, 267, 294, 298.

Die verbleibende Größe ist das gesuchte **verfügbare Einkommen der privaten Haushalte.** Die Ermittlung des verfügbaren Einkommens zeigt, auf welch vielfältige Weise der Staat auf die Höhe und Struktur des verfügbaren Einkommens einwirkt. Von den zehn hier aufgeführten Korrekturposten gehen sieben auf die staatliche Aktivität zurück (vgl. Tab. 7.4). Wenn man das verfügbare Einkommen beeinflussen will, weil es bei gegebener Sparneigung die Konsumgüternachfrage bestimmt, ergibt sich somit eine Vielzahl von Eingriffsmöglichkeiten für eine nachfrageorientierte Konjunkturpolitik.

Die volkswirtschaftliche und insbesondere die konjunkturpolitische Bedeutung dieser Größe läßt sich auch zeigen, wenn die ebenfalls regelmäßig ermittelte **Verwendung** dieser nunmehr eng definierten Einkommen abschließend betrachtet wird (s. Tab. 7.4). Im Jahre 1991 wurden von jeder DM Einkommen, die ein privater Haushalt erhielt, 10,1% gespart. Damit liegt eine Aussage über die durchschnittliche Sparneigung einer Periode vor. Die Definitionsgleichung $Y = C + S$ für die Verwendung des verfügbaren Einkommens ist ein konjunkturpolitisch relevanter Ausgangspunkt der Kreislauftheorie. Hierzu liefert die Volkswirtschaftliche Gesamtrechnung Ex-post-Angaben. Um für konjunkturpolitische Entscheidungen bedeutsam zu werden, müssen sie jedoch in Prognosen überführt werden. Es zeigt sich aber immerhin, daß die Volkswirtschaftliche Gesamtrechnung eine wesentliche Diskussions- und **Entscheidungsgrundlage für die Wirtschaftspolitik** darstellt, deren Bedeutung in den letzten Jahren stark zugenommen hat.[24]

C. Fiskalpolitische Instrumente und strategische Faktoren im Wirkungszusammenhang

I. Probleme bei der Ermittlung des Wirkungszusammenhangs zwischen Zielen und Instrumenten: strategische Faktoren

Wendet man sich der Wirkungsanalyse fiskalpolitischer Instrumente zu, so ergibt sich das methodische Problem, wie ein Wirkungszusammenhang zwischen Zielen und Instrumenten überhaupt herzustellen und zu erklären ist. Die konjunkturpolitischen **Einzelziele** wie Vollbeschäftigung und Preisniveaustabilität sind nicht geeignet, um Instrumente unmittelbar an ihnen zu orientieren, so wie es etwa der Fall ist bei Sozialausgaben, die in direkter Weise auf das Ziel der Einkommensumverteilung ausgerichtet sein können. Vielmehr ist es unumgänglich, die Instrumente auf Zwischengrößen (Bruttoinvestitionen, Arbeitsangebot usw.) auszurichten. Wenn beispielsweise eine Beeinflussung der Gesamtnachfrage erwünscht ist, wird sie zu diesem

---

[24] Siehe hierzu die Gutachten des Sachverständigenrates zur Begutachtung der gesamtwirtschaftlichen Entwicklung und die Jahreswirtschaftsberichte der Bundesregierung.

Zweck in ihre Komponenten zerlegt, und Konsum, Investition usw. werden als zu beeinflussende Zwischengrößen verwendet.

Die Strategien zur Erreichung eines Ziels werden also auf Größen ausgerichtet, von denen unter Verwendung entsprechender Theorien angenommen wird, daß sie in einem direkten Zusammenhang mit dem anzustrebenden Zustand stehen. Sie können als **strategische Faktoren** bezeichnet werden. Da ein strategischer Faktor in der Regel zu mehreren Zielen und Instrumenten in Beziehung stehen kann, wäre es recht langwierig, mitunter sogar unmöglich, jede Instrument-Ziel-Beziehung gesondert zu analysieren. Der Einbau strategischer Faktoren erlaubt somit eine Trennung der Wirkungsanalyse in mehrere Stufen. Legt man einen **Ziel-Mittel-Zusammenhang,** wie er in Schema 7.1 wiedergegeben ist, zugrunde, so lassen sich drei **Möglichkeiten einer Wirkungsanalyse** unterscheiden.

Zunächst wäre es denkbar, die Wirkung von Instrumenten auf Ziele ohne Zwischenschaltung strategischer Faktoren zu verfolgen; von diesem Verfahren wird hier abgesehen. Eine zweite Ebene der Analyse besteht darin, sich nach Einführung strategischer Faktoren auf die Analyse des Zusammenhangs dieser Variablen mit den in Frage kommenden Zielen zu beschränken. Auf dieser Stufe würde man im Rahmen der Konjunkturpolitik den Zusammenhang strategischer Faktoren (in diesem Falle privater Konsum, private Investition, Gewinn, verfügbares Einkommen usw.) mit den Konjunkturzielen erörtern. Diese Überlegungen sind vorwiegend Gegenstand der **Konjunkturtheorie,** die sowohl das Zustandekommen von Konjunkturschwankungen (z.B. aus „Überinvestition" oder „Unterkonsumtion") zu erklären versucht als auch Therapien in Form einer Variation der strategischen Faktoren (z.B. „Erhöhung der Investitionstätigkeit") entwickelt. Eine dritte Ebene der Analyse besteht darin, die Wirkungen einzelner finanzpolitischer Instrumente auf die strategischen Faktoren zu untersuchen, also etwa die Wirkungen einer Steuer- oder Ausgabenvariation auf den Konsum oder das Investitionsvolumen. Auf diese Weise ist eine mittelbare Zuordnung von Wirkungen spezifischer Instrumente auf ein Ziel möglich, vorausgesetzt, über die zwischen strategischen Faktoren und Zielen auftretenden Wirkungen bestehen überprüfte Zusammenhänge. Zusätzlich ist zu bedenken, daß auch jeweils auf der gleichen Ebene Beziehungen zwischen ihren Elementen bestehen. So wirkt die Realisierung eines Ziels

Schema 7.1: Darstellung des allgemeinen Ziel-Mittel-Zusammenhangs

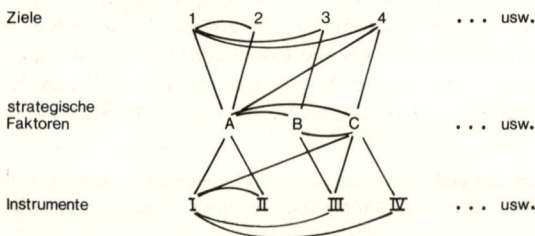

auf den Erreichungsgrad eines anderen ein, ebenso wirkt die Veränderung eines Instruments bzw. strategischen Faktors auf die anderen Instrumente bzw. strategischen Faktoren ein. Wählt man als Beispiel eine **Abschreibungserleichterung zur Bekämpfung der Rezession,** so sähe ein theoretischer Wirkungsablauf wie in Schema 7.2 aus.

Schema 7.2: Darstellung eines Ziel- Mittel- Zusammenhangs

Instrumente → andere Instrumente
Hypothese: Die Gewährung einer Abschreibungserleichterung mindert kurzfristig das Steueraufkommen und beeinträchtigt insoweit das fiskalische Ziel

Instrumente → strategischer Faktor
Hypothese: Die Abschreibungserleichterung bewirkt einen Investitionsanreiz

Strategischer Faktor → strategischer Faktor
Hypothese: Der Investitionsanreiz mindert den Unternehmerkonsum

Strategischer Faktor → Ziel
Hypothese: Die Investition führt zu erhöhter Beschäftigung

Ziel → Ziel
Hypothese: Erhöhte Beschäftigung kann zugleich stärkeres Wirtschaftswachstum hervorrufen

II. Öffentliche Ausgaben und Einnahmen im Wirkungszusammenhang mit Einkommen und Beschäftigung: einfache Multiplikatormodelle

Wird versucht, die wichtigsten Instrumente und strategischen Faktoren in einen theoretischen Zusammenhang zu bringen, so interessiert unter dem Blickwinkel einer nachfrageorientierten Konjunkturpolitik vorrangig die Frage, welchen Einflüssen die **Komponenten der Nachfrage** unterliegen und wie sie gesteuert werden können. Deshalb steht im folgenden die Frage im Vordergrund, wie sich die Gesamtnachfrage verändert, wenn ein strategischer Faktor mit Hilfe einer staatlichen Maßnahme verändert wird. Solche Eingriffe werden z. B. erforderlich, wenn die Gesamtnachfrage

– als zu hoch angesehen wird, um z. B. die Verwirklichung des Ziels der Preisniveaustabilität zu gewährleisten, oder

– als zu niedrig angesehen wird, um z. B. das Ziel der Vollbeschäftigung zu realisieren.

Der zweite Fall wird im folgenden, wenn nichts anderes gesagt ist, unterstellt. Für den Fall der Preisniveaustabilisierung lassen sich die Argumente zumeist analog verwenden.

a) Wirkungen einer Veränderung von öffentlichen Ausgaben und Einnahmen auf die Verwendung des Sozialprodukts

Es sei davon ausgegangen, daß das gesamte in einer Periode geschaffene Einkommen Y zu Nachfrage geworden ist. Diese Nachfrage lasse sich auf die Konsumgüternachfrage C, Investitionsgüternachfrage I und Staatsnachfrage St in der Form von Staatsverbrauch (Personal- und laufende Sachausgaben) und öffentlichen Investitionen aufteilen, d. h. der Auslandseinfluß bleibt zunächst unberücksichtigt; vgl. hierzu die Verwendungsrechnung der Volkswirtschaftlichen Gesamtrechnung (s. oben B IIc). Dann ist die Höhe des Volkseinkommens bestimmt durch

(1) $Y = C + I + St.$

Wie es zur Investitionsgüter- und Staatsnachfrage kommt, bleibt zunächst undiskutiert, d. h. es wird angenommen, sie seien exogen bestimmt, m. a. W. sie werden durch das Modell nicht erklärt. Die Staatsnachfrage ist hier eine autonome Variable, da sie in diesem Modell durch keine andere Variable induziert wird. Diese Annahme ist insofern realistisch, als die Staatsausgaben nur zu einem geringen Teil vom gesamtwirtschaftlichen Ablauf (also „endogen") bestimmt werden. Für I ergibt diese Annahme eine vorläufige Erleichterung für die Darstellung.

Was C betrifft, so sei die auch von Keynes vorgenommene Annahme unterstellt, daß die Konsumausgaben mit steigendem Einkommen unterproportional steigen. Die **Konsumfunktion** laute:

(2) $C = a + b\,Y$, wobei a > 0 und 0 < b < 1.

Mit dieser Funktion ist eine Gerade beschrieben. Trägt man sie in einem Koordinatensystem (mit Y auf der Abszisse) ab, so ergibt sich beispielsweise in Abb. 7.2 die Gerade mit dem Abstand C von der Abszisse. Hinter diesem angenommenen Kurvenverlauf steht der Gedanke, daß selbst bei

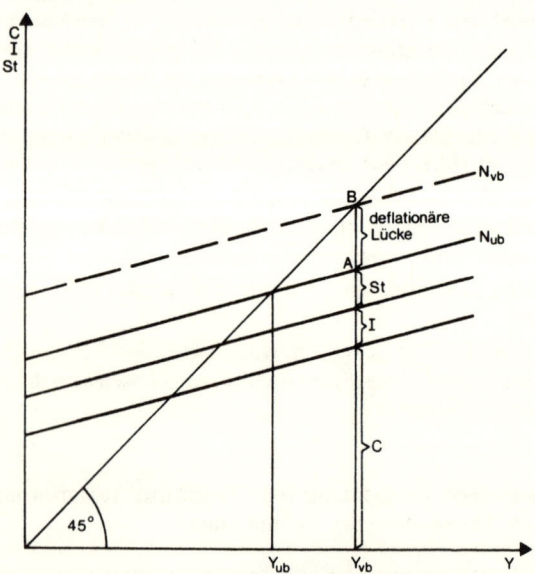

Abb. 7.2: Die deflationäre Lücke

einem Einkommen von 0 ein Konsum *a* vorliegt, der unabhängig von der Höhe des Einkommens getätigt wird (sog. autonomer Konsum). Dieser Konsum müßte durch Entsparen oder Kreditaufnahme finanziert werden. Die Größe *b* bezeichnet die Steigung dieser Geraden und damit die marginale Konsumneigung. Daß *b* zwischen 0 und 1 liegt, folgt aus der Annahme, daß der Konsum in seiner Höhe nach unten vom autonomen Konsum und nach oben vom Einkommen begrenzt wird; die durchschnittliche Konsumquote $\frac{C}{Y}$ sinkt, während die marginale Konsumquote $\frac{\Delta C}{\Delta Y}$ konstant ist.

Setzt man die Definition für *C*, *I* und *St* in die Bestimmungsgleichung für das Volkseinkommen ein, so erhält man

(2a) $Y = a + b\,Y + I + St$ bzw.

(3) $Y = \dfrac{a + I + St}{1 - b}.$

Damit ist in sehr einfacher Form ein Nachfragezusammenhang beschrieben. Einkommen entsteht, wird verausgabt und damit zu Nachfrage. Implizit sind in diesen Ausgangsüberlegungen noch die Annahmen enthalten, daß weder Einflüsse auf monetäre Größen, wie Geldmenge, Zinssätze oder Preisniveau, erfolgen noch von ihnen ausgehen (siehe zum Einfluß dieser Größen Teil c, S. 330f.). Der in Gleichung 2a und 3 ausgedrückte Zusammenhang ist in Abbildung 7.2 wiedergegeben. *C* weist eine Abhängigkeit von *Y* auf, während *I* ebenso wie *St*, zur C-Geraden addiert, parallel zu ihr verläuft und exogen bestimmt ist.

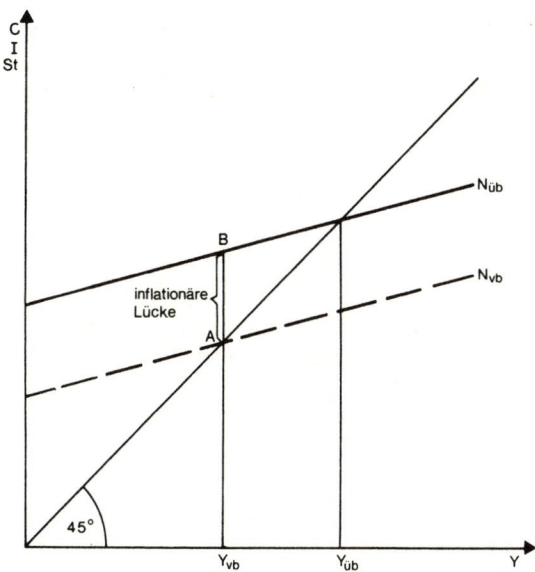

Abb. 7.3: Die inflationäre Lücke

Die **Theorie der antizyklischen (kompensatorischen) Finanzpolitik** läßt sich dann mit Hilfe der Abb. 7.2 veranschaulichen. Der Punkt Y_{vb} gibt das **Vollbeschäftigungseinkommen** an. Wenn das realisierte Volkseinkommen unter dem bei Vollbeschäftigung möglichen Volkseinkommen liegt, ergibt sich eine sog. **deflationäre Lücke** in Höhe von AB (vgl. Abb. 7.2), die es durch Maßnahmen „aufzufüllen" gilt, die die ökonomische Aktivität ankurbeln. Der Abszissenabschnitt $Y_{ub}\ Y_{vb}$ gibt also das Ausmaß der Zielverletzung an und der Ordinatenabschnitt AB das Ausmaß der Nachfragelücke. Die Kurve N_{ub} zeigt beim Punkt Y_{vb} die zu geringe volkswirtschaftliche Nachfrage, während die Kurve N_{vb} beim gleichen Punkt die Nachfrage zeigt, die zum Erreichen von Vollbeschäftigung erforderlich ist.

Der umgekehrte Fall liegt in Abbildung 7.3 vor, wo das realisierte Volkseinkommen ($Y_{\ddot{u}b}$) über dem Volkseinkommen bei Vollbeschäftigung (Y_{vb}) liegt. Da hier die geplante Gesamtnachfrage $N_{\ddot{u}b}$ die Produktion bei Normalauslastung des Produktionspotentials übersteigt, ist eine dämpfende bzw. kontraktive Konjunkturpolitik zur Beseitigung der sog. **inflationären Lücke** (AB in Abb. 7.3) erforderlich.

Wenn Y_{ub} oder $Y_{\ddot{u}b}$ in Abb. 7.2 und Abb. 7.3 das Volkseinkommen darstellt, das ohne zusätzliche Maßnahmen realisiert worden wäre, Y_{vb} in beiden Fällen aber erreicht werden soll, um Vollbeschäftigung zu gewährleisten, so ist die geplante Gesamtnachfrage $C + I + St$ um die eingezeichnete deflationäre Lücke zu niedrig bzw. um die inflationäre Lücke zu hoch. „Wie ist sie mit finanzpolitischen Mitteln zu beseitigen?", lautet dann die Frage, deren Beantwortung zum Gegenstand der ‚fiscal policy' gehört.

Als strategische Faktoren stehen der Finanzpolitik in diesem Modell der private Konsum, die private Investition und die Staatsnachfrage zur Verfügung. Im Falle einer Abweichung von der Vollbeschäftigung kann die gewünschte Variation der Nachfrage über jede dieser Komponenten der Gesamtnachfrage erfolgen. Wenn einer der Nachfrager, also Staat, Unternehmer oder privater Haushalt, seine Nachfrage erhöht, verschiebt sich in Abb. 7.2 die Gerade N_{ub} nach oben, und umgekehrt erfolgt in Abb. 7.3 eine Senkung der Übernachfrage $N_{\ddot{u}b}$, wenn eine der drei Komponenten bei Konstanz der übrigen zurückgeht.

Damit kann man nunmehr die Aufgabe der nachfrageorientierten Finanzpolitik folgendermaßen formulieren: Durch geeignete Maßnahmen muß die **Gesamtnachfrage** auf das **Niveau des Vollbeschäftigungseinkommens** gebracht werden, m. a. W. die öffentlichen Einnahmen und Ausgaben sind so zu gestalten, daß aus den Maßnahmen, die das Volkseinkommen erhöhen (z. B. Mehrausgaben) oder senken (z. B. Mehreinnahmen), ein Saldo entsteht, der

- bei Unterbeschäftigung die Gesamtnachfrage genügend erhöht, um die deflationäre Lücke zu schließen, und

- im entgegengesetzten Fall, im Boom, die Gesamtnachfrage genügend vermindert, um die inflationäre Lücke abzubauen.

So fragt sich z.B., welcher Effekt in der durch Gleichung (3) umschriebenen Situation auf das Gesamteinkommen Y ausgehen würde, wenn die öffentliche Hand ihren eigenen Nachfragebeitrag, die Staatsnachfrage St, variiert (die also zugleich strategischer Faktor und Instrument ist). Um die marginale Änderung von Y, die sich als Folge einer marginalen Änderung von St ergibt, zu ermitteln, genügt es, die Gleichung (3) nach St partiell zu differenzieren:

$$(4) \quad \frac{\partial Y}{\partial St} = \frac{1}{1-b}.$$

Diese Größe $1/(1-b)$ drückt also aus, um wieviel sich Y in diesem Modell unter dem Einfluß einer Änderung der Staatsausgaben für Güter und Dienstleistungen ändert; sie wird daher als *Staatsnachfragemultiplikator* bezeichnet. Da die marginale Konsumneigung b zwischen 0 und 1 liegt, ist dieser Multiplikator größer als 1. Folglich kann man sagen, daß im Fall einer Ausgabenerhöhung durch die öffentliche Hand unter den eingeführten Annahmen das Gesamteinkommen um mehr als den zusätzlichen Ausgabenbetrag steigt. Im Grenzfall, wenn die marginale Konsumneigung $b = 0$ wäre, also das gesamte zusätzliche individuelle Einkommen gespart werden würde, steigt das Volkseinkommen nur um den Betrag der Ausgabenerhöhung. Je näher b an 1 heranrückt, um so stärker vervielfacht sich der Effekt auf das Volkseinkommen. Bei einem Konsum in Höhe von 80% des Einkommens der privaten Wirtschaftssubjekte, d.h. $b = 0,8$, wäre der Zusatzbetrag an Ausgaben mit $1/(1 - 0,8)$, d.h. mit 5 zu multiplizieren. Da $1 - b$ die marginale Sparneigung darstellt (wenn 80% einer Einkommenserhöhung konsumiert wurden, müssen 20% gespart worden sein), kann man es auch in der üblichen Formulierung ausdrücken, nach der der zusätzliche Ausgabenbetrag mit der reziproken Sparneigung zu multiplizieren ist, um den Effekt auf das Volkseinkommen zu ermitteln. – Die Frage, wie eine solche Ausgabenerhöhung finanziert wird, wenn das Modell keine Steuererhöhung vorsieht, läßt sich unter Hinweis auf die Defizitfinanzierung beantworten (s. unten S. 341 ff.).

Daß diese Multiplikatorwirkung, die die Nachfrage stärker als die Ausgaben steigen läßt, nur allmählich eintritt, kann man anhand der arithmetischen Ermittlung des Multiplikators verdeutlichen.[25] Bei einer marginalen Konsumneigung von 0,8 läuft die Nachfragewirkung als Folge eines **einmaligen Ausgabenstoßes der öffentlichen Hand** von 1000 (beispielsweise in der Form eines befristeten Investitionsprogramms) wie folgt ab:

	Wirkung auf Nachfrage	
	je Periode	kumuliert
1. Periode: Erhöhung der öffentlichen Käufe für Güter und Dienstleistungen um 1000	1000	1000
2. Periode: private Verausgabung 1000 · 0,8 =	800	1800

---

[25] Mit der Mehrperiodenanalyse wird das komparativ-statische Modell verlassen, und es ist erforderlich, eine dynamische Konsumfunktion z.B. der Form $C_t = C_t(Y_{t-1})$ zu unterstellen.

3. Periode: private Verausgabung 800 · 0,8 =   640   2440

$\vdots$ $\vdots$ $\vdots$

bis zum Grenzwert von   0   5000

Der fünffache Wert der Ausgangssumme wird theoretisch zwar erreicht, aber erst nach unendlich vielen Perioden.[26] Der Zeitbedarf für diese Anpassung wird in diesem Zusammenhang nicht explizit berücksichtigt.

Den gleichen Wert wie der Multiplikator für die Staatsnachfrage nimmt in diesem Modell der *Investitionsmultiplikator* für private Investitionen an, wenn die Gleichung (3) nach *I* partiell differenziert wird:

$$(5) \qquad \frac{\delta Y}{\delta I} = \frac{1}{1 - b}.$$

Gelingt es also, die private Investition anzuregen, z. B. durch das Versprechen von (späteren) Steuererleichterungen bei den Gewinnsteuern, so tritt der gleiche Effekt auf.

Einen wesentlichen Unterschied würde es dagegen machen, wenn es gelänge, die *marginale Konsumneigung b* zu beeinflussen. Die Wirkung läßt sich verdeutlichen, wenn man die Gleichung (3) nach *b* differenziert:

$$(6) \qquad \frac{d Y}{d b} = \frac{a + I + St}{(1 - b)^2}.$$

Wenn *b* erhöht werden könnte, so würde sich diese Änderung im Maße der quadrierten (statt wie oben der einfachen) reziproken Sparneigung auf das Volkseinkommen übertragen. Dies wird durch einen Blick auf Abb. 7.2 plausibel. Eine Erhöhung der Staats- bzw. privaten Investitionsausgaben verschiebt die Gerade in Abb. 7.2 lediglich parallel nach oben. Eine Erhöhung von *b* dagegen dreht die Gesamtnachfragekurve im Schnittpunkt mit der Ordinate gegen den Uhrzeigersinn, d. h. eine geringfügige Erhöhung der marginalen Konsumquote übt einen beträchtlichen Einfluß auf die Gesamtnachfrage aus. Eine finanzpolitisch bewirkte Änderung der marginalen Konsum- und damit Sparneigung ist nicht auszuschließen. So kann sich die Sparneigung als Folge umfangreicher Anreize zur Vermögensbildung erhöhen oder bei nachlassender Inflationsbekämpfung vermindern.

In den bisherigen Überlegungen war die Staatstätigkeit nur in grober Form berücksichtigt worden. Zwar war die Staatsnachfrage *St* in der Nachfrage enthalten, aber über die Finanzierung dieser zusätzlichen bzw. autonomen Ausgaben wurde nur auf die Defizitfinanzierung verwiesen. Um der Realität näher zu kommen, werden nunmehr zusätzlich drei Annahmen eingeführt.

– Die öffentliche Hand erhält eine einkommensunabhängige **Steuer** *V*, die zwar aus dem persönlichen Einkommen gezahlt wird, ohne aber das

---

[26] Eine graphische Veranschaulichung des Prozesses, über den durch Multiplikatorwirkung ein anderer Punkt der 45°-Linie erreicht wird, findet sich z. B. bei Haller, H., Finanzpolitik, 5. Aufl., Tübingen 1972, S. 53.

Einkommen als Bemessungsgrundlage zu haben.[27] Hier kann man z. B. an eine Kopfsteuer denken.

– Die öffentliche Hand leistet **Transferzahlungen** *Tr,* deren Höhe wie bei *St* exogen vorgegeben sei.

– Der Konsum *C* der privaten Haushalte hängt vom **verfügbaren Einkommen** Y_v ab:

(7) $C = a + b\,Y_v.$

Das verfügbare Einkommen ergibt sich aus der bisher verwendeten Einkommensgröße *Y,* indem die Transferzahlungen *Tr* hinzugefügt und die Steuer *V* abgezogen werden.[28]

(8) $Y_v = Y + Tr - V.$

Setzt man diese Gleichungen in die Ausgangsgleichung (2a) ein, so ergibt sich

(8a) $Y = a + b\,(Y + Tr - V) + I + St,$

bzw. $Y - b\,Y = a + b\,Tr - b\,V + I + St$ und damit

(9) $Y = \dfrac{a + b\,Tr - b\,V + I + St}{1 - b}.$

Die Multiplikatoren für eine Änderung der Staatsnachfrage sowie der Investition bleiben die gleichen und sind nach wie vor identisch, denn die partielle Differenzierung nach *I* und *St* ergibt in Gleichung (9) jeweils 1/(1–*b*). Hinzu treten jedoch durch partielle Differenzierung von Gleichung (9):

– nach *Tr* der *Transferausgabenmultiplikator:*

(10) $\dfrac{\partial Y}{\partial Tr} = \dfrac{b}{1 - b}$ und

– nach *V* der *Steuermultiplikator* für die unterstellte Steuer *V*:

(11) $\dfrac{\partial Y}{\partial V} = -\dfrac{b}{1 - b}.$

Der Transferausgabenmultiplikator erhöht das Volkseinkommen nur um das *b*–fache der durch den Staatsnachfragemultiplikator bewirkten Volkseinkommenserhöhung; die Einkommenseffekte sind entsprechend geringer. Der Steuermultiplikator ist genauso groß wie der Transferausgabenmultiplikator, nur mit negativem Vorzeichen wegen des Kaufkraftentzuges.

---

[27] Diese Annahme erleichtert die anfängliche Diskussion, da kein Zusammenhang zwischen der Höhe des Volkseinkommens und dem Aufkommen dieser Steuer angenommen werden muß.

[28] Die übrigen Posten, die bei der Ermittlung des verfügbaren Einkommens in der Volkswirtschaftlichen Gesamtrechnung Berücksichtigung finden (s. oben Tab. 7.4), werden hier vernachlässigt.

b) Wirkungen einer Erhöhung des ausgeglichenen Budgets

Diese kleine Erweiterung des Modells und die Kenntnis der zusätzlichen Multiplikatoren (10, 11) erlauben es nun, eine erste Kombination öffentlicher Einnahmen und Ausgaben in ihrer Wirkung auf das Gesamteinkommen zu untersuchen. Die Frage lautet, was geschehen würde, wenn das Volumen des öffentlichen Haushalts erweitert wird, wobei der Haushalt ausgeglichen und der Zuwachs durch Steuern finanziert sein soll. In einer ersten Überlegung würde man wahrscheinlich vermuten, daß das Volkseinkommen unverändert bleibt, weil die öffentliche Hand genau die Summe, die sie an Steuern zusätzlich erhebt, an zusätzlichen Ausgaben wieder in den Kreislauf zurückgibt. Mit Hilfe der bisher abgeleiteten Multiplikatoren läßt sich jedoch nachweisen, daß sich die Wirkungen dieser öffentlich induzierten Ströme auf das Volkseinkommen nicht bzw. nur im Ausnahmefall gegenseitig neutralisieren.

Wenn die öffentlichen Einnahmen durch Ausweitung der erwähnten Steuer V erhöht und mit diesem Steueraufkommen eine gleich hohe zusätzliche öffentliche Nachfrage nach Gütern und Diensten finanziert wird, verbindet sich die einkommenserhöhende Wirkung des Staatsnachfragemultiplikators (4) mit der einkommensenkenden Wirkung des Steuermultiplikators (11):

$$(12) \quad \frac{1}{1-b} + \left(- \frac{b}{1-b} \right) = \frac{1-b}{1-b} = 1.$$

Eine Erhöhung des Budgets z. B. um 50 Mio. DM führt also, da dieser Betrag mit 1 zu multiplizieren ist, zu einer Erhöhung des Gesamteinkommens um 50 Mio. DM und nicht, wie eine erste Überlegung nahegelegt hätte, zu keiner Erhöhung. Dieses Ergebnis bezeichnet einen der Fälle, in denen das sog. **Haavelmo-Theorem**[29] gilt. Es besagt, daß die Erhöhung eines ausgeglichenen Budgets unter bestimmten Bedingungen das **Gesamteinkommen um den Betrag der Budgetausweitung erhöht.**

Zur Veranschaulichung sei das Ergebnis noch einmal im Ablauf der Perioden ermittelt (vgl. dazu das frühere Beispiel auf S. 321). Die marginale Konsumneigung betrage wiederum 0,8.

	Erhöhung		Senkung	
	je Periode	kumuliert	je Periode	kumuliert
1. Periode: Erhöhung der öffentlichen Käufe für Güter und Dienstleistungen um 1000	+ 1000	+ 1000	0	0
Steuereinnahme 1000	0	0	− 800	− 800
2. Periode: private Verausgabung	+ 800	+ 1800	− 640	− 1440
3. Periode: private Verausgabung	+ 640	+ 2440	− 512	− 1952
bis zum Grenzwert von		+ 5000		− 4000

[29] Haavelmo, T., Multiplier Effects of a Balanced Budget, in: Econometrica, Bd. 13, 1945, S. 311 ff., wieder abgedruckt in: American Economic Association, Hrsg., Readings in Fiscal Policy, London 1955, S. 335 ff.

Der Unterschied von 1000 zwischen Zuführungseffekt (Erhöhung) und Entzugseffekt (Senkung) kommt dadurch zustande, daß die öffentlichen Ausgaben sofort in voller Höhe zu Nachfrage werden (+ 1000), die Steuer aber nur in Höhe der Konsumneigung (0,8) zur Nachfragesenkung führt (− 800), d. h. 200 der weggesteuerten 1000 wären lt. Annahme gespart worden. Die weggesteuerten 800 hätten in der zweiten Phase zu Nachfrage von 640 geführt, die jetzt entfällt (− 640), usw. Dabei wird angenommen, daß die Steuer voll aus dem laufenden Einkommen, d. h. nicht durch Entsparen finanziert wird.

Daß das Haavelmo-Theorem nur unter gewissen **Bedingungen** gilt, zeigt sich, wenn man als Ausgabe anstelle der Staatsnachfrage nunmehr Transferausgaben wählt. Faßt man ihre Wirkung (10) mit der des Steuermultiplikators (11) zusammen, so ergibt sich:

$$(13) \quad \frac{b}{1 - b} + \left(- \frac{b}{1 - b} \right) = 0,$$

d. h. die Gesamtnachfrage ändert sich nicht.

Im Ablauf der Perioden würde in diesem Falle auch die Wirkung der Verausgabung mit + 800 beginnen, da von den empfangenen Transfers im Maße der Sparneigung gespart würde. Dadurch halten sich erhöhende und senkende Wirkungen die Waage.

Wodurch entsteht dieser Unterschied in der Wirkung auf die Gesamtnachfrage? Da der Besteuerungsvorgang unverändert blieb, muß er im bisherigen Modell in der Art der öffentlichen Verausgabung liegen. Die entscheidende Annahme liegt darin, daß die **Staatsnachfrage** nach den bisherigen Annahmen unmittelbar **in voller Höhe zur Nachfrage** wird und das Einkommen erhöht, während sich bei **Transfers** zwischen staatliche Verausgabung und Nachfrageentfaltung am Markt die **Entscheidung des Empfängers** schiebt, der annahmegemäß einen Teil spart und nur im Maße seiner marginalen Konsumneigung *b* sein Einkommen wieder zu Nachfrage werden läßt.

An dieser Stelle sind die Aussagen über die Bedeutung der Staatsnachfrage *St* für die Gesamtnachfrage zu differenzieren. Die Größe *St* umfaßt neben den investiven und laufenden Sachausgaben die Personalausgaben. Eine **Erhöhung der Personalausgaben** (die zusammen mit den Sachausgaben die Leistungsentgelte ausmachen, die ihrerseits den Transferausgaben gegenübergestellt werden), würde **in ihrem Effekt auf die private Nachfrage** nämlich **ebenso geschmälert wie eine Erhöhung der Transferausgaben** für private Haushalte, weil in beiden Fällen die Empfänger der Ausgabe nur im Maße ihrer marginalen Konsumneigung Nachfrage entfalten. Dagegen sind staatliche Sachausgaben per se Nachfrage im privaten Sektor und üben dadurch einen stärkeren Effekt auf die Gesamtnachfrage aus. Genau genommen müßten daher in der Ausgangsgleichung (1) statt der Größe St zwei Größen eingeführt werden: für die Sachausgaben und für die Personalausgaben. Beide Ausgabenarten zusammen, die in der Volkswirtschaftlichen Gesamtrechnung als Ex-post-Analyse in den „Staatsverbrauch" bzw. die staatlichen Investitionen eingehen (s. oben S. 307 f.), werden üblicherweise auch als „Staatsnachfrage" bezeichnet, was sich dann als eine nicht sehr zweckmäßige Bezeichnung erweist, wenn es um die Einschätzung der Nachfragewirksamkeit öffentlicher Ausgaben geht.

Wiederum einen anderen Wert für die Erhöhung des Volkseinkommens erhält man, wenn man zusätzlich eine vom Einkommen abhängige Steuer in

Form einer *proportionalen Einkommensteuer* einführt.[30] Wenn sie den Satz t hat, wobei $0 < t < 1$ sein soll, ändert sie das verfügbare Einkommen in folgender Weise:[31]

$$Y_v = Y - t\,Y + Tr - V, \; bzw.$$

(14) $Y_v = (1 - t)\,Y + Tr - V.$

Für die Volkseinkommensgleichung ergibt sich anstelle von (8a) nunmehr:

$$Y = a + b\,[(1 - t)\,Y + Tr - V] + I + St, \; bzw.$$

$$Y = a + b\,Y - bt\,Y + b\,Tr - b\,V + I + St, \; bzw.$$

(15) $Y = \dfrac{a + b\,Tr - bV + I + St}{1 - b + bt}.$

Unter diesen Annahmen sei nun erneut der Fall aufgegriffen, daß die Einnahmen und Ausgaben zugleich ausgedehnt werden, d. h., daß das Budget erhöht wird. Das geschieht wiederum durch eine Erhöhung der Staatsnachfrage St; sie wird wie bisher durch die Steuer V finanziert, deren Aufkommen vom Volkseinkommen unabhängig ist. Es ist also nur die Annahme einer proportionalen Einkommensteuer hinzugekommen, deren Satz t aber unverändert bleibt. Durch ihre bloße Existenz ändert sich jedoch das Ergebnis. Zur Erklärung zieht man die nunmehr veränderten Multiplikatoren heran. Durch partielles Differenzieren ergibt sich:

(16) $\dfrac{\partial Y}{\partial St} = \dfrac{1}{1 - b + bt}$ (**Staatsnachfragemultiplikator**),

(17) $\dfrac{\partial Y}{\partial Tr} = \dfrac{b}{1 - b + bt}$ (**Transferausgabenmultiplikator**),

(18) $\dfrac{\partial Y}{\partial V} = -\dfrac{b}{1 - b + bt}$ (**Steuermultiplikator** für Steuer V).

Da jeweils im Nenner der Wert bt (marginale Konsumneigung multipliziert mit dem Satz der proportionalen Einkommensteuer) dazu addiert wird, sind alle drei Multiplikatoren, absolut genommen, kleiner als ohne die Annahme der Existenz einer proportionalen Einkommensteuer (vgl. mit [4], [10], [11]). Das bedeutet eine vergleichsweise geringere Nachfrageausweitung bei einer Erhöhung der beiden Arten von Staatsausgaben, ruft aber zugleich eine geringere Entzugswirkung durch die Besteuerung hervor, da auch der Steuermultiplikator niedriger ist.

Dann ergibt sich für die beabsichtigte Erhöhung des ausgeglichenen Budgets mittels Staatsnachfrage und Steuer V die kombinierte Wirkung aus der

---

[30] Vgl. zu dieser Vorgehensweise z. B. Peacock, A. T., und Shaw, G. K., The Economic Theory of Fiscal Policy, 2. Aufl., London 1976, S. 32 ff.

[31] Es wird angenommen, daß die Transferzahlungen Tr dieser Einkommensteuer nicht unterliegen.

Verbindung des neuen Staatsnachfragemultiplikators mit dem neuen Multiplikator für die Steuer *V:*

$$(19) \quad \frac{1}{1 - b + bt} - \frac{b}{1 - b + bt} = \frac{1 - b}{1 - b + bt}.$$

Nach den Annahmen nimmt dieser Ausdruck positive Werte zwischen 0 und 1 an. Er erhielte den Wert 1, wenn *b* oder *t* den Wert 0 annähmen, d. h. entweder die Konsumneigung gleich 0 wäre (vgl. S. 320), was einen Grenzfall darstellt, oder keine Einkommensbesteuerung erfolgte.

Die Existenz einer Einkommensteuer führt allerdings dazu, daß auch das neugeschaffene Einkommen der Besteuerung unterliegt. Um diesen Betrag müßten, genau genommen, auch die Staatsausgaben erhöht werden, da sonst ein Einnahmeüberschuß statt eines Budgetausgleichs vorliegt. Berücksichtigt man diesen Effekt, so gibt es zusätzliche Fälle, in denen das Haavelmo-Theorem gilt.[32]

Als letzte Variante der Erhöhung des ausgeglichenen Budgets sei angenommen, daß dieselbe Steuer *V* zur Finanzierung von Transferzahlungen vorgesehen sei. Die kombinierte Wirkung auf das Gesamteinkommen, die sich aus den beiden neuen Multiplikatoren ergibt, gleicht sich völlig aus:

$$(20) \quad \frac{b}{1 - b + bt} - \frac{b}{1 - b + bt} = 0.$$

Faßt man die Ergebnisse der Multiplikatoranalyse in Tabelle 7.5 überblicksartig zusammen, so lassen sich ihr die isolierten Ausgabenmultiplikatoren (4, 10, 16, 17), die isolierten Multiplikatoren der einkommensunabhängigen Steuer V (11, 18) und die kombinierten Multiplikatoren (12, 13, 19, 20) entnehmen. Dabei liegt bei den genannten vier **isolierten Ausgabenmultiplikatoren** keine Steuererhöhung, sondern z. B. eine Zentralbankfinanzierung (bei unveränderter Existenz der zwei unterschiedlichen Steuersysteme) vor. Die beiden **isolierten Steuermultiplikatoren** (11, 18), die sich bei der Erhöhung der Steuer V in zwei Steuersystemen ergeben und nicht von einer Erhöhung der Ausgaben begleitet sind, lassen sich in Verbindung mit einer Stillegung des Steueraufkommens vorstellen. Von besonderer Bedeutung sind die **kombinierten Multiplikatoren,** d. h. eine Erhöhung der Staatsnachfrage oder der Transferausgaben, die über die Steuer V im System einer einkommensunabhängigen Steuer (12, 13) oder im System einer proportionalen Einkommensteuer (19, 20) finanziert werden. Besonders hohe Einkommens- bzw. Multiplikatorwirkungen lassen sich dabei über eine Erhöhung der Staatsnachfrage erzielen, insbesondere, wenn die negativen Kreislaufwirkungen der Finanzierung vermieden oder gering gehalten werden können. Eine Erhöhung der Staatsnachfrage und ihre zinsneutrale Finanzierung über die Zentralbank (Geldschöpfung) ist unter den getroffenen Annahmen am vorteilhaftesten im Hinblick auf eine Erhöhung des Volkseinkommens.

---

[32] Vgl. dazu Dernburg, T. F., und McDougall, D. M., Lehrbuch der Makroökonomischen Theorie, 3. Aufl., Stuttgart 1981, S. 84 ff.

Tab. 7.5: Vergleich der abgeleiteten Multiplikatoren für Veränderungen der Ausgaben und Einnahmen

Einnahmen (= Finanzierung der Ausgaben) → ↓ Ausgaben	I ohne Steuererhöhung (z.B. Zentralbankfinanzierung)		II mit Erhöhung der einkommensunabhängigen Steuer V	
	1. im System einer einkommensunabhängigen Steuer (z.B. Kopfsteuer)	2. im System einer proportionalen Einkommensteuer $(0 < t < 1)$	1. im System einer einkommensunabhängigen Steuer (z.B. Kopfsteuer)	2. im System einer proportionalen Einkommensteuer $(0 < t < 1)$
A. Erhöhung der Staatsnachfrage St	$\dfrac{1}{1-b} > 1$ (4)	$\dfrac{1}{1-b+bt} > 1$ (16)	$\dfrac{1}{1-b} + \left(\dfrac{-b}{1-b}\right) = 1$ (4) + (11) = (12)	$0 < \dfrac{1}{1-b+bt} + \left(\dfrac{-b}{1-b+bt}\right) < 1$ (16) + (18) = (19)
B. Erhöhung der Transfers Tr	$\dfrac{b}{1-b} > 0$ (10)	$\dfrac{b}{1-b+bt} > 0$ (17)	$\dfrac{b}{1-b} + \left(\dfrac{-b}{1-b}\right) = 0$ (10) + (11) = (13)	$\dfrac{b}{1-b+bt} + \left(\dfrac{-b}{1-b+bt}\right) = 0$ (17) + (18) = (20)
C. ohne Erhöhung der Ausgaben (z.B. Stillegung bei der Zentralbank)	–	–	$\dfrac{-b}{1-b} < 0$ (11)	$\dfrac{-b}{1-b+bt} < 0$ (18)

Die Ziffern in den Klammern beziehen sich auf die Gleichungen im Text.

Um abschließend den Unterschied in den zu bewegenden Budgetströmen zu zeigen, sei noch unterstellt, daß im Rahmen der bisherigen Annahmen eine Volkseinkommenserhöhung von 5 Mrd. DM erreicht werden soll. Die marginale Konsumneigung b sei 0,8, und es werde später eine proportionale Einkommensteuer mit einem Steuersatz in Höhe von 30% eingeführt (t = 0,3). Aus Tab. 7.6 ist zu ersehen, daß **je nach Art des verwendeten Instruments unterschiedlich hohe Ausgabensummen** erforderlich sind, um einen gleich hohen Anstieg der Nachfrage zu bewirken.

Tab. 7.6: Aufzuwendende Ausgabensummen zur Erreichung eines Nachfragezuwachses in Höhe von 5 Mrd. DM (in Mio. DM; b = 0,8; t = 0,3; ESt = Einkommensteuer)

Ausgabeart	erforderliche Ausgabenhöhe	finanziert durch	ergibt als Multiplikator Höhe	Gleichung	Effekt auf Nachfrage
St	1 000	Zentralbank (ohne ESt)	5	(4)	5000
St	5 000	V (ohne ESt)	1	(12)	5000
St	10 989	V (mit ESt)	0,455	(19)	5000
Tr	1 250	Zentralbank (ohne ESt)	4	(10)	5000
Tr	nicht bestimmbar	V (ohne ESt)	0	(13)	nicht gegeben
Tr	nicht bestimmbar	V (mit ESt)	0	(20)	nicht gegeben

Bei einer zinsneutralen Zentralbankfinanzierung ergeben sich die höchsten Multiplikatoren, d. h. die niedrigsten Ausgabensummen sind erforderlich, um eine Nachfrageerhöhung um 5 Mrd. DM zu erreichen. Bei Verwendung von Transfers muß eine Ausgabenerhöhung etwas höher ausfallen (1250) als beim Einsatz der Staatsnachfrage (1000). Werden die Ausgaben über die Steuer V finanziert, so ist es bei einer Verausgabung über Transferzahlungen unmöglich, überhaupt einen expansiven Effekt zu erzielen, unabhängig davon, ob zugleich eine (proportionale) Einkommensteuer erhoben wird. Im Falle der Staatsnachfrage läßt sich zwar ein positiver Effekt erzielen, er ist aber bei einer Kopfsteuer nur genau gleich 1 (Haavelmo-Fall), und im Falle einer proportionalen Einkommensteuer von 30% muß mehr als die doppelte Ausgabensumme aufgewendet werden. – Hierbei zeigt sich noch einmal, daß in dem erwähnten **Haavelmo-Theorem ein spezieller Fall** einer konjunkturorientierten Budgetvariation (Multiplikator = 1) beschrieben wurde.

Die vorstehenden Betrachtungen wurden nur für eine **expansive Fiskalpolitik,** wie sie in der Rezession erforderlich ist, durchgeführt. Die Annahmen erlauben es aber ohne weiteres, die vorgenommenen Budgetvariationen auch für die **kontraktive Fiskalpolitik,** also in der Hochkonjunktur, zu untersuchen. Dann treten an die Stelle von Ausgabenerhöhungen und ihrer Finanzierung Ausgabenkürzungen, Steuererhöhungen und die Verwendung der dadurch entstehenden Budgetüberschüsse.

c) Weitere Bestimmungsgrößen der Multiplikatorprozesse

Die bisher beschriebenen Multiplikatorwirkungen galten nur unter einer Reihe von **Annahmen,** von denen die folgenden drei kurz untersucht werden sollen:

– Die private **Investitionsgüternachfrage** wird von den zuvor analysierten finanzpolitischen Maßnahmen **nicht beeinflußt,**

– **es liegt kein Auslandseinfluß** vor, und

– **von der Geldversorgung** gehen keine Wirkungen aus.

Die Annahme, daß die private *Investition* aus dem beschriebenen System heraus nicht beeinflußt wird, ist nicht aufrechtzuerhalten, wenn die Ergebnisse für die Realität bedeutsam sein sollen. Ganz offensichtlich reduzieren sich die privaten Investitionen dann, wenn **staatliche Investitionen an die Stelle privater treten.** In der Regel wird es zu einer anderen Struktur des Investitionsvolumens kommen, denn der Staat nimmt im Vergleich mit privaten Unternehmen seine Investitionen in anderen Wirtschaftsbereichen vor.

Von der **Besteuerung** geht möglicherweise ein bedeutender Effekt auf die Investition aus. Das trifft nicht nur für den Fall zu, in dem die Steuerinzidenz bei dem Eigentümer liegt. Unter dem kurzfristigen konjunkturellen Aspekt kann auch eine auf die Dauer voll überwälzte Steuer zu Investitionsänderungen führen. Wenn z. B. die Gewinnbesteuerung der Unternehmen angehoben wird, sich das Unternehmen seiner kurzfristigen Überwälzungschancen keineswegs sicher ist und daraufhin vielleicht kurzfristig seine Investitionstätigkeit vermindert, ergibt sich ein steuerlicher Einfluß auf die Investition. Ebenso kann eine erhöhte Besteuerung der privaten Haushalte über verminderte Nachfrage nach Konsumgütern die Gewinnerwartungen und damit die **Investitionsbereitschaft** der Unternehmen ungünstig beeinflussen. Solche Steuerwirkungen legen es also nahe, der Wirkung der Steuerpolitik als einem Einflußfaktor für die kurzfristige Investitionsbereitschaft besondere Aufmerksamkeit zu widmen.

Es ist eine übliche und vertretbare Annahme für Anfangsüberlegungen, die *Außenwirtschaft* zunächst auszuschließen, zumal es auch in der Realität Perioden gibt, in denen sich die Außeneinflüsse weitgehend ausgleichen und ohne weiteres eine Argumentation „bei geschlossener Wirtschaft" vertretbar ist. In der Regel beeinflussen allerdings inlandsbezogene öffentliche Maßnahmen zugleich auch die Ströme zwischen Inland und Ausland. Die-

ser Einfluß wird unter Berücksichtigung von Einkommens- und Zinswirkungen im Abschnitt D II erörtert.

In den bisherigen Überlegungen wurde unterstellt, daß von der *Geldversorgung* keine Wirkungen ausgehen, die die Ergebnisse der Multiplikatoranalyse verändern. Damit ist aber unausgesprochen angenommen worden, daß
die Veränderungen des Volkseinkommens, die durch finanzpolitische Maßnahmen induziert werden, von einer parallellaufenden **Entwicklung der
Geldmenge** begleitet worden sind. Wenn durch eine Ausgabensteigerung das
Einkommen jeder folgenden Periode höher wird, als es ohne die Maßnahme gewesen wäre, muß bei **konstanter Umlaufgeschwindigkeit des Geldes** ceteris paribus auch die **Geldmenge steigen**, die zur Finanzierung dieser Ströme
erforderlich ist.

Weitere monetäre Probleme ergeben sich, wenn statt der direkten Steuern
die indirekte Besteuerung berücksichtigt wird und man sich den Überwälzungshypothesen angeschlossen hätte, die in der Volkswirtschaftlichen Gesamtrechnung verwendet werden, in der die indirekten Steuern als preis-
wirksam angesehen werden. Sofern man diese Annahme akzeptiert, bedeutet eine Änderung des Anteils dieser Steuern gleichzeitig eine Änderung
des Preisniveaus.

D. Der fiskalpolitische Einsatz des Budgets unter Berücksichtigung von Einkommenswirkungen

I. Fiskalpolitik mit automatischen Stabilisierungswirkungen

Der Einsatz der öffentlichen Finanzen zur Steuerung der Gesamtnachfrage
kann durch gezielte fallweise Eingriffe (sog. **diskretionäre Maßnahmen**) erfolgen, z.B. in Form der zuvor untersuchten Steuer- oder Ausgabenerhöhungen. Außerdem tragen einige Ausgabe- und Einnahmearten auch ohne
Ad-hoc-Veränderungen – quasi **automatisch** – zur Konjunkturstabilisierung
bei.

Bei schwankendem Sozialprodukt verändert sich das Gesamtvolumen der
meisten Steuern und einiger Transferzahlungen automatisch, d.h. **ohne** eine
Ad-hoc-**Variation ihrer Bemessungsgrundlagen und Sätze**. So steigt z.B. das
Aufkommen der Einkommensteuer bei wachsendem Volkseinkommen wegen ihrer Progression überproportional an, während die öffentlichen Zahlungen an Arbeitslose bei sinkendem Sozialprodukt und abnehmender Beschäftigung zunehmen.

Einen ersten Anhaltspunkt für die automatische Wirkung bei Veränderung
des Sozialprodukts erhält man, wenn das Aufkommen einer Steuer bzw.
das Volumen einer Ausgabe in Abhängigkeit von der Änderung der kurzfristigen ökonomischen Aktivität verfolgt wird. Dies sei am Beispiel der Steuer gezeigt; für die Ausgaben läßt sich dieser Zusammenhang entsprechend
untersuchen.

Im Falle der Besteuerung wird in zwei Schritten vorgegangen. Zunächst wird die **Aufkommenselastizität** einer Steuer gemessen, d. h. die **relative Änderung** des Steueraufkommens T, die aus einer relativen Änderung des Volkseinkommens Y (oder auch des BSP) als dem Indikator für die ökonomische Entwicklung resultiert:

$$E_T = \frac{\Delta\, T/T_O}{\Delta\, Y/Y_O},$$

wobei T_O und Y_O die Werte der Vorperiode darstellen. Diese Werte lassen sich für eine einzelne Steuer ebenso wie für das gesamte Steuersystem ermitteln. Ein Wert der – über die kurze Frist gemessenen (konjunkturspezifischen) – Aufkommenselastizität von größer als 1 zeigt z. B., daß eine Steuer im Boom ein im Vergleich zum Sozialproduktzuwachs überproportional höheres, in der Rezession niedrigeres Aufkommen aufweist, ohne daß an der Steuergesetzgebung etwas geändert worden wäre. – Die trendmäßige Aufkommenselastizität kann bei derselben Steuer ganz andere Werte annehmen. Eine proportionale Gewinnsteuer beispielsweise schwankt im Aufkommen mit dem Konjunkturzyklus stark, da Gewinne sehr konjunkturreagibel sind. Längerfristig kann die Aufkommenselastizität aber nahe bei 1 liegen, wenn der Anteil der Gewinne am Sozialprodukt über die Zyklen hinweg gleich bleibt.

Wie stark eine aufkommenselastische Steuer letztlich als eingebauter automatischer Konjunkturstabilisator (,**built-in stabilizer**') wirkt, hängt zusätzlich von der Aufkommenshöhe dieser Steuer ab. So kann eine Bagatellsteuer sehr aufkommenselastisch sein, ohne daß dieses geringe Volumen irgendeinen gesamtwirtschaftlich bedeutsamen Effekt aufweist. Um einen Anhaltspunkt für die Änderung des Volumens zu erhalten, errechnet man daher ergänzend die **Steuerflexibilität** $F_T = \Delta\, T/\Delta\, Y$, d. h. die **absoluten** Veränderungen werden zueinander ins Verhältnis gesetzt.

Voraussetzung für die automatische Konjunkturwirksamkeit der Besteuerung ist allerdings die Stillegung des Steuermehraufkommens. Werden die Gelder nicht stillgelegt, sondern für Ausgaben verwendet, schlägt der konjunkturpolitische Vorteil einer hohen ,built-in stability' sogar in einen Nachteil um. Dann wird vom Staat mehr ausgegeben als bei geringerer Aufkommenselastizität, während beim Verbleib der Mittel im privaten Sektor ein Teil des Geldes gespart worden und damit nicht unmittelbar nachfragewirksam geworden wäre.

Die Aufkommenselastizität einer Steuer hängt davon ab,[33] inwieweit

(1) die **Bemessungsgrundlage konjunkturabhängig** ist, d. h. auf Schwankungen des Volkseinkommens reagiert. Das Aufkommen einer Kopfsteuer, bei der jedes Individuum den absoluten gleichen Betrag bezahlt, variiert im Konjunkturzyklus nicht (wenn man von konjunkturbedingten Varia-

---

[33] Siehe hierzu im einzelnen Albers, W., Die automatische Stabilisierungswirkung der Steuern. Möglichkeiten und Problematik in der Bundesrepublik Deutschland, in: Jahrbücher für Nationalökonomie und Statistik, Bd. 180, 1967, S. 99ff., gekürzt wiederabgedruckt als: Automatische Stabilisierungswirkung, in: Recktenwald, H. C., Hrsg., Finanzpolitik, Köln-Berlin 1969, S. 280ff.

tionen der Fälle von Zahlungsunfähigkeit einmal absieht), während das
Aufkommen einer Gewinnsteuer von der Beschäftigungslage bzw. vom
Volkseinkommen in starkem Maße abhängig ist;

(2) der **Tarif proportional oder progressiv** gestaltet ist. Ein progressiver Tarif
erfaßt eine zunehmende Bemessungsgrundlage überproportional und
bewirkt somit auch eine überproportionale Steigerung des Steueraufkommens. Das Umgekehrte gilt bei abnehmender Bemessungsgrundlage;

(3) die sonstige **technische Ausgestaltung** Höhe und Zeitpunkt des Steuermehraufkommens beeinflußt. So kann z. B. die Frist zwischen dem Entstehen der Steuerschuld und dem Abführen der Steuer unterschiedlich
lang sein. Bei der Umsatzsteuer ist sie kurz, bei der Einkommen- und
Körperschaftsteuer länger, so daß die Liquidität vielleicht schon wieder
im konjunkturpolitisch falschen Augenblick vermehrt oder vermindert
wird.[34]

Die **eingebaute Flexibilität des Steuersystems** führt zu **zwei** weiteren **Effekten.** Wenn ein
Aufschwung eingeleitet wird und mit den expansiven Maßnahmen die Löhne, Gewinne usw. ansteigen, ergeben sich starke Aufkommenssteigerungen bei den lohn-
und gewinnabhängigen Steuern. Daraus resultiert in dieser speziellen Situation eine
Wirkungshemmung der Fiskalpolitik, die sich daraus ergibt, daß im Wiederaufschwung aufgrund einer progressiven Steuerstruktur die Einnahmen überproportional anwachsen. Dieser sog. ‚fiscal drag‘ verzögert den konjunkturellen Aufschwung
und kann eine Überhitzung der Konjunktur verhindern. Diese Hemmung wird vermieden, wenn zur Kompensation entsprechende Ausgabenerhöhungen oder Steuersatzsenkungen vorgenommen werden. – Der zweite zu erwähnende Effekt der ‚built-
in flexibility‘ ergibt sich, wenn man den gleichen Vorgang fiskalisch betrachtet. Er
erbringt nämlich zusätzliche Einnahmen (‚fiscal dividend‘).

Die Ausgaben des Staates müßten im Konzept der ‚built-in stability‘ so
beschaffen sein, daß sie im Vergleich mit der trendmäßigen Entwicklung in
Aufschwungphasen und im Boom automatisch sinken und in Zeiten der
Rezession und des Abschwungs steigen. Diese **eingebaute Stabilisierungswirkung auf der Ausgabenseite** läßt sich z. B. bei Transferausgaben beobachten.
Einige Sozialausgaben werden z. B. nach Bemessungsgrundlagen vergeben,
deren Volumen sich gegenläufig zur Konjunktur entwickelt. Hierzu zählen
von allem die Zahlungen an Arbeitslose sowie die Sozialhilfe für sozial
schwache Haushalte, die in Rezessionszeiten stärker und in Boomzeiten
weniger stark in Anspruch genommen werden.

Die eingebaute Flexibilität von Einnahmen und Ausgaben kann sicherlich
einen Beitrag zur Konjunkturpolitik leisten[35]; es ist jedoch Skepsis ange-

---

[34] Die daher erforderliche Angleichung des Zeitpunktes der Entstehung der Steuerschuld an den Zahlungstermin für die Steuer ist im Stabilitätsgesetz in § 26 Nr. 1
und 2 (Anpassung der Einkommen- und Körperschaftsteuervorauszahlungen) und
§ 28 (Gewerbesteuervorauszahlungen) ermöglicht worden.

[35] Siehe zu den Problemen einer eingebauten Flexibilität auch Hesse, H., Theoretische Grundlagen der „Fiscal Policy", München 1983, S. 202 ff.

bracht, ob die Wirkung dem Umfang nach ausreicht, vor allem aber, ob die automatische Wirkung nicht immer etwas zu spät kommt (nämlich erst nach Veränderung der Bemessungsgrundlagen unter konjunkturellem Einfluß), um einen wesentlichen Teil der konjunkturpolitischen Aufgabe erfüllen zu können, nämlich Krisensituationen durch vorzeitige Maßnahmen gar nicht erst entstehen zu lassen oder sie zumindest in ihrer Intensität abzumildern.

Eine Weiterführung des Gedankens, die Fiskalpolitik in stärker automatisierter Form zu betreiben, bildet der Vorschlag einer sog. „**Regelbindung**". Diese hätte zur Folge, daß Gegensteuerungsmaßnahmen sofort eingeleitet werden müßten, wenn bestimmte Indikatoren eine Situation signalisieren, die aus der Sicht der Legislative, die der Regelbindung Gesetzescharakter gab, ein Handeln erforderlich macht. Abweichungen von einem erstrebten Zustand (Sollwert) würden also „automatisch" eine bestimmte Maßnahme hervorrufen, die die angestrebte Sollwertgröße (Ziel) erreichen soll. Es wird versucht, **Ist- und Sollwert automatisch zur Deckung zu bringen** und nicht diskretionär, d. h. von Fall zu Fall im Rahmen der Ermessensfreiheit der Exekutive. Mag die Regelbindung auch als sehr wünschenswert erscheinen, so darf nicht übersehen werden, daß die beschriebenen Probleme einer Wirkungsverzögerung nicht dadurch gelöst werden, daß man sich der Technik der Regelbindung bedient. Es müßte z. B. notwendigerweise ein Indikator geschaffen werden, der nicht nur unerwünschte Konjunktursituationen möglichst frühzeitig signalisiert, sondern gleichzeitig auch anzeigt, welche Maßnahmen mit welchem Umfang zu welchem Zeitpunkt und mit welcher Dauer automatisch zum Einsatz kommen sollen. Wegen der damit verbundenen Schwierigkeiten stehen für die Beeinflussung nachfragebedingter Konjunkturschwankungen in allen Ländern der westlichen Welt die im folgenden zu behandelnden **diskretionären Maßnahmen der Fiskalpolitik** im Vordergrund.

II. Diskretionäre Fiskalpolitik zur Rezessionsbekämpfung

Soll eine Wirtschaft aus dem Zustand der Unterbeschäftigung herausgeführt werden, so ist es, wenn die Ursache des Konjunkturrückschlags in einer zu geringen Gesamtnachfrage gesehen wird, erforderlich, die **Gesamtnachfrage zu beleben**. Sieht man von der ausländischen Nachfrage und ihrer Beeinflußbarkeit in diesem Abschnitt zunächst ab, so ist zu überlegen, wie die Staatsnachfrage sowie die Konsum- und Investitionsgüternachfrage der privaten Wirtschaftssubjekte verstärkt werden können. Als globale Expansionsstrategien sind dabei **Ausgabenerhöhungen** und **Steuererleichterungen** anzusehen.

a) Expansive Ausgabenpolitik

Bei der Multiplikatoranalyse zeigte sich, daß die Einteilung der öffentlichen Ausgaben in Sach- und Personalausgaben, Subventionen und Sozialausgaben konjunkturpolitisch bedeutsam ist, denn diese Ausgabearten führten zu unterschiedlichen Wirkungen auf die Gesamtnachfrage. Es empfiehlt sich daher, sie getrennt auf ihre konjunkturpolitischen Einsatzmöglichkeiten zu untersuchen.

1. Sach- und Personalausgaben

Die öffentlichen *Sachausgaben* bilden das Instrument der Finanzpolitik, das bei der Konjunktursteuerung bereits **seit langer Zeit im Vordergrund** steht. Unter ihnen wurden wiederum die öffentlichen Investitionsmaßnahmen (z. B. im Straßen-, Schul- oder Krankenhausbau) in einem solchen Maße betont, daß gelegentlich der Eindruck entstand, als würden „ ‚public works' geradezu mit der heutigen ‚fiscal policy' gleichgesetzt".[36]
Die Bedeutung dieser öffentlichen Aktivität für den Konjunkturpolitiker wird verständlich, wenn man bedenkt, daß **Investitionen** und die übrigen Sachausgaben (siehe 1. Kapitel, Tab. 1.2, S. 16) im Gegensatz zu anderen Instrumenten der Finanzpolitik **selbst** einen **Bestandteil der gesamtwirtschaftlichen Nachfrage** bilden. Im Vergleich etwa zu Sozialtransfers, die hinsichtlich ihrer Verwendung erst der Entscheidung des privaten Haushalts unterliegen und nur im Maße der marginalen Konsumquote zu Nachfrage werden, wird im Falle der öffentlichen Sachausgaben die volle Summe **in der ersten Periode nachfragewirksam.** Überdies haben Sachausgaben den Vorteil, daß sie nach Branchen, Regionen sowie der Betriebsgröße (z. B. Mittelstandspolitik) differenziert werden können. In dem Maße, wie also sektorale bzw. regionale Strukturprobleme für die Gesamtkonjunktur Bedeutung haben, steht mit den Sachausgaben ein **differenziert einsetzbares Instrument** zur Verfügung (s. unten 8. Kapitel, Teil B, S. 425 ff.).
Gegen den Einsatz öffentlicher Investitionen im Dienste der Konjunkturankurbelung lassen sich **technische Einwände** vorbringen. Zum einen wurde lange Zeit zu Recht hervorgehoben, daß eine schnell erforderliche Maßnahme durch die **lange Planungs- und Durchführungsphase** in der Bürokratie verzögert wird. Dieses Argument hat jedoch durch die Einführung der mittelfristigen Finanzplanung (s. oben 3. Kapitel, S. 82 ff.) tendenziell an Bedeutung verloren. Im Rahmen der Aufgaben- und Finanzplanung können für Zwecke der konjunkturpolitischen Ankurbelung sinnvolle Projekte frühzeitig geplant werden und auf Abruf zur Verfügung stehen (sog. **Schubladenprojekte),** so daß ein verspäteter Einsatz sowie eine Fehlleitung öffentlicher Mittel in unzweckmäßige Projekte vermieden werden kann. Zum anderen wurde darauf hingewiesen, daß die richtige **Zeitwahl** für eine Ausweitung der öffentlichen Investitionen schwierig sei. Soll nämlich ein Aufschwung induziert werden, so muß über einen längeren Zeitraum zusätzliche Nachfrage geschaffen werden. Dafür sind öffentliche Investitionen gut geeignet, da sie wie alle öffentlichen Käufe einen im Vergleich zu Transferausgaben an private Haushalte hohen **Einkommenseffekt** aufweisen. Ob dieser Einkommenseffekt aber im gewünschten Zeitraum eintritt, hängt nicht nur davon ab, ob die erwähnte Planung des Projekts durch die öffentliche

---

[36] F. Neumark über R. Harrod (Neumark F., Fiskalpolitik und Wachstumsschwankungen, 2. Aufl., Wiesbaden 1969, S. 38).

Hand rechtzeitig zum Abschluß kommt, sondern auch davon, ob nach der Vergabe Planung und Durchführung im privaten Sektor schnell genug vor sich gehen. Verschiebt sich der Prozeß der Nachfragesteigerung zu lange in die Zukunft, kann er bereits in eine Konjunkturphase fallen, in der die konjunkturelle Entwicklung keiner Beschleunigung mehr bedarf. Schließlich ist darauf zu verweisen, daß die staatlichen Sachausgaben schwerpunktmäßig in bestimmten Bereichen der Wirtschaft getätigt werden, die durch eine Zunahme dieser Ausgaben folglich besonders begünstigt werden.

Eine Erhöhung der *Personalausgaben* für expansive Zwecke führt nach Maßgabe der marginalen Konsumneigung der Beschäftigten im öffentlichen Dienst ebenfalls zu erhöhter Nachfrage, wirkt sich also, wie unten ausgeführt, ähnlich aus wie eine Vermehrung der Transferausgaben. Eine gezielte Erhöhung der Entlohnung bei gleichbleibender Tätigkeit scheidet faktisch aus, denn sie würde eine relative Schlechterstellung der Beschäftigten bei privaten Arbeitgebern bedeuten, und eine derartige ungleiche Verteilung der „Vorteile" einer expansiven Fiskalpolitik würde mit Sicherheit auf Widerstand stoßen. Die Vermehrung der Zahl der Beschäftigten im öffentlichen Sektor, insbesondere zeitlich begrenzte arbeitsintensive Programme, sind dagegen eher durchführbare expansiv wirkende Instrumente. Insbesondere die zweite Alternative würde den Personen, die im Rahmen der **Arbeitsbeschaffungsprogramme** wieder beschäftigt werden können, den sozialen Makel der Arbeitslosigkeit nehmen und der öffentlichen Hand nur Zusatzkosten in Höhe der Differenz zwischen gezahlten Lohn- und andernfalls gewährten Unterstützungszahlungen verursachen.

2. *Transferzahlungen an private Haushalte und an Unternehmen*

Transfers an private Haushalte sind dadurch gekennzeichnet, daß sie nur im Maße der marginalen Konsumquote der Empfänger zu Nachfrage werden. Die Ermittlung der Konsumneigung bzw. der Konsumfunktion ist daher das zentrale Problem bei der Beurteilung der Nachfragewirksamkeit dieses Instruments. Die Kenntnis der **gesamtwirtschaftlichen Konsumneigung** hilft in diesem Fall kaum weiter, da jeweils bestimmte Gruppen von einer Erhöhung der Transfers getroffen werden.

Selbst wenn die **durchschnittliche Konsumneigung** $\frac{C}{Y_v}$ für das laufende verfügbare Einkommen jeder dieser Gruppen bekannt wäre, so ließen sich auch daraus nicht ohne weiteres Schlußfolgerungen auf die konjunkturpolitische Wirksamkeit der Transferzahlungen ziehen. Die Verwendung des zusätzlichen Einkommens kann von diesem Verhaltensmuster nämlich stark abweichen. Wieweit die zusätzliche Transferzahlung die Nachfrage überhaupt verändert, hängt weitgehend von den **Erwartungen** ab. Sie bestimmen, ob eine Änderung des verfügbaren Einkommens, die durch die Transferzahlung bewirkt wird, sich auch in einer Änderung der Konsumnachfrage niederschlägt. Wenn die Transferzahlung während einer Rezession erhöht wird, besteht – je nach Art der Transferzahlung – die Möglichkeit, daß unter dem Eindruck negativer Zukunftserwartungen dieses zusätzliche Einkommen, weil es für die geplanten Ausgaben nicht erforderlich ist, nicht dem Konsum, sondern den Reserven zugeführt oder für die Rückzahlung von Schulden verwendet wird.

Die auf die zusätzlichen Zahlungen bezogene **marginale Konsumneigung** könnte folglich u. a. davon abhängig sein, ob es sich um eine Zahlung handelt, die von ihren Empfängern als einmalige Leistung erkannt wird, oder ob der private Haushalt eine Zahlung empfängt, von der er annimmt, daß er sie auch in Zukunft erhält, wie es bei einer Erhöhung der Rentenzahlungen z. B. der Fall ist. Als zufällig oder einmalig empfundene Einkommen werden zu einer anderen Verwendung führen als Erhöhungen des laufenden Einkommens. Mit anderen Worten wird man weder eine **gruppen-** noch eine **zeitspezifische** Konstanz der **Konsumquoten** annehmen können, sondern sie wahrscheinlich für jeden Anwendungsfall neu schätzen müssen.

Wie bedeutsam die Kenntnis dieser Größe für die Abschätzung der Konjunkturwirksamkeit von Unterstützungszahlungen ist, kann man sich an Extremfällen verdeutlichen, die aber gerade bei marginalen Änderungen der Sozialausgaben praktische Bedeutung haben können. So ist einerseits eine marginale Konsumquote nahe 1 möglich, wenn z. B. die Sozialhilfesätze für kinderreiche Familien auf Dauer erhöht werden, während andererseits eine einmalige Zahlung in einem konjunkturellen Abschwung wegen der negativen Zukunftserwartungen u. U. in vollem Maße gespart wird. Um die konjunkturpolitisch erwünschte Verwendung zusätzlich gewährter Sozialausgaben zu gewährleisten, könnte man ihre **Zahlung an bestimmte Verwendungszwecke**, z. B. den Kauf langlebiger Konsumgüter, **binden.** Aber selbst ein solches Verfahren wird die Konjunkturwirksamkeit einer zusätzlichen Transferausgabe nicht erhöhen, wenn zugleich andere Ausgaben des begünstigten privaten Haushalts eingeschränkt werden. Dann hätte sich nur die Konsumstruktur, nicht aber die Konsumneigung geändert. Gelingt es also nicht, zur Zeit des Einsatzes dieser Maßnahmen und durchaus mit ihrer Hilfe, die Erwartungen zu ändern (also in der Rezession das Gefühl zu vermitteln, daß sich die konjunkturelle Entwicklung so gut wie sicher wieder normalisieren wird), so kann die Einzelmaßnahme völlig wirkungslos bleiben. Auf diese erforderliche Erwartungsänderung wirken u. a. folgende Faktoren ein:

(1) das Maß, in dem sich private Haushalte in ihrem Ausgabeverhalten an kurz- oder langfristigen Einkommenserwartungen orientieren, d. h. ob sie sich von der **Einkommenserwartung** der nächsten Wochen oder Monate leiten lassen oder ob sie mit einem nach Beruf und Ausbildung unterschiedlichen langfristig erzielbaren Einkommen rechnen;

(2) die **Gesamtheit der** konjunkturpolitischen **Maßnahmen** und

(3) die **Ausgestaltung der einzelnen** ausgabenpolitischen **Maßnahme.**

Subventionen erhalten ihre Bedeutung dadurch, daß durch sie die Investitionen in einem Maße beeinflußt werden können, das nach Möglichkeit über die eingesetzte Subventionssumme hinausgeht. Die meisten Subventionen mit einer auf die Investitionstätigkeit ausgerichteten Verwendungsauflage finanzieren nur einen Teil des privaten Investitionsvorhabens (sog. **Finanzierungszuschüsse**). In diesem Fall kann die Nachfragewirkung ein **Vielfaches des Subventionsbetrages** ausmachen. Es ist jedoch hier, wie bei jeder

Subventionsgewährung, schwierig, sicherzustellen, daß auf diese Weise zusätzliche Investitionen getätigt werden und nicht nur jene, die auch ohne Gewährung von Finanzierungszuschüssen vorgenommen worden wären (sog. Mitnahmeeffekt). Sonst führen die Subventionen nur zu einer Liquiditäts- und Einkommenserhöhung für das Unternehmen, ohne zusätzliche Nachfrageeffekte zu bewirken.

Zu den Subventionen kann man auch **gezielte Abzugsmöglichkeiten von der Steuerschuld** rechnen (z. B. § 26 Nr. 3a StabG), die allerdings auf Empfänger begrenzt sind, die auch eine Steuerschuld aufweisen. Gewinnlose Unternehmen können nicht durch Abzugsmöglichkeiten bei der Gewinnsteuer begünstigt werden; wollte man sie fördern, wären direkte Subventionen im Sinne von Auszahlungen erforderlich.

Insgesamt gesehen erscheinen die Transferzahlungen an private Haushalte und Unternehmen zwar als konjunkturwirksam, jedoch nicht als so wirksam wie die öffentlichen Sachausgaben. Während bei den Transferausgaben, jedenfalls soweit sie nicht an eine nachfragewirksame Verwendung gebunden sind, erst die Empfänger über ihre Weiterverwendung und damit ihre konjunkturellen Wirkungen entscheiden, ist die Staatsnachfrage unmittelbar nachfrage- bzw. beschäftigungswirksam.

b) Expansive Steuerpolitik

Wenn aus dem Einnahmenspektrum der öffentlichen Hand an dieser Stelle die Steuern herausgegriffen werden, so geschieht das, weil ihnen im Vergleich zu den anderen Einnahmearten schon aufgrund ihres Volumens besondere konjunkturpolitische Bedeutung zukommt. Zwar ließe sich z. B. auch bei den Entgelten eine konjunkturorientierte Gestaltung etwa der Genehmigungsgebühren für Bauten vorstellen, doch läßt sich diese Wirkung durch die Genehmigungsvorschriften selbst oder eine Steuervorschrift besser erreichen. Lediglich die öffentliche Verschuldung wird noch als Einnahmeart von ihrer Bedeutung her hier aufgegriffen und auf ihre expansiven Wirkungsmöglichkeiten untersucht. Dieses Instrument spielt bei Expansionsstrategien eine besondere Rolle, weil es für die erforderliche finanzielle Alimentierung eines Vorganges sorgt, der auch als ‚deficit spending‘ bezeichnet wird (s. unten S. 341 ff.).

Soll die Steuerlast gesenkt werden, so ist es, sieht man von der Abschaffung einzelner Steuern einmal ab, nicht nur möglich, die **Sätze** einzelner Steuern zu vermindern, sondern es ist auch denkbar, bei gegebenen Steuersätzen die **Steuerbemessungsgrundlagen** bzw. die **Steuerschuld** zu verkleinern.

1. Einkommens- und Gewinnbesteuerung

Zur Einwirkung auf den *Konsum* eignet sich die **Einkommensteuer,** insbesondere die **Lohnsteuer,** am besten. Die für die Konsumbeeinflussung wichtigste Zielgruppe sind die **Bezieher** mittlerer und relativ **geringer Einkommen.** Hier ist die Wahrscheinlichkeit am größten, daß eine Steuersenkung wenigstens in gewissem Maße zu einer Konsumerhöhung führt, während sich bei **hohem Einkommen** die steuerlichen Änderungen, jedenfalls kurzfristig, vorwiegend in Änderungen des Sparvolumens niederschlagen dürften. Eine Ausnahme stellen Bezieher hoher Einkommen dar, soweit sie Unternehmer sind. Hier käme es durch zusätzliches Sparen u. U. zu einer höheren Selbstfinanzierung und so zu einer Verbindung zur Investition.

Ob bzw. wieweit ein nachfragebelebender Effekt auftritt, hängt wie bei den Transfers an private Haushalte davon ab, wie das zusätzliche Einkommen, das dem Steuerzahler durch eine Einkommensteuersenkung verbleibt, verwendet wird. Die **marginale Konsum- bzw. Sparneigung** wird wiederum u. a. von der Einschätzung der Zahlung beeinflußt und dürfte bei einer als langfristig gültig angesehenen Steuersenkung zu stärkerer Nachfrage führen als bei einer als einmalig gekennzeichneten, wie sie im Vordergrund der antizyklischen Konjunkturpolitik steht. Eine Steuersenkung im Abschwung ist am wirkungsvollsten, wenn bei mit steigendem Einkommen fallender marginaler Konsumneigung untere Einkommensschichten stärker entlastet werden. Der den Konsum belebende Effekt je DM Steuerentlastung ist dann am stärksten. Damit wirkt die Steuer zugleich redistributiv im Sinne einer Begünstigung von Beziehern niedriger Einkommen.

Entsprechend dem Aufbau der Einkommensteuer bieten sich mehrere Ansatzpunkte für die Variation dieser Steuer unter dem Aspekt der Konsumbelebung. Das einfachste Verfahren ist eine **lineare Senkung der Sätze** (§ 26 Nr. 3b [3] StabG), wobei, wie oben dargelegt, die niedrigen Einkommen eine zusätzliche Entlastung erfahren könnten. Man kann auch an eine **Erhöhung der Steuerfreibeträge** denken, doch würden dann viele Steuerpflichtige vorübergehend völlig aus dem Besteuerungsprozeß herausfallen, die bei einem Übergang der Konjunktur in eine Boomsituation wieder einbezogen werden müßten, was administrativ aufwendig wäre und in der späteren Phase u. U. zu erhöhtem Steuerwiderstand führen könnte. Schließlich ist auch auf die Möglichkeiten hinzuweisen, die Termine für die **Steuerzahlungen,** insbesondere die Vorauszahlungen auf später veranlagte Steuern (Einkommen-, Körperschaft- und Gewerbesteuer), zeitlich **hinauszuschieben** (§ 26 Nr. 1 und 2, §§ 27, 28 StabG).

Ähnliche Überlegungen gelten auch für die Wirkung auf die *Investition* und damit die **Gewinnbesteuerung** im Unternehmensbereich. Eine Senkung der Sätze der Einkommen- und Körperschaftsteuer wirkt vergleichsweise grob, da mit ihr die Investitionstätigkeit nicht direkt getroffen wird. So ist es denkbar, daß die Unternehmen die zusätzlichen Mittel zur vorzeitigen Rückzahlung von Krediten oder zur Bildung von Liquiditätsreserven verwenden. Mit Steuersenkungen werden vorwiegend, wie zuvor am Beispiel der Konsumbeeinflussung beschrieben, die **Zukunftsaussichten** verbessert, und von dieser Änderung können dann u. a. Wirkungen auf die Investition ausgehen. Demgegenüber ist der Effekt auf **Rentabilität** und **Liquidität,** der von einer Variation der Gewinnsteuersätze ausgeht, konjunkturpolitisch wahrscheinlich weniger bedeutsam.

Wenn in der Rezession nur ein geringer oder gar kein Gewinn erwirtschaftet wird, ist eine Senkung des Gewinnsteuersatzes nur dann konjunkturpolitisch sinnvoll, wenn sie aufgrund längerfristiger Gewinnerwartungen der Unternehmer zu einer Erhöhung der Investitionen und damit der Einkommen führt. Eine solche Wirkung wird davon abhängen, ob die Unternehmer glauben, die später erhöhte Produktion mit Gewinn absetzen zu können. Diese Einschätzung wird durch den konjunkturellen Ausblick bestimmt, für den die Gewinnsteuersenkung eine unter mehreren Bestimmungsgrößen sein kann.

Eines der ältesten Verfahren der steuerlichen Konjunkturbeeinflussung im Unternehmensbereich ist die *Variation der steuerlich zulässigen Abschreibungs*arten und -sätze (§ 26 Nr. 3b [2] StabG). Die Abschreibungsbeträge, die Ausdruck für die der jeweiligen Nutzungsperiode einer Anlage zugerechneten Kosten sind, **mindern die Steuerbemessungsgrundlage** und damit die Steuerschuld. Die konjunkturpolitisch bedeutsame Hypothese lautet, daß zusätzliche Möglichkeiten, über die betriebswirtschaftlich gerechtfertigte Abschreibung hinaus Abschreibungsbeträge steuerlich geltend zu machen, den Anreiz verstärken, neue Investitionen zu tätigen. Das Instrument ist dann besonders wirkungsvoll, wenn die erhöhte Abschreibung nur die in einer bestimmten Periode beschafften Güter betrifft, also zeitlich begrenzt ist, da dann der Investor angehalten wird, seine Investitionen vorzuziehen. Anstelle der Abschreibungsvergünstigung kann auch ein anteiliger *Abzug des Investitionsaufwandes* für neubeschaffte Investitionsgüter *von der Steuerschuld* gewährt werden, doch liegt hier schon ein Grenzfall zur Ausgabenpolitik vor (s. oben S. 338).

Der Liquiditätsvorteil einer Abschreibungserleichterung und die Abzugsmöglichkeit des Investitionsaufwandes von der Steuerschuld (einschließlich der Möglichkeiten des Verlustvor- und -rücktrags) ergeben sich allerdings nur für Unternehmen in der Gewinnzone, denn nur sie können ihren zu versteuernden Gewinn und damit ihre Steuerschuld mindern. **Gewinnlose Unternehmen** können diese Erleichterungen also nicht ausnutzen. Sollen auch sie **begünstigt** werden, so kann eine *Investitionszulage* (**Investitionsbonus**), d. h. eine Subventionszahlung, gewährt werden, wenn eine bestimmte Investition nachgewiesen wird. Diese sog. „**echte" Investitionsprämie,** die zu den ausgabenpolitischen Maßnahmen zählt, weist konjunkturpolitische Vorteile auf, ist wachstumspolitisch jedoch dann von Nachteil, wenn auch langfristig unrentable Unternehmen gefördert werden.

Inwieweit es sich bei den genannten Eingriffen um wirksame Expansionsmaßnahmen handelt, hängt erneut davon ab, welche Bedeutung steuerlichen Anreizen für Investitionsentscheidungen zukommt. Unabhängig von der Form der beschriebenen Investitionsanreize ist für ihre Beurteilung die genaue Kenntnis der Investitionsfunktion von entscheidender Bedeutung; und zu den Bestimmungsfaktoren der Investition zählen neben steuerlichen Vergünstigungen insbesondere die Absatzerwartung bzw. die zukünftige Entwicklung des Sozialproduktes, die Höhe der Zinssätze und das politische Klima.

Eine weitere Beeinflussung der Investitionen ergibt sich auf indirektem Wege über Wirkungen, die von der Konsumnachfrage ausgehen. Soweit es gelingt, sie zu ändern, könnten sich auch Effekte auf die Investition ergeben, wenngleich diese „**Akzeleratorwirkung"** ungewiß ist und keineswegs garantiert, daß die Investition schon kurzfristig durch eine steigende Konsumnachfrage belebt wird. Vielmehr kann gerade in der Rezession die Investitionstätigkeit möglicherweise erst einsetzen, wenn Lagerverkäufe vorgenommen worden sind oder eine bessere Ausnutzung vorhandener Kapazitäten erfolgt; diese zeitliche Verzögerung bei der Induzierung von Zusatzinvestitionen kann sogar so groß sein, daß sie bereits in die Zeit einer Hochkonjunktur fällt.

2. Umsatz- und Verbrauchsbesteuerung

Auf den ersten Blick scheint die Senkung der Umsatz- und Verbrauchsteuern im Rahmen einer expansiven Fiskalpolitik ein geeignetes konjunkturpolitisches Instrument zu sein, da der Konsum eine Hauptkomponente der Gesamtnachfrage darstellt. Dabei ist jedoch nicht auszuschließen, daß die Steuersenkung nicht weitergegeben wird, sondern bei den Unternehmen zur **Liquiditätserhöhung** führt. Da eine Einbehaltung dieses für den Verbraucher bestimmten Kostenvorteils die Erlöse der Unternehmen positiv beeinflußt, kann es so ebenfalls zu dem gewünschten Effekt kommen, daß die Investitionen zunehmen und der Wiederaufschwung begünstigt wird. Dieser Effekt ist jedoch möglicherweise schwächer als der durch die erwähnten Änderungen der Gewinnsteuern erzielbare Effekt, denn der Liquiditätszufluß tritt ohne jede Bindung an eine Investition ein.

Ob es zu einer Weitergabe der Steuersatzsenkung bei indirekten Steuern kommt, hängt insbesondere von den **Wettbewerbsverhältnissen** ab, die auf den Märkten herrschen, die von dieser Maßnahme betroffen sind. Kommt es tatsächlich zu Preiseinbrüchen, die in einer Rezession mit verschärftem Wettbewerb nicht unwahrscheinlich sind, so ist der Effekt auf den Konsum wiederum von den Erwartungen der Verbraucher abhängig. Die erwünschte Wirkung wird davon bestimmt, ob die Verbraucher ihre Konsumentscheidungen an den (steuerlich beeinflußbaren) Güterpreisen orientieren.

c) Die Finanzierung von Budgetdefiziten

Wenn unter konjunkturpolitischen Vorzeichen Ausgaben erhöht oder Steuern gesenkt oder beide Strategien zugleich verfolgt werden, so tritt das Problem auf, wie die entstehende Einnahmenlücke ausgefüllt werden soll. Wie die Multiplikatoranalyse zeigte, ist die Wirkung einer Steuererleichterung oder Ausgabenerhöhung dann am stärksten, wenn ihr kein gegenläufiger Effekt auf der Ausgaben- bzw. Einnahmenseite gegenübersteht; man könnte also mit der Defizitfinanzierung die **Entzugswirkungen** vermeiden oder doch wenigstens gering halten.

Hier ist darauf zu verweisen, daß der **Begriff des Defizits** unterschiedlich verwendet wird. So spricht man z. B. dann von einem Defizit, wenn im Rahmen des Haushaltsvollzugs ein **unvorhergesehener Fehlbetrag** auftritt, der ex post zu decken ist. In der konjunkturpolitischen Diskussion wird der Begriff überwiegend im Sinne von **ex ante eingeplanten Defiziten** verwendet. Dabei kann man von einem ‚deficit spending' sprechen, soweit der Haushalt durch **Neuverschuldung am Kapitalmarkt** ausgeglichen wird, oder den Begriff für den Fall einer **Verschuldung bei der Zentralbank** reservieren, wie es häufig in der theoretischen Analyse der Fall ist.

1. Auflösung von Überschüssen und Schuldaufnahme bei der Zentralbank (Geldschöpfung)

Für den Fall, daß *Überschüsse* des Staates *bei der Zentralbank* bestehen, liegt es in dem hier im Vordergrund stehenden Fall der Rezession nahe, sie zunächst einmal aufzulösen, weil ihre Verwendung mit **keinerlei Entzugswirkung im privaten Sektor** verbunden und im Vergleich zur Kreditaufnahme zinsfrei ist. Steht eine Kassenreserve nicht zur Verfügung, könnten sich die Träger der Fiskalpolitik bei der Zentralbank verschulden.

Sofern sich der Staat der *Verschuldung bei der Zentralbank* bedient, überweist sie das Geld bzw. schreibt ihm den Schuldenbetrag gut. Der private Sektor bleibt von diesem Kreditvorgang so lange unberührt, bis der öffentliche Kreditnehmer sich entschließt, die ihm gutgeschriebenen Mittel zu verausgaben. Weiterhin ist bei dieser Finanzierungsquelle die Zeitspanne zwischen dem Entschluß, die Staatsschuld zu erhöhen, und der Verfügbarkeit der Mittel minimal. Bei einer Abführung der Gewinne der Zentralbank an den Staat, die auch von ihren Zinserträgen bestimmt werden, zahlt der Staat die Schuldzinsen gewissermaßen an sich selbst. Ausschließlich ökonomisch gesehen, d. h. im Hinblick auf die mit der Aufnahme von Schulden im privaten Sektor verbundenen Entzugseffekte, ist also die Schuldaufnahme bei der Notenbank sinnvoll.

In der Bundesrepublik Deutschland ist dieser Finanzierungsweg einer Direktverschuldung bei der Zentralbank (seit 1994 einschließlich der kurzfristigen Kassenkredite, s. S. 158 ff.), versperrt. Dagegen ist die Bildung und Auflösung von sog. Konjunkturausgleichsrücklagen ausdrücklich vorgesehen (s. S. 349).

Ist also eine Kassenreserve nicht vorhanden bzw. reicht ihre Höhe nicht aus und ist die Verschuldung bei der Notenbank untersagt, so verbleibt, abgesehen von der Möglichkeit, sich im Ausland zu verschulden, nur noch eine Verschuldung im privaten Sektor, also bei den privaten Haushalten und Unternehmen, insbesondere den Kreditinstituten.

2. Schuldaufnahme im privaten Sektor

Zeichnen *private Haushalte* öffentliche Schuldtitel, so ist zu prüfen, ob es sich um **zusätzliches Sparen** (Konsumverzicht) handelt oder es lediglich zur **Umstrukturierung eines unveränderten Sparvolumens bzw. Vermögensbestandes** kommt. Wird eine plötzliche Senkung der marginalen Konsumquote unterstellt, so bedeutet das eine in der Rezession unerwünschte Sparerhöhung.

Nun ließ sich bisher empirisch nicht nachweisen, daß der Verkauf von Staatsschuldtiteln an private Haushalte zu einem erhöhten Sparvolumen führt. Vielmehr gibt es Anzeichen dafür, daß es bei der Vielzahl und Verschiedenartigkeit der bestehenden Sparformen lediglich zu einer Umstrukturierung des Sparvolumens gekommen ist.

In diesem Fall müßten die Entzugswirkungen im privaten Sektor, z. B. infolge der Abhebung von privaten Sparguthaben bei Banken, den Zuführungseffekten beim staatlichen Schuldner gegenübergestellt werden. Im gewählten Beispiel sinken also die Bankeinlagen (Sparguthaben) der Privaten um den gleichen Betrag, um den die staatlichen Guthaben bei den Banken nach Umbuchung des Geldes zunehmen. Ob sich daraus in der Rezession oder im beginnenden Aufschwung ein negativer Effekt auf die privaten Investitionen ergibt, hängt davon ab, ob der Liquiditätsabfluß die Kreditvergabefähigkeit und -bereitschaft der Kreditinstitute herabsetzt. Dabei ist zu berücksichtigen, daß die Verausgabung der Mittel durch den Staat wieder zu einer Auffüllung der Bankenliquidität führt. Sofern die Kreditaufnahme bei den privaten Haushalten also nicht zu einer Konsumeinschränkung führt, hat sie **keine negativen Effekte auf die Gesamtnachfrage**.

Wenn die staatlichen Schuldtitel aus **privaten Horten** gezeichnet werden, liegen keinerlei Entzugseffekte vor. Dieser – für die Praxis aber kaum relevante – Fall ist daher in seiner ökonomischen Wirkung weitgehend identisch mit einer Verschuldung bei der Notenbank.

Im Vergleich zur Finanzierung bei der Notenbank ist im Falle einer Schuldaufnahme bei privaten Haushalten die Zeitspanne zwischen Emission der Titel und Verfügbarkeit der Mittel jedoch länger. Kreditinstitute werden die staatlichen Titel im Auftrag und wahrscheinlich nur gegen Vergütung zum Kauf anbieten und nach Verkauf der öffentlichen Stelle die Mittel gutschreiben.

Zeichnen *private Kreditinstitute* die öffentlichen Schuldtitel **(bei unveränderter Geldpolitik)**, so müssen sie, wenn man unterstellt, daß keine überschüssige Primärliquidität (sog. Überschußreserven in Form z. B. von Kasse oder Zentralbankguthaben) zur Verfügung steht, sich wieder einen ausreichenden Bestand dieser Primärliquidität verschaffen. Dies könnte u. a. dadurch geschehen, daß auslaufende Kredite nicht verlängert werden. Dann treten in der Bankbilanz die öffentlichen Titel an die Stelle einer privaten Kreditbeziehung, so daß lediglich die Schuldner tauschen, d. h. der Staat tritt an die Stelle der privaten Unternehmen. Dann hätte der Staat allerdings die Finanzierung seines Defizits in der Rezession mit einem Rückgang der privaten Investitionsfinanzierungsmöglichkeiten (sog. ‚crowding-out‘, s. unten) erkauft, was keineswegs beabsichtigt sein dürfte. Es ist jedoch wahrscheinlich, daß in dieser Konjunktursituation tatsächlich **Überschußreserven vorhanden** sind und deren Abschöpfung durch die öffentliche Schuldaufnahme die Bereitschaft der Banken, Kredite zu vergeben, nicht mindert. Reichen die Überschußreserven nicht aus, so muß die Liquidität in einer solchen Situation durch eine **expansive Geldpolitik** (Mindestreservesatzsenkungen, Offenmarktkäufe usw.) angereichert werden. **De facto** liegt dann eine **Finanzierung** dieser Schuldaufnahme **durch die Notenbank** vor.

Dieser Weg wurde zur Finanzierung der Haushaltslücke gewählt, die im Rahmen der in der Rezession der Jahre 1966/67 erforderlich gewordenen expansiven Fiskalpolitik entstand (siehe hierzu auch die Möglichkeiten im § 6 StabG).

Ein zusätzliches Problem der diskutierten Kreditquelle liegt darin, daß die von den Kreditinstituten gezeichneten kürzerfristigen **öffentlichen Schuldtitel** möglicherweise „notenbankfähig" sind, d. h., daß die Zentralbank sich bereit erklärt, diese Titel jederzeit zurückzunehmen. Außerdem sind Staatspapiere in aller Regel **lombardfähig**, d. h. beleihbar. Die potentielle Liquidität dieser von den Banken erworbenen Titel ist also sehr hoch. Dieser Tatbestand ist in der Rezession positiv zu bewerten, da in dieser Konjunkturphase die Erhaltung eines hohen Liquiditätsgrades im Bankensystem wünschenswert ist. Für einen späteren Boom stellt diese für die gesamte Laufzeit der Papiere geschaffene Liquidität aber eine Reserve für die Liquiditätsdisposition der Banken dar, die die unmittelbare Wirksamkeit einer kontraktiven Geldpolitik mindern kann.

Schließlich sei darauf verwiesen, daß neben den Kreditinstituten auch *andere Unternehmen* in der Rezession Schuldtitel zeichnen können. Hier sind insbesondere Versicherungen, Bausparkassen usw. zu erwähnen, die laufend größere Summen anzulegen haben. Sofern der Staat nicht privaten Investoren Mittel wegkonkurriert, was aber durch eine sorgfältige Analyse des Kapitalmarktes vermeidbar erscheint, dürften sich keine negativen Effekte ergeben.

Durch die Kreditaufnahme im privaten Sektor können, insbesondere dann, wenn eine Rezession als nahezu überwunden angesehen wird, zinsinduzierte Effekte auftreten, die leicht zu einer **Verdrängung privater Kreditnachfrage** (sog. ,**crowding-out**') führen können. So ist sehr genau zu prüfen, ob über die staatliche Inanspruchnahme der Kredit- und Kapitalmärkte Zinserhöhungen induziert (bzw. Zinssenkungen verhindert) werden, die eine Einschränkung der wünschenswerten privaten Investitionen durch eine Begrenzung ihrer Finanzierungsmöglichkeiten zur Folge haben. Der empirische Nachweis eines solchen Verdrängungseffekts ist allerdings sehr schwierig, da die Zinshöhe ohne staatliche Neuverschuldung nur geschätzt werden kann und die Kreditaufnahme nicht nur im Inland erfolgt. Außerdem wird die Zinsentwicklung noch von weiteren Faktoren beeinflußt, z. B. von der Zinshöhe im Ausland, von der konjunkturellen Entwicklung und der Zentralbankpolitik, also von Faktoren, die möglicherweise stärker sind als die Bedeutung der Finanzierungserfordernisse des Staates.

Wird abschließend die Verschuldung bei den *Kreditinstituten mit der* bei der *Zentralbank verglichen* und zu diesem Zweck unterstellt, eine über die Haushaltsperiode hinausreichende Verschuldung bei der Notenbank sei erlaubt, so ergibt sich das folgende Bild. Selbst wenn die Finanzierung des Defizits über die Kreditinstitute erfolgt und mit einer expansiven Geldpolitik dafür gesorgt wird, daß ausreichend Liquidität vorhanden ist und somit keine Entzugswirkungen auftreten, ergeben sich im Vergleich zur Notenbankverschuldung aus ökonomischer Sicht Nachteile. Erstens bedeutet der Umweg über das Geschäftsbankensystem einen **Zeitverlust** und damit möglicherweise eine Verzögerung des konjunkturellen Wiederaufschwungs. Zweitens wird von einigen Autoren die **Zunahme der Sekundärliquidität** beargwöhnt, da von ihr möglicherweise in einer anderen Konjunkturphase (Aufschwung) unerwünschte Wirkungen auf eine kontraktive Geldpolitik ausgehen. Drittens könnten **verteilungspolitische Argumente** dagegen vorgebracht werden, daß die Verzinsung nunmehr die Rentabilitätslage der Banken und damit das Einkommen ihrer Aktionäre verbessert. Schließlich ist, **fiskalisch** gesehen, der geldpolitisch vorbereitete Umweg über die Geschäftsbanken vergleichsweise teurer, da bei einer Notenbankfinanzierung die Schuldzinsen im Falle einer Gewinnabführung der Notenbank wieder an den Staatshaushalt zurückfließen.

Fragt man angesichts dieses ökonomisch gesehen wenig zweckmäßigen Umwegs über die Kreditinstitute nach den Gründen für ein Verbot einer Defizitfinanzierung bei der Zentralbank, so ist auf die – auch historisch zu erklärende – **Furcht** zu verweisen, der direkte Zugriff zum **Notenbankkredit** könne politisch **mißbraucht** werden. Diese Angst ist dann um so eher berechtigt, wie die Rezessionen nicht kurzfristiger Art und nicht ausschließlich nachfragebedingt sind (vgl. 8. Kapitel, S. 377 ff.).

III. Diskretionäre Fiskalpolitik zur Boombekämpfung

Befindet sich eine Volkswirtschaft im Zustand der Überbeschäftigung und ist diese Überbeschäftigung nachfrageinduziert, so ist es erforderlich, die überhöhte Nachfrage wieder auf ihr Vollbeschäftigungsniveau zurückzuführen. Sieht man wiederum von einer fiskalpolitischen Beeinflussung der Auslandsnachfrage ab, so ist es erforderlich, mit Hilfe der öffentlichen Finanzen auf die anderen drei Komponenten der volkswirtschaftlichen Gesamtnachfrage einzuwirken. **Ausgabensenkungen** und **Steuererhöhungen** stellen dann die adäquaten Steuerungsinstrumente zur **Drosselung der Gesamtnachfrage** dar. Zwar ähnelt die Wirkungsanalyse – bei umgekehrten Vorzeichen – der obigen Darstellung für den Fall der Rezession; doch treten andere Probleme hinzu, die eine erneute, wenn auch kürzere Darstellung erforderlich machen. Da sich bei diesen Kontraktionsstrategien Haushaltsüberschüsse ergeben, ist deren konjunkturadäquate Verwendung ebenfalls zu erörtern.

a) Ausgabenkürzungen

Während über die Zweckmäßigkeit des Einsatzes der öffentlichen Ausgaben, insbesondere der Investitionen, zur Überwindung einer nachfragebedingten Rezession in Theorie und Praxis nahezu Einmütigkeit herrscht, werden gegen die Kürzung öffentlicher Ausgaben im Boom Einwände vorgebracht. Diese Argumente richten sich jedoch nicht gegen die Ergebnisse der Multiplikatoranalyse und damit auch nicht gegen die Konjunkturwirksamkeit von Ausgabenkürzungen, insbesondere von Käufen, sondern resultieren vielmehr aus **technisch-administrativen** und **versorgungspolitischen Bedenken.**

Wenn davon gesprochen wird, daß die **öffentlichen Ausgaben** nach unten **nicht flexibel** seien, so soll damit zum Ausdruck kommen, daß 80–90% aller öffentlichen Ausgaben aufgrund von Gesetzen und ähnlich bindenden Bestimmungen festliegen und somit nur ein kleiner Spielraum für kurzfristige Ausgabensenkungen verbleibt,[37] der quantitativ vielleicht nicht ausrei-

---

[37] Der Begriff der Ausgabenflexibilität bezieht sich hier nicht auf die automatische Anpassung an Sozialproduktschwankungen, sondern auf die diskretionäre Variier-

chend ist, um konjunkturwirksam eingesetzt werden zu können. Gegen dieses Argument könnte man einwenden, daß sich der Spielraum erweitern läßt, sofern dazu ein fester politischer Wille besteht. Sicherlich wird man im Bereich der öffentlichen *Transferzahlungen* Kürzungen nur schwer durchsetzen können; zunehmendes Besitzstandsdenken und auch soziale Gründe erschweren es, Transfers zu senken bzw. ihren Zuwachs aus konjunkturpolitischen Gründen kurzfristig zu mindern. Insbesondere die Sozialausgaben werden noch immer als weitgehend **irreversibel** angesehen.

Ähnliche Überlegungen gelten für eine Verringerung der vom Staat gezahlten *Löhne und Gehälter*. Gerade dann, wenn die Entlohnung im privaten Sektor besonders stark zuzunehmen tendiert, wird sich – auch unter Hinweis auf konjunkturpolitische Erfordernisse – kaum eine spürbare Drosselung der staatlichen Personalausgaben herbeiführen lassen. Eine Möglichkeit bestünde in der Verringerung der Zahl der Beschäftigten, die dadurch erfolgen kann, daß freiwerdende Stellen in Boomphasen unbesetzt bleiben.

In erster Linie werden also die *Sachausgaben* zurückgestellt werden müssen, wenn mit den Ausgaben eine kontraktive Wirkung erzielt werden soll. Dabei muß es sich jedoch wiederum nicht gleich um eine absolute oder relative Kürzung handeln; es ist vielmehr denkbar, daß bestimmte Projekte zeitlich nur verschoben oder in ihrer Durchführung gestreckt werden (§ 6 [1] StabG). Dem zeitlichen Aufschub und der Unterbrechung der Auftragsausführung stehen jedoch auch die Kosten nicht oder langsamer vollendeter Projekte (sog. Stabilitätsruinen) in Form von Kapitalkosten der verschiedensten Art gegenüber. Unter **kostenmäßigen und technischen Aspekten** wird man also unter neuen Projekten vorwiegend die kurzfristigen variieren und zugleich versuchen, die Gesamtheit der in den verschiedenen Planungs- und Durchführungsphasen befindlichen Projekte zu verzögern. Eine Kürzung öffentlicher Investitionen unter konjunkturpolitischem Aspekt wird gelegentlich mit dem Argument abgelehnt, daß dies zu einer ohnehin schon vorhandenen Verminderung des Anteils der Investitionsausgaben an den öffentlichen Ausgaben beitrage. Hinzu kommt, daß die Erstellung und Abgabe von Infrastrukturleistungen zu den Zielen von Regierungserklärungen und Reformprogrammen gehören, d. h. an ihrer Realisierung zu einem Teil der Erfolg staatlicher Aktivität gemessen wird. Die Konjunkturdämpfung über Ausgabenkürzungen im Investitionsbereich wird daher im Interesse einer kontinuierlichen Versorgung mit diesen öffentlichen Leistungen von politischer Seite gelegentlich in Frage gestellt, d. h. **die öffentlichen Investitionen** werden insoweit als „**überkonjunkturell**" angesehen.

Diesem Argument ist wiederum entgegenzuhalten, daß auch dann, wenn eine stärkere Kontinuität in der Versorgung mit investitionsabhängigen öffentlichen Leistungen befürwortet wird, es nicht erwiesen ist, daß der konjunkturpolitische Einsatz der öffentlichen Investitionen dem entgegenwirken muß. Nicht alle öffentlich wahrgenommenen Aufgaben bedürfen nämlich zu ihrer Erfüllung im gleichen Maße der öffentlichen Ausgaben, zumal

---

barkeit, und bildet insofern kein Gegenstück zur erwähnten Steuerflexibilität (s. oben S. 331).

der Investitionen. Viele Aufgaben können durch hoheitliche Akte erfüllt werden, z.B. Verwaltungsreformen und Justizreformen, oder sind einer Privatisierung zugänglich; andere sind in ihrer Erfüllung stärker auf Ausgaben angewiesen, z.B. Aufgaben im Verkehrswesen, im Bereich von Verteidigung oder Unternehmensförderung. Damit eröffnet sich die Möglichkeit, in Rezessionszeiten mehr und in Boomzeiten weniger ausgabenintensive Aufgaben zu bevorzugen, ohne die Erfüllung neuer Aufgaben insgesamt zu variieren.

Diese Möglichkeiten der **Substitution zwischen Aufgaben mit unterschiedlicher Budgetwirksamkeit** allein werden in den meisten Boomsituationen jedoch nicht ausreichen. Aber selbst wenn man darüber hinaus auch Investitionen konjunkturell variieren oder bereits angelaufene Projekte zeitlich strecken oder raffen würde, so wäre die Gültigkeit der These von der Gefahr eines öffentlichen Leistungsdefizits aufgrund kontraktiver Ausgabenpolitik nicht schon dann gegeben, wenn die Kontraktionsphasen länger als die Phasen der Expansion andauerten. Zu einem langfristigen Konflikt zwischen dem Konjunkturziel und dem Ziel der gewünschten Leistungsabgabe kommt es nur dann, wenn Ausgabenvariationen nach Volumen und Struktur in den beiden Konjunktursituationen gleichermaßen als Instrument dienen. Nur dann würde die längere Verwendung dieses Instruments im Boom zu mehr Ausgabenkürzungen führen, als die relativ kürzere Verwendung in der Rezession an Ausgabenerhöhungen brächte. – Für diesen Fall ist schließlich zu bedenken, daß die Ausgabenkürzung zur Stabilisierung beitragen soll und diese Stabilität, wenn sie erreicht wird, Vorteile mit sich bringt (z.B. Vermeidung der Inflationsschäden), die den Nachteilen, die sich aus einer möglichen Mindererfüllung anderer staatlicher Ausgaben (z.B. Bildung, Verkehr) ergeben können, gegenübergestellt werden müssen und eine Bewertung erfordern.

Im Zusammenhang mit den Überlegungen, die gegen die Verwendung der öffentlichen Investition als dem aufgrund der **Ergebnisse der Multiplikatoranalyse** wirksamsten Instrument der Nachfragesteuerung vorgebracht werden, wird häufig eine **Gewichtsverlagerung der Fiskalpolitik von den ausgaben-** **auf** die einnahmen- bzw. **steuerpolitischen Instrumente** gefordert.

b) Steuererhöhungen

Wie schon bei der Rezessionsbekämpfung steht die *Einkommens- und Gewinnbesteuerung* auch bei der Entwicklung einer kontraktiven Steuerpolitik im Vordergrund. Wenn eine zusätzliche Besteuerung der Einkommen mittels einer Erhöhung der Lohn- und Einkommensteuer erfolgen soll, ist das quantitative Ausmaß der Wirkung auf den Konsum vermutlich noch geringer als im Falle einer derartigen Steuersenkung in der Rezession. Wenn die privaten Haushalte mit zukünftigen Einkommenserhöhungen rechnen, steigt die Bereitschaft, die Steuererhöhung durch Entsparen oder Schuldaufnahme zu kompensieren, d.h. den Konsum nicht einzuschränken. Die Konsumwirksamkeit von sog. „**Konjunkturzuschlägen**" zur Lohn- und Einkommensteuer ist daher durchaus umstritten.

Am wirkungsvollsten wären noch Erhöhungen bei **Empfängern niedriger Einkommen** wegen ihrer relativ hohen marginalen Konsumneigung und den geringen Möglichkeiten zu entsparen bzw. sich zu verschulden. Hier tritt jedoch ein **Zielkonflikt** auf, da die Inzidenz dieser „Konjunktursteuer" an sich regressiv wäre. Ein Ausweg könnte darin bestehen, für die Schichten mit hoher Konsumquote eine **Rückzahlung** (einschließlich Verzinsung) in Abschwungphasen vorzusehen oder die Mittel für die Vermögensbildung dieser Gruppen zu verwenden. Dann aber besteht die Gefahr, daß ein solcher rückzahlbarer Steuerbetrag[38] von Anfang an nicht als Steuer, sondern als Zwangsanleihe angesehen und vom Steuerzahler auf sein an sich vielleicht geplantes Sparen angerechnet wird. Außerdem tritt im Falle einer Erhöhung der Lohn- und Einkommensteuer das Problem hinzu, daß eine gewerkschaftliche Lohnpolitik, die sich an Reallohnerhöhungen orientiert, in **Erhöhungen der Einkommensteuer** ein zusätzliches **Argument für Lohnforderungen** sehen wird, so daß möglicherweise die Einkommen wieder erhöht werden. Dieser **Überwälzungsprozeß** kann außer einer **kosten- und** damit **preiserhöhenden Wirkung** auch zu Beschäftigungsproblemen führen (vgl. zur Bekämpfung der Stagflation, Teil E III b).

Von Steuererhöhungen im **Unternehmensbereich** erhofft man sich eine kontraktive Wirkung in Form von Investitionseinschränkungen. Ob jedoch Steuersatzerhöhungen (§ 26 Nr. 3b [3] Nr. 2 StabG) oder Einschränkungen der Abschreibungsmöglichkeiten (§ 26 Nr. 3b [2] StabG) diese Wirkung zeigen, ist fraglich, denn in der Hochkonjunktur herrschen in der Regel **positive Erwartungen,** so daß der steuerliche Einfluß auf die Investitionsentscheidungen nicht entscheidend sein wird. Außerdem ist nicht auszuschließen, daß versucht wird, die steuerliche Mehrbelastung auf die Löhne und Güterpreise zu überwälzen. Gelingt eine Überwälzung in den Güterpreisen, kommt es zu (weiteren) Preissteigerungen. Diese rufen je nach Preiselastizität der Nachfrage Wirkungen auf die Struktur des Konsums hervor; dabei ist auch der unerwünschte Effekt nicht auszuschließen, daß aus Furcht vor weitergehenden Preissteigerungen der Konsum weiter verstärkt wird.

Auch wenn es nicht zu diesem vorverlegten, expansiv wirkenden Konsum kommt, ist auf die negativen Verteilungswirkungen der möglichen Steuerüberwälzung zu achten. Das Argument schließlich, daß antizyklisch vorgenommene Steuererhöhungen die Kalkulationen und Investitionsentscheidungen der Unternehmen verunsichern können, gilt gleichermaßen auch bei expansiver Steuerpolitik. Diese vermeintliche Unsicherheit kann jedoch durch klare Aussagen und mittelfristig gültige Grundsätze der Fiskalpolitik gemindert werden.

Die Überlegungen zur Überwälzung gelten auch für die Erhöhung der *Umsatz- und Verbrauchsteuern*. Geht man von ihrer **Preiswirksamkeit** aus, kommt es je nach der Preiselastizität der Nachfrage zu Wirkungen auf die

---

[38] Von August 1970 bis Juli 1971 wurde in der Bundesrepublik ein Konjunkturzuschlag auf Einkommen, auf die monatlich mehr als DM 100,– Lohnsteuer entfielen, erhoben und 1972 unverzinst zurückgezahlt.

Konsumstruktur. Grundsätzlich müssen jedoch bei einer Steuererhöhung im Unternehmensbereich oder bei den Verbrauchsgütern die Preiswirkungen, die u. U. wiederum Lohnforderungen bzw. -erhöhungen nach sich ziehen, mit ihren Folgen dem möglichen Kontraktionseffekt gegenübergestellt werden.

c) Die Verwendung von Budgetüberschüssen

Die beschriebene kontraktive Fiskalpolitik führt zu konjunkturbedingten Mehreinnahmen des Staates und u. U. sogar zu **Haushaltsüberschüssen,** die stillgelegt bzw. **konjunkturgerecht verwendet** werden müssen. Sinnvollerweise erfolgt eine Stillegung dort, wo die Mittel dem wirtschaftlichen Kreislauf entzogen bleiben, mithin bei der *Zentralbank.*

Das Stabilitätsgesetz sieht für diesen Fall die Bildung einer **Konjunkturausgleichsrücklage** vor (§ 5 [2], § 15 StabG), die nur im Falle eines Konjunktureinbruchs aufgelöst werden darf. Werden die zusätzlichen Einnahmen dagegen einem **Sonderkonto** zugeführt, so ist die Verwendung nicht an eine bestimmte Konjunktursituation gebunden.[39]

Die Verwendung der zusätzlichen Einnahmen für die Bildung einer Konjunkturausgleichsrücklage bzw. eines Sonderkontos kommt einer **Geldvernichtung** gleich. Es ergeben sich hier keine Nachfragewirkungen im privaten Bereich, d. h. es liegt der gleiche Fall vor wie in der entgegengesetzten Konjunktursituation bei der Auflösung dieses Kontos oder einer Verschuldung bei der Zentralbank, nur mit umgekehrtem Vorzeichen. Eine konjunkturneutrale Verwendung der Überschüsse läge auch im Falle einer **Tilgung von Schulden** vor, die der Bund **bei der Zentralbank** hat.

Da eine unmittelbare Verschuldung des Staates bei der Zentralbank in der Bundesrepublik nicht erlaubt ist, entfällt diese Verwendungsmöglichkeit bzw. kann sich nur auf die Tilgung von **Ausgleichsforderungen** beziehen (s. oben 4. Kapitel, S. 156). Da diese Schulden aber nur sehr langfristig zu tilgen sind, fehlt es an einer dauerhaften Möglichkeit der Schuldentilgung bei der Notenbank. Das wäre für die sinnvolle Verwendung eines Budgetüberschusses unproblematisch, da stattdessen die Konjunkturausgleichsrücklage aufgefüllt werden kann. Die vollständige Tilgung der Staatsschuld bei der Bundesbank bedeutet aber zugleich, daß die Bundesbank dann keine Schuldtitel dieser Art mehr besitzt, die sie im Offenmarktgeschäft verwenden könnte. Zu dem Zweck müßte sie dann u. U. eigene Papiere ausgeben. In der Bundesrepublik ermöglicht § 29 StabG in Verbindung mit § 42 BBankG in diesem Falle die Ausgabe sog. **Liquiditätspapiere** in Höhe von 50 Mrd. DM (seit 1. 11. 1992).

Schließlich ist auch eine *Tilgung* von bestimmten öffentlichen Schulden *im Bankensektor* gelegentlich als konjunkturneutrale Verwendungsmöglichkeit eines Haushaltsüberschusses bezeichnet worden. Damit ist jedoch eine **sehr umstrittene Art der Überschußverwendung** angesprochen; denn auf den ersten Blick würde man vermuten, daß die Tilgung der von den Kreditinsti-

---

[39] Die Mittel aus dem in der vorhergehenden Fußnote erwähnten Konjunkturzuschlag von 1970/71 wurden auf einem Sonderkonto bei der Bundesbank gehalten.

tuten gehaltenen öffentlichen Schuldtitel zu einem konjunkturpolitisch unerwünschten Liquiditätszufluß führt.[40]

Im Zusammenhang mit der vorzeitigen Tilgung der öffentlichen Schuld, die von Kreditinstituten gehalten wird, läßt sich eine schuldenpolitische Strategie erläutern, die vorwiegend in **Ländern mit** besonders **hoher Staatsschuld** diskutiert und verschiedentlich auch angewandt wird. So läßt sich z. B. auch dadurch ein kontraktiver Effekt erzielen, daß der Staat sich die Mittel, die er für die Tilgung der kurzfristigen Schuldtitel benötigt, dadurch besorgt, daß er vorher langfristige Schuldtitel zum Kauf anbietet. Durch eine solche *Veränderung der Laufzeitstruktur* (kurzfristige werden durch langfristige Titel ersetzt) steigt tendenziell der langfristige Zins, während der kurzfristige Zins sinkt. Dadurch werden die in der Regel langfristigen Mittel für die Investitionen verteuert, was sich konjunkturdämpfend auswirken kann.

Gleichzeitig kommt es bei der beschriebenen Umtauschoperation wegen der steigenden durchschnittlichen Restlaufzeit[41] der Gesamtschuld zu Liquiditätswirkungen. Bei steigender Restlaufzeit der Gesamtschuld sinkt nämlich tendenziell die *Liquidität* der von den Staatstitelzeichnern gehaltenen Aktiva. Damit wird ebenfalls die Investitionsmöglichkeit beeinträchtigt, soweit diese von der kurzfristigen Verfügbarkeit längerfristiger Mittel abhängt. Soweit also Konsum- und Investitionsausgaben durch die angesprochenen **Zins- und/oder Liquiditätsveränderungen** berührt werden, kommt einer Umstrukturierung des „**Fälligkeitenfächers**" der öffentlichen Schuld konjunkturpolitische Bedeutung zu. Es sei angemerkt, daß dieser Zusammenhang als solcher und erst recht seine quantitative Relevanz – selbst für die Länder mit einem vergleichsweise hohen Schuldenstand – umstritten ist.

Neben dieser Möglichkeit einer gezielten Veränderung der durchschnittlichen Restlaufzeit der Gesamtschuld gibt es noch weitere Formen der Umstrukturierung der öffentlichen Schuld bei gegebenem Schuldenstand, deren Wirkungsweise ebenfalls kurz anhand der Beeinflussung des Booms erläutert sei. Eine boomdämpfende Wirkung ließe sich auch durch eine *Veränderung der Zeichnerstruktur* erzielen. So könnte z. B. versucht werden, anstelle der Kreditinstitute private Haushalte als Käufer der öffentlichen Schuld zu gewinnen. Selbst wenn im Zuge einer solchen Maßnahme ein „Einbruch in die Konsumquote" nicht gelingt und eine unmittelbare Verringerung der Nachfrage ausbleibt, käme es zu einer Auflösung anderer Sparbeträge, z. B. auf Sparkonten. Damit würde den Kreditinstituten Liquidität entzogen, und die Titel würden ihnen auch nicht mehr als schnell realisier- und beleihbare Sekundärliquidität zur Verfügung stehen. Zu diesem Zweck kann man die Zeichnung besonders attraktiver Titel auf bestimmte Gruppen beschränken, wie im Falle der **Savings Bonds** in den USA oder der diesen Titeln nachempfundenen **Bundesschatzbriefe** in der Bundesrepublik.

Damit ist aber auch nicht automatisch gewährleistet, daß die privaten Haushalte die Titel nicht gerade in Zeiten mit hoher Inflation verkaufen. Soll der Gefahr einer zyklischen Rückgabe der Titel vorgebeugt werden, ist entweder eine entsprechende Zinspolitik erforderlich oder eine Einschränkung der Rückgabemöglichkeiten. Entschließt man sich zu einer eingeschränkten *Marktfähigkeit* (z. B. Rückgabe erst nach einer Karenzzeit oder mit Zinsverlust), so verlieren die Papiere an Liquidität, und dieser Mangel müßte durch eine höhere Rendite ausgeglichen werden.

---

[40] Siehe hierzu ausführlicher Zimmermann, H., und Henke, K.-D., Finanzwissenschaft. Eine Einführung in die Lehre von der öffentlichen Finanzwirtschaft, 2. Aufl., München 1978, S. 267 f.

[41] Durchschnittliche Restlaufzeit $= \dfrac{\Sigma \, (\text{Schuldarten} \cdot \text{Restlaufzeit})}{\text{Gesamtschuld}}$

Die genannten Maßnahmen einer **antizyklischen Schuldenpolitik bei gegebenem Schuldenstand,** die verschiedentlich auch als ‚**debt management**' bezeichnet werden, sind grundsätzlich auch als expansiv wirkende Maßnahmen einsetzbar und angesichts der Höhe der derzeitigen Staatsverschuldung von zunehmender Bedeutung. Im Falle einer Rezession haben diese Umstrukturierungsmöglichkeiten bei gegebenem Schuldenstand im Vergleich zu den anderen fiskalpolitischen Maßnahmen aber relativ noch weniger Bedeutung als im Boom.

IV. Konzepte zur Beurteilung der konjunkturellen Wirkungen der öffentlichen Finanzen

a) Anforderungen an ein Budgetkonzept

Die bisher vorgenommene Analyse der konjunkturellen Wirkungen der öffentlichen Finanzwirtschaft bezog sich überwiegend auf die Wirkungsrichtung einzelner Finanzströme; so wurden beispielsweise in der Multiplikatoranalyse die Einkommenseffekte unterschiedlicher Steuer- oder Ausgabearten miteinander verglichen (siehe Abschnitte C II und D I b). Darüber hinaus kann nach der **konjunkturellen Wirkung aller Einnahmen und Ausgaben** einer öffentlichen Körperschaft oder der gesamten Staatswirtschaft gefragt werden. Den Finanzpolitiker interessiert beispielsweise, ob die von ihm zu verantwortenden Budgets in Hinblick auf die konjunkturpolitischen Erfordernisse das richtige Volumen und die zweckmäßige Struktur aufweisen. Dabei spielt das Ausmaß der Kreditfinanzierung eine besondere Rolle.

An die Genauigkeit und Aussagefähigkeit eines Konzepts zur Beurteilung der konjunkturellen Wirkungen der gesamten öffentlichen Finanzwirtschaft können unterschiedliche Ansprüche gestellt werden. Im Idealfall enthalten derartige Budgetkonzepte Aussagen

(1) über die **vorliegende Konjunktursituation** (Ist-Zustand) und die zur Verwirklichung einer **gewünschten Konjunkturlage** (Soll-Zustand) zu verändernden Variablen, z. B. über das Volumen der erforderlichen Nachfrageänderungen (Therapie),

(2) über den **Einfluß der** einzelnen **Finanzströme** (Instrumente) auf diese Variablen, z. B. über die Wirkung der einzelnen Steuern und Ausgaben auf die private Nachfrage und das Preisniveau, sowie

(3) über den **wünschenswerten Anteil der** einzelnen **Ausgabe- und Einnahmearten** am Gesamtbudget und die zweckmäßige Höhe des Defizits oder Überschusses.

Für alle erwünschten Informationen steht ein einziges Budgetkonzept gegenwärtig nicht zur Verfügung. Die für die folgende Darstellung ausgewählten Konzepte erlauben erste tendenzielle Aussagen über die konjunkturelle Wirkung vorliegender und geplanter Budgets.

b) Alternative Budgetkonzepte

1. Der Finanzierungssaldo

Bei der traditionellen Betrachtungsweise werden die konjunkturellen Wirkungen der öffentlichen Haushalte an der Höhe des Budgetsaldos und seiner Veränderung im Zeitablauf gemessen. Bei einer **Vergrößerung** des Finanzierungsdefizits bzw. bei einer Verringerung des Finanzierungsüberschusses gegenüber der Vorperiode wird eine **expansive Wirkung** vermutet und umgekehrt bei einer **Verringerung** des Finanzierungsdefizits bzw. bei einer Vergrößerung des Finanzierungsüberschusses eine **kontraktive Wirkung**.

Um die Struktur des Budgetsaldos und seine Bestimmungsfaktoren sichtbar zu machen, wird in der Bundesrepublik seit 1969 in der **Finanzierungsübersicht** der sog. **Finanzierungssaldo**[42] ausgewiesen. Er setzt sich aus den folgenden Einzelsalden zusammen:

(1) **Saldo der Nettoverschuldung bzw. -tilgung am Kreditmarkt.** Zu diesem Zweck werden Bruttoverschuldung und Tilgung saldiert und ergeben die Nettoverschuldung (Saldo der „Netto-Neuverschuldung/Netto-Tilgung am Kreditmarkt").

(2) **Verrechnung von Kassenfehlbeträgen bzw. -überschüssen.** Diese Posten treten praktisch nur im Laufe des Haushaltsvollzuges auf, weil die kassenmäßige Abwicklung der Haushaltspläne zu Fehlbeträgen und Überschüssen führen kann, die hier aufgeführt werden. In der Planung des Haushalts müssen dagegen alle Ausgaben durch alle Einnahmen gedeckt sein.

(3) **Saldo der Entnahme aus und der Zuführung an Rücklagen.** Hier werden u.a. die Bewegungen auf den Konten berücksichtigt, die Transaktionen mit der Notenbank enthalten (Sonderkonten, Konjunkturausgleichsrücklage).

(4) **Münzeinnahmen.** Der Bund hat Anspruch auf den Münzgewinn, d.h. die Differenz zwischen dem Nennwert und den Prägekosten der Münzen.

Die genannten Positionen ergeben die Zusammensetzung des Finanzierungssaldos und gleichen die Differenz zwischen den übrigen Einnahme- und Ausgabearten des Haushalts aus (siehe Schema 7.3).

Betrachtet man den Finanzierungssaldo und den Bundeshaushalt im Zusammenhang (Schema 7.3), so zeigt sich, daß der Finanzierungssaldo also überwiegend nur angibt, in welchem Maß Defizitfinanzierung bzw. Überschußbildung tatsächlich stattgefunden hat. Diese Information ist zwar für die Diskussion um Zunahme und Grenzen der Staatsverschuldung von Interesse. Eine konjunkturpolitische Interpretation ist allerdings nur unter Verwendung zusätzlicher Informationen sinnvoll. Daher ermittelt der Sach-

---

[42] Siehe § 13 der Bundeshaushaltsordnung. Der sog. Finanzierungssaldo findet sich z.B. im jeweiligen Haushaltsplan und Finanzbericht des Bundes in der Finanzierungsübersicht. Vgl. etwa Finanzbericht 1994, Bonn 1993, S. 176ff. Außerdem wird ein leicht modifizierter Finanzierungssaldo in der Volkswirtschaftlichen Gesamtrechnung ausgewiesen und u.a. ab 1979 vom Sachverständigenrat verwendet. Zum Vergleich der Berechnungsweisen siehe Sachverständigenrat zur Begutachtung der gesamtwirtschaftlichen Entwicklung, Jahresgutachten 1983/84, Bundestagsdrucksache 10/669, S. 118.

Schema 7.3: Finanzierungsübersicht und Bundeshaushalt im Zusammenhang

Einnahmen	Ausgaben	
Steuern, Gebühren, Beiträge, Erwerbseinkünfte etc.	Leistungsentgelte, Transferzahlungen (auch Zinszahlungen auf öffentliche Schuld)	Bundeshaushalt
negativer Finanzierungssaldo	positiver Finanzierungssaldo	

bestehend aus:

± Nettoneuverschuldung/-tilgung
± Kassenmäßige Fehlbeträge/Überschüsse   Finanzierungsübersicht
± Rücklagen-Auflösung/-Bildung
+ Münzeinnahmen

verständigenrat unter Zuhilfenahme der Angaben in der Finanzierungsübersicht das Defizit eines sogenannten konjunkturneutralen Haushalts,
das sich bei Fortschreibung eines mittelfristigen Konjunkturtrends ergeben
hätte. Die Differenz zwischen beiden wird dann als „konjunktureller Impuls" bezeichnet und bildet eine der zentralen Größen in diesem sog. konjunkturneutralen Haushalt.

2. Der konjunkturneutrale Haushalt

Mit dem im Jahre 1968 vom **Sachverständigenrat** zur Begutachtung der gesamtwirtschaftlichen Entwicklung vorgestellten und seither fortentwickel-
ten Konzept zur Messung der konjunkturellen Wirkungen öffentlicher
Haushalte wird versucht, den jeweils vorliegenden tatsächlichen Haushaltsplan mit einem konjunkturneutralen Haushalt zu vergleichen. Diesen **Ver-
gleichsmaßstab „konjunkturneutraler Haushalt"** kann man sich als einen **fiktiven Haushalt** vorstellen, der in Einnahmen, Ausgaben, Anteil an Kreditfinanzierung usw. gerade dem entspricht, woran die **privaten Haushalte und
Unternehmen mittelfristig gewöhnt** sind. Würde sich die Wirtschaftslage span-
nungsfrei entwickeln, so wäre dieser fiktive Haushalt zugleich der konjunkturpolitisch angebrachte, denn es gäbe keinen Grund, die Erwartungen und
Dispositionen der Privaten zu ändern: Der konjunkturneutrale Haushalt ist
also in einer Situation ohne konjunkturpolitischen Handlungsbedarf – und
nur dann – zugleich der konjunkturpolitisch angemessene Haushalt. In allen anderen Konjunkturlagen dient er nur als Maßstab, an dem man die
Wirkungen des tatsächlichen Haushalts mißt. Die Differenz zwischen beiden ist der „konjunkturelle Impuls", auf dessen Ermittlung somit das Konzept abzielt.

Um zu diesem Ergebnis zu kommen, sind mehrere Schritte erforderlich, die im folgenden – nur kurz[43] – behandelt werden:[44]

(1) Festlegung des **Basiszeitraums,**

(2) Bestimmung der finanzwirtschaftlichen **Ausgangslage,** an die die Privaten „gewöhnt" sind,[45]

(3) Errechnung des „**konjunkturneutralen Haushalts**" und

(4) Ableitung des „**konjunkturellen Impulses**".

Das Konzept beruht darauf, Abweichungen der jeweiligen Haushaltspolitik von dem zu messen, woran die privaten Wirtschaftssubjekte bereits mittelfristig gewöhnt sind. Folglich muß ein davorliegender Beobachtungszeitraum zugrunde gelegt werden, von dem angenommen werden kann, daß sich in ihm die Gewohnheiten geprägt haben, die dann für das jeweilige Beobachtungsjahr als gegeben unterstellt werden. Dieser Zeitraum wird als „**Basiszeitraum**" bezeichnet.

Für die Jahre bis 1973 wurde das Jahr 1966 als Basiszeitraum gewählt, in dem annahmegemäß ein der Konjunktur angemessener Haushalt vorlag. Für 1974 bis 1978 wurden dagegen gleitende 12-Jahres-Durchschnitte verwendet. Der 1978 erreichte 12-jährige Basiszeitraum, der aus dem Durchschnitt 1966–1977 bestand, wurde bis zum Jahresgutachten 1985/86 als Basiszeitraum beibehalten. Im Gutachten 1986/87 wurde der Basiszeitraum aktualisiert; zugrunde gelegt wurde das Jahr 1985, in dem die extremen Ausschläge bei den Konjunkturzyklen als überwunden galten.

Für die wirtschafts- und finanzpolitische Situation des Basiszeitraums werden drei „**finanzwirtschaftliche Quoten**" berechnet, in denen mittelfristige Gewöhnungen der Privaten zum Ausdruck kommen sollen:

– die *Staatsquote,* hier definiert als das Verhältnis der Staatsausgaben zum Produktionspotential (d. h. zum möglichen Sozialprodukt),

– die *volkswirtschaftliche Steuerquote* (Verhältnis der tatsächlichen Steuereinnahmen zum Bruttosozialprodukt),

– die *konjunkturbereinigte Kreditfinanzierungsquote* (Verhältnis des auslastungsbereinigten Finanzierungssaldos zum Produktionspotential).

Der nächste Schritt besteht nun darin, aus dem tatsächlichen Haushalt eines Jahres, für das hier eine Rezession unterstellt sei, das konjunkturneutrale Haushaltsvolumen auszurechnen. Darunter versteht der Sachverständigenrat den – fiktiven – Haushalt, der „für sich genommen unmittelbar keine Abweichungen der Auslastung des gesamtwirtschaftlichen Produktionspo-

---

[43] Vgl. für eine ausführlichere Darstellung die 6. Auflage dieses Lehrbuches, S. 338 ff.

[44] Methodische Angaben zum – im Jahre 1979 geänderten – Verfahren finden sich in: Sachverständigenrat zur Begutachtung der gesamtwirtschaftlichen Entwicklung, Jahresgutachten 1979/80, Bundestagsdrucksache 8/3420, Tz. 229 ff. und Methodische Erläuterungen, Teil D. – Die Methodischen Erläuterungen finden sich fortgeschrieben als Anhang zu jedem Jahresgutachten. – Mit dem Jahresgutachten 1986/87 wurde der Basiszeitraum modifiziert (ders., Jahresgutachten 1986/87, Stuttgart und Mainz 1986, Tz. 141 f.).

[45] Ebenda, S. 183.

tentials von dem bewirkt, was mittelfristig als normal angesehen wird."[46] Folglich müssen nunmehr die Quoten für den Basiszeitraum, die ja das mittelfristig als normal Anzusehende darstellen, auf die Größen des Beobachtungsjahres angewendet werden. Dadurch wird gewissermaßen dieser mittelfristige Trend fortgeschrieben und dann erfaßt, wie die Beobachtungswerte von den fortgeschriebenen Trendwerten abweichen.

c) Aussagen mit Hilfe des konjunkturneutralen Haushalts: Budgetmaße

1. Der konjunkturelle Impuls

Zieht man von den tatsächlichen Ausgaben des Beobachtungsjahres das konjunkturneutrale Haushaltsvolumen ab, so bezeichnet der Sachverständigenrat die Restgröße als **konjunkturellen Impuls** (Tab. 7.7). Ergibt sich ein positiver Wert, liegt ein expansiver Impuls vor; ist der Wert negativ, d. h. sind die tatsächlichen Ausgaben geringer als das konjunkturneutrale Haushaltsvolumen, ergibt sich ein kontraktiver Impuls (siehe auch Tab. 7.7).

Tab. 7.7: Der konjunkturelle Impuls der öffentlichen Haushalte[1] (+ = expansiv; − = kontraktiv), Bundesrepublik Deutschland, ausgewählte Jahre 1984–1990, in Mrd. DM

	1984	1986	1988[2]	1989[2]	1990[3]
I. Berechnung aus dem konjunktur-					
neutralen Haushalt					
konjunkturneutrales Haushalts-					
volumen	554,5	593,2	635,2	677,0	687,0
tatsächliche Staatsausgaben	557,4	600,8	644,1	666,6	743,0
Konjunktureller Impuls	+ 2,8	+ 7,5	+ 8,9	− 10,4	+ 56,0
II. Berechnung aus dem Haushalts-					
defizit					
Defizit des konjunktur-					
neutralen Haushalts	30,6	27,0	37,9	21,2	17,0
tatsächliches Haushaltsdefizit[4]	33,5	34,6	46,8	10,9	73,0
Konjunktureller Impuls	+ 2,8	+ 7,5	+ 8,9	− 10,4	+ 56,0

[1] Gebietskörperschaften in der Abgrenzung der Volkswirtschaftlichen Gesamtrechnung.
[2] Vorläufige Ergebnisse.
[3] Schätzungen des Sachverständigenrates, Quelle s. u.
[4] Einschließlich der Mehr- bzw. Mindereinnahmen im Zusammenhang mit der anomalen Entwicklung der Bundesbankgewinne.

Quelle: Sachverständigenrat zur Begutachtung der gesamtwirtschaftlichen Entwicklung, Jahresgutachten 1990/91, Stuttgart und Mainz 1990, S. 146 und 148.

---

[46] Ebenda.

Was beinhaltet dieser „konjunkturelle Impuls", auf den die Berechnung des konjunkturneutralen Haushaltsvolumens letztlich abzielt? Offensichtlich sollen die finanzwirtschaftlichen Quoten des zugrundegelegten Basiszeitraums, in dem sie den berechneten konjunkturneutralen Teil bestimmen, den Teil der öffentlichen Finanzwirtschaft herausschälen, der im Beobachtungsjahr keine konjunkturellen Impulse hervorruft. Die Privaten haben sich nach dieser Auffassung an einen bestimmten Staatsanteil, einen bestimmten durch die Steuer weggenommenen Anteil des Gesamteinkommens usw. gewöhnt, so daß der gleiche Anteil an einem inzwischen gestiegenen Sozialprodukt keine Veränderungen in Erwartungen und Entscheidungen hervorruft. Nur was über diesen Anteil hinausgeht, wirkt als konjunktureller Impuls, also (bei positivem Vorzeichen) als Nachfragestimulierung. Im Jahre 1990 betrug dieser expansive Impuls 56 Mrd. DM.

Vergleicht man das – keineswegs unumstrittene – Konzept des konjunkturneutralen Haushalts mit den wünschenswerten Eigenschaften eines Budgetkonzepts, so wird, im Gegensatz zum Finanzierungssaldo, die jeweilige **Konjunktursituation** hier **berücksichtigt** (Herausrechnung des konjunkturneutralen Teils). Auch werden **Richtung** (expansiv, kontraktiv) **und** grob abgeschätztes **Ausmaß der konjunkturellen Wirkung** des Haushalts mittels des „konjunkturellen Impulses" **angegeben.** Offen bleibt jedoch, wie groß dieser konjunkturelle Impuls sein sollte, d. h. außer im Falle der Vollbeschäftigung, in dem der konjunkturelle Impuls den Wert Null haben sollte, ergibt das Konzept keine Handlungsanweisung. Der „konjunkturelle Impuls" als Ausdruck der konjunkturellen Wirkung des Budgets hat nur eine diagnostizierende Aussagekraft. Er mißt im wesentlichen den über das übliche Ausmaß hinausgehenden Anteil der Defizitfinanzierung. Ob sich aber z. B. bei gleichem „konjunkturellen Impuls" die Zusammensetzung der Einnahme- und Ausgabearten in Richtung auf stärkere Expansions- bzw. Kontraktionswirkung verschoben hat, ob aus der Primärwirkung des Defizits hohe oder niedrige Multiplikatorwirkungen resultieren usw., wird in dem Konzept bisher nicht berücksichtigt. Seit dem Jahresgutachten 1991/92 hat der Sachverständigenrat darauf verzichtet, den konjunkturellen Impuls zu ermitteln. Mit der deutschen Vereinigung erfuhr die deutsche Volkswirtschaft einen Strukturbruch, der dem Konzept des konjunkturneutralen Haushalts eine entscheidende methodische Grundlage für seine Ermittlung entzog, nämlich die Möglichkeit der Festlegung eines Basiszeitraums, der die Gewöhnungsthese repräsentiert.[47]

2. Das strukturelle Defizit

Die Qualität dieses konjunkturellen Impulses läßt sich auf andere Weise verdeutlichen, wenn man eine **Beziehung** zwischen ihm und der **Finanzierungsübersicht** herstellt (vgl. Tab. 7.7). Man kann den konjunkturellen Impuls nämlich auch von der erwähnten konjunkturbereinigten Kreditfinanzierungsquote ausgehend berechnen. Wenn man diesen Vergangenheits-

---

[47] Vgl. Sachverständigenrat zur Begutachtung der gesamtwirtschaftlichen Entwicklung, Jahresgutachten 1991/92, Bundestagsdrucksache 12/1618, S. 139.

wert auf das Produktionspotential des Beobachtungsjahres anwendet, erhält man dasjenige Volumen der Schuldaufnahme, das als „üblich" angesehen wird. Ergänzt man die Kreditfinanzierungsquote um die bereits genannten Werte für die Folgen von Steuersatzänderungen usw., so ergibt sich wiederum der konjunkturelle Impuls. Er ist also im wesentlichen ein Ausdruck für den konjunkturpolitisch wirksamen Teil der Schuldaufnahme. Daher ist es richtig, den konjunkturellen Impuls auch als Differenz auszudrücken, indem vom tatsächlichen das „konjunkturneutrale" Haushaltsdefizit abgezogen wird. Dadurch wird es nicht nur möglich, die Elemente der Finanzierungsübersicht auf ihren konjunkturellen Effekt hin etwas genauer abzuschätzen, sondern ein weiteres Budgetmaß zu ermitteln: das strukturelle Defizit.

Erstmals in seinem Sondergutachten 1975 unternimmt der Sachverständigenrat den Versuch, mit dem Budgetkonzept des konjunkturneutralen Haushalts auch den Umfang einer mittelfristigen Budgetkonsolidierung zu bestimmen. Hierunter wird „das Abtragen von als zu hoch empfundenen Defiziten in den öffentlichen Haushalten" verstanden.

Wählt man – anders als der Sachverständigenrat – zum Ausgangspunkt der Berechnung unmittelbar den konjunkturellen Impuls, so ist dieser nur noch um jene Größen zu bereinigen, die sich im Konjunkturverlauf selbst abbauen („autokonsolidieren"). Dazu zählen auslastungsbedingte Mehrausgaben (Finanzhilfen an die Bundesanstalt für Arbeit, Arbeitslosenhilfe) und konjunkturpolitische Sonderprogramme (z. B. Einnahmeausfälle durch befristete Investitionszulagen). Die verbleibende Restgröße ergibt das Budgetmaß „strukturelles Defizit", also jenes Defizit, das über die „normale" Verschuldung der potentialorientierten Kreditaufnahme hinaus im Konjunkturverlauf nicht abgebaut wird und mittelfristig als zu hoch angesehen wird. Im Vergleich zur Aussage des konjunkturellen Impulses, die dessen Höhe feststellte, ohne seine Angemessenheit zu bewerten, ist mit der ermittelten Höhe des strukturellen Defizits immer sogleich eine Forderung nach der konkreten haushaltspolitischen Maßnahme des Defizitabbaus verbunden.

Möglicherweise, weil es in jenem Jahr als so gut wie abgetragen galt, war 1985 das letzte Jahr, für das der Sachverständigenrat das strukturelle Defizit in dieser Form berechnete. Aufgrund der Entwicklung der öffentlichen Haushalte Ende der 80er Jahre könnte dieser Einschnitt als verfrüht angesehen werden[48]; doch mit der Entscheidung, angesichts des Strukturbruchs der deutschen Vereinigung den konjunkturneutralen Haushalt und damit die potentialorientierte Kreditaufnahme nicht mehr zu ermitteln, fehlen seit 1991 auch die methodischen Grundlagen zur Berechnung des strukturellen Defizits.

Ausgerechnet zu einer Zeit, in der die Haushaltsdefizite der öffentliche Finanzwirtschaft in der Bundesrepublik einen Umfang wie nie zuvor angenommen haben, steht ein Maß für die quantitative Beurteilung der Konsoli-

---

[48] Van Suntum, U., Konjunkturneutraler Haushalt und strukturelles Defizit, in: Das Wirtschaftsstudium, 17. Jg., 1988, S. 590.

dierungsaufgabe nicht mehr zur Verfügung. Stattdessen beschränkt der Sachverständigenrat seine quantitative Beurteilung nunmehr auf grundsätzliche Überlegungen und kennzeichnet die Notwendigkeit des Defizitabbaues mit vergleichenden Defizitquoten. Zugleich räumt er der qualitativen Konsolidierung, vor deren Vernachlässigung der Sachverständigenrat schon frühzeitig gewarnt hat[49], noch mehr Raum ein und lenkt damit die Aufmerksamkeit auf die Bedeutung der Struktur der Budgetpositionen für das Verteilungs- und insbesondere für das Wachstumsziel.

E. Zusammenhänge zwischen Fiskalpolitik und Geldpolitik

I. Die Rolle der Fiskalpolitik unter Berücksichtigung von Einkommens- und Zinswirkungen

a) Wirkungen einer Veränderung der öffentlichen Ausgaben und Einnahmen auf die Höhe von Sozialprodukt und Zinsniveau

Wenn in die bisherige Analyse über den fiskalpolitischen Einsatz des Budgets (Abschnitt D), die einen rein güterwirtschaftlichen Wirkungszusammenhang unterstellte (Abschnitt C), zusätzlich Zinswirkungen aufgenommen werden sollen, so müssen auch die Vorgänge auf dem Geldmarkt in die Betrachtung einbezogen werden. Wiederum wird – wenn auch kürzer – in zwei Schritten vorgegangen: Ehe Überlegungen zum Instrumenteneinsatz angestellt werden können, muß der Wirkungszusammenhang geklärt werden.

Dieser läßt sich mit der auf J. R. Hicks zurückgehenden „**IS-LM-Darstellung**"[50] abbilden, die das Gleichgewicht auf dem Gütermarkt, auf dem Geldmarkt und simultan auf beiden Märkten durch zwei Größen determiniert, die folglich Abszisse und Ordinate in Abb. 7.4a und b bilden: das reale Volkseinkommen und der Zinssatz.

Die **IS-Kurve** in Abb. 7.4a gibt an, bei welchen Kombinationen von Realeinkommen und Zinssatz der *Gütermarkt im Gleichgewicht* ist. Daß ein hohes Volkseinkommen mit einem niedrigen Zinssatz verbunden sein muß (Punkte rechts unten auf der *IS*-Kurve), ergibt sich daraus, daß

– bei einem hohen Volkseinkommen die Lücke zwischen dem Güterangebot und der Konsumnachfrage entsprechend der Konsumfunktion besonders groß ist, daß

---

[49] Sachverständigenrat zur Begutachtung der gesamtwirtschaftlichen Entwicklung, Jahresgutachten 1976/77, Bundestagsdrucksache 7/5902 vom 25. 11. 1976, S. 141 f.

[50] Zu einer detaillierten Ableitung vgl. die gängigen Lehrbücher der Makroökonomik. Eine ausführliche stufenweise Hinführung findet sich beispielsweise in Rettig, R., und Voggenreiter, D., Makroökonomische Theorie, 5. Aufl., Düsseldorf 1985, S. 81 ff. – Die im folgenden gewählte kurze Darstellung mit dem Ziel, mit wenig Vorstufen den Effekt einer Staatsausgabenerhöhung zu zeigen, erfolgt in Anlehnung an Landmann, O., Keynes in der heutigen Wirtschaftstheorie, in: Bombach, G., u. a., Hrsg., Der Keynesianismus, Bd. I, Berlin-Heidelberg-New York 1976, S. 149 ff.

– diese Lücke, wenn man von staatlicher Aktivität absieht, durch große private als zinsabhängig angenommene Investitionen gefüllt werden muß und daß

– diese privaten Investitionen großen Umfangs nur bei einem niedrigen Zinssatz zustande kommen.

Dementsprechend geht ein niedriges Volkseinkommen mit einem höheren Zinssatz einher. – Da sich aus der Einkommensverwendungsgleichung $Y = C + S$ ergibt, daß die Ersparnis S der nichtkonsumierte Teil des Volkseinkommens ist, läßt sich der soeben dargestellte Sachverhalt auch mit der Gleichgewichtsbedingung „Ersparnis gleich Investition" erläutern. Unten rechts in Abb. 7.4a ist das Gleichgewicht dadurch erreicht, daß das Sparen wegen des hohen Volkseinkommens und entsprechend hoher Sparneigung groß ist (vgl. Abstand zwischen Konsumfunktion und 45°-Linie in Abb. 7.2 und 7.3) und ebenso die Investition wegen des niedrigen Zinssatzes. Oben links dagegen ist die Investitionsnachfrage wegen des hohen Zinses und das Sparen wegen des geringen Volkseinkommens niedrig.

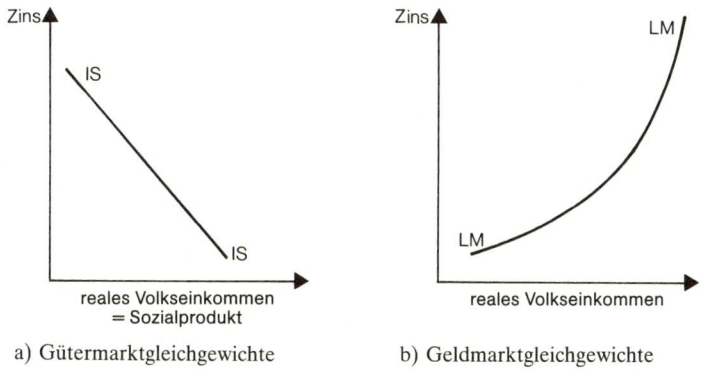

a) Gütermarktgleichgewichte   b) Geldmarktgleichgewichte

Abb. 7.4: Gütermarktgleichgewicht und Geldmarktgleichgewicht

Die **LM-Kurve** in Abb. 7.4b gibt an, welche Kombinationen von Realeinkommen und Zinssatz auf dem *Geldmarkt* zu einem *Gleichgewicht* zwischen der gesamtwirtschaftlichen Nachfrage nach Geld L (,liquidity') und dem Geldangebot M (,money') führen. Dabei wird auf die Trennung der Geldnachfrage in zwei Komponenten zurückgegriffen:

– die Geldnachfrage zu Transaktionszwecken, die positiv mit dem Volkseinkommen variiert, und

– die Geldnachfrage zu Spekulationszwecken, die gegenläufig mit dem Zinssatz variiert, da ein hohes Zinsniveau mit einem niedrigen Wertpapierkurs einhergeht, so daß die Erwartung steigender Wertpapierkurse viele Anleger veranlassen wird, zur Realisierung von Kursgewinnen ihr Finanzvermögen in Wertpapieren zu halten und nicht in Geld. Umgekehrt sorgt bei niedrigem Zinsniveau bzw. hohem Kursniveau die dann vorherrschende Erwartung sinkender Wertpapierkurse dafür, daß Finanzvermögen zur Vermeidung von Kursverlusten überwiegend in Geld gehalten wird.

Überdies wird angenommen, daß das Geldangebot exogen, z. B. von der Notenbank, vorgegeben ist. Das hat zur Folge, daß die eine Komponente der Geldnachfrage immer nur auf Kosten der anderen zunehmen kann. Wenn also bei hohem Volkseinkommen mehr Geld für Transaktionszwecke zur Verfügung stehen soll, muß der Zins

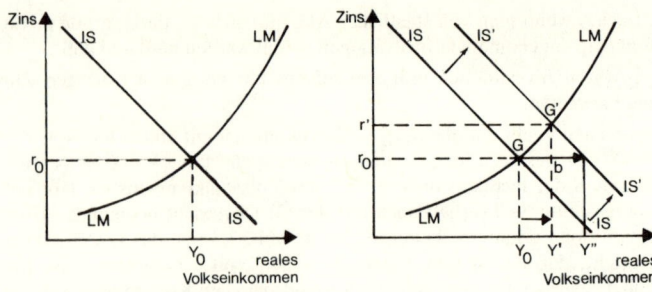

a) Ohne Staatsausgabenerhöhung   b) Mit Staatsausgabenerhöhung

Abb. 7.5: Simultanes Güter- und Geldmarktgleichgewicht ohne und mit Staatsausgabenerhöhung

höher sein, um die auf Spekulationszwecken beruhende Geldnachfrage zurückzudrängen. Folglich liegen die Gleichgewichtspunkte im Realeinkommen/Zinssatz-Diagramm auf einer ansteigenden Kurve.

Bis hierhin waren isoliert die Gleichgewichtsbeziehungen auf dem gesamtwirtschaftlichen Gütermarkt und dem Geldmarkt behandelt worden. Da für beide nur mit Zinssatz und Realeinkommen argumentiert wurde, kann man die Abb. 7.4a und b zur Abb. 7.5a zusammenfügen und erhält beim Zinssatz r_0 und dem realen Volkseinkommen Y_0 einen Punkt, bei dem *Güter- und Geldmarkt zugleich im Gleichgewicht* sind.

Diese Überlegungen dienten allein dem Zweck zu zeigen, wie sich eine *Erhöhung der Staatsausgaben* auf dieses simultane Gleichgewicht beider Märkte auswirkt. Der Punkt Y_0 kann nämlich (ähnlich wie der Punkt Y_{ub} in Abb. 7.2) ein **Gleichgewicht bei Unterbeschäftigung** kennzeichnen, so daß es als wünschenswert erscheinen kann, durch eine exogen bestimmte Ausdehnung der Staatsnachfrage das Volkseinkommen bis zum Punkt Y' in Abb. 7.5b zu erhöhen. Da dieser Anstoß in unmittelbarer Weise zunächst nur den Gütermarkt betrifft, drückt er sich in Abb. 7.5b in einer Verschiebung der *IS*-Kurve nach rechts aus. Bei gegebener *LM*-Kurve wird der neue Gleichgewichtspunkt G' realisiert. Er bringt zum Ausdruck, daß

– auch der Zins gestiegen ist (dies ist erforderlich, um die wegen des gestiegenen Volkseinkommens erforderliche größere Transaktionskasse gegenüber der – zinsempfindlichen – Spekulationskasse durchzusetzen) und daß

– folglich (aufgrund der wegen der Zinsabhängigkeit gesunkenen privaten Investitionstätigkeit) nicht der durch den Pfeil *b* gekennzeichnete Gleichgewichtspunkt auf der – neuen – *IS'* Kurve realisiert werden kann, der ein noch höheres Volkseinkommen (Y'') bedeutet hätte und der dem in Abschnitt C II geschilderten Fall entspricht, der die Situation unter Vernachlässigung der Geldmarktbeziehungen darstellt.

Die Darstellung im *IS-LM*-Diagramm hat also gegenüber den Abb. 7.2 und 7.3 den Vorzug, einige der Einschränkungen aufzuzeigen, denen eine Fiskalpolitik mittels Staatsausgaben von der Geldseite her unterworfen ist. Diese Einschränkungen werden sich tendenziell noch verstärken, wenn die Analyse auf die bisher unterstellte Annahme eines konstanten Preisniveaus verzichtet und auch die Wirkungen von der Einkommensentstehungsseite (Arbeitsmarkt, Produktionsfunktion) einbezieht (vgl. Abschnitt F III).

b) Die Abstimmung zwischen Fiskalpolitik und Geldpolitik in einer geschlossenen Volkswirtschaft

Sofern man von dem Konzept der Nachfragesteuerung ausgeht, wie es im Anschluß an die IS-LM-Darstellung entwickelt wurde, steht außer der Finanzpolitik vor allem das Instrumentarium der **Geldpolitik** ergänzend zur Verfügung. Mit ihr muß die **Fiskalpolitik** auf allen Ebenen abgestimmt werden.

Auf der Ebene der *Ziele* erfolgt diese Abstimmung in der Bundesrepublik dadurch, daß der Geldpolitik aus den Einzelzielen der Konjunkturpolitik vor allem die Preisniveaustabilität zugeordnet wird.[51] Solange Arbeitslosigkeit und Inflation weitgehend getrennt auftreten, besteht damit eine Identität der Zielsetzungen von Geld- und Fiskalpolitik. Der Geldpolitik fiele dann insbesondere die Aufgabe zu, die unpopuläre Boomdämpfung durchzusetzen, was, wie ausgeführt, als ein Argument für ihre Autonomie angesehen werden kann.

Auf der Ebene der *Instrumente* könnte man sich als Idealfall eine simultane theoretische und empirische Bestimmung der zweckmäßigen Mischung geld- und fiskalpolitischer Instrumente denken. Dabei wird eine Trennung, bei der einer der Politikbereiche ein Ziel und der andere ein anderes Ziel verfolgt, wegen der gleichzeitigen Wirkung einzelner Instrumente auf mehrere Ziele nicht in reiner Form durchführbar sein.

Bei einer simultanen Bestimmung der beiden Instrumentengruppen sind die zahlreichen Unterschiede in der *Wirkungsweise* zu berücksichtigen. Während bei der Geldpolitik bis zum Einsatz eines Instruments im Falle einer autonomen Zentralbank kaum Verzögerungen auftreten müssen,[52] läßt sich dies im Falle der Finanzpolitik nur bei weitgehenden Vollmachten für die Exekutive erreichen. Dagegen ist der Wirkungsverlauf einer geldpolitischen Maßnahme vergleichsweise indirekt, da sie im Bankensektor ansetzt und von dort aus auf die über die Nachfrage entscheidenden Wirtschaftssubjekte weiterwirkt, während z. B. ein öffentlicher Auftrag unmittelbar vom Träger der Finanzpolitik an ein Unternehmen vergeben wird und es direkt beeinflußt.

Die *Koordination* der geld- und fiskalpolitischen Maßnahmen erfolgt daher in praxi vorwiegend in der Form, daß zunächst die Richtung abgestimmt wird, um zu vermeiden, daß einander entgegenwirkende Maßnahmen von den beiden Trägern der Wirtschaftspolitik ergriffen werden. In den eindeutigen Boom- oder Rezessionsperioden, die in diesem Kapitel unterstellt wurden, ist die Abstimmung und Koordination nicht allzu schwierig. So kann z. B. die boomdämpfende Wirkung einer Erhöhung der Einkommens-

---

[51] Vgl. dazu § 3 BBankG, in dem die Aufgabe, „die Währung zu sichern", vorgegeben ist, bei deren Realisierung jedoch auf die Verpflichtung, „die Wirtschaftspolitik der Bundesregierung zu unterstützen" (§ 12), geachtet werden muß.

[52] Was der Zentralbankrat als die Institution, die die Geld- und Kreditpolitik der Zentralbank bestimmt, an einem Tag beschließt, kann am nächsten Tag bereits Handlungsvorschrift für die Banken sein.

Schema 7.4: Instrumente der Fiskalpolitik im Stabilitätsgesetz ("Gesetz zur Förderung der Stabilität und des Wachstums der Wirtschaft" vom 8. 6. 67).

I. Ziele und angesprochene Institutionen: „Die Maßnahmen sind so zu treffen, daß sie im Rahmen der marktwirtschaftlichen Ordnung gleichzeitig zur Stabilität des Preisniveaus, zu einem hohen Beschäftigungsstand und außenwirtschaftlichem Gleichgewicht bei stetigem und angemessenem Wirtschaftswachstum beitragen" (§ 1, 2). Die Verpflichteten sind Bund und Länder (§ 1, 1), Gemeinden und Gemeindeverbände (§ 16), ERP-Sondervermögen, Bundesbahn, Bundespost, alle bundesunmittelbaren Körperschaften, Anstalten und Stiftungen des öffentlichen Rechts (§ 13).

II. Einzelmaßnahmen:

	KONTRAKTIV WIRKEND		EXPANSIV WIRKEND
§§ 5 (2) + 15	Verwendung von Mitteln zur zusätzlichen Tilgung von Schulden bei der Deutschen Bundesbank oder Zuführung an die Konjunkturausgleichsrücklage	§ 5 (3)	Verausgabung zusätzlicher Mittel aus der Konjunkturausgleichsrücklage
§ 6 (1)	Streckung von öff. Baumaßnahmen und Stillegung der freiwerdenden Gelder	§§ 6 (2) (3); 11	Zusätzliche Ausgaben der öff. Hand (zunächst aus Konjunkturausgleichsrücklage), darüber hinaus zusätzliche Kreditermächtigung bis 5 Mrd. DM für die öff. Hand; Beschleunigung von Investitionsvorhaben
§§ 19–25	Beschränkungen der Kreditaufnahmemöglichkeit der öffentlichen Hand		
§§ 26 Nr. 1, 2; 27; 28	Zeitliches Vorziehen der Steuervorauszahlungen (ESt, KSt, GewSt)	§§ 26 Nr. 1, 2; 27; 28	Zeitliches Hinausschieben der Steuervorauszahlungen (ESt, KSt, GewSt)
§ 26 Nr. 3 b (2)	Beschränkung der Abschreibungsmöglichkeiten – ganz oder teilweise – (von Sonderabschreibungen, erhöhten und degressiven Abschreibungen)	§ 26 Nr. 3 a	Investitionsbonus (Abzugsmöglichkeit von der ESt/KSt-Schuld bis zu 7,5% der Anschaffungs- oder Herstellungskosten); Aufheben von vorangegangenen Beschränkungen der Abschreibungsmöglichkeiten
§ 26 Nr. 3 b (3) Nr. 2	Heraufsetzung der ESt/KSt um höchstens 10% längstens für ein Jahr	§ 26 Nr. 3 b (3) Nr. 1	Herabsetzung der ESt/KSt um bis zu 10% längstens für ein Jahr
§ 29	Erhöhung der Offenmarkt-„Munition" um max. 8 Mrd. DM („Liquiditätspapiere")		
§ 30	Verpflichtung der Rentenversicherungsträger und der Bundesanstalt für Arbeit zur Anlage ihrer Mittel bei der Bundesbank		

III. Informations- und Koordinierungsinstrumente: § 2 Jahreswirtschaftsbericht, § 3 Orientierungsdaten für die Konzertierte Aktion, § 9 Mittelfristige Finanzplanung, § 10 Mehrjährige Investitionsprogramme, § 12 Subventionsbericht, § 18 Konjunkturrat.

und Gewinnbesteuerung dadurch verstärkt werden, daß im Augenblick der drohenden Überwälzung die Geldpolitik eine Geldverknappung vornimmt. Umgekehrt kann z. B. die Finanzierung einer Ausgabenausweitung in der Rezession über den Kapitalmarkt dadurch erleichtert werden, daß eine liquiditätserhöhende Geldpolitik betrieben wird.

Mit dem „Gesetz zur Förderung der Stabilität und des Wachstums der Wirtschaft" (StabG), erlassen am 8. 6. 1967, wurde dem geldpolitischen Instrumentarium des „Gesetzes über die Deutsche Bundesbank" von 1957 ein ausgebautes finanzpolitisches Instrumentarium an die Seite gestellt. Sein vielleicht bekanntester Vorgänger ist der **Employment Act der USA** von 1946, der gegen Ende des Zweiten Weltkrieges konzipiert wurde, um die befürchtete Massenarbeitslosigkeit nach Auslaufen der Rüstungsproduktion in den USA zu vermeiden.

Das Stabilitätsgesetz gilt als eines der umfassendsten konjunkturpolitischen Gesetze der Welt. Die wichtigsten Vorschriften sind im Schema 7.4 noch einmal tabellarisch aufgeführt.

II. Die Rolle der Fiskalpolitik unter Berücksichtigung von außenwirtschaftlichen Einflüssen

a) Veränderte Wirkungen von Ausgaben und Einnahmen in einer offenen Volkswirtschaft

Will man die Rolle der Fiskalpolitik in einer Volkswirtschaft mit außenwirtschaftlichen Beziehungen untersuchen, so ist dies analytisch ebenfalls im Rahmen des IS-LM-Diagramms möglich. Erforderlich hierfür ist die Berücksichtigung des Devisenmarktes, auf dem die Nachfrage nach und das Angebot an Devisen quasi als Spiegelbild für außenwirtschaftliche Gütertransaktionen (erfaßt in der Leistungsbilanz) und für grenzüberschreitende Finanztransaktionen (erfaßt in der Kapitalverkehrsbilanz) auftreten. Analog zur Abbildung des Gütermarktes in der IS-Kurve und zur Abbildung des Geldmarktes in der LM-Kurve (s. oben S. 359) stellt sich jetzt die Frage, welche Kombinationen von Realeinkommen und Zinsniveau zu einem Gleichgewicht auf dem Devisenmarkt führen. Unter den folgenden Annahmen:

- eine zwar unvollkommene, aber relativ hohe durch den Zins induzierte internationale Kapitalmobilität und
- ein von der Höhe des Volkseinkommens, des Preisniveaus und des Wechselkurses abhängiger Leistungsbilanzsaldo (Güterexporte minus Güterimporte)[53]

---

[53] In den Begriffen der monetären Außenwirtschaftstheorie liegt eine sogenannte Ein-Land-Betrachtung zugrunde. Das bedeutet, daß ökonomische Veränderungen und Einflüsse, die vom Ausland auf das Inland wirken können, analytisch vernachlässigt werden. Daher wird für Güterimporte angenommen, daß sie vom inländischen Volkseinkommen, vom inländischen Preisniveau und vom Wechselkurs abhängig sind, während für die Güterexporte eine Abhängigkeit nur vom inländischen Preisniveau und vom Wechselkurs angenommen wird; das ausländische Volkseinkommen, dessen Höhe die Nachfrage nach den inländischen Güterexporten bestimmt, wird als konstant angenommen (vgl. hierzu Claassen, E. M., Grundlagen der makroökonomischen Theorie, München 1980, Kap. XII).

erscheint folgender Zusammenhang plausibel:

– Bei einem relativ hohen Volkseinkommen (Preisniveau P und Wechselkurs e seien hier zunächst als konstant angenommen) wird die Volkswirtschaft aufgrund der relativ hohen Importnachfrage zu einem Leistungsbilanzdefizit neigen mit einem entsprechenden Devisennachfrageüberhang. Damit dieser Nachfrageüberhang, um auf dem Devisenmarkt ein Gleichgewicht zu erhalten, kompensiert wird, ist ein relativ hohes Zinsniveau erforderlich, und dieses wiederum führt zu einem Nettokapitalimport mit einem entsprechenden Devisenangebotsüberhang.

– Analog wird ein relativ niedriges Volkseinkommen zu Leistungsbilanzüberschüssen führen, so daß ein relativ niedriges Zinsniveau jene kompensierenden Nettokapitalexporte induzieren muß, die das Gleichgewicht auf dem Devisenmarkt herbeiführen.

Folglich lassen sich Devisenmarktgleichgewichte durch eine ansteigende sog. ZZ-Kurve darstellen, die einen niedrigen Zinssatz und ein niedriges Volkseinkommen bzw. einen hohen Zinssatz und ein hohes Volkseinkommen jeweils mit einem Devisenmarktgleichgewicht verknüpft (Abb. 7.6).

Für eine gesamtwirtschaftliche Betrachtung sind nun die Gleichgewichte von Gütermarkt, Geldmarkt und Devisenmarkt gemeinsam zu betrachten. Obwohl eine Situation, in der ein binnen- und ein außenwirtschaftliches Gleichgewicht gleichzeitig bestehen, eher zufällig auftreten würde, ist für die Beantwortung der Frage nach den Auswirkungen einer Erhöhung der Staatsnachfrage genau diese Situation der geeignete Ausgangspunkt. Daher ist sie der folgenden Analyse zugrundegelegt. Der Punkt G in den Abbildungen 7.7 soll ein Gleichgewicht bei Unterbeschäftigung repräsentieren.

Eine Ausdehnung der Staatsnachfrage, die bei gegebenem Zinssatz r_0 die Gesamtnachfrage Y multiplikativ erhöht, wird durch eine Rechtsverschiebung der IS-Kurve von IS nach IS' zum Ausdruck gebracht. Das binnenwirtschaftliche Gleichgewicht (bei Unterbeschäftigung) stellt sich – wie bereits für die geschlossene Volkswirtschaft oben erläutert – in G' ein. In dieser Situation herrscht jedoch ein außenwirtschaftliches Ungleichgewicht in Form eines Devisenbilanzüberschusses; denn der inländische Zinssatz ist höher als für das Devisenbilanzgleichgewicht erforderlich, so daß es zu Nettokapitalimporten kommt.

Der Ablauf der von dieser Situation ausgehenden Anpassungsvorgänge hängt entscheidend vom vorherrschenden Wechselkurssystem ab. Im Falle eines Systems fester Wechselkurse (vgl. Abb. 7.7a) wird die Zentralnotenbank zu einer Erhöhung der Geldmenge gezwungen, da sie zur Verteidigung der zur Aufwertung tendierenden Wechselkurse Devisen (gegen inländisches Geld) nachfragen muß: Zur graphischen Darstellung dieses Zusammenhangs muß die LM-Kurve nach rechts verschoben werden (von LM_0 nach LM_1); alle drei Kurven kreuzen sich dann z. B. im Punkt G", der ein gesamtwirtschaftliches Gleichgewicht darstellt. Im Falle eines Systems flexibler Wechselkurse (vgl. Abb. 7.7b) hat der Devisenangebotsüberhang in G" eine Aufwertung von e_0 nach e_{-1} zur Folge. Diese bewirkt zunächst einen sog. Anstoßeffekt durch die Leistungsbilanz; denn die Exporte werden sich verringern, und die Importe werden sich erhöhen: Die graphische Darstellung dieser Situation verlangt eine Linksverschiebung der ZZ-Kurve (Abbau des Devisenbilanzüberschusses bei Y'). Außerdem bewirkt die wechselkursinduzierte Veränderung des Leistungsbilanzsaldos, die einer Verminderung der gesamtwirtschaftlichen Nachfrage gleichkommt, einen Multiplikatoreffekt, dessen graphische Darstellung als Linksverschiebung der IS'-Kurve zu erfolgen hat. Somit werden sich die Gleichgewichtskurven von Güter-, Geld- und Devisenmarkt z. B. im Punkt G" schneiden, wo erneut ein binnen- und außenwirtschaftliches Gleichgewicht vorliegt.

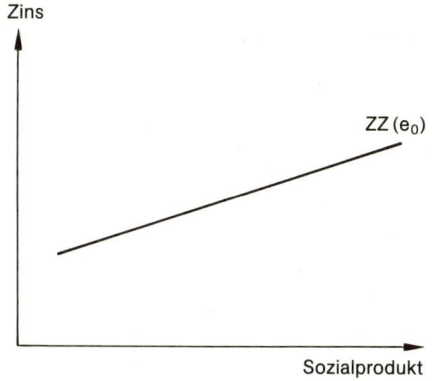

Abb. 7.6: Devisenmarktgleichgewichte

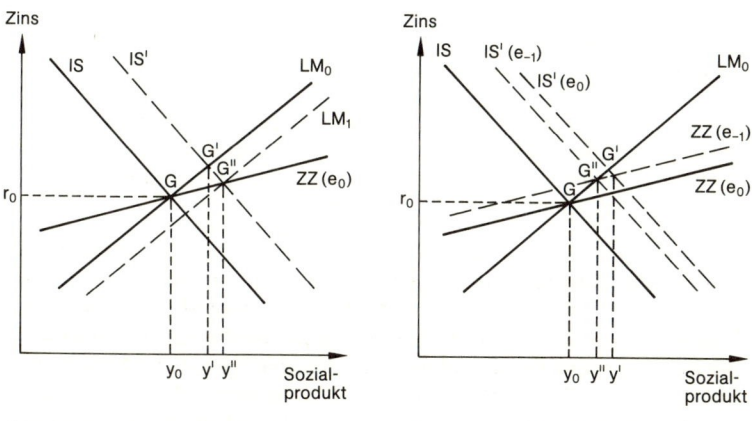

a) im System fixierter Wechselkurse   b) im System flexibler Wechselkurse

*Abb. 7.7: Simultanes Güter-, Geld- und Devisenmarktgleichgewicht mit Staatsnachfra-
geerhöhung*

Die Wirkungsanalyse einer Erhöhung der Staatsausgaben in einer offenen Volkswirtschaft kommt – unter den getroffenen Annahmen – zu dem Ergebnis, daß deren
Auswirkungen

– in einem System fixierter Wechselkurse größer sind als in einer geschlossenen
 Volkswirtschaft (Y" > Y'), aber

– in einem System flexibler Wechselkurse kleiner sind als in einer geschlossenen
 Volkswirtschaft (Y" < Y').

Aus diesen Zusammenhängen ergeben sich Folgerungen für die Abstimmung der
Fiskalpolitik mit der Geldpolitik.

b) Die Abstimmung zwischen Fiskalpolitik und Geldpolitik in einer offenen Volkswirtschaft

Die Ergebnisse der Wirkungsanalyse haben gezeigt, daß sich die Wirkungsintensität der Fiskalpolitik durch außenwirtschaftliche Einflüsse verändert und daß die Richtung der Änderung davon abhängt, ob ein System mit festen oder mit flexiblen Wechselkursen vorherrscht. Ähnliches läßt sich auch für die Wirkungsintensität der Geldpolitik zeigen, allerdings mit umgekehrtem Vorzeichen: Die Geldpolitik gewinnt an Wirksamkeit in einem System flexibler Wechselkurse.[54]

Diese Besonderheiten spielen so lange keine Rolle, wie zwischen dem Einsatz von fiskal- und geldpolitischen Instrumenten keine Unterschiede bestehen und solange eine Zielabweichung keine sogenannte Dilemma-Situation aufweist. Daß der Einsatz von Fiskalpolitik und Geldpolitik mit unterschiedlichen Schwierigkeiten verbunden ist, wurde bereits im Abschnitt E I b) angesprochen und wird im Abschnitt F I weiter ausgeführt.[55]

Im Falle einer Zielabweichung stellt sich die Frage, welche Aufgabe der Fiskal- und welche der Geldpolitik zufällt.

Dies ist ein Ausschnitt des sog. ‚**assignment**‘, bei dem einem Ziel das jeweils wirkungsgünstigere Instrument zugeordnet wird. Das Konzept, das auch unter dem Begriff des ‚**policymix**‘ erörtert wird, wurde von R. A. Mundell für die hier behandelten Ziele der inneren und äußeren Stabilität entwickelt.[56]

Hier lassen sich prinzipiell zwei Situationen unterscheiden. Zum einen können die binnenwirtschaftliche und die außenwirtschaftliche Zielabweichung „harmonieren“: Dies ist der Fall, wenn eine Boom-Situation im Inland (Inflation bei Vollbeschäftigung) mit einem Devisenbilanzdefizit oder wenn eine Rezessionssituation im Inland (Unterbeschäftigung bei Preisniveaustabilität) mit einem Devisenbilanzüberschuß zusammentreffen. Beide Zielabweichungen lassen sich mit einem gleichgerichteten Einsatz von Fiskal- und Geldpolitik bekämpfen. Dazu dient eine kontraktive Politik, die zugleich die Inflation dämpft und ein Devisenbilanzdefizit abbaut, bzw. eine expansive Politik, die zugleich eine Unterbeschäftigung abbaut und den Devisenbilanzüberschuß verringert.

Zum anderen können die binnenwirtschaftliche und die außenwirtschaftliche Zielabweichung miteinander in Konflikt stehen (Dilemma-Situation).

---

[54] Die Überlegungen lassen sich noch differenzieren, wenn unterschiedliche Formen der zinsabhängigen Kapitalmobilität berücksichtigt werden.

[55] Insofern hat die Einführung einer Währungsunion (also auf Dauer fixierte Wechselkurse) in Europa stabilitätspolitisch nicht nur für die Geldpolitik, sondern auch für die Fiskalpolitik erhebliche Bedeutung.

[56] Mundell, R. A., The Appropriate Use of Monetary and Fiscal Policy under Fixed Exchange Rates, in: Mundell, R. A., International Economics, New York 1968, S. 233 ff. – Vgl. zum Überblick Rose, K., Möglichkeiten und Grenzen des Policymix, in: Wirtschaftswissenschaftliches Studium, 2. Jg., 1973, S. 164 ff.

In diesem Fall geht eine Boomsituation im Inland (Inflation) mit einem Devisenüberschuß einher (wie während der „Wirtschaftswunderjahre" in der Bundesrepublik Deutschland), oder eine Rezessionssituation im Inland (Unterbeschäftigung) wird begleitet von Devisenbilanzdefiziten (sog. „englische Krankheit"). Der wirtschaftspolitische Konflikt liegt dann darin, daß die Inflation kontraktiv, aber gleichzeitig der Devisenbilanzüberschuß expansiv bzw. daß die Unterbeschäftigung expansiv, aber das Devisenbilanzdefizit zugleich kontraktiv bekämpft werden müßten.

Für beide Dilemma-Situationen eröffnet sich eine Lösung, die der Fiskal- und der Geldpolitik je nach Wechselkurssystem ganz bestimmte Aufgaben zuweist.[57] Die Abbildungen 7.8 beschränken die Analyse auf die Rezessionssituation im Inland ($Y_0 < Y_{vb}$) und ein Devisenbilanzdefizit bei Y_0 (der inländische Zinssatz im Schnittpunkt von IS- und LM-Kurve ist zu niedrig, um hinreichend Kapitalimporte anzuziehen, die das Leistungsbilanzdefizit gerade kompensieren würden); die zinsinduzierte Kapitalmobilität ist relativ gering (die ZZ-Kurve ist steiler als die LM-Kurve).

In einem System fester Wechselkurse (Abb. 7.8a) wären die Stabilitätsziele nur in S verwirklicht; doch hier fallen das binnen- und das außenwirtschaftliche Gleichgewicht auseinander. Ausgehend von der Ausgangssituation A, wird das außenwirtschaftliche Ziel (ein Punkt auf der ZZ-Kurve) von einer kontraktiven Geldpolitik, zu der die Zentralnotenbank durch Devisenverkäufe gezwungen wird, besser verwirklicht als von einer kontraktiven Fiskalpolitik: Ein Vergleich der Schnittpunkte der (nicht eingezeichneten) nach links verschobenen LM- und IS-Kurve mit der ZZ-Kurve zeigt, daß G_A insgesamt günstiger ist als F_A. Das binnenwirtschaftliche Ziel hingegen (ein Punkt auf der Linie über Y_{vb}) läßt sich besser von einer expansiven Fiskalpolitik als von einer expansiven Geldpolitik erreichen: Ein Vergleich der Schnittpunkte der (nicht eingezeichneten) nach rechts verschobenen IS- und LM-Kurve über Y_{vb} zeigt hier, daß F_B günstiger ist als G_B. Insofern ermöglicht erst die Kombination aus expansiver Fiskalpolitik und kontraktiver Geldpolitik ein gesamtwirtschaftliches Gleichgewicht S, in dem beide Stabilitätsziele erreicht sind.

Anders ist die Situation in einem System flexibler Wechselkurse (Abb. 7.8b). Hier hilft der Wechselkursmechanismus, mit einer Abwertung das Devisenbilanzdefizit abzubauen; zugleich bedroht der dadurch ausgelöste expansive Multiplikatoreffekt (von IS_0 zu IS_1) die Volkswirtschaft mit Inflation. Nur zufällig würden die automatischen Anpassungsprozesse die Volkswirtschaft zur wünschenswerten Situation S' führen. In der Abb. 7.8b werden Effekte unterstellt, die eine kontraktive Fiskalpolitik (von IS_1 zu IS_2) und eine expansive Geldpolitik (von LM_0 zu LM_1) verlangen, um die Stabilitätsziele im gesamtwirtschaftlichen Gleichgewicht S zu sichern. Bei flexiblen Wechselkursen fällt der wirksam gewordenen Geldpolitik für das binnenwirtschaftliche und der Fiskalpolitik für das außenwirtschaftliche Gleichgewicht die maßgebliche Rolle zu.

---

[57] Zur folgenden Darstellung vgl. Claassen, E. M., Grundlagen der makroökonomischen Theorie, a. a. O., Kap. XII.

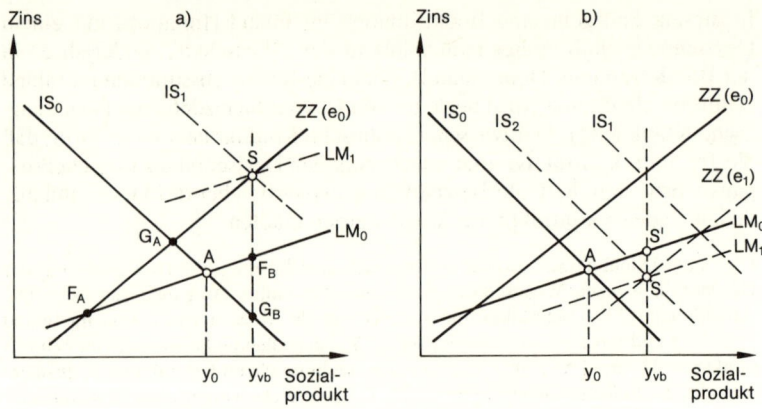

Abb. 7.8: Die Aufgaben der Fiskal- und Geldpolitik bei disharmonierenden Zielabweichungen im System mit festen und flexiblen Wechselkursen.

III. Die Rolle der Fiskalpolitik in der Stagflation

a) Stabilitätspolitische Wirkungszusammenhänge im Wandel

Alle bisherigen Überlegungen in diesem Kapitel gingen davon aus, daß die Abweichungen von den stabilitätspolitischen Zielen im Inland immer nur ein Ziel betrafen. Dieser Sachverhalt, daß entweder Arbeitslosigkeit oder Preisniveausteigerung vorlag, vereinfachte die Entwicklung und den Einsatz wirkungsvoller Instrumente der Fiskalpolitik. Insbesondere konnte ein für die Rezession konzipiertes Instrument bei entsprechender Ausgestaltung oft ebensogut in umgekehrter Richtung, also zur Bekämpfung eines Booms, eingesetzt werden.

Trägt man Preisniveausteigerung und Arbeitslosigkeit in einem (modifizierten) sog. Phillips-Diagramm ab (Abb. 7.9a), so waren die Konjunktursituationen, die der Diskussion in diesem Kapitel zugrunde lagen, streng genommen also durch Punkte auf den Koordinaten selbst gekennzeichnet. Empirisch war die Situation tatsächlich lange Zeit überwiegend durch Punkte auf oder in der Nähe der Kurve bestimmt, die am nächsten am Koordinatenursprung liegt, und Punkte, die sich in der schraffierten Fläche befinden.[58]

Schon früh wurden in einigen Ländern, z. B. in den USA, Großbritannien oder Italien, jedoch **Kombinationen von Inflation und Arbeitslosigkeit** beobachtet, die als **Stagflation** bezeichnet werden. Auch in der Bundesrepublik Deutschland gibt es diese Erscheinung seit vielen Jahren. Erstmals trat 1975 eine für deutsche Verhältnisse hohe Arbeitslosenquote von 4,7%

---

[58] Die Art der Darstellung und die Grundzüge der Argumentation beruhen auf einem Ansatz von A. W. Phillips (The Relation Between Unemployment and the Rate of Change of Money Wage Rates in the United Kingdom, 1861–1957, in: Economica, Bd. 25, 1958, S. 283 ff.).

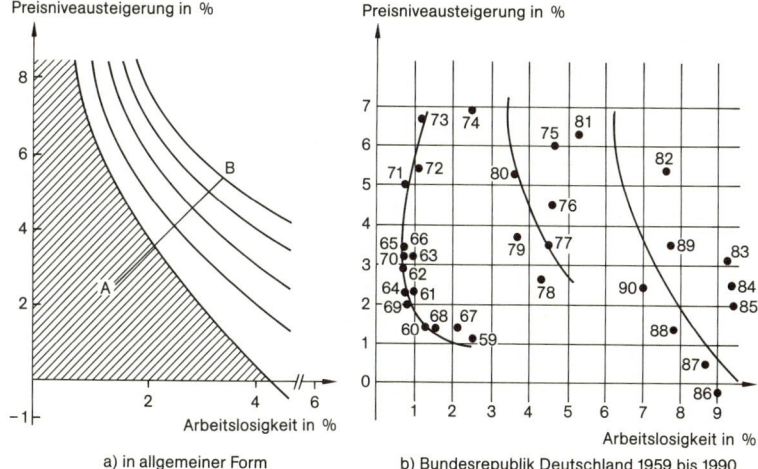

Abb. 7.9: Preisniveausteigerung und Arbeitslosigkeit

zugleich mit einer nach den deutschen Inflationserfahrungen nach dem Ersten und Zweiten Weltkrieg als hoch angesehenen Preissteigerungsrate von 6% zugleich auf. Diese Kombinationen, die sich in den Jahren 1981 und 1982 sowie 1991 und 1992 wiederholten, liegen in Abbildung 7.9 a rechts und oberhalb der schraffierten Fläche. Wenn die Entwicklung z. B. in einer Reihe von Jahren von A nach B führte, kann man sie nicht mehr als Bewegung auf der zuvor ermittelten, als kurzfristig anzusehenden Kurve bezeichnen. Allenfalls könnte man den Vorgang, wie in Abb. 7.9 b wiedergegeben, als Rechtsverschiebung dieser Kurve interpretieren, etwa weil der Anteil an struktureller, d. h. auch im Boom nicht abzubauender Arbeitslosigkeit zugenommen hat und weil die Inflation nicht mehr allein von einem Nachfragesog (‚demand pull') ausgeht, sondern auch von einem Angebotsdruck (‚cost push') auf den Güter- und Faktormärkten.

Eine wichtige Ursache für die Verlagerung der realisierbaren Punkte nach außen ist bei den Löhnen in der **starken Stellung der Gewerkschaften** und bei den Preisen in der zunehmenden **Marktmacht der größeren Unternehmen** zu sehen, die ihnen erlaubt, Preise nicht als Marktergebnis akzeptieren zu müssen, sondern unter Berücksichtigung ihrer Kosten am angestrebten Gewinn zu orientieren, d. h. die Ursache liegt in beiden Fällen in einer nicht ausreichenden Wettbewerbsintensität. Dieser Effekt wird durch „Vollbeschäftigungsgarantien" der öffentlichen Hand noch verstärkt.

In Zeiten, die zugleich durch hohe Inflationsraten und Unterbeschäftigung gekennzeichnet sind, ergibt sich für den Konjunkturpolitiker eine **komplexere Entscheidungssituation**. Einerseits wäre eine expansive Strategie geboten, um die Arbeitslosigkeit zu beseitigen, andererseits eine kontraktive, um die Preissteigerungsraten zu senken. Welche man auch anwendet, man erkauft das Erreichen eines Ziels mit der verminderten Realisierung des anderen Ziels. Wenn man in dieser Lage nicht ein Ziel dem anderen opfern will, was wegen der Nachteile bei einer vollständigen Vernachlässigung eines Ziels kaum denkbar ist, so müssen Instrumente gefunden werden, die vorwiegend nur auf die Arbeitslosigkeit oder nur auf die Lohn- und Preisentwicklung einwirken.

Als isoliertes Instrument gegen unerwünschte Preis- und Lohnsteigerungen sind schon **Lohn- und Preiskontrollen** eingesetzt worden. Sie weisen jedoch beträchtliche Nebenwirkungen auf. Sofern in einem Bereich die Kontrolle besser funktioniert als im anderen (z.B. die Lohn- besser als die Preiskontrolle), erfährt eine Gruppe dadurch relative Einkommenseinbußen. Weitere Wirkungen ergeben sich im Hinblick auf die Funktionsfähigkeit des marktwirtschaftlichen Systems, da die Lenkungsfunktion der Preise auf Güter- und Faktormärkten außer Kraft gesetzt wird. Werden solche Vorschriften dagegen nur als Empfehlungen eingeführt **(Lohn- und Preisleitlinien)**, so fehlt ihnen bisher fast jede Wirkung. – Will man – wiederum isoliert – der bestehenden, oft nur partiellen Arbeitslosigkeit begegnen, so wird eine globale Expansionsmaßnahme eventuell mehr Preis- als Beschäftigungswirkungen zur Folge haben.

Es zeigte sich also, daß es für die Bekämpfung einer einmal eingetretenen Stagflation bisher kein eindeutig wirksames Instrumentarium gibt, wie es die nachfragesteuernde Fiskalpolitik (und Geldpolitik) für die Überwindung eindeutiger Boom- und Rezessionsphasen bietet. Daher waren neue Instrumente oder differenziert wirkende Instrumentkombinationen zu entwickeln. Diese Entwicklung führte in zwei Richtungen, einerseits zu einer gewissen sektoralen und regionalen Differenzierung der Instrumente, die im achten Kapitel in Teil B III und IV erörtert werden, und andererseits zu einer neuartigen Kombination dieser Instrumente.

Statt **global wirkender Maßnahmen** scheint ein stärker **differenzierender Eingriff** erforderlich zu sein. Von einer Rezession werden manche Branchen sehr stark betroffen, während andere unvermindert weiterwachsen, und die regionalen Unterschiede in der Konjunkturreagibilität und im Wachstumsablauf haben sich zumindest nicht vermindert, wie es sich die Träger der Regionalpolitik erhofft hatten. In dieser Situation sind global wirkende Maßnahmen der Fiskalpolitik wenig geeignet. Stattdessen sind die Maßnahmen stärker selektiv auf die Sektoren und Regionen auszurichten. Wenn dies im Rahmen der Strukturpolitik bereits geschieht, ist in diesem Zusammenhang darauf zu achten, den konjunkturellen Bedingungen in besonderer Weise Rechnung zu tragen. – Die zweite instrumentelle Entwicklung, die neue Kombination von Instrumenten, führt nochmals auf den Zusammenhang von Fiskal- und Geldpolitik.

b) Die Abstimmung zwischen Fiskalpolitik und Geldpolitik zur Bekämpfung von Stagflation

In einer Stagflationssituation ist eine globale Nachfragevariation nur noch so weit angezeigt, wie die jeweilige Diagnose neben anderen Einflüssen ein Nachfragedefizit bzw. einen Nachfrageüberschuß ausweist. So war beispielsweise der starke Rückgang der Wirtschaftsaktivität in der Bundesrepublik 1975/76 sicherlich zu einem erheblichen Teil nachfragebedingt und der Einsatz globaler expansiver Maßnahmen, der sich insbesondere in einem erheblichen Finanzierungsdefizit ausdrückte, insoweit beschäftigungspolitisch wohl durchaus gerechtfertigt (s. oben 7. Kapitel, S. 334ff.).

In einer solchen Situation bietet sich an, eine über Steuersenkungen expansiv wirkende Finanzpolitik, die eher der keynesianischen Vorstellung entspricht, mit einer restriktiven Geldpolitik zu verbinden, die auf eine mittelfristige Verstetigung der Geldmengen- bzw. Geldbasisentwicklung ausgerichtet ist und insoweit eher auf monetaristischen Politikvorstellungen beruht (siehe Abschnitt F II). Die restriktive Geldpolitik übernimmt die Funktion, unerwünscht hohe Ansprüche an das Sozialprodukt in Form von Preis- und Lohnforderungen von der Geldseite her einzudämmen. Sie wirkt dann wie ein Schutzschild gegen Inflation, die von den expansiv wirkenden Steuersenkungen ausgeht, während die expansive Finanzpolitik durch ihren mäßigenden Einfluß auf die Lohnverhandlungen beschäftigungsfördernd wirkt.

Für eine solche **Arbeitsteilung zwischen zwei Politikbereichen** in der Stagflationssituation, in der also Beschäftigungs- und Preisstabilitätsziel gleichzeitig gefährdet sind, findet sich in Tab. 7.8 ein fiktives Beispiel. In dem schematisch dargestellten Fall ist die Finanzpolitik als primär auf das Beschäftigungsziel ausgerichtet und die Geldpolitik als vorwiegend auf das Ziel Geldwertstabilität orientiert anzusehen. Einen solchermaßen kombinierten Instrumenteneinsatz kann man analog zur außenwirtschaftlichen Konfliktsituation (vgl. Abschnitt E II) als eine weitere Form des ‚policy mix‘ ansehen,[59] d. h. für jeweils ein Ziel wird das jeweils wirkungsgünstigere Instrument eingesetzt. Da wirtschaftspolitische Instrumente in der Regel nicht nur auf ein Ziel einwirken, sondern auch auf andere Ziele, ist darauf zu achten, daß die etwaigen negativen Nebenwirkungen nicht größer sind als die beabsichtigten Wirkungen auf das angestrebte Hauptziel. In dem fiktiven Beispiel in Tab. 7.8 sind die jeweiligen negativen Nebenwirkungen zwar gleich, werden aber von den positiven „Hauptwirkungen" jeweils übertroffen. Betrachtet man den in der letzten Zeile zusammengefaßten Gesamteffekt, so ergibt sich eine Verbesserung der Gesamtsituation, ausgedrückt in den Änderungen der Größen für beide Ziele, d. h. eine **gleichzeitige und gleichgerichtete Veränderung.** Unter solchen Voraussetzungen wäre mit dem entgegengerichteten Einsatz von unterschiedlichen Instrumenten eine simultane Verbesserung beider Ziele, wenn auch in kleinen Schritten, wie Tab. 7.8 zeigt, in einer Stagflationssituation möglich.

In der Bundesrepublik scheint diese abgestimmte Politik zeitweilig verfolgt worden zu sein. Angesichts erheblicher Steigerungen des Preisniveaus verkündete die Deutsche Bundesbank für das Jahr 1975 zum ersten Mal im voraus ein Geldmengenziel, offensichtlich um ihre Entschlossenheit zur Inflationsbekämpfung zu unterstreichen. Angesichts des starken Rückgangs der Wirtschaftsaktivität in der Bundesrepublik 1975/76 kam es gleichzeitig zum Einsatz globaler expansiver Maßnahmen, der sich

---

[59] Vgl. Dernburg, T. F., und McDougall, D. M., Lehrbuch der Makroökonomischen Theorie, a. a. O., S. 285ff.

Tab. 7.8: Schematische Darstellung von Haupt- und Nebeneffekten der Geld- und Finanzpolitik

Ziele Einsatz von Instrumenten	Senkung der Inflationsrate	Senkung der Arbeitslosenquote
Geldpolitik	+ 3 (Hauptwirkung)	− 2 (Nebenwirkung)
Finanzpolitik	− 2 (Nebenwirkung)	+ 3 (Hauptwirkung)
Gesamteffekt	+ 1	+ 1

im Jahr 1975 in dem höchsten Finanzierungsdefizit der Nachkriegszeit in der Bundesrepublik (siehe Tab. 4.7, S. 160) niederschlug, mit eindeutig beschäftigungspolitischer Absicht. Da die Konjunkturpolitik des Bundes und der Bundesbank in weitgehender Übereinstimmung stattfanden, kann man darin ein Beispiel für den erwähnten kombinierten Instrumenteneinsatz (‚policy mix‘) sehen. Eine neue Situation ergibt sich, wenn – wie seit etwa 1983 – eine niedrigere Inflationsrate mit einer steigenden Arbeitslosigkeit einhergeht und ab 1990 im Zuge der deutschen Einheit die Staatsverschuldung eine ungewöhnliche Entwicklung nimmt. Auch in dieser Situation steht die Wirtschaftspolitik vor neuen Herausforderungen, die den ursprünglichen Phillips-Kurven-Zusammenhang noch stärker relativiert.

F. Zweifel an der Wirksamkeit der Fiskalpolitik

I. Wirkungsverzögerungen beim Einsatz einer diskretionären Fiskalpolitik

Die Kenntnis der Ziele der Konjunkturpolitik und der Wirkungsweise der ‚fiscal policy‘ sowie die Verfügbarkeit eines umfangreichen Instrumentariums der diskretionären Fiskalpolitik gewährleisten noch nicht seinen zielgerechten Einsatz. Vielmehr müssen eine Reihe weiterer **ökonomisch-technischer Voraussetzungen und politisch-institutioneller Rahmenbedingungen** berücksichtigt werden, die die Wirksamkeit erheblich beeinträchtigen können, wenn sie unbeachtet bleiben.

Die kurze Frist, innerhalb derer konjunkturpolitische Maßnahmen wirken sollen, läßt die Wahl des richtigen Zeitpunktes für Beginn und Ende einer Maßnahme zu einem entscheidenden Problem werden. Langfristig ausgerichtete Bereiche der Politik, wie Verteilungs- oder Wachstumspolitik, erlauben es sehr viel eher, in der Zeitwahl etwas großzügiger zu sein. Unter dem Aspekt der fiskalpolitischen Wirkungen der finanzwirtschaftlichen Instrumente interessiert ihr Zeitbedarf vom Erkennen einer Eingriffsnotwendigkeit bis zur Beseitigung der konjunkturellen Störung. Dieser Zeitbedarf läßt sich in mehrere Phasen aufgliedern.

Zunächst gilt es, die zutreffende konjunkturpolitische Diagnose und eine Prognose zu stellen. Diese Aufgabe ist die gleiche für finanzpolitische wie für andere wirtschaftspolitische Maßnahmen. Ihr dienen die Verfahren der gesamtwirtschaftlichen Vorausschau, sei es unter der Annahme, daß keine Maßnahmen getroffen werden (Status-quo-Prognose), sei es als Projektion unter Einschluß wünschenswerter Maßnahmen. Im Maße wie die Techniken der **Diagnose** und **Prognose** verbessert worden sind, hat sich die *Erkennungsverzögerung* (**,recognition lag'**) verringert, die dadurch entstehen kann, daß die jeweilige Konjunktursituation und ihre voraussichtliche kurzfristige Entwicklung nicht oder zu spät erkannt werden.

Während diese sog. Erkennungsverzögerung mithin über die Jahre an Bedeutung verloren zu haben scheint und sich damit die Einsatzmöglichkeit der Fiskalpolitik tendenziell verbessert hat, bleibt die Länge des Zeitraums zwischen dem Erkennen einer Konjunktursituation, deren Beeinflussung politisch erwünscht ist, und der Entscheidung über den Einsatz eines bestimmten Maßnahmenbündels davon unberührt. Diese sog. *Entscheidungsverzögerung* (**,decision lag'**) erklärt sich zunächst aus der herbeizuführenden Klärung in den wirtschaftspolitischen Instanzen über die **Art des einzusetzenden Instrumentariums,** die **Dosierung** und **Dauer** seines Einsatzes sowie die Bestimmung des Einsatzzeitpunktes (**,timing'**).

Mit dem Entschluß der Regierung, ein bestimmtes Stabilitätsprogramm durchzusetzen, ist das Problem weiterer Verzögerungen, die vor dem endgültigen Einsatz und den von ihm erhofften Wirkungen liegen können, noch nicht gelöst. Vielmehr bedarf der Handlungsentschluß einer juristischen Fixierung und Legitimation, die ebenfalls Zeit beanspruchen. Wenn die von der Exekutive beschlossenen Maßnahmen immer erst die Zustimmung durch die gesetzgebenden Körperschaften erfordern, nimmt der erforderliche **Gesetzgebungsweg** in der Regel eine zu lange Zeit in Anspruch, um den notwendigen prompten Einsatz fiskalpolitischer Instrumente zu gewährleisten. Wenn sich der Ablauf des normalen Gesetzgebungsverfahrens nicht mehr beschleunigen läßt, ist es denkbar, der Exekutive zusätzliche Vollmachten einzuräumen, die es ihr ermöglichen, innerhalb festgelegter Grenzen ohne Zustimmung der Legislative zu verfahren oder auf ein **verkürztes parlamentarisches Beratungsverfahren** zurückzugreifen.

So können z. B. durch das Parlament im vorhinein, wie in der Bundesrepublik im Stabilitätsgesetz, Konjunktursituationen definiert werden, in denen es der Regierung erlaubt ist oder in denen sie verpflichtet wird, mit bestimmten der Art nach festgelegten Instrumenten einzugreifen. Eine andere Möglichkeit besteht darin, der Regierung zwar einen gewissen Handlungsrahmen vorzulegen, innerhalb dessen sie frei entscheiden kann, dem Parlament jedoch in Form eines Vetorechts in einem bestimmten Zeitraum eine Einspruchsmöglichkeit zuzugestehen.[60] Oft wird der beschriebene Sachverhalt oder eine bestimmte Art und/oder Intensität der Bindung, der die Regierung im Rahmen der Fiskalpolitik unterworfen wird, als Formelflexibilität (**,formula flexibility'**) bezeichnet.

---

[60] Vgl. hierzu §§ 15, 26 StabG und zum Vetorecht insbes. § 26 Nr. 3a letzter Satz und b (2) letzter Satz.

Eine zusätzliche Schwierigkeit bei der Durchsetzung fiskalpolitischer Strategien ergibt sich in dieser Phase aus dem **föderativen Staatsaufbau.** Die durch ihn gegebene Vielzahl von **Trägern der Fiskalpolitik** (Bund, Länder, Gemeinden, Parafisci) erfordert **Koordinierung** und Planung, um einander widersprechende Strategien auf ein Minimum zu reduzieren. Eine erhöhte Effizienz in der Konjunkturpolitik erfordert daher, wie im 5. Kapitel, S. 179 ff., ausgeführt, eine stärker zentrale Regelung durch den Bund, die jedoch mit einer Schwächung des Föderalismus einhergeht.

Daß nicht grundsätzlich ein unvereinbarer Gegensatz zwischen föderativem System und effizienter Konjunkturpolitik bestehen muß, zeigen in der Bundesrepublik die Regelungen im Stabilitätsgesetz und im Haushaltsrecht.[61] Den dort aufgeführten **koordinierenden Institutionen (Konjunkturrat, Finanzplanungsrat)** gehören in der Regel auch die Vertreter der unteren Gebietskörperschaften an.[62] Da die Körperschaften ohnehin für die jeweilige Ebene gewisse Organisationsformen gefunden haben (etwa für die Länder im Bundesrat, für die Gemeinden in den Spitzenorganisationen „Städtetag", „Landkreistag", „Städte- und Gemeindebund"), können sie ihre Interessen gebündelt vertreten. Die Praxis zeigt bisher, daß eine solche „konzertierte Fiskalpolitik" nur schwer herbeizuführen ist. Vor allem ist es schwierig, die Gemeinden mit ihrem konjunkturpolitisch so wichtigen Investitionsvolumen in diesen Koordinierungsgremien wirklich auf eine gemeinschaftliche konjunkturpolitische Linie zu verpflichten.

Wenn die fiskalpolitische Entscheidung getroffen und legitimiert ist, muß die beschlossene Maßnahme durch die öffentliche Verwaltung ausgeführt werden. Die dabei mögliche *Durchführungsverzögerung* (‚**administrative lag**') im öffentlichen Sektor wurde am Beispiel der Variation der Sachausgaben (s. oben S. 334f.) bereits sichtbar. Für ihren Einsatz genügt es nicht, die Variation des Volumens zu beschließen, sondern es müssen z. B. bei ihrer Erhöhung „Schubladenprogramme" vorhanden sein, um die Zeit für deren Ausarbeitung einzusparen. Außerdem stehen Großprojekten wie Fernstraßen- und Kraftwerksbauten oft langwierige Genehmigungsverfahren entgegen. Eine geringere Verzögerung dieser Art tritt dagegen bei Variationen des Steuersatzes auf, da hier nur wenige Gesetzesvorschriften zu ändern sind und die geänderte Vorschrift in der Regel nur geringfügige Anpassungen in der Handhabung der Steuer durch die Finanzbehörden mit sich bringt.

Vom Zeitpunkt des Ergreifens der Maßnahme an, z. B. der Erteilung eines Auftrages, ergibt sich die sog. *Wirkungsverzögerung* (‚**operational lag**') im privaten Sektor, die darin besteht, daß ein gewisser Zeitraum vergeht, bis die gewünschte Veränderung eines konjunkturpolitischen Ziels erfolgt. Sie ist z. B. bei öffentlichen Aufträgen oft relativ kurz, falls nämlich mit Erhalt

---

[61] So wird z. B. in den §§ 1 und 16 StabG dem Bund, den Ländern und den Gemeinden vorgeschrieben, „die Erfordernisse des gesamtwirtschaftlichen Gleichgewichts zu beachten".

[62] Die sog. Konzertierte Aktion ist im Stabilitätsgesetz nicht als gesonderte Institution vorgeschrieben, sondern hat sich in seinem Vollzug herausgebildet und wurde Mitte der 60er Jahre ins Leben gerufen; sie brach in den 70er Jahren zusammen und wurde in den 80er Jahren erneut gefordert.

des Auftrages zusätzliche Arbeitskräfte eingestellt und Löhne ausgezahlt werden. Für die Beurteilung dieser Verzögerung sind die Aussagen über die Wirkungsweise der einzelnen fiskalpolitischen Instrumente heranzuziehen. Wenn man die betrachteten Verzögerungen im Einsatz der Fiskalpolitik (s. Schema 7.5) auf ihre Bedeutung für **Boom- und Rezessionsbekämpfung** untersucht,[63] so zeigt sich eine gewisse **Asymmetrie in der Durchsetzbarkeit** von Maßnahmen der ‚fiscal policy‘. So ist eine Expansionsstrategie zur Überwindung einer Rezession wegen der dann gegebenen Interessenharmonie aller Beteiligten leichter durchzusetzen als die einer Kontraktionsstrategie zur Bremsung der Hochkonjunktur. In der Boomsituation erhoffen sich die verschiedenen am Prozeß der politischen Willensbildung teilnehmenden Gruppen (Unternehmen, Gewerkschaften, öffentliche Hand usw.) Vorteile aus der Fortdauer dieser Konjunkturlage bzw. fürchten die Nachteile einer Nachfrageeinschränkung. Diese „**politisch-psychologische Verhaltens-Asymmetrie**" bzw. Durchsetzungsasymmetrie resultiert also aus den unterschiedlichen Interessenkonstellationen in den beiden Konjunkturphasen. Aus dieser empirisch belegbaren Asymmetrie, die sich mit der mangelnden Popularität von Dämpfungsmaßnahmen bzw. auch aus der Angst vor Wählerstimmenverlusten erklären läßt, wird häufig die **Notwendigkeit einer unabhängigen Zentralbank** abgeleitet, die sich, weniger vom Einfluß solcher Interessen bedrängt, der Durchführung der Konjunkturstabilisierung widmen könne, zumal ihre Instrumente im Boom oft als wirksamer als bei der Rezessionsbekämpfung angesehen werden.[64]

Schema 7.5: Verzögerungen beim Einsatz der Fiskalpolitik

Zeitspanne zwischen	Art der Verzögerung
dem Eintritt der konjunkturellen Störung und der Einsicht in die Handlungsnotwendigkeit	Erkennungsverzögerung (recognition lag)
der Einsicht in die Handlungsnotwendigkeit und dem Beschluß des Stabilisierungsprogramms sowie seiner Legitimation	Entscheidungsverzögerung (decision lag)
dem legitimierten Einsatz und der administrativen Durchführung	Durchführungsverzögerung (administrative lag)
dem faktischen Inkrafttreten einer Maßnahme und der Beseitigung der konjunkturellen Störung	Wirkungsverzögerung (operational lag)

[63] Zur Anwendung des Schemas auf Einzelbereiche der Fiskalpolitik und auf die Geldpolitik vgl. Giersch, H., Konjunktur- und Wachstumspolitik in der offenen Wirtschaft, Wiesbaden 1977, S. 199 ff.

[64] Siehe z. B. Pfleiderer, O., Das Verhältnis von Geld- und Finanzpolitik und dessen institutionelle Regelung, in: Haller, H., und Albers, W., Hrsg., Probleme der Staatsverschuldung, Schriften des Vereins für Socialpolitik, NF Bd. 61, Berlin 1972, S. 15 f.

II. Die monetaristische These von der „Irrelevanz" der Fiskalpolitik

Die Diskussion zwischen den sog. Monetaristen und sog. Fiskalisten um das angemessene Erklärungsmuster für die Konjunkturentwicklung und die daraus abzuleitende Konjunkturpolitik begann zu einer Zeit, als die Konjunkturbewegungen in vielen Ländern noch den in diesem Kapitel unterstellten Verlauf nahmen. Ihre Ergebnisse sind also schon für die Beurteilung der zuvor behandelten Form der Fiskalpolitik bedeutsam. Allerdings ist das Aufkommen dieser Kontroverse auch im Zusammenhang mit dem Auftreten einer nachhaltigen, auch bei Arbeitslosigkeit fortdauernden Inflation in den USA gesehen worden,[65] was dafür spricht, daß sie im besonderen Maße für die im Abschnitt E III behandelte Stagflation bedeutsam ist.

Den sichtbaren **Anknüpfungspunkt** für die monetaristische Kritik an dem in diesem Kapitel zugrundeliegenden „fiskalistischen" Ansatz bildet die **Wirkungsverzögerung der Fiskalpolitik** (siehe F I). Aufgrund empirischer Forschungen glaubt **M. Friedman,** der dem weiteren Kreis der monetaristischen Theorie zugerechnet wird, festgestellt zu haben, daß insbesondere die diskretionären geldpolitischen Maßnahmen mit einer im Schnitt längeren und im Einzelfall nicht genau bestimmbaren Wirkungsverzögerung behaftet sind. Daher könne man nicht einmal sicher sein, ob sie nicht in die nächste Konjunkturphase ragen und dann sogar in der falschen Richtung wirken würden. Zugleich nimmt er an, daß man auch bei Fiskalmaßnahmen mit derartigen unberechenbaren Verzögerungen rechnen müsse.[66] Jegliche diskretionäre, auf kurzfristige Nachfrageschwankungen gerichtete Maßnahmen, ob sie geld- oder finanzpolitischer Art sind, werden daher nach dieser Auffassung als ungeeignet verworfen.

Neben diesem kritischen Beitrag des Monetarismus zur Fiskalpolitik steht der Vorschlag, die **Wirtschaftspolitik am mittelfristigen Wachstum der Wirtschaft auszurichten.** In diesem Konzept spielt nur die Geldpolitik eine – wenngleich reduzierte – aktive Rolle. Auf der Basis einer Theorie des Wirtschaftsablaufs und der Wirkungsweise staatlicher Aktivitäten, die **keine unmittelbaren finanzwissenschaftlichen Bezüge** aufweist und daher hier ausgespart bleibt, wird gefolgert, daß eine von Konjunkturschwankungen weitgehend freie und folglich stetige Wirtschaftsentwicklung allein dadurch zu sichern sei, daß die Geldpolitik die Geldmenge entsprechend der trendmäßigen Entwicklung des Sozialprodukts wachsen lasse. Die Frage, ob bzw. unter welchen Prämissen diese Geldpolitik durchführbar ist, kann hier ebensowenig behandelt werden wie die – vielleicht noch wichtigere – Frage, ob bei einer wie geplant verlaufenden Geldmengensteuerung die anvisierten wirtschaftspolitischen Ziele wirklich erreicht werden können. Für die

---

[65] Johnson, H. G., The Keynesian Revolution and the Monetarist Counter-Revolution, in: American Economic Review, Bd. 61, 1971, S. 7f.

[66] Vgl. Friedman, M., Geldangebot, Preis- und Produktionsänderungen, in: Dürr, E., Hrsg., Geld- und Bankpolitik, Köln-Berlin 1969, S. 115ff., insbes. S. 129.

Einordnung der **Finanzpolitik** in das monetaristische Politikkonzept ist hier nur wichtig, daß ihre konjunkturpolitische Rolle **ausschließlich passiver Art** ist.

Vordringliches konjunkturpolitisches **Ziel der öffentlichen Haushalte** soll es nach dieser Auffassung sein, **keine ungeplanten Geldmengenveränderungen** in der Gesamtwirtschaft zu **induzieren**. Geldmengeneffekte treten nach dieser Auffassung beispielsweise dann nicht auf, wenn die Staatsausgaben durch Steuern oder Kapitalmarktverschuldung finanziert werden und die Notenbank sich auch nicht indirekt, z. B. durch Ankauf von Staatsschuldtiteln (s. oben S. 155ff.), an der Finanzierung beteiligt. Eine Geldmengenwirksamkeit wird nach dieser Auffassung also immer dann angenommen, wenn in direkter oder indirekter Form Transaktionen mit der Notenbank vorliegen, die, wie zuvor aufgezeigt, unter Kreislaufaspekten die besondere Qualität der Geldschöpfung bzw. Geldvernichtung aufweisen. Abgesehen von diesem – passiven – Beitrag zur Konjunkturpolitik, der die öffentlichen Haushalte schlimmstenfalls als Störfaktor und bestenfalls als für die Konjunkturpolitik irrelevant erscheinen läßt, **reduziert** sich die Rolle der **Finanzpolitik** aus monetaristischer Sicht **auf die distributions- und allokationspolitischen Aufgaben** (s. oben 1. Kapitel, Teil A II).

III. Zum Verhältnis von nachfrage- und angebotsorientierter Fiskalpolitik

Schließlich muß noch auf einen Zusammenhang aufmerksam gemacht werden, der für die Beurteilung der Wirksamkeit einer Fiskalpolitik von großer Bedeutung ist. Die Erörterung des Einsatzes finanzpolitischer Instrumente in diesem Kapitel ist nicht nur davon ausgegangen, daß ihr Einfluß sich auf die gesamtwirtschaftliche Nachfrage, also auf die Verwendung von Einkommen und Gütern beschränkt, sondern auch von der Vorstellung, daß die Ursachen für die stabilitätspolitischen Zielabweichungen auf der Nachfrageseite liegen. Insofern war es in zweifacher Hinsicht gerechtfertigt, von einer nachfrageorientierten Fiskalpolitik zu sprechen.

Die Finanzpolitik muß jedoch zur Kenntnis nehmen, daß Abweichungen von den Stabilitätszielen auch angebotsbedingt sein können und daß in solchen Fällen eine Nachfragesteuerung zu keiner Lösung führt. Darüber hinaus muß sie versuchen, Möglichkeiten zu finden und zu nutzen, auf der Angebotsseite expansive Effekte zu entfalten, indem sie möglichst kurzfristig Anreize zu höherer Leistungs- und Investitionsbereitschaft bietet. Daß solche Anreize nur wirken, wenn die gesamtwirtschaftliche Nachfrage hinreichend vorhanden ist, macht eine nachfrageorientierte Fiskalpolitik letztlich doch nicht überflüssig, und es wird vermutlich immer Situationen geben, in denen zumindest auch eine nachfragebedingte Komponente das wirtschaftspolitische Geschehen beeinflußt und die Anwendung des in diesem Kapitel behandelten Instrumentariums als ratsam erscheinen läßt.

Fragen zum siebenten Kapitel

Zu Teil A:

1. Erläutern Sie die Merkmale der sog. Parallelpolitik.
2. Nennen Sie Teilziele des Konjunkturziels und geben Sie Meßmöglichkeiten an.

Zu Teil B:

1. Worin besteht der Beitrag des Staates zur Entstehung des Sozialprodukts?
2. Was versteht man in der Volkswirtschaftlichen Gesamtrechnung unter „Staatsverbrauch", und wie setzt er sich zusammen?
3. Wodurch unterscheidet sich die Bewertung der privaten und der staatlichen Produktion in der Volkswirtschaftlichen Gesamtrechnung?
4. Warum erfahren Gebühren und Beiträge eine Sonderbehandlung in der Volkswirtschaftlichen Gesamtrechnung?
5. Welche staatlichen Aktivitäten werden bei der Ermittlung des persönlich verfügbaren Einkommens berücksichtigt?
6. Sollten die Sozialversicherungsbeiträge bei der Ermittlung des persönlich verfügbaren Einkommens abgezogen werden?

Zu Teil C:

1. Worin liegt der Wert von „strategischen Faktoren" für die konjunkturpolitische Wirkungsanalyse?
2. Zeigen Sie anhand einer graphischen Darstellung die Wirkung zusätzlicher Käufe der öffentlichen Hand auf das Volkseinkommen.
3. Zeigen Sie mit Hilfe einer graphischen Darstellung, wie durch eine Variation der staatlichen Käufe eine deflationäre bzw. inflationäre Lücke beseitigt werden kann.
4. Zeigen Sie mittels der IS-LM-Darstellung, wie eine Erhöhung der Staatsausgaben zugleich auf dem Güter- und Geldmarkt wirkt.
5. Wodurch unterscheidet sich der Einkommensmultiplikator für die Staatskäufe von dem für die Transferzahlungen?
6. Leiten Sie das Haavelmo-Theorem ab.
7. Wie ändern sich die Multiplikatoren unter der Annahme, daß eine proportionale Einkommensteuer existiert?
8. Es sei eine Volkseinkommenserhöhung von 10 Mrd. DM angestrebt. Welche Ausgabensummen sind unter den Annahmen des Modells erforderlich, wenn eine Konsumneigung $b = 0,6$ und eine Einkommensteuer mit dem Satz $t = 0,4$ zugrundegelegt wird? Fertigen Sie analog zu Tab. 7.6 eine neue Tabelle an.
9. Inwiefern hat die Geldmenge eine Bedeutung für den Ablauf der Multiplikatorprozesse?

Zu Teil D:

1. Was versteht man unter ‚built-in stability'?
2. Was versteht man unter der Aufkommenselastizität einer Steuer, und wodurch wird sie mitbestimmt?
3. Lassen sich die Probleme der diskretionären Einsetzbarkeit fiskalischer Instrumente durch eine „Regelbindung" lösen?
4. Welche Schwierigkeiten ergeben sich, wenn man mit Hilfe öffentlicher Käufe die Konjunktur beleben will?
5. Wovon ist die Wirksamkeit einer konjunkturorientierten Erhöhung der Sozialausgaben abhängig?
6. Wie lassen sich mit Hilfe von Subventionen Nachfrageausweitungen erzielen, die über die eingesetzte Subventionssumme hinausgehen?
7. Inwiefern ist die konjunkturpolitische Wirksamkeit einer Einkommensteuersenkung von der marginalen Konsumneigung abhängig?
8. Unter welchen Bedingungen führt eine Gewinnsteuersenkung zu einer Erhöhung der Investitionen?
9. Inwiefern unterscheiden sich die drei Verfahren
   – der Abschreibungserleichterung,
   – des Abzugs des Investitionsaufwandes von der Steuerschuld und
   – der Gewährung sog. echter Investitionsprämien
   in ihrer Wirkung auf die Investition?
10. Inwiefern wird die Wirksamkeit der Bildung eines Defizits durch seine Finanzierungsart mitbestimmt?
11. Worin liegen im Rahmen einer expansiven Strategie die Nachteile einer Verschuldung des Staates bei den Kreditinstituten im Vergleich zur Notenbankverschuldung?
12. Halten Sie es für sinnvoll, die öffentlichen Personalausgaben in den Dienst der Boom- bzw. Rezessionsbekämpfung zu stellen?
13. Welche Argumente werden gegen den Einsatz der öffentlichen Investitionen zur Dämpfung eines Booms angeführt?
14. Inwiefern eignen sich Umsatz- und Verbrauchsteuern weder zur Boom- noch zur Rezessionsbekämpfung?
15. Wie beurteilen Sie die Wirkung einer Erhöhung der Einkommen- und Körperschaftsteuer um 10% in der Hochkonjunktur?
16. Wie beurteilen Sie die Forderung, die fiskalpolitische Boombekämpfung solle stärker über die Steuern und weniger stark über die Ausgaben erfolgen?
17. Welche konjunkturpolitische Aufgabe erfüllt die Konjunkturausgleichsrücklage?
18. Wie beurteilen Sie die im Boom aus Einnahmeüberschüssen vorgenommene vorzeitige Tilgung öffentlicher Schulden bei privaten Kreditinstituten?
19. Welche konjunkturpolitischen Wirkungen lassen sich durch eine Umstrukturierung der öffentlichen Schuld erreichen?
20. Inwiefern ist die Marktfähigkeit der öffentlichen Schuld ein Element einer konjunkturorientierten Schuldenpolitik?

21. In welcher Weise stört eine zeitliche Verzögerung beim Einsatz der Fiskalpolitik ihre Wirksamkeit? Wie kann eine Verzögerung hinsichtlich des Gesetzgebungsablaufs eingeschränkt werden? Welche Faktoren bestimmen die Entscheidungsverzögerung (‚decision lag‘)?

22. Halten Sie es für gerechtfertigt, von einer „Durchsetzungs-Asymmetrie" beim Einsatz fiskalpolitischer Instrumente zu sprechen?

23. Worüber gibt der Finanzierungssaldo Auskunft, und welche konjunkturpolitische Bedeutung kommt seiner Veränderung zu?

24. Was versteht der Sachverständigenrat zur Begutachtung der gesamtwirtschaftlichen Entwicklung unter der Konjunkturneutralität eines Haushalts?

25. Skizzieren Sie die Unterschiede in der Wirkungsweise einer keynesianisch ausgerichteten Geld- im Vergleich zur Fiskalpolitik.

Zu Teil E:

1. Warum ist im keynesianischen Gütermarkt ein hohes Volkseinkommen mit einem niedrigen Zinssatz verbunden?

2. Wie wirkt sich eine Erhöhung der Staatsausgaben auf das simultane Gleichgewicht von Güter- und Geldmarkt im IS-LM-Modell aus?

3. Auf welche Weise kann eine Koordination von geld- und fiskalpolitischen Maßnahmen erfolgen?

4. Welche konjunkturpolitischen Instrumente sind im Stabilitätsgesetz vorgesehen?

5. In welcher Weise beeinflussen feste bzw. flexible Wechselkurse die Wirksamkeit der Fiskalpolitik in der offenen Volkswirtschaft?

6. Gibt es Ansatzpunkte zur finanzpolitischen Bekämpfung der Stagflation?

7. Erläutern Sie die Rolle der Finanzpolitik im Rahmen des ‚policy-mix‘, und skizzieren Sie die Unterschiede in der Wirkungsweise von Geld- und Fiskalpolitik.

8. Welche Aufgaben fallen der Finanzpolitik im Rahmen einer globalen Förderung der Strukturanpassung zu?

9. Welche Informationen können die Träger der Finanzpolitik aus der sog. Strukturberichterstattung gewinnen?

10. Welche Rolle kann die Finanzpolitik bei der globalen Förderung der Strukturanpassung spielen?

Zu Teil F:

1. Warum kritisieren monetaristisch orientierte Ökonomen die traditionelle Fiskalpolitik?

2. Aus welchen Gründen treten Zeitverzögerungen beim Einsatz fiskalpolitischer Maßnahmen auf?

3. Welche Aspekte auf der Angebotsseite müssen bei der Fiskalpolitik beachtet werden?

Literatur zum siebenten Kapitel

Zu Teil A, B .ind C:

Bombach, G., Die öffentliche Finanzwirtschaft im Wirtschaftskreislauf, in: Handbuch der Finanzwissenschaft, 1. Bd., 3. Aufl., Tübingen 1977, S. 53 ff.

Haavelmo, T., Multiplier Effects of a Balanced Budget, in: American Economic Association, Hrsg., Readings in Fiscal Policy, London 1955, S. 335 ff.

Haller, H., Finanzwirtschaftliche Stabilisierungspolitik, in: Handbuch der Finanzwissenschaft, 3. Bd., 3. Aufl., Tübingen 1981, S. 359 ff.

Haslinger, F., Volkswirtschaftliche Gesamtrechnung, 6. Aufl., München-Wien 1992.

Hesse, H., unter Mitarbeit von Schuseil, A., Theoretische Grundlagen der „Fiscal Policy", München 1983.

Heubes, J., Beschäftigungswirkungen der Fiskalpolitik, in: Wirtschaftswissenschaftliches Studium, 10. Jg., 1981, S. 56 ff.

Von der Lippe, P., Wirtschaftsstatistik, 4. Aufl., Stuttgart 1990.

Mackscheidt, K., und Steinhausen, J., Finanzpolitik I, Grundfragen fiskalpolitischer Lenkung, WiSu-Texte, 3. Aufl., Tübingen-Düsseldorf 1978.

Peacock, A. T., und Shaw, G. K., The Economic Theory of Fiscal Policy, 2. Aufl., London 1976.

Statistisches Bundesamt, Der Staat in den Volkswirtschaftlichen Gesamtrechnungen 1950–1988, Fachserie 18, Reihe S 13, Stuttgart 1989.

Stobbe, A., Volkswirtschaftslehre I: Volkswirtschaftliches Rechnungswesen, 7. Aufl., Berlin u. a. 1989.

Stobbe, A., Volkswirtschaftslehre III: Makroökonomik, 2. Aufl., Berlin u. a. 1987.

Zu Teil D:

Biehl, D., u. a., Konjunkturelle Wirkungen öffentlicher Haushalte, Tübingen 1978.

Bombach, G., u. a., Hrsg., Der Keynesianismus I, Berlin-Heidelberg-New York 1976.

Gandenberger, O., Zur Messung der konjunkturellen Wirkungen öffentlicher Haushalte, Wirtschaft und Gesellschaft, Bd. 10, Tübingen 1973.

Gutachten des Wissenschaftlichen Beirats beim Bundesministerium für Wirtschaft, Konjunkturpolitik – neu betrachtet, Studien-Reihe 38, hrsg. v. Bundesministerium für Wirtschaft, o. J. (1983).

Härtel, H.-H., Steuerschätzung, in: Handwörterbuch der Wirtschaftswissenschaft, Bd. 7., Stuttgart u. a. 1977, S. 399 ff.

Hansmeyer, K.-H., Der öffentliche Kredit, Bd. 1: Der Staat als Schuldner, Taschenbücher für Geld, Bank und Börse, Bd. 23, 3. Aufl., Frankfurt 1984.

Krause–Junk, G., Automatismen versus Autonomie. Zu einigen Konsequenzen der neuen klassischen Makroökonomik für die fiskalische Stabilitätspolitik, in: Häuser, K., Hrsg., Budgetpolitik im Wandel, Schriften des Vereins für Socialpolitik, NF Bd. 149, Berlin 1986, S. 59 ff.

Littmann, K., Wirtschaftswachstum, Konjunktur und öffentliche Finanzen, in: Arnim, H. H. v., und Littmann, K., Hrsg., Finanzpolitik im Umbruch: Zur Konsolidierung öffentlicher Haushalte, Berlin 1984, S. 31 ff.

Mackscheidt, K., und Steinhausen, J., Finanzpolitik I, Grundfragen fiskalpolitischer Lenkung, a. a. O.

Pätzold, J., Stabilisierungspolitik, 4. Aufl., Bern und Stuttgart 1991, S. 131 ff.

Sinn, H.-W., Pro und contra Crowding-Out. Zur Stichhaltigkeit dreier populärer Argumente, in: Kredit und Kapital, Bd. 16, 1983, S. 488 ff.

Stellungnahme des Wissenschaftlichen Beirats beim Bundesministerium für Wirtschaft und Finanzen, Regelmechanismen und regelgebundenes Verhalten in der Wirtschaftspolitik, in: Der Wissenschaftliche Beirat beim Bundesminsterium für Wirtschaft, Sammelband der Gutachten von 1948 bis 1972, Göttingen 1973, S. 597 ff.

Stern-Münch-Hansmeyer, Gesetz zur Förderung der Stabilität und des Wachstums der Wirtschaft, Kommentar, 2. Aufl., Stuttgart 1972.

Van Suntum, U., Konjunkturneutraler Haushalt und strukturelles Defizit, in: Das Wirtschaftswachstum, 17. Jg., 1988, S. 590 ff.

Zu Teil E:

Arnim, H. H. v., und Littmann, K., Hrsg., Finanzpolitik im Umbruch: Zur Konsolidierung öffentlicher Haushalte, Berlin-München 1984.

Claassen, E. M., Grundlagen der makroökonomischen Theorie, München 1980.

Giersch, H., Konjunktur- und Wachstumspolitik in der offenen Wirtschaft, Wiesbaden 1977.

Jarchow, H.-J., und Rühmann, P., Monetäre Außenwirtschaft I. Monetäre Außenwirtschaftstheorie, 3. Aufl., Göttingen 1991.

Kommission für wirtschaftlichen und sozialen Wandel, Wirtschaftlicher und sozialer Wandel in der Bundesrepublik Deutschland, Göttingen 1977.

Müller, U., Bock, H., und Stahlecker, P., Stagflation. Ansätze in Theorie, Empirie und Therapie, Königstein/Ts. 1980.

Neumark, F., Die komparative Bedeutung von Geld- und Fiskalpolitik für die Verwirklichung wirtschaftlicher Stabilität, Walter Eucken Institut, Vorträge und Aufsätze, Nr. 41, Tübingen 1973.

Rettig, R., und Voggenreiter, D., Makroökonomische Theorie, 5. Aufl., Düsseldorf 1985.

Rose, K., Möglichkeiten und Grenzen des Policy-mix, in: Wirtschaftswissenschaftliches Studium, 2. Jg., 1973, S. 164 ff.

Rose, K., Theorie der Außenwirtschaft, 11. Aufl., München 1992.

Simmert, D. B., Hrsg., Wirtschaftspolitik – kontrovers, Köln 1980.

Zu Teil F:

Brunner, K., und Meltzer, A. H., Stabilization of the domestic and international economy, Amsterdam 1977.

Welfens, P. J. J., Theorie und Praxis angebotsorientierter Stabilitätspolitik, Baden-Baden 1985.

Berg, H., und Cassel, D., Theorie der Wirtschaftspolitik, in: Vahlens Kompendium der Wirtschaftstheorie und Wirtschaftspolitik, Bd. 2, 5. Aufl., München 1992, Abschnitt 5.2.

Achtes Kapitel

Der finanzpolitische Einfluß auf Wirtschaftswachstum und Wirtschaftsstruktur

A. Wirkungen der Finanzpolitik auf das gesamtwirtschaftliche Wachstum

I. Das Ziel des gesamtwirtschaftlichen Wachstums

In den letzten Jahrzehnten hat sich die gesamte Weltproduktion absolut vervielfacht, und auch pro Kopf der Weltbevölkerung ergeben sich im Durchschnitt Steigerungen. Betrachtet man allerdings die einzelnen Län-

Tab. 8.1: Wachstumssituation ausgewählter Länder

	BSP pro Kopf		Bevölkerung	
	US Dollar 1992	reale Zuwachsrate[1] 1985–1992	Mio. 1992	Zuwachs-rate[1] 1985–1992
Schweiz	36230	1,1	6,9	0,9
Luxemburg	35260	3,1	0,4	0,8
Japan	28220	4,0	124,3	0,4
Schweden	26780	0,4	8,7	0,6
USA	23120	1,1	255,4	0,9
Finnland	22980	0,7	5,1	0,4
Bundesrepublik Deutschland[2]	23030	2,2	80,6	0,6
Bangladesch	220	1,7	112,8	2,2
Madagaskar	230	− 1,7	12,4	3,1
Uganda	170	1,8	17,5	3,1
Äthiopien	110	− 2,0	54,8	3,4
Tansania	110	− 1,4	26,0	3,0
Mosambik	60	− 1,3	16,6	2,7

[1] Durchschnittliche jährliche Zuwachsrate in Prozent.

Quelle: International Bank for Reconstruction and Development/The World Bank, The World Bank Atlas 1994, Washington, D.C. 1993, S. 8f. und 18f.

der, so zeigt sich eine starke Streuung der Werte (s. Tab. 8.1). Ein Großteil des Zuwachses der Weltproduktion wurde in den Ländern mit einem relativ geringen Anteil an der Weltbevölkerung erzielt. Dagegen ist in vielen Ländern mit großer Bevölkerung kaum Wachstum zu verzeichnen, jedenfalls dann, wenn es als „Pro-Kopf-Wachstum" gemessen wird. Da die Länder mit hohem Wirtschaftswachstum zugleich eine geringe **Bevölkerungszunahme** oder gar eine Stagnation der Bevölkerung verzeichnen, die armen Länder zum größten Teil jedoch hohe Bevölkerungszuwachsraten aufweisen, besteht die Gefahr, daß sich die Zahlen für das Wachstum pro Kopf der Bevölkerung noch weiter auseinanderentwickeln.

Die **Wünschbarkeit wirtschaftlichen Wachstums**[1] ergibt sich daraus, daß positive reale Wachstumsraten des Sozialprodukts den Lebensstandard erhöhen.[2] Allerdings kommt das Wirtschaftswachstum eines Landes nicht automatisch der gesamten Bevölkerung des Landes in Form höherer Löhne, besserer Infrastruktureinrichtungen usf. zugute, d. h. die als wünschenswert angesehene Verteilung ist keine zwangsläufige Folge des Wirtschaftswachstums. Zuwachsraten verbessern jedoch die Umverteilungsmöglichkeiten, weil die relativen Anteile der sozialen Gruppen, z. B. der Einkommensgruppen, leichter zu ändern sind, wenn keiner etwas weggenommen werden muß, sondern jede absolut mehr erhält als bisher, wenn auch in unterschiedlichem Ausmaß.

Das **Wachstumsziel** kann mit Hilfe der Zuwachsrate der tatsächlich erbrachten Produktion *(realisiertes Sozialprodukt)* **operationalisiert** werden (s. Tab. 8.1). Wenn der realisierte Zuwachs der Produktion die Verbesserung der Bedürfnisbefriedigungsmöglichkeiten repräsentieren würde, könnte auf diese Weise der Zuwachs des **wirtschaftlichen Wohlstands** erfaßt und gemessen werden.

Die Kritik am Sozialprodukt als alleinigem Indikator des wirtschaftlichen Wachstums führte zur Forderung nach **sozialen Berichtssystemen,** die den Wohlstand besser widerzuspiegeln vermögen. Diese Indikatoren des Wohlstandes, des Wohlbefindens oder der Lebensqualität (**soziale Indikatoren)** sollen den als eindimensional angesehenen Wachstumsindikator in Richtung auf ein **qualitatives Wachstumsziel** ergänzen und Informationen über verschiedene Lebensbereiche wie Gesundheit, Qualität des Arbeitslebens, Bestand an dauerhaften Konsumgütern, Wohnqualität oder physische Umwelt liefern. Wahrscheinlich werden sich beide Möglichkeiten der Wohlstandsmessung nebeneinander entwickeln, wobei dem Sozialprodukt bzw. Produktionspotential nicht nur Bedeutung als Wohlstandsindikator zukommt, sondern auch als konjunkturpolitischer Zielgröße (s. 7. Kapitel).

---

[1] In § 1 des Stabilitätsgesetzes wird ein stetiges und angemessenes Wirtschaftswachstum gefordert.

[2] Eine Beschränkung auf nominale Zuwachsraten wäre für die meisten Fragestellungen unvertretbar, denn dann erscheinen Wachstumsraten oft nur deshalb als sehr hoch, weil die Entwicklung der Geldentwertung unberücksichtigt bleibt. So würde eine Verdoppelung des Sozialprodukts real kein Wachstum bedeuten, wenn sich in der gleichen Zeit das Preisniveau verdoppelt hat.

Geht man im folgenden dennoch von einer wenn auch begrenzten Aussagefähigkeit des Sozialprodukts als Wohlstandsindikator aus und wird Wachstum als Merkmal nationaler Leistungsfähigkeit im internationalen Vergleich gesehen, so gelten oft schon Zuwachsraten des realen Sozialprodukts
als aussagefähige Größen. Allerdings muß die Sozialproduktsgröße auf die
Bevölkerung bezogen werden. Dabei ist die Bevölkerung nicht als Input-
faktor zu verstehen, der mit Blick auf das Zustandekommen des Sozialprodukts betrachtet wird, sondern als Empfänger. Die Höhe des Pro-Kopf-
Wachstums wird vom Bevölkerungs- und vom Wirtschaftswachstum beeinflußt; im Zeitablauf kann z. B. das **Bevölkerungswachstum** dem **Wirtschaftswachstum** davonlaufen, wie es für viele Länder der Dritten Welt gilt (s.
Tab. 8.1).

Das tatsächlich erbrachte Sozialprodukt ist möglicherweise geringer, als es
bei voller Ausnutzung der volkswirtschaftlichen Produktionsmöglichkeiten
wäre. Daher kann das *Produktionspotential* als Meßgröße des Wachstums
hinzutreten. Es wird in der Regel als derjenige **Umfang der gesamtwirtschaftlichen Produktionsleistung** definiert, der mit Hilfe der vorhandenen Produktionsfaktoren (Arbeit und/oder Sachkapital) bei gegebenem Stand der
Technik und **bei Normalauslastung aller Ressourcen erbracht werden kann.**
Eine Überschreitung des Potentialwertes durch das realisierte Sozialprodukt ist dann möglich, wenn es sich bei der Potentialgröße nicht um einen
technisch erreichbaren **Maximalwert** handelt, sondern um eine Größe, die
die technische **Normalauslastung** widerspiegelt.

Mit Hilfe des Produktionspotentials läßt sich der **Zusammenhang des Konjunkturziels mit dem Wachstumsziel** zeigen. Wenn z. B. die volkswirtschaftliche Produktionskapazität nicht ausgelastet ist, kann eine Erhöhung des
Sozialprodukts **kurzfristig** dadurch erfolgen, daß durch Expansionsstrategien versucht wird, unausgenutzte Ressourcen wieder zu beschäftigen. Ist
eine solche (nachfrageorientierte) Konjunkturpolitik erfolgreich, bewirkt
sie Wirtschaftswachstum in Form eines höheren Sozialprodukts. Wird darüber hinaus versucht, das gesamtwirtschaftliche Produktionspotential dadurch zu erhöhen, daß neue und effizientere Maschinen installiert werden
und der technische Fortschritt beschleunigt wird, so müßte die beschriebene
kurzfristige Expansionsstrategie allerdings abgelöst oder ergänzt werden
durch eine **langfristige** Wachstumspolitik, die das Produktionspotential auszuweiten hilft. Im Vordergrund dieses Kapitels steht die Analyse der Produktionskapazität und ihrer Beeinflussung. Es interessieren also in erster
Linie die **Kapazitätseffekte** der Investitionen und nicht ihre **Einkommenseffekte.** Je länger dabei die Betrachtungsperiode ist, desto stärker können die
Einkommenswirkungen vernachlässigt werden.

Ein weiterer Zielbezug ergibt sich dadurch, daß der Wirtschaftsablauf stets
von **Strukturveränderungen** begleitet ist. In der Bundesrepublik zeigen sie
sich seit etwa Mitte der siebziger Jahre deutlich in der unterschiedlichen
Entwicklung der Sektoren (z. B. Zunahme hochwertiger Dienstleistungen),
in der Inputstruktur (z. B. Anpassung an die Ölpreiserhöhungen) und insbesondere in der Arbeitsmarktstruktur (z. B. Nachfrage nach Facharbeitern
bei gleichzeitig hoher Arbeitslosigkeit ungelernter Arbeitskräfte). Hinzu

treten in den neunziger Jahren die strukturellen Besonderheiten, die sich aus dem Beitritt der neuen Bundesländer ergeben, in denen der Industrieanteil höher war und die Arbeitsproduktivität nur etwa ein Drittel derjenigen in den alten Bundesländern betrug. Da diese und andere Veränderungen in der strukturellen Entwicklung zugleich für die Konjunktur- und Wachstumspolitik sowie die seit langem betriebene sektorale und regionale Strukturpolitik bedeutsam sind, wird in den Teilen B und C nach ihrer Bedeutung für die Finanzpolitik gefragt.

II. Ein Bezugsrahmen für die Beurteilung einer finanzpolitischen Wachstumspolitik

Die Finanzpolitik übt ungewollt und manchmal gezielt Einfluß auf das Wachstum aus. Um ihn abschätzen und richtig gestalten zu können, sind neben der erfolgten Operationalisierung des Wachstumsziels Aussagen über die Wirkung der Finanzpolitik auf das angestrebte Ziel erforderlich. Derartige Aussagen über die Wirkungszusammenhänge müßte eine **Theorie der Wachstumspolitik** bieten, die die Abhängigkeit des gewünschten Wachstumsvorgangs von verursachenden Faktoren erklärt, Ansatzpunkte zu deren Beeinflussung aufzeigt und auf die Besonderheiten entwickelter Industrieländer ausgerichtet ist. Ein solcher Erklärungszusammenhang ist für die Konjunkturpolitik beispielhaft in der Theorie der „fiscal policy" analysiert worden. Mit der Erklärung der Konjunktur aus Nachfrageschwankungen wurden zugleich die Bestandteile der Nachfrage isoliert und ihre getrennte Beeinflußbarkeit aufgezeigt. Die Analyse lieferte darüber hinaus einige Informationen für eine zielgerechte Politik der Nachfragesteuerung.

a) Kapital, Arbeit und technischer Fortschritt als Wachstumsdeterminanten

Eine Theorie der Wachstumspolitik mit einer ähnlich genauen Übertragbarkeit theoretischer auf finanzpolitische Aussagen, wie sie die nachfrageorientierte Konjunkturpolitik bot, gibt es derzeit nicht. Unter den zahlreichen Analysen kann man, nicht zuletzt mit Blick auf die mögliche Verbindung zur Finanzpolitik, *zwei Ansätze* unterscheiden.[3] Im überwiegenden Teil der Literatur werden Kapital, Arbeit und technischer Fortschritt in ihrer Wirkung auf die abhängige Variable Sozialprodukt oder Produktionspotential untersucht (Potentialfaktoransatz). Die geringe empirische Erklärungskraft der darauf aufbauenden Untersuchungen führte dazu, die Ursa-

---

[3] Zum Überblick über grundlegende wachstumstheoretische Ansätze siehe Oppenländer, K. H., Wachstumstheorie und Wachstumspolitik, München 1988, S. 51 ff., Gabisch, G., Konjunktur und Wachstum, in: Bender, D., u. a., Hrsg., Vahlens Kompendium der Wirtschaftstheorie und Wirtschaftspolitik, 5. Aufl., München 1992, S. 323 ff., Teichmann, U., Grundlagen der Wachstumspolitik, München 1987, S. 69 ff.

chen des Wachstums in Einflußgrößen zu suchen, die man unter dem Begriff der Innovation zusammenfassen kann.

Der **Potentialfaktoransatz** entstand aus der Fortentwicklung der keynesianischen zur neoklassischen Wachstumstheorie. Die **Wachstumstheorie** setzt sich, vereinfacht ausgedrückt, mit den **Existenz- und Stabilitätsbedingungen für gleichgewichtiges Wachstum** (d. h. Wachstum ohne strukturelle Änderung der Sozialproduktskomponenten) auseinander. Es ist nicht ihr Ziel zu klären, ob diese Bedingungen auch in der Realität überhaupt erfüllbar sein können und durch was sie beeinflußt werden. Dennoch ergibt die Betrachtung insbesondere neoklassischer Wachstumsmodelle einige Hinweise auf mögliche Wachstumsdeterminanten. Vor dem Hintergrund der realen Erfahrungen in den fünfziger Jahren, in denen stabile Wachstumsprozesse in den Industrienationen beobachtet wurden, entstand das von Solow und Swan formulierte neoklassische Wachstumsmodell. Es geht von Substitutionsmöglichkeiten zwischen Kapital und Arbeit aus. Über funktionierende (preisreagible) Faktormärkte wird für eine variable Kapitalintensität (Verhältnis von Kapitalstock und Arbeitsinput) und damit für eine Anpassung hin zum Gleichgewicht gesorgt. Durch die Unterstellung der Gültigkeit der Grenzproduktivitätstheorie wird in diesem Modell ein stabiles Wachstumsgleichgewicht bei Vollauslastung aller Produktionsfaktoren erzielt.

Als weitere Annäherung an die Realität ist die **Einführung des technischen Fortschritts** zu sehen. In der Wachstumstheorie wird er unterschiedlich klassifiziert und analysiert.[4] So spricht man z. B. vom **autonomen** im Unterschied zum **induzierten** technischen Fortschritt, je nachdem, ob er als **exogen gegeben** vorausgesetzt wird oder von verursachenden Faktoren wie Faktorpreisveränderungen oder Investitionen abhängig gilt. Er läßt sich darstellen als an Sachkapital und Ausbildungsstand **gebundener** technischer Fortschritt, dessen Anwendung mit dem Bau neuer Produktionsanlagen bzw. dem Qualifikationsniveau der Arbeitskräfte verknüpft ist, oder als **ungebundener** technischer Fortschritt, der rein organisatorische Effizienzsteigerungen beinhaltet. Im Gegensatz zu Kapital und Arbeit, die durch ihre Mengenausweitung das Wachstum bestimmen, wird durch den technischen Fortschritt eine Produktionsausweitung pro Faktoreinsatz ermöglicht.

Der **Einfluß des technischen Fortschritts im Zusammenwirken mit** einem vermehrten Einsatz der Faktoren **Kapital und Arbeit** auf das Wachstum, hier verstanden als Ausdehnung der realen Produktionsmenge, läßt sich graphisch anschaulich anhand einer makroökonomischen Produktionsfunktion, die den üblichen ertragsgesetzlichen Verlauf aufweist, wie in Abb. 8.1 darstellen. Die Veränderung des Outputs kann dabei sowohl auf einen vermehrten Faktoreinsatz (Fall 1) als auch auf technischen Fortschritt (Fall 2) zurückgeführt werden.

Der erste Fall kann als Bewegung auf der jeweils gegebenen Produktionsfunktion interpretiert werden. Die rein mengenmäßige Ausweitung der Produktionsfaktoren führt hier zu einem gestiegenen Produktionsvolumen (von Punkt A nach Punkt B). Mit zunehmendem Faktoreinsatz nehmen allerdings die Grenz- und Durchschnitts-

---

[4] Vgl. z. B. Ott, A. E., Klassifikationen des technischen Fortschritts, in: Das Wirtschaftsstudium, 21. Jg., 1992, S. 964ff., sowie Walter, H., Wachstums- und Entwicklungstheorie, Stuttgart-New York 1993, S. 99ff.

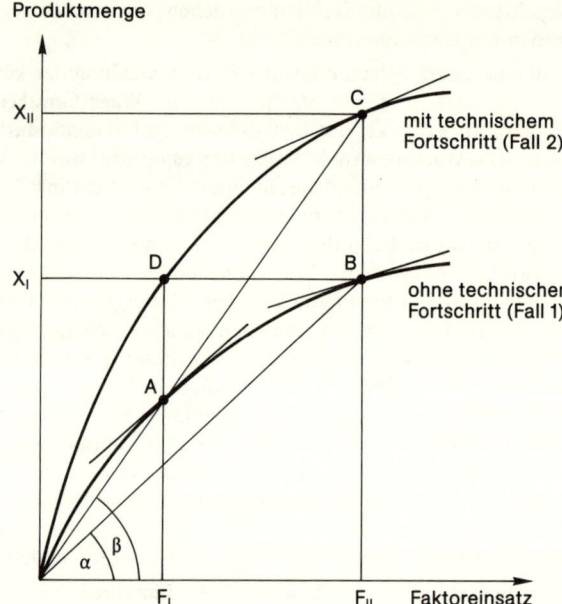

Abb. 8.1: Wirkungen von Faktormehreinsatz und technischem Fortschritt auf das Produktionswachstum

produktivitäten ab (tan α < tan ß). Dem proportionalen Mehreinsatz von Arbeit und Kapital steht ab einem gewissen Punkt eine unterproportionale Steigerung der Produktionsmenge gegenüber (sinkende Skalenerträge).

Der zweite Fall läßt sich demgegenüber als eine Verschiebung der Produktionsfunktion nach oben umschreiben. Unter Berücksichtigung des technischen Fortschritts kann mit dem ursprünglichen Faktoreinsatz F_{II} eine größere Produktionsmenge X_{II} (Punkt C) realisiert werden bzw. die gleiche Produktionsmenge X_I mit einem geringeren Faktoreinsatz F_I (Punkt D) erzeugt werden (wobei mit den dadurch freigesetzten Ressourcen ein höherer Output erwirtschaftet werden kann). Der technische Fortschritt gleicht damit die langfristig tendenziell rückläufigen Faktorproduktivitäten aus. So sind Durchschnitts- (tan ß) und Grenzproduktivitäten in Punkt A und Punkt C jeweils identisch.

Die Modelltheorie des Potentialfaktoransatzes beschreibt die Einflüsse von Arbeit, Kapital und technischem Fortschritt auf das Wirtschaftswachstum. An diesen Faktoren wären entsprechend die finanzpolitischen Instrumente anzusetzen.

b) Grenzen des Potentialfaktoransatzes: die Rolle der Innovationen

Die empirische Überprüfung der Erklärungskraft der drei Wachstumsdeterminanten führt zumeist nur zu unbefriedigenden Ergebnissen. Mit vermehrtem Arbeits- und Kapitaleinsatz allein läßt sich langfristiges Wachstum nur zum (geringeren) Teil erklären.[5] Der überwiegende Teil entfällt auf den als Residualgröße konzipierten „technischen Fortschritt". Als ein unspezifischer Ausdruck für alles, was nicht durch mengenmäßige Veränderungen des Faktoreinsatzes erklärbar ist, verkümmert er jedoch zu einer wenig aussagefähigen Größe, die dem Wachstumspolitiker nicht weiterhilft. Nicht zuletzt, weil bezogen auf den technischen Fortschritt „auf dem Gebiet der Ursachenanalyse ... derzeit noch die Finsternis vorherrscht",[6] zugleich aber im Umfeld dieses Potentialfaktors wohl die hauptsächlichen Triebkräfte des Wachstums zu suchen sind, hat sich in jüngerer Zeit eine andere Sichtweise wachstumsverursachender Größen herausgebildet, die darum bemüht ist, ein möglichst breites Spektrum unterschiedlicher Faktoren systematisch zu berücksichtigen. Es handelt sich um Erklärungsversuche, deren Ursprünge zum einen in sog. **Lebenszyklushypothesen** (einzelner Produkte, Firmen, Branchen, etc.) zu suchen sind, zum anderen in der **Auffassung wirtschaftlichen Wachstums als einem evolutorischen Prozeß** begründet liegen. So vielgestaltig diese neueren Ansätze und Erklärungshypothesen dabei im einzelnen auch sind, ihnen allen ist gemeinsam, daß das zentrale Merkmal von Wachstumsprozessen in der **Hervorbringung von Innovationen** und damit einhergehenden permanenten Strukturveränderungen gesehen wird.[7] Langfristiges Wachstum wird weitgehend mit technischer Entwicklung gleichgesetzt. Entsprechend tritt der quantitative Mehreinsatz von Arbeit und Kapital in seiner Bedeutung für Wachstumsprozesse in den Hintergrund. Demgegenüber werden die innovativen Andersverwendungen der gegebenen Produktionsfaktoren, d. h. Ursache und Auslöser technischer Neuerungen und deren Ausbreitung, ins Zentrum der Betrachtung gestellt.

Insbesondere auf Grundlage disaggregierender mikroökonomischer Erklärungsansätze wird näher analysiert, wie **Produkt- und Prozeßinnovationen** – als die wachstumsrelevanten Bestandteile unternehmerischen Handelns – von individuellen Faktoren, organisatorischen Strukturmerkmalen sowie politischen, rechtlichen und soziokulturellen Umgebungseinflüssen abhängen.[8] Die jeweilige Ausprägung dieser Größen gilt entsprechend als Be-

---

[5] Vgl. z.B. für die USA Denison, E. F., Trends in American Economic Growth, 1929–1982, Washington, D. C. 1985, S. 30ff.

[6] Ott, A. E., Klassifikationen des technischen Fortschritts, a.a.O., S. 964.

[7] Zum Überblick über diese neueren Ansätze vgl. die Zusammenfassung von Walter, H., Ansätze und offene Probleme der Wachtumstheorie, in: Wirtschaftswissenschaftliches Studium, 19. Jg., 1990, S. 287ff. Vgl. ferner: Witt, U., Hrsg., Studien zur evolutorischen Ökonomik I, Schriften des Vereins für Socialpolitik, Bd. 195/I, Berlin 1990; ders., Individualistische Grundlagen der evolutorischen Ökonomik, Tübingen 1987; Oppenländer, K. H., Zum Verständnis der neueren Wachstumspolitik, in: Gahlen, B., u.a., Hrsg., Wirtschaftswachstum und dynamischer Strukturwandel, Berlin 1989, S. 63ff.; Scherer, F. M., Innovation and Growth, Cambridge/Mass., London 1984; Scott, M. F., A New View of Economic Growth, Oxford 1989.

[8] Röpke, J., Die Strategie der Innovation, Tübingen 1977, sowie ders., Möglichkeiten und Grenzen der Steuerung wirtschaftlicher Entwicklung in komplexen Systemen, in: Borchert, M., u.a., Hrsg., Markt und Wettbewerb. Festschrift für E. Heuß zum 65. Geburtstag, Bern-Stuttgart 1987, S. 227ff.

stimmungsgrund für Anreiz und Intensität innovativer Such- und Anpassungsaktivitäten der Wirtschaftssubjekte, die im Ergebnis für immerwährenden Strukturwandel und für Situationen dauerhafter ökonomischer Ungleichgewichte sorgen, wie sie bereits in Schumpeters Metapher vom **„Prozeß der schöpferischen Zerstörung"** ihren Niederschlag gefunden haben. Dementsprechend spielt die Zahl der risikobereiten „dynamischen Unternehmer" eine bedeutsame Rolle.[9] Ihr Auftreten scheint stark von den kulturellen Gegebenheiten und sozialen Werten, insbesondere vom Vorherrschen leistungsorientierter Normen in einer Gesellschaft abzuhängen und erklärt im Vergleich zwischen entwickelten und wenig entwickelten Volkswirtschaften das Wirtschaftswachstum u. U. besser, als es allein die Investitionen vermögen.[10] Ebenfalls genauer untersucht werden in diesem Zusammenhang die innovationsfreundliche Ausgestaltung des Patent- und Wettbewerbsrechts, der steuerlichen Rahmenbedingungen, etc. sowie der Grad an Stabilität und Kalkulierbarkeit politischer Entscheidungen insgesamt.[11] Auch gibt es Hinweise darauf, daß das Ausmaß, in dem bestehende betriebliche Strukturen produktivitätssteigernd reorganisiert werden,[12] oder die Ausweitung individueller Kompetenz- und Qualifikationsniveaus im Zuge betrieblicher wie marktlicher Lernprozesse als Grundlage des Innovationsverhaltens das Wachstumspotential eines Landes in weitaus stärkerem Maße bestimmen als etwa die verfügbare Zahl an Arbeitskräften.[13]

Die Vielgestaltigkeit der mit dem Begriff der Innovation angesprochenen Faktoren sollte dennoch nicht darüber hinwegtäuschen, daß bis heute eine umfassende und empirisch befriedigende Erklärung des strukturellen Wandels auch über diesen Weg nicht vorliegt und insoweit eine zweifelsfreie Begründung für die ausschließliche Identifikation von wirtschaftlichem Wachstum mit technischem Fortschritt und seinen Innovationen nicht existiert.[14] Das ausschließliche Vertrauen auf Innovationen als Träger des Wirtschaftswachstums scheint daher weder angebracht, noch wird diese Einschätzung allseits geteilt.

---

[9] Schumpeter, J., Theorie der wirtschaftlichen Entwicklung, 6. Aufl., Berlin 1964; ders., Unternehmer, in: Handwörterbuch der Staatswissenschaften, VIII. Bd. 4. Aufl., Jena 1928, S. 476 ff.

[10] McClelland, D., Human Motivation, Glenview u. a. 1985, S. 223 ff.; ferner: Klandt, H., Das Leistungsmotiv und verwandte Konzepte als wichtige Einflußfaktoren der unternehmerischen Aktivität, in: Szyperski, N., und Roth, P., Hrsg., Entrepreneurship – Innovative Unternehmensgründungen als Aufgabe, Stuttgart 1990, S. 88 ff., sowie Weede, E., Entwicklungsländer in der Weltgesellschaft, Opladen-Wiesbaden 1985, S. 78 ff.

[11] Vgl. etwa Scully, G. W., The Institutional Framework and Economic Development, in: Journal of Political Economy, Vol. 96, 1988, S. 568 ff.

[12] Vgl. beispielsweise Leibenstein, H., The Japanese Management System, in: Aoki, M., Hrsg., The Economic Analysis of the Japanese Firm, Amsterdam 1984, S. 331 ff., sowie Bierfelder, W., Innovationsmanagement, München 1987.

[13] Vgl. Röpke, J., Evolution and Innovation, in: Dopfer K., und Raible, K.-F., Hrsg., The Evolution of Economic Systems, Basingstoke u. a. 1990, S. 111 ff.

[14] Vgl. hierzu z. B. Walter, H., Ansätze und offene Probleme der Wachstumstheorie, a. a. O., S. 290.

Eine vor diesem theoretischen Hintergrund auch gegenüber diesem Ansatz eher skeptische und zurückhaltende Position erfordert zumindest so lange das Festhalten an den gängigen drei Wachstumsdeterminanten Arbeit, Kapital und technischer Fortschritt, wie die neueren wachstums- und entwicklungstheoretischen Ansätze kein höheres Maß an inhaltlicher Geschlossenheit als zum gegenwärtigen Zeitpunkt aufweisen. Daher werden diese Determinanten für die Analyse der finanzpolitischen Maßnahmen herangezogen und zugleich als Gliederung für den Abschnitt III zugrunde gelegt.

Diese drei Faktoren können zugleich, wie bei der Behandlung des konjunkturpolitischen Ziels, als „strategische Faktoren" interpretiert werden, die es möglich machen, auch im wachstumspolitischen Zusammenhang nicht ständig die direkte Beziehung zwischen einem einzelnen finanzpolitischen Instrument und dem Wachstumsziel zu untersuchen. Die wirkungsanalytische Diskussion wird vereinfacht, wenn man auf „strategische Faktoren" zurückgreift, die als **Determinanten des Wachstums** gelten und sich daher als zu beeinflussende Größen anbieten. Neben den strategischen Faktoren, die indirekt beeinflußt werden müssen, gibt es dann die Variablen, die staatlicherseits direkt manipulierbar sind und als Instrumente angesehen werden können.

(1) Kapital

Der Produktionsfaktor Kapital kann sowohl als Instrument angesehen werden, wie im Falle staatlicher Investitionen, als auch strategischer Faktor sein, wie im Falle privater Investitionen, die durch staatliche Maßnahmen beeinflußt werden.

(2) Arbeit

Der Produktionsfaktor Arbeit ist überwiegend als strategischer Faktor anzusehen, wenngleich die öffentliche Hand als Arbeitgeber auch direkten Einfluß auf den Produktionsfaktor Arbeit ausübt.

(3) Technischer Fortschritt

Dieser „Dritte Faktor", der über die Kapital- und Arbeitsproduktivität auch auf Kapital und Arbeit einwirkt, wird hier als strategischer Faktor der Wachstumspolitik gesondert behandelt. Der technische Fortschritt besitzt zugleich den Charakter eines Instruments, wo es um die Durchsetzung und Ausbreitung von Neuerungen innerhalb des öffentlichen Sektors selbst geht. Er ist demgegenüber strategischer Faktor, wenn finanzpolitische Aktivitäten auf die Förderung von Innovationen im privaten Bereich zielen; in dieser Funktion dient seine Förderung dem Wirtschaftswachstum im Sinne beider oben erläuterter Ansätze.

Diese Gliederung erlaubt es, zahlreiche Einzelinstrumente, die wissenschaftlich diskutiert bzw. wirtschaftspolitisch angewendet werden, diesen Faktoren gut zuzuordnen.

III. Die finanzpolitische Beeinflussung von Kapital, Arbeit und technischem Fortschritt

a) Der Einfluß auf die private und staatliche Investitionstätigkeit

Soweit die Höhe des Wachstums u. a. als abhängig vom **Faktor Kapital** angesehen wird, sind die Investitionen bzw. die durch sie geschaffenen Sachkapazitäten eine wesentliche Bestimmungsgröße des Wachstums. Während die Bedeutung der **privaten Investitionen** unstrittig ist, bedarf die Rolle der **öffentlichen Investitionen** noch der Klärung. Die mit ihnen bewirkte Leistungsabgabe, insbesondere im Bereich der **Infrastruktur,** wird als wesentliche **Produktionsvoraussetzung für den privaten Sektor** angesehen. Mithin bieten die staatlichen Anreize für private Investitionen ebenso wie die staatlichen Investitionen selbst Möglichkeiten für eine finanzpolitisch ausgerichtete Wachstumspolitik.

Bei den folgenden Überlegungen bleibt die Frage nach dem wünschenswerten Umfang des privaten oder des öffentlichen Investitionsvolumens ausgeklammert; sie muß in Abwägung mit anderen Zielen der Wirtschaftspolitik beantwortet werden. Insbesondere ist politisch immer wieder neu darüber zu befinden, wie das Sozialprodukt einer Periode auf Konsum und Investition und damit auch auf die gegenwärtigen und zukünftigen Generationen verteilt werden soll; auch hier läßt die Wachstumstheorie mit ihrer Ableitung langfristig konsummaximaler Wachstumsraten[15] noch keine instrumentellen Folgerungen zu.[16] Die im folgenden zu beantwortende Frage lautet daher nur, auf welche Weise eine Erhöhung der Investitionstätigkeit, falls sie gewünscht wird, überhaupt bewirkt werden kann.

1. Die Beeinflussung der privaten Investitionen

Sofern die öffentliche Hand nicht in direkter Form die private Investitionstätigkeit vorschreiben will, muß sie versuchen, durch Wegnahme von Hemmnissen, z. B. einer steuerlichen Diskriminierung des Eigenkapitals, oder mit Hilfe von Anreizen, d. h. Maßnahmen, die keinen unmittelbaren Verhaltenszwang ausüben, die gewünschte Änderung im Investitionsverhalten herbeizuführen. Dabei kann sie zunächst Einfluß auf die Finanzierungsmöglichkeit ausüben, denn private Investoren müssen bei ihren Entscheidungen über Sachinvestitionen die ihnen durch den **Finanzierungsspielraum** gezogenen Grenzen berücksichtigen. Dieses Finanzierungspotential wird zum Teil durch die Selbstfinanzierungsmöglichkeiten der Unternehmen bestimmt. Für darüber hinaus vorgesehene Sachinvestitionen ist ein Unternehmen auf eine Finanzierung von außen (Geld- und Kapitalmarkt oder öffentliche Mittel) angewiesen. Im Rahmen dieses Finanzierungsspiel-

---

[15] Siehe dazu etwa Rose, K., Grundlagen der Wachstumstheorie, 5. Aufl., Göttingen 1987, S. 120 ff.

[16] Vgl. Timm, H., Finanzwirtschaftliche Allokationspolitik, in: Handbuch der Finanzwissenschaft, 3. Bd., 3. Aufl., Tübingen 1981, S. 213.

raums, der – neben der Geldpolitik – auch durch die Finanzpolitik beein-
flußbar ist, können private Investitionen finanziert werden. Jedoch muß
neben die finanziell gegebene Investitionsmöglichkeit auch die **Investitionsbereitschaft** treten (s. Schema 8.1).

*Schema 8.1: Ansatzpunkte für finanzpolitische Maßnahmen zur Beeinflussung der
privaten Investitionstätigkeit*

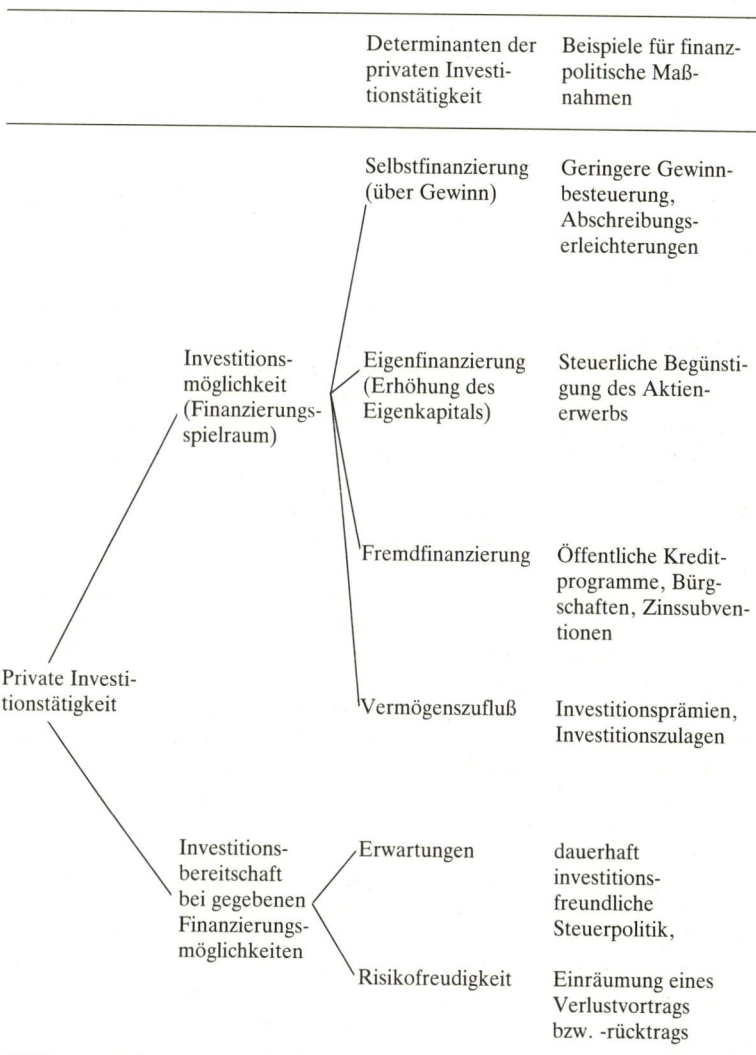

	Determinanten der privaten Investitionstätigkeit	Beispiele für finanzpolitische Maßnahmen
	Selbstfinanzierung (über Gewinn)	Geringere Gewinnbesteuerung, Abschreibungserleichterungen
Investitionsmöglichkeit (Finanzierungsspielraum)	Eigenfinanzierung (Erhöhung des Eigenkapitals)	Steuerliche Begünstigung des Aktienerwerbs
	Fremdfinanzierung	Öffentliche Kreditprogramme, Bürgschaften, Zinssubventionen
Private Investitionstätigkeit	Vermögenszufluß	Investitionsprämien, Investitionszulagen
Investitionsbereitschaft bei gegebenen Finanzierungsmöglichkeiten	Erwartungen	dauerhaft investitionsfreundliche Steuerpolitik,
	Risikofreudigkeit	Einräumung eines Verlustvortrags bzw. -rücktrags

1.1. Einwirkung auf den Finanzierungsspielraum für private Investitionen

Zunächst läßt sich die Höhe der Mittel, die vom Unternehmen im Wege der *Selbstfinanzierung* aufgebracht werden können, z. B. durch eine **gezielte Steuerpolitik** beeinflussen, in deren Rahmen eine Senkung der Grenz-, insbesondere der Spitzensteuersätze von Einkommen- und Körperschaftsteuer erfolgt, so daß mehr Mittel im Unternehmen verbleiben. Ein niedrigerer Steuersatz auf einbehaltene Gewinne begünstigt nicht nur die Finanzierungsmöglichkeiten insgesamt, sondern speziell die Selbstfinanzierung. Allerdings ist zu bedenken, daß eine Senkung des Einkommensteuer- und Körperschaftsteuerspitzensatzes nicht automatisch zu einer vermehrten Investitionstätigkeit führt. Werden die Gewinne geringer besteuert, so beinhaltet dies für eine Unternehmung zunächst nur, daß mehr Geld zur Verfügung steht, nicht aber, daß mehr investiert wird. Darüber hinaus erhöht sich der Selbstfinanzierungsspielraum durch eine steuerliche Entlastung der Gewinne nur bei denjenigen Unternehmen, die in der Lage sind, auch Gewinne zu erwirtschaften.

In den Zusammenhang der Gewinnbesteuerung gehören auch **Abschreibungserleichterungen.** Jede Erhöhung der steuerlich zulässigen Abschreibung bedeutet, daß dem Unternehmen in den ersten Jahren nach Maßgabe des Grenzsteuersatzes zusätzliche Liquidität verbleibt, die es in seine Investitionsentscheidung einplanen kann. Außer im Falle einer zusätzlichen Abschreibung, die also die Summe aller Abschreibungen erhöht, stehen für spätere Jahre entsprechend weniger Abschreibungsbeträge zur Verfügung. Als Vorteil bleibt, bezogen auf die Investition, ein Zinsgewinn, der zudem bald nach dem Investitionszeitpunkt eintritt, wenn er wegen der Ausreifungszeit von Investitionen am dringendsten gebraucht wird. Im Extremfall wird die Sofortabschreibung zugelassen, so daß sich die Steuerbemessungsgrundlage um den gesamten Investitionsbetrag vermindert. Allerdings stehen dann für die kommenden Jahre überhaupt keine Abschreibungsbeträge mehr zur Verfügung. Falls die Abschreibungserleichterung in einer Rezession gewährt wird – was unter konjunkturpolitischen Zielen richtig und daher wahrscheinlich ist – so fällt die Steuerersparnis wegen der dann niedrigeren Gewinne auch bei progressivem Steuertarif absolut geringer aus. Im Boom würden die Abschreibungsbeträge dementsprechend eine absolut höhere Steuerersparnis bewirken. Im Unterschied zu Gewinnsteuersenkungen besitzen Abschreibungserleichterungen unter dem Ziel der Investitionsförderung den positiven Effekt, unmittelbar an tatsächlich getätigte Investitionen geknüpft zu sein. Übersteigt das gesamte Abschreibungsvolumen jedoch den erwirtschafteten Gewinn, so erbringen Abschreibungsvergünstigungen für den Steuerpflichtigen keinen über die Höhe des Gewinns hinausgehenden Liquiditätsvorteil. Im Extremfall einer gewinnlosen Unternehmung ergibt sich genau wie im Fall einer Senkung der Gewinnsteuer kein zusätzlicher Finanzierungsspielraum durch Abschreibungserleichterungen.

Ein im Rahmen von Gewinnbesteuerung und Abschreibungserleichterung und deren Auswirkungen auf private Investitionen interessantes Phänomen stellt das sog. **Steu-**

erparadoxon dar. Es besagt, daß bei einem gegebenen Marktzins eine Gewinnsteuersenkung den Kapitalwert von Investitionsprojekten entgegen der landläufigen Erwartung verringern kann. Dies ist immer dann der Fall, wenn die Möglichkeit zur „beschleunigten Abschreibung" besteht, also Abschreibungen zugelassen sind, die früher erfolgen als die jeweilige Marktwertminderung des Investitionsobjekts im Zuge seiner Nutzung. Es tritt die paradoxe Situation ein, daß die Zahl rentabler Investitionsobjekte trotz Gewinnentlastung nicht steigt, sondern fällt. Das Auftreten des Steuerparadoxons unter den genannten Bedingungen wird damit begründet, daß von den Wirtschaftssubjekten per Kapitalwertmethode vorgenommene Portfolio-Vergleiche zwischen Sach- und Finanzanlagen immer dann zu entsprechenden Portfolio-Umschichtungen führen, wenn sich die Rentabilitätsstruktur ändert. Wenn nun, wie im Fall der beschleunigten Abschreibungen, der Barwert der besteuerten Gewinne kleiner ausfällt als der Barwert der tatsächlichen Gewinne, entlastet eine Steuersenkung die Finanzanlage relativ stärker als die Sachanlage und induziert somit Umschichtungen im Portfolio zugunsten der Finanzanlagen. Umgekehrt können Steuererhöhungen in Verbindung mit beschleunigten Abschreibungen zu relativen Rentabilitätssteigerungen bei Sachinvestitionen führen.[17]

Auch für die *Eigenfinanzierung* bzw. Eigenkapitalbildung bieten sich einige Ansatzpunkte für die Finanzpolitik. So lassen sich steuerliche Hemmnisse der Eigenkapitalfinanzierung abbauen. Diese Maßnahmen zur Erhöhung der Attraktivität der Beteiligungsfinanzierung, die häufig auch vermögenspolitisch gewünscht wird, schaffen zugleich zusätzliches Risikokapital (siehe 1.2), das wiederum als besonders wichtige Wachstumsvoraussetzung angesehen wird. Die steuerliche Begünstigung des Aktienerwerbs oder die Privatisierung öffentlicher Unternehmen wären Beispiele für derartige finanzpolitische Eingriffe.

Die *Fremdfinanzierung* nimmt vorwiegend den Weg der Kreditaufnahme am Geld- und Kapitalmarkt. Hierfür ist zunächst einmal eine Abstimmung mit den nicht im einzelnen zu erörternden geldpolitischen Maßnahmen von großer Bedeutung. Eine Veränderung der Geldpolitik beeinflußt den Finanzierungsspielraum der privaten Wirtschaft über die Bankenliquidität bzw. die Geldmenge. Eine Finanzpolitik, die auf das Kapitalangebot wirkt, könnte daher durch geldpolitische Maßnahmen weitgehend neutralisiert werden. Nur diejenigen privaten Investitionen, die völlig über Eigen- und Selbstfinanzierung laufen, sind dem Zugriff der Geldpolitik entzogen.

Eine unmittelbare Erweiterung der Fremdfinanzierungsmöglichkeiten bilden die **Kredithilfen,** die von **der öffentlichen Hand** in vielfältiger Form, etwa im Rahmen sektoraler und regionaler Förderungsprogramme, gewährt werden (s. unten Teil B). Dabei handelt es sich um Zinssubventionen, Bürgschaften oder öffentliche Kreditprogramme. Je weniger das zu begünstigende Unternehmen in der Lage ist, auch privaten Kredit aufzunehmen, desto

---

[17] Schneider, D., Korrekturen zum Einfluß der Besteuerung auf die Investitionen, in: Schmalenbachs Zeitschrift für betriebswirtschaftliche Forschung, NF, Bd. 21, 1969, S. 297 ff.; sowie Sinn, H.-W., Paradoxa in der Volkswirtschaftslehre, in: Zeitschrift für Sozialwissenschaft, Bd. 42, 1992, S. 263 ff.; mit Blick auf Steuerreformbemühungen in den USA: ders., The Policy of Tax Reforms. Implications for International Capital Movements, in: Neumann, M., und Roskamp, K., Hrsg., Public Finance and Performance of Enterprises, Detroit 1989, S. 153 ff.

höher muß der relative Vorteil der öffentlichen Maßnahmen im Vergleich mit einem privaten Kredit sein, um die gewünschte Investition finanziell überhaupt zu ermöglichen.

Bei **Investitionsprämien** seitens der öffentlichen Hand handelt es sich um einen *Vermögenszufluß* an Unternehmen, der bei entsprechender Ausgestaltung das Wachstum erhöhen kann. Wichtig ist dabei, daß zusätzliche Investitionen angeregt werden, da andernfalls nur Gewinnerhöhung oder Schuldenabbau gefördert werden. Um die Zusätzlichkeit zu sichern, kann man beispielsweise vorsehen, daß die Prämie nur für den Teil der Investitionen gewährt wird, der über den Durchschnitt der letzten zwei oder drei Jahre hinausgeht. Bei diesem Instrument erfolgt die Erweiterung des Finanzierungsspielraums also ebenso wie bei Zinszuschüssen unmittelbar durch die öffentlichen Mittel.[18]

Graphisch anschaulich lassen sich die **Auswirkungen staatlicher Aktivitäten auf das private Investitionsverhalten** unter der Annahme darstellen, daß bei gegebener Sparfunktion die Investition sich mit den erwarteten Nettoertragsraten verändert (s. Abb. 8.2). Die jeweilige Investitionskurve zeigt dabei die verfügbaren Ertragsraten bei unterschiedlichen Investitionshöhen. Sollen mehr Investitionen getätigt werden als in der Ausgangssituation (G_1), muß die Rentabilität (r_1) der Investitionen erhöht

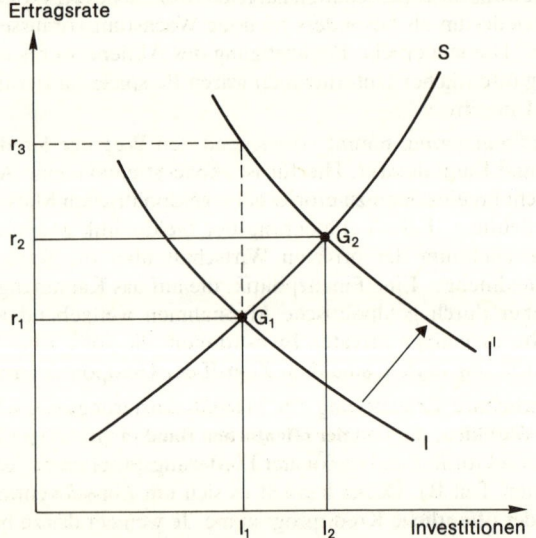

Abb. 8.2: Wirkungen staatlicher Aktivität auf private Investitionen

---

[18] Zu den Wirkungen der verschiedenen Formen von Investitionszuschüssen (steuerfreie Zulagen, steuerpflichtige Zuschüsse, Investitionsrücklagen, Investitionsfreibeträge) siehe im einzelnen: Wissenschaftlicher Beirat beim Bundesministerium der Finanzen, Gutachten zur Reform der Unternehmensbesteuerung, Schriftenreihe des Bundesministeriums der Finanzen. Heft 43, Bonn 1990, S. 25ff.

werden. Dies läßt sich durch ein Einwirken auf den Finanzierungsspielraum mittels der genannten finanzpolitischen Maßnahmen (verringerte Gewinnbesteuerung, Abschreibungserleichterungen, Zinssubventionen, Investitionsprämien etc.) erreichen. Eine Investition, die vorher unrentabel war, kann nun aufgrund der gesunkenen Kapitalkosten einen höheren Ertrag erzielen. Es kommt zu einer Verschiebung der Investitionskurve nach außen (I'), da bei jeder Investitionshöhe (I) eine höhere Ertragsrate (r) realisiert wird. Da die Ersparnis hier zinselastisch reagiert, findet sich ein neues Kapitalmarktgleichgewicht beim Zins r_2 ($> r_1$) und der höheren Investitionsnachfrage I_2 ($> I_1$) im Punkt G_2.

Die bisher diskutierten finanzpolitischen Maßnahmen beeinflussen vorwiegend die Investitions**möglichkeiten** über eine verbesserte Liquiditätssituation der Unternehmen; die Bereitschaft zur tatsächlichen Nutzung dieser Möglichkeiten hängt von der Investitions**bereitschaft** ab, deren Determinanten im folgenden zu erörtern sind.

1.2. Die Beeinflussung der privaten Investitionsbereitschaft (bei gegebener Finanzierungsmöglichkeit)

Die unternehmerische Investitionsbereitschaft wird von den Erwartungen bzw. von der **Einschätzung der zukünftigen Entwicklung** bestimmt. Die zugrundeliegenden Informationen, z. B. über die vermutliche Umsatz- und Kostenentwicklung und die daraus resultierende Entwicklung des Gewinns unter Berücksichtigung der Besteuerung, sind mit einem mehr oder minder großen Unsicherheitsfaktor versehen. Die erforderliche Bewertung dieser Informationen wird daher unterschiedlich ausfallen. Sie hängt teils von den **Entscheidungsträgern** ab (Risikobereitschaft), teils aber auch von den verfügbaren **Entscheidungshilfen**, wie Entscheidungsmodellen (mit der Möglichkeit, kostspielige Alternativrechnungen durchzuführen), Gutachten von Unternehmensberatern usw.

Bei der Vielzahl der Größen, die in eine Investitionsentscheidung eingehen, ist nicht auszuschließen, daß trotz gegebener Finanzierungsmöglichkeiten wachstumsrelevante Investitionen unterbleiben. Negative Erwartungen und/oder mangelnde Risikobereitschaft können dann die Ursachen für eine solche Situation sein.

Soweit die Investitionsbereitschaft von den *Erwartungen* bezüglich der Gewinnentwicklung abhängt, ergeben sich Einflußmöglichkeiten über die **Gewinnbesteuerung,** wie sie zuvor genannt worden sind. Wird die Gewinnsteuer dauerhaft gesenkt, können die Unternehmen mit einer Erhöhung des nach der Besteuerung verbleibenden Gewinns kalkulieren. Die gleiche Überlegung gilt für zeitlich begrenzte Vorteile, wie z. B. für vorgezogene Abschreibungen und für Sonderabschreibungen. Einige Maßnahmen, die eine Erhöhung des Finanzierungsspielraums bezwecken, beeinflussen also zugleich auch die Erwartungen, da sie sich auf das zukünftige Ergebnis der unternehmerischen Aktivitäten auswirken. Daher ist übergreifend über alle genannten Möglichkeiten zur Beeinflussung der privaten Investitionstätigkeit das **Steuersystem als Ganzes** daraufhin zu prüfen, inwieweit es Investitionen begünstigt.[19] Dann wären beispielsweise gewinnunabhängige Unternehmenssteuern (Vermögensteuer, Gewerbekapitalsteuer, Grundsteuer, Erbschaft- und Schenkungsteuer) als nachteilig zu bewerten, da sie als Sollertragsteuern Fixkostencharakter aufweisen und bei ungünstiger Gewinnlage oder bestehenden Verlusten von Unternehmen zu Liquiditätsschwierigkeiten führen können, die eventuell existenzgefährdend wirken.

Zur Beeinflussung der privaten Investitionsbereitschaft wären aber auch radikalere Reformen vorstellbar, wie z. B. die vollständige Abschaffung der Körperschaftsteuer und deren Ersatz durch eine **Cash-Flow-Besteuerung**. Im Unterschied zur Einkommen- und Körperschaftsteuer, die am Gewinn als Differenz von Ertrag und Aufwand orientiert sind, bildet die Gegenüberstellung von periodisierten Einzahlungen und Auszahlungen die steuerliche Bemessungsgrundlage der Cash-Flow-Steuer. Sie wirkt damit wie eine **Sofortabschreibung**, d. h. Investitionsausgaben sind zum Zeitpunkt der Zahlung unmittelbar steuerlich absetzbar. In Verbindung mit der steuerlichen Freistellung der Investitionen wird dabei in der Regel auch ein vollkommener Verlustausgleich gefordert, so daß ein möglicher Auszahlungsüberschuß (= Verlust) zu einer sofortigen Rückerstattung in Höhe der Steuer führt, die bei einem entsprechenden Einzahlungsüberschuß zu zahlen gewesen wäre. Um die Neutralität in Bezug auf die Rechtsform zu wahren, müßten entsprechende Regelungen auch für Einzel- und Personengesellschaften gelten, was einer allgemeinen Betriebs- und Unternehmenssteuer mit dem Cash-Flow als Bemessungsgrundlage entsprechen würde. Eine solche Steuer wäre im Idealfall mit einer **Konsumausgabensteuer** zu kombinieren (s. auch oben, S. 124 f.) die mit Blick auf die privaten Haushalte die Esparnisse oder die Kapitalerträge unbesteuert läßt. Gegen eine Cash-Flow-Besteuerung spricht allerdings nicht nur der langfristig spürbare Steuerausfall, der wegen der Sofortabschreibung und dem vollständigen Verlustausgleich zu erwarten wäre. Die unter Neutralitätsgesichtspunkten notwendige Erfassung aller Einnahmenüberschüsse (= Gewinne) würde darüberhinaus höhere Erhebungskosten nach sich ziehen.

Auch die Spartätigkeit beeinflußt Investitionsmöglichkeit und -bereitschaft zugleich. Soweit ein Zusammenhang zwischen **Investitionsmöglichkeiten und Spartätigkeit** besteht, wird die Investition langfristig auch durch ein erhöhtes Sparvolumen erleichtert. Insoweit ist dann auch im wachstumspolitischen Zusammenhang an die **Sparförderung** durch die öffentliche Hand zu denken, die, im Maße wie sie tatsächlich zu einer Erhöhung der Sparquote führt, auch das Aktivgeschäft der Banken beeinflußt und damit wahrscheinlich auf die Kreditvergabe für private Investitionen einwirkt. Neben **speziellen steuerpolitischen Maßnahmen** zur Sparförderung (z. B. steuerliche Begünstigung von Ersparnissen bei der Einkommensteuer), die den entsprechenden ausgabenpolitischen Instrumenten an die Seite gestellt werden können, ist es auch denkbar, das gesamte Steuersystem in Richtung auf eine den Konsum stärker und das Sparen weniger stark belastende **Steuerstruktur**

---

[19] Siehe im einzelnen Timm, H., Finanzwirtschaftliche Allokationspolitik, a. a. O., S. 218 ff.

umzustellen. In diese Wirkungsrichtung zielt z. B. der erwähnte Vorschlag einer Ablösung bzw. wenigstens einer Ergänzung[20] der Einkommensteuer durch eine Konsumausgabensteuer. Die Investitionsbereitschaft schließlich wird dadurch gefördert, daß ein erhöhtes Sparangebot ceteris paribus den Zins senkt und dadurch die Bereitschaft erhöht, zinsabhängige Investitionen zu tätigen.

Die **staatliche Einflußnahme auf das private Sparverhalten** läßt sich anhand eines Indifferenzkurvenschemas illustrieren, wobei die Wirtschaftssubjekte ihr Einkommen entsprechend ihren Präferenzen entweder für Konsum oder zur Ersparnisbildung verwenden können (s. Abb. 8.3). Das individuelle Nutzenoptimum wird in der Ausgangssituation dort realisiert, wo die (Einkommens-) Budgetgerade die jeweilige Indifferenzkurve tangiert (hier: Punkt G_1 mit einem Konsum C_1 und einer Ersparnis von S_1). Verringert der Staat nun beispielsweise die steuerliche Belastung der Ersparnisse, so entspricht dies einer Verbilligung der Ersparnis im Vergleich zum Konsum. Die Ertragsrate des Sparens erhöht sich. Graphisch kommt es zu einer Drehung der Budgetgeraden nach außen. Inwieweit die unterstellte Steuersenkung eine vermehrte Spartätigkeit hervorruft, hängt von der Stärke der damit einhergehenden Einkommens- und Substitutionseffekte ab. Durch den Einkommenseffekt wird der Konsum über die Vermehrung des Lebenseinkommens erhöht, während der Substitutionseffekt eine Steigerung der Ersparnisse bewirkt. Je stärker dabei Konsum und Ersparnis als substitutive Güter aufgefaßt werden können, desto stärker wird der Konsum zugunsten des Sparens reduziert.

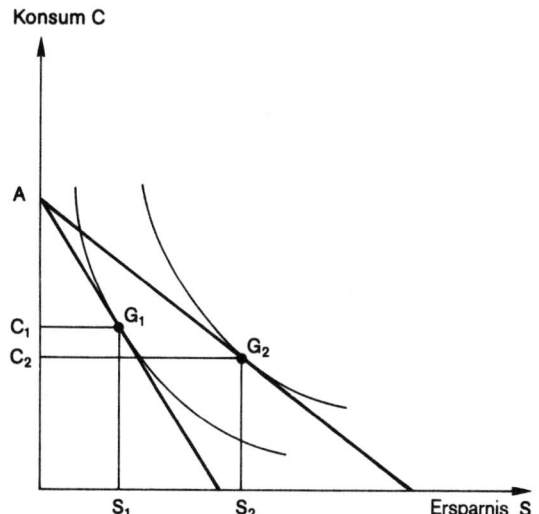

Abb. 8.3: Auswirkungen staatlicher Aktivität auf das private Sparverhalten

Die gleiche Analyse läßt sich auch für das Sparen im Unternehmenssektor durchführen. Hierbei ersetzt man den Konsum durch die Ausschüttung von Gewinnen und die

---

[20] Sievert, O., Änderungen der Steuerstruktur in Richtung auf mehr Ausgabenbesteuerung, in: Zimmermann, H., Hrsg., Die Zukunft der Staatsfinanzierung, Stuttgart 1988, S. 85 ff.

Ersparnisse durch einbehaltene Gewinne. Eine Förderung der Unternehmensersparnis kann durch eine verringerte Besteuerung der einbehaltenen Gewinne erfolgen. Die Ergebnisse entsprechen denen für die privaten Haushalte.

Neben die Einschätzung dieser unmittelbar auf die Unternehmen bezogenen finanzpolitischen Aktivitäten tritt die Erwartung bezüglich der übrigen Bestimmungsgrößen des längerfristigen gesamtwirtschaftlichen Ablaufs. Die Vorstellungen über die Entwicklung der privaten und öffentlichen Nachfrage, des Wettbewerbs oder eine Änderung der politischen Kräfteverhältnisse bestimmen ebenfalls mit, ob eine langfristige Investition als lohnend angesehen wird (**allgemeines Investitionsklima**). In diesem Zusammenhang sei nochmals darauf verwiesen, daß im Bereich der öffentlichen Verordnungstätigkeit zunehmend **Vorschriften und Auflagen** erlassen werden (Baurecht, Umweltschutz, Sicherheitsvorschriften usw.), die, auch wenn hinter ihnen anerkannte staatliche Ziele stehen, zu erheblichen Hemmnissen für private Investitionen führen können.

Risikoreiche Investitionen werden als besonders **wachstumsfördernd** angesehen. Obwohl Maßnahmen zu ihrer Förderung, beispielsweise der Verlustvor- und -rücktrag, auch die Investitionen generell stärken, werden sie wegen ihrer besonderen Rolle für technischen Fortschritt und Innovation weiter unten behandelt (s. S. 418).

2. Der Einsatz der öffentlichen Investitionen

2.1. Zur Abgrenzung der öffentlichen Investitionen und der Infrastruktur

Die öffentlichen Investitionen umfassen neben Finanzinvestitionen (Darlehen, Beteiligungen und Kapitaleinlagen der öffentlichen Hand) und Finanzhilfen (Investitions- und Zinszuschüsse) insbesondere die hier im Vordergrund stehenden Sachinvestitionen.[21] Sie sollen in späteren Perioden zu Erträgen führen, ohne daß allerdings, wie bei privat vorgenommenen Investitionen, diese Erträge immer in monetärer Form anfallen müssen. Unter Wachstumsaspekten interessieren an öffentlichen ebenso wie an den privaten Investitionen vor allem die verschiedenen Ausprägungen des **Kapazitätseffekts,** d. h. der Schaffung und Ausnutzung zusätzlicher Produktionsmöglichkeiten. Dagegen treten die Einkommenseffekte, die durch die Erstellung der Investitionen bewirkt werden und z. B. für konjunkturpolitische Ziele wichtig sind (s. oben 7. Kap., S. 335 f), zurück. Ebenfalls von geringer Bedeutung sind jene öffentliche Investitionen, die unmittelbar von den privaten Haushalten in Anspruch genommen werden (z. B. Parks, Theater), es sei denn, daß die Nutzung später der privaten Produktion zugute kommt, wie etwa im Falle der Aus- und Fortbildungsstätten. Die Leistungserstellung ist insoweit wachstumsrelevant, als sie über ihre Einkommens-(Multiplikator-)wirkungen hinaus im Wege des Akzeleratoreffekts auf die private Investitionstätigkeit wirkt.

---

[21] Vgl. zu dieser Abgrenzung: Wissenschaftlicher Beirat beim Bundesministerium der Finanzen, Gutachten zum Begriff der öffentlichen Investitionen, Schriftenreihe des Bundesministeriums der Finanzen, Heft 29, Bonn 1980, S. 29 ff.

Der Bereich, in dem öffentliche Sachinvestitionen vornehmlich getätigt werden, wird oft als „**Infrastruktur**" bezeichnet, ohne daß damit gesagt ist, daß Infrastruktur nur im öffentlichen Bereich vorkäme. – Bei öffentlichen Infrastrukturausgaben handelt es sich um solche Ausgaben, „die zwar für öffentliche Güter getätigt werden, jedoch insofern Investitionen darstellen, als **gegenwärtigem Aufwand künftige Erträge** entsprechen".[22] Infrastrukturinvestitionen werden als besonders wachstumswirksam angesehen, weil sie häufig erst die Voraussetzungen für private Investitionen schaffen, d. h. sie stellen die **Produktion der Produktionsvoraussetzungen** dar. Oft handelt es sich um Bereiche, in denen aufgrund ihrer Merkmale (hohes Ausmaß an externen Effekten, Nichtanwendbarkeit des Ausschlußprinzips, fehlende oder nicht aufgedeckte Konsumentenpräferenzen) keine privaten Investitionen vorgenommen werden. Zur Infrastruktur kann man die folgenden Bereiche rechnen:[23]

– Verkehr,
– Energie,
– Ausbildung,
– Forschung,
– Gesundheit,
– Wasserbau und Wasserwirtschaft,
– Anlagen für Kultur, Erholung, Sport sowie öffentliche Verwaltung.

Die Infrastruktur kann nach einer **materiellen** und **immateriellen** Komponente unterschieden werden. Das Sachkapital in Form von Anlagen und Ausrüstungen (z. B. Schulen, Krankenhäuser, Verkehrsnetz) bildet den materiellen Infrastrukturbestand und der Ausbildungs- und Gesundheitsstand sowie der technische und organisatorische Wissensstand der Bevölkerung (human capital) den Bestand an immaterieller Infrastruktur. Beide Formen der Infrastruktur werden sowohl durch die **öffentliche Hand** geschaffen (Straßenbau, Erweiterung des Forschungsstandes) als auch durch private **Unternehmen** (z. B. Maschinenkauf, Entwicklung von technischem „Know-how"), während im **privaten Haushalt** überwiegend von der Bildung immaterieller Infrastruktur gesprochen werden kann (z. B. Verbesserung des Ausbildungs- oder Gesundheitsstandes).

2.2. *Kapazitätseffekte der öffentlichen Sachinvestitionen in die Infrastruktur*

Wird nach den Effekten von öffentlichen Sachinvestitionen in die Infrastruktur auf das gesamtwirtschaftliche Wachstum gefragt, so läßt sich auf die **Leistungsabgabe**, also z. B. den Schulbesuch oder die Straßennutzung verweisen. Doch ist die Leistungsabgabe nicht nur von den getätigten Sachinvestitionen abhängig, sondern auch von den laufenden Personalausgaben (z. B. für Lehrer oder Autobahnpolizei). Darüber hinaus wirken staatliche

---

[22] Stohler, J., Zur rationalen Planung der Infrastruktur, in: Konjunkturpolitik, Heft 11/1965, Berlin 1965, S. 294.

[23] Die Zusammenstellung findet sich bei Frey, R. L., Infrastruktur, 2. Aufl., Tübingen-Zürich 1972, S. 1.

Regelungen auf die Leistungsabgabe ein (z. B. Schulsystem, Dauer der allgemeinen Schulpflicht und Berufsschulpflicht). Die beschriebenen Aktivitäten führen zu einem Angebot (Kapazität) an öffentlicher Infrastruktur, das durch private Haushalte und private Unternehmen genutzt werden kann (siehe Schema 8.2) und in die individuellen Nutzenfunktionen und unternehmerischen Kostenfunktionen eingeht.

Wenn die Bereitstellung der Kapazität der öffentlichen Infrastruktur geklärt ist, fragt es sich nun, wie diese Kapazitätserweiterung erfaßt und mit der Messung des Wachstums im privaten Sektor integriert werden soll. Wird das Wachstum am Zuwachs des Produktionspotentials gemessen,[24] kann man versuchen, ein „öffentliches Produktionspotential" zu erfassen und dem privaten Produktionspotential hinzuzufügen; dieser Weg wird vom Sachverständigenrat zur Begutachtung der gesamtwirtschaftlichen Entwicklung angesprochen. Dazu wäre es erforderlich, in den einzelnen Infrastrukturbereichen die unter Wachstumsüberlegungen vorgenommene Erhöhung des Leistungsangebots zu ermitteln, z. B. die Nutzungsmöglichkeit zusätzlich gebauter Straßen oder Krankenhäuser. Um ein Gesamtpotential bestimmen zu können, müßten die für die einzelnen Bereiche ermittelten Nutzungsmöglichkeiten addiert werden, was wegen des Fehlens eines gemeinsamen Nenners (z. B. Marktpreise) methodisch kaum lösbar erscheint. Daher wird „angenommen, daß (dieses) Produktionspotential stets voll ausgelastet und daher mit (seinen) Beiträgen zur Bruttowertschöpfung identisch ist".[25] Es wird also der realisierte Staatsbeitrag, der eigentlich nur für die Messung am realisierten Sozialprodukt geeignet ist, als Hilfsgröße für das öffentliche Produktionspotential eingesetzt.

Fragt man nun nach den Effekten, die eine Erhöhung der Kapazität der öffentlichen Infrastruktur auf den privaten Sektor ausübt, so lassen sich die Wege über den privaten Haushalt und über das private Unternehmen unterscheiden (s. Schema 8.2). Die Inanspruchnahme durch den privaten Haushalt würde, wenn man sie monetär bewerten könnte, das Sozialprodukt und damit das am Sozialprodukt gemessene Wachstum erhöhen. Da Leistungen aus der Infrastruktur aber auch von Unternehmen als Vorleistungen in Anspruch genommen werden, beeinflußt die öffentliche Hand mittels des größeren Angebots an Infrastrukturleistungen zugleich die private Kapitalproduktivität und damit das private Produktionspotential und die private Investitionstätigkeit. Die Bedeutung dieser öffentlichen Vorleistungen für die private Produktion wird insbesondere dann sichtbar, wenn durch Lücken im öffentlichen Leistungsangebot Engpaßsituationen im privaten Bereich auftreten. Den Unternehmen können schließlich auch die von privaten Haushalten in Anspruch genommenen Leistungen wiederum zugute kommen, sofern sie nicht konsumtiver, sondern, wie etwa Fortbil-

---

[24] Ein anderer Weg wird in der Entstehungsrechnung der Volkswirtschaftlichen Gesamtrechnung beschritten. Dort wird der Beitrag des Sektors „Staat" (s. oben 7. Kapitel, S. 303 ff.) zum privat erstellten Sozialprodukt addiert.

[25] Sachverständigenrat zur Begutachtung der gesamtwirtschaftlichen Entwicklung, Jahresgutachten 1992/93, Stuttgart 1992, Anhang IV, S. 259.

Schema 8.2: *Effekte der öffentlichen Sachinvestitionen in die Infrastruktur auf den privaten Sektor*

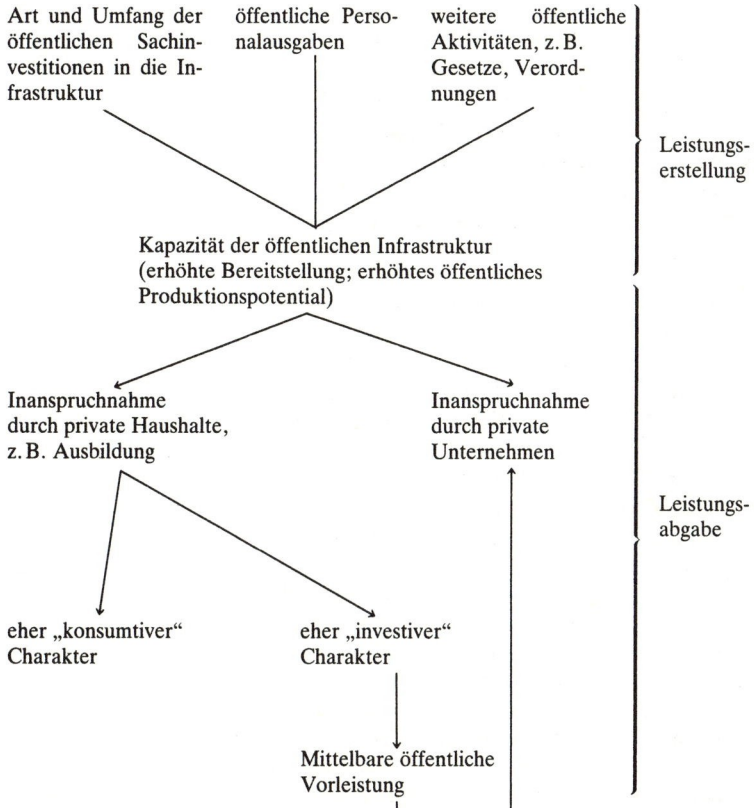

Art und Umfang der öffentlichen Sachinvestitionen in die Infrastruktur

öffentliche Personalausgaben

weitere öffentliche Aktivitäten, z. B. Gesetze, Verordnungen

Leistungserstellung

Kapazität der öffentlichen Infrastruktur (erhöhte Bereitstellung; erhöhtes öffentliches Produktionspotential)

Inanspruchnahme durch private Haushalte, z. B. Ausbildung

Inanspruchnahme durch private Unternehmen

Leistungsabgabe

eher „konsumtiver" Charakter

eher „investiver" Charakter

Mittelbare öffentliche Vorleistung

dungskurse, eher investiver Art sind. Sie kann man daher auch als **mittelbare öffentliche Vorleistungen** ansehen.

Ein ungewöhnliches Beispiel für diese Zusammenhänge bieten die neuen Bundesländer. Die nach der deutschen Einheit einsetzenden öffentlichen Investitionen bauten Engpässe ab, insbesondere zunächst in den Ost-West-Verkehrs- und Nachrichtenverbindungen. Daraufhin erhöhte sich die Produktivität privater Investitionen. In gleicher Weise wirkten die öffentlich geförderten Aus- und Weiterbildungsmaßnahmen, die durch private Haushalte in Anspruch genommen wurden und zweifellos „investiven" Charakter hatten.

2.3. Öffentliche Infrastruktur und private Investitionstätigkeit

Die zahlreichen Beziehungen, die zwischen öffentlichen Sachinvestitionen und privater Produktionstätigkeit bestehen (s. Schema 8.2), machen es wenig wahrscheinlich, daß in absehbarer Zeit eine handlungsorientierte

Theorie über den notwendigen Gesamtumfang und die zweckmäßige Struktur der öffentlichen Investitionen zur Erzielung eines wünschenswerten Wachstums des Produktionspotentials bereitstehen wird. In der Zwischenzeit ist nur ein mehr oder weniger punktuelles Vorgehen möglich. Will man dennoch Handlungsmöglichkeiten gruppieren, so lassen sich zwei Eingriffsarten für die öffentliche Hand unterscheiden: Sie kann

(1) **Umfang und Struktur** ihrer Sachinvestitionen in die Infrastruktur (sowie ihrer weiteren Inputs) und damit das öffentliche Leistungsangebot bestimmen und

(2) versuchen, auf die **Inanspruchnahme** der öffentlichen Leistungen einzuwirken.

Wenn die *Auswahl unter den* zu tätigenden *Infrastrukturinvestitionen* getroffen werden soll, besteht eine Möglichkeit des punktuellen Vorgehens darin, daß man diejenigen Bereiche der Infrastruktur auswählt, in denen im Hinblick auf Bestand und Nutzung **Engpässe** bestehen, deren Beseitigung Kapazitätseffekte im privaten Bereich induziert. Ein solcher Engpaß ist beispielsweise dann gegeben, wenn neuentdeckte Rohstoffvorkommen mangels ausreichender Verkehrsinfrastruktur nicht abgebaut werden können.

Die Orientierung an Engpaßsituationen hat allerdings häufig den Nachteil, daß öffentliche Investitionen an der Stelle des jeweils größten im Augenblick sichtbaren Bedarfs vorgenommen werden. Wenn der Entscheidungshorizont räumlich und zeitlich ausgedehnt wird, können sich andere Prioritäten für den Einsatz der Investitionen ergeben. Wenn z. B. der Straßen- und Autobahnbau am kurzfristig auftretenden Bedarf ausgerichtet würde, der aus der Verkehrsdichte auf vorhandenen Straßen abgeleitet wird, so müßten die meisten Verkehrswege auch weiterhin in Ballungsgebieten geschaffen werden. Dadurch würden diese Gebiete möglicherweise attraktiver, zögen neue Unternehmen und Bewohner an, wiesen erneut eine größere Verkehrsdichte auf usw. Im Rahmen einer vorausschauenden Politik des dezentralen Wachstums (s. unten S. 433 ff.) würden dagegen neue Straßen möglicherweise in zu entwickelnden Regionen gebaut werden, um deren Attraktivität zu erhöhen, sofern dort je investierter Mark der größere Beitrag zum gesamtwirtschaftlichen Wachstum zu erwarten ist.

Ähnlich wie bei den Überlegungen zum Einfluß der Steuerstruktur auf die privaten Konsum- und Investitionsentscheidungen kann man auch hier den Anteil der auf private Haushalte und Unternehmen entfallenden Aktivität, in diesem Falle an haushaltsorientierter und unternehmensorientierter öffentlicher Infrastruktur, als strategische Variable ansehen. Bei überproportionaler Zunahme der haushaltsorientierten Infrastruktur ergeben sich auf den ersten Blick negative Auswirkungen auf die privaten Investitionen, mit anderen Worten: Je mehr öffentliche Vorleistungen die private Produktionstätigkeit verbilligen, desto höher fällt u. U. der Investitionseffekt und damit das investitionsabhängige Wachstum aus. Eine Ausnahme macht hier nur derjenige Teil der haushaltsorientierten öffentlichen Infrastruktur, der zu den erwähnten mittelbaren Vorleistungen für Unternehmen führt (Schema 8.2, unterer Teil).

Es sollte in diesem Zusammenhang nicht vernachlässigt werden, daß neben Umfang und Zusammensetzung der öffentlichen Infrastruktur auch der jeweilige *Erhaltungszustand eines* gegebenen *Infrastrukturbestandes* von erheblicher Wachstumsrelevanz ist. Gerade der Frage nach den laufenden **Erhaltungsausgaben** und **Erneuerungsmaßnahmen** wurde jedoch erst in jüngerer Zeit verstärkt Beachtung geschenkt. Dabei besteht hier nicht allein ein fiskalisches Problem in der Form, daß die Infrastrukturerhaltung bei in der Regel progressiven Erhaltungskostenverläufen zukünftig zu erheblichen Mehrausgaben der öffentlichen Hand führen muß. Daneben ist mit erheblichen negativen Effekten für den effizienten Einsatz betrieblicher Ressourcen und die Bereitschaft zu neuen privaten Investitionen zu rechnen, wenn zusätzlich zu möglicherweise bestehenden Lücken im öffentlichen Infrastrukturangebot bei der gegebenen Infrastrukturausstattung ein einmal erreichtes Qualitätsniveau langfristig nicht gesichert werden kann. Dem wirtschaftlichen Wachstum würde damit eine nicht unwesentliche Grundlage entzogen.

Die öffentliche Hand kann die *Inanspruchnahme* der von ihr bereitgestellten Leistungen in einzelnen Bereichen der Infrastruktur *beeinflussen* und damit zusätzliche Wachstumseffekte auslösen. Wenn z.B. die Berufsausbildung als wachstumswirksam angesehen wird und verbessert werden soll, so genügt es nicht, die öffentlichen Einrichtungen auf die Aufnahme entsprechend hoher Schülerzahlen auszurichten. Es ist vielmehr erforderlich, sowohl den Bildungsinhalt als auch den Personenkreis, der ausgebildet werden soll, näher zu bestimmen. Soll von einer **zwangsweisen Inanspruchnahme,** z.B. einer erweiterten Schulpflicht, abgesehen werden, so ist es denkbar, die Inanspruchnahme durch öffentliche Unterstützungsprogramme zu beeinflussen (z.B. Ausbildungsförderungsprogramme). – Bei diesem Aspekt der Wachstumspolitik bestehen Überschneidungen von Finanzwissenschaft und Bildungsökonomie.

3. Gesamtwirtschaftliche Investitionsquote und intergenerative Lastverteilung

Mit den in den vorhergehenden Abschnitten diskutierten öffentlichen und privaten Entscheidungen über die Höhe und Struktur der gesamtwirtschaftlichen Investitionsquote ist gleichzeitig die intergenerative Lastverteilung angesprochen. Eine Erhöhung der Investitionsquote geht auf Kosten des **gegenwärtigen Konsums,** umgekehrt würde ein Zuwachs des Konsums die Investitionsmöglichkeiten der Gegenwart und damit die **Konsummöglichkeiten der Zukunft** verringern. Da Investitionen, insbesondere diejenigen des Staates, durch eine lange Ausreifungszeit charakterisiert sind, können sie als eine Art Besteuerung der heutigen Bevölkerung zugunsten kommender Generationen angesehen werden. Würde heute also z.B. in einem Land ein Mangel an öffentlicher Infrastruktur festgestellt, so kann hier ein Versäumnis vergangener Generationen vorliegen, die es unterließen, öffentliche Infrastrukturinvestitionen vorzunehmen, bzw. die den Konsum privater Güter vergleichsweise höher einschätzten.

Es ist allerdings nicht einfach, die heutige Generation dazu zu bringen, zugunsten zukünftiger Generationen auf heutigen Konsum zu verzichten.

Soweit diese Überlegungen dazu führen, die öffentlichen Investitionen zu erhöhen, wäre es nämlich erforderlich, die öffentlichen Einnahmen zu erhöhen oder umzustrukturieren. Eine **verstärkte Steuerfinanzierung** führt insbesondere dann, wenn sie mit Investitionen für spätere Generationen begründet wird, möglicherweise zu verstärktem **Steuerwiderstand**. Will man dennoch nicht auf zukunftswirksame Infrastrukturinvestitionen verzichten, so könnte durch eine **vermehrte Schuldaufnahme** das Problem des Steuerwiderstandes vielleicht gelöst werden.

In diesem Zusammenhang wurde die These aufgestellt, daß es möglich sei, mit Hilfe der Schuldfinanzierung solcher langfristigen Vorhaben die „Last" der heute zu leistenden **Infrastrukturausgaben auf zukünftige Generationen zu verlagern.** Die These wurde mit dem Hinweis darauf, daß es im Falle der privaten Verschuldung (z. B. Autokauf auf Wechsel) möglich sei, die Last der Ausgaben zeitlich zu verschieben, begründet. Die Diskussion um die Chance einer *zeitlichen Lastverschiebung* mit Hilfe der öffentlichen Schuld läßt sich anhand mehrerer Ansätze gliedern, die sich dadurch unterscheiden, daß in ihnen jeweils ein anderer Begriff von der zu verschiebenden „Last" öffentlicher Ausgaben verwendet wird.[26] Ihnen liegt i. d. R. die Annahme der Vollbeschäftigung zugrunde; außerdem wird ein gegebenes Budgetvolumen unterstellt.

(1) Eine These lautet, daß eine heute aufgenommene und von späteren Generationen zurückgezahlte Schuld insofern eine Verschiebung der „Last" bedeute, als diejenige Generation die Last zurückzahle, die auch den Nutzen aus der Investition ziehe. Da mit der Schuld aber auch die ihr entsprechenden Vermögenstitel in die Zukunft vererbt werden, d. h. nicht nur eine Last, sondern auch ein Vorteil weitergegeben wird, kommt es bei der Rückzahlung in der Zukunft nur noch zu einem innergenerativen Vermögenstransfer zwischen Gläubiger und Schuldner. Eine intergenerative Lastverschiebung ist insoweit nicht gegeben. Außerdem erwies sich diese **„zahlungstechnische" Sicht** der Schuldfinanzierung auch mit Blick auf den Ressourcenverbrauch als irreführend; denn unabhängig davon, ob die Investition über Steuern oder Schuldaufnahme finanziert wird, müssen die Ressourcen (z. B. zum Bau eines Staudamms) in der Periode, in der die Investition getätigt wird, auch aufgebracht werden. Sieht man mithin *Last als „Entzug von Ressourcen aus privater Verwendung"* an, so kommt es nicht zu ihrer Verlagerung in die Zukunft.

(2) Zu dem entgegengesetzten Ergebnis kommt **J. M. Buchanan**, wenn er den Begriff der *Last als individuelle Nutzeneinbuße* interpretiert. Sofern die **Anleihezeichnung freiwillig** vorgenommen wird, kommt es in der Gegenwart zu keinem Wohlfahrtsverlust. Eine Belastung entsteht erst in der Zukunft, wenn die Anleihe zurückgezahlt werden muß und zu die-

---

[26] Einen systematischen Überblick zu dieser Diskussion gibt Gandenberger, O., Intertemporale Verteilungswirkungen der Staatsverschuldung, in: Haller, H., und Albers, W., Hrsg., Probleme der Staatsverschuldung, Schriften des Vereins für Socialpolitik, NF Bd. 61, Berlin 1972, S. 189 ff.

sem Zweck die Besteuerung erhöht wird. Die Belastung liegt dann im **Zwangscharakter der Besteuerung.** Im Falle der Anleihefinanzierung kommt es also erst bei den zukünftigen Zinssteuerzahlern zu einer Wohlfahrtseinbuße. Allerdings bliebe zu prüfen, ob sich das „Belastungsgefühl" der Anleihezeichner erhöhen würde, wenn sie nicht der **sog. Schuldenillusion** unterlägen. So ist nicht auszuschließen, daß die Kenntnis der zukünftigen Steuererhöhung zur Schuldentilgung die Zeichnungsbereitschaft herabsetzen würde; die Schuldenillusion wäre dann nicht vorhanden.

(3) Differenzierter fällt das Ergebnis im Rahmen des dritten Ansatzes aus, in dem die *Last als Wachstumseinbuße* interpretiert wird. Die Vertreter dieses Ansatzes gehen von dem unvermeidbaren Tatbestand aus, daß die vom Staat beanspruchten Ressourcen entweder auf Kosten des privaten Konsums oder der privaten Investitionen gehen, und fragen nach der Höhe des privaten Investitionsvolumens bei Steuer- gegenüber Kreditfinanzierung bei gegebenem Staatsanteil.

Wenn der private **Konsum** in der Gegenwart stark eingeschränkt und damit vermehrt private **Investitionen** ermöglicht werden, so ist der **vererbte Kapitalstock** besonders hoch. Dies ist z. B. bei der Besteuerung der Fall, sofern sie, etwa in der Form der Umsatz- und Verbrauchsbesteuerung, den Konsum stark zurückdrängt. Damit würde der Gegenwartskonsum niedrig gehalten, und ein hoher privater Kapitalstock könnte gebildet und weitergegeben werden. Die „Last" läge dann bei der gegenwärtigen Generation in Form des Konsumverzichts.

Wählt man dagegen die **Anleihefinanzierung** und geht davon aus, daß sie den Konsum weniger stark trifft, als es bei der Steuerfinanzierung der Fall wäre, so ergibt sich ein vergleichsweise höherer Gegenwartskonsum, und es würde ein vergleichsweise niedrigerer privater Kapitalstock vererbt.

Beim Vergleich der beiden Finanzierungsinstrumente, der Steuer bzw. der Anleihe, ergibt sich unter den hier gewählten Wirkungshypothesen ein unterschiedlicher Wachstumseffekt, der in unterschiedlichen Volumina des in die Zukunft weitergegebenen privaten Kapitalstocks besteht.

Die **Last** liegt bei diesem Ansatz im **Konsumverzicht,** und eine Lastverschiebung in die Zukunft findet statt, wenn es gelingt, der folgenden Generation über die Anleihefinanzierung einen geringeren privaten Kapitalstock zu vererben, d. h. den Konsumverzicht in der Zukunft stattfinden zu lassen.

Ob es im Rahmen der dritten Sichtweise zu einer Lastverschiebung kommt, hängt von der **Hypothese über die** jeweilige **Wirkung der** beiden **Finanzierungsalternativen auf Konsum und Investition** ab. Da aber über die Effekte einzelner Steuer- und Schuldarten auf Konsum und Investition wenig bekannt ist (vgl. im 7. Kapitel die Ausführungen zum Konjunkturzuschlag, S. 347f.) und das Ziel einer intergenerativen Lastverteilung bisher nicht konkretisiert wurde, erscheint eine gezielte wachstumsorientierte Steuerung der intergenerativen Lastverteilung bisher kaum möglich.

b) Einwirkungsmöglichkeiten auf den Produktionsfaktor Arbeit

1. Ansatzpunkte einer wachstumsorientierten Arbeitsmarktpolitik im Überblick

Da das gesamtwirtschaftliche Wachstum neben dem Faktor Kapital weitgehend auch vom Faktor Arbeit bestimmt wird, kann eine auf die Arbeitskräfte ausgerichtete Wachstumspolitik ebenso wichtig sein wie eine an den Investitionen orientierte Politik. Unter Wachstumsaspekten ist eine Situation mit hoher Arbeitslosigkeit gleichermaßen unerwünscht wie eine Situation, in der der Faktor Arbeit zu knapp ist und einen Engpaß für weiteres Wachstum bildet.

Wenn spürbare Arbeitslosigkeit herrscht, so ist zunächst der konjunkturpolitische Aspekt (konjunkturelle Arbeitslosigkeit) vom wachstumspolitischen Aspekt (strukturelle Arbeitslosigkeit) zu trennen. Soweit die Ursache nur in einer vorübergehenden Nachfrageschwäche liegt und lediglich die Besetzung der Arbeitsplätze mit den vorhandenen passenden Arbeitskräften verhindert wird, so liegt ein konjunkturpolitisches Problem vor. Wenn aber trotz der Arbeitslosigkeit zahlreiche offene Stellen nicht besetzt werden können, fehlt es den arbeitslosen Arbeitskräften für die Besetzung der vorhandenen Arbeitsplätze entweder an der erforderlichen Mobilitätsbereitschaft oder an der notwendigen Qualifikation. Schließlich können überhaupt Arbeitsplätze fehlen. Die beiden zuletzt genannten Probleme, deren Lösung oft als Aufgabe dem Wachstumsziel zugeordnet wird, treten in der Regel gleichzeitig auf, wenn auch auf verschiedenen regionalen und branchenmäßigen Teilarbeitsmärkten mit unterschiedlicher Intensität. Mit dem Stichwort „Arbeitslosigkeit" ist also ein Grenzgebiet zwischen Konjunktur- und Wachstumspolitik bezeichnet[27]. Ihre Lösung würde gleichzeitig das gesamtwirtschaftliche Ziel einer Senkung der Arbeitslosenquote und das wachstumspolitische Ziel eines vergrößerten Sozialprodukts erreichen helfen.

Die folgenden Überlegungen konzentrieren sich weitgehend auf den Fall, daß in der Volkswirtschaft insgesamt unbeschäftigte Arbeitskräfte vorhanden sind, sei es, weil Arbeitsplätze fehlen, sei es, weil vorhandene Arbeitskräfte unzureichend qualifiziert oder zu immobil sind. Unter Wachstumsaspekten ergeben sich dann mehrere Handlungsmöglichkeiten (vgl. zum folgenden Schema 8.3):

(1) So kann versucht werden, die **Anzahl der Arbeitsplätze** als Ansatzpunkt einer Arbeitsmarktpolitik zu wählen. Eine Erhöhung der Nachfrage nach Arbeitskräften ergibt sich im Rahmen allgemeiner Konjunktur- und Wachstumsprogramme („Globalsteuerung") und über eine gezielte

---

[27] Ein weitgehend anderes Instrumentarium müßte hingegen angewendet werden, wenn der Faktor Arbeit in Zukunft einmal wieder Engpaßfaktor werden sollte, etwa wegen Überalterung der Bevölkerung. Siehe dazu Zimmermann, H., und Henke, K.-D., Finanzwissenschaft, Eine Einführung in die Lehre von der öffentlichen Finanzwirtschaft, 1. Aufl., München 1975, S. 309–313.

Schema 8.3: Ansatzpunkte einer Arbeitsmarktpolitik

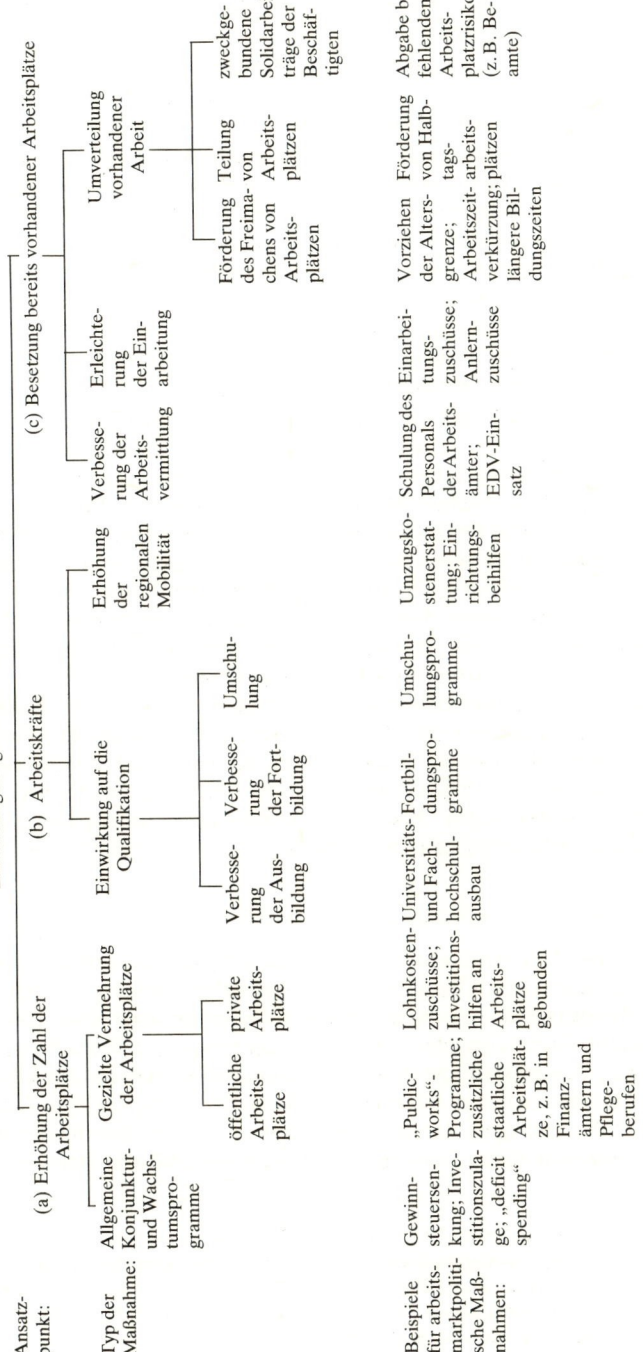

Einwirkungsmöglichkeiten auf den Faktor „Arbeit"

Ansatzpunkt:	(a) Erhöhung der Zahl der Arbeitsplätze			(b) Arbeitskräfte				(c) Besetzung bereits vorhandener Arbeitsplätze				
Typ der Maßnahme:	Allgemeine Konjunktur- und Wachstumsprogramme	Gezielte Vermehrung der Arbeitsplätze		Einwirkung auf die Qualifikation			Erhöhung der regionalen Mobilität	Verbesserung der Arbeitsvermittlung	Erleichterung der Einarbeitung	Umverteilung vorhandener Arbeit		
		öffentliche Arbeitsplätze	private Arbeitsplätze	Verbesserung der Ausbildung	Verbesserung der Fortbildung	Umschulung				Förderung des Freimachens von Arbeitsplätzen	Teilung von Arbeitsplätzen	zweckgebundene Solidarbeiträge der Beschäftigten
Beispiele für arbeitsmarktpolitische Maßnahmen:	Gewinnsteuersenkung; Investitionszulage; „deficit spending"	„Public-works"-Programme; zusätzliche staatliche Arbeitsplätze, z.B. in Finanzämtern und Pflegeberufen	Lohnkostenzuschüsse; Investitionshilfen an Arbeitsplätze gebunden	Universitäts- und Fachhochschulausbau	Fortbildungsprogramme	Umschulungsprogramme	Umzugskostenerstattung; Einrichtungsbeihilfen	Schulung des Personals der Arbeitsämter; EDV-Einsatz	Einarbeitungszuschüsse; Anlernzuschüsse	Vorziehen der Altersgrenze; Arbeitszeitverkürzung; längere Bildungszeiten	Förderung von Halbtagsarbeitsplätzen	Abgabe bei fehlendem Arbeitsplatzrisiko (z.B. Beamte)

Vermehrung der Arbeitsplätze im öffentlichen und privaten Sektor. Weiterhin läßt sich

(2) Einfluß auf die **Qualifikation und Mobilität** des Faktors Arbeit nehmen; d.h. die Arbeitskräfte selbst werden zum Ansatzpunkt einer Arbeitsmarktpolitik. Schließlich läßt sich

(3) im Zusammenhang mit der Besetzung von Arbeitsplätzen die **vorhandene Arbeit** auf eine größere Anzahl von Personen **verteilen.** Die Verkürzung der Lebensarbeitszeit der beschäftigten Bevölkerung führt u. U. zu mehr Beschäftigung der zuvor arbeitslosen Bevölkerung. Weiterhin zählt die Verbesserung der Arbeitsvermittlung, z. B. über eine bessere Schulung des Personals von Arbeitsämtern und den Einsatz zusätzlicher Informationssysteme, sowie die Erleichterung der Einarbeitung zu den arbeitsmarktpolitischen Eingriffen, die ihren Ansatzpunkt bei der Besetzung von Arbeitsplätzen haben.

Dieser kurze Überblick über drei arbeitsmarktpolitische Ansätze einer Politik der Vollbeschäftigung müßte ergänzt werden um eine gründliche Diagnose der Arbeitslosigkeit nach Teilmärkten sowie nach demographischen und sozio-ökonomischen Merkmalen der arbeitslosen Bevölkerungsgruppen.[28] Eine solche Diagnose, erweitert um Informationen über das Einstellungsverhalten der Arbeitgeber, die Vermittlungstätigkeit der Arbeitsämter, Art und Umfang der sozialen Absicherung im Falle der Arbeitslosigkeit und ihr Einfluß auf das Arbeitsangebot, Umfang und Struktur der Schwarzarbeit usw., würde die Analyse der vielfältigen Ursachen der unterschiedlichen Arten von Arbeitslosigkeit (konjunkturelle, strukturelle, saisonale und friktionelle Arbeitslosigkeit) erleichtern. Die Last der Bekämpfung von Arbeitslosigkeit kann aber nicht von diesen Instrumenten allein getragen werden, denn sie stellen oft eher ein Kurieren an den Symptomen dar. Sie muß vor allem bei den in Abschnitt II behandelten Anreizen für den privaten Sektor liegen, zusätzliche Arbeitsplätze, insbesondere im Wege zusätzlicher Investitionen, zu schaffen.

2. Finanzpolitische Bezüge der Arbeitsmarktpolitik

Der kurze Überblick über die zahlreichen Formen arbeitsmarktpolitischer Maßnahmen (vgl. Schema 8.3) zeigt, daß sie ganz unterschiedliche Bezüge zur Finanzpolitik aufweisen. Zu den nicht im direkten Sinne finanzpolitischen Maßnahmen zählen z. B. eine Verkürzung der Jahresarbeitszeit, eine längere Bildungszeit, die bessere Organisation der Arbeitsvermittlung oder die Herabsetzung der Altersgrenze (Ausdehnung der flexiblen Altersgrenze).[29] Der Umstand, daß diese Maßnahmen nicht zu den finanzpolitischen Instrumenten zählen, schließt jedoch nicht aus, daß von ihnen Wirkungen

---

[28] Siehe dazu z. B. Sachverständigenrat zur Begutachtung der gesamtwirtschaftlichen Entwicklung, Jahresgutachten 1980/81, Bundestagsdrucksache 9/17, S. 61 ff.

[29] Bei einer übergreifenden Betrachtung müßten zu den nicht-finanzpolitischen Maßnahmen der Arbeitsmarktpolitik auch die Lohn- und Einkommenspolitik, die Wettbewerbspolitik usw. gezählt werden.

auf die öffentlichen Finanzen ausgehen, die die Einschätzung alternativer Maßnahmen der Arbeitsmarktpolitik erheblich beeinflussen können. Am **Beispiel einer Ausdehnung der flexiblen Altersgrenze** sei diese Auswirkung auf die öffentliche Finanzwirtschaft erläutert. Je nach der Höhe der gezahlten Altersbezüge wird von einer solchen Regelung unterschiedlich stark Gebrauch gemacht; genaue Voraussagen sind sehr schwierig, wären aber für die Berechnung der finanziellen Wirkungen erforderlich. Mehr Rentner bedeuten – bei einer weitgehenden Sozialabgabenbefreiung dieser Bevölkerungsgruppe – weniger Beiträge zur Rentenversicherung bei gleichzeitig steigenden Rentenausgaben. Gleichzeitig sinken die Steuereinnahmen, da Renteneinkünfte in der Regel steuerfrei sind. Ebenso können die Beitragseinnahmen der gesetzlichen Krankenversicherung sinken, da Rentner vergleichsweise geringe Krankenversicherungsbeiträge zahlen; zugleich verursachen sie aber besonders hohe Gesundheitsausgaben. Weiterhin entfallen auch die Beiträge zur Arbeitslosenversicherung. Den genannten „Kosten" stehen die Einsparungen bei der Arbeitslosenunterstützung gegenüber, die bei vorzeitiger Verrentung auftreten. Schließlich ergibt sich, soweit die flexible Altersgrenze ausgenutzt wird, der angestrebte und einer monetären Bewertung schwer zugängliche Nutzen eines höheren Beschäftigungsstandes, sofern der freigewordene Arbeitsplatz durch einen Arbeitslosen wieder besetzt wird. Im Zuge des Abbaus der Arbeitslosigkeit, der durch die Ausdehnung der flexiblen Altersgrenze gefördert werden soll, kommt es dann zu positiven Wirkungen auf Konjunktur und Wachstum und damit wiederum auf die Lage der öffentlichen Finanzen.

Ähnliche wie die hier an einem Beispiel skizzierten Wirkungen lassen sich auch für andere arbeitsmarktpolitische Programme, z. B. die Verlängerung der Bildungszeit, ermitteln.

Mit den im Schema 8.3 genannten Möglichkeiten, den Produktionsfaktor „Arbeit" zu beeinflussen, wird nicht nur Wachstumspolitik betrieben. Wie bereits angedeutet, sind solche Maßnahmen

- **konjunkturpolitischer Art**, etwa wenn in einer Rezession einmalige und befristete Ankurbelungsprogramme im Rahmen einer kurzfristig angelegten Globalsteuerung durchgeführt werden;
- **regional- oder sektoralpolitischer Art**, etwa um bestimmte Formen der strukturellen Arbeitslosigkeit zu bekämpfen;
- auch direkt auf das **gesamtwirtschaftliche Wachstum** gerichtet, z. B. wenn das gesamte System der beruflichen Bildung über die Zeit verstärkt auf die Erzielung höherer Abschlüsse als bisher ausgerichtet ist und die erworbenen zusätzlichen Kenntnisse und Fähigkeiten als wachstumsrelevant angesehen werden können.

Auf die beiden letzten Aspekte konzentrieren sich die folgenden Ausführungen, da die typischen kurzfristigen konjunkturpolitischen Maßnahmen im Sinne einer keynesianisch ausgerichteten Politik bereits im vorangegangenen Kapitel behandelt wurden.

Die *Anzahl von Arbeitsplätzen* läßt sich im privaten oder auch im öffentlichen Sektor erhöhen. Letzteres gilt etwa für den Fall einer regional konzentrierten Arbeitslosigkeit, die durch die Wahl **dezentraler Behörden- und Hochschulstandorte sowie Garnisonen** positiv beeinflußt werden kann, doch ist zumindest der kurzfristige Effekt oft nicht allzu groß, da die Struktur der angebotenen Arbeitsplätze meist nicht oder nur z.T. zur Qualifikationsstruktur der Arbeitslosen paßt. Ob eine sektoral orientierte Politik der Bereitstellung öffentlicher Arbeitsplätze unter dem Wachstumsaspekt zweckmäßig wäre, ist fraglich. Sie müßte ja beispielsweise darin bestehen, daß öffentliche Unternehmen einer mit Strukturproblemen kämpfenden Branche zusätzliche Arbeitsplätze einrichten, obwohl im Regelfall ein Abbau gesamtwirtschaftlich effizienter wäre. Um die Zahl der Arbeitsplätze im privaten Sektor zu vermehren, wird häufig gefordert, über allgemeine Konjunktur- und Wachstumsprogramme hinaus auch gezielt durch staatliche Aktivitäten auf die Arbeitsnachfrage der Unternehmen Einfluß zu nehmen. Hierzu sind neben den mit Mehrbeschäftigungsauflagen versehenen Investitionshilfen in erster Linie staatliche Zuschüsse bei Lohnkosten und Lohnnebenkosten zu zählen, die aber kontrovers diskutiert werden.

Die **Wirkung** solcher **Zuschüsse auf den Beschäftigungsstand** läßt sich je nach Verlauf der Angebots- und Nachfragekurve am Arbeitsmarkt durchaus unterschiedlich beurteilen.[30]

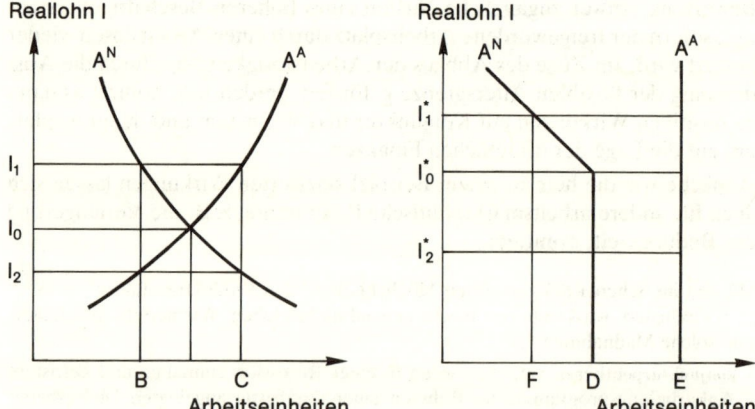

Abb. 8.4: Auswirkungen von Lohnkostenzuschüssen auf die Beschäftigung

Wird von Angebots- und Nachfragekurven mittlerer Elastizität ausgegangen, d. h. das Arbeitsangebot der Arbeitnehmer A^A hängt positiv und die Arbeitsnachfrage der Unternehmer A^N negativ vom Reallohn ab, können Lohnkostenzuschüsse sich kurzfristig positiv auf das Beschäftigungsniveau auswirken. Liegt wie im linken Teil der Abb. 8.4 der tatsächliche Reallohn bei l_1 und zahlt der Staat den Unternehmen in dieser Situation einen Betrag in Höhe von $l_1 l_2$, so verringern sich für diese Unternehmen die Lohnkosten, und die bestehende Arbeitslosigkeit kann im Umfang von BC abgebaut werden. Inwieweit dabei die mit der zusätzlichen Beschäftigung einher-

[30] Zum folgenden vgl. Kromphardt, J., und Kraft, M., Rettung ostdeutscher Arbeitsplätze durch Subventionierung der Lohnkosten?, in: Hamburger Jahrbuch für Wirtschafts- und Gesellschaftspolitik, 37. Jahr, Tübingen 1992, S. 111 ff.

gehende Mehrproduktion auch abgesetzt werden kann, bleibt in dieser Betrachtung allerdings unberücksichtigt. Geht man demgegenüber davon aus (wie im rechten Teil der Abb. 8.4), daß die Arbeitsnachfrage der Unternehmen durch das Produktionsvolumen gemäß bestehender (kurzfristiger) Absatz- und Renditeerwartungen bestimmt wird, müssen von einer Veränderung der Reallöhne nicht zwingenderweise Beschäftigungswirkungen ausgehen. Bis zu einer Obergrenze, oberhalb der die Produktion (bei gegebenen Preisen) nicht mehr gewinnbringend erfolgen kann, ist die Arbeitsnachfrage nicht vom Reallohn abhängig. Gleiches kann aber auch für das gesamte Arbeitsangebot gelten. Während manche Arbeitnehmer mit steigendem Reallohn mehr Arbeit anbieten, weil Freizeit mit höherem Lohnverzicht verbunden wäre (Substitutionseffekt), andere ihr Arbeitsangebot reduzieren, damit sie bei gegebenem Monatseinkommen mehr Freizeit genießen können (Einkommenseffekt) und bei wieder anderen sich schließlich die beiden Effekte gerade kompensieren, ist die Annahme einer reallohnunabhängigen Arbeitsangebotskurve nicht unrealistisch. Unterhalb von l_0^* (z. B. bei l_2^*) hätte ein Lohnkostenzuschuß keinen positiven Effekt auf die Arbeitsnachfrage bzw. die bestehende Arbeitslosigkeit in Höhe von DE. Nur wenn der tatsächliche Reallohn über l_0^* liegt (z. B. bei l_1^*), führt ein Lohnzuschuß aufgrund der damit verbundenen Kostensenkungen zu mehr Beschäftigung. – Bei allen diesen Überlegungen bleibt zudem unberücksichtigt, daß dieses Instrument in der Regel auf den Erhalt von Arbeitsplätzen in schrumpfenden Branchen zielt und daher über das Hinauszögern des Strukturwandels das Wachstum langfristig hemmt.

Die *Beeinflussung der Arbeitskräfte* kann über eine Verbesserung oder Veränderung ihrer Qualifikation und Mobilität erfolgen. Die Besetzung vorhandener Arbeitsplätze sollte durch eine flexible Arbeitszeitpolitik erleichtert werden, die an den Bedürfnissen der Bürger orientiert ist. Das Bildungssystem (einschließlich der beruflichen Fortbildung) als wahrscheinlich wichtigster Ansatzpunkt zur Verbesserung der *Qualität des Faktors Arbeit* mit dem Beschäftigungssystem abzustimmen, ist nicht zuletzt deshalb so schwierig, weil es sich zum einen um lange Analyse- und Planungszeiträume handelt und zum anderen die Vielzahl und die Vielfalt an Zuständigkeiten zu den Kennzeichen eines föderativ aufgebauten Bildungssystems gehören. In diesem speziellen Bereich der Integration von Bildung und Beschäftigung handelt es sich – wie in vielen anderen ausgabenintensiven Aufgabenbereichen – nicht um primär finanzpolitische Entscheidungen; dennoch sind entsprechende Analysen für den Finanzpolitiker von großem Interesse, weil sich erhebliche finanzielle Folgen ergeben, wenn z. B. die Bildungszeit generell verlängert oder eine andere Ausbildungsstruktur verwirklicht wird.

Darüber hinaus besteht – wenn auch in Grenzen – die Möglichkeit, staatliche Anreize für zusätzliche Bildungsanstrengungen der privaten Wirtschaftssubjekte zu setzen. Die Palette der Maßnahmen reicht dabei von Sozialtransfers an die Auszubildenden über Steuererleichterungen für Haushalte, denen Auszubildende angehören, bis hin zu einem verbesserten Infrastrukturangebot an Bildung, das durch seine räumliche Nähe oder kostenlose Bereitstellung die Ausbildungkosten senkt und damit die Bereitschaft zu Investitionen in die eigene Bildung erhöht.

Im Hinblick auf die *regionale Mobilität des Faktors Arbeit* erscheint es fraglich, ob Umzugskostenerstattung und Einrichtungsbeihilfen allein ausreichen, um die erwünschten Beschäftigungswirkungen herbeizuführen, zumal sie oft von „Mitnahmeeffekten" begleitet sind. Soweit sie allerdings zu zusätzlicher Mobilität führen, können sie einen besonders hohen Zielbeitrag leisten, soweit die Arbeitslosigkeit regional differenziert auftritt. Hinsichtlich der von manchen Arbeitsmarktexperten als wichtig angesehenen Verkürzung der Arbeitszeit und damit einer *Verteilung vorhandener Arbeit* auf alle Bürger, die arbeiten möchten, ergeben sich die weiter oben beschriebenen finanziellen Konsequenzen, deren Analyse daher für diese arbeitsmarktpolitischen Instrumente besonders bedeutsam ist. Wie bei anderen volkswirtschaftlichen Vergleichen von Nutzen und Kosten auch, ergibt sich hier zum einen das Problem, daß die Kosten und Einsparungen von Teilzeitarbeit, Mutterschaftsurlaub, längeren Erstausbildungszeiten, mehr Bildungsurlaub, niedrigeren Altersgrenzen usw. bei unterschiedlichen Bevölkerungsgruppen und Trägern der Wirtschafts- und Finanzpolitik anfallen und die Kompetenzen für eine solche Arbeitszeitpolitik beispielsweise bei den Tarifpartnern und den öffentlichen Stellen liegen. Zum anderen bedeutet eine Politik der Arbeitszeitverkürzung unter Wachstumsaspekten eine gewisse Resignation gegenüber den Möglichkeiten, durch mehr Wachstum zugleich die Arbeitslosigkeit zu senken.

c) Beeinflussung des technischen Fortschritts

Die Höhe des Produktionspotentials wird nicht nur durch die quantitative Vermehrung des Sachkapitals und der mit seiner Hilfe geschaffenen Arbeitsplätze oder die unmittelbare Vermehrung des Arbeitsangebots bestimmt, sondern vor allem durch einen produktiveren Einsatz der Produktionsfaktoren beeinflußt. Die **Erhöhung der Produktivität** der Investitionen bzw. des Sachkapitalbestandes und des Faktors Arbeit kann als technischer Fortschritt bezeichnet werden.

1. Kollektivgutkomponenten des technischen Fortschritts

In einer übergreifenden Betrachtungsweise läßt sich eine finanzwissenschaftliche Begründung für die gelegentliche Förderung des technischen Fortschritts mit öffentlichen Mitteln aus der Theorie der öffentlichen Güter (s. 2. Kapitel, S. 42ff.) ableiten. Dabei bieten sich unterschiedliche Bezugspunkte. Geht man davon aus, daß es sich bei der Durchsetzung des technischen Fortschritts nicht selten um langfristige und schon deshalb für den jeweiligen Investor besonders risikoreiche Investitionsprojekte handelt, kann dies dazu führen, daß solche aus volkswirtschaftlicher Sicht möglicherweise als sinnvoll und notwendig erachteten Projekte von privatwirtschaftlicher Seite erst gar nicht auf den Weg gebracht werden. Bei solchen Investitionen mit extrem hohen Fixkosten ist daher die Erstellung einer ersten Gutseinheit im Rahmen einer **kollektiven Risikoübernahme** durchaus denkbar (collective risk taking). In diesen Fällen sollte allerdings sichergestellt sein, daß der Staat sich nach der erfolgten „Anstoßfinanzierung" wieder aus dieser Aufgabe zurückzieht, da dann die Kollektivgutkomponente nicht mehr gegeben ist.

Diese Überlegung trifft in erster Linie auf Großprojekte mit langem Entwicklungshorizont und hohem Finanzbedarf zu, wie etwa bei Projekten in der Luft- und Raumfahrtindustrie, im Bereich des Schienenverkehrs oder der Kernenergiewirtschaft. Sie gilt aber auch für solche Investitionen mit hohem Wagnischarakter, die zwar von der Privatwirtschaft in Angriff genommen werden, bei denen staatliche Risikobeteiligungen aber eine gesteigerte private Investitionsbereitschaft und -tätigkeit hervorrufen und damit technischen Fortschritt bewirken können. Auch in diesen Fällen gilt es darauf zu achten, daß staatlich geförderte Basistechnologien mit zunehmender Anwendungsreife dem Markt überantwortet werden.

Auch läßt sich aus der Theorie der öffentlichen Güter ein sog. „**öffentliches Interesse**" an schnelleren technischen Entwicklungen ableiten, die z. B. durch eine entsprechende Ausgestaltung des Patentschutzes allein nicht herbeigeführt werden können, bei denen aber die berechtigte Vermutung besteht, daß durch staatliche Eingriffe relativ zum volkswirtschaftlichen Nutzen suboptimale privatwirtschaftliche Aktivitäten vermieden werden können. Dieses Interesse an forcierter technischer Entwicklung ergibt sich dabei nicht allein im Hinblick auf die Ziele „Vollbeschäftigung" sowie „stetiges und angemessenes Wirtschaftswachstum". Vielmehr liefert auch die angestrebte Internalisierung bestehender positiver wie negativer externer Effekte Ansatzpunkte für staatliches Handeln.[31] Das Ausmaß an positiven externen Effekten ist dabei in solchen Wirtschaftsbereichen hoch, in denen die privaten F & E-Aktivitäten einen hohen Grad an allgemein verwertbarem technologischen Wissen zum Ergebnis haben. Als Beispiel sei auf die Transistor- und Halbleiterindustrie verwiesen, in der die Anreizeffekte des Patentwesens aufgrund eines intensiven Verfolgungswettbewerbs eher gering sind und daher staatliche Fördermaßnahmen u. U. zur Gewährleistung einer vollständigen Wissensinternalisierung beitragen können. Ähnliche Überlegungen, allerdings mit anderen Vorzeichen, lassen sich hinsichtlich der unzureichenden Internalisierung negativer externer Effekte wie etwa im Bereich der Umweltverschmutzung anstellen. So könnte auch hier der Staat durch entsprechende Anreize und Fördermaßnahmen die Durchsetzung zukunftsorientierter Technologien beschleunigen, die die Umwelt schonen und zu einer sparsameren Ressourcennutzung führen, um somit zur Reduzierung externer Kosten beizutragen.

Gegen alle diese finanziellen Fördermaßnahmen wird allerdings ins Feld geführt, daß die Erzeugung bloßer Mitnahmeeffekte (s. oben S. 187) nicht ausgeschlossen werden kann. Als ein schwerwiegenderer Einwand gegenüber diesen interventionistischen Strategien erweist sich darüber hinaus die Auffassung, daß immer dann, wenn die Dynamik der Märkte als unzureichend angesehen wird, der Staat sich nicht einmischen, sondern sich besser auf die Unterstützung der Marktkräfte konzentrieren sollte. Aus dieser

---

[31] Vgl. Oppenländer K. H., Wachstumstheorie und Wachstumspolitik, München 1988, S. 274 ff. sowie Walter, H., Sektorale Strukturpolitik als Gestaltungspolitik? Begründungen zur Technologie- und Forschungspolitik, in: ifo-Studien, Heft 1–4, 1985, S. 78 ff.

Schema 8.4: Ansatzpunkte zur finanzpolitischen Förderung des technischen Fortschritts

Stufen des technischen Fortschritts / Art der finanzpolitischen Förderung	**Erfindung** („invention")	**Neuerung** („innovation")	**Nachahmung** („imitation")
Direkte Förderung von Projekten und Institutionen (durch Mitwirkung und Entscheidung)	– Finanzierung der Grundlagenforschung im öffentlichen Bereich (Universitäten, Forschungsinstitute) – öffentliche Ausgaben für private Forschung und Entwicklung – Entwicklungsaufträge im Rahmen der öffentlichen Beschaffung (z.B. Wehrtechnik)	– Produkt/Verfahrens- und Systemneuerungen (z.B. im Verkehrssektor und Nachrichtensektor) – öffentliche Technologieparks	Anwendung des technischen Fortschritts (z.B. Verkabelung)
Indirekte Förderung (finanzielle Anreize) ohne Bezugnahme auf bestimmte Projekte; allenfalls auf Branchen beschränkt	– günstige Rahmenbedingungen (Patentschutz etc.) für Erfindungen und Rationalisierungen – Subventionen, Steuervergünstigungen bei besonders risikoreichen Investitionen	– Mobilisierung von Risikokapital – Eigenkapital gegenüber Fremdkapital nicht benachteiligen – Kreditprogramme (öffentliche Darlehen)/Zinsvergünstigungen	– Öffentliche Förderung der Verbreitung der neuen Produkte, Verfahren etc. (Betriebsberatung, FuE-Marketing-Stellen) – Informations- und Beratungsstellen (z.B. Messen, Ausstellungen)

Perspektive wäre die Rolle des Staates im Rahmen einer innovationsorientierten Wachstumspolitik über die Bereitstellung benötigter Infrastrukturleistungen hinaus auf die Förderung und Aufrechterhaltung des Wettbewerbs zu beschränken, um ein kreatives und adaptives Marktverhalten der Wirtschaftssubjekte zu gewährleisten.[32] Der Staat sollte demnach als die wirtschaftspolitisch verantwortliche Instanz die für die strukturelle Entwicklung der Volkswirtschaft besonders wichtigen Technologien und Wirtschaftsbereiche zwar im Auge behalten, jedoch nicht Richtung und Ausmaß der Entwicklung im einzelnen zu steuern versuchen.

Diese Forderung, für Erfindung, Neuerung und Nachahmung lediglich günstige globale Voraussetzungen zu schaffen, wird aus ordnungspolitischer Sicht, aber auch wegen der geringen Erfolgswahrscheinlichkeit unmittelbarer Staatseingriffe in diesem schwierigen Wirkungszusammenhang erhoben. Aus ihr leitet sich zugleich eine für die finanzpolitische Beeinflussung des technischen Fortschritts wichtige Unterscheidung ab. Bei der **indirekten,** d. h. vergleichsweise globaleren **Förderung** geht es in der Regel nur um die übergreifenden **Rahmenbedingungen** und entsprechende generelle finanzielle Anreize, während im Falle der **direkten Förderung konkrete Einzelprojekte** im Vordergrund stehen.

2. Der finanzpolitische Einfluß auf Erfindung, Neuerung und Nachahmung

Der technische Fortschritt und seine Auswirkungen lassen sich im Anschluß an J. Schumpeter durch den Prozeß der **Erfindung** (‚invention‘), **Neuerung** (‚innovation‘) **und Nachahmung** (‚imitation‘) beschreiben.[33] Eine Erfindung wird vielleicht zunächst nur beim Patentamt angemeldet und patentiert. Erst wenn sich jemand findet, der die Erfindung anwendet, kommt es zu einer Neuerung (innovation), die sich als Verfahrens- und/oder Produktionsvariation kennzeichnen läßt. Zu einem Prozeß der Nachahmung durch andere Unternehmen (imitation), z. B. über den Kauf von Lizenzen, kommt es, wenn die Innovation erfolgreich ist und Gewinne verspricht. Nach Schumpeter sind es dabei insbesondere neugegründete Unternehmen, die in nicht geringem Maße den Prozeß der technischen Entwicklung vorantreiben, sei es durch eigene Innovationsaktivitäten, sei es durch das Aufbrechen verhärteter Markt- und Wettbewerbsstrukturen, welches auch bei den bereits etablierten Unternehmen innovatives Verhalten herausfordert. Dem Vorhandensein eines günstigen Klimas zur Unternehmensgründung kommt aus dieser Sicht eine bedeutsame Fortschrittsfunktion zu. Zu den Voraussetzungen eines positiven Umfeldes für Firmenneugründungen lassen sich Maßnahmen zur Begrenzung von Marktzutrittsbeschränkungen, die Beseitigung bürokratischer Hemmnisse sowie die Lösung der Finanzierungsfrage zählen, um lediglich die wichtigsten Faktoren zu benennen. In

---

[32] Vgl. Herdzina, K., Wettbewerbspolitik, Stuttgart 1984, S. 107 f.
[33] Siehe Schumpeter, J., Konjunkturzyklen, 1. Bd., Göttingen 1961, S. 91 ff.; vgl. auch Walter, H., Wachstums- und Entwicklungstheorie, Stuttgart – New York 1983, S. 123 f.

allen drei Bereichen bieten sich Handlungsmöglichkeiten für eine innovationsorientierte Wachstumsförderung. (vgl. Schema 8.4.) Soweit es sich um die Förderung von *Erfindungen* handelt, kann die öffentliche Hand versuchen, den technischen Fortschritt direkt selbst zu produzieren, indem sie die **Grundlagenforschung** an Universitäten und anderen Forschungsinstitutionen wie der Max-Planck-Gesellschaft oder der Fraunhofer-Gesellschaft finanziert. Eine massive Unterstützung der Grundlagenforschung gilt dabei i. d. R. als ordnungspolitisch unbedenklich, da sie nicht anwendungsbezogen und damit auch nicht marktnah ausgerichtet ist. Daß sie dennoch von erheblicher Entwicklungs- und Wachstumsrelevanz sein kann, zeigt nicht zuletzt das Beispiel der Gentechnologie. So machte die Entdeckung von Verfahren zur beliebigen (Re)Kombination des Materials unterschiedlicher Organismen aus der praxisfernen Molekularbiologie eine innovative und kommerziell nutzbare Technik. Zur Verstärkung der **Erfindungschancen** können darüber hinaus auch öffentliche Ausgaben für private Forschung und Entwicklung auf den verschiedensten Gebieten (Energie-, Meeres–, Gesundheitsforschung etc.) sowie gezielte Entwicklungsaufträge im Rahmen des Beschaffungswesens (z. B. Wehrforschung und -technik) beitragen.

Von projektübergreifender Bedeutung ist auch die indirekte Förderung in Form des **Patentrechts**. Als eines der ältesten staatlichen Instrumente der Inventions- und Innovationsförderung wirkt der Patentschutz zum einen anregend auf die Entwicklung von Erfindungen, zum anderen verringert er durch die zeitweise Schaffung eines monopolähnlichen Zustandes das Verwertungsrisiko von Forschungsarbeiten, und schließlich sorgt er durch die zwangsläufige Offenlegung der Patentschriften für neue Forschungsanregungen und einen gesteigerten Informationsfluß über technologische Neuerungen. Insoweit reicht der Patentschutz über alle drei Stufen des technischen Fortschritts hinweg. Weiterhin können auch **Subventionen und Steuervergünstigungen** einer indirekten Förderung in der Erfindungsphase dienen, wenn beispielsweise private Investitionen oder Personalausgaben für Forschung und Entwicklung ohne Beschränkung auf einzelne Projekte oder Branchen bezuschußt, Arbeitnehmererfindungen steuerlich begünstigt oder private Institute, die sich mit Rationalisierungsverfahren beschäftigen, besonders gefördert werden. Weiterhin lassen sich Erfindungen auch durch eine **Prämiierung von Rationalisierungsmaßnahmen** unterstützen.

Schließlich sind die im konjunkturpolitischen Zusammenhang untersuchten Maßnahmen zur **Förderung besonders risikoreicher Investitionen** (s. oben S. 400) auch hier insoweit zu erwähnen, wie die den technischen Fortschritt tragenden Investitionen als besonders risikoreich eingeschätzt werden. Unter den steuerpolitischen Maßnahmen zur Verstärkung der Risikobereitschaft ist vor allem auf das Instrument des **Verlustvortrags oder -rücktrags** zu verweisen,[34] das insbesondere die risikovollen Investitionen begünstigt, da

---

[34] Beim Verlustvortrag oder -rücktrag handelt es sich um die Möglichkeit, erlittene Verluste auf Gewinne späterer Jahre „vorzutragen" oder nachträglich auf Gewinne früherer Jahre steuerlich anrechnen zu können. Seine Wirksamkeit setzt Gewinne in der Zukunft bzw. in der Vergangenheit voraus.

ein möglicherweise auftretender Verlust in einem Jahr auf die Gewinne späterer (oder früherer) Jahre angerechnet wird. Dem Verlustrücktrag kommt dabei besonderes Gewicht zu, da er sich auf bereits entstandene Gewinne bezieht und damit eine sichere Entscheidungsbasis schafft. Auch die **Steuerstruktur** kann in den Dienst einer Beeinflussung der Risikobereitschaft gestellt werden.[35] Ein höherer Anteil gewinnunabhängiger Steuern an den gesamten Steuern wird die Risikobereitschaft dämpfen, da diese Steuern auch in Zeiten, in denen Verluste auftreten, gezahlt werden müssen und zu Investitionen mit geringerem Risiko und geringerem, aber sicheren Gewinn verleiten. Ein hoher Anteil gewinnabhängiger Steuern mit erheblichen Möglichkeiten der Verlustberücksichtigung fördert dagegen tendenziell die Risikobereitschaft.

Die **Wirkungen von Steuersenkungen** sowie von verstärkten **Möglichkeiten**, den **Verlust zu berücksichtigen, auf die** Bereitschaft zu **risikoreichen Investitionen** läßt sich unter der Bedingung, daß potentielle Investoren sich risikoavers verhalten, auch graphisch darstellen. Geht man zur Vereinfachung davon aus, daß ein potentieller Investor zwischen risikoloser, aber auch ertragsloser Kassenhaltung und risikobehafteter Realkapitalbildung, die möglicherweise sehr ertragreich ist, dies aber nicht sein muß, wählen kann, so ergibt sich das in Abb. 8.5 wiedergegebene Bild. Die Opportunitätskostenkurve OA_1 gibt die verschiedenen Rendite-Risiko-Kombinationen an, die sich aus einer jeweils unterschiedlichen Aufteilung der verfügbaren Mittel zwischen Kassenhaltung und Sachanlage ergeben. Das Nutzenmaximum des Investors ist dort realisiert, wo die Opportunitätskostenkurve die höchste Indifferenzkurve tangiert (G_1). Führt der Staat nun eine Steuersenkung durch oder erhöht er die Möglichkeiten der Verlustberücksichtigung, so trägt er damit in dem Maße zu einer Steigerung der Risikobereitschaft bei, wie sich die Ertragsaussichten der Investitionen verbesserten. Es kommt zu einer Drehung der Opportunitätskostenkurve nach links (OA_2), d. h. die Ertragsrate ist bei konstantem Risiko gestiegen. Je nach Verlauf der Indifferenzkurve wählt der Investor nun eine andere Kombination als in der Ausgangssituation. Die Bewegung von G_1 nach G_2 ergibt sich aus der jeweiligen Stärke des Einkommens- und Substitutionseffekts; denn zum einen verfügt der Investor nun über ein höheres Einkommen, was ihn entsprechend der gemachten Verhaltensannahme vermehrt die weniger riskante Anlageform (Kassenhaltung) wählen läßt, um dennoch auf ein höheres Nutzenniveau zu gelangen. Zum anderen nutzt er die Opportunitätskostenänderung, indem er sein Risiko erhöht (Substitutionseffekt). In dem Maße, wie der Substitutionseffekt den Einkommenseffekt hier überlagert, erbringt die Steuerentlastung durch die vermehrte Risikoakzeptanz eine vergrößerte Investitionsbereitschaft. Bezieht man als weitere Maßnahme zur Steigerung der Risikobereitschaft die Möglichkeit der verstärkten Verlustberücksichtigung mit in die Betrachtung ein, so bedeutet dies, daß der Staat einen Teil des Risikos übernimmt. Der Investor kann also sein Bruttorisiko vergrößern (B), ohne daß sich sein Nettorisiko (G_2), das er alleine tragen muß, ändert. Der Umfang der getätigten Investitionen ist also gestiegen.

Die Phase der *Neuerung* bzw. der Durchsetzung von Erfindungen läßt sich nicht in allen Fällen eindeutig von der Erfindungs- und Nachahmungsphase abgrenzen. Gelegentlich kann die öffentliche Hand eine Vorreiterfunktion übernehmen, indem sie neue Technologien selbst einführt. Im übrigen gelten auch hier die Empfehlungen zur Erleichterung der Risikoübernahme.

---

[35] Vgl. Timm, H., Finanzwirtschaftliche Allokationspolitik, a. a. O., S. 196f.

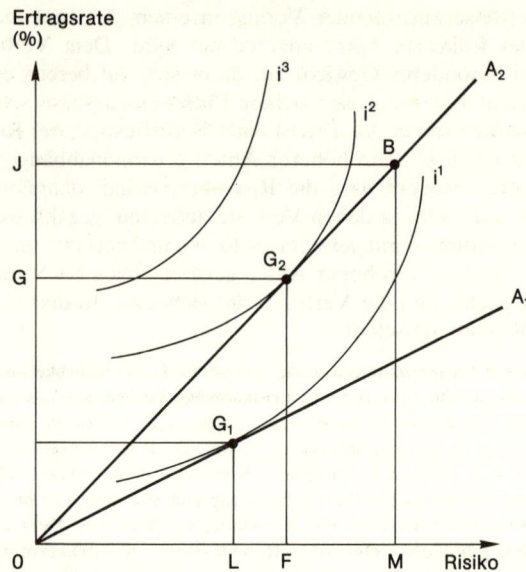

Abb. 8.5: Wirkungen von Steuersenkungen und Verlustausgleichsmöglichkeiten auf das Investitionsrisiko

Generell zeigt sich hier erneut die Bedeutung des Ordnungsrahmens einer Volkswirtschaft, deren **Steuersystem** finanzielle Anreize zur Förderung des technischen Fortschritts umfaßt, also beispielsweise das Eigenkapital mindestens so gut behandelt wie das Fremdkapital, den Austausch von Unternehmensbeteiligungen nicht behindert usf.[36]

Für die letzte Phase, die *Nachahmung*, kann als Beispiel für direkte Maßnahmen auf die **kommunalen Technologieparks** verwiesen werden, bei denen allerdings neben der Nachahmung auch die Durchsetzung von Erfindungen eine Rolle spielt. Um speziell die Nachahmung des technischen Fortschritts zu beschleunigen, kann die Inanspruchnahme steuerlicher oder ausgabenpolitischer Anreize, die das Zustandekommen von ‚inventions‘ und ‚innovations‘ fördern sollten, an die Bedingung geknüpft werden, daß die **Forschungsergebnisse** allen Interessenten **zugänglich gemacht** werden; damit würde dafür gesorgt, daß der Prozeß der **Diffusion des technischen Wandels** nicht verzögert wird. Auch die staatliche bzw. staatlich geförderte Beratung, z. B. mittelständischer Betriebe, dient der Information und der schnelleren Verbreitung des neuen Wissens.

---

[36] Vgl. Wissenschaftlicher Beirat beim Bundesministeriums der Finanzen, Gutachten zur Reform der Unternehmensbesteuerung, a. a. O., S. 25 ff; ferner Weichert, R., Zur Besteuerung von Risikokapital in der Bundesrepublik Deutschland, in: Die Weltwirtschaft, Heft 1, 1986, S. 91 ff; sowie Rohwer, B., Möglichkeiten und Grenzen der Wachstumspolitik, in: Kredit und Kapital, Heft 4, 1989, S. 487 ff.

3. Die begrenzte Rolle der Finanzpolitik

Die differenzierte Darstellung der Ansatzpunkte zur finanzpolitischen Förderung des technischen Fortschritts im Schema 8.4 darf nicht darüber hinwegtäuschen, daß die öffentlichen **Aktivitäten mit erheblicher Wirkungsunsicherheit** belastet sind. Weil die Bestimmungsgründe von Erfindungen, aber auch von Neuerungen nur schwer ermittelbar und daher auch die Anknüpfungspunkte finanzpolitischer Maßnahmen nur schwer auszumachen sind, kann, was zunächst als Förderung des technischen Fortschritts angesehen wurde, sich ex post als **unwirksame Subventionierung und als Aufblähung staatlicher Aktivität** herausstellen. Vermutlich sind für Erfindungen und ihre Umsetzung in die Praxis andere Faktoren als die finanzpolitische Förderung bedeutsamer, z. B. ein wirksamer nationaler und internationaler **Wettbewerb** (s. unten), **bestimmte historische Konstellationen** (Gründerjahre, Nachkriegsjahre, Wiedervereinigung eines Landes usw.), das Vorhandensein spezifischer kultureller Werte und sozialer Normen sowie eine allgemein **der unternehmerischen Aktivität gegenüber aufgeschlossene Öffentlichkeit.** Damit zeigt sich – sieht man einmal von der Grundlagenforschung ab –, wie begrenzt die Erfolgschancen einer gezielten finanzpolitischen Förderung des technischen Fortschritts einzuschätzen sind. Es sind daher auch nicht wenige Stimmen, die vor diesem Hintergrund für eine eher zurückhaltende Rolle der Finanzpolitik im Sinne einer Beschränkung auf die Verringerung globaler, nicht unternehmens- und marktspezifischer Investitionsrisiken eintreten. Es bedarf dafür weniger eines ausdifferenzierten Interventionsinstrumentariums als einer Politikkonzeption, die langfristig ausgerichtet und damit im Rahmen der Erwartungen der privaten Wirtschaftssubjekte kalkulierbar ist. Zu einer solchen Konzeption zählen nicht zuletzt konsistente Zielvorgaben über die mittel- bis langfristige Entwicklung des Staatsanteils, der Budgetstruktur und der Kreditfinanzierungsquote einschließlich des Tatbestands, daß diese auch (möglichst) eingehalten werden.[37]

Die bisherigen Ausführungen hatten sich demgegenüber auf eine unmittelbare Förderung der Erfindung, Neuerung und Nachahmung bezogen, also auf Elemente, die den technischen Fortschritt selbst und seine Auswirkungen erfassen. Zu den Größen, die den „dritten Faktor" erklären helfen (s. oben S. 414f.), ohne aber selbst Bestandteil des technischen Fortschritts zu sein, wird jedoch auch der **Wettbewerb** gezählt.[38] Danach ist ein funktionsfähiger Wettbewerb eine wichtige Bestimmungsgröße des Wirtschaftswachstums. Entsprechend sind wie bei den anderen Bestimmungsfaktoren des Wachstums die **finanzpolitischen Einflußmöglichkeiten** zu untersuchen. Dabei ergibt sich jedoch das Problem, daß es umstritten ist, welches Maß an Wettbewerbsintensität das Wachstum am meisten fördert.

---

[37] Siehe hierzu Rohwer, B., Möglichkeiten und Grenzen der   Wachstumspolitik, a. a. O., S. 494f.

[38] Vgl Heuß, E., Die Wettbewerbs- und Wachstumproblematik des Oligopols, in: Schneider, H. K., Hrsg., Grundlagen der Wettbewerbspolitik, Schriften des Vereins für Socialpolitik, NF Bd. 48, Berlin 1968, S. 50ff.; ferner Teichmann, U., Grundlagen der Wachstumspolitik, München 1987, S. 234ff.

Geht man aber einmal davon aus, daß die **„wachstumsoptimale"** **Wettbewerbsintensität** noch nicht erreicht sei, so können die öffentlichen Einnahmen und Ausgaben durchaus den Wettbewerb beeinflussen und auch auf diese Weise in den Dienst einer Wachstumspolitik gestellt werden.

Ein Beispiel bildet die Umwandlung der Brutto- in die **Nettoumsatzsteuer** (s. oben 4. Kapitel, S. 21 f.), die nicht zuletzt aus wettbewerbspolitischen Überlegungen erfolgte, weil die Bruttoumsatzsteuer einen Anreiz zur wettbewerbspolitisch unerwünschten vertikalen Unternehmenskonzentration bot und ihre Abschaffung daher möglicherweise indirekt Wachstumsimpulse hervorrief.

Ein zweites Beispiel bietet die **Vergabe staatlicher Aufträge.** Durch sie kann der Staat Einfluß auf die Wettbewerbssituation in und zwischen den Branchen nehmen, die die von ihm nachgefragten Güter und Dienste anbieten. So kann die öffentliche Hand Klein- und Mittelbetriebe bei der Vergabe von Aufträgen bevorzugen, um dadurch deren Wettbewerbsposition gegenüber Großunternehmen zu verbessern. Lieferanten werden ihrerseits versuchen, staatliche Aufträge möglichst zu für sie günstigen Konditionen zu erhalten.

Um in diesem Bereich für Wettbewerb zu sorgen und u. a. die sog. **Verdingungskartelle (Submissionskartelle)**[39] zu vermeiden, aber auch aus fiskalischen Erwägungen, sind Vorschriften für das Vergabewesen erlassen worden, die unterschiedliche **Vergabeformen** für öffentliche Aufträge vorsehen. Den Regelfall soll die **öffentliche Ausschreibung** bilden. Wie der Name sagt, wird der Auftrag öffentlich, d. h. für alle potentiellen Bewerber, ausgeschrieben. Steht von vornherein fest, daß nur wenige Bewerber existieren (z. B. im Lokomotiv- oder Straßenbahnbau), oder gibt es zwingende Gründe, eine Ausschreibung auf nur wenige Bewerber zu beschränken, z. B. aus Geheimhaltungsgründen bei Verteidigungskäufen, so erfolgt eine auf die in Frage kommenden Lieferanten **beschränkte öffentliche Ausschreibung.** Lohnt eine Ausschreibung aus Kostengründen nicht (einzelne Kleinaufträge), oder gibt es andere zwingende Gründe (z. B. Entwicklung eines neuen Geräts, die geheimgehalten werden soll), so kann die sog. **freihändige Vergabe** erfolgen. Abgesehen davon, daß bei diesem Verfahren die Gefahren der Begünstigung der Auftragnehmer vergleichsweise höher sind, ist insbesondere der Wettbewerb zwischen verschiedenen Anbietern völlig ausgeschaltet, so daß schon aus diesem Grunde diese Vergabeart auf ein Minimum beschränkt werden sollte.

Es zeigt sich also, daß der Staat neben der gezielten Wachstumpolitik etwa in der Form einer Förderung des technischen Fortschritts oder einer schärferen Kartellgesetzgebung vor allem auch unbewußt Wachstumswirkungen hervorruft. Sie können negativ sein, wenn er sich beispielsweise als Arbeit- und Auftraggeber nichtmarktlich verhält und die Funktionsfähigkeit der Märkte beeinträchtigt, um andere Ziele als das Wachstumsziel zu verwirklichen.

---

[39] Bei diesen Kartellen handelt es sich um Absprachen unter den an öffentlichen Aufträgen interessierten Unternehmen einer Branche. Dabei wird abgesprochen, welches Unternehmen den Auftrag zu welchem Preis erhalten soll; die anderen Unternehmen reichen dann keine oder im Preis zu hoch liegende Angebote ein.

IV. Die Rolle der Finanzpolitik: zwei Strategien

Die Ausführungen im vorangehenden Abschnitt (III), die nach den drei Wachstumsdeterminanten des Potentialfaktoransatzes aufgebaut waren, könnten den Eindruck erwecken, als sei gesamtwirtschaftliches Wachstum ein Ziel, das bei entsprechendem Einsatz der erörterten Instrumente mit ziemlicher Sicherheit zu erreichen sei. Um diesem Eindruck vorzubeugen, wird nochmals kurz die Gegenüberstellung der beiden wachstumspolitischen Strategien (s. oben II) aufgegriffen und auf den Einsatz der finanzpolitischen Instrumente insgesamt übertragen.

Wenn, wie dort ausgeführt, über beide Wege, den Potentialfaktoransatz wie den Innovationsansatz, **keine befriedigende empirisch abgesicherte Erklärung des Wachstumsprozesses** vorliegt, wird man nur schwer verläßliche Angaben über instrumentelle Ansatzpunkte vorfinden, und es könnte der Eindruck entstehen, daß bei so viel Unsicherheit eine zielgerichtete Wachstumspolitik überhaupt nicht möglich ist. Sofern man nur Aussagen mit quantitativ definierten Wirkungshypothesen zulassen will, wäre eine **wissenschaftlich begründete Wachstumspolitik** z. Zt. nicht möglich. Hier müssen sich die Politiker oder Wissenschaftler, die mit der Formulierung von Handlungsmöglichkeiten beschäftigt sind, damit zufrieden geben, daß es Wirkungsbeziehungen gibt, über die sich nur **Tendenzaussagen** treffen lassen, etwa in der Art, daß bestimmte Maßnahmen vermutlich stärker oder genauso stark wie andere wirken. Leitet man auf diese Weise wachstumspolitisch relevante Maßnahmen ab, so tragen sie im Hinblick auf ihre quantitativen Wirkungen noch einen hochgradig **experimentellen Charakter.**

Die Ableitung solcher Maßnahmen wird unterschiedlich ausfallen, je nachdem welcher der beiden erörterten Erklärungsansätze vorgezogen wird. Wenn man glaubt, über die wachstumsoptimale Beschaffenheit und Mischung der Potentialfaktoren keine ausreichende Kenntnis zu besitzen und stattdessen die *Innovationskräfte* an vielen, oft auch unerwarteten Stellen vermutet, ist eine eher offene Strategie zu wählen.

So wird ein **funktionsfähiger Wettbewerb** gerade in diesem Zusammenhang als wachstumsfördernde Rahmenbedingung betrachtet und kann als strategischer Faktor angesehen werden. Damit wird die staatliche Wettbewerbspolitik (z. B. Garantie der Gewerbefreiheit, Gesetz gegen Wettbewerbsbeschränkungen) unmittelbar zum wachstumspolitischen Instrument, das allerdings vergleichsweise wenig Bezug zur Finanzpolitik aufweist.

Zu dieser Strategie zählt auch – längst ehe eine aktiv beeinflussende Maßnahme ins Auge gefaßt wird – die **Beseitigung von Aneutralitäten (Verzerrungen),** weil die Anpassung der Wirtschaftssubjekte an solche Verzerrungen Kräfte bindet, die der innovativen Umformung der Volkswirtschaft verloren gehen. Staatliche Maßnahmen sind daher in erster Linie immer daraufhin zu prüfen, wieweit eine bestehende, aber die Einsatzbedingungen der Produktionsfaktoren und das Wirken der Innovationseffekte beeinträchtigende Maßnahme abgeschafft, reduziert oder modifiziert werden kann. Dies sei am Beispiel der Steuerpolitik erläutert. Mit Blick auf die Entscheidungen im Unternehmenssektor werden in diesem Zusammenhang insbesondere folgende Forderungen an die Steuerpolitik erhoben:

- Risikoreiche sollen gegenüber sicheren Investitionen und Sach- gegenüber Finanzinvestitionen nicht diskriminiert werden, weil sie dem Wachstum besonders förderlich sind.
- Die Eigenfinanzierung sollte aus dem gleichen Grund nicht schlechter behandelt werden als die Fremdfinanzierung.
- Die Wahl der Rechtsform sollte allein der unternehmerischen Entscheidung unterliegen und daher steuerlich unbeeinflußt bleiben.
- Auch die Wahl zwischen Konsum und Investitionen sollte freibleiben von steuerlichen Einflüssen.

Ohne ins erforderliche Detail zu gehen, läßt sich allgemein feststellen, daß eine ungünstige Steuerstruktur hier tendenziell für verzerrte unternehmerische Entscheidungen sorgt und zusätzliche volkswirtschaftliche Kosten mit Blick auf das Wachstumsziel verursacht. Demgegenüber halten günstige Steuerstrukturen gerade im internationalen Vergleich auch dann die Belastung für eine Volkswirtschaft und ihre Wachstumskräfte niedrig, wenn die Steuerzahlungen selbst relativ hoch sind.[40] Ließen sich Steuern und Sozialabgaben senken, so wäre dies wachstumspolitisch vorteilhaft. Insbesondere ist eine Senkung der Unternehmenssteuern zu befürworten, weil sie zu einer gleichmäßigen Entlastung aller Produktionsfaktoren führt, was eine Erhöhung der gewerblichen Investitionen, ein zusätzliches Arbeitsangebot und eine verstärkte Innovationsbereitschaft hervorrufen kann. Hingegen würde aus dieser Sicht eine direkte steuerliche Entlastung der gewerblichen Investitionen, d. h. die einseitige Förderung kapitalintensiv produzierender Branchen, zu einer Belastungsstruktur im Unternehmenssektor führen, die durch eine nicht ausreichende Allokations- und Wettbewerbsneutralität in der Verwendung der volkswirtschaftlichen Ressourcen gekennzeichnet ist.[41]

An diesem Beispiel der Steuererleichterung kann man zugleich den Unterschied in der Instrumentenwahl im Vergleich zum zweiten Ansatz deutlich machen. Wenn eine auf bestimmte *Potentialfaktoren* bezogene Strategie verfolgt wird, sucht man den als **Engpaß** wirkenden Faktor zu **beeinflussen.** Sofern also in einer gegebenen Situation vermehrte Investitionen erforderlich erscheinen, wie dies sicherlich für die neuen Bundesländer gilt, so wird statt einer allgemeinen Senkung der Unternehmenssteuern und Sozialabgaben eine direkte Förderung der Investitionen und damit eine gezielte Vermehrung des Produktionsfaktors Kapital angestrebt. Ihr liegt dann die Annahme zugrunde, daß der zunehmenden Bildung von Sachkapital eine besonders wichtige Rolle im Wachstumsprozeß zuzusprechen ist. Für eine zumindest begrenzte und gesonderte Förderung von Sachinvestitionen – als einem zentralen Element des Potentialfaktoransatzes – spricht überdies,

---

[40] Vgl. z. B. Wissenschaftlicher Beirat beim Bundesministerium der Finanzen, Gutachten zur Reform der Unternehmensbesteuerung, a. a. O., S. 9.
[41] Hinzu kommen die mit einseitiger Förderung verbundenen wohlfahrtsbeeinträchtigenden Zusatzlasten. Vgl. 6. Kapitel, S. 238 ff.

daß die Neuerrichtung oder Erweiterung eines Betriebsgeländes sowie der Einsatz arbeitssparender Maschinen und Geräte etc. jedenfalls in Deutschland erheblichen Widerständen begegnet (Genehmigungsnotwendigkeit und mögliche Einsprüche, Umweltauflagen, Mitbestimmung bei Rationalisierung etc.), die bei der Neueinstellung von Arbeitskräften nicht auftreten. Insoweit würde eine gesonderte Förderung von Sachinvestitionen nur die durch andere staatliche Maßnahmen beeinträchtigte Neutralität zwischen den Produktionsfaktoren wiederherstellen.

B. Der Einfluß der Finanzpolitik auf die Wirtschaftsstruktur

I. Strukturwandel und Wirtschaftswachstum

Strukturwandel und Wirtschaftswachstum sind unlösbar miteinander verwoben, wie die vorangegangenen Ausführungen zum Wirtschaftswachstum mehrfach zeigten. Wirtschaftswachstum setzt Strukturwandel voraus und verursacht ihn zugleich. Da das Wirtschaftswachstum nicht homogen verläuft, stellt sich die Frage, welche Teilbereiche sich unterschiedlich entwickeln. Die Verschiebung der relativen Anteile des jeweils betrachteten Aggregats kann sich beispielweise auf Wirtschaftsbereiche bzw. Branchen, Wirtschaftsräume und Unternehmensgrößen beziehen.

Wenn im Rahmen einer Strukturpolitik auf die strukturelle Entwicklung der Wirtschaft Einfluß genommen werden soll, müßten die **Ursachen des Strukturwandels** bekannt sein. Die Gründe für den Strukturwandel einer Volkswirtschaft liegen zunächst auf der Nachfrageseite. Das steigende Pro-Kopf-Einkommen im Zeitablauf, aber auch die sich verändernden Bedürfnisse führen zur Änderung in der Konsumstruktur und damit zu Einflüssen auch auf die Produktion. Auf der Angebotsseite treten die Auswirkungen des technischen Fortschritts hinzu, in dessen Rahmen neue Produkte, Methoden, Organisationsformen usf. eine bessere Versorgung der Bevölkerung erlauben. Aber auch vom Staat verantwortete Aktivitäten können sich auf den Strukturwandel auswirken. Preisreglementierungen sowie wettbewerbsbeschränkende und marktwidrige Interventionen behindern die wünschenswerte strukturelle Entwicklung ebenso wie falsche Prognosen und irrationales Verhalten. Schließlich treten historische Entwicklungen hinzu; die deutsche Einheit ist hierfür ein eindrucksvolles Beispiel.

Im Hinblick auf die *sektorale Zusammensetzung* der Volkswirtschaft ist auf die sog. Drei-Sektoren-Hypothese zu verweisen, die einen Trend zur Dienstleistungsgesellschaft behauptet. Der strukturelle Wandel vollzieht sich vom primären Sektor (Land- und Forstwirtschaft, Fischerei) zum sekundären Sektor (warenproduzierendes Gewerbe) und dann zum tertiären Sektor (Handel, Verkehr, Dienstleistungsunternehmen, Staat). Trifft diese Entwicklung zu, und sie läßt sich für die modernen Industriestaaten anhand der Entstehung des Sozialproduktes aufzeigen, so kann mit ihr ein negativer Wachstumseffekt insoweit einhergehen, wie die Wirtschaftsbereiche mit hohem Produktivitätswachstum bei der Entstehung des Bruttoinlandsproduktes relativ zurücktreten. Dies gilt insbesondere für Teile der Industrie. Generell ist das Zurückbleiben von Sektoren oder Branchen denn auch einer der Gründe, warum häufig eine sektorale Strukturpolitik gefordert wird.

Im *regionalen Gefüge* einer Volkswirtschaft schlagen sich die sektoralen Strukturänderungen beispielsweise darin nieder, daß agrarisch oder altindustriell geprägte Regionen in Rückstand geraten und Dienstleistungszentren sich verbessern. Auch hier sind es in der Regel die zurückfallenden Regionen, für die – hier regionale – strukturpolitische Maßnahmen gefordert werden.

Soweit sektorale und regionale Maßnahmen nur auf negative Entwicklungen reagieren, tendieren sie dazu, bestehende Strukturen zu erhalten. Dies wird man gelegentlich aus sozialen Gründen bewußt tun, auch wenn damit vielleicht gesamtwirtschaftliche Wachstumsverluste verbunden sind.

Fragt man aber darüber hinaus, ob, insbesondere für die sektorale Strukturpolitik, auch wachstumsfördernde Maßnahmen möglich sind, so lassen sich hier wie für die gesamtwirtschaftliche Wachstumspolitik wieder **zwei Strategien** unterscheiden.[42] Wenn man glaubt, die Wachstumsbranchen mittelfristig im voraus erkennen zu können, wird man sie fördern; dies wird oft unter Industriepolitik verstanden. Wer die Möglichkeit dieser Voraussicht leugnet, wird sich lediglich bemühen, die sich ergebenden Strukturänderungen nicht zu behindern und innovativen Ansätzen Raum schaffen.

Wenn Fördermaßnahmen ergriffen werden, gehören Subventionen zu ihren hauptsächlichen Instrumenten. Dies gilt sowohl für eine verteilungs- wie auch für eine industriepolitisch begründete Förderung. Die Gewährung von Subventionen ist jedoch mit vielfältigen Problemen verbunden. Deshalb werden im folgenden Teil zunächst Merkmale und Wirkungen von Subventionen sowie Maßnahmen zu ihrer Begrenzung erörtert. In diesem Zusammenhang werden dann einige wesentliche Aspekte der sektoralen Strukturpolitik dargestellt, bevor im einzelnen auf die regionale Strukturpolitik eingegangen wird.

II. Zielgerechte Ausgestaltung und wirksame Begrenzung von Subventionen als Voraussetzung der Strukturpolitik

a) Auflagen als Mittel der Subventionspolitik

In der Strukturpolitik, gleich ob sie auf Sektoren, Regionen oder Betriebsgrößen ausgerichtet ist, nehmen die **Subventionen** seit langer Zeit eine **dominierende Stellung** ein. Wie ausgeführt (1. Kapitel, S. 14), werden Subventionen in der Finanzwissenschaft überwiegend als **Transfers an Unternehmen**

---

[42] Siehe Walter, H., Sektorale Strukturpolitik als Gestaltungspolitik? – Begründungen zur Technologie- und Forschungspolitik, in: IfO-Studien, 31. Jg., 1985, S. 69 ff.

verstanden (Ausgaben und ihnen äquivalente Steuervergünstigungen). Der Staat als Subventionsgeber gewährt sie den zu fördernden Unternehmen ohne marktliche Gegenleistungen. Im Laufe der langen Subventionspraxis sind zur Erfüllung der verschiedenen Subventionsziele eine Fülle unterschiedlicher **Auflagen** entwickelt worden, die sich großenteils auch auf Zahlungen an private Haushalte und ebenso auf monetäre Transfers im internationalen Bereich anwenden lassen, die allerdings definitionsgemäß nicht zu den Subventionen gezählt werden.

Unter diesen Auflagen kann danach getrennt werden, ob nur Empfangsauflagen oder auch weitergehende Auflagen erlassen werden (vgl. zum folgenden Schema 8.5). Eine *Empfangsauflage* liegt dann vor, wenn der Empfänger lediglich bestimmte Merkmale, z. B. eine geringe Hektarzahl seines Hofes oder ein niedriges Einkommen als Indikator sozialer Bedürftigkeit, aufweisen muß, um die finanzielle Zuwendung beanspruchen zu können.

Schema 8.5: Auflagentypen bei der Vergabe von Subventionen

Auflagentyp	Beispiel
1. Empfangsauflage	„Hektarsubventionen"
2. Finanzielle Auflage	
a) Aufbringen zusätzlicher Mittel	s. Einzelheiten in der Aus-
– in Form von Eigenmitteln	gestaltung zahlreicher
– in Form von Krediten	Subventions-, insbesondere
b) Aufbringen des Schuldendienstes	Kreditprogramme
für öffentliche Kredite	
3. Verhaltensauflage	Anbaubeschränkung
4. Verwendungsauflage	Maschinenkauf

Um Subventionen zielgerecht einsetzen zu können, sind in den meisten Fällen staatlicher Strukturpolitik weitergehende Auflagen erforderlich, unter denen die *finanziellen Auflagen* besonders häufig sind. So kann die öffentliche Hand z. B. verlangen, daß der Subventionsempfänger zusätzlich eigene finanzielle Mittel beisteuert oder daß er sich zusätzliche Mittel auf dem Kreditwege beschafft. Die Subvention, für deren Erhalt solche eigenen Aktivitäten des Empfängers Bedingung sind, besteht dann etwa in einem Zuschuß zu den bei der Kreditaufnahme im privaten Sektor entstehenden Kosten (**Zinssubvention**).

Mit der Aufnahme öffentlicher Kredite gehen ihre Empfänger die Verpflichtung ein, den **Schuldendienst (Verzinsung und Rückzahlung)** zu leisten. Eine Subvention, die mit finanziellen Auflagen verbunden ist, kann deshalb nur erhalten, wer eine gewisse finanzielle Leistungsfähigkeit aufweist. Mit einer solchen Subvention wird also zugleich eine **Selektion unter den Subventionsempfängern** getroffen. Wenn die öffentliche Hand den **Kredit** selbst gewährt, kann der **Subventionswert** eines nicht zu marktmäßigen Bedingungen gewährten öffentlichen Kredits dadurch ermittelt werden, daß die Differenz zwischen den privaten Kreditkosten und denjenigen, die an den

Staat gezahlt werden müssen, berechnet und auf den Zeitpunkt der Subventionsgewährung diskontiert wird.

Die bisher erwähnten Auflagen wirken vorwiegend in der Phase des Subventionsempfangs; nur bei der öffentlichen Kreditvergabe wirken sie sich in Form der Schuldendienstzahlung in einer späteren Periode aus. Da die Verwendung der Mittel den strukturpolitischen Zielen entsprechen soll, interessiert die Phase nach dem Erhalt der Subvention unter strukturpolitischem Aspekt am stärksten. Die Ziele können manchmal schon dadurch erreicht werden, daß für die Verwendung eine *Verhaltensauflage* erlassen wird, in der Landwirtschaft z. B. die Vorschrift, bestimmte Flächen nicht zu bebauen. In vielen Fällen wird darüber hinaus durch detaillierte *Verwendungsauflagen* bestimmt, welcher Verwendung die Förderungsmittel zuzuführen sind, z. B. dem Kauf einer Maschine oder der Verbilligung von Düngemitteln. Damit wird bewirkt, daß der von der öffentlichen Hand beabsichtigte Zweck eines Subventionsprogramms genauer als bei den bisher genannten Auflagen erreicht wird. Verwendungsauflagen bieten die Möglichkeit, im Unternehmen die gewünschten **Einsatzstellen im betrieblichen Ablauf** zu erreichen. So kann die Subvention an **Inputfaktoren** ansetzen, z. B. am Kauf von Düngemitteln, den **Produktionsablauf** beeinflussen, z. B. über die Subventionierung von Rationalisierungsverfahren, und schließlich am **Absatzvorgang** anknüpfen, indem sie die Entwicklung neuer Absatztechniken fördert oder zu Preissenkungen führt.

Subventionen mit einer detaillierten Verwendungsvorschrift, die auf den Kauf eines ganz bestimmten Gutes hinausläuft, ähneln ihrer Wirkung nach dem Vorgang, bei dem der Staat dieses Gut selbst kauft und es dann dem Empfänger kostenlos überläßt. Dann läge ein öffentlicher Kauf mit anschließendem „Naturaltransfer" vor.

b) Erfassung und Begrenzung von Subventionen als Daueraufgabe

Unabhängig davon, welchen Zielen ein Subventionsprogramm dient, hat es immer die Tendenz, unter dem politischen Druck der Empfängergruppen länger als nötig zu bestehen und sich zumeist sogar auszuweiten. Daher gehören die Begrenzung und der Abbau von Subventionen zu den zentralen Aufgaben jeder Strukturpolitik. Eine Voraussetzung hierfür ist zunächst eine genaue Kenntnis der gewährten Subventionen und deren Verteilung nach Wirtschaftsbereichen bzw. Branchen, Regionen oder Betriebsgrößen.

Der Gesetzgeber hat in der Bundesrepublik durch das Stabilitätsgesetz (§ 12) eine **Subventionsberichterstattung** für den Bund geschaffen, die informieren und dadurch zugleich den erwünschten Abbau dieser Zahlungen fördern soll. Erst über den alle zwei Jahre erscheinenden „Subventionsbericht" werden auch Teile derjenigen Zahlungen bzw. geldwerten Vorteile sichtbar, die im Haushaltsplan selbst nicht erkennbar sind.[43] Die Aussagekraft des Haushalts würde also erhöht, wenn **Steuervergünsti-**

---

[43] Es ist allerdings argumentiert worden, daß das im Subventionsbericht ausgewiesene Volumen „nur gut 60% des finanzwirtschaftlichen Subventionsvolumens" er-

gungen in Subventionen umgewandelt würden, die offen im Haushaltsplan ausgewiesen
wären.

*Tab. 8.2: Subventionen und Steuervergünstigungen des Bundes an Betriebe oder Wirt-
schaftszweige, Bundesrepublik Deutschland, 1980, 1992 und 1993*

	1980 Mio. DM	in %[2]	1992[1] Mio. DM	in %[3]	1993[1] Mio. DM	in %[3]
Subventionen zur						
Erhaltung	3495,8	44,9	7506	45,6	7059	42,6
Anpassung[4]	2550,4	32,8	6764	40,6	7429	44,8
Förderung[5]	1711,8	22,0	1729	10,4	1134	6,8
Nicht zugeordnet	25,6	0,3	581	3,5	949	5,7
Insgesamt	7783,6	100,0	16679	100,0	16571	100,0
Steuervergünstigungen zur						
Erhaltung	2206,0	16,6	1521	16,3	1529	17,2
Anpassung[4]	8219,0	61,8	7460	79,7	7079	79,5
Förderung[5]	575,0	4,3	46	0,5	37	0,4
Nicht zugeordnet	2292,0	17,2	332	3,6	292	2,9
Insgesamt	13292,0	100,0	9359	100,0	8907	100,0
Summe der Subventionen und Steuervergünstigungen	21075,6	100,0	26038	100,0	25478	100,0
davon Subventionen	7783,6	36,9	16679	64,1	16571	65,0
davon Steuerver- günstigungen	13292,0	63,1	9359	36,0	8907	35,0

[1] Einschließlich Beitrittsgebiet.
[2] Differenzen in den Summen durch Runden der Zahlen.
[3] Anpassung an neue Bedingungen.
[5] Förderung der Produktivität und des Wachstums.

Quelle: 1980: Achter Subventionsbericht (Bundestagsdrucksache 9/986), S. 27 und
30 (Ist-Zahlen).
1992 und 1993: Vierzehnter Subventionsbericht (Bundestagsdrucksache 12/
5580), S. 31 (1992: Ist-Zahlen; 1993: Soll-Zahlen).

Das Stabilitätsgesetz schreibt eine Aufgliederung der Subventionen danach vor, ob
die Hilfen der **Erhaltung,** der **Anpassung** an neue Bedingungen oder der **Förderung** des
Produktivitätsfortschritts und des Wachstums von Betrieben oder Wirtschaftszwei-

---

fasse (Presse- und Informationsamt der Bundesregierung, „Strukturberichte", Aktuelle Beiträge zur Wirtschafts- und Finanzpolitik, Nr. 11, 1981, S. 15, wo auf den
Bericht des Instituts für Weltwirtschaft Bezug genommen wird).

gen dienen. Wie aus Tabelle 8.2 entnommen werden kann, ist die letzte Subventions-
kategorie noch immer mit dem geringsten Anteil ausgewiesen. Der größte Posten der
Erhaltungssubventionen und der Steuervergünstigungen, die der Strukturerhaltung
dienen, fiele bei strenger Prüfung wohl noch höher aus. Weil der Abbau dieser
Erhaltungshilfen immer wieder gefordert wird, ist die einzelne Behörde, die diese
Hilfen gewährt, bemüht, möglichst viele Erhaltungshilfen unter die beiden anderen
Kategorien einzuordnen; dabei kommt ihr das Problem zugute, daß kaum objektive
Kriterien für die Einordnung der Subventionen in diese drei Kategorien zu finden
sind. Eine sektorspezifische Zusammenstellung der in Tabelle 8.2 wiedergegebenen
Angaben bot der neunte Subventionsbericht für 1983. Ihm war zu entnehmen, daß
von den Subventionen und Steuervergünstigungen damals für die Landwirtschaft
42% und für die gewerbliche Wirtschaft 12% den „Erhaltungshilfen" zugeordnet
wurden.[44]

Eine Aufschlüsselung der Subventionen und Steuervergünstigungen nach Aufgabenbereichen findet sich in Tabelle 8.3; bei den Beträgen für die Landwirtschaft ist zu
berücksichtigen, daß nach 1970 die Mittel zunehmend von der EG kamen und hier
insoweit nicht erscheinen.

*Tab. 8.3: Subventionen und Steuervergünstigungen des Bundes nach Aufgabenberei-
chen, Bundesrepublik Deutschland, 1980, 1992 und 1993*

	Subventionen und Steuervergünstigungen					
Eingriffsbereich	1980		1992[1]		1993[1]	
	Mio. DM	in %	Mio. DM	in %	Mio. DM	in %
Ernährung, Landwirtschaft und Forsten	3673	24,0	8151	30,2	7177	27,3
Gewerbliche Wirtschaft (ohne Verkehr)	9163	59,9	17629	65,4	17807	67,8
1. Bergbau	2587	16,9	3539	13,1	3467	13,2
2. Regionale Strukturmaßnahmen	4249	27,8	9451	35,0	9861	37,5
3. Sonstige Maßnahmen	2327	15,2	4639	17,2	4479	17,0
Verkehr	2467	16,1	1185	4,4	1297	4,9
Insgesamt	15303	100,0	26695	100,0	26281	100,0

[1] Einschließlich Beitrittsgebiet.

Quelle: 1980: Achter Subventionsbericht, a. a. O., S. 13 (Ist-Zahlen).
   1992 und 1993: Vierzehnter Subventionsbericht, a. a. O., S. 6 (1992: Ist-
   Zahlen; 1993: Soll-Zahlen).

[44] Neunter Subventionsbericht, Bundestagsdrucksache 10/352, S. 31.

Um den Erhaltungscharakter von Subventionen zu vermindern, müßten die Auflagen, die zu einer Strukturanpassung führen, verstärkt werden. Außerdem wäre es, um ein einzelnes Subventionsprogramm in seinem Volumen steuern zu können, von Vorteil, wenn an die Stelle des **Quotitätsprinzips** das **Repartitionsprinzip** treten würde. Beim Quotitätsprinzip erfolgt an jedes Unternehmen, sofern es nur die Empfangsmerkmale aufweist, die vorgesehene Unterstützungszahlung. Je mehr Unternehmen also die Subvention beanspruchen, desto höher wird der endgültige Haushaltsansatz sein. Beim Repartitionsprinzip wird zuerst der gesamte Förderbetrag festgelegt und dann auf die Anzahl der Bewerber aufgeteilt (vgl. dazu auch die Verteilung von Zuweisungen im Rahmen des Finanzausgleichs im 5. Kapitel Schema 5.3). Eine weitere Möglichkeit, Subventionsprogramme zu begrenzen, besteht darin, die Gesetze über Subventionszahlungen entweder zu einem bestimmten, vorher festgelegten Termin auslaufen zu lassen, wie dies als ‚sunset legislation' für sehr viele Gesetze vorgeschlagen wird,[45] oder ihre weitere Existenzberechtigung von Zeit zu Zeit einer systematischen Prüfung zu unterziehen, wie es auf breiter Basis mit dem Zero-Base-Budgeting-Konzept angestrebt wurde (s. oben 3. Kapitel, S. 81). Möglicherweise kann der Prozeß der **Kontrolle und** des **Abbaus** von Subventionen auch durch ein **unabhängiges Organ** (Sachverständigenrat, Subventionsamt) gefördert werden.

III. Die Rolle der Subventionen in der sektoralen Strukturpolitik

Einführend zu diesem Kapitel war dargestellt worden (s. oben B I), daß die Eingriffe in die sektorale Struktur zur Erhaltung überkommener Strukturen oder zur aktiven Förderung von als zukunftsträchtig angesehenen Sektoren erfolgen. Je nachdem welcher Argumentation gefolgt wird, stellt sich die Wahl der Subvention anders dar.

Wird die *Erhaltung von Betrieben* gewünscht, weil die Einkommen der in diesen Betrieben beschäftigten Arbeitnehmer aus verteilungspolitischen Gründen erhalten bleiben sollen, so genügt eine **wenig differenzierte Ausgestaltung** der Hilfen; das gleiche gilt, wenn das entsprechende Güterangebot wünschenswert erscheint, z.B. aus energiepolitischen Autarkieüberlegungen. Es kommt zunächst nur darauf an, den Unternehmen Liquidität zuzuführen. Im agrarpolitischen Bereich können zu diesem Zweck z.B. flächenbezogene „Hektarsubventionen" oder nur auf die Existenz des Betriebes bezogene Subventionen gewährt werden. In diesem Fall genügt es folglich, die Subventionen mit **Empfangsauflagen** zu versehen. Knüpfen Subventionen an die Höhe der Produktion an (z.B. Milchsubventionen), so haben sie neben einer einkommenserhöhenden auch eine produktionsfördernde Wirkung. – Diese Strategie reicht zur Erhaltung eines Betriebes aber nur aus, wenn die Ursache für seine Existenzgefährdung in einem nur vorüberge-

---

[45] Vgl. dazu Rürup, B., und Färber, G., Programmbudgets der „Zweiten Generation", in: Das Wirtschaftsstudium, 10. Jg., 1981, S. 42 ff.

hend aufgetretenen und nunmehr beseitigten Mangel an Liquidität lag. Liegt die Ursache jedoch in schrumpfender Nachfrage, billigerem Angebot der Konkurrenz, ineffizienter Betriebsführung usw., so muß eine Strategie, die auf Erhaltung bedacht ist, sich an diesen Ursachen orientieren oder es hinnehmen, daß die zur Erhaltung erforderliche Liquiditätszufuhr ständig erfolgt. Subventionen, die lediglich **Empfangsauflagen** aufweisen, sollten daher schon im Sinne einer sparsamen Mittelverwendung nur zeitlich begrenzt eingesetzt werden oder in Verbindung mit Subventionen, die die gewünschte Anpassung fördern.

Soll in einer schrumpfenden Branche die Förderung nicht unbesehen alle Unternehmen im Markt halten, so kann man eine Selektion über zusätzliche Auflagen, neben solchen finanzieller Art vor allem durch **Verwendungsauflagen**, erreichen. Die **finanzielle Auflage** trifft eine positiv zu bewertende Auswahl unter den notleidenden Firmen einer Branche, und die Verwendungsauflage bewirkt beispielsweise, daß neuartige Maschinen beschafft oder verbesserte Absatzmaßnahmen eingesetzt werden. Da jedoch verbesserte Techniken oft zu Produktionserhöhungen führen, müssen zur Erreichung des Förderziels häufig zugleich Subventionen zur Verringerung des Gesamtangebots gezahlt werden (z. B. Anbauverminderung in der Landwirtschaft, Stillegungsprämien). Die durch die Auflagen bewirkten Reaktionen der Unternehmen müssen also im Zusammenhang mit anderen Maßnahmen der öffentlichen Hand, insbesondere der **Gesamtheit des Subventionsprogramms für eine Branche**, gesehen werden.

Wenn man glaubt, Wachstumsbranchen identifizieren und sektorale Strukturpolitik i. S. v. Industriepolitik betreiben zu können, so werden für eine solche *aktive Strukturförderung* ausschließlich finanzielle und Verwendungsauflagen eingesetzt. Oft unterbleibt, wie im Zusammenhang mit dem technischen Fortschritt erläutert (s. oben S. 414), eine solche private Produktion oder fällt zu gering aus, weil die Entwicklungskosten und das Risiko des Scheiterns zu hoch sind; hierfür dürfte die friedliche Nutzung der Kernenergie ein Beispiel sein. In diesen Fällen kann die öffentliche Hand **Forschungen** offen **subventionieren** oder **Entwicklungsaufträge** erteilen, die in dem Umfang Subventionscharakter haben, wie der private Sektor Nutzen aus dem entwickelten Produkt oder Verfahren zieht.

Mit den erörterten Aspekten der sektoralen Strukturpolitik ist nur eine ihrer Ausprägungen angesprochen. Hinzu tritt die regionale Dimension. Andere Aspekte wie die Beeinflussung der Betriebsgrößenstruktur, z. B. als Gegenstand der Mittelstandspolitik, werden dagegen nicht eingehend betrachtet.

IV. Die Bedeutung der öffentlichen Finanzen für die regionale Strukturentwicklung

a) Aktive und passive Sanierung

In einem Land wie Deutschland ist die räumliche Struktur der Wirtschaft neben „ausgewogenen" Räumen typischerweise durch Ballungszentren mit hoher Wirtschafts- und Finanzkraft sowie durch finanz- und wirtschaftsschwache Gebiete gekennzeichnet. Mit Blick auf diesen Sachverhalt lassen sich, ähnlich wie für das gesamtwirtschaftliche Wachstum und die sektorale Wirtschaftsstruktur, zwei unterschiedliche Auffassungen ausmachen. Die eine Strategie läuft im wesentlichen darauf hinaus, die Marktkräfte wirken zu lassen und lediglich soziale Härten auszugleichen, während mit der zweiten Alternative der Marktprozeß bewußt gestaltet werden soll. Geht man nach der ersten Auffassung davon aus, daß die in einer wenig entwickelten Region bisher gar nicht bzw. unproduktiv genutzten oder unterbeschäftigten Produktionsfaktoren in anderen Teilräumen einer Gesamtwirtschaft produktiver eingesetzt werden können und sollen, so wird man den oft schon im Gang befindlichen Entleerungsprozeß einer Region unter Aspekten des gesamtwirtschaftlichen Wachstums so lange nicht bremsen, bis nur noch die Unternehmen und Beschäftigten übrigbleiben, die erforderlich sind, um für die verbleibenden Einwohner ein ausreichendes Einkommen zu erwirtschaften. Oft wird es sich bei den verbleibenden Unternehmen um größere landwirtschaftliche Betriebe oder andere Betriebe der Urproduktion sowie um Fremdenverkehrseinrichtungen handeln. Finanzpolitische wie überhaupt wirtschaftspolitische Instrumente werden nur eingesetzt, um die erforderlichen Anpassungen an die veränderte Situation sozial erträglich zu machen. Sie erfolgen in Form der Umschulungshilfen, die die **Mobilität der Arbeitnehmer** erhöhen sollen, der Übernahme der Umzugskosten oder auch als Sozialtransfers für Zurückbleibende. Diese Strategie, die auch als *„passive Sanierung"* bezeichnet wird, ist zwar nicht als eine realistische Alternative für die gesamte Regionalpolitik zu sehen, sie kann aber für kleinere Teilräume durchaus von Bedeutung sein und ergibt sich implizit auch für größere Räume, falls die Träger der Regionalpolitik dort die aktive Sanierung nicht oder nicht erfolgreich betreiben.

Wenn man aktiv in das regionale Gefüge der Volkswirtschaft eingreifen will und dabei das Wachstumsziel verfolgt, so ist nicht von vornherein klar, an welchem Regionstyp anzusetzen ist. So wird einerseits die Ansicht vertreten, daß eine Förderung der **Ballungsräume** (z.B. durch Verbesserung der Infrastruktur) bei gleichzeitigem Schrumpfen der **unterentwickelten Regionen** das gesamtwirtschaftliche Wachstum fördert, da in den Ballungsräumen die Produktivität der privaten wie der eingesetzten öffentlichen Mittel am höchsten sei. Andererseits legen es die brachliegenden Produktionsfaktoren Arbeit und Boden sowie die wenig belastete Umwelt in den unterentwickelten Räumen nahe, dort vermehrt private Investitionen zu induzieren. In der regionalpolitischen Praxis dominiert die Förderung unterentwickelter Regionen. Sie erfolgt dort aber überwiegend aus verteilungspolitischen Gründen, weil man die Folgen der geschilderten passiven Sanierung nicht hinnehmen will. Das konkrete Ziel heißt dann, in unterentwickelten Gebieten *aktive Sanierung* zu betreiben. Diese Ausrichtung der Regionalpolitik hat mit der deutschen Einheit ein großes Gewicht bekommen, weil der weitaus größte Teil der Fläche der **neuen Bundesländer** zu diesem Regionstyp zählt und aktiv saniert werden soll.

Aktive Sanierung zu betreiben bedeutet, sowohl öffentliche Infrastruktur als auch private Investitionen, letztere insbesondere mittels Subventionen, in die entsprechende Region zu lenken, so daß die öffentlichen Haushalte auf zweierlei Weise gefordert sind. Wenn nur das Wachstum in der Region gefördert werden soll, steht unter den Infrastrukturvorhaben die **Infrastruktur mit „wirtschaftsnahem"** Charakter im Vordergrund, d. h. sie ist unmittelbar auf die Industrieansiedlung bezogen (z. B. Verkehrsanbindung, Energieversorgung, Nachrichtenwesen). Der Ausbau der **haushaltsorientierten Bereiche der Infrastruktur** folgt dann in dem Maße, wie die Industrieansiedlung zu mehr Beschäftigten und höherem Einkommen und damit zu wachsendem Infrastrukturbedarf führt, z. B. im Ausbildungs- und Gesundheitssektor. In der Realität wird es – das hat die Erfahrung mit dem Aufbau der neuen Bundesländer gezeigt – nicht immer eine Trennung der beiden Wege der Förderpolitik geben.

Das zweite Element einer aktiven Sanierung bildet die **Ansiedlung von Industrie** und überregional tätigen Dienstleistungsunternehmen. Hierzu werden Anreize für ansiedlungs- oder erweiterungswillige gewerbliche Unternehmen geboten. Das Instrumentarium ähnelt daher dem der sektoralen Strukturpolitik; nur stehen hier bei den möglichen Auflagen die **Verwendungsauflagen** noch stärker **im Vordergrund.** Die gewünschte Verwendung der als Subventionen oder Steuererleichterungen gewährten Vergünstigungen ergibt sich aus dem Ziel, in der **Förderregion** neue **Arbeitsplätze** zu schaffen, wobei unterstellt wird, daß die Nachfrage nach den produzierten Gütern vorhanden sein wird, weil andernfalls der Unternehmer wegen der immer noch sehr hohen Eigenbeteiligung das Risiko der Investition vermeiden würde. Mit den Auflagen kann zwischen Neugründung und Erweiterung eines Betriebs differenziert werden. Die Erweiterung wird in der Regel geringer bezuschußt, da die Bereitschaft zur Erweiterung eines schon vorhandenen Betriebes eines geringeren Anstoßes bedarf.

Wegen der Randlage vieler Förderregionen im Staatsgebiet kann – je nach Branche – eine **Frachtsubvention** helfen, die Situation der Unternehmen zu verbessern. Diese Maßnahme bietet, ebenso wie das **Zugeständnis höherer Preise** für Staatslieferanten aus Fördergebieten, allerdings keinen Anreiz zu vermehrten Investitionen, sondern gleicht möglicherweise nur Standortnachteile aus.

Bis 1990 bildete die **Gemeinschaftsaufgabe „Verbesserung der regionalen Wirtschaftsstruktur"** den hauptsächlichen Anwendungsfall für aktive Sanierung.[46] Sie besteht

---

[46] Das Instrumentarium der Gemeinschaftsaufgabe findet sich in dem jeweiligen Rahmenplan der Gemeinschaftsaufgabe „Verbesserung der regionalen Wirt-

auch weiterhin, doch steht seither die **Stärkung der Wirtschaftskraft in den neuen Bundesländern** im Vordergrund, für die auch andere Instrumente eingesetzt werden. Der Erneuerungsbedarf der – unternehmens- und haushaltsnahen – Infrastruktur ist dort enorm, und auch die Förderung der Unternehmen erfordert erhebliche öffentliche Mittel. Die Art dieser Unternehmensförderung wurde intensiv diskutiert und häufig geändert. Anfängliche Pläne für ein **Niedrigsteuergebiet** wurden fallengelassen, und die Förderung erfolgt hauptsächlich über **Investitionszulagen** und **Sonderabschreibungen** (s. oben S. 394ff.).[47]

b) Erfassung der regionalen Wirkungen der öffentlichen Finanzen

Bei der Behandlung der sektoralen Finanzpolitik war darauf verwiesen worden, daß eine der Voraussetzungen für eine zieladäquate Politik darin besteht, sich zunächst ein Bild von Umfang und Struktur aller einwirkenden finanzpolitischen und anderen Maßnahmen zu verschaffen, wie dies für den Teilbereich der Subventionen mit den zweijährlich erscheinenden Subventionsberichten ansatzweise versucht wird. Mit der gleichen Begründung kann man für die Regionalpolitik ein Berichtssystem als zweckmäßig ansehen, das ausweist, wieweit einzelne Regionen im Gesamtsystem der zufließenden und abfließenden öffentlichen Finanzströme „bevorzugt" oder „benachteiligt" werden. Diese **regionale Inzidenz der öffentlichen Finanzströme** läßt sich dann auf regionalpolitische Zielgrößen wie das regionale Pro-Kopf-Einkommen oder die Zahl der Arbeitsplätze beziehen. Die Notwendigkeit solcher Analysen läßt sich aus der Tatsache ableiten, daß die regionalpolitischen Fördermittel nur einen Bruchteil der Finanzströme ausmachen, die eine Region berühren, und ihre Effekte können leicht überkompensiert werden.

Für die Erfassung der regionalen Wirkungen der öffentlichen Finanzen ist zu klären, welche Finanzströme für die Entwicklung einer Region bedeutsam sind; so sind in der Region finanzierte Gemeindeausgaben beispielsweise weniger wichtig als die durch Zuweisungen, also von außerhalb, finanzierten Ausgaben. Auch muß Einigkeit darüber bestehen, ob ein einzelner Finanzstrom als „Vor-" bzw. „Nachteil" für eine Region gewertet werden kann, ob also beispielsweise zufließende Sozialausgaben als „Vorteil" und abfließende Einkommensteuern als „Nachteil" zu interpretieren sind, obwohl beide auf einheitlichen nationalen Gesetzen beruhen. Schließlich muß ein gesicherter theoretischer Zusammenhang zwischen diesen Finanzströmen und regionalpolitischen Zielvariablen, wie etwa dem Einkommen pro Kopf oder der Zahl der Arbeitsplätze, bestehen.

Auf der Basis dieser und ähnlicher methodischer Überlegungen[48] läßt sich

---

schaftsstruktur" (Siehe etwa: Zweiundzwanzigster Rahmenplan der Gemeinschaftsaufgabe „Verbesserung der regionalen Wirtschaftsstruktur" für den Zeitraum 1993 bis 1996 (1997), Bundestagsdrucksache 12/4850, S. 9ff.).

[47] Vgl. Dreizehnter Subventionsbericht, a. a. O., S. 34.

[48] Vgl. im einzelnen Zimmermann, H., Regionale Inzidenz öffentlicher Finanzströme. Methodische Probleme einer zusammenfassenden Analyse für einzelne Regionen, Baden-Baden 1981.

dann eine empirische Analyse für eine Region, beispielsweise einen Regierungsbezirk, wie folgt aufbauen:

(1) Ermittlung der regionalen Zuflüsse von Ausgaben des Landes, des Bundes usw. und des Abflusses der Bundes- und Landessteuern. Eine solche **regionale Zahlungsverteilung** gibt unter bestimmten Voraussetzungen erste Aufschlüsse über die relative Besser- bzw. Schlechterstellung einer Region im Rahmen einer Querschnittsbetrachtung.
(2) Bestimmung einer **interregionalen Überwälzung** bei den Steuern und einer **Vorteilswegnahme** bei den Ausgaben. Die im Zusammenhang mit dem Ziel der Einkommensumverteilung vorgenommene modelltheoretische und empirische Analyse der Steueranpassungen findet hier ihre regionale Variante.

Die verbleibenden Beträge werden dann in ihren Wirkungen auf das regionale Einkommen und die regionalen Arbeitsplätze abgeschätzt und unter regionalpolitischen Zielen bewertet.

V. Finanzpolitik und Strukturanpassung

Angesichts der geschilderten vielfältigen Zielsetzungen und der Notwendigkeit der Anpassung an tiefgreifende Strukturveränderungen fällt die wirtschaftspolitische Therapie immer schwerer, und die Rolle der Finanzpolitik im wirtschaftspolitischen Instrumentarium wird undeutlicher und ist schwieriger zu bestimmen. Der Übergang von einer auf ausgewählte Regionen und Sektoren ausgerichteten zu einer die Konjunktur- und Wachstumspolitik unterstützenden differenzierten Förderung von Branchen und Regionen, der mit Blick auf die strukturell differenzierte Gesamtwirtschaft naheliegt, wird als ordnungspolitisch bedenklich angesehen. Insbesondere die sektorale Strukturpolitik könnte sich, wenn sie von der Förderung einzelner im Laufe der Zeit als förderungsbedürftig anerkannter Wirtschaftsbereiche und Branchen zu einer generellen Planung zu fördernder und zu bremsender Branchen übergeht, leicht zu einer Politik der Investitionslenkung entwickeln, in deren Rahmen die Verantwortung für Umfang und sektoralen Einsatz der Investitionen vom privaten mehr und mehr in den öffentlichen Sektor verlegt und damit die Wirtschaftsordnung grundsätzlich verändert würde. Aus diesem Grunde wird gefordert, die Fähigkeit der privaten Wirtschaft zur strukturellen Anpassung auf globalere Art und nicht nach Sektoren und Regionen differenziert zu fördern.

Fragen zum achten Kapitel

Zu Teil A:

1. Erläutern Sie die Aussagekraft des Sozialproduktzuwachses im internationalen Vergleich.
2. Skizzieren Sie Anforderungen an eine Wachstumstheorie, die Ansatz-

punkte für den wachstumsorientierten Einsatz der Finanzpolitik liefern könnte.

3. Welche Ansatzpunkte bieten sich für eine finanzpolitische Beeinflussung der privaten Investition?

4. Diskutieren Sie finanzpolitische Instrumente zur Förderung der Selbstfinanzierungsmöglichkeiten der Unternehmen.

5. Kennzeichnen Sie den Bereich der öffentlichen Infrastrukturtätigkeit.

6. Worin bestehen Kapazitätseffekte der öffentlichen Infrastrukturinvestitionen?

7. Inwiefern kann die öffentliche Hand über die Beeinflussung der Inanspruchnahme der Infrastrukturleistungen Wachstumspolitik betreiben?

8. Inwiefern beeinflußt die gesamtwirtschaftliche Wachstumsquote die Lastverteilung zwischen Generationen?

9. Begründen Sie die These aus der Diskussion über die sog. zeitliche Lastverschiebung, daß Last als „Nutzeneinbuße" mit Hilfe der Schuldaufnahme in die Zukunft verschoben werden kann.

10. Worin besteht der differentielle Wachstumseffekt, wenn man Last als Konsumverzicht interpretiert?

11. Nehmen Sie Stellung zu der These, daß das Arbeitsangebot mit zunehmender Steuerbelastung abnimmt. Kommt ihr wachstumspolitische Bedeutung zu?

12. Welche Bedeutung haben arbeitsmarktpolitische Eingriffe für die Finanzpolitik?

13. Welche steuerpolitischen Maßnahmen können im Rahmen der Arbeitsmarktpolitik ergriffen werden?

14. Beschreiben Sie die Möglichkeiten der Finanzpolitik, die Qualität des Faktors Arbeit zu beeinflussen.

15. Läßt sich mit Hilfe der Theorie der öffentlichen Güter die öffentliche Förderung des technischen Fortschritts rechtfertigen?

16. Beschreiben Sie den Einfluß der Finanzpolitik auf den technischen Fortschritt, wenn man ihn als Prozeß der ‚inventions', ‚innovations' und ‚imitations' ansieht.

17. Welche Bedeutung haben Steuersenkungen und eine erweiterte Verlustberücksichtigung für den technischen Fortschritt?

18. Inwiefern ist die Rolle der Finanzpolitik bei der Förderung des technischen Fortschritts begrenzt?

Zu Teil B:

1. Welche Auffassungen zur sektoralen Strukturpolitik lassen sich unterscheiden?

2. Welche Form der Auflage bei der Subventionsgewährung würden Sie zur Strukturanpassung im Falle einer Überproduktion wählen? Welche weiteren Maßnahmen sind erforderlich?

3. Inwiefern ist die Erfassung und Beeinflussung von Subventionen ein Element der Strukturpolitik?

4. Wie könnte erreicht werden, daß Erhaltungs- und Anpassungssubventionen zugunsten von Förderungssubventionen abgebaut werden?

5. Charakterisieren Sie Gegenstand, Ursachen und Ziele einer regionalen Entwicklungspolitik.

6. Erörtern Sie die Bezüge einer regionalen Entwicklungspolitik zum Ziel des gesamtwirtschaftlichen Wachstums.

7. Charakterisieren Sie kurz den Einsatz finanzpolitischer Maßnahmen im Dienste der aktiven und passiven Sanierung.

Literatur zum achten Kapitel

Zu Teil A:

Biehler, H., Brandes, W., Buttler, F., Gerlach, K., Liepmann, P., Arbeitsmarktstrukturen und -prozesse, Tübingen 1981.

Denison, E. F., Trends in American Economic Growth 1929–1982, Washington, D. C. 1985.

Dürr, E., Hrsg., Wachstumstheorie, Darmstadt 1978.

Dürr, E., Wachstumspolitik: Theoretische Grundlagen mit wirtschaftlichen Konsequenzen, in: Wirtschaftswissenschaftliches Studium, 6. Jg., 1977, S. 449 ff.

Frey, R. L., Artikel „Infrastruktur", in: Handwörterbuch der Wirtschaftswissenschaft, 4. Bd., Stuttgart u. a. 1978, S. 200 ff.

Frey, R. L., Wachstumspolitik, Stuttgart-New York 1979.

Gandenberger, O., Öffentliche Auftragsvergabe, in: Handwörterbuch der Wirtschaftswissenschaft, 5. Bd., Stuttgart u. a. 1980, S. 405 ff.

Giersch, H., Konjunktur- und Wachstumspolitik, Wiesbaden 1977.

Görgens, E., Beschäftigungspolitik, München 1981.

Issing, O., Investitionslenkung in der Marktwirtschaft, Göttingen 1975.

Klauder, W., Beschäftigungspolitik in der Bundesrepublik Deutschland, in: Fitzsimmons, S. J., Wildenmann, R., Arrow, K. J., Hrsg., Zukunftsorientierte Planung und Forschung für die 80er Jahre, Königstein/Ts. 1978, S. 95 ff.

Kromphardt, J., Wachstum und Konjunktur, 2. Aufl., Göttingen 1977.

Müller, R., und Röck, W., Konjunktur –, Stabilisierungs- und Wachstumspolitik, 4. Aufl., Stuttgart 1993.

Neumann, M., Artikel „Wachstumspolitik", in: Handwörterbuch der Wirtschaftswissenschaft, 8. Bd., Stuttgart u. a. 1980, S. 462 ff.

Oppenländer, K. H., Wachstumstheorie und Wachstumspolitik, München 1988.

Röper, B., Hrsg., Der Einfluß des Staates auf den Wettbewerb, Schriften des Vereins für Socialpolitik, NF Bd. 158, Berlin 1986.

Röpke, J., Die Strategie der Innovation, Tübingen 1977.

Rötheli, T. F., Exogenes und endogenes Wachstum: ein Streifzug, in: Jahrbuch für Sozialwissenschaft, Bd. 44, 1993, S. 1 ff.

Rose, K., Grundlagen der Wachstumstheorie, 3. Aufl., Göttingen 1977.

Sinn, H. W., und Sinn, G., Kaltstart: Volkswirtschaftliche Aspekte der deutschen Vereinigung, 3. Aufl., München 1993.

Timm, H., Finanzwirtschaftliche Allokationspolitik, in: Handbuch der Finanzwissenschaft, 3. Bd., 3. Aufl., Tübingen 1981, S. 135 ff.

Werner, J., Die Arbeitslosigkeit in der Bundesrepublik Deutschland. Natur, Ursachen und beschäftigungspolitische Optionen, in: Außenwirtschaft, Schweizerische Zeitschrift für internationale Wirtschaftsbeziehungen, 43. Jg., 1988, S. 473 ff.

Zu Teil B:

Andel, N., Subventionen als Instrument des finanzwirtschaftlichen Interventionismus, Tübingen 1970.

Andel, N., Artikel „Subventionen", in: Handwörterbuch der Wirtschaftswissenschaft, 7. Bd., Stuttgart u. a. 1977, S. 491 ff.

Deutsches Institut für Wirtschaftsforschung, Exportgetriebener Strukturwandel bei schwachem Wachstum, Analyse der strukturellen Entwicklung der deutschen Wirtschaft, Strukturberichterstattung 1987, Berlin 1987.

Dickertmann, D., Öffentliche Finanzierungshilfen, Baden-Baden 1980.

Frey, R. L., Die Infrastruktur als Mittel der Regionalpolitik, Bern und Stuttgart 1979.

Fürst, D., Klemmer, P., und Zimmermann, K., Regionale Wirtschaftspolitik, Tübingen-Düsseldorf 1976.

Hamm, W., Artikel „Strukturpolitik, sektorale", in: Handwörterbuch der Wirtschaftswissenschaft, 7. Bd., a. a. O., S. 479 ff.

Hansmeyer, K. H., Transferzahlungen an Unternehmen (Subventionen), in: Handbuch der Finanzwissenschaft, 1. Bd., 3. Aufl., Tübingen 1977, S. 959 ff.

HWWA-Institut für Wirtschaftsforschung, Analyse der strukturellen Entwicklung der deutschen Wirtschaft, Strukturbericht 1987, Hamburg 1987.

Hübl, L., und Schepers, W., Strukturwandel und Strukturpolitik, Darmstadt 1983.

Ifo-Institut für Wirtschaftsforschung, Analyse der strukturellen Entwicklung der deutschen Wirtschaft, Strukturberichterstattung 1987, Kernbericht, München 1987.

Institut für Weltwirtschaft, Mehr Strukturwandel für Wachstum und Beschäftigung. Die deutsche Wirtschaft im Anpassungsstau, Strukturberichterstattung 1987, Dritter Hauptbericht, Kiel 1987.

Jürgensen, H., Regionalpolitik, in: Ehrlicher, W., u. a., Hrsg., Kompendium der Volkswirtschaftslehre, 4. Aufl., 2. Bd., Göttingen 1975, S. 275 ff.

Peters, H.-R., Strukturpolitik, München-Wien 1988.

Rheinisch-Westfälisches Institut für Wirtschaftsforschung, Analyse der strukturellen Entwicklung der deutschen Wirtschaft, Strukturbericht 1987, Band 1: Gesamtdarstellung, Essen 1987.

Willms, M., Strukturpolitik, in: Vahlens Kompendium der Wirtschaftstheorie und Wirtschaftspolitik, 2. Bd., 5. Aufl., München 1992, S. 372 ff.

World Bank, The World Bank Atlas 1994, Washington, D. C. 1993.

Zimmermann, H., Regionale Inzidenz öffentlicher Finanzströme, Methodische Probleme einer zusammenfassenden Analyse für einzelne Regionen, Baden-Baden 1981.

Neuntes Kapitel

Umwelt und öffentliche Finanzen

A. Gegenstand, Ziele und Gestaltungsprinzipien der Umweltpolitik

I. Saubere Umwelt als öffentliches Gut

Wirtschaftstätigkeit führt sehr häufig zu Umweltschäden, die durch die Produktion und durch den Konsum verursacht werden. Die Schäden bestehen in Luft- und Wasserverschmutzung, Lärmbelästigung, Beeinträchtigung der Landschaft usw. Sie gehen von einigen Produktionsbereichen (z.B. Chemie) und Konsumbereichen (z.B. Autonutzung) besonders stark aus. Viele Umweltprobleme konzentrieren sich in bestimmten Regionstypen, vor allem in den Ballungsräumen. Es gibt aber auch Umweltprobleme, die überregional oder sogar global wirksam werden. Zu nennen ist hier vor allem die auf dem Ausstoß bestimmter Schadstoffe beruhende Belastung der Erdatmosphäre, die mit hoher Wahrscheinlichkeit zu einem Anstieg der durchschnittlichen Temperatur auf der Erde führen wird (sog. „Treibhauseffekt").

Der Grund für die unzureichende Qualität der Umwelt liegt aus ökonomischer Sicht darin, daß für die Umweltgüter kein Markt mit Knappheitspreisen besteht, so daß sie wie freie Güter behandelt werden. Die Umweltgüter „reine" Luft, „unbelastete" Gewässer und Böden sind erkennbar knapp geworden, seit die Selbstreinigungsfähigkeit („Assimilationskapazität") der Natur nicht mehr ausreicht, um diese Umweltgüter in einem Maße zur Verfügung zu stellen, das die Bedürfnisse der Menschen nach ihnen befriedigt. Vor der Industrialisierung waren sie hingegen scheinbar unbegrenzt verfügbar.

Weil diese Umweltgüter nunmehr knapp sind, müssen sie in irgendeiner Form bewirtschaftet werden. Die in einer Marktwirtschaft übliche Form bestünde darin, knappe Güter mit Preisen zu belegen, denn den Preisen fällt die Aufgabe zu, die Knappheitsverhältnisse für Güter widerzuspiegeln. Um zu klären, wer diese Bewirtschaftung durchführt, ob also der private Sektor dies vermag oder die öffentliche Hand eingreifen muß, sind diejenigen Merkmale von Umweltgütern zu betrachten, die in der Theorie der öffentlichen Güter erörtert werden.

Zunächst ist wichtig festzustellen, daß eine ausreichend saubere Umwelt von der Bevölkerung gewünscht wird, d.h. Präferenzen für Umweltgüter sind offenbar vorhanden. Es ist daher in der Regel nicht notwendig, wegen fehlender Präferenzen korrigierend einzugreifen.

Im Umweltbereich kann die Berücksichtigung sehr langfristiger Optionen, von der Erhaltung der Bergwälder wegen Lawinengefahr bis zur derzeitigen Erörterung des „Ozonlochs" und des „Treibhauseffekts", zur Korrektur individueller Präferenzen führen, d. h. es liegt insoweit ein meritorisches Gut vor (s. oben 2. Kapitel, S. 48 ff.). Eine solche Korrektur zeigt sich beispielsweise im Verbot der Abholzung von „Bannwald" durch die Bergbewohner, damit er weiterhin die Lawinen, Muren usf. „bannen" kann.

Wenn aber die Präferenzen für Umweltgüter vorhanden und hinreichend ausgebildet sind, so fragt man sich, warum diese Güter erwünscht sind und privat nicht angeboten werden, sich also kein Markt für sie bildet. Die Erklärung hierfür ist, daß bei typischen Umweltgütern die beiden Merkmale vorliegen, die in der Theorie der öffentlichen Güter erörtert werden. Zum einen sind diese Güter durch *Nichtrivalität im Konsum* gekennzeichnet: Wenn sie überhaupt geschaffen werden, mindert der Konsum durch einen Bürger den Konsum der anderen nicht. Eine Folgerung hieraus lautet, daß die Preis-gleich-Grenzkosten-Regel nur für den ersten Konsumenten zutrifft; bereits für den zweiten Konsumenten gilt: Grenzkosten gleich Null. Der Marktpreis hat bei Nichtrivalität des Konsums keine Lenkungsfunktion. Zum anderen ist das *Ausschlußprinzip* auf Umweltgüter in aller Regel *nicht anwendbar*. Wenn ein Einzelner von sich aus die Umwelt zu verbessern sucht, wird er in aller Regel erfahren, daß hier in klassischer Weise das Trittbrettfahrerphänomen vorliegt, das in der Theorie der öffentlichen Güter beschrieben wurde (2. Kapitel, S. 44 ff.).

Der Ablauf läßt sich am Beispiel eines Wohngebietes und der dortigen Heizungen veranschaulichen. In einem abgeschlossenen Wohngebiet, beispielsweise durch ein Seitental gekennzeichnet, befinde sich eine überschaubare Zahl von Häusern mit entsprechenden Heizungsanlagen. Die wahrgenommene Luftverschmutzung sei zum großen Teil auf diese Heizungen zurückzuführen. Das Gut „saubere Luft" wird als solches gewünscht, die Ursachen für die Verschmutzung sind bekannt, und die Möglichkeit, diese Ursache abzustellen, liegt auch auf der Hand: Alle Heizungen müssen modernisiert und gut eingestellt werden. Dennoch entsteht das Gut „saubere Luft" nicht, weil jeder einzelne sich überlegt, daß seine aufwendige Heizungssanierung zwar ihn viel kostet, für sich genommen aber die Umweltsituation kaum merklich verbessert. Sein Grenzbeitrag zur Verbesserung des Umweltgutes wäre also verschwindend gering, während die Grenzkosten abzüglich der zukünftig niedrigeren Energieausgaben voll auf sein Budget durchschlagen würden. Umgekehrt weiß er, daß, wenn andere ihre Heizung sanieren, er von dem Vorteil, also der Verbesserung des Umweltgutes, weder ausgeschlossen noch zur Mitfinanzierung verpflichtet werden kann. Das Beispiel deckt sich also weitgehend mit dem Wächterbeispiel, das zur Veranschaulichung des Trittbrettfahrerphänomens herangezogen wurde.

Wie bei allen typisch öffentlichen Gütern muß also auch hier das Trittbrettfahrerphänomen überwunden werden. Auf privater Basis gelingt dies nur in kleinen Gruppen mit starker sozialer Kontrolle, also beispielsweise im unmittelbaren Nachbarschaftsverhältnis. Ein anderes Beispiel für ein privat geschaffenes Umweltgut ist der von privaten Gruppen gekaufte und erhaltene heimische Naturteich oder tropische Regenwaldausschnitt. Die Tatsache, daß aus dem Markt heraus spontan wenig oder keine Umweltgüter produziert werden, hat Folgen für die Organisation des Umweltschutzes: In den meisten Fällen muß die öffentliche Hand unter Ausnutzung ihrer hoheitlichen Funktion eingreifen. Dies ist der Grund, weshalb in der Umweltpolitik zunächst der Staat zum Handeln aufgerufen ist und erst bei der Durchführung dann wieder marktwirksame Elemente eingefügt werden können (siehe unten B).

Die bisherigen Erörterungen gingen von der Vorstellung aus, daß es eine „**Nutzungskonkurrenz**" in den Umweltbereichen Wasser, Boden, Luft usw. gibt in dem Sinne, daß verschiedene Verwendungsmöglichkeiten miteinander konkurrieren. Wenn nach Meinung der Wähler beispielsweise Wasser weniger zur Aufnahme von Abwasser und stärker als Trinkwasser und für Freizeitzwecke bereitstehen soll, so muß diese Umnutzung auf irgendeine Weise bewirkt werden. Sie kann durch private Verhandlungen erfolgen, etwa durch Aufkauf von Wasserrechten, oder wird, falls dies als unzureichend angesehen wird, mit staatlichen Mitteln verfolgt. Dieser auf R. Coase zurückzuführenden Sicht kann man eine andere gegenüberstellen. A. C. Pigou betrachtet, anknüpfend an A. Marshall, die wirtschaftliche Tätigkeit als den hauptsächlichen Ansatzpunkt und betont die von ihr ausgehenden „**externen**" **Effekte** (s. 2. Kapitel, S. 43 ff.). Wenn im Zuge der wirtschaftlichen Entwicklung die Umwelt zunehmend belastet wird und die Umweltgüter dadurch knapp werden, so geschieht dies durch negative externe Effekte, die bei der Produktion und dem Konsum von wirtschaftlichen Gütern und Dienstleistungen anfallen (technologische externe Effekte): Stahlproduktion verursacht Staub und Rauchgase, mit Autofahren sind Lärm und Abgase verbunden usf. Um die externen Effekte zu vermeiden, soll sie der Staat internalisieren, insbesondere durch Steuern. Diese unterschiedlichen Ansatzpunkte werden bei der Behandlung der Umweltabgaben nochmals deutlich.

Schließlich ist für die Organisation des Umweltschutzes auch die regionale Reichweite eines Umweltgutes wichtig. So wie man in der ökonomischen Theorie des Föderalismus lokale und nationale öffentliche Güter unterscheidet, stellt beispielsweise der Lärm im Wohngebiet ein lokal beeinträchtigendes Umweltgut dar. Umweltgüter sehr großer Reichweite hat die neuere Diskussion um globale Umweltveränderungen ins Bewußtsein gerückt. Wenn die Erwärmung der Erdatmosphäre eintritt, beeinträchtigt sie das globale Umweltgut „Erdatmosphäre". Das hat u. a. zur Folge, daß es völlig unerheblich ist, welches Land den erforderlichen Beitrag zur Reduzierung der Treibhausgase leistet, und das wiederum beeinflußt die Wahl der Instrumente erheblich (s. unten Abschnitte B und C).

II. Ziele und Gestaltungsprinzipien der Umweltpolitik

Bevor der Staat in private wirtschaftliche Aktivitäten eingreift, um Umweltpolitik zu betreiben, müssen die **Ziele der Umweltpolitik** genauer definiert werden; es ist also die Frage zu klären, in welchem Ausmaß der Staat eine Belastung der Umwelt zuläßt und in welchem Umfang Maßnahmen zur Reinhaltung der Luft und der Gewässer, zur Reduzierung der Lärmbelästigung usf. eingesetzt werden sollen.

Ähnlich wie für die Zielformulierung der Wirtschaftspolitik ist dabei der Ursache-Wirkungs-Zusammenhang eines umweltbelastenden Vorgangs bedeutsam, der in Emission und Immission getrennt wird. Die **Emission** geht von der verursachenden Quelle aus, also dem Schornstein im Industriebetrieb oder dem Auspuff am Auto. Überschreitet dann beispielsweise die Summe der Emissionen ins Wasser die Selbstreinigungsfähigkeit eines Flusses, so verschlechtert sich in dem jeweiligen Umweltbereich, hier dem Wasser, der Belastungszustand, der als **Immission** bezeichnet wird. Von der Immission ausgehend, kann man dann die Einwirkung von Schadstoffen und anderen Umwelteinflüssen auf den Menschen und die Natur verfolgen, die in der Umweltpolitik **Schutzgüter** genannt werden.

Auf der Basis dieses Wirkungsablaufs und mit der begrifflichen Vorklärung können Ziele der Umweltpolitik sowie die auf sie einwirkenden Instrumente und Prinzipien näher umschrieben werden (zum folgenden vgl. Schema 9.1):

- Letztliches Ziel der Umweltpolitik ist der Erhalt der **Schutzgüter,** insbesondere des Lebens und der Gesundheit des Menschen. Dazu zählt auch, daß die Natur in einem Zustand belassen wird, der das Leben der Tiere und Pflanzen sowie die Qualität der Gewässer u. a. m. nicht beeinträchtigt.

- Diese Schutzgüter als letztliche Ziele der Umweltpolitik sind nur in dem Maße zu erhalten, wie die Umweltpolitik sich auf die Festlegung bestimmter **Immissionsziele** (Umweltqualitätsziele als Zwischenziele) einigt. Auf den einzelnen Gebieten der Umweltpolitik, also der Luftreinhaltung, der Gewässergütepolitik, der Lärmbekämpfung usf. werden diese Ziele konkret und auf den jeweiligen Bereich bezogen definiert. So legt man Grenzwerte für die zulässige Belastung der Luft fest oder beschließt, welche Oberflächengewässer im Zeitverlauf welche Gewässergüteklasse aufweisen sollen.

- Abgeleitet von diesen Immissionszielen werden dann für die Emittenten **Emissionsziele** (Umwelteinwirkung als Zwischenziel) festgelegt, d. h. es wird im einzelnen vorgeschrieben, wie groß der Schadstoffausstoß an einer einzelnen Quelle (dem Schornstein eines Industriebetriebs oder privaten Haushalts, der Kläranlage) sein darf. In der Landwirtschaft würde bei einer solchen Vorgehensweise beispielsweise die höchstzulässige Menge an Düngemitteln oder Schädlingsbekämpfungsmitteln pro Hektar Fläche vorgegeben.

- Die **Instrumente der Umweltpolitik** wirken in den meisten Ländern auf die Emissionen, indem beispielsweise bestimmte Filteranlagen oder Kläranlagen vorgeschrieben sind, die die ausgestoßene Schadstoffmenge jeweils an ihrer Quelle begrenzen sollen, oder Grenzwerte festgelegt werden, die nur mit solchen Vorkehrungen erreichbar sind. Es gibt aber auch umweltpolitische Regelungen, die an der Immissionssituation ansetzen. So wird in der Bundesrepublik Deutschland Smog-Alarm mit der Folge eines Fahrverbots für die Autofahrer ausgelöst, wenn bestimmte Immissionsgrenzwerte in einem Belastungsgebiet überschritten sind. Schließlich wirken manche Vorschriften in der Umweltpolitik direkt auf die Schutzgüter ein, indem sie die Gesundheit des Menschen schützen. Zu erwähnen sind in diesem Zusammenhang Lärmschutzwände, die die gesundheitsschädlichen Folgen des Lärms mindern.

Schema 9.1: Ziele und Gestaltungsprinzipien der Umweltpolitik

---

Schutzgüter als letzte Ziele der Umweltpolitik[1]
- Gesundheit und Wohlbefinden des Menschen
- Schutz der Natur

↑

Immissionsziele
(Umweltqualitätsziele)
in den einzelnen Umweltbereichen,
z. B. für Wasser, Boden, Luft

↑

Emissionsziele für Emittenten
z. B. für Anlagen der Industrie oder für diffuse
Quellen (Bodenbelastung durch Landwirtschaft u. ä.)

↑

Instrumente der Umweltpolitik
verschieden je nach Gestaltungsprinzipien, Umweltbereich usf.;
manchmal auch direkt auf Schutzgüter wirksam,
z. B. Lärmschutzwände

↑

Gestaltungsprinzipien der Umweltpolitik, geordnet nach:

Entscheidung über Eingriffsintensität	Entscheidung über Kostenanlastung, mit starkem Bezug zur Norm des Allokationsziels	Entscheidung über Mitwirkungsgrad

Gefahren-abwehr	Vorsorge-prinzip	Verursacher-prinzip (Unterfall Gruppen-lastprinzip)	Gemein-last-prinzip	(Nutz-nießer prinzip)	Koopera-tions-prinzip	Durch-setzen der Hoheits-gewalt

↑

Hinter den Prinzipien stehende **allgemeine Normen**
der Wirtschafts- und Sozialpolitik,
z. B. Allokationseffizienz, Verteilungsgerechtigkeit

---

[1] Die Schonung nicht-erneuerbarer Rohstoffe wie Erdöl oder Kohle wird in der Regel nicht als unmittelbarer Gegenstand der Umweltpolitik angesehen, sondern bleibt einer eigenständigen Ressourcenpolitik vorbehalten.

– Ähnlich wie in der Sozialpolitik (s. oben 4. Kapitel, S. 149 ff.) haben sich auch in der Umweltpolitik über die Zeit **Gestaltungsprinzipien der Umweltpolitik** herausgebildet, die für die Gestaltung der umweltpolitischen Instrumente herangezogen werden. Weil diese Prinzipien die Auswahl und den Einsatz der Instrumente maßgeblich beeinflussen, werden sie anschließend etwas genauer erörtert. Während in der politischen Diskussion programmatisch gefordert wird, die Umweltpolitik solle sich am Vorsorge-, Verursacher- und Kooperationsprinzip ausrichten,[1] führt die Suche nach einer systematischen Betrachtung zu drei Anknüpfungspunkten, denen sich jeweils mindestens zwei gegensätzliche Prinzipien zuordnen lassen (vgl. Schema 9.1).

Nach der Eingriffsintensität kann man das **Vorsorgeprinzip** in Gegenüberstellung zur **Gefahrenabwehr** sehen. Wenn eine unmittelbare und nachweisliche Gefahr für ein Schutzgut droht, ist das Problem sehr viel dringlicher, und ein schärferer Eingriff, z. B. ein Verbot, erscheint angebracht, als wenn gegen eine nur vermutete oder nicht allzu schwere Umweltbelastung „vorsorglich" etwas unternommen wird.

Das **Verursacherprinzip** besagt, daß die volkswirtschaftlichen Kosten der Umweltbeeinträchtigung, zumindest aber die Kosten für die Vermeidung der Umweltschäden, den Verursachern des Schadens angelastet werden, d. h. in die Wirtschaftsrechnung der Produzenten und Konsumenten eingehen sollen. Das ist zunächst ein allokatives Argument, denn auf diese Weise werden externe Kosten internalisiert. Zugleich ist es ein distributives Element, denn es wird damit über die Kostenanlastung entschieden. Das wird deutlich, wenn als entgegengesetztes Prinzip für Ausnahmefälle, auf die noch einzugehen ist, das **Gemeinlastprinzip** angewendet wird. Es ist dadurch gekennzeichnet, daß die öffentliche Hand Schäden selbst beseitigt bzw. die Beseitigung in Auftrag gibt oder daß sie die geforderten Vermeidungsanstrengungen der Privaten subventioniert; in jedem Falle werden die Maßnahmen aus öffentlichen Mitteln finanziert. Wegen der Bedeutung dieser beiden Prinzipien der Umweltpolitik werden die Instrumente in den folgenden Teilen nach ihnen gruppiert. Daneben wird ein **Nutznießerprinzip** diskutiert, nach dem in der Konkurrenz um die immer knappen Umweltgüter in Analogie zur Marktkonkurrenz um private Güter derjenige zahlen soll, der dieses Gut wünscht. So wurde am Beispiel der Wasserversorgung argumentiert, daß der Wasserverbraucher für die Kosten der Trinkwasserreinigung von Schadstoffen auch dann aufkommen solle, wenn man den Verursacher, beispielsweise die Landwirtschaft, kennt. Diesem Denkansatz steht die Vorstellung eines prinzipiell unverschmutzt zu haltenden Wassers (insbesondere des Grundwassers) gegenüber, dessen Verschmutzung der Verursacher grundsätzlich zu vermeiden oder zu beseitigen hat.

Nach dem Mitwirkungsgrad besagt das **Kooperationsprinzip** gegenüber einem **Durchsetzen der Hoheitsgewalt,** daß die Umweltpolitik zunächst einvernehmliche, auf Mitwirkung abzielende Lösungen, beispielsweise durch Absprachen mit Wirtschaftszweigen, suchen soll.

– Hinter den Prinzipien der Umweltpolitik schließlich stehen **allgemeine Normen der Wirtschafts- und Sozialpolitik.** Am Verursacherprinzip wurde gezeigt, wie Bezüge sowohl zum Distributions- als auch zum Allokationsziel bestehen.

---

[1] So etwa Bundesminister für Umwelt, Naturschutz und Reaktorsicherheit, Umweltpolitik. Ziele und Lösungen, Bonn 1990, S. 15 ff.

B. Nicht-finanzpolitische Instrumente der Umweltpolitik

In einer finanzwissenschaftlichen Betrachtung der umweltpolitischen Instrumente steht die Kostenanlastung im Vordergrund. Unter den erörterten Prinzipien erhält damit die Gegenüberstellung von Verursacher- und Gemeinlastprinzip besonderes Gewicht, denn unter dem Verursacherprinzip sind die der öffentlichen Finanzwirtschaft zuzuordnenden Umweltabgaben ein bedeutendes Instrument, und das Gemeinlastprinzip läuft als ganzes auf eine Budgetfinanzierung hinaus (s. Schema 9.2, rechter und unterer Teil). Diese finanzpolitischen Instrumente bilden den größeren Teil dieser Darstellung.

Zuvor jedoch wird ein Überblick über nicht-finanzpolitische Instrumente geboten, um die Möglichkeiten der Staatstätigkeit in der Umweltpolitik aufzuzeigen. Besonders wichtig ist das in Schema 9.2 zuerst genannte Instrument der Ge- und Verbote (Verhaltensanweisungen), in der Umweltpolitik üblicherweise als *Ordnungsrecht* bezeichnet. Sie bilden den Hintergrund, vor dem die Vorteile der Umweltabgabe und weiterer Instrumente deutlich werden. Durch das Ordnungsrecht, dem die in den Gesetzessammlungen zum Umweltrecht enthaltenen Maßnahmen ganz überwiegend zuzuordnen sind, wird für die einzelnen Typen von Emissionsquellen (in Unternehmen, in privaten Haushalten oder auch beim Staat) eine Minderung der Emissionen gesetzlich vorgegeben. Diese gesetzliche Vorschrift erfolgt mit Blick auf den „**Stand der Technik**" bei der Emissionsminderung. Dies bedeutet, daß bestimmte Verfahren, Einrichtungen oder Betriebsweisen vorgeschrieben (oder durch die Grenzwerte erzwungen) werden, die einem fortschrittlichen Entwicklungsstand der Technik entsprechen. Dabei kann eine **Verhältnismäßigkeitsregel** hinzutreten, nach der beispielsweise bei einer nachträglichen Emissionsminderung an bereits bestehenden Anlagen der erforderliche Aufwand nicht außer Verhältnis zu dem mit der Anordnung erstrebten Erfolg stehen sollte.[2] Den einzelnen Wirtschaftssubjekten bleibt als Handlungsmöglichkeit einzig die Befolgung der ordnungsrechtlich vorgeschriebenen Normen. Sofern das Unternehmen seine Emissionen in der geforderten Weise reduziert, erhält es damit implizit eine kostenlose Emissionsgenehmigung für die verbleibenden Emissionen, es sei denn, diese werden einer gesonderten Regelung, beispielsweise einer Abgabe (s. unten), unterworfen.

Gegen das ordnungsrechtliche Instrumentarium als dominierendes Instrument der Umweltpolitik wurden insbesondere von Ökonomen Einwände erhoben. Ihnen erscheint zweifelhaft, ob auf diese Weise diejenigen Emittenten herausgefiltert werden, die die umweltpolitisch unerwünschten Emissionen zu den niedrigsten einzelwirtschaftlichen Kosten reduzieren können („**ökonomische Effizienz**"). Es soll derjenige Emittent Vermeidungs- oder Beseitigungsmaßnahmen ergreifen, bei dem sie am kostengünstigsten

---

[2] Vgl. Bundes-Immissionsschutzgesetz, § 17 Abs. 2.

Schma 9.2: Finanzpolitische und nicht-finanzpolitische Instrumente der Umweltpolitik und ihre Budgetwirksamkeit

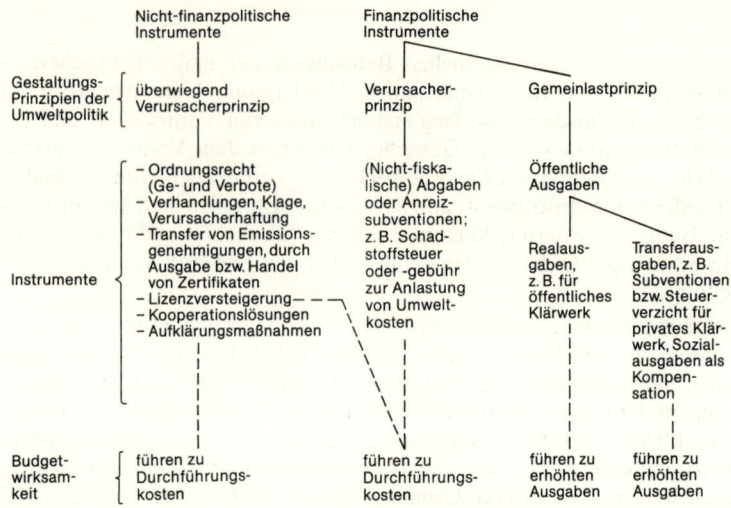

sind. Wird dies erreicht, so werden zugleich die niedrigsten volkswirtschaftlichen Kosten insgesamt für die Verringerung der Umweltbelastung realisiert. Außerdem wird gefragt, ob es kontinuierliche Anreize gibt, die Emissionen immer weiter zu verringern. Denn nachdem im Ordnungsrecht ein Emissionsgrenzwert festgelegt worden ist, hat der Emittent keinen Grund, diese Emissionen weiter zu verringern. Er wird ebenso wie seine Konkurrenten eine Fortentwicklung des „Standes der Technik" von sich aus nicht fördern, sondern eher hintertreiben, weil andernfalls eine verschärfte Vorschrift für alle droht. Ordnungsrechtliche Maßnahmen tendieren somit auch dazu, die Realisierung des umwelttechnischen Fortschritts zu behindern.

Es wird also zwar nicht bestritten, daß mit Hilfe der Auflagenpolitik die umweltpolitischen Ziele, jedenfalls wenn man eine vollständige Durchsetzung unterstellt, weitgehend erreicht werden können. Kritisiert wird jedoch, daß die Zielerreichung (**„Effektivität"**) mit einem unnötig hohen Aufwand an Anpassungskosten einhergeht. Da zudem die Anpassungskosten mit steigendem Reinigungsgrad in der Regel exponentiell steigen, nimmt die Bedeutung dieses Arguments mit fortschreitender Umweltpolitik zu.

Die Antwort auf die Schwächen des Ordnungsrechts war die Entwicklung weiterer Instrumente. Die meisten von ihnen werden unter dem Begriff der *ökonomischen Anreizinstrumente* zusammengefaßt.[3] Damit wird zum Aus-

---

[3] Ökonomische Anreizinstrumente werden auch häufig als marktwirtschaftliche oder marktsteuernde Instrumente bezeichnet, wobei die Begriffsverwendung nicht einheitlich ist.

druck gebracht, daß im Vergleich mit dem unflexiblen System der Ge- und Verbote hier bei den privaten Wirtschaftssubjekten ökonomische Anreize gesetzt werden, die umweltpolitisch erwünschte Verhaltensänderung in einer ökonomisch effizienten Weise, also zu niedrigeren Kosten, vorzunehmen. Je niedriger aber die ökonomischen Anpassungskosten gehalten werden können, desto weiter kann auch die Erfüllung umweltpolitischer Ziele gehen, weil von der wirtschaftlicheren Erfüllung der Umweltziele ein allgemeiner Entlastungseffekt für die Umweltpolitik ausgeht.

Zu diesen Instrumenten gehören zunächst solche, die auf der Zuordnung von Eigentumsrechten an Umweltgütern beruhen. So können die von einer Umweltbelastung Betroffenen im Wege von *Verhandlungen* dem Schädiger Zahlungen für die Unterlassung leisten und damit Umweltgüter „kaufen". Wenn das Gesetz dem Einzelnen sauberes Wasser und reine Luft zusichert, kann er sich die Güter durch *Klage* erstreiten. Auch eine Verschärfung der *Verursacherhaftung* gehört zu diesem Instrumententyp. Der ökonomische Anreizeffekt besteht darin, daß die Unternehmen durch die drohende Haftung (oder bei Inanspruchnahme einer Haftpflichtversicherung durch die drohende Prämienerhöhung) die aus ihrer Kenntnis besten Maßnahmen zur Vermeidung bzw. Beseitigung dort ansetzen, wo die größte Emissionsgefahr besteht bzw. wo sie mit geringsten Mitteln vermieden werden kann.

Einen besonderen Instrumententyp stellt der *Transfer von Emissionsgenehmigungen* dar. Während im ordnungsrechtlichen Instrumentarium die zulässigen Emissionen kostenlos und bezogen auf die einzelne Anlage gewährt werden, kann man sich vorstellen, die Gesamtheit dieser Emissionen, die als umweltpolitisch zulässig angesehen und vorweg gesetzlich festgelegt werden, mittels eines effizienten Verfahrens auf die potentiellen Emittenten zu verteilen. Beispielsweise könnte dann der Eigentümer einer neuen Anlage gegen Zahlung eines Preises an den Inhaber einer bestehenden Anlage das Recht auf eine Emission kaufen. Durch einen solchen Transfer von Emissionsgenehmigungen würden Umweltressourcen genau wie andere Ressourcen mit einem Preis versehen, der die Knappheit widerspiegelt. Außerdem wird hier das umweltpolitische Ziel, eine bestimmte Summe der zulässigen **Emissionen, vorab festgelegt**, während eine Realisierung sich bei anderen Instrumenten, z. B. der Abgabe, erst im nachhinein ergibt, also Erwartungsgröße ist. Für die Zuordnung auf die potentiellen Emittenten gibt es mehrere Verfahren. Zum einen kann man die Emissionsgenehmigungen freihändig vergeben. Zum anderen kann man durch Erlaubnis und Förderung des Transfers der im normalen ordnungsrechtlichen Genehmigungsverfahren implizit gewährten „Emissionsgenehmigungen" zwischen Unternehmen einen Markt für solche Emissionsgenehmigungen zu schaffen suchen[4] und dann auch Emissionsbanken für deren Handel einrichten. In

---

[4] In der Bundesrepublik Deutschland sind Ansätze für solche Verfahren in geringem Umfang vorgesehen. So erlaubt § 7 Abs. 2 Bundes-Immissionsschutzgesetz, daß ein Grenzwert an einer Anlage überschritten werden darf, wenn durch Maßnahmen an anderen Anlagen des Betreibers oder Dritter insgesamt eine weitergehende Minderung von Emissionen erfolgt.

diesen beiden Fällen ist der Budgetbezug sehr gering. Schließlich kann man auch daran denken, entsprechende *Emissionszertifikate* (Lizenzen) öffentlich zu versteigern. Bei einer solchen **Lizenzversteigerung** würden in der Anfangsphase dieser Politik erhebliche öffentliche Einnahmen erzielt. Doch ist es hier nicht die Einnahme selbst, die – wie bei der Emissionsabgabe (s. unten) – als Instrument dient. Instrument ist der spätere Transfer der Zertifikate, und die Einnahme tritt lediglich hinzu.

Zu den nicht-finanzpolitischen Instrumenten gehören auch *Kooperationslösungen,* die dem zuvor erörterten Kooperationsprinzip entsprechen. Unter dem Druck der öffentlichen Meinung oder drohender gesetzgeberischer Maßnahmen können sich Unternehmen, ohne daß schon staatliche Maßnahmen ergriffen worden sind, zu umweltschonenden Produktionen und umweltverträglicheren Produkten bereiterklären und dies beispielsweise in einer **Selbstverpflichtung** gegenüber der umweltpolitischen Instanz zum Ausdruck bringen; damit wird zugleich dem Verursacherprinzip entsprochen. Der ökonomische Anreizeffekt solcher Kooperationslösungen liegt darin, daß das einzelne Unternehmen und die Unternehmen untereinander frei die Strategie wählen können, die das verabredete Ziel mit den niedrigsten Kosten zu erreichen erlaubt. Dazu kann beispielsweise die vollständige Aufgabe der Produktion in einem Unternehmen bei entsprechender Ausweitung in einem anderen Unternehmen dienen. Kooperationslösungen dominieren bei der Bewältigung **globaler Umweltprobleme**. Weil es keine Ge- und Verbote oder Umweltabgabengesetze einer Weltregierung gibt, bedarf es der Absprachen, in diesem Falle der Regierungen als vorgeschaltetem Element (Konventionen, Protokolle usf.), und nur im Einzelstaat oder etwa in der EU können dann Ordnungsrecht oder Umweltabgabe zum Zuge kommen.

Schließlich sind hier *Aufklärungsmaßnahmen* als Instrument zu erwähnen, mit denen das Umweltbewußtsein der Bevölkerung und der Unternehmen gestärkt werden soll (Umweltethik).

Die bisher besprochenen Instrumente drücken sich im Budget ganz überwiegend nur in Durchführungskosten aus, also den Kosten der gesetzgeberischen Maßnahmen und der administrativen Durchführung und Kontrolle; nur bei Lizenzversteigerungen gibt es über die Lizenzentgelte einen stärkeren Bezug zum Budget. Im Rahmen der im folgenden zu betrachtenden finanzpolitischen Instrumente kann unterschieden werden in einerseits weitere ökonomische Anreizinstrumente, die in diesem Fall finanzieller Art sind und durch die private Haushalte und Unternehmen in Verfolgung des Verursacherprinzips zu einer bestimmten Verhaltensweise angeregt werden sollen, und andererseits Ausgaben, die dem Gemeinlastprinzip entsprechen und mit denen Umweltschäden nachträglich beseitigt oder in ihren Folgen gemildert werden (s. Schema 9.2).

C. Finanzpolitische Instrumente der Umweltpolitik

I. Anwendung des Verursacherprinzips

a) Finanzielle Anreize durch Abgaben

1. „Reine" Abgabenlösungen

Unter allen ökonomischen Anreizinstrumenten nimmt die Diskussion der Umweltabgaben den breitesten Raum ein. Sie wird hier zunächst für „reine" Abgabenlösungen geführt, in denen Abgaben ohne Kombination mit weiteren Instrumenten, insbesondere ohne ordnungsrechtliche Instrumente, eingesetzt werden.

Wenn nach dem Verursacherprinzip eine Anlastung der Schäden erfolgen soll, gelten Abgaben als das wichtigste finanzpolitische Instrument. Abgaben werden in diesem Zusammenhang erhoben, um entweder den Verursachern der unerwünschten Umwelteinwirkungen die Kosten der Umweltschäden anzulasten und über diese Anlastung eine Verringerung von Umweltschäden in der Produktions- oder Konsumtionsphase herbeizuführen, oder sie werden auferlegt, um einen gewünschten Grenzwert zu erreichen. In der umweltökonomischen Literatur steht die Besteuerung des Schadstoffs selbst, also die Emissionssteuer, im Vordergrund. Sie wird daher genauer behandelt. Andere Abgabeformen, wie Gebühren oder Sonderabgaben, und die Kombination mit anderen Instrumenten werden anschließend erörtert.

Schon im Jahre 1920 schlug A. C. Pigou eine Steuer vor, die sich an den externen Effekten und folglich an den verursachten volkswirtschaftlichen Belastungen ausrichtete.[5] Die **grundsätzliche Wirkung** einer solchen „**Pigou-Steuer**" läßt sich in Abb. 9.1 anhand des üblichen Mengen-Preis-Diagramms für einen Markt bei vollständiger Konkurrenz und mittleren Elastizitäten darstellen (vgl. 6. Kapitel, Abb. 6.1, S. 234), auf dem ein mit Umweltbelastungen hergestelltes Gut angeboten wird. In der Angebotskurve A_1 sind die privaten Grenzkosten der Produktion dieses Gutes enthalten. Die Umweltbelastungen sind jedoch als soziale Zusatzbelastungen dazuzurechnen und führen zur Kurve GK_{soz}, die die **sozialen Grenzkosten** dieser Produktion wiedergibt, also den privaten ebenso wie den als externe Kosten von Dritten getragenen Teil des Ressourcenverzehrs, den die Produktion einer Einheit dieses Gutes verursacht. Die Nachfragekurve N gibt die Zahlungsbereitschaft der Konsumenten für die zusätzliche Einheit des Gutes wieder. Ohne staatliche Eingriffe würde der Preis P_1 realisiert und die Produktion M_1 betragen, da nur die privaten Kosten in die Rechnung eingingen. Berücksichtigt man auch die externen Kosten, so läge die volkswirt-

---

[5] Pigou, A. C., The Economics of Welfare, London 1920, 4 th ed., (Neudruck) London 1950, S. 223 f.

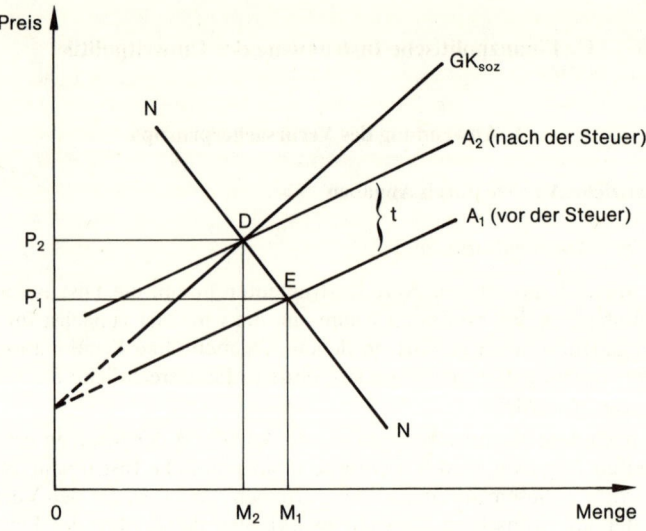

Abb. 9.1: Wirkung einer Pigou-Steuer

schaftlich wünschenswerte Produktion bei M_2 zum Preis P_2, denn im Punkt D entsprechen die sozialen Kosten GK_{soz} der Zahlungsbereitschaft. Um diesen Punkt zu realisieren, kann der Staat eine Mengensteuer von t erheben, die zur Angebotskurve A_2 und damit dem gewünschten neuen Gleichgewicht bei P_2 und M_2 führt.

Die Senkung der Emission von Schadstoffen dürfte dann aus volkswirtschaftlicher Sicht nur so weit gehen, bis die Grenzkosten der Beseitigung einer zusätzlichen Einheit an Schadstoffen als höher angesehen werden als der durch die Beseitigung verhinderte zusätzliche Schaden, z. B. der in Geld bewertete Gesundheitsschaden. Wegen der schwierigen Meß- und Bewertungsprobleme ist auf lange Zeit wohl kein solches Grenzkosten-Grenzschaden-Kalkül und damit auch kein Emissionssteuersatz in exakter Weise berechenbar. Insbesondere fehlen oft Kenntnisse über Art und Ausmaß des Schadens, der als Folge der einzelnen Emission auftritt, weil die Schädigung vom insgesamt erreichten Immissionsniveau ausgeht.

Um beispielsweise die Emission der „Treibhausgase", wie Kohlendioxid (CO_2), die für die mögliche Erwärmung der Erdatmosphäre verantwortlich gemacht werden, nach diesem Kalkül zu besteuern, müßte man zum einen die vermutlichen Schäden dieser Erwärmung quantitativ abschätzen und ökonomisch bewerten. Die Abschätzung dieser „Kosten des unterlassenen Umweltschutzes" ist schon schwierig genug. Darüber hinaus müßte der Grenzbeitrag der einzelnen emittierten Einheit jedes Treibhausgases bekannt sein, um dann die Größe GK_{soz} abschätzen zu können. Der Vorschlag der EG-Kommission für eine CO_2-/Energie-Steuer verzichtet denn auch auf eine solche Begründung und ist daher dem folgenden Typ zuzuordnen.

Schon wegen dieser Schwierigkeiten wählt man in der Regel einen anderen Weg, den sog. **Standard-Preis-Ansatz.**[6] Er verzichtet zugleich auf die Argumentation mit externen Effekten und volkswirtschaftlichen Kosten. Vielmehr geht man dabei von politisch gesetzten Emissionsminderungszielen aus (s. oben) und erhebt einen Steuersatz, der diese Reduktion, wenn auch erst nach einem „trial-and-error"-Verfahren, bewirkt. Der Effekt, daß die erwünschte Emissionsminderung zu den geringsten volkswirtschaftlichen Kosten erfolgt (s. unten), bleibt bei diesem Vorgehen erhalten. Ebenso gilt dort wie hier, daß nicht die Ausschaltung jeder Emission beabsichtigt ist und daß folglich Einnahmen entstehen: Eine gute Emissionssteuer tendiert **nie** zu einem **Aufkommen von Null.**

Emissionssteuern können auf verschiedenen Stufen des Produktions- und Konsumprozesses ansetzen. Denkbare Anknüpfungspunkte für die Beeinflussung von Umweltschäden liegen beispielsweise in der Besteuerung der Inputs, deren Verwendung umweltschädlich ist, in der Belastung umweltschädigender Produktionsvorgänge, in der unmittelbaren Besteuerung des Emissionsoutputs oder der Besteuerung des emissionsintensiven Konsums.

Die Ausgestaltung einer Emissionssteuer ist Gegenstand der **Steuertechnik.** Als **Bemessungsgrundlage** dienen Art und Menge der emittierten Schadstoffe, wobei z. B. Konzentrations- und/oder Gewichtsmaße unter Berücksichtigung einer Zeitdimension zur näheren Kennzeichnung herangezogen werden können, etwa Gramm Staub einer bestimmten Art je m^3 entstehenden Abgases. Nachdem auch der **Steuerschuldner** (Steuerpflichtige) festgelegt ist – in diesem Fall das Unternehmen –, gilt es, den **Steuersatz** festzusetzen, aus dem sich die Steuerschuld errechnen läßt, wenn man ihn auf die Bemessungsgrundlage anwendet. Dabei wird für jede Besteuerungseinheit (z. B. je 1000 Gramm Staub), also die Einheit der Bemessungsgrundlage, ein zu zahlender Steuerbetrag festgesetzt; es handelt sich mithin um Mengensteuern. – Nicht immer läßt sich die Emission selbst in eine Bemessungsgrundlage umformen, und man behilft sich beispielsweise mit schadstoffhaltigen Inputs, deren Einsatz mit der Emission hoch korreliert.

Die **Auswirkungen** einer solchen Emissionssteuer werden hier mit Blick auf das Allokationsziel betrachtet. Als Ausgangspunkt wird unterstellt, daß es zwischen den Unternehmen Kostenunterschiede bei der Beseitigung einer Einheit eines Schadstoffs (z. B. Kilogramm Staub, Liter schädlicher Abwässer) gibt. Wenn jetzt eine Emissionsabgabe erhoben oder erhöht wird, führt sie einzelwirtschaftlich zu unterschiedlichen Reaktionen. Jeder Emittent wird sich über die Vermeidungskosten informieren, also beispielsweise Angebote für Rauchgasreinigungsanlagen einholen. Liegen in seinem Fall die zusätzlichen Vermeidungskosten je Emissionseinheit unter dem Steuersatz, so wird er die Emission reduzieren, und liegen sie darüber, so wird er die

---

[6] Ansatz und Begriff gehen zurück auf: Baumol, W. J., und Oates, W. E., The Use of Standards and Prices for Protection of the Environment, in: Swedish Journal of Economics, Bd. 73, 1971, S. 42 ff. (abgedruckt in Möller, H., Osterkamp, R., und Schneider, W., Hrsg., Umweltökonomie, Beiträge zur Theorie und Politik, Königstein/Ts. 1982, S. 254 ff.).

Abgabe zahlen. Den Einsatz zusätzlicher Vermeidungsmaßnahmen wird er erst an dem Punkt beenden, an dem die zusätzliche Maßnahme genau so viel kostet, wie der Steuersatz ausmacht. Im Endergebnis haben einzelwirtschaftlich die Emittenten mit den niedrigeren Vermeidungskosten reduziert, und gesamtwirtschaftlich ist die umweltpolitisch erwünschte Gesamtreduktion zu den volkswirtschaftlich niedrigsten Kosten erfolgt.

Wichtig ist, daß jedes Unternehmen auch dann noch einen **Anreiz** hat, seine **Schadstoffemission zu senken,** wenn es schon fast schadstofffrei produziert, damit jede Möglichkeit zur Senkung des Emissionsniveaus genutzt wird. Dieser Anreiz wäre nicht mehr gegeben, wenn man sich entschlösse, nur die Unternehmen zu belasten, die über einer bestimmten Emissionsschwelle liegen. An dieser Stelle zeigt sich der weitere allokative (effizienzbezogene) Vorzug der Emissionssteuer gegenüber einer Emissionsnorm in Form eines Ge- oder Verbots. Abgesehen davon, daß das Ordnungsrecht allenfalls sehr grob zwischen hohen und niedrigen Anpassungskosten differenzieren kann, würden seine Normen in der Regel lauten, daß eine bestimmte Höhe der Schadstoffemission, z. B. in die Luft oder in Gewässer, von keinem Unternehmen überschritten werden darf. Jedem Unternehmen, daß unter dieser Norm liegt, fehlt der Anreiz zur Schadstoffverminderung, und Unternehmen, die vom Markt stark nachgefragte Produkte herstellen, aber keine technische Möglichkeit haben, die Emission zu senken, müssen aus dem Markt ausscheiden, sofern ihre Schadstoffemission zu hoch ist. Während die Abgabe also in ihrer Wirkung zwischen Unternehmen mit hohen und niedrigen Anpassungskosten differenziert, gelingt dies mit Hilfe von Ge- und Verboten höchstens unvollkommen.

Diesen Vorteilen stehen allerdings auch erhebliche Nachteile einer solchen als alleinigem Instrument (ohne Absicherung durch Emissionsnormen) wirkenden Umweltabgabe entgegen. Vor allem ergibt sich die höhere Umweltqualität immer erst nach einem längeren Prozeß der Anpassung an den festgelegten Steuersatz, der zudem aus politischen Gründen zunächst einmal niedrig angesetzt werden dürfte. Daher erscheint das umweltpolitische Ziel bei dieser Strategie als schwach abgesichert, d. h. die ausreichende umweltpolitische Effektivität ist nicht unbedingt gegeben.

In der praktizierten Umweltpolitik dominieren u. a. deshalb die Ge- und Verbote, und Beispiele eindeutiger Emissionssteuern sind sehr selten. Das liegt zum einen daran, daß bestimmte Emissionen, z. B. von hochgiftigen Stoffen, überhaupt nicht zugelassen werden sollen und folglich verboten werden. Zum anderen ist auch die Festlegung des richtigen Steuersatzes, wie erwähnt, mit erheblichen Schwierigkeiten verbunden.

Dagegen führt die Frage, wie die vom Unternehmen angestrebte Überwälzung der Emissionssteuer zu beurteilen ist, nicht auf einen zusätzlichen Einwand gegen dieses finanzpolitische Instrument. Im Maße, wie die zusätzlichen Kosten nicht überwälzt werden können, schmälern sie den Gewinn, und das belastete Unternehmen wird sich, wenn es das Ziel der Gewinnmaximierung verfolgt, überlegen, ob es nicht lohnend ist, umweltfreundlicher und damit langfristig kostengünstiger zu produzieren. Immer dann, wenn das Abwälzen der Zusatzbelastung im Preis unwahrscheinlich ist, z. B. weil auf den in Frage kommenden Märkten Substitutionskonkurrenz herrscht, werden die beschriebenen Anpassungsprozesse im Unternehmensbereich mit besonderer Stärke hervorgerufen. Doch auch wenn Emissionssteuern, die in der Phase der Produktion erhoben werden, im Wege der Preiserhöhung bei verkauften Produkten überwälzt werden können, sind sie nicht wirkungslos. Zum einen stellt sich die Frage nach den Reaktionen der privaten Haushalte, die die verteuerten Produkte kaufen. Jedenfalls bei nicht völlig starrer Nachfrage werden die Konsumenten auf andere Produkte ausweichen, die keiner Belastung unterliegen, und somit indirekt einen technologischen Druck auf die Hersteller ausüben. Zum anderen bleibt im Unternehmen auch bei voller Überwälzung ein interner Anpassungsdruck bestehen, denn Entwicklung und Einsatz von Vermeidungstechniken, deren Kosten je Emissionseinheit unter dem Steuersatz liegen, erhöhen den Gewinn. Eine Abwälzung der Umweltabgabe im Preis stört den umweltpolitischen Effekt also prinzipiell nicht.

2. Die Kombination von Umweltabgaben und Ordnungsrecht

Emissionssteuern und andere Umweltabgaben (s. unten), die eine Ausgestaltung als „reine" Abgabenlösung zum Ziel haben und statt des Ordnungsrechts eingesetzt werden, sind in der Umweltpolitik des In- und Auslands bisher verhältnismäßig selten. Die Gründe hierfür sind unterschiedlicher Art. Als Hauptgrund kann die Tatsache angesehen werden, daß sich das Ordnungsrecht in der Bundesrepublik Deutschland wie anderswo mittlerweile durchgesetzt hat und man nur noch geringe Spielräume für die Einführung von Umweltabgaben sieht (zu neueren Vorschlägen siehe aber unten). Hinter dieser Entwicklung steht auch der Umstand, daß das Ordnungsrecht als das zur Befolgung umweltpolitischer Ziele sicherere Instrument anzusehen ist, weil bei Umweltabgaben die Erreichung des umweltpolitischen Ziels vom Anpassungsverhalten der Wirtschaftssubjekte abhängt und nur mit Unsicherheit eintritt. Die Frage der unnötigen Kosten dieser Zielerreichung wird dabei allerdings oft verdrängt.

Aus diesen Gründen werden Umweltabgaben auch weniger dazu vorgesehen, das dominierende Ordnungsrecht zu ersetzen. Vielmehr fällt ihnen heute primär die Aufgabe zu, in Ergänzung zum Ordnungsrecht dessen Wirksamkeit zu steigern. Die Kombination von Ordnungsrecht und Umweltabgaben hat man sich so vorzustellen, daß zunächst, wie beschrieben, Grenzwerte nach dem „Stand der Technik" vorgeschrieben werden, um das umweltpolitische Ziel sicher zu erreichen. Umweltabgaben können dann in zweifacher Hinsicht eine unterstützende Wirkung entfalten.

– Zum einen können sie einen **Beschleunigungseffekt** ausüben. Dazu verteuern sie das Nichteinhalten der ordnungsrechtlich vorgeschriebenen Grenzwerte (unabhängig von ordnungsrechtlichen Sanktionen, wie z. B. Bußgeldern), indem sie oberhalb des Grenzwertes emittierte Schadstoffe mit dem Abgabensatz belegen. Damit kann ein **Abbau von „Vollzugsdefiziten"** erreicht werden, und wenn nur dieses Ziel angestrebt wird, dann können die Emissionen unterhalb des Grenzwertes von der Abgabe freigelassen werden.

– Zum anderen können Umweltabgaben einen dauerhaften **Anreizeffekt** erzielen. Dazu wird auch die unterhalb der ordnungsrechtlichen Grenzwerte liegende, also nach dem Ordnungsrecht zulässige (und sonst kostenlose) „Restverschmutzung" mit einer Abgabe belegt. Die Emittenten werden dann eine weitere Absenkung der Schadstoffemissionen über den eingehaltenen Grenzwert hinaus vornehmen, sofern dies für sie technisch möglich und kostengünstig erreichbar ist.

Mit der Konstruktion einer Umweltabgabe in Form einer solchen sog. **„Restverschmutzungsabgabe"** wandelt sich die Funktion der Abgabe. War sie in Form einer „reinen" Abgabenlösung (ohne Ordnungsrecht) als Lenkungsabgabe vorgesehen, die die Durchsetzung eines umweltpolitischen Ziels zu insgesamt geringstmöglichen volkswirtschaftlichen Kosten erreichen sollte, so verliert sie im Zusammenwirken mit dem Ordnungsrecht einen Teil ihrer Anreizfunktion und damit der volkswirtschaftlichen Allokationsfunktion einer „reinen" Abgabe. Dies liegt daran, daß die selektive Anreizfunktion der Abgabe, die darin begründet ist, daß diejenigen Unternehmen oder privaten Haushalte Umweltschäden vermeiden oder beseitigen, bei denen es am kostengünstigsten möglich ist, nicht mehr (voll) greift. Immerhin bleiben durch die Belastung der „Restverschmutzung" Anreizelemente erhalten, und durch ihre Beschleunigungsfunktion bei der Nichteinhaltung von Grenzwerten trägt sie zu einem Abbau von „Vollzugsdefiziten" bei.

Eine kombinierte Auflagen-/Abgabenlösung ist in der Bundesrepublik Deutschland im Bereich des Gewässerschutzes durch das Zusammenwirken von Wasserhaushaltsgesetz und **Abwasserabgabe** anzutreffen. Im wesentlichen sieht das Wasserhaushaltsgesetz die Festlegung bestimmter Grenzwerte vor. Nach dem 1978 eingeführten Abwasserabgabengesetz wird eine Abgabe auf die Einleitung von Schadstoffen in Gewässer ab 1. 1. 1981 erhoben. Der Beschleunigungseffekt wurde durch zwei Maßnahmen besonders betont. Zum einen bewirkte die Aussetzung der Abgabenpflicht für drei Jahre durch den Ankündigungseffekt den Bau zahlreicher zusätzlicher Kläranlagen, weil dadurch die Abgabenzahlung vermieden werden konnte. Zum anderen stieg der Abgabensatz von 12,– DM (1981) auf 40,– DM (1986). Die mit der Novellierung des Abwasserabgabengesetzes einhergehende schrittweise Anhebung des Abgabensatzes auf 90,– DM pro Schadeinheit verstärkt diesen Effekt. Dagegen ist ihre Anreizfunktion schwach, weil ihre Wirkung auf die Restverschmutzung durch verschiedene Begünstigungen, die bei Einhaltung der ordnungsrechtlichen Grenzwerte gewährt werden, ausgehöhlt wurde. So reduzierte sich die Abgabenlast bei Einhaltung der ordnungsrechtlichen Grenzwerte auf die Hälfte, und bei weitergehenden Reinigungsmaßnahmen sind zusätzliche Erleichterungen möglich. Dieses System der Begünstigungen bei Einhaltung der ordnungsrechtlichen Grenzwerte ist auch im Zuge der Novellierungen der Abwasserabgabe nicht aufgegeben worden.

3. Umweltabgaben als Herausforderung an das Steuersystem

Bisher wurde Umweltabgaben in der praktischen Umweltpolitik eine vorrangig lenkende Funktion in ganz speziellen und eher engen Einsatzbereichen zugewiesen. In Anlehnung an die umweltökonomische Diskussion sollte die Verteuerung von Umweltnutzungen bei einigen Wirtschaftsakteuren Substitutionsprozesse auslösen, die einen schonenden Umgang mit Umweltressourcen und eine Verringerung der Verschmutzung bewirken sollte. In der umweltpolitischen Diskussion der Bundesrepublik Deutschland steht in neuerer Zeit aber in starkem Maße auch die **Finanzierungsfunktion von Umweltabgaben** im Vordergrund, oder es werden jedenfalls Abgaben gefordert, die wegen ihrer breiten Bemessungsgrundlagen und oft hohen Sätze zu sehr hohen Aufkommen führen würden. Soweit das Ziel der Abgabenerhebung aber nicht mehr allein die Entfaltung von Lenkungswirkungen ist, sondern daneben oder gar vorrangig zusätzliche Mittel für umweltpolitische Zwecke zu beschaffen, beruht der umweltpolitische Erfolg derartiger Abgaben nicht auf der Abgabenwirkung allein, sondern zugleich oder sogar primär auch auf der Verausgabung.

Solche Umweltabgaben führen damit, im Gegensatz zu allen anderen umweltpolitischen Instrumenten, nahezu zwangsläufig zu erheblichen öffentlichen Einnahmen (vgl. Schema 9.2, untere Zeile). Dieser Effekt, der in der Öko-Steuer-Diskussion mit großen auf die Finanzierungsfunktion abzielenden Abgaben in den Vordergrund getreten ist, spielt auch bei Umweltabgaben mit Lenkungsabsichten eine Rolle, wenn auch nicht in der Stärke wie bei Abgaben mit breiter Bemessungsgrundlage: Auch bei lenkenden Umweltabgaben ist ein zusätzliches Aufkommen zu erwarten, da – wie erwähnt – nie alle Unternehmen oder Haushalte Vermeidungs- oder Beseitigungsmaßnahmen ergreifen werden und somit keine Abgabe zu entrichten haben.

Mit den Einnahmen aus Umweltabgaben gehen jedoch zwei unerwünschte Effekte einher. Zum einen wird, sofern nicht gleichzeitig eine Absenkung anderer Steuern erfolgt ist, der **Staatsanteil erhöht,** was eine gesonderte Diskussion erfordert (s. oben 2. Kap.). Zum anderen ruft eine Abgabenerhebung **Entzugseffekte im privaten Sektor** hervor. Den Unternehmen und den Haushalten, die der Umweltabgabe unterliegen, gehen Mittel verloren, und ihr Einkommen wird geschmälert. Diese Einkommenseffekte sind nicht das eigentliche Ziel der Erhebung von Umweltabgaben. Dieses liegt in der Auslösung von Ausweichreaktionen bei den privaten Wirtschaftssubjekten, mithin im Substitutionseffekt. Sowohl für die Unternehmen, denen wirtschaftliche Mittel entzogen werden, als auch für private Haushalte (etwa wenn ärmere Haushalte durch verteuertes Heizöl, höhere Energiekosten usw. betroffen sind) ergibt sich daher die Notwendigkeit, über eine **Rückverteilung des Abgabenaufkommens** an den Privatsektor nachzudenken. Sie ist so auszugestalten, daß ihre Anreizeffekte nicht geschmälert werden.

Den Möglichkeiten einer Einführung neuer Umweltabgaben auf breiter Ebene sind schon aus diesen Gründen Grenzen gesetzt. Es gibt jedoch weitere Grenzen für neue Umweltabgaben.[7] Einmal ist es vorrangige Auf-

---

[7] Vgl. grundsätzlich zu den finanzwissenschaftlichen Aspekten einer Einfügung von Umweltabgaben in das Steuersystem Hansjürgens, B., Umweltabgaben im Steuersystem. Zu den Möglichkeiten einer Einfügung von Umweltabgaben in das Steuer- und Abgabensystem der Bundesrepublik Deutschland, Baden-Baden 1992.

gabe des Steuersystems, staatliche Einnahmen zu beschaffen (fiskalische Zielsetzung). Diese Aufgabe könnte durch Umweltabgaben, die auf Ausweichreaktionen des Emittenten abzielen und folglich eine Erosion der Bemessungsgrundlage und ein **im Zeitablauf sinkendes Abgabenaufkommen** nach sich ziehen, nicht angemessen verfolgt werden.

Zum anderen werden mit dem Steuer- und Abgabensystem neben umweltpolitischen Zielen auch Ziele der Wirtschafts- und Sozialpolitik verfolgt, die bei einer stärkeren umweltpolitischen Ausrichtung des Steuersystems ceteris paribus zurücktreten müssen, was die Gefahr von Zielkonflikten verstärkt. Sind beispielsweise die Anpassungsmöglichkeiten in einem Unternehmen ausgeschöpft, so kann es zu Stillegungen von schadstoffintensiven Produktionen, die hohe Beseitigungskosten je Schadstoffeinheit aufweisen, kommen.[8] Die Verwirklichung des **Beschäftigungsziels** steht dann **in Konflikt mit dem des Umweltschutzes,** sofern für die arbeitslos werdenden Personen keine anderen Arbeitsplätze zur Verfügung stehen. Die Anpassungsprozesse in den verbleibenden der Umweltabgabe unterliegenden Betrieben werden aber in aller Regel zu zusätzlichen Umweltinvestitionen führen, die in der **expandierenden Umweltindustrie** neue Arbeitsplätze schaffen. Per saldo können sich die Beschäftigungseffekte also zumindest teilweise ausgleichen.

Mit der Frage nach den Entzugswirkungen ist ein möglicher Konflikt mit dem Verteilungsziel angesprochen. Je nach Ausgestaltung der Umweltabgabe und nach Überwälzungsgrad kommt es zur Belastung der einen oder anderen Gruppe, d. h. die Inzidenz der Umweltabgabe ist verteilungspolitisch grundsätzlich nicht anders zu beurteilen als die anderer im Unternehmen erhobener, überwälzbarer Mengensteuern. Verteilungskonflikte können sich überdies ergeben, wenn Umweltabgaben die Preise erhöhen und damit die Geldentwertung verstärken. Das gilt jedoch nur im Maße, wie wirklich ein nachhaltiger Preiserhöhungseffekt vorliegt und sich verteilungspolitisch ungünstig auswirkt. Bei diesen und anderen Zielkonflikten ist aber zu berücksichtigen, daß diese Folgen als Preis für die Entzerrung der Preisstruktur bzw. für die effizientere Allokation anzusehen sind.

Aus finanzwissenschaftlichem Blickwinkel ist auch die bis hierhin offengelassene Frage bedeutsam, ob eine Umweltabgabe als Steuer, Gebühr, Beitrag, Sonderabgabe usf. zu klassifizieren ist. Diese Frage ist aus umweltökonomischer Sicht hingegen weniger wichtig, weil es lediglich auf eine Verteuerung umweltbelastender Aktivitäten ankommt. Daher sei hier nur auf zwei Besonderheiten hingewiesen.

(1) Ob eine umweltpolitisch begründete Einnahme als **Gebühr** zu bezeichnen ist, hängt davon ab, wieweit ein unmittelbares Leistungsäquivalent ersichtlich oder konstruierbar ist, dessen Nutzung durch die Gebühr abgegolten wird. Mit Sicherheit trifft diese Definition auf solche Fälle zu, in denen der Staat selbst Umweltschäden zu vermeiden hilft oder nachträglich beseitigt und die entstehenden Kosten den Verursachern

---

[8] Diese können zwar prinzipiell auch bei der Verbotsstrategie auftreten, werden aber oft durch eine auf den Einzelfall bezogene Genehmigungspraxis vermieden.

anlastet, also z. B. öffentliche Kläranlagen und Mülldeponien betreibt und ihre Kosten über Gebühren finanziert. Die Verwendung der durch die Gebühr vereinnahmten Mittel liegt damit automatisch fest, und entsprechend der Klassifikation der Äquivalenzbeziehungen von H. Haller liegt hier eine kostenmäßige Äquivalenz von Leistung und Gegenleistung vor (s. oben 4. Kapitel, S. 103 f.). Die Wirkungen einer solchen Politik auf die Entstehung von Umweltschäden sind die gleichen wie bei einer Emissionssteuer: Sie hängen davon ab, ob der private Produzent oder Konsument einen Anreiz verspürt, Umweltschäden zu vermeiden, und dieser Anreiz ergibt sich nur, wenn die Vermeidungskosten für den Emittenten geringer sind als die ihm andernfalls angelasteten Beseitigungskosten.

(2) Viele der in der Umweltpolitik speziell der Bundesrepublik Deutschland diskutierten Vorschläge zielen auf die Einführung von Abgaben ab, die für bestimmte Ausgaben zweckgebunden sind. Solche **Zweckbindungen** und die damit oft einhergehende Verwaltung der Mittel in einzelnen Fonds sind aber finanzwissenschaftlich in aller Regel negativ zu beurteilen. Sie verstoßen gegen das Zweckbindungsverbot für Steuern (Nonaffektationsprinzip) und zumeist auch gegen den Haushaltsgrundsatz der Einheit des Haushaltsplans. Der Grund für die Zweckbindung und die Auslagerung aus dem allgemeinen Haushalt liegt denn auch nicht in einer finanzwissenschaftlichen Neubewertung oder gar einer besonderen umweltpolitischen Dringlichkeit dieser Abgaben, sondern ist überwiegend auf die Rechtsprechung des **Bundesverfassungsgerichts** zurückzuführen. Es legte in verschiedenen, nicht auf Umweltabgaben gerichteten Urteilen fest, daß der Bund nicht durch die Einführung gesonderter Abgaben in die im Grundgesetz vorgesehene Verteilung der Ertragshoheit der Steuern auf Bund, Länder und Gemeinden eingreifen dürfe. Er dürfe aber „**Sonderabgaben**" erheben, wenn sie für bestimmte Finanzierungs- oder Lenkungszwecke vorgesehen sind. Allerdings müssen die Gruppen der Abgabenpflichtigen und Ausgabenempfänger einigermaßen homogen sein, es muß eine Gruppenverantwortung vorliegen, und vor allem müssen die Ausgaben einer „gruppennützigen" Verwendung zugeführt werden.[9] Das Verfassungsrecht hat hier eine eigene Einnahmekategorie geschaffen, und umweltpolitische Vorschläge, die explizit auf solche Sonderabgaben abzielen, reflektieren insofern nur eine neue Rechtslage und nicht unbedingt spezielle umweltpolitische Absichten auf der Ausgabenseite.

b) Finanzielle Anreize durch Subventionen

Um bei den privaten Wirtschaftssubjekten Verhaltensänderungen in eine umweltpolitisch erwünschte Richtung zu bewirken, können auch Subven-

---

[9] Vgl. z. B. Bundesverfassungsgericht, Entscheidungen, Bd. 55, S. 274 ff., sowie aus finanzwissenschaftlicher Sicht Hansjürgens, B., Umweltabgaben im Steuersystem, a. a. O, S. 184 ff.

tionen gewährt werden. Die Subventionsmittel werden zwar aus dem Budget aufgebracht, sie können aber zumindest theoretisch auch mit ökonomischer Anreizfunktion ausgestattet sein und damit zu den ökonomischen Anreizinstrumenten, die beim Verursacher eine Verhaltensänderung induzieren, gezählt werden. Dazu müßten sie dem Emittenten in Höhe eines festen Betrags je vermiedener Emissionseinheit, also je Gramm des Schadstoffs, gewährt werden. Sie bilden dann eine Analogie zur Emissionsabgabe, aber mit umgekehrtem Vorzeichen. Auf diese Weise sind Reinigungsmaßnahmen der Emittenten für diese mit Nettoerlösen verbunden. Subventionen erhöhen somit die Gewinne, sofern die Emittenten entsprechende Emissionsreduzierungen vornehmen.[10]

Für einen umweltpolitischen Lenkungserfolg ist wichtig, daß Subventionen in voller Höhe (Subventionssatz 100%) gewährt werden und keinerlei Mitfinanzierungspflichten oder andere Subventionsauflagen (s. oben 8. Kapitel, B II) festgelegt werden. Nur in diesem Fall bleibt die für eine Vermeidung an der kostengünstigsten Stelle wichtige Voraussetzung erhalten, daß die Emittenten frei unter Kostengesichtspunkten entscheiden können, wo und wie sie Anpassungsmaßnahmen ergreifen. Subventionssätze unter 100% scheiden als alleiniges Instrument aus, weil von den Emittenten zusätzliche Kosten zu tragen sind, denen, wie bei typischen Umweltgütern üblich, keine Erlöse gegenüberstehen.

Ähnlich der Steuerwirkungslehre und der Wirkungslehre von Subventionen und Transferzahlungen ist auch im Umweltbereich eine **z. T. symmetrische Wirkung von Abgaben und Subventionen** festzustellen. Subventionen und Abgaben gewähren bei entsprechender Ausgestaltung gleichermaßen einen ständigen Anreiz, auf umweltschonende Verfahren überzugehen bzw. die Umweltnutzung einzuschränken. Beide Instrumente stoßen auf gleiche Probleme bei der Festlegung des Abgabensatzes bzw. der Subventionshöhe und weisen gleiche Mängel bei der Erreichung der ökologischen Zielsetzung auf, weil das umweltpolitische Ziel nicht vorab festgelegt wird, sondern Erwartungsgröße ist. Ähnlich wie beim Konzept der „Restverschmutzungsabgabe" ist auch bei Anreizsubventionen eine Kombination mit ordnungsrechtlichen Instrumenten denkbar. Ein wirkungsbezogener Unterschied zwischen Subventionen und Abgaben ist in der Beeinflussung der langfristigen Produktionsstruktur zu sehen. Hier schneiden Abgaben besser ab, weil sie zu einer Erhöhung der Stückkosten führen und Grenzbetriebe aus dem Markt ausscheiden müssen. Somit nimmt die Produktion ab. Subventionen hingegen verringern die Stückkosten und erhöhen die Gewinne. Sie fördern damit Nettoinvestitionen und führen zu Markteintritten. Damit erhöht sich das Angebot, und die Preise sinken. Die Produktionsstruktur verändert sich dadurch zugunsten der umweltbelastend produzierenden Bereiche, was unerwünscht ist.[11]

---

[10] Vgl. zu den Anreizsubventionen Cansier, D., Öffentliche Finanzen im Dienst der Umweltpolitik. Neuere theoretische Ansätze, in: Schmidt, K., Hrsg., Öffentliche Finanzen und Umweltpolitik I, Schriften des Vereins für Socialpolitik, N F Bd. 176/I, Berlin 1988, S. 11 ff.

[11] Ebenda, S. 16 f.

Ein zusätzlicher wesentlicher Unterschied zwischen Anreizsubventionen und Abgabenlösungen besteht darin, daß auch dann, wenn sie unter Effizienzaspekten als nahezu gleich einzustufen sind, Subventionen aus allgemeinen Deckungsmitteln aufgebracht werden müssen. Ihre **Finanzierung entspricht** damit, anders als bei Emissionsabgaben, der bei Anwendung des **Gemeinlastprinzips.** Damit weisen Umweltabgaben und Subventionen auch einen unterschiedlichen Bezug zum Budget auf. Während Abgaben (je nach dem Grad ihres umweltpolitischen Lenkungserfolges) zu zusätzlichen Einnahmen führen, erfordern Anreizsubventionen zusätzliche Einnahmen, weil sie aus dem allgemeinen Budget gewährt werden. Die Kosten der Vermeidung werden also, wie bei den übrigen, im folgenden zu behandelnden Instrumenten von der Allgemeinheit getragen.

II. Anwendung des Gemeinlastprinzips

Wenn das Verursacherprinzip nicht angewendet werden kann (etwa weil ein Verursacher nicht mehr existiert oder nicht auffindbar ist) oder nicht verwendet werden soll (z. B. aus beschäftigungspolitischen Gründen), kommt das Gemeinlastprinzip zum Zuge. Es ist dadurch gekennzeichnet, daß Umweltbeeinträchtigungen ganz oder z. T. auf Kosten der Allgemeinheit beseitigt werden. Über das öffentliche Budget wird in Form von Ausgaben (oder Einnahmeverzichten) eingegriffen, und die Kosten werden im Wege der Mittelbeschaffung auf die Allgemeinheit verteilt. Hingegen erbringen die im Rahmen des Verursacherprinzips eingesetzten finanzpolitischen Instrumente zumeist Einnahmen (ohne indessen fiskalisch begründet zu sein), die allerdings je nach der Anpassung im privaten Sektor nach einiger Zeit zurückgehen. Quantitativ betrachtet werden unter den umweltpolitisch eingesetzten Finanzströmen diejenigen dominieren, die einer Umweltpolitik nach dem Gemeinlastprinzip entsprechen. Wünschenswert ist hingegen die weitestgehende Anwendung des Verursacherprinzips, weil eine geringe Rolle der öffentlichen Finanzströme in der Umweltpolitik eher positiv zu beurteilen ist.

Fragt man nach der **Rechtfertigung** für eine staatliche **Finanzierung** von Umweltschutzmaßnahmen **unter dem Gemeinlastprinzip,** so lassen sich folgende Fälle anführen:

(1) Von erheblichem Gewicht sind die Fälle, in denen der Staat sich in die Beseitigung oder Vermeidung von Umweltschäden, die durch Dritte verursacht wurden, einschaltet. Solche Fälle liegen vor, wenn beispielsweise Lärmschutzwände von der öffentlichen Hand gebaut oder die private Anbringung von Lärmschutzfenstern an verkehrsreichen Straßen subventioniert werden. Verursacher ist der Lärmemittent, aber die Kosten werden über das Budget getragen bzw. bezuschußt. Weitere Fälle bilden die Beseitigung der durch Luftverschmutzung verursachten Schäden an öffentlichen Gebäuden oder Brücken und schließlich auch die Übernahme der Kosten der Altlastensanierung (soweit der Staat nicht selbst als Verursacher anzusehen ist), die insbesondere in den

neuen Bundesländern sehr hohe Ausgaben erfordert, nicht zuletzt weil die Verursacher fast nie herangezogen werden können.

(2) Wenn private Haushalte und Unternehmen die von ihnen selbst verursachten Emissionen aufgrund umweltpolitischer Maßnahmen (Auflagen, Abgaben etc.) reduzieren, so erwartet man zunächst keine staatliche Unterstützung, da es ja die Verursacher sind, die nunmehr ihre eigenen Emissionen abstellen. Dennoch findet sich solche Unterstützung, und sie ist sogar sehr umfangreich. Die übliche Form, in der die private Schadensvermeidung finanziell erleichtert wird, besteht in einer Subvention oder Steuervergünstigung, wobei es sich bei der Subvention in den seltensten Fällen um eine Anreizsubvention handelt.

Insbesondere Steuervergünstigungen sind ein in der Bundesrepublik seit langem eingeführtes Instrument. Die bekannteste Steuererleichterung zugunsten des Umweltschutzes, die lange Zeit im Steuersystem der Bundesrepublik enthalten war und erst im Zuge des Steuerreformgesetzes zum 1. 1. 1990 gestrichen wurde, waren die Abschreibungserleichterungen nach § 7d EStG. Wirtschaftsgüter, die zu mehr als 70% dem Umweltschutz dienten, konnten zu erhöhten Sätzen abgeschrieben werden.

(3) Wenn die öffentliche Hand Forschung und Entwicklung im Umweltbereich aus allgemeinen Deckungsmitteln finanziell fördert, so liegt eine Gemeinlastfinanzierung vor. Sie ist insoweit gerechtfertigt, wie die geförderte Entwicklung ihrerseits den Charakter eines öffentlichen Gutes hat. Hierzu gehört die Förderung in öffentlichen Institutionen wie Universitäten, Max-Planck-Instituten, in Bund und Land nachgeordneten Forschungsinstituten usf. Auch die Erteilung von Forschungs- und Entwicklungsaufträgen im Umweltbereich an private Unternehmen ist hierzu zu zählen.

(4) Es gibt Fälle, in denen ein Umweltgut als positiver externer Effekt privater Aktivitäten entsteht. Als Beispiel kann die Offenhaltung der Landschaft durch extensive landwirtschaftliche Tätigkeit gelten. Aus diesem Grunde werden beispielsweise Bewirtschaftungsbeihilfen für Almbetriebe gegeben, um dort eine wünschenswerte landwirtschaftliche Tätigkeit mit ihren Wirkungen auf die Landschaft aufrecht zu erhalten. Der Typ der staatlichen Maßnahme, der hierfür geeignet ist, wurde als **Pigou-Subvention** diskutiert, die das Gegenstück zur Pigou-Steuer bei negativen Umwelteffekten darstellt. Wenn die öffentliche Hand also solche Programme finanziert, so sorgt sie dafür, daß eine „Produktion" von „social goods" im Umweltbereich geschieht (und nicht, in Begriffen von R. A. Musgrave, das Abstellen von „social bads"). Hierfür aber ist eine öffentliche Finanzierung, wenn sie für die Bereitstellung dieses Gutes unerläßlich ist, gerechtfertigt.

Abschließend sei ein weiteres finanzpolitisches Instrument kurz erwähnt, der Einsatz des *öffentlichen Beschaffungswesens* für Umweltziele. Hierbei handelt es sich vor allem um ein umweltbewußtes Nachfrageverhalten der öffentlichen Hand mit dem Ziel, umweltfreundlichen Produkten, Verfahren und Dienstleistungen verbesserte Absatzchancen einzuräumen. Der

Staat übernimmt hier auf der Ausgabenseite des öffentlichen Budgets eine Vorreiterrolle und übt damit Signalwirkung für andere Bereiche aus. Als Beispiel kann die Förderung der Verwendung von Papier aus Recycling-Material in öffentlichen Verwaltungen angesehen werden. Im öffentlichen Budget tauchen diese umweltpolitischen Maßnahmen in direkter Form in der Regel nicht auf, sondern sie sind in den verschiedenen Einzelposten der Ressorts enthalten. Elemente des Gemeinlastprinzips treten nur insoweit auf, wie die Kosten einer umweltfreundlichen Beschaffung über den Kosten der umweltbelastenden Alternative liegen.

Fragen zum neunten Kapitel

1. Inwiefern kann man Umweltgüter als öffentliche Güter interpretieren?
2. Wodurch unterscheidet sich das Verursacherprinzip vom Gemeinlastprinzip in Zielen und Instrumenten?
3. Worin werden die Schwächen des ordnungsrechtlichen Instrumentariums gesehen?
4. Zeigen Sie graphisch die Wirkung einer sog. Pigou-Steuer und beschreiben Sie den Wirkungsverlauf einer Steuer auf die Emission von Schadstoffen.
5. Inwiefern sind Emissionssteuern den Emissionsverboten bzw. -höchstgrenzen unter Effizienzaspekten überlegen?
6. Wie lassen sich Umweltabgaben mit dem Ordnungsrecht kombinieren?
7. Inwiefern ergeben sich Konflikte zwischen umfangreichen Umweltabgaben und den Zielen des Steuersystems?
8. Diskutieren Sie den Vorschlag einer Zweckbindung von Umweltabgaben.
9. Welche Ähnlichkeiten und Unterschiede ergeben sich zwischen Umweltabgaben und Anreizsubventionen in der Umweltpolitik?
10. Welche finanzpolitischen Instrumente bei Anwendung des Gemeinlastprinzips kennen Sie?

Literatur zum neunten Kapitel

Baumol, W., und Oates, W. E., The Theory of Environmental Policy, 2. Aufl., New York u. a. 1988.

Benkert, W., Bunde, J., und Hansjürgens, B., Umweltpolitik mit Öko-Steuern?, 2. Aufl., Marburg 1991.

Cansier, D., Öffentliche Finanzen und Umweltpolitik. Neuere theoretische Ansätze, in: Schmidt, K., Hrsg., Öffentliche Finanzen und Umweltpolitik I, Schriften des Vereins für Socialpolitik, NF Bd. 176/I, Berlin 1988, S. 11 ff.

Cansier, D., Umweltökonomie, Stuttgart und Jena 1993.

Dickertmann, D., Maßnahmen für den Umweltschutz im Rahmen des bestehenden Steuersystems, in: Schmidt, K., Hrsg., Öffentliche Finanzen und Umweltpolitik I, a. a. O., S. 91 ff.

Endres, A., Umweltökonomie, Darmstadt 1993.

Ewringmann, D., Finanzpolitische Probleme, in: Nutzinger, H. G., und Zahrnt, A., Hrsg., Für eine ökologische Steuerreform, Frankfurt/M. 1990, S. 57 ff.

Ewringmann, D., und Schafhausen, F., Abgaben als ökonomischer Hebel in der Umweltpolitik, Berichte des Umweltbundesamtes 8/85, Berlin 1985.

Fürst, D., und Henke, K.-D., Zwischen Wunsch und Realität: Ökologische Erneuerung des Industriestaates, in: Ellwein, T., u. a., Hrsg., Jahrbuch zur Staats- und Verwaltungswissenschaft, Bd. 2, Baden-Baden 1988, S. 305 ff.

Gawel, E., Umweltpolitik durch gemischten Instrumenteneinsatz, Berlin 1991.

Hansjürgens, B., Umweltabgaben im Steuersystem. Zu den Möglichkeiten einer Einfügung von Umweltabgaben in das Steuer- und Abgabensystem der Bundesrepublik Deutschland, Baden-Baden 1992.

Hansmeyer, K.-H., Das Spektrum umweltpolitischer Instrumente, in: König, H., Hrsg., Umweltverträgliches Wirtschaften als Problem von Wissenschaft und Politik, Schriften des Vereins für Socialpolitik, NF Bd. 224, Berlin 1993, S. 63 ff.

Hansmeyer, K.-H., und Ewringmann, D., Das Steuer- und Abgabesystem unter der ökologischen Herausforderung, in: Staatswissenschaften und Staatspraxis, 1. Jg., 1990, S. 34 ff.

Hansmeyer, K.-H., und Schneider, H. K., Umweltpolitik. Ihre Fortentwicklung unter marktsteuernden Aspekten, Göttingen 1990.

Hartkopf, G., und Bohne, E., Umweltpolitik, Bd. 1, Grundlagen, Analysen und Perspektiven, Opladen 1983.

Kabelitz, K. R., und Köhler, A., Abgaben als Instrument der Umweltschutzpolitik, Köln 1977.

Kemper, M., Das Umweltproblem in der Marktwirtschaft, 2. Aufl., Berlin 1993.

Klemmer, P., Umweltschutz und Wirtschaftlichkeit, Berlin 1990.

Musgrave, R. A., Musgrave, P. B., und Kullmer, L., Die öffentlichen Finanzen in Theorie und Praxis, 3. Bd., 4. Aufl., Tübingen 1992.

OECD, Economic Instruments for Environmental Protection, Paris 1989.

Pearce, D. W., und Turner, R. K., Economics of Natural Resources and the Environment, Baltimore 1990.

Siebert, H., Analyse der Instrumente der Umweltpolitik, Göttingen 1976.

Weimann, J., Umweltökonomik. Eine theorieorientierte Einführung, 2. Aufl., Berlin 1991.

Wicke, L., Umweltökonomie, 4. Aufl., München 1991.

Wissenschaftlicher Beirat der Bundesregierung Globale Umweltveränderungen, Welt im Wandel: Grundstruktur globaler Mensch-Umwelt-Beziehungen, Jahresgutachten 1993, Bonn 1993.

Zimmermann, H., Hrsg., Umweltabgaben. Grundsatzfragen und abfallwirtschaftliche Anwendung, Bonn 1993.

Zimmermann, H., und Benkert, W., Öffentliche Finanzen im Rahmen einer gemeinlastorientierten Umweltpolitik, in: Schmidt, K., Hrsg., Öffentliche Finanzen und Umweltpolitik II, Schriften des Vereins für Socialpolitik, NF Bd. 176/II, Berlin 1989, S. 9 ff.

Glossar
finanzwissenschaftlicher Ausdrücke

Das Glossar soll der Wiederholung und Überprüfung des Wissens dienen. Auf die Angabe von Seitenzahlen wurde verzichtet, da sie über das Sachverzeichnis erschlossen werden können.

Für die alphabetische Einordnung von zusammengesetzten Begriffen ist das erste Substantiv entscheidend; so findet sich beispielsweise „versteckter öffentlicher Bedarf" unter „Bedarf, versteckter öffentlicher". Zu allen Einzelsteuern der Bundesrepublik Deutschland siehe Tab. 4.3, S. 132 ff.

Abzugsfähigkeit
Von Abzugsfähigkeit wird gesprochen, wenn ein Posten (Freibetrag, tatsächliche Ausgabe) von der Bemessungsgrundlage einer Steuer abgezogen werden kann. Die Minderung der Steuerschuld ergibt sich nach Maßgabe des Steuersatzes.

Äquivalenzprinzip
Bei einer Finanzierung öffentlicher Leistungen nach dem Äquivalenzprinzip werden bei denjenigen Staatsbürgern Abgaben erhoben, die aus diesen Leistungen Vorteile empfangen. Während bei der marktmäßigen Äquivalenz die Leistungen analog zum Preismechanismus auf privaten Märkten abgegolten werden, soll bei der kostenmäßigen Äquivalenz die Abgabe an den Kosten der genutzten Staatsleistungen ausgerichtet sein.

Allokationsfunktion
Diese Zielsetzung des öffentlichen Haushaltes betrifft die Aufteilung der volkswirtschaftlichen Ressourcen auf den privaten und öffentlichen Bereich sowie innerhalb des öffentlichen Sektors auf Art und Umfang der einzelnen öffentlichen Ausgaben.

Anrechenbarkeit
Die Anrechenbarkeit einer Ausgabe mindert die Steuerschuld dadurch, daß sie direkt von der Steuerschuld abgezogen werden kann.

Arrow-Paradoxon
Wenn sich bei einer Abstimmung durch mehrere Wähler für die verschiedenen zur Wahl stehenden Alternativen eine jeweils unterschiedliche Rangfolge bildet, kann das Ergebnis einer Mehrheitswahl durch die Reihenfolge bestimmt sein, in der die Alternativen zur Abstimmung gelangen; diese Zufallskomponente in der Entscheidung wird als Arrow-Paradoxon (Wahlparadoxon) bezeichnet.

Aufkommenselastizität
Die Aufkommenselastizität einer Steuer (oder des gesamten Steuersystems) bezeichnet die relative Veränderung des Steueraufkommens im Verhältnis zu einer relativen Veränderung der gewählten Bezugsgröße, z. B. des Volkseinkommens.

Ausgabenflexibilität
Unter Ausgabenflexibilität versteht man das Ausmaß, in dem die öffentlichen Ausgaben diskretionär variiert werden können; es wird gelegentlich argumentiert, daß ca. 90% der Ausgaben der Gebietskörperschaften durch gesetzliche Regelungen, Verträge usw. festliegen und kurzfristig nicht eingeschränkt werden können.

Ausgabenintensität
Ausgabenintensiv ist diejenige Staatstätigkeit, die in erster Linie durch den Einsatz der öffentlichen Ausgaben zur Verwirklichung staatlicher Ziele beiträgt.

Ausgabensteuer, persönliche
Bei der Idee einer Ausgabensteuer (Konsumausgabensteuer) handelt es sich um ein Besteuerungskonzept, in dem die Konsumausgaben der privaten Haushalte als Bemessungsgrundlage herangezogen werden.

Ausgleichsforderung
Die Ausgleichsforderungen sind im Rahmen der Währungsreform 1948 entstanden und stellen eine langfristige Verschuldung bei der Bundesbank dar. Dabei sind die Ausgleichsforderungen der Bundesbank an den Bund durch die Erstausstattung der Wirtschaft mit DM entstanden, während die Ausgleichsforderungen der Geschäftsbanken und Versicherungen an den Bund aus den Bilanzlücken resultieren, die bei der 1 : 10-Umstellung privater Verbindlichkeiten auftraten. Darüber hinaus sind 1990 Ausgleichsforderungen im Zuge der deutschen Währungsunion entstanden.

Ausschlußprinzip
Mit dem Ausschlußprinzip können Güter gekennzeichnet werden, deren Angebot privat möglich ist: Wer den Kaufpreis eines Gutes nicht zahlt, bleibt vom Konsum ausgeschlossen.

Bedarf, versteckter öffentlicher
Von verstecktem öffentlichen Bedarf wird gesprochen, wenn öffentliche Aufgaben nicht mittels staatlicher Ausgaben, sondern mehr oder weniger unentgeltlich durch Private erfüllt werden (z. B. Wehr- oder Ersatzdienst, Schöffentätigkeit, betriebliche Lohnsteuerabrechnung).

Beiträge
Beiträge werden zur Finanzierung öffentlicher Maßnahmen (vor allem der Erschließungsinvestitionen in Gemeinden) von solchen Gruppen von Wirtschaftssubjekten erhoben, die als nahezu ausschließliche Benutzer angesehen werden (siehe auch → Sozialabgaben).

Beitragsbemessungsgrenze
Die Grenze, bis zu der das Bruttoarbeitseinkommen als Beitragsbemessungsgrundlage für einen Zweig der Sozialversicherung herangezogen werden kann, wird als Beitragsbemessungsgrenze bezeichnet.

Belastungsprogression
Wenn die steuerliche Belastung der Steuerträger, ausgedrückt als Anteil des Steuerbetrages am Einkommen, mit steigendem Einkommen zunimmt, spricht man von Belastungsprogression.

Besteuerung, optimale
Mit optimaler Besteuerung (optimal taxation) wird eine theoretische Richtung der Finanzwissenschaft bezeichnet, in der unter strengen Annahmen Aussagen darüber getroffen werden, welche Steuern und Besteuerungsmerkmale vergleichsweise weniger Effizienzverluste aufweisen (→ Zusatzlast) und wie Umverteilung mittels Steuern mit dem geringsten Effizienzverlust erfolgen kann.

Besteuerungseinheit
Unter Besteuerungseinheit wird die Einheit der Steuerbemessungsgrundlage verstanden, die in der jeweiligen Meßdimension (z. B. DM, kg) festgelegt ist und auf die sich der → Steuersatz bzw. -betrag bezieht.

Bestimmungslandprinzip
Das Bestimmungslandprinzip stellt die Form der Besteuerung des grenzüberschreitenden Güter- und Dienstleistungsverkehrs dar, nach der das Ausfuhrland auf die Erhebung von Umsatz- und Verbrauchsteuern verzichtet und das Einfuhrland (Bestimmungsland) diese Steuern erhebt.

Brechtsches Gesetz
Mit dem von Arnold Brecht aufgestellten „Gesetz" wird behauptet, daß mit zunehmender räumlicher Bevölkerungskonzentration die öffentlichen Ausgaben pro Kopf der Bevölkerung zunehmen.

Budget → Haushaltsplan, öffentlicher

Budget, optimales
Aus wohlfahrtstheoretischer Sicht ist ein optimales Budget dann erreicht, wenn gesamtwirtschaftlich gesehen der private Grenznutzen der staatlichen Ausgabentätigkeit gleich dem negativen Grenznutzen infolge der Besteuerung ist.

Budgetinzidenz
Die Budgetinzidenz ergibt sich aus der Zurechnung von Ausgaben bzw. Leistungen und Einnahmen auf Einkommensgrößenklassen (auch: Nettoinzidenz). Die Analyse kann für Teile eines Budgets (partielle Budgetinzidenz) oder das gesamte Budget durchgeführt werden (totale Budgetinzidenz).

Budgetkonzepte
Der Einfluß des Staatshaushalts auf den Wirtschaftskreislauf, insbesondere auf die konjunkturelle Entwicklung, wird mit Hilfe von Budgetkonzepten beurteilt (→ Haushalt, konjunkturneutraler).

Budgetmaße
Als Budgetmaße bezeichnet man Indikatoren, die im Rahmen von → Budgetkonzepten ermittelt werden, z. B. der konjunkturelle Impuls und das strukturelle Defizit im Rahmen des → Haushalt, konjunkturneutraler.

Built-in flexibility → Built-in stability

Built-in stability
Steigen bei wachsendem Sozialprodukt die Steuereinnahmen überproportional an und/oder nehmen die Staatsausgaben (in erster Linie Transferzahlungen) unterproportional zu, so kann von der Besteuerung bzw. Ausgabentätigkeit eine automatische Stabilisierungswirkung („built-in stability") auf den Wirtschaftsprozeß ausgehen. Der analoge Stabilisierungseffekt kann auch in der Rezession eintreten.

Bundesschatzbrief
Bei den Bundesschatzbriefen handelt es sich um laufend angebotene Schuldtitel von mittlerer Laufzeit, die nur von privaten Haushalten gezeichnet werden können.

Cash-Flow-Steuer
Als Cash-Flow-Steuern werden Vorschläge bezeichnet, die die Differenz von periodisierten Einzahlungen und Auszahlungen zur Bemessungsgrundlage einer Unternehmenssteuer machen.

Crowding-Out
Verdrängen Maßnahmen der → Fiskalpolitik private Wirtschaftsaktivität von den Märkten, z. B. auf dem Geld- und Kapitalmarkt bei zunehmender Staatsverschuldung, so wird dies als Crowding-Out-Effekt bezeichnet.

Debt Management
Debt Management bezeichnet die Umstrukturierung der Staatsverschuldung bei gegebenem Schuldenstand.

Deckungsgrundsätze
Im Rahmen der Schuldenpolitik wird anhand der sog. Deckungsgrundsätze (z. B. Schuldaufnahme bei Rentabilität des finanzierten Projekts) versucht, Rechtfertigungen und Begrenzungen für die staatliche Schuldaufnahme zu geben.

Defizit
Als Defizit werden zum einen unvorhergesehene Fehlbeträge bezeichnet, die im Rahmen des Haushaltsvollzuges auftreten. Zum anderen und überwiegend wird der Begriff im Sinne von eingeplanten Defiziten verwendet. Dabei kann man schon dann von Defizit sprechen, wenn Teile des Haushalts durch → Nettoverschuldung am Kapitalmarkt finanziert werden, oder den Begriff für den Fall einer Verschuldung bei der Zentralbank reservieren.

Defizitfinanzierung
Beim Einsatz der → Fiskalpolitik zur Rezessionsbekämpfung kommt es infolge von Steuererleichterungen und/oder Mehrausgaben häufig zu einer Finanzierungslücke; sie wird in der Regel durch Schuldaufnahme am Geld- und Kapitalmarkt gedeckt.

Destinatarinzidenz
Die Destinatarinzidenz gibt an, wer nach Absicht des Gesetzgebers Träger der Steuern (→ Steuerdestinatar) und Begünstigter von Ausgaben sein soll.

Displacement Effect
Mit dem Displacement Effect wird der langfristige Anstieg der Staatsausgaben in der Weise erklärt, daß sich in Krisenzeiten der → Steuerwiderstand abbauen läßt und damit die → Steuerquote und folglich auch der Umfang der Staatsausgaben erhöhen lassen. Da sich die Bürger nach Überwindung der Krise an diese höheren Niveaus gewöhnt haben, sinken Steuern und Ausgaben nicht wieder

auf die Werte vor der Krise ab. In der Bundesrepublik hat sich diese Wirkung nach dem Zweiten Weltkrieg nicht ergeben.

Distributionsfunktion

Die Distributionsfunktion des öffentlichen Haushalts besteht darin, die primäre Einkommensverteilung durch den Einsatz von öffentlichen Einnahmen und Ausgaben zu verändern. Sie führt zur Sekundärverteilung.

Doppelbesteuerungsabkommen

Um die mehrfache Besteuerung eines steuerlichen Tatbestandes in verschiedenen Staaten und damit möglicherweise verbundene unerwünschte räumliche Anpassungen zu vermeiden, werden zwischen den Staaten Abkommen zur Vermeidung der Doppelbesteuerung geschlossen.

Durchschnittssteuersatz

Der Durchschnittssteuersatz gibt das Verhältnis von Steuerbetrag zur Höhe der → Steuerbemessungsgrundlage an.

Effekte, externe

Externe Effekte sind gegeben, wenn die Wohlfahrt wirtschaftlicher Einheiten von Aktionen anderer wirtschaftlicher Einheiten beeinflußt wird, ohne daß Gegenleistungen (Bezahlung, Entschädigung) erfolgen. Entscheidend für das Vorliegen externer Effekte ist, daß diese Wirkungen nicht im Preissystem berücksichtigt werden.

Einheitlichkeit der Lebensverhältnisse

Im Grundgesetz wird in Art. 72 Abs. 2 [3] und in Art. 106 Abs. 3 [2] die Hilfsnorm „Einheitlichkeit der Lebensverhältnisse" verwendet. Mit dem Hinweis darauf, daß eine solche Norm für sich genommen wünschenswert sei, wird hieraus gelegentlich die Forderung nach einer möglichst gleichmäßigen Versorgung mit öffentlichen Einrichtungen in allen Regionen der Bundesrepublik Deutschland abgeleitet.

Einkommen, zu versteuerndes

Das zu versteuernde Einkommen ist der Einkommensbetrag, auf den der Einkommensteuertarif angewendet wird, um die → Steuerschuld zu ermitteln. Es

wird bestimmt, indem die einzelnen Einkunftsarten addiert und bestimmte Abzugsposten (z.B. Sonderausgaben, außergewöhnliche Belastungen) subtrahiert werden.

Einkommenseffekt der Besteuerung

Der Einkommenseffekt der Besteuerung bezeichnet die Einkommenseinbuße, die die Steuerzahler durch die Besteuerung erleiden.

Einkommensteuer, negative

Die sog. negative Einkommensteuer stellt ein Konzept dar, bei dem Sozialtransfers und Einkommensteuer durch einen einheitlichen Tarif miteinander verbunden sind. Bei Unterschreiten bestimmter Einkommensgrenzen tritt an die Stelle der Steuerzahlungsverpflichtung ein Anspruch auf staatliche → Transferausgaben.

Emissionssteuer

Bei einer Emissionssteuer (Schadstoffsteuer) wird zur Eindämmung der Umweltverschmutzung die Art und Höhe der Schadstoffemission als → Steuerbemessungsgrundlage herangezogen, um wegen der mit steigender Schadstoffemission zunehmenden steuerlichen Belastung einen Anreiz zu umweltfreundlicherem Verhalten in Produktion und Konsumtion zu setzen.

Entrichtungsbilligkeit

Der Grundsatz der Entrichtungsbilligkeit der Besteuerung beinhaltet die Forderung, den Aufwand für den Besteuerten im Zuge der Ermittlung und Bezahlung der Steuerschuld möglichst gering zu halten.

Erhebungsbilligkeit

Der Grundsatz der Erhebungsbilligkeit verlangt, daß der Aufwand für den Staat im Zuge der Steuererhebung möglichst gering, die sog. Nettoergiebigkeit (Bruttoaufkommen ./. Erhebungskosten) also möglichst hoch ist.

Ertragshoheit

Mit der Bestimmung der Ertragshoheit einer Steuer wird im Rahmen des Finanzausgleichs festgelegt, welcher Gebietskörperschaftsebene die Steuereinnahmen zur Verwendung zufließen.

Erwerbseinkünfte
Die Erwerbseinkünfte stellen im wesentlichen die Einnahmen aus erwerbswirtschaftlicher Tätigkeit des Staates dar, d. h. aus Gewinnen öffentlicher Unternehmen, aus Grundstücksverkäufen, Verpachtungen usw.

Excess burden → Zusatzlast

Familienlastenausgleich
Der Familienlastenausgleich besteht aus der Gesamtheit aller finanzpolitischen Maßnahmen zur finanziellen oder realen Begünstigung von Familien. Steuersystematisch bezeichnet er die Aufgabe, die am Individuum ausgerichtete Besteuerung nach der Leistungsfähigkeit zu modifizieren, wenn mehrere Personen (Ehepartner, Kinder) einen Haushalt bilden.

Finanzausgleich
Als Finanzausgleich werden die Regelungen zur Aufgaben-, Ausgaben- und Einnahmenverteilung auf die Gebietskörperschaften eines föderativen Staatswesens bezeichnet. Dabei wird die Zuordnung der Kompetenzen auf Gebietskörperschaften verschiedener Ebenen als vertikaler, auf solche gleicher Ebene als horizontaler Finanzausgleich bezeichnet.

Finanzautonomie
Die Finanzautonomie einer Gebietskörperschaft wird durch die Möglichkeit angezeigt, zur Erfüllung ihrer Aufgaben öffentliche Einnahmen und Ausgaben nach eigener Entscheidung einzusetzen.

Finanzbedarf
Der Finanzbedarf einer Gebietskörperschaft wird durch die Ausgabenbelastung bestimmt, die aus der Verpflichtung zur Aufgabenerfüllung resultiert.

Finanzföderalismus
→ Fiskalföderalismus

Finanzierungssaldo
Der Finanzierungssaldo eines öffentlichen Haushalts der Bundesrepublik Deutschland setzt sich nach den bestehenden Vorschriften (§ 13 BHO) zusammen aus der Nettoneuverschuldung (Nettotilgung) am Kreditmarkt, dem Saldo der kassenmäßigen Überschüsse

bzw. Defizite, dem Saldo der Rücklagenbewegung und den Münzeinnahmen. Er soll u. a. dazu dienen, die konjunkturelle Wirkung des öffentlichen Haushalts zu beurteilen (→ Budgetmaße).

Finanzplanung, mittelfristige
Die mittelfristige Finanzplanung stellt als Absichtserklärung der Regierung eine Gegenüberstellung der vorgesehenen Ausgaben und der voraussichtlichen Einnahmen für die jeweils nächsten fünf Jahre dar (s. § 9 StabG).

Finanzplanungsrat
Der Finanzplanungsrat ist ein bei der Bundesregierung zu bildendes finanzpolitisches Beratungsgremium (§ 51 HGrG). Ihm gehören der Bundesminister der Finanzen und für Wirtschaft sowie die für die Finanzen zuständigen Minister der Länder und vier Vertreter der Gemeinden und Gemeindeverbände an; die Deutsche Bundesbank hat das Recht, an den Beratungen teilzunehmen. Aufgabe des Finanzplanungsrates ist es, einheitliche volks- und finanzwirtschaftliche Annahmen für die Finanzplanung der Gebietskörperschaften zu erarbeiten und Empfehlungen für die Koordinierung der Finanzplanung zwischen den Gebietskörperschaften zu geben (→ Finanzplanung, mittelfristige).

Finanzverfassung
Die Finanzverfassung umfaßt die Gesamtheit aller rechtlichen Regelungen und Maßnahmen des staatlichen Finanzwesens, die auf die finanzwirtschaftlichen Rahmendaten einwirken. Innerhalb dieser Rahmendaten vollzieht sich der Einsatz finanzpolitischer Instrumente zur Erreichung der staatlichen Ziele.

Finanzzuweisungen → Zuweisungen

Fiscal dividend
Als fiscal dividend wird ein fiskalischer Effekt der → built-in stability bezeichnet, der bewirkt, daß die Steuereinnahmen in einem Steuersystem mit einer → Aufkommenselastizität von größer als eins im Aufschwung überproportional (im Verhältnis zum Volkseinkommen) steigen bzw. im Abschwung überproportional sinken.

Fiscal drag
Der fiscal drag bezeichnet die Kreislaufwirkung der → fiscal dividend. Er verursacht eine Bremsung des Aufschwungs bzw. eine Bremsung des Abschwungs, indem er dem privaten Sektor Mittel entzieht bzw. zuführt, wenn nach den Regeln der → Fiskalpolitik das Gegenteil erforderlich wäre; nur bei einer Dämpfung des Booms ist der Effekt erwünscht. Das Wirksamwerden des fiscal drag muß ggf. durch staatliches Gegensteuern verhindert werden.

Fiscal federalism
→ Fiskalföderalismus

Fiscal policy
→ Fiskalpolitik

Fiskalföderalismus
Mit Fiskalföderalismus bezeichnet man die Struktur des föderativen Staatsaufbaues (→ Föderalismus) unter ökonomischen Aspekten (auch: Finanzföderalismus, fiscal federalism).

Fiskalpolitik
Den Einsatz der öffentlichen Finanzen im Dienste der Konjunktur- und Wachstumspolitik nennt man Fiskalpolitik (auch: fiscal policy).

Föderalismus
Mit Föderalismus bezeichnet man häufig eine Staatsorganisation („föderalistisches System"), bei der zwischen der zentralen Ebene (z. B. der Bundesebene) und der unteren Ebene (Gemeinden) noch eine weitere Ebene (z. B. Bundesländer) besteht und diese Ebenen jeweils mit originären Hoheitsfunktionen ausgestattet sind. Der Begriff des föderativen Systems wird aber auch graduell verwendet und bezeichnet dann den Grad an Zentralität bzw. Dezentralität innerhalb eines Staatsaufbaues.

Formelflexibilität (formula flexibility)
Zur Beseitigung der Schwächen der diskretionären Fiskalpolitik (→ Globalsteuerung) und zur Verstetigung der wirtschaftlichen Entwicklung verpflichtet das Konzept der Formelflexibilität die wirtschaftspolitischen Entscheidungsinstanzen auf ein System von Maßnahmen und Regelungen, das für be-

stimmte vorher festgelegte Konjunktursituationen automatisch in Kraft tritt. Die Bindung der Entscheidungsinstanzen kann unterschiedlich intensiv sein.

Free-rider-Haltung
Das Versagen des → Ausschlußprinzips führt zu einem Verhalten, nach dem niemand, der seinen individuellen Nutzen zu maximieren trachtet, seine Präferenzen für ein öffentliches Gut (→ Güter, öffentliche) kundtut, von dem er glaubt, es werde auch ohne seine artikulierte Nachfrage produziert und finanziert (auch Schwarzfahrerhaltung, Trittbrettfahrerhaltung).

Freibetrag
Freibeträge mindern die Steuerschuld. Sie können offen die Bemessungsgrundlage mindern (z. B. Kinderfreibetrag bei der ESt) und in Höhe des Grenzsteuersatzes zu einer Entlastung führen, oder sie können in den Tarif eingearbeitet sein (Grundfreibetrag bei der ESt) und zu einer einkommensunabhängigen Entlastung führen.

Freigrenze
Bleiben Teile der Bemessungsgrundlage so lange steuerfrei, bis ein Höchstbetrag überschritten ist, so wird dieser Betrag als Freigrenze bezeichnet. Bezieher höherer Einkommen haben keinen steuerlichen Vorteil durch Freigrenzen.

Functional finance
Beim Konzept der functional finance (A. P. Lerner) verfolgt die Finanzpolitik ausschließlich konjunkturpolitische Ziele.

Funktionalprinzip
Als Funktionalprinzip bezeichnet man das Gliederungsprinzip für öffentliche Ausgaben, das nach der Zweckbestimmung der öffentlichen Ausgaben vorgeht.

Gebühren
Gebühren sind vom Staat einseitig festgesetzte Abgaben, die bei Inanspruchnahme bestimmter staatlicher Leistungen erhoben werden. Nach der Art der öffentlichen Leistungen lassen sich preisähnliche Benutzungsgebühren (z. B. Müllabfuhr) und steuerähnliche

Verwaltungsgebühren (z. B. Gerichtsgebühren) unterscheiden.

Gemeinlastprinzip

Das Gemeinlastprinzip (Grundsatz der generellen Entgeltlichkeit) bezeichnet eine Möglichkeit zur Finanzierung von Umweltschutzmaßnahmen. Die Kosten werden bei diesem Prinzip von der Allgemeinheit, z. B. über Steuern, getragen. Es kommt vorwiegend zur Anwendung, wenn eine Zurechnung der Umweltkosten auf die Verursacher unmöglich oder eine Anlastung unerwünscht ist (→ Verursacherprinzip).

Gemeinschaftsaufgaben

Gemeinschaftsaufgaben sind drei im Grundgesetz (Art. 91 a) definierte Aufgabenbereiche, deren Gestaltung und Finanzierung Bund und Ländern im Rahmen des vertikalen → Finanzausgleichs gemeinsam obliegen. Die Gemeinschaftsaufgaben nach Art. 91 a GG umfassen den Ausbau und Neubau von wissenschaftlichen Hochschulen, die Verbesserung der regionalen Wirtschaftsstruktur und die Verbesserung der Agrarstruktur und des Küstenschutzes.

Gemeinschaftsteuer

Von Gemeinschaftsteuer spricht man in der Bundesrepublik Deutschland bei bestimmten Steuern, deren Aufkommen mehr als einer Gebietskörperschaftsebene zufließt (geteilte Ertragshoheit, vgl. Art. 106 Abs. 3 GG). Innerhalb der EU bezeichnet sie eine Steuer, deren Aufkommen der EU zusteht (Europasteuer).

Gesetzgebungshoheit

Die Präzisierung der → Steuerhoheit erfordert die Festlegung der Gesetzgebungshoheit, d. h. eine Entscheidung darüber, welche Körperschaft befugt sein soll, Art und Höhe der Steuer gesetzlich zu fixieren.

Globalsteuerung

Bei einer Politik der Globalsteuerung versuchen die Träger der Wirtschaftspolitik, mit diskretionären Maßnahmen über die Steuerung des gesamtwirtschaftlichen Nachfrageniveaus (Niveausteuerung) konjunkturpolitische Ziele zu erreichen.

Grenzsteuersatz

Der Grenzsteuersatz wird definiert als erste Ableitung der Steuerbetragsfunktion (auch: marginaler Steuersatz). Er gibt das Verhältnis an zwischen marginaler Veränderung der → Steuerbemessungsgrundlage und dadurch ausgelöster marginaler Veränderung des Steuerbetrages.

Güter, meritorische

Die Notwendigkeit einer Korrektur der individuellen Präferenzen und damit eines Eingriffs in die Konsumentensouveränität veranlaßt den Staat, öffentliche Leistungen anzubieten, weil bei einer privatwirtschaftlichen Regelung eine als unzureichend angesehene Versorgung mit diesen Leistungen zustande käme.

Güter, öffentliche

Öffentliche Güter (Kollektivgüter) sind nach der in der Finanztheorie üblichen Definition solche Güter, die durch die Nichtrivalität im Konsum (→ Konsum, rivalisierender) charakterisiert sind. Häufig und als zweites Definitionsmerkmal wird die Nichtanwendbarkeit des → Ausschlußprinzips hinzugenommen.

Haavelmo-Theorem

Das Haavelmo-Theorem gibt an, wie die gleichzeitige Erhöhung der Staatsausgaben und Steuern auf das Volkseinkommen wirkt; es besagt, daß das Volkseinkommen durch die Erhöhung eines ausgeglichenen Budgets unter bestimmten Bedingungen um den Betrag der Budgetausweitung expandiert.

Haushalt, konjunkturneutraler

Das vom Sachverständigenrat entwickelte Konzept des konjunkturneutralen Haushaltes definiert ein Haushaltsvolumen dann als konjunkturneutral, wenn es für sich genommen keine Abweichungen der Auslastung des gesamtwirtschaftlichen Produktionspotentials von dem bewirkt, was mittelfristig als normal angesehen wird.

Haushaltsfunktionen

Der öffentliche Haushalt als zentrale Grundlage der öffentlichen Finanzwirtschaft erfüllt mehrere Funktionen: Neben seiner finanzwirtschaftlichen Funktion, eine Übereinstimmung von Ausgabenbedarf und Deckungsmitteln herbeizuführen, soll der Haushalt im Rahmen der wirtschaftspolitischen Funktion zur Realisierung der im Stabilitätsgesetz verankerten Zielsetzungen beitragen. Er bildet ferner die gesetzliche Grundlage, durch die die staatliche Haushaltsführung und die Verwaltung auf die im Haushalt festgelegten, prinzipiell vollzugsverbindlichen Etatansätze verpflichtet wird (administrative Lenkungsfunktion). Die parlamentarische Funktion kommt darin zum Ausdruck, daß der Haushaltsplan dem Parlament zur Beschlußfassung vorgelegt werden muß.

Haushaltsgrundsätze
Die Haushaltsgrundsätze stellen von Wissenschaft und Praxis in langer Parlamentstradition entwickelte Anforderungen an das Budget dar, durch deren Einhaltung die verschiedenen → Haushaltsfunktionen weitgehend erfüllt werden können. Die für die Bundesrepublik Deutschland im Grundgesetz, in der Bundeshaushaltsordnung und dem Haushaltsgrundsätzegesetz gesetzlich fixierten Haushaltsgrundsätze umfassen u. a.: Einheit, Genauigkeit, Klarheit, → Nonaffektation, Öffentlichkeit, Spezialität, Vollständigkeit, Vorherigkeit und Ausgeglichenheit.

Haushaltskonsolidierung
Haushaltskonsolidierung ist ein Sammelbegriff für finanzpolitische Maßnahmen, die auf die Rückführung einer als überhöht empfundenen Nettokreditaufnahme (quantitative Konsolidierung) oder auf die Änderung der Struktur der öffentlichen Einnahmen und/oder Ausgaben (qualitative Konsolidierung) gerichtet sind.

Haushaltskreislauf
Der Haushaltskreislauf ist der in einem parlamentarischen System gesetzlich vorgeschriebene Gang der Haushaltsplanung, der folgende Phasen umfaßt: Aufstellung des Entwurfs, parlamentarische Beratung und Verabschiedung, Durchführung, Kontrolle.

Haushaltsplan, öffentlicher
Die öffentlichen Haushaltspläne umfassen zahlenmäßige vorausschauende Übersichten über die öffentlichen Einnahmen und Ausgaben der Haushaltsperiode. Sie sind ein Planungsinstrument, mit dem Umfang und Struktur der budgetwirksamen Staatstätigkeit festgelegt wird. Als Gesetz verabschiedet, sind sie vollzugsverbindlich.

Infrastruktur
Als Infrastruktur bezeichnet man (meist öffentliche) Einrichtungen, die Voraussetzungen wirtschaftlicher Aktivität sind, z. B. Verkehrs- und Kommunikationseinrichtungen, Ausbildungsstätten, Freizeiteinrichtungen usw. Neben diesem engen Infrastrukturbegriff, der Investitionen in das Sachkapital beschreibt, umfaßt ein weiter Infrastrukturbegriff auch Investitionen in das Humankapital, d. h. in das menschliche Intelligenz- und Entwicklungspotential, etwa durch bessere Ausbildung. Allen Infrastrukturbereichen ist gemeinsam, daß Investitionen in sie getätigt werden, deren Nutzung sich über einen längeren Zeitraum erstreckt. Je nachdem, ob die Leistungsabgabe eher Haushalten oder eher Unternehmen zugute kommt, spricht man von haushaltsorientierter oder unternehmensorientierter Infrastruktur.

Investitionsbonus → Investitionszulage

Investitionsprämie → Investitionszulage

Investitionszulage
Als Investitionszulage (Investitionsbonus, -prämie) bezeichnet man eine → Subvention für die Durchführung einer Investition.

Inzidenz, absolute
→ Inzidenz, spezifische

Inzidenz, differentielle
Ermittlung der relativen Wirkungen verschiedener aufkommensgleicher Einnahmearten oder summengleicher Ausgabearten.

Inzidenz, effektive
Die effektive Inzidenz bedeutet den (fiktiven) Wirkungsendpunkt nach Berücksichtigung aller Anpassungswirkungen

(auch: tatsächliche, ökonomische Inzidenz).

Inzidenz, formale
Formale Inzidenz ist eine übergreifende Bezeichnung, die meist die → Inzidenz der Zahlungspflicht, die → Destinatarinzidenz und die Zurechnung auf der Grundlage theoretischer Untersuchungen umfaßt.

Inzidenz, ökonomische
→ Inzidenz, effektive

Inzidenz, spezifische
Als spezifische Inzidenz bezeichnet man die Methode zur Ermittlung der Wirkungen nur einer Ausgabe- oder Einnahmeart (auch: absolute Inzidenz).

Inzidenz, tatsächliche
→ Inzidenz, effektive

Inzidenz der Zahlungspflicht
Die Inzidenz der Zahlungspflicht ergibt sich aus der Bestimmung, wer rechtlich zur Steuerzahlung verpflichtet ist (Steuerentrichtungspflicht).

Kassenkredit
Bei einem Kassenkredit handelte es sich um einen kurzfristigen Überbrückungskredit der Zentralbank an die öffentliche Hand gegen die Ausstellung von → Schatzwechseln oder in Form von Buchkrediten. Er wurde bis 1993 gewährt, wenn die Zahlungsmitteleingänge kurzfristig nicht zur Deckung der Zahlungsverpflichtungen ausreichten.

Kassenobligation
Kassenobligationen sind → Schatzanweisungen der öffentlichen Haushalte mit einer Laufzeit von in der Regel bis zu vier Jahren, für deren Begebung als spezielles Emissionsverfahren auch das sog. Tenderverfahren gewählt werden kann. Zu diesem Zweck setzt der Kreditnehmer einen Mindestkurs fest und ruft die Kreditgeber zu Zeichnungsangeboten auf, aus denen er das für ihn günstigste auswählt.

Kollektivgüter → Güter, öffentliche

Konjunkturausgleichsrücklage
Nach §§ 15 ff. StabG sind vom Bund und von den Ländern bei der Bundesbank Konjunkturausgleichsrücklagen zu bilden, denen im Falle eines gesamtwirt-schaftlichen Nachfrageüberschusses Haushaltsmittel zugeführt werden, die im Falle eines gesamtwirtschaftlichen Nachfragedefizits in Anspruch genommen werden können.

Konjunkturrat
Diesem nach § 18 StabG eingerichteten Gremium zur Beratung konjunkturpolitischer Entscheidungen der öffentlichen Hand gehören die Bundesminister der Finanzen und für Wirtschaft, die Wirtschaftsminister der Bundesländer sowie vier Vertreter der Gemeinden und Gemeindeverbände an. Der Konjunkturrat berät und koordiniert die zur Erreichung der Ziele des StabG erforderlichen konjunkturpolitischen Maßnahmen der verschiedenen Gebietskörperschaften sowie die Möglichkeiten der Deckung des Kreditbedarfs der öffentlichen Haushalte.

Konkurrenzsystem
Beim Konkurrenzsystem (auch: ungebundenes Trennsystem, freies Trennsystem) handelt es sich um ein System der Einnahmeverteilung innerhalb des → Finanzausgleichs, bei dem jede Gebietskörperschaft sowohl die Art der Steuer als auch deren Höhe autonom bestimmen kann. Dem Vorteil einer Autonomie der Gebietskörperschaften steht der Nachteil einer möglichen Mehrfachbelastung der gleichen Steuerquellen gegenüber.

Konsum, rivalisierender
Von rivalisierendem Konsum spricht man, wenn die Nutzung eines Gutes durch ein Individuum dessen Nutzung durch ein anderes Individuum ausschließt. Im strengen Sinne des Begriffs dürfen also keine externen Effekte bzw. Interdependenzen in den Konsumfunktionen auftreten (→ Güter, öffentliche).

Konsumausgabensteuer → Ausgabensteuer, persönliche

Kopfsteuer
Bei einer Kopfsteuer haben alle Bürger den gleichen absoluten Betrag zu zahlen. Diese auch als Pauschalsteuer bezeichnete Steuer gewinnt ihre analytische Bedeutung dadurch, daß durch sie

keine Substitutionseffekte ausgelöst werden.

Korrespondenzprinzip
Um Steuerlücken und Doppelbesteuerungen zu vermeiden, soll jedes Einkommen im Lebenszeitraum einmal steuerlich erfaßt werden. Je nach dem Zeitpunkt der Besteuerung werden das vorgelagerte, das nachgelagerte und das gemischte Verfahren unterschieden.

Kosten-Nutzen-Analyse
Bei der Kosten-Nutzen-Analyse handelt es sich um eine Gegenüberstellung sämtlicher Kosten und Nutzen eines öffentlichen Programms. Sie wird vorgenommen, um die Vorteilhaftigkeit eines geplanten Projekts zu ermitteln bzw. eine Auswahl unter mehreren Handlungsmöglichkeiten zu treffen.

Kosten-Wirksamkeits-Analyse
Bei Kosten-Wirksamkeits-Analysen wird im Gegensatz zu → Kosten-Nutzen-Analysen auf eine Bewertung des Nutzens in Geldeinheiten verzichtet, und an deren Stelle werden nicht-monetäre Indikatoren der Zielverwirklichung verwendet. Vor dem Hintergrund des festgelegten Zieles wird die differentielle Kostenwirksamkeit alternativer Maßnahmen ermittelt.

Kreditfinanzierungsquote
Mit dieser Quote wird die öffentliche Nettokreditaufnahme zu den öffentlichen Gesamtausgaben in Beziehung gesetzt.

Lastverschiebung, zeitliche
Die Diskussion um die Möglichkeit einer zeitlichen Verschiebung der Last öffentlicher Ausgaben beinhaltet die Frage, ob es möglich ist, zukünftige Generationen durch vermehrte staatliche Schuldaufnahme (anstelle von Steuern) an der Finanzierung heute zu leistender Infrastrukturausgaben (→ Infrastruktur) zu beteiligen (→ Pay-as-you-use Prinzip).

Laufzeitstruktur der öffentlichen Schuld
Eine Auffächerung der staatlichen Schuldtitel nach ihrer (Rest-)Laufzeit gibt die Laufzeitstruktur der öffentlichen Schuld an; ihre Veränderung wird durch Ausgabe von Titeln mit unterschiedlicher Laufzeit erreicht und ist ein Instrument des → Debt Management.

Leistungsentgelte → Transformationsausgaben

Leistungsfähigkeitsprinzip
Bei der Anwendung des Leistungsfähigkeitsprinzips soll die Abgabenerhebung nach Maßgabe der individuellen Leistungsfähigkeit erfolgen. Als Maßstab wird meist die am Einkommen gemessene ökonomisch-finanzielle Leistungsfähigkeit herangezogen.

Liquiditätspapiere
Liquiditätspapiere sind staatliche Schuldtitel, die nach § 42 BBankG der Bundesbank von der Bundesregierung bis zu einem Höchstbetrag von 50 Mrd. DM zum Zwecke einer kontraktiven Offenmarktpolitik zur Verfügung gestellt werden.

Mehrwertsteuer-Eigenmittel
Als Mehrwertsteuer-Eigenmittel bezeichnet man den Teil der Finanzmittel der Europäischen Union, der aus denjenigen Zuweisungen der Mitgliedsländer besteht, die auf der Basis der Mehrwertsteuerbemessungsgrundlage berechnet werden und deren Höhe 1993 bis zu 1,4% (MWSt-Eigenmittelsatz) betragen hat.

Mengensteuer
Mengensteuern werden auf die physische Einheit eines Gutes erhoben, z.B. als Betrag je Mengeneinheit.

Ministerialprinzip
Dieses Gliederungsprinzip der öffentlichen Ausgaben, auch Ressortprinzip genannt, geht nach der ministeriellen Zuständigkeit (Ressort, politische Verantwortlichkeit) für die öffentlichen Ausgaben vor. Nach ihm ist beispielsweise der Bundeshaushalt gegliedert.

Nettobudgetierung
Die Nettobudgetierung ist eine nur begrenzt zulässige Budgetierungsmethode, bei der Einnahmen und Ausgaben nicht gesondert, sondern lediglich saldiert ausgewiesen werden.

Nettoinzidenz
→ Budgetinzidenz

Nettokreditaufnahme → Nettoverschuldung

Nettoneuverschuldung → Nettoverschuldung

Nettoverschuldung
Die Nettoverschuldung (auch: Nettoneuverschuldung, Nettokreditaufnahme) ergibt sich aus den in einem Jahr aufgenommenen Krediten (Bruttoverschuldung), abzüglich der im gleichen Jahr vorgenommenen Tilgungszahlungen.

Neuverschuldungsquote
Mit dieser Quote wird die öffentliche Nettokreditaufnahme zum Bruttosozialprodukt in Beziehung gesetzt.

Nonaffektationsprinzip
Das Nonaffektationsprinzip bzw. der aus ihm abgeleitete Haushaltsgrundsatz (→ Haushaltsgrundsätze) der Nonaffektation besagt, daß einzelne Einnahmen der Gebietskörperschaften nicht im Wege einer Zweckbindung für bestimmte Ausgaben reserviert werden sollen (Verbot einer Zweckbindung).

Nulltarif
Bei der Abgabe öffentlicher Leistungen spricht man von einem Nulltarif, wenn der Preis für diese Leistungen „null" ist. Die entstehenden Herstell- und Bereitstellungskosten müssen dann aus Steuern oder Schuldaufnahme aufgebracht werden.

Opfertheorien
Opfertheorien sind im Rahmen der Theorie einer Besteuerung nach der Leistungsfähigkeit (→ Leistungsfähigkeitsprinzip) entwickelt worden. Die Besteuerung bedeutet für den Zensiten einen Verzicht auf private Bedürfnisbefriedigung und damit eine Wohlfahrtsminderung (Opfer). Soll diese bei allen Besteuerten „gleich" sein, so kann die Wohlfahrtseinschränkung als gleiches absolutes Opfer, gleiches relatives Opfer oder gleiches Grenzopfer an Bedürfnisbefriedigung interpretiert werden.

Optimalbudget → Budget, optimales

Parafisci
Bei Parafisci handelt es sich um Körperschaften zwischen dem privaten und öffentlichen Bereich. Zur Abgrenzung von privaten Institutionen kann die Wahrnehmung öffentlicher Aufgaben und die Verfügung über eigene Finanzquellen mit Zwangscharakter herangezogen werden. Häufig sind eine beamtenähnliche Stellung ihrer Beschäftigten und eine selbständige Rechnungslegung zusätzliche Merkmale dieser Körperschaften.

Parallelpolitik
Bei strenger Einhaltung des Haushaltsgrundsatzes der Ausgeglichenheit kommt es in der Rezession zu einem „parallelen" Rückgang von Einnahmen und Ausgaben, weil der Staat auf den konjunkturbedingten Einnahmerückgang mit Ausgabenkürzungen reagiert. Umgekehrt steigen im Boom Einnahmen und Ausgaben, weil die konjunkturbedingten Mehreinnahmen verausgabt werden.

Pauschalsteuer → Kopfsteuer

Pay-as-you-use Prinzip
Nach diesem Prinzip sollen Aufwendungen für staatliche Leistungen, die über mehrere Generationen nutzbar sind, über Kredite finanziert und im Zuge der Rückzahlung auf die Generationen verteilt werden. Dahinter steht die Vorstellung, daß der → Schuldendienst von den zukünftigen Generationen über Steuern aufgebracht werden muß und diese Steuererhebung eine Belastung darstellt, die den Nutzen aus der Inanspruchnahme der in Vorperioden erstellten staatlichen Leistungen entspricht (→ Lastverschiebung, zeitliche).

Pigou-Steuer
Bei der Pigou-Steuer (benannt nach dem englischen Ökonomen Arthur Cecil Pigou) handelt es sich um den Vorschlag einer Steuer auf diejenigen Aktivitäten, die für die Entstehung negativer → externer Effekte verantwortlich sind. Mit ihr soll eine Internalisierung der externen Effekte erreicht werden. Das Konzept spielt eine wichtige Rolle in der Theorie der Umweltpolitik.

Popitzsches Gesetz
Johannes Popitz stellte das „Gesetz" von der Anziehungskraft des zentralen Etats

auf. Aus verschiedenen Gründen unterstellte er, daß in einem föderativen System (→ Föderalismus) Aufgabenhoheit und Finanzvolumen der zentralen Instanz in Relation zu denen anderer Gebietskörperschaftsebenen im Zeitablauf zunehmen.

Potentialfaktoransatz
In der Theorie der Wachstumspolitik werden im Potentialfaktoransatz die Faktoren Kapital, Arbeit und technischer Fortschritt in ihrer Wirkung auf die abhängige Variable Produktionspotential oder Sozialprodukt untersucht.

Programmbudget
Der Begriff Programmbudget wird vorwiegend für das Planning-Programming-Budgeting System verwendet, in dem
– eine Quantifizierung der einzelnen Ressortziele vorgenommen wird,
– alternative Wege zur Zielerreichung vorgeschlagen und
– die durchzuführenden Programme in Budgetanforderungen transformiert werden.

Progression
Von einer Progression spricht man, wenn die durchschnittliche Belastung einer Bemessungsgrundlage mit deren zunehmendem Umfang wächst. Dieses Wachstum kann sich linear, unterproportional oder überproportional vollziehen, so daß von einer linearen, verzögerten oder beschleunigten Progression gesprochen werden kann.

Progression, direkte
Ist die Zunahme des → Durchschnittssteuersatzes verbunden mit einer Zunahme des marginalen Steuersatzes (→ Grenzsteuersatz), so spricht man von direkter Progression.

Progression, indirekte
Die indirekte Progression ist dadurch gekennzeichnet, daß bei konstantem → Grenzsteuersatz eine Zunahme des → Durchschnittssteuersatzes durch den Einbau eines Freibetrages in den Tarif erreicht wird.

Quellenabzugsverfahren
Beim Quellenabzugsverfahren wird eine Steuer nicht beim → Steuerdestinatar erhoben, sondern es wird für die Abführung der Steuer aus Gründen der Erhebungsbilligkeit eine „Inkassostelle" zwischengeschaltet, z. B. der Arbeitgeber bei der Lohnsteuer und den Sozialabgaben (→ Bedarf, versteckter öffentlicher).

Quotensystem
Beim Quotensystem (Verbundsystem) teilen sich mehrere Gebietskörperschaftsebenen das Aufkommen einer Steuer nach vorher vereinbarten Quoten. Es ist dabei zu unterscheiden, ob sich die Quote auf die Gesamtheit der gemeinschaftlichen Steuern bezieht (Gesamtverbundsystem) oder ob sie für jede Steuer im einzelnen festgelegt wird (Einzelverbundsystem).

Quotitätsprinzip
Wird bei der Gestaltung von Steuer- bzw. Subventionstarifen nach dem Quotitätsprinzip verfahren, dann wird der Tarif autonom bestimmt, und die Höhe der Gesamtsteuerschuld (die Höhe des gesamten Subventionsbetrages) steht erst nach erfolgter Besteuerung (Subventionierung) fest (→ Repartitionsprinzip).

Realausgaben → Transformationsausgaben

Realtransfers
Als Realtransfers bezeichnet man vom Staat kostenlos oder zu nicht kostendeckenden Preisen zur Verfügung gestellte nicht-monetäre Leistungen in Form von Gütern und Dienstleistungen.

Regression
Sinkt mit wachsender Bemessungsgrundlage der durchschnittliche Belastungssatz, so spricht man in Analogie zur → Progression von einer Regression, die ebenfalls linear, verzögert oder beschleunigt verlaufen kann.

Repartitionsprinzip
Wird bei der Gestaltung von Steuer- bzw. Subventionstarifen nach dem Repartitionsprinzip verfahren, dann steht die Gesamtsteuerschuld (der gesamte Subventionsbetrag) fest, und der Tarif hat die Funktion, diesen Betrag auf die Steuersubjekte (Subventionssubjekte) zu verteilen (→ Quotitätsprinzip).

Ressortprinzip → Ministerialprinzip

Restverschmutzungsabgabe
Die Restverschmutzungsabgabe bezeichnet eine Umweltabgabe (→ Emissionssteuer), die in Kombination mit dem Ordnungsrecht eingesetzt wird und bei der die unterhalb des ordnungsrechtlichen Grenzwertes liegende zulässige „Restverschmutzung" mit dem Abgabensatz belegt wird.

Rivalität des Konsums → Konsum, rivalisierender

Rückwälzung → Steuerüberwälzung

Sachausgaben
Mit Sachausgaben werden solche Ausgaben bezeichnet, die vom Staat an Gütermärkten vorgenommen werden.

Schadstoffsteuer → Emissionssteuer

Schatzanweisungen
Diese Inhaberschuldverschreibungen mit einer Laufzeit von einem bis zu mehreren Jahren werden insgesamt zu einem bestimmten Termin fällig (sog. Fälligkeitsanleihen). Man unterscheidet unverzinsliche Schatzanweisungen („U-Schätze"), die wegen der Verzinsung in Form der Diskontierung den → Schatzwechseln ähnlich sind, und verzinsliche Schatzanweisungen, die häufig als → Kassenobligationen emittiert werden.

Schatzwechsel
Schatzwechsel sind Solawechsel des Staates mit einer i. d. R. dreimonatigen Laufzeit. Ihre Unterbringung erfolgt auf dem Geldmarkt. Sie können zur Diskontierung bei Banken bzw. bei der Notenbank eingereicht werden.

Schlüsselzuweisungen → Zuweisungen

Schuldendienst
Unter Schuldendienst werden Ausgaben zur Verzinsung und Tilgung aufgenommener Schulden verstanden.

Schuldendienstfähigkeit
Schuldendienstfähigkeit ist die Fähigkeit eines Schuldners, die Ausgaben für Verzinsung und Tilgung aufgenommener Schulden aufzubringen.

Schuldenillusion
Zeichner öffentlicher Schuldtitel unterliegen einer Schuldenillusion, wenn sie bei der Zeichnung ihrer Titel nicht berücksichtigen, daß der Schuldendienst zu einem späteren Zeitpunkt aus anderen, von allen Bürgern zu tragenden Einnahmen, im wesentlichen aus Steuereinnahmen, geleistet werden muß.

Schuldenquote
Die Schuldenquote ist das Verhältnis von Schuldenstand zu Bruttosozialprodukt zu Marktpreisen.

Schuldscheindarlehen
Bei Schuldscheindarlehen handelt es sich überwiegend um öffentliche Schulden, die durch die Bundesschuldenverwaltung dokumentiert werden. Dieser Direktkredit erlaubt eine besonders flexible Anpassung der Modalitäten an die Besonderheiten des Einzelfalles.

Schwarzfahrerhaltung → Free-rider-Haltung

Sofortabschreibung
Bei Sofortabschreibung sind die vollen Investitionsausgaben zum Zeitpunkt der Zahlung als Betriebsausgaben steuerlich abzugsfähig.

Solidaritätszuschlag
Es handelt sich um einen Zuschlag auf die Lohn-, Einkommen- und Körperschaftsteuerschuld, der als Ergänzungsabgabe nach Art. 106 Abs. 1 Nr. 6 Grundgesetz erhoben wird.

Sollertragsteuer
Die Besteuerung setzt hier nicht an dem tatsächlich erreichten Ist-Ertrag eines Produktionsfaktors, sondern an einem i. d. R. davon abweichenden Soll-Ertrag an.

Sonderabgabe
Bei der Sonderabgabe handelt es sich um eine im deutschen Verfassungsrecht entwickelte steuerähnliche Abgabeform, die durch die Besonderheit gekennzeichnet ist, daß sie eine spezielle Gruppe von Steuerpflichtigen belasten soll und zugleich eine Zweckbindung des Abgabenaufkommens für eine spezielle Gruppe vorsieht. Sie hat für deutsche Umweltabgaben eine besondere Bedeutung.

Sozialabgabe
Sozialabgaben sind in der Bundesrepu-

blik Deutschland lohnabhängige Sozialversicherungsbeiträge, die zweckgebunden für die Finanzierung der sozialen Sicherung (z. B. Kranken-, Rentenversicherung) eingesetzt werden.

Sozialausgaben → Transferausgaben

Sozialversicherungsbeiträge → Sozialabgaben

Spillover-Effekte
In der Theorie des Finanzausgleichs bezeichnen Spillover-Effekte Kosten- oder Nutzenwirkungen, die von der öffentlichen Aktivität einer Gebietskörperschaft in eine andere Gebietskörperschaft hineinwirken.

Spitzensteuersatz
Der Spitzensteuersatz bezeichnet in einem Steuertarif den höchsten → Grenzsteuersatz am oberen Ende des Tarifs.

Splitting
Beim Splitting, einer Maßnahme des → Familienlastenausgleichs in der Einkommensteuer, wird das zu versteuernde Einkommen eines Haushalts auf die einzelnen Personen des Haushalts (Vollsplitting) oder auf die Ehegatten (Ehegattensplitting) aufgeteilt und dann individuell besteuert. Bei progressivem Steuertarif ergibt sich damit eine niedrigere Steuerbelastung.

Staatsquote
Staatsquoten dienen der Messung des budgetwirksamen Staatsanteils. Von einer allgemeinen Staatsquote wird gesprochen, wenn alle öffentlichen Ausgaben auf eine Sozialproduktsgröße bezogen werden. Eine spezielle Staatsquote liegt vor, wenn einzelne Finanzströme, z. B. die Personalausgaben oder Gesundheitsausgaben, als Anteil an einer Sozialproduktsgröße ausgedrückt werden.

Staatsverbrauch
Der Staatsverbrauch als Teil der Verwendungsseite des Sozialprodukts entspricht den Aufwendungen des Staates (und der Sozialversicherungen) für Dienst- und Verwaltungsleistungen, die der Allgemeinheit unentgeltlich zur Verfügung gestellt werden. Er ergibt sich nach Abzug der entgeltlich abgegebenen Waren und Dienstleistungen (Verkäufe)

sowie der selbsterstellten Anlagen vom Produktionswert des Staates.

Stabilisierung, automatische → Built-in stability

Stabilisierungsfunktion
Sie umfaßt Konjunktur- und Wachstumsziele. Im Rahmen der → Fiskalpolitik ergeben sich automatische Stabilisierungswirkungen, die zur Erreichung des wirtschaftlichen Gleichgewichts beitragen. Durch diskretionäre Veränderungen der öffentlichen Einnahmen und Ausgaben wird ebenfalls eine die Konjunktur und das Wachstum beeinflussende Steuerung versucht.

Stabilitätsgesetz
Das „Gesetz zur Förderung der Stabilität und des Wachstums der Wirtschaft" vom 8. 6. 1967 gibt der Bundesregierung kontraktiv und expansiv wirkende Maßnahmen an die Hand, mit denen sie „im Rahmen der marktwirtschaftlichen Ordnung gleichzeitig zur Stabilität des Preisniveaus, zu einem hohen Beschäftigungsstand und außenwirtschaftlichem Gleichgewicht bei stetigem und angemessenem Wirtschaftswachstum beitragen" soll (§§ 1, 2).

Stagflation
Treten in einer Volkswirtschaft Arbeitslosigkeit und Inflation gleichzeitig auf, spricht man von Stagflation.

Steuer
Als Steuern bezeichnet man öffentliche Abgaben ohne rechtlichen Anspruch auf Gegenleistung.

Steueramortisation
Diese Form der → Steuerüberwälzung liegt dann vor, wenn der Käufer eines besteuerten ertragabwerfenden Projektes die kumulierte ertragsenkende Wirkung der Steuer in einen Renditevergleich (z. B. Grundstück zu Anleihe) einbezieht und den Kaufpreis des Projektes um die entgangene Rendite mindert.

Steueranstoß
Der sog. Steueranstoß löst bei den Besteuerten Verhaltensänderungen in Form der → Steuerausweichung, → Steuerüberwälzung i. e. S. und/oder → Steuereinholung aus.

Steueraufkommenselastizität → Aufkommenselastizität

Steuerausweichung
Von Steuerausweichung (Steuervermeidung) wird gesprochen, wenn Wirtschaftssubjekte einer sie treffenden Steuererhöhung aus dem Wege zu gehen versuchen, indem sie besteuerte Aktivitäten durch sachliche, zeitliche oder räumliche Anpassung vermeiden.

Steuerbemessungsgrundlage
Als Steuerbemessungsgrundlage wird die der Besteuerung zugrundegelegte mengen- oder wertmäßige Größe des → Steuergegenstandes bezeichnet.

Steuerbetragstarif
Im Steuerbetragstarif wird die → Steuerschuld in absoluten Geldbeträgen auf die Besteuerungseinheit bezogen.

Steuerdestinatar
Das Wirtschaftssubjekt, das die Steuer nach dem Willen des Gesetzgebers tragen soll, heißt Steuerdestinatar.

Steuereinholung
Eine erhöhte Anstrengung des Steuerpflichtigen, die Belastung durch eine bestehende oder neueingeführte Steuer durch Mehrarbeit (Haushalte) oder Kostensenkung (Unternehmen) auszugleichen, wird als Steuereinholung bezeichnet.

Steuerentrichtungspflicht → Inzidenz der Zahlungspflicht

Steuerflexibilität
Der Quotient aus der absoluten Veränderung des Steueraufkommens ΔT und der absoluten Veränderung des Volkseinkommens ΔY zeigt die Änderung des Steuervolumens an und gibt einen Anhaltspunkt für die konjunkturpolitische Bedeutung der → Aufkommenselastizität einer Steuer.

Steuergegenstand
Die Sache, die Geldsumme, die wirtschaftliche Handlung oder die rechtlich-ökonomische Transaktion, an die die Besteuerung im konkreten Falle anknüpft (F. Neumark), wird als Steuergegenstand (auch: Steuerobjekt) bezeichnet.

Steuergläubiger
Die Gebiets- oder Funktionskörperschaft, zu deren Gunsten Steuern erhoben werden, bezeichnet man als Steuergläubiger (Steuersubjekt). Siehe auch → Ertragshoheit.

Steuergrundsätze
Steuergrundsätze werden aus den Zielen der Besteuerung abgeleitet und dienen als Kriterien für die Beurteilung einzelner Steuern oder eines Steuersystems.

Steuerhinterziehung
Mit Steuerhinterziehung bezeichnet man illegale → Steuerausweichung (Steuervermeidung). Sie liegt z.B. beim Verschweigen steuerpflichtiger Gewinn- oder Einkommensteile (z.B. im Ausland) oder bei geheimem Transfer von Einkommensbestandteilen in Gebiete außerhalb der Jurisdiktion der Steuerbehörden vor.

Steuerhoheit
Durch die Steuerhoheit wird bestimmt, welche öffentliche Körperschaft das Recht auf eine Steuer erhalten soll. Dabei wird zwischen der → Gesetzgebungshoheit, → Ertragshoheit und Verwaltungshoheit (Zuordnung des Steuereinzugs) unterschieden.

Steuerlastverteilung
Mit Steuerlastverteilung bezeichnet man die Zurechnung der Steuerlast auf Personengruppen, Branchen, Betriebsgrößen, Produktionsfaktoren oder auch Regionen. Die Zurechnung der Steuerlast variiert mit dem zugrunde gelegten Konzept der Inzidenz.

Steuern, direkte
Wenn eine Steuer so erhoben wird, daß → Steuerschuldner und → Steuerdestinatar identisch sind, bezeichnet man sie als direkte Steuer.

Steuern, indirekte
Indirekte Steuern werden bei → Steuerschuldnern erhoben, die nach dem Willen des Gesetzgebers nicht mit den → Steuerträgern identisch sind.

Steuerobjekt → Steuergegenstand

Steuerparadoxon
Als Steuerparadoxon wird der Tatbestand bezeichnet, daß eine Gewinnsteu-

ersenkung entgegen der landläufigen Erwartung den Kapitalwert von Investitionsgütern u. U. senken kann.

Steuerpflichtiger → Steuersubjekt

Steuerquelle
Als Steuerquelle bezeichnet man den Güter- bzw. Geldstrom oder -bestand, dem die Steuerleistung entnommen wird.

Steuerquote
Diese Relation setzt die Steuerschuld zu einer anderen monetären Größe in Beziehung, um die relative Belastung durch die Besteuerung darzustellen. Man unterscheidet eine gesamtwirtschaftliche Steuerquote (z. B. Anteil der Steuern am Bruttosozialprodukt zu Marktpreisen) und eine individuelle Steuerquote (z. B. Anteil der gezahlten oder getragenen Steuern am Bruttoeinkommen eines Steuerzahlers).

Steuersatz
Der Steuersatz ist der – als absolute oder prozentuale Größe ausgedrückte – Betrag, der auf eine Einheit der → Steuerbemessungsgrundlage entfällt.

Steuersatz, durchschnittlicher → Durchschnittssteuersatz

Steuersatz, marginaler → Grenzsteuersatz

Steuersatztarif
In einem Steuersatztarif wird die → Steuerschuld auf die Besteuerungseinheit in Prozent bezogen.

Steuerschuld
Die Steuerschuld ist der Betrag, der sich bei Anwendung des Steuersatzes auf die Bemessungsgrundlage ergibt und an das Finanzamt abzuführen ist.

Steuerschuldner → Steuersubjekt

Steuersubjekt
Die natürliche oder juristische Person, auf die der gesetzlich fixierte Steuerverpflichtungsgrund zutrifft, bezeichnet man als Steuersubjekt (auch: Steuerpflichtiger, Steuerschuldner).

Steuertarif
Der Steuertarif ist die gesetzlich festgelegte funktionale Beziehung zwischen → Steuerbemessungsgrundlage bzw. →Besteuerungseinheit und der Steuerschuld.

Der Tarif kann als → Steuersatztarif oder als → Steuerbetragstarif ausgestaltet werden. Der Tarifverlauf kann proportional, progressiv oder regressiv sein. Bei progressivem Tarif (→ Progression) steigt die Steuerschuld mit wachsender Bemessungsgrundlage überproportional, bei regressivem Tarif (→ Regression) unterproportional und bei proportionalem Tarif proportional an.

Steuerträger
Steuerträger ist die Person, die die ökonomische Last einer Steuer nach Abschluß aller Überwälzungsvorgänge letztlich trägt.

Steuerüberwälzung (i. e. S.)
Mit Steuerüberwälzung im engeren Sinn wird in der Regel die Weitergabe der Steuerbelastung durch Steuerpflichtige an Nachfrager durch Erhöhung der Güterpreise (Vorwälzung) oder an Anbieter durch Herabsetzung der Faktorpreise und der Preise für Vorleistungen (Rückwälzung) bezeichnet.

Steuerüberwälzung (i. w. S.)
Mit der Steuerüberwälzung im weiteren Sinne werden in der Regel alle durch den → Steueranstoß hervorgerufenen Anpassungen bezeichnet. Hierzu zählen die → Steuerausweichung, die → Steuerüberwälzung i. e. S. und die → Steuereinholung.

Steuerverbund → Verbundsystem

Steuervermeidung → Steuerausweichung

Steuerwiderstand
Eine Abwehr der Steuerlast durch legales oder illegales Verhalten (→ Steuervermeidung, → Steuerhinterziehung) oder auch durch Einfluß auf die finanzpolitische Willensbildung.

Steuerzahler
Die natürliche oder juristische Person, die verpflichtet ist, die Steuerschuld abzuführen (auch: Steuerzahlungsschuldner, Steuerentrichtungspflichtiger), wird als Steuerzahler bezeichnet.

Steuerzahlungsschuldner → Steuerzahler

Subsidiaritätsprinzip
Gemäß dem Subsidiaritätsprinzip soll die Kompetenz für zu lösende Aufgaben zunächst grundsätzlich auf der unteren

Ebene der Gebietskörperschaften liegen. Die nächsthöhere Ebene ist erst dann legitimiert, wenn der Nachweis geführt wird, daß sie die Aufgabe besser erfüllen kann.

Substitutionseffekt der Besteuerung
Dieser Effekt tritt ein, wenn durch die Besteuerung eines Gutes dieses relativ teurer wird und von dem → Steuerpflichtigen deshalb durch relativ billigere (nicht oder weniger besteuerte) Güter oder Tatbestände z. T. oder ganz ersetzt wird.

Subventionen → Transferausgaben

Tenderverfahren → Kassenobligation

Transferansatz
Dieser Ansatz aus der Theorie der öffentlichen Schuld behauptet, daß durch die öffentliche Verschuldung am Kapitalmarkt bei einer tendenziell regressiven Steuerlastverteilung und einer tendenziell progressiven Verteilung der öffentlichen Schuldtitel die Einkommens- und Vermögenskonzentration zunimmt.

Transferausgaben
Transferausgaben (Transfers, Transferzahlungen) sind Geldleistungen der öffentlichen Hand an private Haushalte (z. B. Sozialtransfers, Sozialausgaben) oder an Unternehmen (Subventionen) ohne marktliche Gegenleistung.

Transformationsausgaben
Transformationsausgaben (Leistungsentgelte, Realausgaben) sind Zahlungen der öffentlichen Hand für Käufe von Gütern und Dienstleistungen (Personal- und Sachausgaben).

Trennsystem
Das Trennsystem sieht vor, daß im Rahmen des → Finanzausgleichs der volle Ertrag einer Steuerart einer Körperschaft zusteht. Im Gegensatz zum ungebundenen (freien) Trennsystem (→ Konkurrenzsystem) ist im gebundenen Trennsystem entweder die Art der Steuer von der übergeordneten Körperschaft festgelegt, und es besteht nur eine Hoheit über die Steuersätze, oder Art und Sätze der Steuer werden durch den Oberverband festgelegt, so daß nur die Ertragshoheit verbleibt.

Trittbrettfahrerhaltung → Free-rider-Haltung

Ursprungslandprinzip
Das Ursprungslandprinzip stellt die Form der Besteuerung des grenzüberschreitenden Güter- und Dienstleistungsverkehrs dar, nach der das Einfuhrland auf die Umsatz- und Verbrauchsbesteuerung verzichtet und die Ware folglich mit der Steuer des Ausfuhrlandes (Ursprungslandes) belastet ist.

Verbundsystem → Quotensystem

Verlustrück- und -vortrag
Im Falle eines Verlustrück- oder Verlustvortrags wird die Möglichkeit eingeräumt, Verluste einer Periode steuerlich auf Gewinne früherer (Rücktrag) oder späterer Perioden (Vortrag) anzurechnen, und für Unternehmen dadurch das Verlustrisiko gemindert.

Verpflichtungsermächtigung
Durch die Verpflichtungsermächtigung ist es möglich, zu Lasten zukünftiger Haushalte Ausgabenbeträge in der Gegenwart festzulegen (z. B. bei Bauvorhaben oder Rüstungsaufträgen, deren Finanzierung über mehrere Jahre läuft). Der Vorteil der Verpflichtungsermächtigung liegt in der Kenntlichmachung der Belastung zukünftiger Haushalte, ein Nachteil kann in der Einschränkung zukünftiger Handlungsspielräume gesehen werden.

Verursacherprinzip
Das Verursacherprinzip fordert die Anlastung von Umweltkosten beim Verursacher der Umweltbelastungen. Nur wenn der Verursacher nicht herangezogen werden kann oder soll, gelangt das → Gemeinlastprinzip zur Anwendung.

Vorteilswegnahme
Als Vorteilswegnahme bezeichnet man den Versuch von Wirtschaftssubjekten, sich analog der → Steuerüberwälzung in den Genuß der vom Staat bewirkten Zahlungs- oder Leistungsvorteile zu bringen, ohne Destinatar zu sein.

Vorwälzung → Steuerüberwälzung

Wagnersches Gesetz
Das von Adolph Wagner aufgestellte „Gesetz" der wachsenden Staatstätigkeit besagt, daß im modernen Rechts- und Wohlfahrtsstaat die Aufgaben des Staates nach Art und Umfang langfristig zunehmen und damit der vom Staat beanspruchte Anteil am Sozialprodukt wächst.

Wahlparadoxon → Arrow-Paradoxon

Wertsteuer
Wertsteuern sind auf den Wert oder Erlös eines Gutes gerichtet, z. B. als Prozentsatz auf den Verkaufswert.

Wertzuwachssteuer
Mit der Wertzuwachssteuer sollen nicht realisierte Wertzuwächse des Vermögens (z. B. bei Grundstücken) im Rahmen der Vermögensbesteuerung erfaßt werden.

Zins-Ausgaben-Quote
Mit dieser Quote werden die öffentlichen Zinsausgaben zu den öffentlichen Gesamtausgaben in Beziehung gesetzt.

Zins-Steuer-Quote
Mit dieser Quote werden die öffentlichen Zinsausgaben zum Steueraufkommen in Beziehung gesetzt.

Zusatzlast
Die Zusatzlast (excess burden) finanzpolitischer Maßnahmen besteht darin, daß es durch den Einsatz finanzpolitischer Instrumente (z. B. Steuererhöhung) nicht nur zur Belastung durch den Einkommensentzug, sondern durch darüber hinausgehende → Substitutionseffekte kommen kann, die zu Wohlfahrtsverlusten führen.

Zuschlagssystem
Ein Besteuerungssystem, bei dem im Rahmen des → Finanzausgleichs eine Körperschaft die → Ertragshoheit für eine Steuer besitzt und eine andere (i. d. R. eine untergeordnete) Körperschaft Zuschläge auf diese Steuer erheben darf. Dabei können diese Zuschläge nach Art und Höhe von der über- oder untergeordneten Körperschaft festgelegt werden.

Zuweisungen
Bei Zuweisungen handelt es sich um Zahlungen einer Gebietskörperschaftsebene an eine andere (→ Zuweisungssystem). Sie können mit einer Zweckbindung versehen sein (Zweckzuweisung oder spezielle Finanzzuweisung) oder ungebunden vergeben werden (Schlüsselzuweisung oder allgemeine Finanzzuweisung).

Zuweisungssystem
Beim Zuweisungssystem handelt es sich um ein Finanzausgleichssystem (→ Finanzausgleich), bei dem eine Gebietskörperschaftsebene aus ihren Einnahmen → Zuweisungen an über- oder untergeordnete Gebietskörperschaftsebenen leistet.

Zwangsanleihe
Eine Zwangsanleihe stellt eine öffentliche Schuldaufnahme durch zwangsweisen Verkauf von Staatspapieren dar. Ihre Rückzahlungs- und Zinsbedingungen sind meist unvorteilhafter für die Gläubiger als eine Kreditvergabe auf dem freien Markt. Zwangsanleihen weisen steuerähnliche Merkmale auf.

Zweckbindungsverbot
→ Nonaffektationsprinzip

Zweckzuweisungen → Zuweisungen

Personenverzeichnis

Sachverzeichnis

Die Zahlenangaben beziehen sich auf die Seitenzahlen. Bei den fettgedruckten Angaben handelt es sich um Hinweise auf Stichwörter im Glossar.

Die Klassiker-Reihe:

Vahlens Handbücher der Wirtschafts- und Sozialwissenschaften

Blohm/Lüder, Investition

Schwachstellen im Investitionsbereich des Industriebetriebes und Wege zu ihrer Beseitigung. Von Prof. Dr.-Ing. *Hans Blohm* und Prof. Dr. *Klaus Lüder.* 7., überarbeitete und erweiterte Auflage. 1991. XI, 356 Seiten. Gebunden DM 48,- ISBN 3-8006-1539-8

Horváth, Controlling

Von Prof. Dr. *Péter Horváth.* 5., überarbeitete Auflage. 1994. XVI, 895 Seiten. Gebunden DM 120,- ISBN 3-8006-1757-9

Kroeber-Riel, Konsumentenverhalten

Von Prof. Dr. *Werner Kroeber-Riel.* 5., überarbeitete und ergänzte Auflage. 1992. XIV, 784 Seiten. Gebunden DM 84,- ISBN 3-8006-1656-4

Müller-Merbach, Operations Research

Methoden und Modelle der Optimalplanung. Von Prof. Dr. *Heiner Müller-Merbach.* 3., durchgesehene Auflage. 1973. XX, 565 Seiten. Gebunden DM 49,50 ISBN 3-8006-0388-8

Rose/Sauernheimer, Theorie der Außenwirtschaft

Von Prof. Dr. *Klaus Rose* und Prof. Dr. *Karlhans Sauernheimer.* 11., völlig überarbeitete und erweiterte Auflage. 1992. XXI, 641 Seiten. Gebunden DM 68,- ISBN 3-8006-1655-6

Staehle, Management

Eine verhaltenswissenschaftliche Perspektive. Von Prof. Dr. *Wolfgang Staehle.* 6., überarbeitete Auflage. 1991. XIV, 985 Seiten. Gebunden DM 88,- ISBN 3-8006-1583-5

Wöhe, Einführung in die Allgemeine Betriebswirtschaftslehre

Von Prof. Dr. Dr. h. c. mult. *Günter Wöhe.* 18., überarbeitete und erweiterte Auflage. 1993. XXXVI, 1442 Seiten. Gebunden DM 54,- ISBN 3-8006-1728-5

Woll, Allgemeine Volkswirtschaftslehre

Von Prof. Dr. Dr. h.c. *Artur Woll.* 11., überarbeitete und ergänzte Auflage. 1993. XV, 656 Seiten. Gebunden DM 48,- ISBN 3-8006-1741-2

Zimmermann/Henke, Finanzwissenschaft

Eine Einführung in die Lehre von der öffentlichen Finanzwirtschaft. Von Prof. Dr. *Horst Zimmermann* und Prof. Dr. *Klaus-Dirk Henke.* 7., erheblich überarbeitete Auflage. 1994. XXVI, 401 Seiten. Gebunden DM 62,- ISBN 3-8006-1819-2

Verlag Vahlen München